CHINA DEVELOPMENT ZONES YEARBOOK

# 中国开发区年鉴

# 2022

中国开发区协会 编

首都经济贸易大学出版社

· 北 京 ·

**图书在版编目（CIP）数据**

中国开发区年鉴．2022 / 中国开发区协会编．-- 北京 ： 首都经济贸易大学出版社，2023.8

ISBN 978-7-5638-3537-9

Ⅰ．①中… Ⅱ．①中… Ⅲ．①经济开发区－中国－2022－年鉴 Ⅳ．① F127.9-54

中国国家版本馆 CIP 数据核字 (2023) 第 114707 号

**中国开发区年鉴 2022**
**中国开发区协会 编**
Zhongguo Kaifaqu Nianjian 2022

---

**责任编辑** 陈侃
**出版发行** 首都经济贸易大学出版社
**地　　址** 北京市朝阳区红庙（邮编 100026）
**电　　话** （010）65976483　65065761　65071505（传真）
**E-mail** publish@ cueb.edu.cn
**网　　址** http://www.sjmcb.com
**经　　销** 全国新华书店
**印　　刷** 北京炫彩印刷有限责任公司
**成品尺寸** 787 毫米 ×1092 毫米　1/16
**字　　数** 886 千字
**印　　张** 34　彩插 16 页
**版　　次** 2023 年 8 月第 1 版　2023 年 8 月第 1 次印刷
**书　　号** ISBN 978-7-5638-3537-9
**定　　价** 400.00 元

---

# 编　委　会

| | | | | | | |
|---|---|---|---|---|---|---|
| 张　琼 | 陆　丹 | 陈江鸿 | 陈抨印 | 陈　钰 | 陈淮贵 | 陈智明 |
| 陈静宽 | 林　杰 | 罗不凡 | 周文静 | 周安娜 | 周　凌 | 赵文昊 |
| 赵丽娜 | 赵　静 | 胡小平 | 柏　阳 | 禹国圆 | 施　凯 | 施晓嵩 |
| 闻士君 | 洪星慧 | 徐敬波 | 翁好好 | 高　林 | 高栩婧 | 唐红宇 |
| 陶　鑫 | 黄亚婷 | 黄兆雪 | 黄　敏 | 曹梦冰 | 崔越峰 | 彭　艳 |
| 彭　鹏 | 董　浩 | 董鑫龙 | 程　军 | 程　威 | 程济元 | 谢国华 |
| 谢喜阳 | 廉　淇 | 谭振国 | 熊二平 | | | |

（按姓氏笔画排序）

■ **编辑部**

主　　编：李国良

编　　辑：吴乃光　郭勇

图片设计：张欣茹

# 卷首语

《中国开发区年鉴》（以下简称《年鉴》）是由中国开发区协会主编的大型资料性实用工具书，力争全面、系统、准确地记载我国开发区的发展历程与成就，面向国内外公开发行，至今已有近30年历史，具有独特的史料价值。

《年鉴》依托翔实的统计数据和严谨规范的文字记叙，介绍了我国部分各级各类开发区的基础条件、投资环境及有关政策法规等，向海内外投资商、研究机构、科技界及各界人士展示了开发区经济社会发展的整体情况，为各有关机构和部门提供了良好的媒介服务。我们旨在让《年鉴》成为保留我国开发区历史的重要载体、汇集我国开发区各方面信息的百科全书，以及我国开发区领域公认的具有较高研究价值的年度资料性文献。在各方的协同努力下，《年鉴》的年度特征愈加鲜明、资料信息系统更加翔实、框架结构日臻完善、装帧设计独具特色、编校质量趋于一流。

《年鉴》（2022卷）重点围绕我国开发区2021年经济社会发展的主要目标和任务，收集整理了政治经济、区域协调发展、投资促进、科技创新、体制机制创新、人才引进、文化建设、生态文明建设、国际合作等方面的基本情况、重要举措、重大成就和重要经验。本卷共收录了涵盖天津 、河北、浙江、江苏、广东、山东、福建、湖南、安徽、江西、新疆和云南等部分省、市开发区的年度综合发展情况，以及部分国家级开发区、高新区及其他各类型开发区资料135篇，层次分明、数据翔实。《年鉴》编纂工作任务艰巨，意义重大，使命光荣。为更好地全方位记录我国各级各类开发区的发展情况，汇编形成权威资料，我们同各参编单位一如既往地贯彻执行了“求真存实”的编纂原则，牢固树立精品意识、创新意识，站在对历史负责、对未来负责的高度，重视调查研究和深入细致的资料考证，严格地把握好《年鉴》质量关。

《年鉴》（2022卷）在编纂过程中得到各参编单位领导的高度重视和大力支持，也得到了有关省协会和省商务厅开发区处的大力支持和帮助，在此深表感谢。同时，《年鉴》编辑部对向各参编单位在资料搜集整理工作中一贯坚持的“严、细、深、实”的工作作风，积极提供全面、翔实的高质量内容，以及具体参编人员的高水准、高精度的文字把控和无私奉献的工作精神表示衷心感谢和诚挚敬意。我们愿与参编单位共同携手、努力创新，进一步提升《年鉴》的编纂质量和社会影响力，为更好地记录我国开发区发展历程贡献力量。

本卷在编印过程中的疏漏、不足之处，诚请广大读者批评指正。

《中国开发区年鉴》编辑部

2023年5月

# 目　录

## 文献法规篇

## 专题研究篇

## 综　合　篇

## 经济开发区篇

## 高新区篇

## 统计资料篇

# 文献法规篇

# 中共中央 国务院关于新时代推动中部地区高质量发展的意见

发布时间：2021年4月23日

促进中部地区崛起战略实施以来，特别是党的十八大以来，在以习近平同志为核心的党中央坚强领导下，中部地区经济社会发展取得重大成就，粮食生产基地、能源原材料基地、现代装备制造及高技术产业基地和综合交通运输枢纽地位更加巩固，经济总量占全国的比重进一步提高，科教实力显著增强，基础设施明显改善，社会事业全面发展，在国家经济社会发展中发挥了重要支撑作用。同时，中部地区发展不平衡不充分问题依然突出，内陆开放水平有待提高，制造业创新能力有待增强，生态绿色发展格局有待巩固，公共服务保障特别是应对公共卫生等重大突发事件能力有待提升。受新冠肺炎疫情等影响，中部地区特别是湖北省经济高质量发展和民生改善需要作出更大努力。顺应新时代新要求，为推动中部地区高质量发展，现提出如下意见：

## 一、总体要求

（一）指导思想。以习近平新时代中国特色社会主义思想为指导，全面贯彻党的十九大和十九届二中、三中、四中、五中全会精神，坚持稳中求进的工作总基调，立足新发展阶段，贯彻新发展理念，构建新发展格局，坚持统筹发展和安全，以推动高质量发展为主题，以深化供给侧结构性改革为主线，以改革创新为根本动力，以满足人民日益增长的美好生活需要为根本目的，充分发挥中部地区承东启西、连南接北的区位优势和资源要素丰富、市场潜力巨大、文化底蕴深厚等比较优势，着力构建以先进制造业为支撑的现代产业体系，着力增强城乡区域发展协调性，着力建设绿色发展的美丽中部，着力推动内陆高水平开放，着力提升基本公共服务保障水平，着力改革完善体制机制，推动中部地区加快崛起，在全面建设社会主义现代化国家新征程中作出更大贡献。

（二）主要目标。到2025年，中部地区质量变革、效率变革、动力变革取得突破性进展，投入产出效益大幅提高，综合实力、内生动力和竞争力进一步增强。创新能力建设取得明显成效，科创产业融合发展体系基本建立，全社会研发经费投入占地区生产总值比重达到全国平均水平。常住人口城镇化率年均提高1个百分点以上，分工合理、优势互补、各具特色的协调发展格局基本形成，城乡区域发展协调性进一步增强。绿色发展深入推进，单位地区生产总值能耗降幅达到全国平均水平，单位地区生产总值二氧化碳排放进一步降低，资源节约型、环境友好型发展方式普遍建立。开放水平再上新台阶，内陆开放型经济新体制基本形成。共享发展达到新水平，居民人均可支配收入与经济增长基本同步，统筹应对公共卫生等重大突发事件能力显著提高，人民群众获得感、幸福感、安全感明显增强。

到2035年，中部地区现代化经济体系基本建成，产业整体迈向中高端，城乡区域协调发展达到较高水平，绿色低碳生产生活方式基本形成，开放型经济体制机制更加完善，人民生活更加幸福安康，基本实现社会主义现代化，共同富裕取得更为明显的实质性进展。

## 二、坚持创新发展，构建以先进制造业为支撑的现代产业体系

（三）做大做强先进制造业。统筹规划引导中部地区产业集群（基地）发展，在长江沿线建设中国（武汉）光谷、中国（合肥）声谷，在京广沿线建设郑州电子信息、长株潭装备制造产业集群，在京九沿线建设南昌、吉安电子信息产业集群，在大湛沿线建设太原新材料、洛阳装备制造产业集群。建设智能制造、新材料、新能源汽车、电子信息等产业基地。打造集研究开发、检验检测、成果推广等功能于一体的产业集群（基地）服务平台。深入实施制造业重大技术改造升级工程，重点促进河南食品轻纺、山西煤炭、江西有色金属、湖南冶金、湖北化工建材、安徽钢铁有色等传统产业向智能化、绿色化、服务化发展。加快推进山西国家资源型经济转型综合配套改革试验区建设和能源革命综合改革试点。

（四）积极承接制造业转移。推进皖江城市带、晋陕豫黄河金三角、湖北荆州、赣南、湘南湘西承接产业转移示范区和皖北承接产业转移集聚区建设，积极承接新兴产业转移，重点承接产业链关键环节。创新园区建设运营方式，支持与其他地区共建产业转移合作园区。依托园区搭建产业转移服务平台，加强信息沟通及区域产业合作，推动产业转移精准对接。加大中央预算内投资对产业转移合作园区基础设施建设支持力度。在坚持节约集约用地的前提下，适当增加中部地区承接制造业转移项目新增建设用地计划指标。创新跨区域制造业转移利益分享机制，建立跨区域经济统计分成制度。

（五）提高关键领域自主创新能力。主动融入新一轮科技和产业革命，提高关键领域自主创新能力，以科技创新引领产业发展，将长板进一步拉长，不断缩小与东部地区尖端技术差距，加快数字化、网络化、智能化技术在各领域的应用。加快合肥综合性国家科学中心建设，探索国家实验室建设运行模式，推动重大科技基础设施集群化发展，开展关键共性技术、前沿引领技术攻关。选择武汉等有条件城市布局一批重大科技基础设施。加快武汉信息光电子、株洲先进轨道交通装备、洛阳农机装备等国家制造业创新中心建设，新培育一批产业创新中心和制造业创新中心。支持建设一批众创空间、孵化器、加速器等创新创业孵化平台和双创示范基地，鼓励发展创业投资。联合区域创新资源，实施一批重要领域关键核心技术攻关。发挥企业在科技创新中的主体作用，支持领军企业组建创新联合体，带动中小企业创新活动。促进产学研融通创新，布局建设一批综合性中试基地，依托龙头企业建设一批专业中试基地。加强知识产权保护，更多鼓励原创技术创新，依托现有国家和省级技术转移中心、知识产权交易中心等，建设中部地区技术交易市场联盟，推动技术交易市场互联互通。完善科技成果转移转化机制，支持有条件地区创建国家科技成果转移转化示范区。

（六）推动先进制造业和现代服务业深度融合。依托产业集群（基地）建设一批工业设计中心和工业互联网平台，推动大数据、物联网、人工智能等新一代信息技术在制造业领域的应用创新，大力发展研发设计、金融服务、检验检测等现代服务业，积极发展服务型制造业，打造数字经济新优势。加强新型基础设施建设，发展新一代信息网络，拓展第五代移动通信应用。积极发展电商网购、在线服务等新业态，推动生活服务业线上线下融合，支持电商、快递进农村。加快郑州、长沙、太原、宜昌、赣州国家物流枢纽建设，支持建设一批生产服务型物流枢纽。增加郑州商品交易所上市产品，支持山西与现有期货交易所合作开展能源商品期现结合交易。推进江西省赣江新区绿色金融改革创新试验区建设。

## 三、坚持协调发展，增强城乡区域发展协同性

（七）主动融入区域重大战略。加强与京津

冀协同发展、长江经济带发展、粤港澳大湾区建设、长三角一体化发展、黄河流域生态保护和高质量发展等区域重大战略互促共进，促进区域间融合互动、融通补充。支持安徽积极融入长三角一体化发展，打造具有重要影响力的科技创新策源地、新兴产业聚集地和绿色发展样板区。支持河南、山西深度参加黄河流域生态保护和高质量发展战略实施，共同抓好大保护，协同推进大治理。支持湖北、湖南、江西加强生态保护、推动绿色发展，在长江经济带建设中发挥更大作用。

（八）促进城乡融合发展。以基础设施互联互通、公共服务共建共享为重点，加强长江中游城市群、中原城市群内城市间合作。支持武汉、长株潭、郑州、合肥等都市圈及山西中部城市群建设，培育发展南昌都市圈。加快武汉、郑州国家中心城市建设，增强长沙、合肥、南昌、太原等区域中心城市辐射带动能力，促进洛阳、襄阳、阜阳、赣州、衡阳、大同等区域重点城市经济发展和人口集聚。推进以县城为重要载体的城镇化建设，以县域为单元统筹城乡发展。发展一批特色小镇，补齐县城和小城镇基础设施与公共服务短板。有条件地区推进城乡供水一体化、农村供水规模化建设和水利设施改造升级，加快推进引江济淮、长江和淮河干流治理、鄂北水资源配置、江西花桥水库、湖南椒花水库等重大水利工程建设。

（九）推进城市品质提升。实施城市更新行动，推进城市生态修复、功能完善工程，合理确定城市规模、人口密度，优化城市布局，推动城市基础设施体系化网络化建设，推进基于数字化的新型基础设施建设。加快补齐市政基础设施和公共服务设施短板，系统化全域化推进海绵城市建设，增强城市防洪排涝功能。推动地级及以上城市加快建立生活垃圾分类投放、分类收集、分类运输、分类处理系统。建设完整居住社区，开展城市居住社区建设补短板行动。加强建筑设计管理，优化城市空间和建筑布局，塑造城市时代特色风貌。

（十）加快农业农村现代化。大力发展粮食生产，支持河南等主产区建设粮食生产核心区，确保粮食种植面积和产量保持稳定，巩固提升全国粮食生产基地地位。实施大中型灌区续建配套节水改造和现代化建设，大力推进高标准农田建设，推广先进适用的农机化技术和装备，加强种质资源保护和利用，支持发展高效旱作农业。高质量推进粮食生产功能区、重要农产品生产保护区和特色农产品优势区建设，大力发展油料、生猪、水产品等优势农产品生产，打造一批绿色农产品生产加工供应基地。支持农产品加工业发展，加快农村产业融合发展示范园建设，推动农村一二三产业融合发展。加快培育农民合作社、家庭农场等新兴农业经营主体，大力培育高素质农民，健全农业社会化服务体系。加快农村公共基础设施建设，因地制宜推进农村改厕、生活垃圾处理和污水治理，改善农村人居环境，建设生态宜居的美丽乡村。

（十一）推动省际协作和交界地区协同发展。围绕对话交流、重大事项协商、规划衔接，建立健全中部地区省际合作机制。加快落实支持赣南等原中央苏区、大别山等革命老区振兴发展的政策措施。推动中部六省省际交界地区以及与东部、西部其他省份交界地区合作，务实推进晋陕豫黄河金三角区域合作，深化大别山、武陵山等区域旅游与经济协作。加强流域上下游产业园区合作共建，充分发挥长江流域园区合作联盟作用，建立淮河、汉江流域园区合作联盟，促进产业协同创新、有序转移、优化升级。加快重要流域上下游、左右岸地区融合发展，推动长株潭跨湘江、南昌跨赣江、太原跨汾河、荆州和芜湖等跨长江发展。

## 四、坚持绿色发展，打造人与自然和谐共生的美丽中部

（十二）共同构筑生态安全屏障。牢固树立绿水青山就是金山银山理念，统筹推进山水林田湖草沙系统治理。将生态保护红线、环境质量底线、资源利用上线的硬约束落实到环境管

控单元，建立全覆盖的生态环境分区管控体系。坚持以水而定、量水而行，把水资源作为最大刚性约束，严格取用水管理。继续深化做实河长制、湖长制。强化长江岸线分区管理与用途管制，保护自然岸线和水域生态环境，加强鄱阳湖、洞庭湖等湖泊保护和治理，实施好长江十年禁渔，保护长江珍稀濒危水生生物。加强黄河流域水土保持和生态修复，实施河道和滩区综合提升治理工程。加快解决中小河流、病险水库、重要蓄滞洪区和山洪灾害等防汛薄弱环节，增强城乡防洪能力。以河道生态整治和河道外两岸造林绿化为重点，建设淮河、汉江、湘江、赣江、汾河等河流生态廊道。构建以国家公园为主体的自然保护地体系，科学推进长江中下游、华北平原国土绿化行动，积极开展国家森林城市建设，推行林长制，大力推进森林质量精准提升工程，加强生物多样性系统保护，加大地下水超采治理力度。

（十三）加强生态环境共保联治。深入打好污染防治攻坚战，强化全民共治、源头防治，落实生态保护补偿和生态环境损害赔偿制度，共同解决区域环境突出问题。以城市群、都市圈为重点，协同开展大气污染联防联控，推进重点行业大气污染深度治理。强化移动源污染防治，全面治理面源扬尘污染。以长江、黄河等流域为重点，推动建立横向生态保护补偿机制，逐步完善流域生态保护补偿等标准体系，建立跨界断面水质目标责任体系，推动恢复水域生态环境。加快推进城镇污水收集处理设施建设和改造，推广污水资源化利用。推进土壤污染综合防治先行区建设。实施粮食主产区永久基本农田面源污染专项治理工程，加强畜禽养殖污染综合治理和资源化利用。加快实施矿山修复重点工程、尾矿库污染治理工程，推动矿业绿色发展。严格防控港口船舶污染。加强白色污染治理。强化噪声源头防控和监督管理，提高声环境功能区达标率。

（十四）加快形成绿色生产生活方式。加大园区循环化改造力度，推进资源循环利用基地建设，支持新建一批循环经济示范城市、示范园区。支持开展低碳城市试点，积极推进近零碳排放示范工程，开展节约型机关和绿色家庭、绿色学校、绿色社区、绿色建筑等创建行动，鼓励绿色消费和绿色出行，促进产业绿色转型发展，提升生态碳汇能力。因地制宜发展绿色小水电、分布式光伏发电，支持山西煤层气、鄂西页岩气开发转化，加快农村能源服务体系建设。进一步完善和落实资源有偿使用制度，依托规范的公共资源和产权交易平台开展排污权、用能权、用水权、碳排放权市场化交易。按照国家统一部署，扎实做好碳达峰、碳中和各项工作。健全有利于节约用水的价格机制，完善促进节能环保的电价机制。支持许昌、铜陵、瑞金等地深入推进“无废城市”建设试点。

## 五、坚持开放发展，形成内陆高水平开放新体制

（十五）加快内陆开放通道建设。全面开工呼南纵向高速铁路通道中部段，加快沿江、厦渝横向高速铁路通道中部段建设。实施汉江、湘江、赣江、淮河航道整治工程，研究推进水系沟通工程，形成水运大通道。加快推进长江干线过江通道建设，继续实施省际高速公路连通工程。加强武汉长江中游航运中心建设，发展沿江港口铁水联运功能，优化中转设施和集疏运网络。加快推进郑州国际物流中心、湖北鄂州货运枢纽机场和合肥国际航空货运集散中心建设，提升郑州、武汉区域航空枢纽功能，积极推动长沙、合肥、南昌、太原形成各具特色的区域枢纽，提高支线机场服务能力。完善国际航线网络，发展全货机航班，增强中部地区机场连接国际枢纽机场能力。发挥长江黄金水道和京广、京九、浩吉、沪昆、陇海—兰新交通干线作用，加强与长三角、粤港澳大湾区、海峡西岸等沿海地区及内蒙古、广西、云南、新疆等边境口岸合作，对接新亚欧大陆桥、中国—中南半岛、中国—中亚—西亚经济走廊、中蒙俄经济走廊及西部陆海新通道，全面融入

共建“一带一路”。

（十六）打造内陆高水平开放平台。高标准建设安徽、河南、湖北、湖南自由贸易试验区，支持先行先试，形成可复制可推广的制度创新成果，进一步发挥辐射带动作用。支持湖南湘江新区、江西赣江新区建成对外开放重要平台。充分发挥郑州航空港经济综合实验区、长沙临空经济示范区在对外开放中的重要作用，鼓励武汉、南昌、合肥、太原等地建设临空经济区。加快郑州—卢森堡“空中丝绸之路”建设，推动江西内陆开放型经济试验区建设。支持建设服务外包示范城市。加快跨境电子商务综合试验区建设，构建区域性电子商务枢纽。支持有条件地区设立综合保税区、创建国家级开放口岸，深化与长江经济带其他地区、京津冀、长三角、粤港澳大湾区等地区通关合作，提升与“一带一路”沿线国家主要口岸互联互通水平。支持有条件地区加快建设具有国际先进水平的国际贸易“单一窗口”。

（十七）持续优化市场化法治化国际化营商环境。深化简政放权、放管结合、优化服务改革，全面推行政务服务“一网通办”，推进“一次办好”改革，做到企业开办全程网上办理。推进与企业发展、群众生活密切相关的高频事项“跨省通办”，实现更多事项异地办理。对标国际一流水平，建设与国际通行规则接轨的市场体系，促进国际国内要素有序自由流动、资源高效配置。加强事前事中事后全链条监管，加大反垄断和反不正当竞争执法司法力度，为各类所有制企业发展创造公平竞争环境。改善中小微企业发展生态，放宽小微企业、个体工商户登记经营场所限制，便利各类创业者注册经营、及时享受扶持政策，支持大中小企业融通发展。

## 六、坚持共享发展，提升公共服务保障水平

（十八）提高基本公共服务保障能力。认真总结新冠肺炎疫情防控经验模式，加强公共卫生体系建设，完善公共卫生服务项目，建立公共卫生事业稳定投入机制，完善突发公共卫生事件监测预警处置机制，防范化解重大疫情和突发公共卫生风险，着力补齐公共卫生风险防控和应急管理短板，重点支持早期监测预警能力、应急医疗救治体系、医疗物资储备设施及隔离设施等传染病防治项目建设，加快实施传染病医院、疾控中心标准化建设，提高城乡社区医疗服务能力。推动基本医疗保险信息互联共享，完善住院费用异地直接结算。建立统一的公共就业信息服务平台，加强对重点行业、重点群体就业支持，引导重点就业群体跨地区就业，促进多渠道灵活就业。支持农民工、高校毕业生和退役军人等人员返乡入乡就业创业。合理提高孤儿基本生活费、事实无人抚养儿童基本生活补贴标准，推动儿童福利机构优化提质和转型发展。完善农村留守老人关爱服务工作体系，健全农村养老服务设施。建立健全基本公共服务标准体系并适时进行动态调整。推动居住证制度覆盖全部未落户城镇常住人口，完善以居住证为载体的随迁子女就学、住房保障等公共服务政策。

（十九）增加高品质公共服务供给。加快推进世界一流大学和一流学科建设，支持国内一流科研机构在中部地区设立分支机构，鼓励国外著名高校在中部地区开展合作办学。大力开展职业技能培训，加快高水平高职学校和专业建设，打造一批示范性职业教育集团（联盟），支持中部省份共建共享一批产教融合实训基地。支持建设若干区域医疗中心，鼓励国内外大型综合性医疗机构依法依规在中部地区设立分支机构。支持县级医院与乡镇（社区）医疗机构建立医疗联合体，提升基层医疗机构服务水平。条件成熟时在中部地区设立药品、医疗器械审评分中心，加快创新药品、医疗器械审评审批进程。深入挖掘和利用地方特色文化资源，打响中原文化、楚文化、三晋文化品牌。传承和弘扬赣南等原中央苏区，井冈山、大别山等革命老区红色文化，打造爱国主义教育基地和红色旅游目的地。积极发展文化创意、广播影视、

动漫游戏、数字出版等产业，推进国家文化与科技融合示范基地、国家级文化产业示范园区建设，加快建设景德镇国家陶瓷文化传承创新试验区。加大对足球场地等体育设施建设支持力度。

（二十）加强和创新社会治理。完善突发事件监测预警、应急响应平台和决策指挥系统，建设区域应急救援平台和区域保障中心，提高应急物资生产、储备和调配能力。依托社会管理信息化平台，推动政府部门业务数据互联共享，打造智慧城市、智慧社区。推进城市社区网格化管理，推动治理重心下移，实现社区服务规范化、全覆盖。完善村党组织领导乡村治理的体制机制，强化村级组织自治功能，全面实施村级事务阳光工程。全面推进“一区一警、一村一辅警”建设，打造平安社区、平安乡村。加强农村道路交通安全监督管理。加强农村普法教育和法律援助，依法解决农村社会矛盾。

（二十一）实现巩固拓展脱贫攻坚成果同乡村振兴有效衔接。聚焦赣南等原中央苏区、大别山区、太行山区、吕梁山区、罗霄山区、武陵山区等地区，健全防止返贫监测和帮扶机制，保持主要帮扶政策总体稳定，实施帮扶对象动态管理，防止已脱贫人口返贫。进一步改善基础设施和市场环境，因地制宜推动特色产业可持续发展。

## 七、完善促进中部地区高质量发展政策措施

（二十二）建立健全支持政策体系。确保支持湖北省经济社会发展的一揽子政策尽快落实到位，支持保就业、保民生、保运转，促进湖北经济社会秩序全面恢复。中部地区欠发达县（市、区）继续比照实施西部大开发有关政策，老工业基地城市继续比照实施振兴东北地区等老工业基地有关政策，并结合实际调整优化实施范围和有关政策内容。对重要改革开放平台建设用地实行计划指标倾斜，按照国家统筹、地方分担原则，优先保障先进制造业、跨区域基础设施等重大项目新增建设用地指标。鼓励人才自由流动，实行双向挂职、短期工作、项目合作等灵活多样的人才柔性流动政策，推进人力资源信息共享和服务政策有机衔接，吸引各类专业人才到中部地区就业、创业。允许中央企事业单位专业技术人员和管理人才按有关规定在中部地区兼职并取得合法报酬，鼓励地方政府设立人才引进专项资金，实行专业技术人才落户“零门槛”。

（二十三）加大财税金融支持力度。中央财政继续加大对中部地区转移支付力度，支持中部地区提高基本公共服务保障水平，在风险可控前提下适当增加省级政府地方政府债券分配额度。全面实施工业企业技术改造综合奖补政策，对在投资总额内进口的自用设备按现行规定免征关税。积极培育区域性股权交易市场，支持鼓励类产业企业上市融资，支持符合条件的企业通过债券市场直接融资，引导各类金融机构加强对中部地区的支持，加大对重点领域和薄弱环节信贷支持力度，提升金融服务质效，增强金融普惠性。

## 八、认真抓好组织实施

（二十四）加强组织领导。坚持和加强党的全面领导，把党的领导贯穿推动中部地区加快崛起的全过程。山西、安徽、江西、河南、湖北、湖南等中部六省要增强“四个意识”、坚定“四个自信”、做到“两个维护”，落实主体责任，完善推进机制，加强工作协同，深化相互合作，确保党中央、国务院决策部署落地见效。

（二十五）强化协调指导。中央有关部门要按照职责分工，密切与中部六省沟通衔接，在规划编制和重大政策制定、项目安排、改革创新等方面予以积极支持。国家促进中部地区崛起工作办公室要加强统筹指导，协调解决本意见实施中面临的突出问题，强化督促和实施效果评估。本意见实施涉及的重要规划、重点政策、重大项目要按规定程序报批。重大事项及时向党中央、国务院请示报告。

来源：新华网

# 中共中央 国务院印发《知识产权强国建设纲要（2021— 2035年）》

发布时间：2021年9月22日

近日，中共中央、国务院印发了《知识产权强国建设纲要（2021—2035 年）》，并发出通知，要求各地区各部门结合实际认真贯彻落实。

《知识产权强国建设纲要（2021—2035 年）》主要内容如下：

为统筹推进知识产权强国建设，全面提升知识产权创造、运用、保护、管理和服务水平，充分发挥知识产权制度在社会主义现代化建设中的重要作用，制定本纲要。

## 一、战略背景

党的十八大以来，在以习近平同志为核心的党中央坚强领导下，我国知识产权事业发展取得显著成效，知识产权法规制度体系逐步完善，核心专利、知名品牌、精品版权、优良植物新品种、优质地理标志、高水平集成电路布图设计等高价值知识产权拥有量大幅增加，商业秘密保护不断加强，遗传资源、传统知识和民间文艺的利用水平稳步提升，知识产权保护效果、运用效益和国际影响力显著提升，全社会知识产权意识大幅提高，涌现出一批知识产权竞争力较强的市场主体，走出了一条中国特色知识产权发展之路，有力保障创新型国家建设和全面建成小康社会目标的实现。

进入新发展阶段，推动高质量发展是保持经济持续健康发展的必然要求，创新是引领发展的第一动力，知识产权作为国家发展战略性资源和国际竞争力核心要素的作用更加凸显。实施知识产权强国战略，回应新技术、新经济、新形势对知识产权制度变革提出的挑战，加快推进知识产权改革发展，协调好政府与市场、国内与国际，以及知识产权数量与质量、需求与供给的联动关系，全面提升我国知识产权综合实力，大力激发全社会创新活力，建设中国特色、世界水平的知识产权强国，对于提升国家核心竞争力，扩大高水平对外开放，实现更高质量、更有效率、更加公平、更可持续、更为安全的发展，满足人民日益增长的美好生活需要，具有重要意义。

## 二、总体要求

（一）指导思想。坚持以习近平新时代中国特色社会主义思想为指导，全面贯彻党的十九大和十九届二中、三中、四中、五中全会精神，紧紧围绕统筹推进“五位一体”总体布局和协调推进“四个全面”战略布局，坚持稳中求进工作总基调，以推动高质量发展为主题，以深化供给侧结构性改革为主线，以改革创新为根本动力，以满足人民日益增长的美好生活需要为根本目的，立足新发展阶段，贯彻新发展理念，构建新发展格局，牢牢把握加强知识产权保护是完善产权保护制度最重要的内容和提高国家经济竞争力最大的激励，打通知识产权创造、运用、保护、管理和服务全链条，更大力度加强知识产权保护国际合作，建设制度完善、保护严格、运行高效、服务便捷、文化自觉、开放共赢的知识产权强国，为建设创新型国家和社会主义现代化强国提供坚实保障。

（二）工作原则

——法治保障，严格保护。落实全面依法治国基本方略，严格依法保护知识产权，切实维护社会公平正义和权利人合法权益。

——改革驱动，质量引领。深化知识产权领域改革，构建更加完善的要素市场化配置体制机制，更好发挥知识产权制度激励创新的基本保障作用，为高质量发展提供源源不断的动力。

——聚焦重点，统筹协调。坚持战略引领、统筹规划，突出重点领域和重大需求，推动知识产权与经济、科技、文化、社会等各方面深度融合发展。

——科学治理，合作共赢。坚持人类命运共同体理念，以国际视野谋划和推动知识产权改革发展，推动构建开放包容、平衡普惠的知识产权国际规则，让创新创造更多惠及各国人民。

（三）发展目标

到 2025 年，知识产权强国建设取得明显成效，知识产权保护更加严格，社会满意度达到并保持较高水平，知识产权市场价值进一步凸显，品牌竞争力大幅提升，专利密集型产业增加值占 GDP 比重达到 13%，版权产业增加值占 GDP 比重达到 7.5%，知识产权使用费年进出口总额达到 3 500 亿元，每万人口高价值发明专利拥有量达到 12 件（上述指标均为预期性指标）。

到 2035 年，我国知识产权综合竞争力跻身世界前列，知识产权制度系统完备，知识产权促进创新创业蓬勃发展，全社会知识产权文化自觉基本形成，全方位、多层次参与知识产权全球治理的国际合作格局基本形成，中国特色、世界水平的知识产权强国基本建成。

## 三、建设面向社会主义现代化的知识产权制度

（四）构建门类齐全、结构严密、内外协调的法律体系。开展知识产权基础性法律研究，做好专门法律法规之间的衔接，增强法律法规的适用性和统一性。根据实际及时修改专利法、商标法、著作权法和植物新品种保护条例，探索制定地理标志、外观设计等专门法律法规，健全专门保护与商标保护相互协调的统一地理标志保护制度，完善集成电路布图设计法规。制定修改强化商业秘密保护方面的法律法规，完善规制知识产权滥用行为的法律制度以及与知识产权相关的反垄断、反不正当竞争等领域立法。修改科学技术进步法。结合有关诉讼法的修改及贯彻落实，研究建立健全符合知识产权审判规律的特别程序法律制度。加快大数据、人工智能、基因技术等新领域新业态知识产权立法。适应科技进步和经济社会发展形势需要，依法及时推动知识产权法律法规立改废释，适时扩大保护客体范围，提高保护标准，全面建立并实施侵权惩罚性赔偿制度，加大损害赔偿力度。

（五）构建职责统一、科学规范、服务优良的管理体制。持续优化管理体制机制，加强中央在知识产权保护的宏观管理、区域协调和涉外事宜统筹等方面事权，不断加强机构建设，提高管理效能。围绕国家区域协调发展战略，制定实施区域知识产权战略，深化知识产权强省强市建设，促进区域知识产权协调发展。实施一流专利商标审查机构建设工程，建立专利商标审查官制度，优化专利商标审查协作机制，提高审查质量和效率。构建政府监管、社会监督、行业自律、机构自治的知识产权服务业监管体系。

（六）构建公正合理、评估科学的政策体系。坚持严格保护的政策导向，完善知识产权权益分配机制，健全以增加知识价值为导向的分配制度，促进知识产权价值实现。完善以强化保护为导向的专利商标审查政策。健全著作权登记制度、网络保护和交易规则。完善知识产权审查注册登记政策调整机制，建立审查动态管理机制。建立健全知识产权政策合法性和公平竞争审查制度。建立知识产权公共政策评估机制。

（七）构建响应及时、保护合理的新兴领域和特定领域知识产权规则体系。建立健全新技术、新产业、新业态、新模式知识产权保护规则。探索完善互联网领域知识产权保护制度。研究构建数据知识产权保护规则。完善开源知识产权和法律体系。研究完善算法、商业方法、人工智能产出物知识产权保护规则。加强遗传资源、传统知识、民间文艺等获取和惠益分享制度建设，加强非物质文化遗产的搜集整理和转化利用。推动中医药传统知识保护与现代知识产权制度有效衔接，进一步完善中医药知识产权综合保护体系，建立中医药专利特别审查和保护机制，促进中医药传承创新发展。

**四、建设支撑国际一流营商环境的知识产权保护体系**

（八）健全公正高效、管辖科学、权界清晰、系统完备的司法保护体制。实施高水平知识产权审判机构建设工程，加强审判基础、体制机制和智慧法院建设。健全知识产权审判组织，优化审判机构布局，完善上诉审理机制，深入推进知识产权民事、刑事、行政案件“三合一”审判机制改革，构建案件审理专门化、管辖集中化和程序集约化的审判体系。加强知识产权法官的专业化培养和职业化选拔，加强技术调查官队伍建设，确保案件审判质效。积极推进跨区域知识产权远程诉讼平台建设。统一知识产权司法裁判标准和法律适用，完善裁判规则。加大刑事打击力度，完善知识产权犯罪侦查工作制度。修改完善知识产权相关司法解释，配套制定侵犯知识产权犯罪案件立案追诉标准。加强知识产权案件检察监督机制建设，加强量刑建议指导和抗诉指导。

（九）健全便捷高效、严格公正、公开透明的行政保护体系。依法科学配置和行使有关行政部门的调查权、处罚权和强制权。建立统一协调的执法标准、证据规则和案例指导制度。大力提升行政执法人员专业化、职业化水平，探索建立行政保护技术调查官制度。建设知识产权行政执法监管平台，提升执法监管现代化、智能化水平。建立完善知识产权侵权纠纷检验鉴定工作体系。发挥专利侵权纠纷行政裁决制度作用，加大行政裁决执行力度。探索依当事人申请的知识产权纠纷行政调解协议司法确认制度。完善跨区域、跨部门执法保护协作机制。建立对外贸易知识产权保护调查机制和自由贸易试验区知识产权保护专门机制。强化知识产权海关保护，推进国际知识产权执法合作。

（十）健全统一领导、衔接顺畅、快速高效的协同保护格局。坚持党中央集中统一领导，实现政府履职尽责、执法部门严格监管、司法机关公正司法、市场主体规范管理、行业组织自律自治、社会公众诚信守法的知识产权协同保护。实施知识产权保护体系建设工程。明晰行政机关与司法机关的职责权限和管辖范围，健全知识产权行政保护与司法保护衔接机制，形成保护合力。建立完善知识产权仲裁、调解、公证、鉴定和维权援助体系，加强相关制度建设。健全知识产权信用监管体系，加强知识产权信用监管机制和平台建设，依法依规对知识产权领域严重失信行为实施惩戒。完善著作权集体管理制度，加强对著作权集体管理组织的支持和监管。实施地理标志保护工程。建设知识产权保护中心网络和海外知识产权纠纷应对指导中心网络。建立健全海外知识产权预警和维权援助信息平台。

**五、建设激励创新发展的知识产权市场运行机制**

（十一）完善以企业为主体、市场为导向的高质量创造机制。以质量和价值为标准，改革完善知识产权考核评价机制。引导市场主体发挥专利、商标、版权等多种类型知识产权组合效应，培育一批知识产权竞争力强的世界一流企业。深化实施中小企业知识产权战略推进工程。优化国家科技计划项目的知识产权管理。围绕生物育种前沿技术和重点领域，加快培育一批具有知识产权的优良植物新品种，提高授权品种质量。

（十二）健全运行高效顺畅、价值充分实现的运用机制。加强专利密集型产业培育，建立专利密集型产业调查机制。积极发挥专利导航在区域发展、政府投资的重大经济科技项目中的作用，大力推动专利导航在传统优势产业、战略性新兴产业、未来产业发展中的应用。改革国有知识产权归属和权益分配机制，扩大科研机构和高校知识产权处置自主权。建立完善财政资助科研项目形成知识产权的声明制度。建立知识产权交易价格统计发布机制。推进商标品牌建设，加强驰名商标保护，发展传承好传统品牌和老字号，大力培育具有国际影响力的知名商标品牌。发挥集体商标、证明商标制度作用，打造特色鲜明、竞争力强、市场信誉好的产业集群品牌和区域品牌。推动地理标志与特色产业发展、生态文明建设、历史文化传承以及乡村振兴有机融合，提升地理标志品牌影响力和产品附加值。实施地理标志农产品保护工程。深入开展知识产权试点示范工作，推动企业、高校、科研机构健全知识产权管理体系，鼓励高校、科研机构建立专业化知识产权转移转化机构。

（十三）建立规范有序、充满活力的市场化运营机制。提高知识产权代理、法律、信息、咨询等服务水平，支持开展知识产权资产评估、交易、转化、托管、投融资等增值服务。实施知识产权运营体系建设工程，打造综合性知识产权运营服务枢纽平台，建设若干聚焦产业、带动区域的运营平台，培育国际化、市场化、专业化知识产权服务机构，开展知识产权服务业分级分类评价。完善无形资产评估制度，形成激励与监管相协调的管理机制。积极稳妥发展知识产权金融，健全知识产权质押信息平台，鼓励开展各类知识产权混合质押和保险，规范探索知识产权融资模式创新。健全版权交易和服务平台，加强作品资产评估、登记认证、质押融资等服务。开展国家版权创新发展建设试点工作。打造全国版权展会授权交易体系。

## 六、建设便民利民的知识产权公共服务体系

（十四）加强覆盖全面、服务规范、智能高效的公共服务供给。实施知识产权公共服务智能化建设工程，完善国家知识产权大数据中心和公共服务平台，拓展各类知识产权基础信息开放深度、广度，实现与经济、科技、金融、法律等信息的共享融合。深入推进“互联网+”政务服务，充分利用新技术建设智能化专利商标审查和管理系统，优化审查流程，实现知识产权政务服务“一网通办”和“一站式”服务。完善主干服务网络，扩大技术与创新支持中心等服务网点，构建政府引导、多元参与、互联共享的知识产权公共服务体系。加强专业便捷的知识产权公共咨询服务，健全中小企业和初创企业知识产权公共服务机制。完善国际展会知识产权服务机制。

（十五）加强公共服务标准化、规范化、网络化建设。明晰知识产权公共服务事项和范围，制定公共服务事项清单和服务标准。统筹推进分级分类的知识产权公共服务机构建设，大力发展高水平的专门化服务机构。有效利用信息技术、综合运用线上线下手段，提高知识产权公共服务效率。畅通沟通渠道，提高知识产权公共服务社会满意度。

（十六）建立数据标准、资源整合、利用高效的信息服务模式。加强知识产权数据标准制定和数据资源供给，建立市场化、社会化的信息加工和服务机制。规范知识产权数据交易市场，推动知识产权信息开放共享，处理好数据开放与数据隐私保护的关系，提高传播利用效率，充分实现知识产权数据资源的市场价值。推动知识产权信息公共服务和市场化服务协调发展。加强国际知识产权数据交换，提升运用全球知识产权信息的能力和水平。

## 七、建设促进知识产权高质量发展的人文社会环境

（十七）塑造尊重知识、崇尚创新、诚信守

法、公平竞争的知识产权文化理念。加强教育引导、实践养成和制度保障，培养公民自觉尊重和保护知识产权的行为习惯，自觉抵制侵权假冒行为。倡导创新文化，弘扬诚信理念和契约精神，大力宣传锐意创新和诚信经营的典型企业，引导企业自觉履行尊重和保护知识产权的社会责任。厚植公平竞争的文化氛围，培养新时代知识产权文化自觉和文化自信，推动知识产权文化与法治文化、创新文化和公民道德修养融合共生、相互促进。

（十八）构建内容新颖、形式多样、融合发展的知识产权文化传播矩阵。打造传统媒体和新兴媒体融合发展的知识产权文化传播平台，拓展社交媒体、短视频、客户端等新媒体渠道。创新内容、形式和手段，加强涉外知识产权宣传，形成覆盖国内外的全媒体传播格局，打造知识产权宣传品牌。大力发展国家知识产权高端智库和特色智库，深化理论和政策研究，加强国际学术交流。

（十九）营造更加开放、更加积极、更有活力的知识产权人才发展环境。完善知识产权人才培养、评价激励、流动配置机制。支持学位授权自主审核高校自主设立知识产权一级学科。推进论证设置知识产权专业学位。实施知识产权专项人才培养计划。依托相关高校布局一批国家知识产权人才培养基地，加强相关高校二级知识产权学院建设。加强知识产权管理部门公职律师队伍建设，做好涉外知识产权律师培养和培训工作，加强知识产权国际化人才培养。开发一批知识产权精品课程。开展干部知识产权学习教育。进一步推进中小学知识产权教育，持续提升青少年的知识产权意识。

## 八、深度参与全球知识产权治理

（二十）积极参与知识产权全球治理体系改革和建设。扩大知识产权领域对外开放，完善国际对话交流机制，推动完善知识产权及相关国际贸易、国际投资等国际规则和标准。积极推进与经贸相关的多双边知识产权对外谈判。建设知识产权涉外风险防控体系。加强与各国知识产权审查机构合作，推动审查信息共享。打造国际知识产权诉讼优选地。提升知识产权仲裁国际化水平。鼓励高水平外国机构来华开展知识产权服务。

（二十一）构建多边和双边协调联动的国际合作网络。积极维护和发展知识产权多边合作体系，加强在联合国、世界贸易组织等国际框架和多边机制中的合作。深化与共建“一带一路”国家和地区知识产权务实合作，打造高层次合作平台，推进信息、数据资源项目合作，向共建“一带一路”国家和地区提供专利检索、审查、培训等多样化服务。加强知识产权对外工作力量。积极发挥非政府组织在知识产权国际交流合作中的作用。拓展海外专利布局渠道。推动专利与国际标准制定有效结合。塑造中国商标品牌良好形象，推动地理标志互认互保，加强中国商标品牌和地理标志产品全球推介。

## 九、组织保障

（二十二）加强组织领导。全面加强党对知识产权强国建设工作的领导，充分发挥国务院知识产权战略实施工作部际联席会议作用，建立统一领导、部门协同、上下联动的工作体系，制定实施落实本纲要的年度推进计划。各地区各部门要高度重视，加强组织领导，明确任务分工，建立健全本纲要实施与国民经济和社会发展规划、重点专项规划及相关政策相协调的工作机制，结合实际统筹部署相关任务措施，逐项抓好落实。

（二十三）加强条件保障。完善中央和地方财政投入保障制度，加大对本纲要实施工作的支持。综合运用财税、投融资等相关政策，形成多元化、多渠道的资金投入体系，突出重点，优化结构，保障任务落实。按照国家有关规定，对在知识产权强国建设工作中作出突出贡献的集体和个人给予表彰。

（二十四）加强考核评估。国家知识产权局会同有关部门建立本纲要实施动态调整机制，开展年度监测和定期评估总结，对工作任务落实情况开展督促检查，纳入相关工作评价，重要情况及时按程序向党中央、国务院请示报告。在对党政领导干部和国有企业领导班子考核中，注重考核知识产权相关工作成效。地方各级政府要加大督查考核工作力度，将知识产权强国建设工作纳入督查考核范围。

来源：新华社

# 中共中央 国务院印发《横琴粤澳深度合作区建设总体方案》

发布时间：2021年9月5日

近日，中共中央、国务院印发了《横琴粤澳深度合作区建设总体方案》，并发出通知，要求各地区各部门结合实际认真贯彻落实。

《横琴粤澳深度合作区建设总体方案》全文如下：

习近平总书记强调，建设横琴新区的初心就是为澳门产业多元发展创造条件。新形势下做好横琴粤澳深度合作区开发开放，是深入实施《粤港澳大湾区发展规划纲要》的重点举措，是丰富“一国两制”实践的重大部署，是为澳门长远发展注入的重要动力，有利于推动澳门长期繁荣稳定和融入国家发展大局。为全面贯彻落实习近平总书记关于粤澳合作开发横琴的重要指示精神，支持横琴粤澳深度合作区（以下简称合作区）发展，制定本方案。

## 一、总体要求

（一）发展基础。横琴地处珠海南端，与澳门一水一桥之隔，具有粤澳合作的先天优势，是促进澳门经济适度多元发展的重要平台。2009年党中央、国务院决定开发横琴以来，在各方共同努力下，横琴经济社会发展取得显著成绩，基础设施逐步完善，制度创新深入推进，对外开放水平不断提高，地区生产总值和财政收入快速增长。同时，横琴实体经济发展还不充分，服务澳门特征还不够明显，与澳门一体化发展还有待加强，促进澳门产业多元发展任重道远。

（二）指导思想。以习近平新时代中国特色社会主义思想为指导，全面贯彻党的十九大和十九届二中、三中、四中、五中全会精神，立足新发展阶段，贯彻新发展理念，构建新发展格局，紧紧围绕促进澳门经济适度多元发展，坚持“一国两制”、依法办事，坚持解放思想、改革创新，坚持互利合作、开放包容，创新完善政策举措，丰富拓展合作内涵，以更加有力的开放举措统筹推进粤澳深度合作，大力发展促进澳门经济适度多元的新产业，加快建设便利澳门居民生活就业的新家园，着力构建与澳门一体化高水平开放的新体系，不断健全粤澳共商共建共管共享的新体制，支持澳门更好融入国家发展大局，为澳门“一国两制”实践行稳致远注入新动能。

（三）合作区范围。合作区实施范围为横琴岛“一线”和“二线”之间的海关监管区域，总面积约106平方公里。其中，横琴与澳门特别行政区之间设为“一线”；横琴与中华人民共和国关境内其他地区（以下简称内地）之间设为“二线”。

根据横琴全岛客观现实情况，对合作区进行分区分类施策管理。澳门大学横琴校区和横琴口岸澳门管辖区，由全国人大常委会授权澳门特别行政区政府管理，适用澳门有关制度和规定，与其他区域物理围网隔离；粤澳双方共商共建共管共享区域采用电子围网监管和目录清单方式，对符合条件的市场主体，实施特殊政策。

（四）战略定位。

——促进澳门经济适度多元发展的新平台。

立足粤澳资源禀赋和发展基础，围绕澳门产业多元发展主攻方向，加强政策扶持，大力发展新技术、新产业、新业态、新模式，为澳门长远发展注入新动力。

——便利澳门居民生活就业的新空间。推动合作区深度对接澳门公共服务和社会保障体系，为澳门居民在合作区学习、就业、创业、生活提供更加便利的条件，营造趋同澳门的宜居宜业生活环境。

——丰富“一国两制”实践的新示范。坚守“一国”之本，善用“两制”之利，立足合作区分线管理的特殊监管体制和发展基础，率先在改革开放重要领域和关键环节大胆创新，推进规则衔接、机制对接，打造具有中国特色、彰显“两制”优势的区域开发示范，加快实现与澳门一体化发展。

——推动粤港澳大湾区建设的新高地。充分挖掘粤港澳大湾区制度创新潜力，用足用好澳门自由港和珠海经济特区的有利因素，加快提升合作区综合实力和竞争力，有力支撑澳门—珠海极点对粤港澳大湾区的引领作用，辐射带动珠江西岸地区加快发展。

（五）发展目标。到 2024 年澳门回归祖国 25 周年时，粤澳共商共建共管共享体制机制运作顺畅，创新要素明显集聚，特色产业加快发展，公共服务和社会保障体系与澳门有序衔接，在合作区居住、就业的澳门居民大幅增加，琴澳一体化发展格局初步建立，促进澳门经济适度多元发展的支撑作用初步显现。

到 2029 年澳门回归祖国 30 周年时，合作区与澳门经济高度协同、规则深度衔接的制度体系全面确立，各类要素跨境流动高效便捷，特色产业发展形成规模，公共服务和社会保障体系更加完善，琴澳一体化发展水平进一步提升，促进澳门经济适度多元发展取得显著成效。

到 2035 年，“一国两制”强大生命力和优越性全面彰显，合作区经济实力和科技竞争力大幅提升，公共服务和社会保障体系高效运转，琴澳一体化发展体制机制更加完善，促进澳门经济适度多元发展的目标基本实现。

## 二、发展促进澳门经济适度多元的新产业

（六）发展科技研发和高端制造产业。布局建设一批发展急需的科技基础设施，组织实施国际大科学计划和大科学工程，高标准建设澳门大学、澳门科技大学等院校的产学研示范基地，构建技术创新与转化中心，推动合作区打造粤港澳大湾区国际科技创新中心的重要支点。大力发展集成电路、电子元器件、新材料、新能源、大数据、人工智能、物联网、生物医药产业。加快构建特色芯片设计、测试和检测的微电子产业链。建设人工智能协同创新生态，打造互联网协议第六版（IPv6）应用示范项目、第五代移动通信（5G）应用示范项目和下一代互联网产业集群。

（七）发展中医药等澳门品牌工业。着眼建设世界一流中医药生产基地和创新高地，优化粤澳合作中医药科技产业园发展路径，以国家中医药服务出口基地为载体，发展中医药服务贸易，建立具有自主知识产权和中国特色的医药创新研发与转化平台。对在澳门审批和注册、在合作区生产的中医药产品、食品及保健品，允许使用“澳门监造”、“澳门监制”或“澳门设计”标志。研究简化澳门外用中成药在粤港澳大湾区内地上市审批流程，探索允许在内地已获上市许可的澳门中药在粤港澳大湾区内地生产，对澳门研制符合规定的新药实施优先审评审批。支持发展毛坯钻石加工，打造世界级毛坯钻石、宝石交易中心。

（八）发展文旅会展商贸产业。高水平建设横琴国际休闲旅游岛，支持澳门世界旅游休闲中心建设，在合作区大力发展休闲度假、会议展览、体育赛事观光等旅游产业和休闲养生、康复医疗等大健康产业。加强对周边海岛旅游资源的开发利用，推动粤港澳游艇自由行。支持粤澳两地研究举办国际高品质消费博览会暨世界湾区论坛，打造具有国际影响力的展会平台。允许在合作区内与澳门联合举办跨境会展

过程中，为会展工作人员、专业参展人员和持有展会票务证明的境内外旅客依规办理多次出入境有效签证（注），在珠海、澳门之间可通过横琴口岸多次自由往返。支持粤澳合作建设高品质进口消费品交易中心，构建高品质消费品交易产业生态。建设中葡国际贸易中心和数字贸易国际枢纽港，推动传统贸易数字化转型。

（九）发展现代金融产业。充分发挥澳门对接葡语国家的窗口作用，支持合作区打造中国—葡语国家金融服务平台。鼓励社会资本按照市场化原则设立多币种创业投资基金、私募股权投资基金，吸引外资加大对合作区高新技术产业和创新创业支持力度。支持在合作区开展跨境人民币结算业务，鼓励和支持境内外投资者在跨境创业投资及相关投资贸易中使用人民币。支持澳门在合作区创新发展财富管理、债券市场、融资租赁等现代金融业。支持合作区对澳门扩大服务领域开放，降低澳资金融机构设立银行、保险机构准入门槛。支持在合作区开展跨境机动车保险、跨境商业医疗保险、信用证保险等业务。

（十）完善企业所得税优惠政策。对合作区符合条件的产业企业减按 15% 的税率征收企业所得税，将有利于澳门经济适度多元发展的产业全部纳入政策范围。对企业符合条件的资本性支出，允许在支出发生当期一次性税前扣除或加速折旧和摊销。对在合作区设立的旅游业、现代服务业、高新技术产业企业新增境外直接投资取得的所得，免征企业所得税。

（十一）促进境内外人才集聚。制定吸引和集聚国际高端人才的政策措施，大力吸引“高精尖缺”人才，对符合条件的国际高端人才给予进出合作区高度便利，为高端人才在合作区发展提供更加优质服务。对在合作区工作的境内外高端人才和紧缺人才，其个人所得税负超过 15% 的部分予以免征。对享受优惠政策的高端人才和紧缺人才实行清单管理，具体管理办法由粤澳双方研究提出，提请粤港澳大湾区建设领导小组审定。完善外国人才签证政策，便利国际人才参与合作区建设。支持引进世界知名大学。建设国家级海外人才离岸创新创业基地。

## 三、建设便利澳门居民生活就业的新家园

（十二）吸引澳门居民就业创业。允许具有澳门等境外执业资格的金融、建筑、规划、设计等领域专业人才，在符合行业监管要求条件下，经备案后在合作区提供服务，其境外从业经历可视同境内从业经历。支持在合作区采取便利措施，鼓励具有澳门等境外资格的医疗领域专业人才依法取得境内执业资格。高水平打造横琴澳门青年创业谷、中葡青年创新创业基地等一批创客空间、孵化器和科研创新载体，构建全链条服务生态。推动在合作区创新创业就业的澳门青年同步享受粤澳两地的扶持政策。采取多种措施鼓励合作区企业吸纳澳门青年就业。对在合作区工作的澳门居民，其个人所得税负超过澳门税负的部分予以免征。

（十三）加强与澳门社会民生合作。加快推进“澳门新街坊”建设，对接澳门教育、医疗、社会服务等民生公共服务和社会保障体系，有效拓展澳门居民优质生活空间。推动全面放开澳门机动车便利入出合作区。支持澳门医疗卫生服务提供主体以独资、合资或者合作方式设置医疗机构，聚集国际化、专业化医疗服务资源。允许指定医疗机构使用临床急需、已在澳门注册的药品和特殊医学用途配方食品，以及使用临床急需、澳门公立医院已采购使用、具有临床应用先进性（大型医用设备除外）的医疗器械。研究支持粤澳共建区域医疗联合体和区域性医疗中心，增强联合应对公共卫生突发事件能力。建立合作区与澳门社会服务合作机制，促进两地社区治理和服务融合发展。大幅降低并逐步取消合作区与澳门间的手机长途和跨境漫游费。

（十四）推进基础设施互联互通。支持澳门轻轨延伸至合作区与珠海城市轨道线网联通，融入内地轨道交通网。加快推动合作区连通周

边区域的通道建设，有序推进广州至珠海（澳门）高铁、南沙至珠海（中山）城际铁路等项目规划建设。加强合作区与珠海机场、珠海港功能协调和产业联动。

## 四、构建与澳门一体化高水平开放的新体系

（十五）货物“一线”放开、“二线”管住。“一线”放开方面，对合作区与澳门之间经“一线”进出的货物（过境合作区货物除外）继续实施备案管理，进一步简化申报程序和要素。研究调整横琴不予免（保）税货物清单政策，除国家法律、行政法规明确规定不予免（保）税的货物及物品外，其他货物及物品免（保）税进入。“二线”管住方面，从合作区经“二线”进入内地的免（保）税货物，按照进口货物有关规定办理海关手续，征收关税和进口环节税。对合作区内企业生产的不含进口料件或者含进口料件在合作区加工增值达到或超过30%的货物，经“二线”进入内地免征进口关税。从内地经“二线”进入合作区的有关货物视同出口，按现行税收政策规定实行增值税和消费税退税，涉及出口关税应税商品的征收出口关税，并根据需要办理海关手续。研究调整适用退税政策的货物范围，实行负面清单管理。

（十六）人员进出高度便利。“一线”在双方协商一致且确保安全基础上，积极推行合作查验、一次放行通关模式，不断提升通关便利化水平，严格实施卫生检疫和出入境边防检查，对出入境人员携带的行李依法实施监管。加快推进澳门大学横琴校区与横琴口岸的专用通道建设，探索在澳门大学横琴校区与合作区之间建设新型智能化口岸，高度便利澳门大学师生进出合作区。“二线”对人员进出不作限制，对合作区经“二线”进入内地的物品，研究制定相适应的税收政策，按规定进行监管。

（十七）创新跨境金融管理。加强合作区金融市场与澳门、香港离岸金融市场的联动，探索构建电子围网系统，推动合作区金融市场率先高度开放。按照国家统筹规划、服务实体、风险可控、分步推进原则，在合作区内探索跨境资本自由流入流出和推进资本项目可兑换。指导银行提升金融服务水平，进一步推动跨境电商等新型国际贸易结算便利化，实现银行真实性审核从事前审查转为事后核查。在跨境直接投资交易环节，按照准入前国民待遇加负面清单模式简化管理，提高兑换环节登记和兑换便利性，探索适应市场需求新形态的跨境投资管理。在跨境融资领域，探索建立新的外债管理体制，试点合并交易环节外债管理框架，完善企业发行外债备案登记制管理，全面实施全口径跨境融资宏观审慎管理，稳步扩大跨境资产转让范围，提升外债资金汇兑便利化水平。支持符合一定条件的非金融企业，在全口径跨境融资宏观审慎管理框架下，根据实际融资需要自主借用外债，逐步实现合作区非金融企业外债项下完全可兑换。在跨境证券投融资领域，重点服务实体经济投融资需求，扶持合作区具有特色和比较优势的产业发展，并在境外上市、发债等方面给予积极支持，简化汇兑管理。

（十八）建立高度便利的市场准入制度。实施市场准入承诺即入制，严格落实“非禁即入”，在“管得住”前提下，对具有强制性标准的领域，原则上取消许可和审批，建立健全备案制度，市场主体承诺符合相关要求并提交相关材料进行备案，即可开展投资经营活动。不断放宽各类投资者在合作区开展投资贸易的资质要求、持股比例、行业准入等限制。制定出台合作区放宽市场准入特别措施。强化事中事后监管，建立与澳门衔接、国际接轨的监管标准和规范制度。

（十九）促进国际互联网数据跨境安全有序流动。在国家数据跨境传输安全管理制度框架下，开展数据跨境传输安全管理试点，研究建设固网接入国际互联网的绿色通道，探索形成既能便利数据流动又能保障安全的机制。支持珠海、澳门相关高校、科研机构在确保个人信息和重要数据安全前提下，实现科学研究数据跨境互联互通。

## 五、健全粤澳共商共建共管共享的新体制

（二十）建立合作区开发管理机构。在粤港澳大湾区建设领导小组领导下，粤澳双方联合组建合作区管理委员会，在职权范围内统筹决定合作区的重大规划、重大政策、重大项目和重要人事任免。合作区管理委员会实行双主任制，由广东省省长和澳门特别行政区行政长官共同担任，澳门特别行政区委派一名常务副主任，粤澳双方协商确定其他副主任。成员单位包括广东省和澳门特别行政区有关部门、珠海市政府等。

（二十一）组建合作区开发执行机构。合作区管理委员会下设执行委员会，履行合作区的国际推介、招商引资、产业导入、土地开发、项目建设、民生管理等职能。执行委员会主要负责人由澳门特别行政区政府委派，广东省和珠海市派人参加，协助做好涉及广东省事务的协调工作。粤澳双方根据需要组建开发投资公司，配合执行委员会做好合作区开发建设有关工作。

（二十二）做好合作区属地管理工作。合作区上升为广东省管理。成立广东省委和省政府派出机构，集中精力抓好党的建设、国家安全、刑事司法、社会治安等工作，履行好属地管理职能，积极主动配合合作区管理和执行机构推进合作区开发建设。

（二十三）建立合作区收益共享机制。支持粤澳双方探索建立合作区收益共享机制，2024年前投资收益全部留给合作区管理委员会支配，用于合作区开发建设。中央财政对合作区给予补助，补助与合作区吸引澳门企业入驻和扩大就业、增加实体经济产值、支持本方案确定的重点产业等挂钩，补助数额不超过中央财政在合作区的分享税收。

（二十四）建立常态化评估机制。创新合作区国民经济相关数据统计方式，研究编制合作区促进澳门经济适度多元发展的指标体系，全面反映对促进澳门经济适度多元发展的贡献。立足横琴土地开发现状，合作区未来新出让建设用地，应直接服务于支持澳门经济适度多元发展。组织对合作区建设及促进澳门经济适度多元发展成效开展年度评估，评估结果向粤港澳大湾区建设领导小组报告。

## 六、保障措施

（二十五）全面加强合作区党的领导和党的建设。坚持和加强党的全面领导，增强“四个意识”、坚定“四个自信”、做到“两个维护”，把党的领导贯穿合作区开发建设全过程。落实新时代党的建设总要求，把党的政治建设摆在首位，适应合作区开发建设新模式和对外开放新要求，积极创新国际化环境中党的建设工作，把党的政治优势、组织优势转化为合作区全面深化改革和扩大开放的坚强保障。

（二十六）强化法治保障。充分发挥“一国两制”制度优势，在遵循宪法和澳门特别行政区基本法前提下，逐步构建民商事规则衔接澳门、接轨国际的制度体系。研究制定合作区条例，为合作区长远发展提供制度保障。用足用好珠海经济特区立法权，允许珠海立足合作区改革创新实践需要，根据授权对法律、行政法规、地方性法规作变通规定。加强粤澳司法交流协作，建立完善国际商事审判、仲裁、调解等多元化商事纠纷解决机制。研究强化拓展横琴新区法院职能和作用，为合作区建设提供高效便捷的司法服务和保障。

（二十七）加大赋权力度。支持合作区以清单式申请授权方式，在经济管理、营商环境、市场监管等重点领域深化改革、扩大开放。有关改革开放政策措施，涉及需要调整现行法律的，由有关方面按法定程序向全国人大或其常委会提出相关议案，经授权或决定后实施；涉及需要调整现行行政法规的，由有关方面按法定程序提请国务院授权或决定后实施。

（二十八）建立健全风险管理机制。越是开放越要注重安全，强化底线思维，增强风险防范意识，及时研究处置合作区改革开放过程中

的各种风险。综合运用稽查、核查、调查、缉私等监管手段，严厉打击走私等违法犯罪活动。建立反洗钱、反恐怖融资、反逃税金融监测管理体系，构筑金融“防火墙”。财政部、税务总局会同有关部门加强对合作区财税政策执行的监督检查，防止出现违法违规行为。对禁限管制、高风险商品等，依法实施口岸联合查验和入市监管，严守国家安全底线。

（二十九）加强组织实施。在粤港澳大湾区建设领导小组领导下，粤澳双方要切实履行主体责任，加快构建开放共享、运行有效的制度体系和管理机制，高标准、高质量推进合作区建设。合作区管理委员会要抓紧制定实施方案，按规定明确开发管理和执行机构具体组建方案和详细职责分工。按照合作区发展新要求，修编《横琴总体发展规划》。中央和国家机关有关部门要结合自身职能，制定具体措施，加大对合作区建设指导支持力度，把合作区作为本领域深化改革、扩大开放的试验田和先行区。国家发展改革委会同有关部门研究制定合作区鼓励类产业目录。粤港澳大湾区建设领导小组办公室会同有关部门加强统筹协调，及时研究解决合作区建设中遇到的困难和问题，重大事项按程序向党中央、国务院请示报告。

来源：新华社

# 中共中央 国务院关于支持浦东新区高水平改革开放打造社会主义现代化建设引领区的意见

发布时间：2021年4月23日

上海在党和国家工作全局中具有十分重要的地位，浦东开发开放掀开了我国改革开放向纵深推进的崭新篇章。党的十八大以来，在以习近平同志为核心的党中央坚强领导下，浦东取得了举世瞩目的发展成就，为中国特色社会主义制度优势提供了最鲜活的现实明证，为改革开放和社会主义现代化建设提供了最生动的实践写照。在全面建设社会主义现代化国家新征程上，为支持浦东新区高水平改革开放、打造社会主义现代化建设引领区，引领带动上海“五个中心”建设，更好服务全国大局和带动长三角一体化发展战略实施，现提出如下意见：

## 一、总体要求

（一）指导思想。以习近平新时代中国特色社会主义思想为指导，深入贯彻党的十九大和十九届二中、三中、四中、五中全会精神，坚持稳中求进工作总基调，科学把握新发展阶段，坚定不移贯彻新发展理念，服务和融入新发展格局，支持浦东勇于挑最重的担子、啃最硬的骨头，努力成为更高水平改革开放的开路先锋、全面建设社会主义现代化国家的排头兵、彰显“四个自信”的实践范例，更好向世界展示中国理念、中国精神、中国道路。

（二）战略定位。推动浦东高水平改革开放，为更好利用国内国际两个市场两种资源提供重要通道，构建国内大循环的中心节点和国内国际双循环的战略链接，在长三角一体化发展中更好发挥龙头辐射作用，打造全面建设社会主义现代化国家窗口。

——更高水平改革开放的开路先锋。坚持系统观念，加强改革举措的有机衔接和融会贯通，推动各项改革向更加完善的制度靠拢。从要素开放向制度开放全面拓展，率先建立与国际通行规则相互衔接的开放型经济新体制。在浦东全域打造特殊经济功能区，加大开放型经济的风险压力测试。

——自主创新发展的时代标杆。充分发挥新型举国体制的制度优势和超大规模市场优势，找准政府和市场在推动科技创新、提升产业链水平中的着力点，建设国际科技创新中心核心区，增强自主创新能力，强化高端产业引领功能，带动全国产业链升级，提升全球影响力。

——全球资源配置的功能高地。以服务共建“一带一路”为切入点和突破口，积极配置全球资金、信息、技术、人才等要素资源，打造上海国际金融中心、贸易中心、航运中心核心区，强化服务实体经济能力，率先构建高标准国际化经贸规则体系，打造我国深度融入全球经济发展和治理的功能高地。

——扩大国内需求的典范引领。着力创造高品质产品和服务供给，不断提升专业化、品牌化、国际化水平，培育消费新模式新业态，引领带动国内消费升级需求，打造面向全球市场的新品首发地、引领消费潮流的风向标，建设国际消费中心。

——现代城市治理的示范样板。构建系统完备、科学规范、运行有效的城市治理体系，提升治理科学化、精细化、智能化水平，提高应对重大突发事件能力，完善民生发展格局，延续城市特色文化，打造宜居宜业的城市治理样板。

（三）发展目标。到2035年，浦东现代化经济体系全面构建，现代化城区全面建成，现代化治理全面实现，城市发展能级和国际竞争力跃居世界前列。到2050年，浦东建设成为在全球具有强大吸引力、创造力、竞争力、影响力的城市重要承载区，城市治理能力和治理成效的全球典范，社会主义现代化强国的璀璨明珠。

## 二、全力做强创新引擎，打造自主创新新高地

面向世界科技前沿、面向经济主战场、面向国家重大需求、面向人民生命健康，加强基础研究和应用基础研究，打好关键核心技术攻坚战，加速科技成果向现实生产力转化，提升产业链水平，为确保全国产业链供应链稳定多作新贡献。

（四）加快关键技术研发。加快建设张江综合性国家科学中心，聚焦集成电路、生命科学、人工智能等领域，加快推进国家实验室建设，布局和建设一批国家工程研究中心、国家技术创新中心、国家临床医学研究中心等国家科技创新基地。推动超大规模开放算力、智能汽车研发应用创新平台落户。研究对用于临床研究的药品免征进口环节税。允许有条件的医疗机构按照相关要求开展自行研制体外诊断试剂试点。建立企业研发进口微量耗材管理服务平台，在进口许可、通关便利、允许分销等方面研究予以支持。允许浦东认定的研发机构享受进口自用设备免征进口环节税、采购国产设备自用的给予退税政策。积极参与、牵头组织国际大科学计划和大科学工程，开展全球科技协同创新。

（五）打造世界级创新产业集群。在总结中国（上海）自由贸易试验区临港新片区实施经验基础上，研究在浦东特定区域对符合条件的从事集成电路、人工智能、生物医药、民用航空等关键领域核心环节生产研发的企业，自设立之日起5年内减按15%的税率征收企业所得税。在浦东特定区域开展公司型创业投资企业所得税优惠政策试点，在试点期内，对符合条件的公司型创业投资企业按照企业年末个人股东持股比例免征企业所得税，鼓励长期投资，个人股东从该企业取得的股息红利按照规定缴纳个人所得税。同长三角地区产业集群加强分工协作，突破一批核心部件、推出一批高端产品、形成一批中国标准。发展更高能级的总部经济，统筹发展在岸业务和离岸业务，成为全球产业链供应链价值链的重要枢纽。依托长三角产业集群优势，建立一批科技成果转化中试孵化基地。

（六）深化科技创新体制改革。优化创新创业生态环境，疏通基础研究、应用研究和产业化双向链接的快车道。探索中央财政资金、地方资金、社会资本共同参与的重大科技基础设施建设和运行投入机制。支持新型研发机构实施依章程管理、综合预算管理和绩效评价为基础的管理模式。支持高校和科研院所建立专业化技术转移机构。建立高水平的知识产权保护制度，实施更大力度的知识产权侵权惩罚性赔偿制度。支持浦东设立科创板拟上市企业知识产权服务站。允许将科研工艺设备设计费纳入项目总投资，项目建设单位自行承担相关设计工作支出可列支设计费。国家在浦东设立的研发机构可研究适用上海科技体制机制创新相关规定。

## 三、加强改革系统集成，激活高质量发展新动力

聚焦基础性和具有重大牵引作用的改革举措，探索开展综合性改革试点，从事物发展全过程、产业发展全链条、企业发展全生命周期出发谋划设计改革，加强重大制度创新充分联动和衔接配套，推动各方面制度更加完善。

（七）创新政府服务管理方式。加强各部门各领域协同放权、放管衔接、联动服务。探索试点商事登记确认制和市场准营承诺即入制，制定浦东放宽市场准入特别措施清单，深化“一业一证”改革，率先建立行业综合许可和综合监管制度。深化行政体制改革，按程序赋予浦东在统筹使用各类编制资源方面更大自主权。提高专业化精细化管理水平，实行与经济发展水平相适应的薪酬制度。

（八）强化竞争政策基础地位。全面落实外商投资准入前国民待遇加负面清单管理制度。积极稳妥推进具备条件的国有企业混合所有制改革和整合重组。健全以公平为原则的产权保护制度，全面依法平等保护民营经济产权，全面依法平等保护外商投资合法权益，加强反不正当竞争执法，加强企业商业秘密保护。

（九）健全要素市场一体化运行机制。结合国土空间规划编制，优化建设用地结构和布局。在国土空间规划编制完成后，探索按规划期实施的总量管控模式。支持推动在建设用地地上、地表和地下分别设立使用权，探索按照海域的水面、水体、海床、底土分别设立使用权。深化产业用地“标准化”出让方式改革，增加混合产业用地供给，探索不同产业用地类型合理转换。实施以能耗强度为核心、能源消费总量保持适度弹性的用能控制制度。建设国际数据港和数据交易所，推进数据权属界定、开放共享、交易流通、监督管理等标准制定和系统建设。

## 四、深入推进高水平制度型开放，增创国际合作和竞争新优势

着力推动规则、规制、管理、标准等制度型开放，提供高水平制度供给、高质量产品供给、高效率资金供给，更好参与国际合作和竞争。

（十）推进中国（上海）自由贸易试验区及临港新片区先行先试。更好发挥中国（上海）自由贸易试验区及临港新片区“试验田”作用，对标最高标准、最高水平，实行更大程度的压力测试，在若干重点领域率先实现突破，相关成果具备条件后率先在浦东全域推广实施。在浦东开展制度型开放试点，为全国推进制度型开放探索经验。推进海关特殊监管区域建设，支持洋山特殊综合保税区政策在浦东具备条件的海关特殊监管区域的特定区域适用。优化海关特殊监管区域电子账册管理。围绕战略性新兴产业领域并根据企业实际需要，在中国（上海）自由贸易试验区临港新片区探索创新监管安排，具备条件的可享受洋山特殊综合保税区的通关便利化相关政策。加强商事争端等领域与国际通行规则接轨。允许境外服务提供商在满足境内监管要求条件下，以跨境交付或自然人移动的方式提供更多跨境专业服务。支持浦东商业银行机构对诚信合规企业自主优化离岸转手买卖业务审核流程。在浦东具备条件的区域，研究探索适应境外投资和离岸业务发展的税收政策。在风险可控的前提下，研究探索支持浦东企业服务出口的增值税政策。在监管部门信息共享、风险可控的前提下，推动海关特殊监管区域外的重点企业开展高附加值、高技术含量、符合环保要求“两头在外”的保税维修业务。吸引更多国际经济组织和企业总部在中国（上海）自由贸易试验区落户。在不导致税基侵蚀和利润转移的前提下，探索试点自由贸易账户的税收安排。在洋山特殊综合保税区指定区域探索设立为区内生产经营活动配套服务且不涉及免税、保税、退税货物和物品的消费服务设施，设立保税展示交易平台。

（十一）加快共建辐射全球的航运枢纽。加快同长三角共建辐射全球的航运枢纽，提升整体竞争力和影响力。强化上海港、浦东国际机场与长三角港口群、机场群一体化发展，加强江海陆空铁紧密衔接，探索创新一体化管理体制机制。在洋山港试点实施与国际惯例接轨的船舶登记管理制度。研究在对等条件下，允许洋山港登记的国际航行船舶开展以洋山港为国际中转港的外贸集装箱沿海捎带业务。推动浦

东国际机场与相关国家和地区扩大航权安排，进一步放宽空域管制，扩大空域资源供给。

（十二）建立全球高端人才引进“直通车”制度。率先在浦东实行更加开放更加便利的人才引进政策。进一步研究在浦东投资工作的相关高端人才审核权限下放政策，为引进的“高精尖缺”海外人才提供入出境和停居留便利。逐步放开专业领域境外人才从业限制，对其在浦东完全市场化竞争行业领域从业视同享受国民待遇，建立国际职业资格证书认可清单制度。支持浦东在中国国际进口博览会期间试行更大力度的人员出入境等配套政策，并推动常态化、制度化。

### 五、增强全球资源配置能力，服务构建新发展格局

完善金融市场体系、产品体系、机构体系、基础设施体系，支持浦东发展人民币离岸交易、跨境贸易结算和海外融资服务，建设国际金融资产交易平台，提升重要大宗商品的价格影响力，更好服务和引领实体经济发展。

（十三）进一步加大金融开放力度。支持浦东率先探索资本项目可兑换的实施路径。在浦东支持银行在符合“反洗钱、反恐怖融资、反逃税”和贸易真实性审核的要求下，便利诚信合规企业的跨境资金收付。创新面向国际的人民币金融产品，扩大境外人民币境内投资金融产品范围，促进人民币资金跨境双向流动。研究探索在中国外汇交易中心等开展人民币外汇期货交易试点。推动金融期货市场与股票、债券、外汇、保险等市场合作，共同开发适应投资者需求的金融市场产品和工具。构建与上海国际金融中心相匹配的离岸金融体系，支持浦东在风险可控前提下，发展人民币离岸交易。

（十四）建设海内外重要投融资平台。支持在浦东设立国际金融资产交易平台，试点允许合格境外机构投资者使用人民币参与科创板股票发行交易。支持在浦东开展简化外债登记改革试点。完善外债管理制度，拓展跨境融资空间。推进在沪债券市场基础设施互联互通。加快推进包括银行间与交易所债券市场在内的中国债券市场统一对外开放，进一步便利合格境外机构投资者参与中国债券市场。

（十五）完善金融基础设施和制度。研究在全证券市场稳步实施以信息披露为核心的注册制，在科创板引入做市商制度。发挥上海保险交易所积极作用，打造国际一流再保险中心。支持上海期货交易所探索建立场内全国性大宗商品仓单注册登记中心，开展期货保税仓单业务，并给予或落实配套的跨境金融和税收政策。建设国家级大型场内贵金属储备仓库。建设国际油气交易和定价中心，支持上海石油天然气交易中心推出更多交易品种。构建贸易金融区块链标准体系，开展法定数字货币试点。在总结评估相关试点经验基础上，适时研究在浦东依法依规开设私募股权和创业投资股权份额转让平台，推动私募股权和创业投资股权份额二级交易市场发展。支持在浦东设立国家级金融科技研究机构、金融市场学院。支持建设覆盖全金融市场的交易报告库。

### 六、提高城市治理现代化水平，开创人民城市建设新局面

推动治理手段、治理模式、治理理念创新，加快建设智慧城市，率先构建经济治理、社会治理、城市治理统筹推进和有机衔接的治理体系，把城市建设成为人与人、人与自然和谐共生的美丽家园。

（十六）创新完善城市治理体系。把全生命周期管理理念贯穿城市规划、建设、管理全过程各环节，深入推进城市运行“一网统管”。支持浦东探索与经济社会发展需要相适应的人口管理机制。推动社会治理和资源向基层下沉，强化街道、社区治理服务功能，打通联系服务群众“最后一公里”。

（十七）打造时代特色城市风貌。加强对建筑形体、色彩、体量、高度和空间环境等方面的指导约束。实施旧工业区改造工程，建设

文化创意和休闲消费场所。与老城区联动，统筹推进浦东城市有机更新，加快老旧小区改造，加强历史建筑、文物保护，打造富有中国特色的建筑群，推进与现代化都市有机融合。加强地下空间统筹规划利用，推进海绵城市和综合管廊建设，提升城市气候韧性。

（十八）构建和谐优美生态环境。实行最严格的生态环境保护制度，健全源头预防、过程控制、损害赔偿、责任追究的生态环境保护体系。优化企业生态信息采集和评价标准，构建生态信用体系。深化生态环境保护综合行政执法改革，健全生态环境公益诉讼制度。评估调整黄浦江沿岸和海洋生态保护红线。严格落实垃圾分类和资源化再利用制度。推动绿色低碳出行，发展以网络化轨道交通为主体的公共交通体系。

（十九）提升居民生活品质。与长三角地区统筹布局优质教育、医疗、养老、文化等公共服务资源，增加高质量和国际化教育、医疗等优质资源供给，不断提高公共服务均衡化、优质化水平。建立依据常住人口配置公共服务资源的制度。开展城市居住社区建设补短板行动，改善弄堂环境，加大停车场和充电设施、街心公园等基本服务设施和公共活动空间配套建设力度。弘扬红色文化，发扬海派文化、江南文化，做大做强文创产业。

## 七、提高供给质量，依托强大国内市场优势促进内需提质扩容

加快建设上海国际消费中心城市，培育打响上海服务、上海制造、上海购物、上海文化、上海旅游品牌，以高质量供给适应、引领、创造新需求。

（二十）增加高品质商品和服务供给。发挥浦东先进制造和贸易航运枢纽优势，推动消费平台和流通中心建设。研究探索放宽电信服务、医疗健康等服务消费市场外资准入限制，促进服务供给体系升级。建立完善养老托幼、家政服务、文化旅游等服务性消费标准体系。进一步深化实施境外旅客离境“即买即退”措施。支持在中国国际进口博览会期间举办上海消费促进系列活动。

（二十一）培育绿色健康消费新模式。充实丰富在线医疗、在线文体等线上消费业态，推动线上线下融合消费双向提速。推进终端非接触式智能设施建设和资源共享。建立快速有效的消费者投诉处理机制，对消费新业态实行包容审慎监管。

## 八、树牢风险防范意识，统筹发展和安全

坚持底线思维，建立完善与更大力度改革开放相匹配的风险防控体系，做到防风险与促发展同步部署、同步推进、同步落实，守住不发生系统性风险底线。

（二十二）健全金融风险防控机制。完善现代金融监管体系，建立健全风险监测和评估框架，探索与国际金融体系相适应的包容审慎监管模式。在现行监管框架下，依法开展金融创新试点活动。建立健全跨境资金流动监测预警、宏观审慎评估和协调联动体系。完善企业、政府、第三方专业机构信息共享平台，加大离岸贸易真实性审核力度。

（二十三）完善公共卫生应急管理体系。加大公共卫生应急专用设施建设投入，加强疾病预防控制、监测预警、突发疫情管控、应急物资保障、重大疾病救治、防控救治科研的体系和能力建设。与长三角地区统筹共建公共卫生应急管理体系，健全联防联控、群防群控机制。完善应对重大疫情医疗互助机制，建立长三角地区专家库，建设远程医疗、互联网诊疗平台，推进负压病房等医疗资源共享共用。

（二十四）防范化解安全生产等领域重大风险。建立城市5G安全智慧大脑，健全港口和机场安全、大面积停电、自然灾害等预警机制，强化海上危险化学品运输安全风险防范和应急处置。加强重大风险应急救援专业化队伍建设，提升重大突发事件应对水平。加强网络和信息安全管理制度建设。

### 九、加强组织实施

（二十五）坚持和加强党的全面领导。坚持和加强党对浦东高水平改革开放各领域各方面各环节的领导，提高党把方向、谋大局、定政策、促改革的能力和定力。坚持以党的政治建设为统领，坚持思想建党和制度治党紧密结合，加强党风廉政建设，以一流党建引领浦东发展。以提升组织力为重点，突出政治功能，加强基层党组织建设，引导基层党组织和广大党员在推动浦东高水平改革开放中发挥战斗堡垒作用和先锋模范作用。完善落实精准考核、奖惩分明的激励约束机制，把“三个区分开来”的要求具体化，建立健全干部担当作为的激励和保护机制，大力营造敢担当、勇负责、善创新的良好氛围。

（二十六）强化法治保障。建立完善与支持浦东大胆试、大胆闯、自主改相适应的法治保障体系。比照经济特区法规，授权上海市人民代表大会及其常务委员会立足浦东改革创新实践需要，遵循宪法规定以及法律和行政法规基本原则，制定法规，可以对法律、行政法规、部门规章等作变通规定，在浦东实施。对暂无法律法规或明确规定的领域，支持浦东先行制定相关管理措施，按程序报备实施，探索形成的好经验好做法适时以法规规章等形式固化下来。本意见提出的各项改革措施，凡涉及调整适用现行法律和行政法规的，按法定程序办理。

（二十七）完善实施机制。建立中央统筹、市负总责、浦东抓落实的工作机制。在推动长三角一体化发展领导小组领导下，国家发展改革委统筹协调各方面做好重大规划、重大政策、重大工程研究制定和推进实施工作。中央和国家机关有关部门要按照能放尽放原则赋予浦东更大改革发展权，上海市要加强对浦东的指导服务，浦东新区要进一步强化主体责任，细化落实各项重点任务，在政策举措落地实施中加强统筹衔接，形成政策合力。重大事项及时向党中央、国务院请示报告。

来源：新华社

# 国务院印发关于推进自由贸易试验区贸易投资便利化改革创新若干措施的通知

国发〔2021〕12号

各省、自治区、直辖市人民政府，国务院各部委、各直属机构：

现将《关于推进自由贸易试验区贸易投资便利化改革创新的若干措施》印发给你们，请认真贯彻落实。

国务院

2021年8月2日

（此件公开发布）

关于推进自由贸易试验区贸易投资便利化改革创新的若干措施建设自由贸易试验区（以下简称自贸试验区）是以习近平同志为核心的党中央在新时代推进改革开放的重要战略举措，在我国改革开放进程中具有里程碑意义。为贯彻落实党中央、国务院决策部署，以制度创新为核心，积极发挥改革的突破和先导作用，加快对外开放高地建设，推动加快构建以国内大循环为主体、国内国际双循环相互促进的新发展格局，现就推进自贸试验区贸易投资便利化改革创新提出如下措施：

## 一、加大对港澳投资开放力度

在内地与香港、澳门关于建立更紧密经贸关系的安排（CEPA）框架下，将港澳服务提供者在自贸试验区投资设立旅行社的审批权限由省级旅游主管部门下放至自贸试验区。（商务部、文化和旅游部、国务院港澳办、各自贸试验区所在地省级人民政府按职责分工负责；适用范围：所有自贸试验区，以下除标注适用于特定自贸试验区的措施外，适用范围均为所有自贸试验区）

## 二、放开国际登记船舶法定检验

推进自贸试验区国际登记船舶法定检验放开，制定出台相关管理措施，允许依法获批的境外船舶检验机构对自贸试验区国际登记船舶开展法定检验。（交通运输部负责）

## 三、开展进口贸易创新

支持自贸试验区所在地培育进口贸易促进创新示范区，综合利用提高便利化水平、创新贸易模式、提升公共服务等多种手段，推动进口领域监管制度、商业模式、配套服务等多方面创新。（商务部牵头，有关部门按职责分工负责）

## 四、释放新型贸易方式潜力

支持自贸试验区发展离岸贸易，在符合税制改革方向、不导致税基侵蚀和利润转移的前提下，研究论证企业所得税、印花税相关政策。支持银行探索离岸转手买卖的真实性管理创新，依照展业原则，基于客户信用分类及业务模式提升审核效率，为企业开展真实合规离岸贸易业务提供优质金融服务，提高贸易结算便利化

水平。（财政部、商务部、税务总局、国家外汇局按职责分工负责）

### 五、推进“两头在外”保税维修业务

出台保税维修相关管理规定。支持自贸试验区内企业按照综合保税区维修产品目录开展保税维修业务，由自贸试验区所在地省级人民政府对维修项目进行综合评估、自主支持开展，对所支持项目的监管等事项承担主体责任。（商务部牵头，财政部、生态环境部、海关总署、税务总局按职责分工负责）

### 六、提升医药产品进口便利度

允许具备条件的自贸试验区开展跨境电商零售进口部分药品及医疗器械业务。支持符合条件的自贸试验区增设首次进口药品和生物制品口岸。（财政部、商务部、海关总署、税务总局、国家药监局按职责分工负责）

### 七、推进开放通道建设

在对外航权谈判中，支持自贸试验区所在城市的国际机场利用第五航权，在平等互利的基础上允许外国航空公司承载该城市至第三国的客货业务，积极向外国航空公司推荐并引导申请进入中国市场的外国航空公司执飞该机场。（中国民航局负责）

### 八、加快推进多式联运“一单制”

交通运输管理部门支持自贸试验区试点以铁路运输为主的多式联运“一单制”改革，鼓励自贸试验区制定并推行标准化多式联运运单等单证。加快推进全国多式联运公共信息系统建设，率先实现铁路与港口信息互联互通，进一步明确多式联运电子运单的数据标准、交换规则及参与联运各方的职责范围等。率先在国内陆上公铁联运使用标准化单证，逐步推广到内水陆上多式联运，做好与空运、海运运单的衔接，实现陆海空多式联运运单的统一。（交通运输部、商务部、海关总署、国家铁路局、中国民航局、中国国家铁路集团有限公司按职责分工负责）

### 九、探索赋予多式联运单证物权凭证功能

银行业监督管理机构会同交通运输管理部门、商务主管部门等单位研究出台自贸试验区铁路运输单证融资政策文件，引导和鼓励自贸试验区内市场主体、铁路企业和银行创新陆路贸易融资方式，在风险可控的前提下，开展赋予铁路运输单证物权属性的有益实践探索。通过司法实践积累经验，发布典型案例，条件成熟时形成司法解释，为完善国内相关立法提供支撑，逐步探索铁路运输单证、联运单证实现物权凭证功能。积极研究相关国际规则的修改和制定，推动在国际规则层面解决铁路运单物权凭证问题。（最高人民法院、交通运输部、商务部、人民银行、海关总署、银保监会、国家铁路局、中国国家铁路集团有限公司按职责分工负责）

### 十、进一步丰富商品期货品种

强化自贸试验区与期货交易所的合作，从国内市场需求强烈、对外依存度高、国际市场发展相对成熟的商品入手，上市航运期货等交易新品种。（证监会负责；适用范围：上海、辽宁、河南自贸试验区）

### 十一、加快引入境外交易者参与期货交易

加强自贸试验区内现有期货产品国际交易平台建设，发挥自贸试验区在交割仓库、仓储物流、金融服务等方面的功能，提升大宗商品期货市场对外开放水平。以现货国际化程度较高的已上市成熟品种为载体，加快引入境外交易者，建设以人民币计价、结算的国际大宗商品期货市场，形成境内外交易者共同参与、共同认可、具有广泛代表性的期货价格。在风险可控前提下，优化境外交易者从事期货交易外汇管理的开户、交易、结算和资金存管模式。（证监会牵头，人民银行、国家外汇局按职责分工负责；适用范围：上海、辽宁、河南自贸试验区）

### 十二、完善期货保税交割监管政策

对期货交易所在自贸试验区内的保税监管场所开展期货保税交割业务的货物品种及指定交割仓库实行备案制。对参与保税交割的法检商品，入库时集中检验，进出口报关时采信第三方机构质量、重量检验结果分批放行。（海关总署、证监会按职责分工负责）

### 十三、创新账户体系管理

在自贸试验区开展本外币合一银行账户体系试点，实现本币账户与外币账户在开立、变更和撤销等方面标准、规则和流程统一。（人民银行、国家外汇局按职责分工负责）

### 十四、开展融资租赁公司外债便利化试点

在全口径跨境融资宏观审慎框架下，允许注册在自贸试验区符合条件的融资租赁公司与其下设的特殊目的公司(SPV)共享外债额度。(国家外汇局牵头，银保监会配合)

### 十五、开展知识产权证券化试点

以产业链条或产业集群高价值专利组合为基础，构建底层知识产权资产，在知识产权已确权并能产生稳定现金流的前提下，在符合条件的自贸试验区规范探索知识产权证券化模式。（人民银行、证监会、国家知识产权局按职责分工负责）

### 十六、开展网络游戏属地管理试点

在符合条件的自贸试验区所在地推进网络游戏审核试点工作。（中央宣传部负责）

### 十七、提升航运管理服务效率

将自贸试验区所在省份注册的国内水路运输企业经营的沿海省际客船、危险品船《船舶营业运输证》的配发、换发、补发、注销等管理事项，下放至自贸试验区所在地省级水路运输管理部门负责办理。（交通运输部负责）

### 十八、提高土地资源配置效率

在自贸试验区实行产业链供地，对产业链关键环节、核心项目涉及的多宗土地实行整体供应。支持有关地方在安排土地利用计划时，优先保障自贸试验区建设合理用地需求。（自然资源部负责）

### 十九、完善仲裁司法审查

明确对境外仲裁机构在自贸试验区设立的仲裁业务机构作出的仲裁裁决进行司法审查所涉及的法律适用问题。在认可企业之间约定在内地特定地点、按照特定仲裁规则、由特定人员对有关争议进行仲裁的仲裁协议效力的基础上，进一步明确该裁决在执行时的法律适用问题。支持国际商事争端预防与解决组织在自贸试验区运营，为区内企业提供“事前预防、事中调解、事后解决”全链条商事法律服务。（最高人民法院、司法部、中国贸促会按职责分工负责）

各地区、各部门要以习近平新时代中国特色社会主义思想为指导，深入贯彻党的十九大和十九届二中、三中、四中、五中全会精神，将推进自贸试验区改革开放创新发展列为本地区、本部门的重点工作，加强组织领导，简化各项改革措施落地程序和要求，对确需制定具体意见、办法、细则、方案的，应自本措施印发之日起一年内完成，确保落地见效。各地区、各部门、各自贸试验区要统筹发展和安全，牢固树立总体国家安全观，维护国家核心利益和政治安全，建立健全风险防控制度安排，主动服务大局；要坚持绿色发展，筑牢生态安全屏障。国务院自由贸易试验区工作部际联席会议办公室要切实发挥统筹协调作用，会同成员单位，加强各项改革举措的系统集成、协同高效，不断提高自贸试验区建设质量。各地区、各自贸试验区要承担主体责任，狠抓工作落实，确保各项改革创新举措接得住、落得准、推得开。需调整有关行政法规、国务院文件和部门规章规定的，按法定程序办理。重大事项及时向党中央、国务院请示报告。

来源：中国政府网

# 国务院关于加快建立健全绿色低碳循环发展经济体系的指导意见

国发〔2021〕4号

各省、自治区、直辖市人民政府，国务院各部委、各直属机构：

建立健全绿色低碳循环发展经济体系，促进经济社会发展全面绿色转型，是解决我国资源环境生态问题的基础之策。为贯彻落实党的十九大部署，加快建立健全绿色低碳循环发展的经济体系，现提出如下意见：

## 一、总体要求

（一）指导思想。以习近平新时代中国特色社会主义思想为指导，深入贯彻党的十九大和十九届二中、三中、四中、五中全会精神，全面贯彻习近平生态文明思想，认真落实党中央、国务院决策部署，坚定不移贯彻新发展理念，全方位全过程推行绿色规划、绿色设计、绿色投资、绿色建设、绿色生产、绿色流通、绿色生活、绿色消费，使发展建立在高效利用资源、严格保护生态环境、有效控制温室气体排放的基础上，统筹推进高质量发展和高水平保护，建立健全绿色低碳循环发展的经济体系，确保实现碳达峰、碳中和目标，推动我国绿色发展迈上新台阶。

（二）工作原则。坚持重点突破。以节能环保、清洁生产、清洁能源等为重点率先突破，做好与农业、制造业、服务业和信息技术的融合发展，全面带动一二三产业和基础设施绿色升级。

坚持创新引领。深入推动技术创新、模式创新、管理创新，加快构建市场导向的绿色技术创新体系，推行新型商业模式，构筑有力有效的政策支持体系。

坚持稳中求进。做好绿色转型与经济发展、技术进步、产业接续、稳岗就业、民生改善的有机结合，积极稳妥、韧性持久地加以推进。

坚持市场导向。在绿色转型中充分发挥市场的导向性作用、企业的主体作用、各类市场交易机制的作用，为绿色发展注入强大动力。

（三）主要目标。到2025年，产业结构、能源结构、运输结构明显优化，绿色产业比重显著提升，基础设施绿色化水平不断提高，清洁生产水平持续提高，生产生活方式绿色转型成效显著，能源资源配置更加合理、利用效率大幅提高，主要污染物排放总量持续减少，碳排放强度明显降低，生态环境持续改善，市场导向的绿色技术创新体系更加完善，法律法规政策体系更加有效，绿色低碳循环发展的生产体系、流通体系、消费体系初步形成。到2035年，绿色发展内生动力显著增强，绿色产业规模迈上新台阶，重点行业、重点产品能源资源利用效率达到国际先进水平，广泛形成绿色生产生活方式，碳排放达峰后稳中有降，生态环境根本好转，美丽中国建设目标基本实现。

## 二、健全绿色低碳循环发展的生产体系

（四）推进工业绿色升级。加快实施钢铁、石化、化工、有色、建材、纺织、造纸、皮革等行业绿色化改造。推行产品绿色设计，建设绿色制造体系。大力发展再制造产业，加强再

制造产品认证与推广应用。建设资源综合利用基地，促进工业固体废物综合利用。全面推行清洁生产，依法在“双超双有高耗能”行业实施强制性清洁生产审核。完善“散乱污”企业认定办法，分类实施关停取缔、整合搬迁、整改提升等措施。加快实施排污许可制度。加强工业生产过程中危险废物管理。

（五）加快农业绿色发展。鼓励发展生态种植、生态养殖，加强绿色食品、有机农产品认证和管理。发展生态循环农业，提高畜禽粪污资源化利用水平，推进农作物秸秆综合利用，加强农膜污染治理。强化耕地质量保护与提升，推进退化耕地综合治理。发展林业循环经济，实施森林生态标志产品建设工程。大力推进农业节水，推广高效节水技术。推行水产健康养殖。实施农药、兽用抗菌药使用减量和产地环境净化行动。依法加强养殖水域滩涂统一规划。完善相关水域禁渔管理制度。推进农业与旅游、教育、文化、健康等产业深度融合，加快一二三产业融合发展。

（六）提高服务业绿色发展水平。促进商贸企业绿色升级，培育一批绿色流通主体。有序发展出行、住宿等领域共享经济，规范发展闲置资源交易。加快信息服务业绿色转型，做好大中型数据中心、网络机房绿色建设和改造，建立绿色运营维护体系。推进会展业绿色发展，指导制定行业相关绿色标准，推动办展设施循环使用。推动汽修、装修装饰等行业使用低挥发性有机物含量原辅材料。倡导酒店、餐饮等行业不主动提供一次性用品。

（七）壮大绿色环保产业。建设一批国家绿色产业示范基地，推动形成开放、协同、高效的创新生态系统。加快培育市场主体，鼓励设立混合所有制公司，打造一批大型绿色产业集团；引导中小企业聚焦主业增强核心竞争力，培育“专精特新”中小企业。推行合同能源管理、合同节水管理、环境污染第三方治理等模式和以环境治理效果为导向的环境托管服务。进一步放开石油、化工、电力、天然气等领域节能环保竞争性业务，鼓励公共机构推行能源托管服务。适时修订绿色产业指导目录，引导产业发展方向。

（八）提升产业园区和产业集群循环化水平。科学编制新建产业园区开发建设规划，依法依规开展规划环境影响评价，严格准入标准，完善循环产业链条，推动形成产业循环耦合。推进既有产业园区和产业集群循环化改造，推动公共设施共建共享、能源梯级利用、资源循环利用和污染物集中安全处置等。鼓励建设电、热、冷、气等多种能源协同互济的综合能源项目。鼓励化工等产业园区配套建设危险废物集中贮存、预处理和处置设施。

（九）构建绿色供应链。鼓励企业开展绿色设计、选择绿色材料、实施绿色采购、打造绿色制造工艺、推行绿色包装、开展绿色运输、做好废弃产品回收处理，实现产品全周期的绿色环保。选择100家左右积极性高、社会影响大、带动作用强的企业开展绿色供应链试点，探索建立绿色供应链制度体系。鼓励行业协会通过制定规范、咨询服务、行业自律等方式提高行业供应链绿色化水平。

## 三、健全绿色低碳循环发展的流通体系

（十）打造绿色物流。积极调整运输结构，推进铁水、公铁、公水等多式联运，加快铁路专用线建设。加强物流运输组织管理，加快相关公共信息平台建设和信息共享，发展甩挂运输、共同配送。推广绿色低碳运输工具，淘汰更新或改造老旧车船，港口和机场服务、城市物流配送、邮政快递等领域要优先使用新能源或清洁能源汽车；加大推广绿色船舶示范应用力度，推进内河船型标准化。加快港口岸电设施建设，支持机场开展飞机辅助动力装置替代设备建设和应用。支持物流企业构建数字化运营平台，鼓励发展智慧仓储、智慧运输，推动建立标准化托盘循环共用制度。

（十一）加强再生资源回收利用。推进垃圾分类回收与再生资源回收“两网融合”，鼓励地

方建立再生资源区域交易中心。加快落实生产者责任延伸制度，引导生产企业建立逆向物流回收体系。鼓励企业采用现代信息技术实现废物回收线上与线下有机结合，培育新型商业模式，打造龙头企业，提升行业整体竞争力。完善废旧家电回收处理体系，推广典型回收模式和经验做法。加快构建废旧物资循环利用体系，加强废纸、废塑料、废旧轮胎、废金属、废玻璃等再生资源回收利用，提升资源产出率和回收利用率。

（十二）建立绿色贸易体系。积极优化贸易结构，大力发展高质量、高附加值的绿色产品贸易，从严控制高污染、高耗能产品出口。加强绿色标准国际合作，积极引领和参与相关国际标准制定，推动合格评定合作和互认机制，做好绿色贸易规则与进出口政策的衔接。深化绿色“一带一路”合作，拓宽节能环保、清洁能源等领域技术装备和服务合作。

## 四、健全绿色低碳循环发展的消费体系

（十三）促进绿色产品消费。加大政府绿色采购力度，扩大绿色产品采购范围，逐步将绿色采购制度扩展至国有企业。加强对企业和居民采购绿色产品的引导，鼓励地方采取补贴、积分奖励等方式促进绿色消费。推动电商平台设立绿色产品销售专区。加强绿色产品和服务认证管理，完善认证机构信用监管机制。推广绿色电力证书交易，引领全社会提升绿色电力消费。严厉打击虚标绿色产品行为，有关行政处罚等信息纳入国家企业信用信息公示系统。

（十四）倡导绿色低碳生活方式。厉行节约，坚决制止餐饮浪费行为。因地制宜推进生活垃圾分类和减量化、资源化，开展宣传、培训和成效评估。扎实推进塑料污染全链条治理。推进过度包装治理，推动生产经营者遵守限制商品过度包装的强制性标准。提升交通系统智能化水平，积极引导绿色出行。深入开展爱国卫生运动，整治环境脏乱差，打造宜居生活环境。开展绿色生活创建活动。

## 五、加快基础设施绿色升级

（十五）推动能源体系绿色低碳转型。坚持节能优先，完善能源消费总量和强度双控制度。提升可再生能源利用比例，大力推动风电、光伏发电发展，因地制宜发展水能、地热能、海洋能、氢能、生物质能、光热发电。加快大容量储能技术研发推广，提升电网汇集和外送能力。增加农村清洁能源供应，推动农村发展生物质能。促进燃煤清洁高效开发转化利用，继续提升大容量、高参数、低污染煤电机组占煤电装机比例。在北方地区县城积极发展清洁热电联产集中供暖，稳步推进生物质耦合供热。严控新增煤电装机容量。提高能源输配效率。实施城乡配电网建设和智能升级计划，推进农村电网升级改造。加快天然气基础设施建设和互联互通。开展二氧化碳捕集、利用和封存试验示范。

（十六）推进城镇环境基础设施建设升级。推进城镇污水管网全覆盖。推动城镇生活污水收集处理设施“厂网一体化”，加快建设污泥无害化资源化处置设施，因地制宜布局污水资源化利用设施，基本消除城市黑臭水体。加快城镇生活垃圾处理设施建设，推进生活垃圾焚烧发电，减少生活垃圾填埋处理。加强危险废物集中处置能力建设，提升信息化、智能化监管水平，严格执行经营许可管理制度。提升医疗废物应急处理能力。做好餐厨垃圾资源化利用和无害化处理。在沿海缺水城市推动大型海水淡化设施建设。

（十七）提升交通基础设施绿色发展水平。将生态环保理念贯穿交通基础设施规划、建设、运营和维护全过程，集约利用土地等资源，合理避让具有重要生态功能的国土空间，积极打造绿色公路、绿色铁路、绿色航道、绿色港口、绿色空港。加强新能源汽车充换电、加氢等配套基础设施建设。积极推广应用温拌沥青、智能通风、辅助动力替代和节能灯具、隔声屏障等节能环保先进技术和产品。加大工程建设中

废弃资源综合利用力度，推动废旧路面、沥青、疏浚土等材料以及建筑垃圾的资源化利用。

（十八）改善城乡人居环境。相关空间性规划要贯彻绿色发展理念，统筹城市发展和安全，优化空间布局，合理确定开发强度，鼓励城市留白增绿。建立“美丽城市”评价体系，开展“美丽城市”建设试点。增强城市防洪排涝能力。开展绿色社区创建行动，大力发展绿色建筑，建立绿色建筑统一标识制度，结合城镇老旧小区改造推动社区基础设施绿色化和既有建筑节能改造。建立乡村建设评价体系，促进补齐乡村建设短板。加快推进农村人居环境整治，因地制宜推进农村改厕、生活垃圾处理和污水治理、村容村貌提升、乡村绿化美化等。继续做好农村清洁供暖改造、老旧危房改造，打造干净整洁有序美丽的村庄环境。

## 六、构建市场导向的绿色技术创新体系

（十九）鼓励绿色低碳技术研发。实施绿色技术创新攻关行动，围绕节能环保、清洁生产、清洁能源等领域布局一批前瞻性、战略性、颠覆性科技攻关项目。培育建设一批绿色技术国家技术创新中心、国家科技资源共享服务平台等创新基地平台。强化企业创新主体地位，支持企业整合高校、科研院所、产业园区等力量建立市场化运行的绿色技术创新联合体，鼓励企业牵头或参与财政资金支持的绿色技术研发项目、市场导向明确的绿色技术创新项目。

（二十）加速科技成果转化。积极利用首台（套）重大技术装备政策支持绿色技术应用。充分发挥国家科技成果转化引导基金作用，强化创业投资等各类基金引导，支持绿色技术创新成果转化应用。支持企业、高校、科研机构等建立绿色技术创新项目孵化器、创新创业基地。及时发布绿色技术推广目录，加快先进成熟技术推广应用。深入推进绿色技术交易中心建设。

## 七、完善法律法规政策体系

（二十一）强化法律法规支撑。推动完善促进绿色设计、强化清洁生产、提高资源利用效率、发展循环经济、严格污染治理、推动绿色产业发展、扩大绿色消费、实行环境信息公开、应对气候变化等方面法律法规制度。强化执法监督，加大违法行为查处和问责力度，加强行政执法机关与监察机关、司法机关的工作衔接配合。

（二十二）健全绿色收费价格机制。完善污水处理收费政策，按照覆盖污水处理设施运营和污泥处理处置成本并合理盈利的原则，合理制定污水处理收费标准，健全标准动态调整机制。按照产生者付费原则，建立健全生活垃圾处理收费制度，各地区可根据本地实际情况，实行分类计价、计量收费等差别化管理。完善节能环保电价政策，推进农业水价综合改革，继续落实好居民阶梯电价、气价、水价制度。

（二十三）加大财税扶持力度。继续利用财政资金和预算内投资支持环境基础设施补短板强弱项、绿色环保产业发展、能源高效利用、资源循环利用等。继续落实节能节水环保、资源综合利用以及合同能源管理、环境污染第三方治理等方面的所得税、增值税等优惠政策。做好资源税征收和水资源费改税试点工作。

（二十四）大力发展绿色金融。发展绿色信贷和绿色直接融资，加大对金融机构绿色金融业绩评价考核力度。统一绿色债券标准，建立绿色债券评级标准。发展绿色保险，发挥保险费率调节机制作用。支持符合条件的绿色产业企业上市融资。支持金融机构和相关企业在国际市场开展绿色融资。推动国际绿色金融标准趋同，有序推进绿色金融市场双向开放。推动气候投融资工作。

（二十五）完善绿色标准、绿色认证体系和统计监测制度。开展绿色标准体系顶层设计和系统规划，形成全面系统的绿色标准体系。加快标准化支撑机构建设。加快绿色产品认证制度建设，培育一批专业绿色认证机构。加强节能环保、清洁生产、清洁能源等领域统计监测，健全相关制度，强化统计信息共享。

（二十六）培育绿色交易市场机制。进一步健全排污权、用能权、用水权、碳排放权等交易机制，降低交易成本，提高运转效率。加快建立初始分配、有偿使用、市场交易、纠纷解决、配套服务等制度，做好绿色权属交易与相关目标指标的对接协调。

## 八、认真抓好组织实施

（二十七）抓好贯彻落实。各地区各有关部门要思想到位、措施到位、行动到位，充分认识建立健全绿色低碳循环发展经济体系的重要性和紧迫性，将其作为高质量发展的重要内容，进一步压实工作责任，加强督促落实，保质保量完成各项任务。各地区要根据本地实际情况研究提出具体措施，在抓落实上投入更大精力，确保政策措施落到实处。

（二十八）加强统筹协调。国务院各有关部门要加强协同配合，形成工作合力。国家发展改革委要会同有关部门强化统筹协调和督促指导，做好年度重点工作安排部署，及时总结各地区各有关部门的好经验好模式，探索编制年度绿色低碳循环发展报告，重大情况及时向党中央、国务院报告。

（二十九）深化国际合作。统筹国内国际两个大局，加强与世界各个国家和地区在绿色低碳循环发展领域的政策沟通、技术交流、项目合作、人才培训等，积极参与和引领全球气候治理，切实提高我国推动国际绿色低碳循环发展的能力和水平，为构建人类命运共同体作出积极贡献。

（三十）营造良好氛围。各类新闻媒体要讲好我国绿色低碳循环发展故事，大力宣传取得的显著成就，积极宣扬先进典型，适时曝光破坏生态、污染环境、严重浪费资源和违规乱上高污染、高耗能项目等方面的负面典型，为绿色低碳循环发展营造良好氛围。

国务院

2021 年 2 月 2 日

来源：中国政府网

# 国务院关于开展营商环境创新试点工作的意见

国发〔2021〕24号　2021年11月25日

各省、自治区、直辖市人民政府，国务院各部委、各直属机构：

党中央、国务院高度重视优化营商环境工作。近年来，我国营商环境持续改善，特别是部分地方主动对标国际先进率先加大营商环境改革力度，取得明显成效，对推动全国营商环境整体优化、培育和激发市场主体活力发挥了较好的示范带动作用。为鼓励有条件的地方进一步瞄准最高标准、最高水平开展先行先试，加快构建与国际通行规则相衔接的营商环境制度体系，持续优化市场化法治化国际化营商环境，现提出以下意见：

## 一、总体要求

（一）指导思想。以习近平新时代中国特色社会主义思想为指导，全面贯彻党的十九大和十九届二中、三中、四中、五中全会精神，立足新发展阶段，完整、准确、全面贯彻新发展理念，构建新发展格局，以推动高质量发展为主题，统筹发展和安全，以制度创新为核心，赋予有条件的地方更大改革自主权，对标国际一流水平，聚焦市场主体关切，进一步转变政府职能，一体推进简政放权、放管结合、优化服务改革，推进全链条优化审批、全过程公正监管、全周期提升服务，推动有效市场和有为政府更好结合，促进营商环境迈向更高水平，更大激发市场活力和社会创造力，更好稳定市场预期，保持经济平稳运行。

（二）试点范围。综合考虑经济体量、市场主体数量、改革基础条件等，选择部分城市开展营商环境创新试点工作。首批试点城市为北京、上海、重庆、杭州、广州、深圳6个城市。强化创新试点同全国优化营商环境工作的联动，具备条件的创新试点举措经主管部门和单位同意后在全国范围推开。

（三）主要目标。经过三至五年的创新试点，试点城市营商环境国际竞争力跃居全球前列，政府治理效能全面提升，在全球范围内集聚和配置各类资源要素能力明显增强，市场主体活跃度和发展质量显著提高，率先建成市场化法治化国际化的一流营商环境，形成一系列可复制可推广的制度创新成果，为全国营商环境建设作出重要示范。

## 二、重点任务

（四）进一步破除区域分割和地方保护等不合理限制。加快破除妨碍生产要素市场化配置和商品服务流通的体制机制障碍。在不直接涉及公共安全和人民群众生命健康的领域，推进“一照多址”“一证多址”等改革，便利企业扩大经营规模。清理对企业跨区域经营、迁移设置的不合理条件，全面取消没有法律法规依据的要求企业在特定区域注册的规定。着力破除招投标、政府采购等领域对外地企业设置的隐性门槛和壁垒。探索企业生产经营高频办理的许可证件、资质资格等跨区域互认通用。

（五）健全更加开放透明、规范高效的市场主体准入和退出机制。进一步提升市场主体名称登记、信息变更、银行开户等便利度。建立健全市场准入评估制度，定期排查和清理在市场准入方面对市场主体资质、资金、股比、人员、场所等设置的不合理条件。推行企业年报“多报合一”改革。完善市场主体退出机制，全面实施简易注销，建立市场主体强制退出制度。推行破产预重整制度，建立健全企业破产重整信用修复机制，允许债权人等推荐选任破产管理人。建立健全司法重整的府院联动机制，提高市场重组、出清的质量和效率。

（六）持续提升投资和建设便利度。深化投资审批制度改革。推进社会投资项目“用地清单制”改革，在土地供应前开展相关评估工作和现状普查，形成评估结果和普查意见清单，在土地供应时一并交付用地单位。推进产业园区规划环评与项目环评联动，避免重复评价。在确保工程质量安全的前提下，持续推进工程建设项目审批制度改革，清理审批中存在的“体外循环”“隐性审批”等行为。推动分阶段整合规划、土地、房产、交通、绿化、人防等测绘测量事项，优化联合验收实施方式。建立健全市政接入工程信息共享机制。探索在民用建筑工程领域推进和完善建筑师负责制。

（七）更好支持市场主体创新发展。完善创新资源配置方式和管理机制，探索适应新业态新模式发展需要的准入准营标准，提升市场主体创新力。在确保安全的前提下，探索高精度地图面向智能网联汽车开放使用。推进区块链技术在政务服务、民生服务、物流、会计等领域探索应用。探索对食品自动制售设备等新业态发放经营许可。完善知识产权市场化定价和交易机制，开展知识产权证券化试点。深化科技成果使用权、处置权和收益权改革，赋予科研人员职务科技成果所有权或长期使用权，探索完善科研人员职务发明成果权益分享机制。

（八）持续提升跨境贸易便利化水平。高标准建设国际贸易“单一窗口”，加快推动“单一窗口”服务功能由口岸通关向口岸物流、贸易服务等全链条拓展，推进全流程作业无纸化。在确保数据安全的前提下，推动与东亚地区主要贸易伙伴口岸间相关单证联网核查。推进区域通关便利化协作，探索开展粤港澳大湾区“组合港”“一港通”等改革。推进铁路、公路、水路、航空等运输环节信息对接共享，实现运力信息可查、货物全程实时追踪，提升多式联运便利化水平。在有条件的港口推进进口货物“船边直提”和出口货物“抵港直装”。探索开展科研设备、耗材跨境自由流动，简化研发用途设备和样本样品进出口手续。

（九）优化外商投资和国际人才服务管理。加强涉外商事法律服务，建设涉外商事一站式多元解纷中心，为国际商事纠纷提供多元、高效、便捷解纷渠道。探索制定外籍“高精尖缺”人才地方认定标准。在不直接涉及公共安全和人民群众生命健康、风险可控的领域，探索建立国际职业资格证书认可清单制度，对部分需持证上岗的职业，允许取得境外相应职业资格或公认的国际专业组织认证的国际人才，经能力水平认定或有关部门备案后上岗，并加强执业行为监管。研究建立与国际接轨的人才评价体系。持续提升政府门户网站国际版服务水平，方便外籍人员及时准确了解投资、工作、生活等政策信息，将更多涉外审批服务事项纳入“一网通办”。

（十）维护公平竞争秩序。坚持对各类市场主体一视同仁、同等对待，稳定市场主体预期。强化公平竞争审查刚性约束，建立举报处理和回应机制，定期公布审查结果。着力清理取消企业在资质资格获取、招投标、政府采购、权益保护等方面存在的差别化待遇，防止滥用行政权力通过划分企业等级、增设证明事项、设立项目库、注册、认证、认定等形式排除和限制竞争的行为。建立招标计划提前发布制度，推进招投标全流程电子化改革。加强和改进反垄断与反不正当竞争执法。清理规范涉企收费，健全遏制乱收费、乱摊派的长效机制，着力纠正各类中介垄断经营、强制服务等行为。

（十一）进一步加强和创新监管。坚持放管结合、并重，夯实监管责任，健全事前事中事后全链条全流程的监管机制。完善公开透明、简明易行的监管规则和标准，加强政策解读。在直接涉及公共安全和人民群众生命财产安全的领域，探索实行惩罚性赔偿等制度。深化“互联网＋监管”，加快构建全国一体化在线监管平台，积极运用大数据、物联网、人工智能等技术为监管赋能，探索形成市场主体全生命周期监管链。推动“双随机、一公开”监管和信用监管深度融合，完善按风险分级分类管理模式。在医疗、教育、工程建设等领域探索建立完善执业诚信体系。对新产业新业态实行包容审慎监管，建立健全平台经济治理体系。推动行业协会商会等建立健全行业经营自律规范，更好发挥社会监督作用。

（十二）依法保护各类市场主体产权和合法权益。构建亲清政商关系，健全政府守信践诺机制，建立政府承诺合法性审查制度和政府失信补偿、赔偿与追究制度，重点治理债务融资、政府采购、招投标、招商引资等领域的政府失信行为，畅通政府失信投诉举报渠道，健全治理“新官不理旧账”的长效机制。完善产权保护制度，强化知识产权保护，开展商标专利巡回评审和远程评审，完善对商标恶意注册和非正常专利申请的快速处置联动机制，加强海外知识产权维权协作。规范罚款行为，全面清理取消违反法定权限和程序设定的罚款事项，从源头上杜绝乱罚款。严格落实重大行政决策程序，增强公众参与实效。全面建立重大政策事前评估和事后评价制度，推进评估评价标准化、制度化、规范化。

（十三）优化经常性涉企服务。加快建立健全高效便捷、优质普惠的市场主体全生命周期服务体系，健全常态化政企沟通机制和营商环境投诉处理机制。完善动产和权利担保统一登记制度，有针对性地逐步整合各类动产和权利担保登记系统，提升企业动产和权利融资便利度。持续优化企业办税服务，深化“多税合一”申报改革，试行代征税款电子缴税并开具电子完税证明。进一步提升不动产登记涉税、继承等业务办理便利度。推进水电气暖等“一站式”便捷服务，加快实现报装、查询、缴费等业务全程网办。推进电子证照、电子签章在银行开户、贷款、货物报关、项目申报、招投标等领域全面应用和互通互认。推进公安服务“一窗通办”。推行涉企事项“一网通办”“一照通办”，全面实行惠企政策“免申即享”、快速兑现。

## 三、组织保障

（十四）加强组织领导和统筹协调。国务院办公厅要统筹推进营商环境创新试点工作，牵头制定改革事项清单，做好协调督促、总结评估、复制推广等工作。司法部要做好改革的法治保障工作。国务院有关部门要结合自身职责，协调指导试点城市推进相关改革，为试点城市先行先试创造良好条件。有关省份人民政府要加大对试点城市的支持力度，加强政策措施衔接配套，依法依规赋予试点城市相关权限。各试点城市人民政府要制定本地区试点实施方案，坚持稳步实施，在风险总体可控前提下，科学把握改革的时序、节奏和步骤，推动创新试点工作走深走实，实施方案应报国务院办公厅备案并向社会公布。试点城市辖区内开发区具备较好改革基础的，可研究进一步加大改革力度，为创新试点工作探索更多有益经验。

（十五）强化法治保障。按照重大改革于法有据的要求，依照法定程序开展营商环境创新试点工作。国务院决定，根据《全国人民代表大会常务委员会关于授权国务院在营商环境创新试点城市暂时调整适用〈中华人民共和国计量法〉有关规定的决定》，3 年内在营商环境创新试点城市暂时调整适用《中华人民共和国计量法》有关规定；同时，在营商环境创新试点城市暂时调整适用《植物检疫条例》等 7 部行政法规有关规定。国务院有关部门和有关地方人民政府要根据法律、行政法规的调整情况，及时对本部门和本地区制定的规章、规范性文件作相应调整，建立与试点要求相适应的管理制度。对试点成效明显的改革举措，要及时推动有关法律、法规、规章的立改废释，固化改革成果。

（十六）加强数据共享和电子证照应用支撑。加快打破信息孤岛，扩大部门和地方间系统互联互通和数据共享范围。优化数据资源授权模式，探索实施政务数据、电子证照地域授权和场景授权，将产生于地方但目前由国家统一管理的相关领域数据和电子证照回流试点城市；对试点城市需使用的中央部门和单位、外地的数据和电子证照，由主管部门和单位通过数据落地或数据核验等方式统一提供给试点城市使用。优化全国一体化政务服务平台功能，推动更多数据资源依托平台实现安全高效优质的互通共享。

（十七）做好滚动试点和评估推广。国务院办公厅会同有关方面根据试点情况，结合改革需要，适时扩大试点城市范围。同时，建立改革事项动态更新机制，分批次研究制定改革事项清单，按照批量授权方式，按程序报批后推进实施，定期对营商环境创新试点工作进行评估，对实践证明行之有效、市场主体欢迎的改革措施要及时在更大范围复制推广，对出现问题和风险的要及时调整或停止实施。试点中的重要情况，有关地方和部门要及时向国务院请示报告。

（本文有删减）

来源：中国政府网

# 国务院关于新时代支持革命老区振兴发展的意见

国发〔2021〕3号

各省、自治区、直辖市人民政府，国务院各部委、各直属机构：

革命老区是党和人民军队的根，是中国人民选择中国共产党的历史见证。革命老区大部分位于多省交界地区，很多仍属于欠发达地区。为加大对革命老区支持力度，2012 年以来国务院先后批准了支持赣南等原中央苏区和陕甘宁、左右江、大别山、川陕等革命老区振兴发展的政策文件，部署实施了一批支持措施和重大项目，助力革命老区如期打赢脱贫攻坚战，持续改善基本公共服务，发挥特色优势推进高质量发展，为全面建成小康社会作出了积极贡献。为深入贯彻落实党中央、国务院决策部署，支持革命老区在新发展阶段巩固拓展脱贫攻坚成果，开启社会主义现代化建设新征程，让革命老区人民逐步过上更加富裕幸福的生活，现提出以下意见：

## 一、总体要求

（一）指导思想。以习近平新时代中国特色社会主义思想为指导，全面贯彻党的十九大和十九届二中、三中、四中、五中全会精神，坚持和加强党的全面领导，坚持以人民为中心，立足新发展阶段、贯彻新发展理念、构建新发展格局、推动高质量发展，巩固拓展脱贫攻坚成果，激发内生动力，发挥比较优势，努力走出一条新时代振兴发展新路，把革命老区建设得更好，让革命老区人民过上更好生活，逐步实现共同富裕。

（二）主要目标。到 2025 年，革命老区脱贫攻坚成果全面巩固拓展，乡村振兴和新型城镇化建设取得明显进展，基础设施和基本公共服务进一步改善，居民收入增长幅度高于全国平均水平，对内对外开放合作水平显著提高，红色文化影响力明显增强，生态环境质量持续改善。到 2035 年，革命老区与全国同步基本实现社会主义现代化，现代化经济体系基本形成，居民收入水平显著提升，基本公共服务实现均等化，人民生活更加美好，形成红色文化繁荣、生态环境优美、基础设施完善、产业发展兴旺、居民生活幸福、社会和谐稳定的发展新局面。

## 二、巩固拓展脱贫攻坚成果，因地制宜推进振兴发展

坚持统筹谋划、因地制宜、各扬所长，聚焦重点区域、重点领域、重点人群巩固拓展脱贫攻坚成果，促进革命老区振兴发展。

（三）推动实现巩固拓展脱贫攻坚成果同乡村振兴有效衔接。一定时期内保持脱贫攻坚政策总体稳定，完善防止返贫监测和帮扶机制，优先支持将革命老区县列为国家乡村振兴重点帮扶县，巩固“两不愁三保障”等脱贫攻坚成果。做好易地扶贫搬迁后续帮扶工作，建设配套产业园区，提升完善安置区公共服务设施。加大以工代赈对革命老区的支持力度，合理确定建设领域、赈济方式。统筹城乡规划，以交通、能源、水利、信息网络等为重点，加快推进革命老区美丽生态宜居乡村建设。提高农房设计和建造水平，改善群众住房条件和居住环

境。因地制宜发展规模化供水、建设小型标准化供水设施，大力实施乡村电气化提升工程，全面推进“四好农村路”建设，开展数字乡村试点，加快乡村绿化美化。坚持扶志扶智相结合，加大对革命老区农村低收入群体就业技能培训和外出务工的扶持力度。完善城乡低保对象认定方法，适当提高低保标准，落实符合条件的“三红”人员（在乡退伍红军老战士、在乡西路军红军老战士、红军失散人员）、烈士老年子女、年满60周岁农村籍退役士兵等人群的优抚待遇。

（四）促进大中小城市协调发展。落实推进以人为核心的新型城镇化要求，支持革命老区重点城市提升功能品质、承接产业转移，建设区域性中心城市和综合交通枢纽城市。研究支持赣州、三明等城市建设革命老区高质量发展示范区。支持革命老区县城建设和县域经济发展，促进环境卫生设施、市政公用设施、公共服务设施、产业配套设施提质增效，支持符合条件的县城建设一批产业转型升级示范园区，增强内生发展动力和服务农业农村能力。健全城乡融合发展体制机制，推进经济发达镇行政管理体制改革。推动信息网络等新型基础设施建设，加快打造智慧城市，提升城市管理和社会治理的数字化、智能化、精准化水平。

（五）对接国家重大区域战略。将支持革命老区振兴发展纳入国家重大区域战略和经济区、城市群、都市圈相关规划并放在突出重要位置，加强革命老区与中心城市、城市群合作，共同探索生态、交通、产业、园区等多领域合作机制。支持赣南等原中央苏区和海陆丰革命老区深度参与粤港澳大湾区建设，支持赣州、龙岩与粤港澳大湾区共建产业合作试验区，建设好赣州、井冈山、梅州综合保税区和龙岩、梅州跨境电商综合试验区，支持吉安申请设立跨境电商综合试验区，支持三明推动海峡两岸乡村融合发展。鼓励大别山、川陕、湘鄂渝黔等革命老区对接长江经济带发展、成渝地区双城经济圈建设，陕甘宁、太行、沂蒙等革命老区重点对接黄河流域生态保护和高质量发展，浙西南革命老区融入长江三角洲区域一体化发展，琼崖革命老区在海南自由贸易港建设中发挥独特作用。鼓励左右江革命老区开展全方位开放合作，引导赣南等原中央苏区与湘赣边区域协同发展。支持革命老区积极参与“一带一路”建设，以开放合作增强振兴发展活力。

### 三、促进实体经济发展，增强革命老区发展活力

加快完善革命老区基础设施，发展特色产业体系，提升创新能力，培育革命老区振兴发展新动能，提高经济质量效益和核心竞争力。

（六）完善基础设施网络。支持将革命老区公路、铁路、机场和能源、水利、应急等重大基础设施项目列入国家相关规划，具备条件后尽快启动建设，促进实现互联互通。加快建设京港（台）、包（银）海、沿江、厦渝等高铁主通道，规划建设相关区域连接线，加大普速货运铁路路网投资建设和改造升级力度。大力支持革命老区高速公路规划建设，优化高速公路出入口布局，便捷连接重点城镇和重点红色文化纪念地，加快国省道干线改造。支持革命老区民用运输机场新建和改扩建，规划建设一批通用机场。加快综合水运枢纽建设和航道整治，推进百色水利枢纽过船设施等工程，研究论证赣粤运河可行性。建设一批重点水源工程和大型灌区工程，推进大中型灌区续建配套与现代化改造、中小河流治理、病险水库除险加固和山洪灾害防治等工程。有序规划建设支撑性清洁煤电项目、煤运通道和煤炭储备基地，加快建设跨区域输电工程，持续完善电力骨干网架，推动石油、天然气管道和配套项目建设，保障革命老区能源稳定供应。

（七）培育壮大特色产业。支持革命老区加强农田水利和高标准农田建设，深入推进优质粮食工程，稳步提升粮食生产能力。加强绿色食品、有机农产品、地理标志农产品认证和管理，推行食用农产品合格证制度，推动品种培

优、品质提升、品牌打造和标准化生产。做大做强水果、蔬菜、茶叶等特色农林产业，支持发展沙县小吃等特色富民产业。建设一批农村产业融合发展园区、农业标准化示范区、农产品质量检验检测中心和冷链物流基地，鼓励电商企业与革命老区共建农林全产业链加工、物流和交易平台。支持有条件的地区建设新材料、能源化工、生物医药、电子信息、新能源汽车等特色优势产业集群，支持符合条件的地区建设承接产业转移示范区。推进“中国稀金谷”建设，研究中重稀土和钨资源收储政策。支持革命老区立足红色文化、民族文化和绿色生态资源，加快特色旅游产业发展，推出一批乡村旅游重点村镇和精品线路。支持有条件的地区规划建设稀土、旅游等行业大数据中心，鼓励互联网企业在革命老区发展运营中心、呼叫中心等业务。

（八）提升创新驱动发展能力。支持革命老区重点高校、重点学科和重点实验室建设，加大对口支援革命老区重点高校工作力度，鼓励“双一流”建设高校、中国特色高水平高职学校与革命老区开展合作共建。完善东中西部科技合作机制，促进中西部革命老区与东部地区加强科技合作。鼓励科研院所、高校与革命老区合作，共建中国科学院赣江创新研究院、国家钨与稀土产业计量测试中心等创新平台，研究建设稀土绿色高效利用等重大创新平台，支持有条件的地区组建专业化技术转移机构，创建国家科技成果转移转化示范区。支持在革命老区建设创新型城市和创新型县（市），布局建设一批国家级高新区、创新研发基地等创新载体。支持地方完善人才政策和激励机制，加大人才培养和引进力度，在科技特派员制度创新等方面先行先试，深入推进大众创业、万众创新。强化企业创新主体地位，鼓励企业加大研发投入。鼓励革命老区完善第五代移动通信（5G）网络、工业互联网、物联网等新一代信息基础设施，因地制宜促进数字经济发展，鼓励有条件的地区开展北斗系统应用。

**四、补齐公共服务短板，增进革命老区人民福祉**

健全基本公共服务体系，改善人民生活品质，提高社会治理水平，繁荣发展红色文化，促进人与自然和谐共生，增强革命老区人民群众获得感、幸福感、安全感。

（九）提升公共服务质量。支持革命老区依据国家基本公共服务标准，结合本地实际，尽力而为、量力而行，建立健全本地区基本公共服务标准，保障群众基本生活。完善革命老区中小学和幼儿园布局，加大教师培训力度。继续推进“八一爱民学校”援建工作。继续面向革命老区实施相关专项招生计划倾斜。推进高职学校、技工院校建设，实施省部共建职业教育试点项目。加强革命老区公共卫生防控救治能力建设，支持市县级综合医院、传染病医院（传染科）和卫生应急监测预警体系建设。鼓励国内一流医院与革命老区重点医院开展对口帮扶，合作共建医联体。按照“保基本、强基层、建机制”要求，深化县域综合医改，整合县域医疗卫生资源，推动发展县域医共体。实施中医临床优势培育工程和中医康复服务能力提升工程，建设中医优势专科。提升公共文化和公共体育设施建设运营水平，优化广播电视公共服务供给和基层公共文化服务网络，建设一批体育公园，鼓励革命老区承办全国性、区域性文化交流和体育赛事活动。

（十）弘扬传承红色文化。把红色资源作为坚定理想信念、加强党性修养的生动教材，围绕革命历史创作一批文艺作品，将红色经典、革命故事纳入中小学教材，在干部培训中加强党史、新中国史、改革开放史、社会主义发展史教育。加大对瑞金中央苏区旧址、古田会议旧址、杨家岭革命旧址、鄂豫皖苏区首府革命博物馆、川陕革命根据地博物馆等革命历史类纪念设施、遗址和英雄烈士纪念设施的保护修缮力度，加强西路军、东北抗联等战斗过的革命老区县现存革命文物保护修复和纪念设施保护修缮。统筹推进长征国家文化公园建设，建设一批标志性工程。公布革命文物名录，实施革命文物保护利用工程。支持革命历史类纪念设施、遗址积极申报全国爱国主义教育示范基地、全国重点文物保护单位、国家级英雄烈士纪念设施和国家级抗战纪念设施、遗址。推动红色旅游高质量发展，建设红色旅游融合发展示范区，支持中央和地方各类媒体通过新闻报道、公益广告等多种方式宣传推广红色旅游。

（十一）促进绿色转型发展。坚持绿水青山就是金山银山理念，促进生态保护和经济发展、民生保障相得益彰。统筹推进革命老区山水林田湖草一体化保护和修复，加强长江、黄河等大江大河和其他重要江河源头生态环境治理，支持赣南等原中央苏区和陕甘宁、左右江等革命老区建设长江、黄河、珠江流域重要生态安全屏障。深入总结浙西南等革命老区生态保护修复成果经验，继续支持新安江等流域探索生态保护补偿，复制推广经验做法，建立健全流域上下游横向生态保护补偿机制。支持大别山、川陕等革命老区实施生物多样性保护重大工程。支持科学布局建设国家公园。支持革命老区开展促进生态保护修复的产权激励机制试点。鼓励地方依法依规通过租赁、置换、合作等方式规范流转集体林地。加快能源资源产业绿色发展，延伸拓展产业链，鼓励资源就地转化和综合利用，支持资源开发和地方经济协同发展。推动绿色矿山建设，加强赣南、陕北等历史遗留矿山生态修复，开展尾矿库综合治理，推进采煤沉陷区综合治理，推动将部分厂矿旧址、遗址列为工业遗产。

## 五、健全政策体系和长效机制

坚持目标导向和问题导向，健全长效普惠性的扶持机制和精准有效的差别化支持机制，激发革命老区振兴发展内生动力。

（十二）加强党的全面领导。增强“四个意识”、坚定“四个自信”、做到“两个维护”，充分发挥党总揽全局、协调各方的领导核心作用，把党的领导始终贯穿革命老区振兴发展全过程和各领域各方面各环节。完善支持赣南等原中央苏区振兴发展部际联席会议制度，研究建立省部会商和省际协商机制，及时协调推动陕甘宁、大别山、左右江、川陕等革命老区振兴发展重要事项。出台中央国家机关及有关单位对口支援赣南等原中央苏区工作方案，继续组织对口支援工作。研究建立发达省市与革命老区重点城市对口合作机制，支持革命老区重点城市与中央国家机关及有关单位、重点高校、经济发达地区开展干部双向挂职交流。发挥井冈山、延安等干部学院作用，支持地方办好瑞金、古田、百色、大别山等干部学院，开展理想信念和党性教育。大力弘扬老区精神，广泛凝聚正能量，表彰奖励正面典型，努力营造全社会支持参与革命老区振兴发展的良好氛围。

（十三）加大财政金融支持力度。中央财政在安排革命老区转移支付、地方政府专项债券时，对革命老区所在省份予以倾斜支持。探索制定革命老区转移支付绩效评估和奖惩激励办法。继续支持赣州执行西部大开发政策，在加快革命老区高质量发展上作示范。中央预算内投资对赣南等原中央苏区参照执行西部地区政策，对沂蒙革命老区参照执行中部地区政策，研究安排专项资金支持革命老区产业转型升级平台建设。支持符合条件的革命老区海关特殊监管区域按规定开展增值税一般纳税人资格试点，对其他地区向革命老区重点城市转移的企业，按原所在地区已取得的海关信用等级实施监督。鼓励政策性金融机构结合职能定位和业务范围加大对革命老区支持力度，鼓励商业性金融机构通过市场化方式积极参与革命老区振兴发展，支持符合条件的革命老区重点企业上市融资。

（十四）优化土地资源配置。支持革命老区重点城市开展城镇低效用地再开发，对损毁的建设用地和零星分散的未利用地开发整理成耕地的，经认定可用于占补平衡，允许城乡建设用地增减挂钩节余指标按规定在省域范围内流转使用。对革命老区列入国家有关规划和政策文件的建设项目，纳入国家重大建设项目范围并按规定加大用地保障力度。支持探索革命老区乡村产业发展用地政策。

（十五）强化组织实施。相关省（自治区、直辖市）要将革命老区振兴发展列为本地区重点工作，加强组织领导，完善工作机制，明确责任分工，制定配套政策，健全对革命老区的差别化绩效评估体系，对重点城市和城市化地区侧重考核经济转型发展和常住人口基本公共服务等方面指标，对重点生态功能区和农产品主产区进一步强化生态服务功能和农产品供给能力相关指标考核，在开展试点示范和安排中央补助时对革命老区给予倾斜支持。有关部门要加强工作指导，在国土空间规划、专项规划、区域规划等相关规划编制实施过程中强化对革命老区的统筹支持，研究制定支持革命老区巩固拓展脱贫攻坚成果、基础设施建设、生态环境保护修复、红色旅游等重点领域实施方案，细化具体支持政策，指导地方开展革命老区振兴发展规划修编。国家发展改革委要加强对革命老区振兴发展各项工作的协调，制定重点任务分工和年度工作要点，重大事项及时向国务院报告。

国务院

2021 年 1 月 24 日

来源：新华社

# 国务院关于东北全面振兴“十四五”实施方案的批复

国函〔2021〕88号

内蒙古自治区、辽宁省、吉林省、黑龙江省人民政府，国家发展改革委：

国家发展改革委关于报送《东北全面振兴“十四五”实施方案（修改稿）》的请示收悉。现批复如下：

一、原则同意《东北全面振兴“十四五”实施方案》（以下简称《方案》），请认真组织实施。

二、《方案》实施要以习近平新时代中国特色社会主义思想为指导，深入贯彻落实党的十九大和十九届二中、三中、四中、五中全会精神，立足新发展阶段，完整、准确、全面贯彻新发展理念，构建新发展格局，以推动高质量发展为主题，以深化供给侧结构性改革为主线，以改革创新为根本动力，以满足人民日益增长的美好生活需要为根本目的，统筹发展和安全，从推动形成优势互补高质量发展的区域经济布局出发，着力破解体制机制障碍，着力激发市场主体活力，着力推动产业结构调整优化，着力构建区域动力系统，着力在落实落细上下功夫，走出一条质量更高、效益更好、结构更优、优势充分释放的发展新路，推动东北全面振兴实现新突破。

三、内蒙古自治区、辽宁省、吉林省、黑龙江省人民政府要提高对东北全面振兴重要性、紧迫性的认识，加强组织领导，完善工作机制，深化改革开放，强化政策保障，优化营商环境，推动实施一批对东北全面振兴具有全局性影响的重点项目和重大改革举措，着力增强内生发展动力，确保《方案》各项目标任务如期实现。《方案》实施涉及的重要政策、重大工程、重点项目要按程序报批。

四、国务院振兴东北地区等老工业基地领导小组各成员单位、各有关部门和单位要按照职责分工，加强对《方案》实施的协调指导，在规划编制、体制创新、政策实施、项目建设等方面给予积极支持。国家发展改革委要切实承担国务院振兴东北地区等老工业基地领导小组办公室职责，依托东北振兴省部联席落实推进工作机制，加强统筹谋划，牵头制定东北全面振兴年度工作要点，压茬推进工作落实。要对《方案》实施情况进行跟踪分析和督促检查，重大事项及时向党中央、国务院报告。

国务院

2021年9月6日

（此件公开发布）

来源：中国政府网

# 国家发展改革委关于印发《2021年新型城镇化和城乡融合发展重点任务》的通知

发改规划〔2021〕493号

中央和国家机关有关部门、直属机构，各省、自治区、直辖市及计划单列市、新疆生产建设兵团发展改革委，全国工商联，中国国家铁路集团有限公司、国家开发银行、中国农业发展银行：

经城镇化工作暨城乡融合发展工作部际联席会议第二次会议审议通过，现将《2021年新型城镇化和城乡融合发展重点任务》印发你们，请认真贯彻执行。

国家发展改革委
2021年4月8日

## 2021年新型城镇化和城乡融合发展重点任务

2021年是中国共产党成立100周年，是“十四五”规划开局之年，是我国现代化建设进程中具有特殊重要性的一年。为贯彻落实党的十九届五中全会精神，推动落实国家“十四五”规划《纲要》有关重要部署，现提出2021年新型城镇化和城乡融合发展重点任务。

### 一、总体要求

以习近平新时代中国特色社会主义思想为指导，全面贯彻党的十九大和十九届二中、三中、四中、五中全会精神，坚持稳中求进工作总基调，立足新发展阶段、贯彻新发展理念、构建新发展格局，统筹发展和安全，深入实施以人为核心的新型城镇化战略，促进农业转移人口有序有效融入城市，增强城市群和都市圈承载能力，转变超大特大城市发展方式，提升城市建设与治理现代化水平，推进以县城为重要载体的城镇化建设，加快推进城乡融合发展，为“十四五”开好局起好步提供有力支撑。

### 二、促进农业转移人口有序有效融入城市

协同推进户籍制度改革和城镇基本公共服务常住人口全覆盖，提高农业转移人口市民化质量。

（一）有序放开放宽城市落户限制。各类城市要根据资源环境承载能力和经济社会发展实际需求，合理确定落户条件，坚持存量优先原则，推动进城就业生活5年以上和举家迁徙的农业转移人口、在城镇稳定就业生活的新生代农民工、农村学生升学和参军进城的人口等重点人群便捷落户。城区常住人口300万以下城市落实全面取消落户限制政策，实行积分落户政策的城市确保社保缴纳年限和居住年限分数占主要比例。城市落户政策要对租购房者同等对待，允许租房常住人口在公共户口落户。城市要整体谋划、周密设计，统筹做好放开放宽

落户、人才引进和房地产调控工作。推动具备条件的城市群和都市圈内社保缴纳年限和居住年限累计互认。(公安部、发展改革委等负责)

(二)推动城镇基本公共服务覆盖未落户常住人口。鼓励在人口集中流入城市扩大义务教育阶段公办学校学位供给，优化事业编制调配、增加教师编制数量。支持有条件地区将未落户常住人口纳入普惠性学前教育保障范围。简化社保转移接续程序。完成养老保险全国统筹信息系统建设。推进普通门诊费用跨省直接结算。(发展改革委、中央编办、财政部、教育部、人力资源社会保障部、卫生健康委、医保局等负责)

(三)提升农业转移人口技能素质。高质量推进补贴性培训，完成职业技能提升行动方案确定的5 000万人次目标。面向农业转移人口特别是新生代农民工，深化实施农民工“春潮行动”“求学圆梦行动”、新生代农民工职业技能提升行动，支持企业开展新型学徒制培训并按规定给予培训补贴。结合疫情防控形势，适时加大农民工稳就业职业技能培训计划力度。结合促进农民工返乡就业创业和承接产业转移，开展针对性创业技能培训。扩大职业院校面向农业转移人口的招生规模。(人力资源社会保障部、教育部等负责)

(四)健全配套政策体系。继续安排中央财政市民化奖励资金。健全城镇建设用地增加规模与吸纳农业转移人口落户数量挂钩机制。依法维护进城落户农民承包地、宅基地、集体资产等权益，支持探索农村“三权”依法自愿有偿退出机制。根据第七次全国人口普查结果，发布县及县以上城镇常住人口数据，研究建立各城市城区常住人口数据统计发布机制，结合大数据技术推进常态化统计发布。(财政部、自然资源部、农业农村部、统计局等负责)

## 三、提升城市群和都市圈承载能力

增强中心城市对周边地区辐射带动能力，培育发展现代化都市圈，增强城市群人口经济承载能力，形成都市圈引领城市群、城市群带动区域高质量发展的空间动力系统。

(五)健全城市群一体化发展机制。制定京津冀协同发展、粤港澳大湾区建设、长三角一体化发展“十四五”实施方案。扎实实施成渝地区双城经济圈建设规划纲要。研究编制长江中游、北部湾、关中平原等跨省区城市群实施方案，有序引导省内城市群发展。健全城市群多层次协调机制和成本共担利益共享机制，提高一体化发展水平。(发展改革委等负责)

(六)培育发展现代化都市圈。支持福州、成都、西安等都市圈编制实施发展规划，支持其他有条件中心城市在省级政府指导下牵头编制都市圈发展规划。充分利用既有铁路开行市域(郊)列车，科学有序发展市域(郊)铁路，打通城际“断头路”。推进生态环境共防共治，构建城市间绿色隔离和生态廊道。建立都市圈常态化协商协调机制，探索建立重大突发事件联动响应机制。(发展改革委、生态环境部、交通运输部、国铁集团等负责)

(七)建设轨道上的城市群和都市圈。加快规划建设京津冀、长三角、粤港澳大湾区等重点城市群城际铁路，支持其他有条件城市群合理规划建设城际轨道交通。优化综合交通枢纽布局，建设一体化综合客运枢纽和衔接高效的综合货运枢纽，促进各类交通方式无缝接驳、便捷换乘。推广交通“一卡通”、二维码“一码畅行”。(发展改革委、交通运输部、国铁集团等负责)

## 四、促进大中小城市和小城镇协调发展

统筹城市布局的规模经济效益和生态健康安全需要，促进城市合理分工、协调联动，优化城镇规模结构。

(八)促进超大特大城市优化发展。推动开发建设方式从规模扩张向内涵提升转变。有序疏解中心城区一般性制造业、区域性物流基地、专业市场等功能和设施，以及过度集中的医疗和高等教育等公共服务资源，合理降低开发强

度和人口密度。提升市政交通、生态环保和社区等治理能力，有效破解“大城市病”。在中心城区周边科学发展郊区卫星城，促进多中心、组团式发展，实现产城融合和职住平衡。系统评估排查风险隐患，提高风险防控能力。（发展改革委、自然资源部、住房城乡建设部、公安部、生态环境部、应急管理部等负责）

（九）推进县城补短板强弱项。加快补齐县城公共服务设施、环境基础设施、市政公用设施、产业配套设施短板弱项。加强项目谋划设计，分类设计公益性、准公益性和经营性项目，加快项目前期工作。在债务风险可控前提下，加大中央预算内投资和地方政府专项债券等财政性资金统筹支持力度，有序发行县城新型城镇化建设专项企业债券。健全政银企对接长效机制，协调引导有实力的大型企业承担相关建设任务，吸引开发性政策性和商业性金融机构中长期信贷资金积极投入，利用现有国外优惠贷款渠道予以投入。发挥120个县城建设示范地区带动作用，支持在有条件县城建设一批产业转型升级示范园区。结合新型城镇化建设，健全易地扶贫搬迁大型安置区公共设施。（发展改革委、财政部、人民银行、国资委、自然资源部、住房城乡建设部、开发银行、农业发展银行等负责）

（十）强化边境地区城镇功能。全面增强边境城镇承载人口、连接城乡、支撑国防的能力。开展兴边富民行动中心城镇建设试点，改善基础设施和公共服务，提高引产聚人能力。建设沿边抵边公路，发展一批抵边新村和新生抵边城镇，引导边民向沿边抵边公路、边民互市贸易点、抵边聚居点等适度集中。（发展改革委、交通运输部、自然资源部、住房城乡建设部、卫生健康委等负责）

（十一）促进特色小镇规范健康发展。推动《国务院办公厅转发国家发展改革委关于促进特色小镇规范健康发展意见的通知》全面落实落地。统一实行清单管理，以各省份为单元全面建立特色小镇清单，开展动态调整、优胜劣汰。制发特色小镇发展导则，引导树立控制数量、提高质量导向，强化正面引导和分类指导。统筹典型引路和负面警示，推广新一轮特色小镇建设典型经验，加强监督监管、整改违规行为。（发展改革委、财政部、自然资源部、生态环境部、住房城乡建设部、市场监管总局等负责）

## 五、加快建设现代化城市

顺应城市发展新理念新趋势，建设宜居、创新、智慧、绿色、人文、韧性城市，推进城市现代化试点示范，使城市成为人民高品质生活的空间。

（十二）着力解决大城市住房突出问题。坚持房子是用来住的、不是用来炒的定位，因地制宜、多策并举，稳定地价、房价和预期，促进房地产市场平稳健康发展。加快培育发展住房租赁市场，有效盘活存量住房资源，有力有序扩大租赁住房供给，完善长租房政策，合理调控租金水平。以人口流入多、房价高的城市为重点，扩大保障性租赁住房供给，着力解决困难群体和农业转移人口、新就业大学生等新市民住房问题。单列租赁住房用地计划，探索利用农村集体建设用地和企事业单位自有闲置土地建设租赁住房，支持将非住宅房屋改建为保障性租赁住房。（住房城乡建设部、自然资源部、发展改革委、财政部等负责）

（十三）建设新型智慧城市。推进市政公用设施智能化升级，改造交通、公安和水电气热等重点领域终端系统。建设“城市数据大脑”等数字化智慧化管理平台，推动数据整合共享，提升城市运行管理和应急处置能力。全面推行城市运行“一网通管”，拓展丰富智慧城市应用场景。（发展改革委、工业和信息化部、住房城乡建设部、自然资源部等负责）

（十四）建设低碳绿色城市。全面推进生活垃圾分类，加快建设生活垃圾焚烧处理设施，完善医疗废弃物和危险废弃物处置设施。提升污水管网收集能力，推行污水资源化利用，推进污泥无害化处置。加强城市大气质量达标管理，推进细颗粒物和臭氧协同控制。推动重点城市群消除城区黑臭水体和劣Ⅴ类水体断面。开展爱国卫生运动，推广文明健康生活习惯，加强背街小巷等环境卫生死角整治。控制城市温室气体排放，推动能源清洁低碳安全高效利用，深入推进工业、建筑、交通等领域绿色低碳转型。（发展改革委、住房城乡建设部、生态环境部、卫生健康委等负责）

（十五）增强城市发展韧性。完善公立医院传染病救治设施，改善疾控基础条件，加强业务用房建设和必要设备配置，补齐县城公共卫生防控救治短板。提高平疫结合能力，确保改建新建的大型公共设施具备短期内改造为方舱医院的条件。统筹推进城市内涝治理和海绵城市建设，改造河道、堤防、水库等防洪设施，重点治理严重易涝积水区段。健全重要应急物资收储调配机制、基本生活用品保障机制。（发展改革委、卫生健康委、住房城乡建设部、水利部、自然资源部、应急管理部、体育总局等负责）

（十六）优化城市交通服务体系。深入建设公交都市，开展绿色出行创建行动，完善定制公交、自行车道和步行道。完善以配建停车场为主、公共停车场为辅、路侧停车位为补充的停车设施体系，健全住宅小区和公共停车场充电设施，开展创新筹资方式支持停车场建设试点。（住房城乡建设部、交通运输部、发展改革委等负责）

（十七）实施城市更新行动。在老城区推进以老旧小区、老旧厂区、老旧街区、城中村等“三区一村”改造为主要内容的城市更新行动。加快推进老旧小区改造，2021 年新开工改造 5.3 万个，有条件的可同步开展建筑节能改造。在城市群、都市圈和大城市等经济发展优势地区，探索老旧厂区和大型老旧街区改造。因地制宜将一批城中村改造为城市社区或其他空间。（住房城乡建设部、发展改革委、自然资源部、商务部、卫生健康委等负责）

## 六、提升城市治理水平

树立全生命期管理理念，完善治理结构、创新治理方式，推动城市治理体系和治理能力现代化。

（十八）优化城市空间治理。编制完成省市县三级国土空间规划，统筹划定生态保护红线、永久基本农田、城镇开发边界三条控制线。促进城镇建设用地集约高效利用，全面推行增量投放与存量盘活利用相挂钩。适当扩大住宅用地供应比例，提高工业用地利用效率，有序增加蓝绿生态空间。探索推行混合产业用地供给、分层开发、立体开发和以公共交通为导向的开发（TOD）等模式。稳慎把握省会城市管辖范围和市辖区规模调整。落实适用、经济、绿色、美观的新时期建筑方针，严格限制建设 500 米以上超高层建筑，严禁建设“丑陋建筑”。划定历史文化保护线，加强文物保护利用。（自然资源部、民政部、住房城乡建设部、文化和旅游部、文物局等负责）

（十九）加强基层社会治理。根据常住人口规模优化街道社区设置和管辖范围。建设现代社区，以社区综合服务设施为依托，对接社区居民需求、提供便捷优质服务。引导社区社会组织、社会工作服务机构、社区志愿者、驻地企业单位等共同参与社区治理。支持老旧小区引入市场化物业服务或推行社区托管、社会组织代管等方式，提高物业服务质量和标准化水平。（民政部、住房城乡建设部、市场监管总局等负责）

## 七、加快推进城乡融合发展

以县域为基本单元推进城乡融合发展，坚持以工补农、以城带乡，推进城乡要素双向自由流动和公共资源合理配置，以 11 个国家城乡融合发展试验区为突破口，推动体制机制改革和政策举措落实落地。

（二十）促进人才入乡就业创业。鼓励各地制定人才加入乡村制度细则，允许入乡就业创业人员在原籍地或就业创业地落户并享有相关权益，探索以投资入股、合作等多种方式吸收人才入乡。建立科研人员入乡兼职和离岗创业制度，探索其在涉农企业技术入股、兼职兼薪机制。深入推行科技特派员制度。完善农民工返乡就业创业服务体系。引导工商资本入乡发展，培育一批城乡融合典型项目。（发展改革委、中央统战部、中央农办、农业农村部、科技部、人力资源社会保障部、全国工商联等负责）

（二十一）深化改革农村土地制度。积极探索实施农村集体经营性建设用地入市制度，出台稳妥有序推进农村集体经营性建设用地入市的指导意见。推动深化农村宅基地制度改革试点地区率先健全宅基地分配、流转、抵押、退出、使用、收益、审批、监管等制度。鼓励农村集体经济组织及其成员采取自营、出租、入股、合作等方式，盘活农村闲置宅基地和地上房屋。（自然资源部、发展改革委、中央农办、农业农村部等负责）

（二十二）推动公共设施向乡村延伸。统筹规划水气热等市政公用设施，推动向城市郊区乡村和规模较大中心镇延伸。推进城乡道路客运一体化发展，推进公路客运站改建迁建和功能提升。支持城郊承接城市专业市场和物流基地疏解，在县乡村合理布局冷链物流设施、配送投递设施和农贸市场网络，畅通农产品进城和工业品入乡通道。推进义务教育优质均衡发展和城乡一体化，促进义务教育教师“县管校聘”管理改革。实施医师区域注册，推进医师多机构执业，积极发展医疗联合体。依托国家城乡融合发展试验区等开展县域内城乡融合发展试点示范。（发展改革委、中央农办、农业农村部、住房城乡建设部、自然资源部、教育部、卫生健康委、商务部等负责）

## 八、组织实施

（二十三）压实地方责任。省级发展改革委要牵头会同省级各有关部门，做好组织调度和任务分解，加大资金和用地等要素保障支持力度。市县级政府要切实推动任务落实、政策落地、项目见效，确保取得实质性进展和成效。

（二十四）强化部际协同。国家发展改革委依托城镇化工作暨城乡融合发展工作部际联席会议制度，会同各有关部门加强统筹协调和指导督促。各有关部门要细化制定具体措施，并组织调动本系统力量扎实推进。

来源：国家发展改革网站

# 国家发展改革委 科技部关于深入推进全面创新改革工作的通知

发改高技〔2021〕484号

北京市、天津市、河北省、辽宁省、上海市、江苏省、浙江省、安徽省、湖北省、广东省、重庆市、四川省、陕西省发展改革委、科技厅(委、局)：

创新决胜未来，改革关乎国运。科技领域是最需要不断改革的领域。坚持创新在我国现代化建设全局中的核心地位必须统筹推进科技体制改革和经济社会领域改革。2016年以来，全面创新改革试验突破了一批制约创新的体制机制障碍，形成一批改革成果并在全国复制推广，在塑造良好创新创业创造生态方面发挥了重要作用。为深入推进全面创新改革，现将有关事宜通知如下：

## 一、总体要求

以习近平新时代中国特色社会主义思想为指导，全面贯彻党的十九大和十九届二中、三中、四中、五中全会精神，增强“四个意识”，坚定“四个自信”，做到“两个维护”，坚持科技创新和制度创新“双轮驱动”，以问题为导向，以需求为牵引，在实践载体、制度安排、政策保障、环境营造上下功夫，在创新主体、创新基础、创新资源、创新环境等方面持续用力，推动科技创新力量布局、要素配置、人才队伍体系化和协同化，坚决破除影响和制约科技核心竞争力提升的体制机制障碍，激发创新创业创造活力，提升创新体系整体效能，加快实现高水平自立自强。

立足新发展阶段，贯彻新发展理念，构建新发展格局，要坚持摸着石头过河与顶层设计相结合，支持地方结合创新驱动发展战略、区域协调发展战略实施需要，在全面创新改革试验基础上，深化推进创造性、引领性、务实性改革。一是大胆闯、自主改。尊重基层首创精神，坚持发现问题提出问题从群众中来、推动改革检验改革到群众中去，充分调动基层单位和广大创新主体的改革积极性。二是小切口、大作为。聚焦各类创新主体反映最强烈的问题，谋划推动科技创新领域的“小岗村”式改革举措，破解创新者感受最深的痛点堵点，增强广大科技界、产业界的获得感。三是易操作、可考核。改革预期目标成效设定简洁，改革内容和实施步骤清晰，实施主体全程参与改革方案设计，每一项改革举措可操作、可检查、可评估。四是出经验、做示范。及时跟踪改革进展，帮助先行先试创新主体协调解决改革过程中出现的问题，不断总结凝练可复制推广的改革成果，为全国深化科技创新体制机制改革做示范。

## 二、改革任务

坚持目标导向、问题导向，突出全国共性问题与地方个性问题相结合，对照党中央对深化科技创新体制机制改革的决策部署，以及中央经济工作会议精神和政府工作报告，结合地方实际，谋划具有年度特征的改革任务。当前和今后一个时期，全面创新改革的重点任务包括：

(一) 构建高效运行的科研体系。主要包括：鼓励社会以捐赠和建立基金等方式多渠道投入基础研究，落实科研经费“放管服”改革，赋予科研机构更大人事自主权，推动科研仪器设备向社会开放，建立支持新型研发机构发展的体制机制等。

（二）打好关键核心技术攻坚战。主要包括：改革重大科技项目立项和组织管理方式，实行关键核心技术“揭榜挂帅”和“赛马”等制度，推动技术总师负责制，组建创新联合体并组织重大创新任务，推动产业链上中下游、大中小企业融通创新等。

（三）促进技术要素市场体系建设。主要包括：赋予科研人员职务科技成果所有权和长期使用权，制定科技成果转化尽职免责负面清单和容错机制，推进技术要素市场配置改革，建设专业化市场化技术转移机构和技术经理人队伍，开展科技成果转化贷款风险补偿试点，探索低碳技术交易体系和规则建设，促进创新资源跨主体跨区域合理有序流动机制等。

（四）包容审慎监管新产业新业态。主要包括：探索建立数据资源产权、交易流通和安全保护等基础制度和标准规范，促进平台经济和共享经济健康发展，鼓励支持自主创新产品迭代应用，加强知识产权司法保护和行政执法，建立新技术新产业新业态新模式统一的市场准入负面清单制度等。

各地根据上述重点改革任务，结合本地经济社会发展实际需要，谋划个性化的改革举措，解决制约创新的痛点堵点问题。

## 三、组织方式

全面创新改革借鉴“揭榜挂帅”，采取任务清单方式推进，着力谋划和组织实施若干抓纲带目的改革举措，进一步提高改革质量和成效。在改革任务推进上，全面创新改革按年部署、压茬推进，每年制定并更新改革任务清单。

（一）征集选题。各地发展改革委、科技厅（委、局）认真听取国家双创示范基地、创新型企业、高等院校、科研院所等方面意见，广泛征集改革建议，商同级相关部门形成改革举措建议，择优向国家发展改革委、科技部推荐。改革举措求精不求多，每个地方每年提出3—5项改革举措建议。原则上，各项改革举措先期限定在省级事权范围内，后期若涉及国家层面事权，国家发展改革委、科技部协助有关地方与相关部门协调对接。

（二）制定清单。国家发展改革委、科技部汇总各地提出的改革举措建议，合并同类项、组织专家论证，将含金量高的改革举措列入《全面创新改革举措清单》，征求有关部门意见并修改完善。

（三）悬榜揭榜。国家发展改革委、科技部及时公布《年度全面创新改革举措清单》，组织各地发展改革委、科技厅（委、局）揭榜，原则上每个地方年度揭榜改革任务不少于3项。国家发展改革委、科技部汇总揭榜结果，并采取适当形式下达揭榜任务通知书。

要层层压实责任，各地发展改革委、科技厅（委、局）对所揭榜任务负总体责任，根据需要明确实施主体（同级职能部门、地方政府以及企业、高等院校、科研院所等创新主体），研究提出具体改革方案，督促检查改革进展，协调解决改革过程中出现的问题，总结凝练可复制推广的改革成果。

（四）评估激励。在揭榜改革任务完成后，国家发展改革委、科技部及时委托第三方机构评估，并总结凝练为可复制推广的改革成果，推动其在更大范围内实施推广。国家发展改革委、科技部研究采取适当方式，对完成改革任务较好的地方、单位进行激励，并优先支持其承担创新创业创造等重大项目。

## 四、具体要求

各地要高度重视，将全面创新改革作为深入实施创新驱动发展战略、推动经济高质量发展的重点任务来抓，建立省份、重点城市、试点单位分层推进机制。

各地要采取适当形式深入调查研究，广泛听取基层单位的改革诉求、征集改革举措建议，并在每年4月底之前向国家发展改革委创新和高技术发展司、科技部成果转化与区域创新司报送《全面创新改革举措建议书》。

在明确揭榜任务后，各地发展改革委、科技厅（委、局）要组织改革实施主体细化各项改革举措的时间表、路线图、责任人，明确可量化、可考核的目标，及时协调解决推进改革任务实施过程中出现的困难和问题，狠抓改革任务落实落地，确保取得预期成效；要研究制定和落实容错纠错机制，鼓励改革实施主体大胆探索。

国家发展改革委

科技部

2021年4月7日

来源：国家发展改革委网站

# 国家发展改革委 工业和信息化部关于振作工业经济运行推动工业高质量发展的实施方案的通知

发改产业〔2021〕1780号

科技部、财政部、人力资源社会保障部、商务部、人民银行、国资委、税务总局、市场监管总局、银保监会、证监会、国家能源局、全国工商联，各省、自治区、直辖市及计划单列市、新疆生产建设兵团发展改革委、工业和信息化主管部门：

工业是国民经济的主体，工业稳则经济稳。为深入贯彻习近平新时代中国特色社会主义思想，认真落实党中央、国务院决策部署，坚持稳中求进工作总基调，立足新发展阶段，完整、准确、全面贯彻新发展理念，加快构建新发展格局，推动高质量发展，坚持以深化供给侧结构性改革为主线，统筹疫情防控和经济社会发展，坚持目标导向、问题导向，做好宏观政策预调微调和跨周期调节，精准打通产业链供应链堵点卡点，挖掘市场需求潜力，强化政策扶持，优化发展环境，保持良好增长预期，激发市场主体活力，振作工业经济运行，推动工业高质量发展，国家发展改革委、工业和信息化部会同有关方面制定了本实施方案。

## 一、打通堵点卡点，确保工业经济循环畅通

（一）扎实推进能源安全保供。充分发挥煤电油气运保障工作部际协调机制作用，加强资源统筹调度，推进煤炭优质产能充分释放，提高发电供热化肥用煤中长期合同履约水平，推动煤电企业提高发电出力。制定好能源保供应急预案，做实做细能源电力保供工作，保障民生和重点用户用能需求。对煤电和供热企业今年四季度的应缴税款全部暂缓缴纳。完善能耗双控有关政策，严格能耗强度管控，多措并举有效增强能源消费总量管理弹性，保障工业发展合理用能。严厉打击散布虚假信息、哄抬价格等各类违法行为和资本无序炒作。（发展改革委、工业和信息化部、财政部、国资委、税务总局、市场监管总局、能源局按职责分工负责）

（二）做好大宗原材料保供稳价。持续密切监测大宗原材料市场供需和价格变化，大力增加大宗原材料市场有效供给，灵活运用国家储备开展市场调节。实施好《重要商品和服务价格指数行为管理办法（试行）》，加强信息发布解读，促进规范运行。进一步强化大宗商品期现货市场监管，坚决遏制过度投机炒作。（发展改革委、工业和信息化部、商务部、国资委、市场监管总局、证监会按职责分工负责）

（三）保持重点产业链供应链顺畅。强化对重点行业的运行监测，建立完善产业链供应链苗头性问题预警机制，加强问题分析研判，积极应对突发情况，及时处置潜在风险。加快关键核心技术创新和迭代应用，加大“首台套”“首批次”应用政策支持力度。发挥“链主”企业作用，优化产业链资源配置。聚焦新能源汽车、医疗装备等重点领域，实施重点领域“1+N”产业链供应链贯通工程，推动产业链上中下游、大中小企业融通创新，促进产业链供应链贯通发展。深入开展全国供应链创新与应用示范创建。完善国家质量基础设施，推行一站式服务，深入开展质量提升行动。（发展改革委、科技部、工业和信息化部、商务部、国资委、市场监管总

局按职责分工负责）

## 二、挖掘需求潜力，拓展工业经济市场空间

（四）促进重大项目落地见效。加快“十四五”规划重大工程、区域重大战略规划及年度工作安排明确的重大项目实施，推进具备条件的重大项目抓紧上马，能开工的项目尽快开工建设，在建项目加快建设进度，争取早日竣工投产。在5G、千兆光网等领域布局一批新型基础设施项目。尽快启动一体化大数据中心枢纽节点建设工程和中西部中小城市基础网络完善工程。发挥国家和地方重大外资项目专班作用，加快推动先进制造业等领域重大外资项目落地实施。（发展改革委、工业和信息化部、商务部、国资委按职责分工负责）

（五）大力推动企业技术改造。修订产业结构调整指导目录，引导企业加快技术改造和设备更新。实施工业企业技术改造投资升级导向计划。在钢铁、有色、建材、石化、煤电等重点领域组织开展技术改造，推动智能制造示范工厂建设，实施生产线和工业母机改造，补齐关键技术短板，提高产品供给质量。加快工业互联网建设和普及应用，促进传统产业企业依托工业互联网开展数字化转型。开展质量技术帮扶“巡回问诊”，鼓励企业建立质量追溯机制，有效落实企业质量主体责任。（发展改革委、工业和信息化部、市场监管总局、能源局按职责分工负责）

（六）培育新业态新模式。深入推进国家战略性新兴产业集群发展工程，构建一批各具特色、优势互补、结构合理的战略性新兴产业增长引擎。前瞻谋划未来产业，组织实施未来产业孵化与加速计划，推动建设一批国家未来产业先导试验区。支持制造业大型企业为产业链上下游企业提供研发设计、创业孵化、计量测试、检验检测等服务。深化新一代信息技术与制造业融合应用。深入开展科创服务领域标准化建设行动，推动制造服务业标准体系逐步完善。（发展改革委、科技部、工业和信息化部、市场监管总局按职责分工负责）

（七）释放重点领域消费潜力。加快新能源汽车推广应用，加快充电桩、换电站等配套设施建设。健全家电回收处理体系，实施家电生产者回收目标责任制。鼓励有条件的地方在家电等领域推出新一轮以旧换新行动。鼓励开展新能源汽车、智能家电、绿色建材下乡行动。面向北京冬奥会转播等重大场景促进超高清视频落地推广。推动传统线下业态供应链和运营管理数字化改造，发展新型信息消费。加大线上线下融合力度，扩大自主品牌消费和线上新型消费，促进老字号创新发展，高水平办好中国品牌日活动。（发展改革委、工业和信息化部、财政部、商务部、国资委、能源局按职责分工负责）

（八）提高外资利用水平。出台2021年版外资准入负面清单，进一步放宽制造业等领域限制。开展国际产业投资合作系列活动，搭建外资企业和地方沟通交流平台。适时修订《鼓励外商投资产业目录》，鼓励外商投资制造业。（发展改革委、商务部按职责分工负责）

（九）推动外贸稳定发展。落实好稳外贸政策措施，巩固提升出口信用保险作用，抓实抓好外贸信贷投放。依托国家物流枢纽，拓展海运、空运、铁路国际运输线路，推动构建支撑“全球采购、全球生产、全球销售”的国际物流服务网络，推动国际物流降本增效。（发展改革委、商务部、银保监会按职责分工负责）

## 三、强化政策扶持，健全工业经济保障措施

（十）完善重点行业发展政策。持续巩固提升钢铁化解过剩产能工作成果，对违法违规问题保持零容忍高压态势。完善汽车产业投资管理，统筹优化产业布局，支持新能源汽车加快发展。优化石化产业规划布局，有序推进炼化一体化项目建设。积极推动绿色智能船舶示范应用，加快推进沿海、内河老旧船舶更新改造。实施5G应用“扬帆”行动计划（2021—2023年）。组织开展先进制造业和现代服务业融合发展试

点，探索推广“两业融合”新路径新模式。（发展改革委、工业和信息化部、国资委按职责分工负责）

（十一）优化重点区域政策体系。聚焦粤港澳大湾区、长三角、京津冀等重点区域产业发展重大任务，落实长江经济带、黄河流域等区域发展有关重大部署，结合区域特点制定完善当地发展规划、产业政策以及优化营商环境行动方案，加大精准支持力度，提升产业支撑能力。发挥国家级新区、承接产业转移示范区等作用，有序承接国内外产业转移。鼓励地方立足自身特色和优势，打造战略性新兴产业集群，培育发展先进制造业集群，构建各具特色、优势互补、结构合理的集群发展格局。不断总结和宣传推广地方和企业振作工业经济好经验好做法。（发展改革委、工业和信息化部、全国工商联按职责分工负责）

（十二）强化能效标准引领。科学确定石化、有色、建材等重点领域能效标杆水平和基准水平，明确目标方向，突出标准引领，严格能效约束，组织一批节能降碳技术改造项目，开展节能降碳技术示范应用，提高行业节能降碳水平。推动钢铁、电解铝、水泥、平板玻璃等重点行业和数据中心加大节能力度，加快工业节能减碳技术装备推广应用。加大能耗标准制修订、宣贯推广工作力度，建立动态提高能效标杆水平和基准水平机制，完善能源核算、检测认证、评估、审计等配套标准。（发展改革委、工业和信息化部、市场监管总局按职责分工负责）

（十三）加大制造业融资支持。紧密结合制造业企业生产经营周期，合理确定融资期限，增加制造业中长期贷款投放，提升融资支持的精准性和有效性。完善制造业中长期融资考核评价机制。开展“补贷保”联动试点。支持符合条件的企业发行公司信用类债券，推广以信息共享为基础的“信易贷”模式。稳妥推进基础设施领域不动产投资信托基金（REITs）试点，完善配套支持机制。深化产融合作，完善绿色金融标准体系和评价机制，落实产融合作推动工业绿色发展专项政策，建立工业绿色发展指导目录和项目库，发挥国家产融合作平台作用，引导金融资源向工业绿色低碳领域汇聚。（发展改革委、工业和信息化部、人民银行、银保监会、证监会按职责分工负责）

（十四）破解企业用工难题。开展大规模多层次职业技能培训，促进产业用工需求和职业技能培训有效衔接，提高劳动者适应产业转型升级能力。提升公共就业服务质量，完善劳动力供需双方信息发布和对接机制，大力发展人力资源服务业，严厉打击侵害劳动者就业权益行为，规范用工市场，提高人力资源配置效率。加快完善中西部和东北地区基础设施，提升产业集聚区公共服务效能，引导制造业向中西部和东北地区有序梯度转移，吸纳当地劳动力就业。（发展改革委、人力资源社会保障部按职责分工负责）

## 四、优化发展环境，促进工业经济行稳致远

（十五）减轻中小企业负担。落实好支持制造业中小企业的助企纾困政策，加大对涉企违规收费的整治力度。加大保障中小企业款项支付条例落实力度，运用市场化法治化手段规范款项支付秩序，健全防范和化解拖欠账款长效机制。鼓励地方安排中小企业纾困专项资金，对符合条件的中小企业给予资金等支持。用好直达实体经济货币政策工具和支小再贷款，加大普惠小微企业信用贷款投放。鼓励有条件的地方建立支持小微企业的贷款风险分担补偿机制。用好小微企业融资担保降费奖补资金，促进扩大小微企业担保业务规模，降低融资担保成本。落实减税降费政策，对制造业中小微企业延缓缴纳今年四季度部分税费。研究并适时出台部分惠企政策到期后的接续政策，鼓励地方有针对性出台帮扶措施。对确有困难的纳税人，地方可按现行规定减免房产税、城镇土地使用税。（发展改革委、工业和信息化部、财政部、人力资源社会保障部、人民银行、国资委、

税务总局、市场监管总局按职责分工负责）

（十六）优化市场环境。建立完善《优化营商环境条例》专项执法检查常态化机制，督促各地区严格落实条例规定。建立健全制度化的政企互动机制，落实好企业家参与涉企政策制定机制，推动构建亲清政商关系。加强制定政策的事先评估和事后评价。鼓励和支持各地区结合本地产业发展特点，在保护市场主体权益、完善政务服务等方面出台更为有力有效的改革举措，分批复制推广。大力弘扬工业经济优秀企业家精神。（发展改革委、全国工商联按职责分工负责）

各有关方面要切实把思想和行动统一到党中央、国务院决策部署上来，进一步提高站位、坚定信心，统筹发展和安全，强化责任担当、主动作为，以高度的责任感和使命感，抓好政策落地落细落实，同时加强对工业经济运行态势的跟踪监测，深入分析研判苗头性倾向性潜在性问题，强化预研预判，做好政策储备，全力以赴振作工业经济运行，推动工业高质量发展。

国家发展改革委

工业和信息化部

2021 年 12 月 8 日

来源：国家发展改革委

# 国家发展改革委办公厅 工业和信息化部办公厅关于做好“十四五”园区循环化改造工作有关事项的通知

发改办环资〔2021〕1004号

各省、自治区、直辖市及计划单列市、新疆生产建设兵团发展改革委、工信厅（经信委）：

为贯彻落实《2030年前碳达峰行动方案》《“十四五”循环经济发展规划》，加快推动产业园区绿色低碳循环发展，提高资源能源利用效率，助力实现碳达峰碳中和目标，现就做好“十四五”园区循环化改造工作有关事项通知如下：

## 一、“十四五”园区循环化改造工作目标

到2025年底，具备条件的省级以上园区（包括经济技术开发区、高新技术产业开发区、出口加工区等各类产业园区）全部实施循环化改造，显著提升园区绿色低碳循环发展水平。通过循环化改造，实现园区的能源、水、土地等资源利用效率大幅提升，二氧化碳、固体废物、废水、主要大气污染物排放量大幅降低。

## 二、园区循环化改造的主要任务

（一）优化产业空间布局。根据物质流和产业关联性，优化园区内的企业、产业和基础设施的空间布局，体现产业集聚和循环链接效应，积极推广集中供气供热供水，实现土地的节约集约高效利用。

（二）促进产业循环链接。按照“横向耦合、纵向延伸、循环链接”原则，建设和引进关键项目，合理延伸产业链，推动产业循环式组合、企业循环式生产，促进项目间、企业间、产业间物料闭路循环、物尽其用，切实提高资源产出率。

（三）推动节能降碳。开展节能降碳改造，推动企业产品结构、生产工艺、技术装备优化升级，推进能源梯级利用和余热余压回收利用。因地制宜发展利用可再生能源，开展清洁能源替代改造，提高清洁能源消费占比。提高能源利用管理水平。

（四）推进资源高效利用、综合利用。园区重点企业全面推行清洁生产，促进原材料和废弃物源头减量。加强资源深度加工、伴生产品加工利用、副产物综合利用，推动产业废弃物回收及资源化利用。加强水资源高效利用、循环利用，推进中水回用和废水资源化利用。因地制宜开展海水淡化等非常规水利用。

（五）加强污染集中治理。加强废水、废气、废渣等污染物集中治理设施建设及升级改造，实行污染治理的专业化、集中化和产业化。强化园区的环境综合管理，构建园区、企业和产品等不同层次的环境治理和管理体系，最大限度地降低污染物排放。

## 三、组织实施

（一）明确责任单位。各省、自治区、直辖市、计划单列市、新疆生产建设兵团发展改革委、工信厅（经信委）对本地区“十四五”园区循环化改造工作负总责，要充分发挥发展循环经济工作部门联席会议作用，会同有关部门加强统筹谋划、协调指导，认真组织实施。各园区管委会（或相应管理单位）是循环化改造

的责任主体，负责编制本园区循环化改造实施方案并组织实施，园区内有关企业负责实施本企业的循环化改造项目。

（二）确定园区清单。各省、自治区、直辖市、计划单列市、新疆生产建设兵团发展改革委、工信厅（经信委）应系统梳理本地区省级以上园区发展现状和循环化改造工作基础，提出开展循环化改造的原则、条件等，因地制宜、实事求是研究提出本地区“十四五”具备条件进行循环化改造的园区清单，督促指导相关园区按照“一园一策”原则编制循环化改造实施方案，并于2022年6月底前将本地区“十四五”园区循环化改造园区清单和每个园区循环化改造的预期成效报送国家发展改革委（环资司）、工业和信息化部（节能司）。

（三）编制实施方案并组织实施。清单内园区的管委会（或相应管理单位）应根据园区特点和实际情况编制实施方案，报各省、自治区、直辖市、计划单列市、新疆生产建设兵团发展改革委、工信厅（经信委）审核同意后实施，并从2022年起每年底前将本年度园区循环化改造工作进展、成效、经验、困难等情况报送省级及计划单列市发展改革委、工信厅（经信委）。

实施方案包括园区的基本情况、改造的主要任务、实施的主要项目（包括每个项目的建设内容、资金投入等）、预期成效、组织实施和保障措施等。其中，预期成效包括节能量，节水量，二氧化碳减排量，固体废物、废水、主要大气污染物减排量，园区单位生产总值能耗、用水量，固体废物综合利用率等资源环境指标。

（四）加大政策支持。园区所属地方政府要加大对园区循环化改造工作的土地、资金等要素支持，帮助协调解决园区循环化改造过程中面临的困难和问题。各省、自治区、直辖市、计划单列市、新疆生产建设兵团发展改革委、工信厅（经信委）要会同有关部门，统筹现有政策资源，加大对园区循环化改造相关项目的财税金融政策支持。国家发展改革委、工业和信息化部将统筹利用现有政策资金对园区循环化改造中的重大项目择优予以支持。

（五）加强督促指导。各省、自治区、直辖市、计划单列市、新疆生产建设兵团发展改革委、工信厅（经信委）负责督促指导园区落实实施方案，及时组织开展园区循环化改造成效评估和验收工作，确保园区循环化改造质量和效益，并从2023年起每年初将前一年度本地区园区循环化改造工作总体进展情况报送国家发展改革委（环资司）、工业和信息化部（节能司），于2026年初报送“十四五”本地区园区循环化改造工作总结报告。

（六）做好经验总结和宣传推广。各省、自治区、直辖市、计划单列市、新疆生产建设兵团发展改革委、工信厅（经信委）应及时总结园区循环化改造的好经验好做法，通过召开现场会等方式组织相关方面交流经验、互学互鉴、共同发展。国家发展改革委将会同工业和信息化部等部门宣传推广典型经验做法。

国家发展改革委办公厅
工业和信息化部办公厅
2021年12月15日

来源：国家发展改革委办公厅

# 财政部经济建设司、工业和信息化部中小企业局有关负责人关于《财政部 工业和信息化部关于支持“专精特新”中小企业高质量发展的通知》解读

中国开发区网发布时间：2021年02月20日

近日，财政部、工业和信息化部（统称两部门）联合印发《关于支持“专精特新”中小企业高质量发展的通知》（财建〔2021〕2 号，简称《通知》），启动中央财政支持“专精特新”中小企业高质量发展政策。为回应社会广泛关注，推动政策加快落地，结合有关方面关注的问题，现对有关政策要点作出解读。

## 一、关于两部门出台支持中小企业“专精特新”发展政策的背景

中小企业的韧性是我国经济韧性的重要基础，是保市场主体、保就业的主力军，是提升产业链供应链稳定性和竞争力的关键环节，是构建新发展格局的有力支撑。为加快提升中小企业专业化、精细化、特色化及创新水平，在工业和信息化部持续组织地方培育“专精特新”中小企业的基础上，2018 年起，财政部会同工业和信息化部、科技部支持实体经济开发区打造创新创业特色载体，促进中小企业创新发展，成长为专精特新“小巨人”企业。截至目前，中央财政已通过中小企业发展专项资金累计安排近 84 亿元奖补资金，支持了 200 个开发区，受益企业有 2 000 家以上成长为国家级专精特新“小巨人”企业或省级“专精特新”中小企业。

目前，全国范围内已认定省级“专精特新”中小企业 2.6 万家，国家级专精特新“小巨人”企业 1 832 家。这些“专精特新”中小企业专注细分市场，抗风险能力较强，在新冠肺炎疫情发生后，率先复工复产，发挥了积极示范作用。鉴于推进中小企业“专精特新”发展已具备一定工作基础，但政策措施还不够精准直接，上下工作联动还不够紧密，已获认定的企业存在创新协作不足、产业配套能力有限等问题，着眼于支持中小企业高质量发展、助推构建双循环新发展格局，将通过中央财政资金引导，进一步带动地方加大“专精特新”中小企业培育力度，强化政策措施精准性，做强梯度培育优质企业的关键环节。

## 二、关于两部门印发《通知》的重要意义

为深入贯彻习近平总书记关于培育一批“专精特新”中小企业的重要指示精神，落实党的十九届五中全会精神、《政府工作报告》和国务院促进中小企业发展工作领导小组工作部署，两部门联合印发本《通知》。《通知》的出台，旨在通过中小企业发展专项资金引导，促进上下联动，加快培育一批专注于细分市场、聚焦主业、创新能力强、成长性好的专精特新“小巨人”企业，推动梯度培育优质企业，着力提升中小企业创新能力和专业化水平，助力实体经济特别是制造业做实做强做优，提升产业链供应链稳定性和竞争力。

## 三、关于《通知》明确的支持事项

在“十四五”期间，中央财政将通过中小

企业发展专项资金累计安排100亿元以上奖补资金，引导地方完善扶持政策和公共服务体系，分三批（每批不超过三年）重点支持1 000余家国家级专精特新“小巨人”企业（即重点“小巨人”企业）高质量发展，促进这些企业更好发挥示范作用。

主要支持专精特新“小巨人”企业推进以下工作：一是加大创新投入，加快技术成果产业化应用，推进工业“四基”领域或制造强国战略明确的十大重点产业领域“补短板”和“锻长板”；二是与行业龙头协同创新、产业链上下游协作配套，支撑产业链补链延链固链、提升产业链供应链稳定性和竞争力；三是促进数字化网络化智能化改造，业务系统向云端迁移，并通过工业设计促进提品质和创品牌。另外，支持企业加快上市步伐，加强国际合作等，进一步增强发展潜力和国际竞争力。

此外，为落实《中华人民共和国中小企业促进法》关于中小企业发展专项资金“重点用于支持中小企业公共服务体系建设”要求，还支持每省每批次不超过3个国家（或省级）中小企业公共服务示范平台，为国家级专精特新“小巨人”企业提供技术创新、上市辅导、创新成果转化与应用、数字化智能化改造、知识产权应用、上云用云及工业设计等服务。其中，对于重点“小巨人”企业，还应提供“点对点”服务。

## 四、如何从专精特新“小巨人”企业中选拔由中央财政支持的重点“小巨人”企业

第一，纳入选拔范围的企业是工业和信息化部认定的专精特新“小巨人”企业，在此基础上，企业可自愿申请，并由地方作出推荐。目前，工业和信息化部已发布《关于公布第一批专精特新“小巨人”企业名单的通告》（工信部企业函〔2019〕153号）和《关于公布第二批专精特新“小巨人”企业名单的通告》（工信部企业函〔2020〕335号），累计认定两批专精特新“小巨人”企业1 832家。后续工业和信息化部还将继续认定新的专精特新“小巨人”企业，本《通知》印发后工业和信息化部新认定的专精特新“小巨人”企业同样有资格按程序申请支持。

第二，两部门将制定可量化、可考核的统一标准，在地方推荐企业名单的基础上，在全国范围内统一排名，优中选优，全力打造“专精特新”中小企业的国家队。

第三，对重点“小巨人”企业采取淘汰制。为加强激励约束，通过考核逐年淘汰部分成长速度、目标实现进度相对落后的重点企业。

另外，申请企业名称须与工业和信息化部认定文件所公布的名称一致，不含已在上交所主板、科创板和深交所主板、中小板、创业板，以及境外发行股票的。且须符合产业导向、专业化程度、创新能力、经营管理、成长性等方面的条件。

## 五、中央财政有关奖补资金如何下达

对于每一批重点“小巨人”企业，财政部分别于《实施方案》批复当年、实施期满1年及满2年时，按照预算管理规定、分年度绩效考核结果及工业和信息化部建议，按程序滚动安排奖补资金，切块下达省级财政部门。对于2021年启动支持的首批重点“小巨人”企业，将于2021年下达首笔奖补资金，后续奖补资金金额将与绩效考核结果挂钩。第二批、第三批重点“小巨人”企业也按此执行。

省级中小企业主管部门商同级财政部门按照《实施方案》(备案版)，并结合本地区重点“小巨人”企业、公共服务示范平台实际情况，确定资金分配方案（奖补资金90%以上用于直接支持重点“小巨人”企业）。省级中小企业主管部门商财政部门确定资金分配方案时，应统筹考虑全省产业布局，重点“小巨人”企业发展现状与前景，确定每家重点“小巨人”企业的资金分配金额，避免简单分配，并按照直达资金有关要求下达。

### 六、在中央财政有关奖补资金使用方面有何要求

对于重点“小巨人”企业所获奖补资金，充分发挥企业能动性，不对奖补资金使用方向作限制，由企业围绕“专精特新”发展目标自主安排使用。对于示范平台所获奖补资金，要求必须用于服务专精特新“小巨人”企业，不得用于平衡本级财政预算，不得用于示范平台自身建设、工作经费等；如检查考核发现存在此类问题的，酌情扣减有关奖补资金。对检查考核发现以虚报、冒领等手段骗取财政资金的，按照《财政违法行为处罚处分条例》等有关规定处理。

### 七、如何开展绩效考核，考核结果如何应用

省级中小企业主管部门会同财政部门按照两部门批复的《实施方案》，组织推进实施并做好分年度实施成效自评估。工业和信息化部商财政部对地方培育工作组织分年度绩效考核，明确绩效考核等次，以及继续支持的重点“小巨人”企业（通过可量化可考核的统一标准择优确定），考核结果与后续奖补资金安排挂钩。对于年度绩效考核中发现问题及不足的，由有关省级中小企业主管部门会同财政部门组织落实整改。

来源：财政部网站

# 自然资源部办公厅关于规范开展建设项目节地评价工作的通知

自然资办发〔2021〕14号

各省、自治区、直辖市自然资源主管部门，新疆生产建设兵团自然资源局：

党中央、国务院高度重视节约集约用地工作，明确提出强化节地标准建设。为落实党的十九届五中全会有关“全面提高资源利用效率”的要求，充分发挥土地使用标准对建设项目用地的控制作用，促进标准未覆盖或者超标准用地的建设项目合理用地，切实提高节约集约用地水平，现就规范开展建设项目节地评价工作通知如下：

## 一、充分认识开展建设项目节地评价的重要性

建设项目节地评价是建设用地标准控制制度的重要组成部分，是促进科学合理用地的重要支撑。各地要高度重视，充分认识建设项目节地评价对完善节约集约用地评价体系、推进节约集约用地的重要意义，在建设项目用地预审和建设用地审查报批环节，进一步完善制度措施，细化操作程序，应用科学方法和先进技术，借助专业力量，规范开展节地评价，推进建设项目节约集约使用土地。对确需突破土地使用标准确定的规模和功能分区的建设项目，应当通过节地评价严格把关。对国家和地方尚未颁布土地使用标准和建设标准的建设项目，应当通过节地评价合理确定建设项目用地功能分区和规模。

## 二、严格执行土地使用标准控制制度

各地要严格执行国家发布的各类土地使用标准，在建设项目设计、审批、供地、用地等环节，进一步落实标准控制制度。对因安全生产、地形地貌、工艺技术等有特殊要求，确需突破土地使用标准确定的规模和功能分区的建设项目，有法定审批权的地方自然资源主管部门应当对申报材料中超标准的原因、申请用地的依据开展节地评价，组织专家评审，出具评审论证意见，并将其作为建设用地供应的依据。

## 三、促进无标准建设项目节约集约用地

对于国家和地方未颁布土地使用标准的建设项目，有法定审批权的自然资源主管部门应当结合行业专业技术设计规范、建设规范等，加强审核把关，主要包括：规模、功能分区等是否体现了项目所在区域的地形地貌特征；是否合理利用地上地下空间或者科学、合理提高项目投资强度、容积率、建筑密度等；是否采取了先进的项目工艺流程、施工工艺和技术；对存在远期预留用地的项目，是否可以分期报批，避免低效、闲置；是否采取措施少占或不占耕地、避让永久基本农田；是否为降低建设成本而粗放用地；是否设置了不必要的功能分区；是否存在“搭车用地”、多报少用等。依据申报材料以上内容无法作出判断的，有法定审批权的自然资源主管部门开展节地评价，组织专家评审论证，出具评审论证意见。

## 四、规范开展节地评价工作

各级自然资源主管部门要严格落实国务院

"放管服"改革要求，做好建设用地审批与节地评价的工作衔接，不得新设审批事项。要保障建设项目节地评价工作经费，不得向市场主体转嫁费用。自然资源部负责审查的建设项目，由所在地的省级自然资源主管部门组织开展节地评价。对水库和水电工程项目淹没区用地、矿山企业开采区用地、通信和输电线路塔基用地、河道治理工程用地和引排灌工程用地、涉密工程用地、小型工程用地、小于 0.2 公顷的工程项目用地，以及未确定用地主体、以招标拍卖挂牌方式供应的工业、商业、旅游、娱乐和商品住宅等经营性用地，可不列入建设项目节地评价范围。

各级自然资源主管部门要加大宣传力度，推动开展节地技术和节地模式研究，提高用地单位、设计单位等主动节地意识，推进节地评价成果在土地使用标准和行业技术规范制修订工作中应用，营造多方互动的节约集约用地氛围。

本通知自发布之日起执行。使用集体土地的建设项目，参照本通知执行。

自然资源部办公厅

2021 年 1 月 6 日

来源：自然资源部办公厅

# 退役军人事务部等8部门关于促进退役军人到开发区就业创业的意见

退役军人部发〔2021〕6号

各省、自治区、直辖市退役军人事务厅（局），发展改革委、科技厅（委、局）、财政厅（局）、自然资源厅（局）、商务厅（局），新疆生产建设兵团退役军人事务局、发展改革委、科技局、财政局、自然资源局、商务局，海关总署广东分署、驻天津、上海特派办，各直属海关，税务总局各省、自治区、直辖市、计划单列市税务局：

退役军人是重要的人力资源，是建设中国特色社会主义的重要力量。促进他们到企业、产业集聚的各类开发区实现稳定就业、投身"双创"实践，对更好实现退役军人自身价值、助推经济社会发展、服务国防和军队建设具有重要意义。退役军人到开发区就业创业促进工作，要以习近平新时代中国特色社会主义思想为指导，坚持政府推动、市场引导、社会支持相结合，紧密结合国家区域发展战略，调动各方面力量共同推进，保障退役军人在本区域就业创业享受同等条件下优先、普惠基础上优待。现就促进退役军人到开发区就业创业提出以下意见：

## 一、落实扶持政策

（一）开发区内退役军人从事个体经营或企业招用退役军人，符合相关规定的，可享受税收优惠政策。

（二）对退役军人创办中小微企业吸纳就业困难人员、农村建档立卡贫困人员就业的，按规定给予社会保险补贴。

## 二、积极促进就业

（三）发挥各区管委会促进就业的主导作用，需管委会审批、核准的生产经营性项目，享受管委会政策扶持的企业，在招录用工时，同等条件下优先录用退役军人。鼓励所有驻区企业优先招用退役军人。

（四）政府投资项目以及区内自行投资项目产生的岗位，招聘的物业公司、自身平台公司等企业和机构用工岗位中，设定一定比例（数量）招用退役军人。

（五）各区在开展的特色招聘活动中设置退役军人招聘专区，定向提供适合退役军人就业的岗位。

（六）加强岗位信息归集提供，建立各区与退役军人事务部门岗位信息共享渠道，用好退役军人就业创业网、中国开发区网等平台，加快实现公共机构岗位信息区域和全国公开发布。定期统计并与当地退役军人事务部门共享区内退役军人就业数据。

## 三、优化创业环境

（七）鼓励政府投资开发的孵化基地等创业载体对退役军人予以优先支持。对各区孵化基地等创业载体，优惠或免费提供退役军人场地、设置退役军人专区的，当地政府可视情给予适当支持。

（八）加大对退役军人初创企业的土地使用、项目遴选、贷款抵押、导师推荐、房租减免、住房优惠等政策扶持力度，减低创业成本。鼓励各区根据实际情况出台相关措施，对退役军人创办的紧跟国家产业发展导向的、获得版权注册或专利等创新技术的、推动经济转型或具有较强就业吸纳作用的企业，给予重点关注和支持。

（九）充分发挥创业投资和政府创业投资引导基金作用，支持退役军人初创企业发展。

**四、加强服务管理**

（十）发挥区内创新创业服务机构作用，在同等条件下，优先优惠为退役军人及其创办企业提供有关金融、外贸、法律、保险、审计、会计、知识产权、资产评估、计算、测试、信息咨询、人才交流与培训等支撑服务。

（十一）鼓励各区开设退役军人"绿色通道"，对符合入驻条件的，简化相关核准手续。

（十二）加强对区内退役军人创办企业的信用培育。退役军人创办企业申请高信用等级管理的，应加快认定工作进程。

（十三）对违反国家及地方法律法规、各区相关制度及管理规定，造成社会危害、损害退役军人及军创企业良好社会形象的，依法依规进行处理。

本意见所称开发区是指经济技术开发区、高新技术产业开发区、海关特殊监管区域等国家级开发区和经济开发区、工业园区、高新技术产业园区等省级开发区，具体可参照《中国开发区审核公告目录》。各地要高度重视、上下配合，结合实际情况，制定具体措施，积极促进退役军人就业创业。

退役军人事务部 国家发展改革委
科技部 财政部 自然资源部
商务部 海关总署 税务总局
2021年1月27日

来源：退役军人事务部

# 江苏省经济开发区高质量发展综合考核评价办法（2021年版）

发布时间：2021年02月26日

## 第一章 总 则

**第一条** 为深入贯彻习近平新时代中国特色社会主义思想，全面落实党的十九大和十九届二中、三中、四中、五中全会精神，认真践行习近平总书记对江苏工作的重要指示要求，按照国家和省委、省政府关于经济开发区工作的决策部署，立足新发展阶段，贯彻新发展理念，构建新发展格局，以深化供给侧结构性改革为主线，以推动高质量发展为主题，推进全省经济开发区开放创新、科技创新、制度创新，实现改革开放再出发，更好服务全省高质量发展，制定本办法。

**第二条** 本办法适用于全省经济开发区高质量发展综合考核评价（以下简称考核评价）的指标体系设定、数据收集、材料审核、结果发布以及动态管理。

**第三条** 本办法所称经济开发区包括全省各国家级、省级经济类开发区。国家级开发区指经国务院批准设立的经济技术开发区、保税港区，省级开发区指经省人民政府批准设立的经济开发区、工业园区等。

**第四条** 本办法所称高质量发展水平，是指经济开发区在经济发展、开放水平、创新驱动、生态集约和统筹协调等方面的综合表现。

## 第二章 考核评价组织

**第五条** 省商务厅负责牵头组织考核评价工作，会同省相关部门加强对全省经济开发区的宏观指导、协调管理。各设区市商务局负责组织本行政区域内各经济开发区参评数据材料的收集和初审工作。成立专家小组和委托第三方机构开展审核评估，确保考核评价工作的公开、公平、公正。

**第六条** 省商务厅会同省相关部门建立信息沟通机制，将各部门在考核评价年度内对经济开发区生产安全事故、突发环境事件、群体性事件等方面的处理意见和通报结果纳入考核评价。

**第七条** 考核评价工作采用信息化手段，通过全省经济开发区考核评价系统完成信息收集，逐步完善考核评价系统，增加程序审核、自动提示、流程监控、数据汇总和分析等功能。

**第八条** 各经济开发区要建立健全政务公开制度，及时在官方网站或公开刊印的招商、统计资料中发布本区主要经济数据。加大数据报送的监督与追责力度，上报的参评数据要与对外公布的数据保持一致。

**第九条** 考核评价工作过程中，不得以任何形式向经济开发区收取费用。

**第十条** 强化考核评价工作责任部门和相关工作人员的责任意识。在考核评价工作中违反规定、弄虚作假的，对责任人及所在设区市主管部门或经济开发区进行通报批评；情节较重的，依法依规追究相关负责人责任。

## 第三章 指标体系

**第十一条** 考核评价指标体系坚持科学性、

导向性、规范性及可操作性。

（一）统一性原则。对全省经济开发区的考核评价和动态管理采用统一的指标体系。

（二）系统性原则。从全省经济开发区的发展定位出发，围绕经济发展、开放水平、创新驱动、生态集约和统筹协调等五个方面设定考核评价指标。

（三）规范性原则。按照国家、省相关部门的规范性定义对考核评价指标进行解释。

（四）真实性原则。考核评价指标应具有可统计和可验证性，确保指标数据真实可靠。

**第十二条** 考核评价指标体系设定经济发展、开放水平、创新驱动、生态集约、统筹协调五大类一级指标，32项二级指标。具体如下：

（一）经济发展。含8项二级指标，主要考核评价经济开发区经济发展等方面情况，引导经济开发区经济高质量发展。

（二）开放水平。含8项二级指标，主要考核评价经济开发区开放型经济发展质效，引导经济开发区高水平开放。

（三）创新驱动。含6项二级指标，主要考核评价经济开发区科技创新水平、人才建设以及知识产权等方面情况，引导经济开发区提升创新驱动能力。

（四）生态集约。含7项二级指标，主要考核评价经济开发区能耗、生态环保以及集约发展等方面情况，引导经济开发区强化绿色集约发展。

（五）统筹协调。含3项指标，主要考核评价经济开发区体制机制改革创新、安全生产以及合作共建等方面情况，引导经济开发区加强制度创新，实现安全协调发展。

省商务厅在每年第一季度公布一级指标权重，可根据国家和省相关工作要求进行适当调整。

**第十三条** 经济开发区在考核评价年度中有下列情形的，在综合得分中增加相应分值（同一事项不重复计分）：

（一）受到党中央、国务院（含中共中央办公厅、国务院办公厅）书面表彰奖励（正式发文）的，每有一项加3分。

（二）受到国家部委、省委、省政府书面表彰奖励（正式发文）的，每有一项加2分。

（三）在承担国家、省重大改革试点任务及平台载体建设等方面，成绩突出或形成可复制推广经验的（省、部级以上发文），每有一项加1分。

**第十四条** 经济开发区在考核评价年度内有下列情形的，在综合得分中扣减相应分值（同一事项不重复计分），或实施一票否决，取消当年评价资格并予以通报。

（一）减分项。

1. 受到党中央、国务院（含中共中央办公厅、国务院办公厅）书面通报批评（正式发文）的，每有一项减3分。

2. 受到国家部委、省委、省政府书面通报批评（正式发文）的，每有一项减2分。

3. 在考核评价年度内发生下列情况的，每有一项减1分：

（1）报告期内发生较大突发环境事件、群体性事件的。

（2）报告期内领导班子成员涉嫌严重违纪违法的。

（二）一票否决。在考核评价年度内，发生重大及以上生产安全事故、突发环境事件及群体性事件的，取消当年评价资格并予以通报。

## 第四章 考核评价程序及审核要求

**第十五条** 考核评价工作每年开展一次，评价数据采集自上一年度数据。评价结果反映全省经济开发区上一年度建设发展情况。考核评价工作应于每年上半年组织实施，省商务厅可根据工作需要作适当调整。

**第十六条** 考核评价工作含数据采集、初审、复审、数据抽查处理和结果发布等步骤。各国家级、省级经济开发区应于每年规定时限内完成参评数据材料的收集、整理和自查工作，并通过全省开发区报表系统填报评价所需数据。

**第十七条** 各设区市商务局负责组织初审工作并出具初审报告。对审核中发现的问题应及时组织整改，按要求将初审报告连同各经济开发区参评数据材料报送省商务厅。

**第十八条** 省商务厅组织复审工作，复审所涉及的评价数据材料委托第三方机构进行审核评价。省商务厅可根据工作需要，按一定比例抽取部分经济开发区进行数据抽查、核查。

**第十九条** 省商务厅会同专家小组对第三方机构的评价结果和评审意见进行审核确认。

**第二十条** 任何个人、组织均可举报考核评价工作中的不公平、不公正和弄虚作假行为，或对考核评价结果提出异议。省商务厅对异议人的告知，可采用信函、传真、电子邮件等方式。

**第二十一条** 审核的主要内容：

（一）对变化异常的数据重点核对相关证明材料。

（二）对非年报数据，核对相关支撑、证明材料。

（三）对各指标之间的逻辑关系进行分析核对。

（四）对本辖市内各经济开发区上报数据材料进行核对，确保数据真实、材料可靠。

在审核过程中发现的问题，及时告知相关经济开发区，要求限期提供补充证明和解释材料。如无补充证明和解释材料，或材料不能说明问题的，扣除相关指标分值。

## 第五章 结果发布及应用

**第二十二条** 省商务厅会同专家小组起草年度全省经济开发区高质量发展综合考核评价情况通报文件，报省人民政府同意后印发。

**第二十三条** 省商务厅以考核评价为基础，健全完善全省经济开发区数据库，用于指导经济开发区转型升级创新发展，并为各级政府及省有关部门提供决策参考。

考核评价结果按干部管理权限抄送组织部门，作为干部实绩考核的重要参考。

## 第六章 动态管理机制

**第二十四条** 各县（市、区）原则上设立一个省级经济开发区。

**第二十五条** 对批准筹建的省级经济开发区，给予一定的培育期，培育期一般为2年。培育期满后参照本办法进行考核评价，综合得分在被培育开发区中位居前列的，优先批准为省级经济开发区。

**第二十六条** 进一步强化约束和倒逼机制，省商务厅根据年度考核评价结果，提出约谈、通报、建议摘牌的经济开发区名单和处理意见。

（一）约谈。对年度考核评价列最后5位的省级经济开发区和重点指标（外资、进出口等）得分列最后3位的经济开发区，由省商务厅约谈相关经济开发区主要负责人，提出整改要求，责成经济开发区针对主要问题和薄弱环节制定整改措施，限期整改。

（二）通报。对年度考核评价列最后5位的省级经济开发区以及因“一票否决”被取消评价资格的经济开发区进行通报。

（三）建议摘牌。每3年综合考核评价中，有2年排名列最后3位的省级经济开发区，按程序报请省政府批准予以摘牌，退出省级经济开发区序列。

## 第七章 附 则

**第二十七条** 参与考核评价工作的所有相关工作人员均需履行保密责任和义务。在考核评价结果公开发布前，不得对外泄露相关信息。未经允许，有关单位和个人不得使用考核评价相关数据或发布相关信息。

**第二十八条** 本办法自印发之日起施行，《省政府办公厅关于印发江苏省经济开发区科学发展综合考核评价办法（2018年版）的通知》（苏政办发〔2018〕95号）即行废止。

**第二十九条** 本办法由省商务厅负责解释。

来源：江苏省商务厅

# 湖南省人民政府办公厅关于印发《深化“放管服”改革助推“五好”园区建设二十条措施》的通知

湘政办发〔2021〕72号

各市州、县市区人民政府，省政府各厅委、各　直属机构：

《深化“放管服”改革助推“五好”园区建设二十条措施》已经省人民政府同意，现印发给你们，请认真贯彻执行。

湖南省人民政府办公厅

2021年11月8日

（此件主动公开）

## 深化“放管服”改革助推“五好”园区建设二十条措施

为进一步深化“放管服”改革，打造营商环境新高地，助推“五好”园区建设，结合我省实际，制定以下二十条措施：

### 一、赋予园区更大的审批服务自主权

1．推进相对集中行政许可权和处罚权改革。支持有条件的省级以上园区开展相对集中行政许可权改革，实行“一个大厅办事、一枚印章审批、一个主体服务”。支持跨行政区域的园区依法开展相对集中行政处罚权改革试点，探索实行“一支队伍管执法”，其他园区行政执法原则上实行属地管理。相关改革方案由省级以上园区研究提出，并按程序报省人民政府批准实施。对未实施相对集中行政许可权改革且未设立政务服务大厅的园区，所在地市县政务服务中心设立“园区事园区办”综合服务窗口，园区可以根据审批权限委派工作人员集中办理，市县政务服务中心应当主动协助办理。（责任单位：省委编办、省司法厅、省政务局。各条均需各市州、县市区人民政府和园区管委会落实，不再列出）

2．全链条向园区放权赋能。市州、县市区人民政府应当依据《湖南省园区赋权指导目录》，聚焦园区实际需求，实行“一园一策”，做到“应放尽放”，推进标准化赋权、差异化承接，逐步有序“放到位”。放权赋权方式可根据实际灵活调整，对确实不能直接下放或委托园区行使的事项，原则上应采取服务前移或其他方式办理，打造具有园区特色的全链条闭环审批模式，实现“园区事园区办”。（责任单位：省政务局等省直相关部门）

3．推进审批监管联动。市州、县市区人民政府应当厘清园区和职能部门的审批监管责任，制定发布与园区审批权限一一对应的监管责任清单。对未开展相对集中行政处罚权改革试点的园区，建立行政许可事前审批与事中事后监管协同联动机制，推进审批和监管信息双推送、双报告。园区对审批行为承担相应的法律责任，

同步向监管部门推送审批信息；监管部门依据园区审批结果信息，全面履行事中事后监管职责，推进信用监管，并向园区推送监管信息。（责任单位：省市场监管局、省司法厅、省发展改革委、省政务局等省直相关部门）

4．赋予审批服务和监管系统端口权限。省、市相关部门应当向园区赋予"互联网+政务服务"一体化平台、工程建设项目审批管理系统、企业开办等审批服务、监管系统和业务专网的端口、权限，实现与园区使用的业务受理平台双向对接联通，确保相关审批服务系统打通到位、端口开放到位、账号配置到位、业务数据共享到位。（责任单位：省政务局、省政府发展研究中心、省发展改革委、省自然资源厅、省住房城乡建设厅、省生态环境厅、省人力资源社会保障厅、省水利厅、省林业局、省市场监管局、省人防办等省直相关部门）

## 二、优化企业全生命周期服务

5．打造"一件事一次办"园区版。市县行政审批服务部门应当协同园区立足于企业全生命周期服务，打造"企业开办一件事""纳税一件事""项目开工一件事""竣工验收一件事"等具有园区特色的"一件事一次办"事项，为园区企业提供主题式、套餐式集成服务。在"互联网＋政务服务"一体化平台开设园区"一件事一次办"专栏，在政务服务大厅设立园区"一件事一次办"专窗，实现园区企业更多联办事项线上办、一窗办、一次办。（责任单位：省政务局、省政府发展研究中心等省直相关部门）

6．推进企业开办标准化规范化。开展商事登记行政确认制试点，实施市场主体登记告知承诺制度。推进企业开办标准化规范化，集成整合企业登记、公章刻制、申领发票和税控设备、参保登记、公积金缴存登记、预约银行开户等环节，做到线上"一个平台、一体审批"，线下"一窗受理、一次办结"，确保企业开办时间压缩至2个工作日以内。落实准入前国民待遇加负面清单管理制度，持续提升外资企业开办效率。（责任单位：省市场监管局、省公安厅、省商务厅、省人力资源社会保障厅、省住房城乡建设厅、省税务局、人民银行长沙中心支行等省直相关部门）

7．探索涉企行政审批"一照通"改革。选择市场准入多头审批、市场主体关注度高的行业，在园区试点推行涉企行政审批"一照通"改革，探索将涉及企业开办领域的经营许可与营业执照合并办理，许可事项及信息集中体现在营业执照上，实现"一企一照、一照准营、跨域互认"，推动"准入即准营""领照即开业"。（责任单位：省市场监管局等省直相关部门）

8．提升企业注销便利度。拓展园区企业简易注销登记适用范围，推进市场监管、税务、社会保障等跨部门"信息共享、同步指引"，实现在线办理企业注销、税务注销、社保注销等服务。简易注销公告时间由45天压减至20天，在材料齐全、程序合法的情况下即来即办。对于适用一般程序注销的企业，将承诺办结时间从法定15个工作日压缩至5～10个工作日。（责任单位：省市场监管局、省人力资源社会保障厅、省税务局等省直相关部门）

9．推动涉企政策"直给直兑"。县级以上人民政府及其有关部门应当梳理公布、动态更新涉企政策清单，完善"互联网＋政务服务"一体化平台涉企政策推送功能，向园区和企业主动精准推送涉企"政策包"；梳理改造涉企政策兑现"一件事"，制定公布涉企政策兑现实施清单，建立"一次办"闭环流程，推进政策兑现"上平台、进大厅"，线上线下"自主申报、一次办理、结果公开"，纳入"好差评"管理。推行涉企政策"免申即享"，对确需企业申报办理的，实行一次申报、快速兑现。（责任单位：省发展改革委、省政务局、省政府发展研究中心等省直相关部门）

## 三、推行建设项目极简审批"四即"改革

10．推行"洽谈即服务"。园区与一般社会投资项目主体正式签约前，应当采取"提前介

入、预先服务”的方式，主动协助企业提前做好项目用地选址、准入评审和用地报批等前期工作，先期开展项目审批流程定制化服务，让企业感受到洽谈诚意。各地应当用好园区依法编制的区域评估成果，推进共享互认，对符合适用条件的单个项目不再进行评估评审，相应审批事项可实行告知承诺制审批。（责任单位：省自然资源厅、省发展改革委、省生态环境厅、省住房城乡建设厅、省交通运输厅、省水利厅、省地震局、省气象局等省直相关部门）

11．推行“签约即供地”。正式签约后，园区在承诺时间内发布土地出让公告进入供地环节。推行工业用地“标准地”出让制度，将相关规划条件、建设条件和控制性指标纳入出让方案一次性公告。探索推进“用地清单制＋告知承诺制”改革。开展规划审批“清单化”审查，分类推进建设工程规划许可“技审分离”一批、告知承诺制一批、免于审查一批。在供地环节，探索推行建设工程规划设计方案和多图联审前置服务，在签订供地配号合同并备齐必要资料后，采取并联办理方式，力争5个工作日内办好建设工程规划许可证、施工图审查备案、建设工程质量安全监督手续及建筑工程施工许可证等。（责任单位：省自然资源厅、省住房城乡建设厅等省直相关部门）

12．推行“开工即配套”。建设单位可按照土方开挖与基坑支护、基础与地下工程、地上主体工程，自主选择分阶段办理施工许可证，园区配套跟进服务。将市政公用服务整合成“水电气网报装一件事”，在政务服务大厅综合服务窗口办理。施工涉及占道、占绿等破除、恢复相关手续及费用全部由园区代办代缴。逐步推进园区简易低风险工业厂房及相关重点产业项目实现市政公用服务报装接入“零接触、零跑腿、零付费”。（责任单位：省住房城乡建设厅、省自然资源厅等省直相关部门）

13．推行“竣工即办证”。推行工程建设项目竣工联合验收，限时8个工作日内完成，验收合格即可交付使用。通过部门协同、流程再造、信息共享、强化监管等方式，将现行工程竣工验收备案后、不动产首次登记之前的流程前置到竣工验收备案前。竣工验收备案后即可同步申请办理不动产登记。（责任单位：省住房城乡建设厅、省自然资源厅等省直相关部门）

## 四、提升园区综合服务能力

14．将优化营商环境和高效审批服务纳入招商引资承诺。各地应当根据园区不同招商对象，量身定制项目审批服务清单，将快速高效推进企业落户、项目落地、建设运营及招才引智等方面应提供的审批服务项目及办事效率、违约责任等承诺进行量化，纳入招商引资协议条款，以营商环境诚信承诺的“硬约束”，打造园区招商引资“软环境”。（责任单位：省商务厅、省发展改革委、省政务局等省直相关部门）

15．提升园区审批服务承接能力。市州、县市区应当优先解决园区承接审批服务所必要的工作力量、工作经费和技术支撑。各级赋权部门应当加强业务指导培训，提供业务办理示范案例；对园区未有效承接的事项，采取服务前移、“委托收件、受审分离”等方式解决。（责任单位：省委编办、省政务局等省直相关部门）

16．全面建立帮办代办服务制度。推进服务链匹配产业链，建立园区专业化“帮代办”队伍，加强与各级“帮代办”队伍协同联动，构建分工协作、上下联动的全领域全流程帮办代办服务体系，为园区产业链发展提供链式服务。重点围绕市级千亿产业、百亿企业、十亿项目和县级百亿产业、十亿企业、亿元项目，组建专业化服务团队，实行上门办、帮代办、一次办。（责任单位：省委编办、省政务局等省直相关部门）

17．支持推进“智慧园区”建设。支持建设“智慧园区”，提升园区服务企业、项目建设和审批服务的数字化、智能化水平。各级审批部门应当推广电子证照、电子印章、电子档案应用，推动更多政务服务实现线上“一地认证、全网通办”、线下“收受分离、异地可办”，推

进园区高频事项跨域办理。(责任单位：省发展改革委、省政务局、省政府发展研究中心等省直相关部门)

## 五、强化园区“放管服”改革保障

18．完善园区“放管服”改革督查激励机制。园区深化“放管服”改革工作成效纳入省政府真抓实干督查激励范围，纳入全省“五好”园区综合考核评价，对成效明显的地区加大表扬和政策激励力度，对改革落实不力的地区通报问责。(责任单位：省绩效办、省发展改革委、省政府督查室等省直相关部门)

19．建立园区“放管服”改革容错纠错机制。鼓励园区勇于改革创新，紧密结合自身实际进行差别化探索。对园区推进“放管服”改革优化营商环境出现的失误和错误，实行及时纠错，建立健全尽职免责机制，营造鼓励改革创新、宽容失误的干事创业环境。(责任单位：省政府办公厅)

20．建立园区“放管服”改革责任落实机制。市州、县市区人民政府应当加强统筹协调，定期开展深化“放管服”改革助推“五好”园区建设的监督检查、跟踪评估和宣传推广。省直责任单位和市州、县市区人民政府应当按照职责分工，制定出台具体的改革实施方案，加强对“放不下、接不住、管不好”事项的督查，支持园区先行先试各项改革。园区应当强化主体责任，落实改革举措，加大创新力度，实现“五好”园区创建目标。(责任单位：省政府督查室、省政务局等省直相关部门)

本通知自发布之日起施行。

来源：湖南省人民政府办公厅

# 中共河南省委办公厅、河南省人民政府办公厅印发《关于加快改革创新促进高新技术产业开发区高质量发展的实施意见》

发布时间：2021年05月25日

为深入贯彻实施创新驱动发展战略，提升我省高新技术产业开发区（以下简称高新区）发展水平，根据《国务院关于促进国家高新技术产业开发区高质量发展的若干意见》精神，结合我省实际，现提出以下实施意见：

## 一、总体要求

（一）指导思想。以习近平新时代中国特色社会主义思想为指导，深入贯彻习近平总书记关于科技创新的重要论述，全面落实习近平总书记视察河南重要讲话精神，坚持新发展理念，坚持“发展高科技、实现产业化”方向，突出“高”和“新”发展定位，以深化改革激发新发展活力，以科技创新催生新发展动能，围绕产业链部署创新链，围绕创新链布局产业链，强化共性技术供给，加速科技成果向现实生产力转化，推动高新区实现依靠创新驱动的内涵型增长，打造全省创新驱动发展的示范区和高质量发展的先行区，引领带动全省创新驱动高质量发展，为建设中西部创新高地提供支撑。

（二）发展目标。到2025年，全省高新区总数达50家，实现省辖市、济源示范区全覆盖，其中国家高新区达10家以上；高新区研究与开发经费占地区生产总值比重达5%以上，万人发明专利拥有量达20件以上，高新技术企业占全省高新技术企业总数的50%以上。到2035年，郑州、洛阳国家高新区建设成为具有全球影响力的高科技园区，建设一批具有影响力的创新型特色园区，培育一批具有国际竞争力的创新型企业、产品，全省高新区创新能力和水平大幅提升，成为全国重要的创新高地和区域创新增长极。

## 二、深化体制机制改革，增强内生动力和发展活力

（三）推进体制机制创新。支持高新区探索新型治理模式。全面推进以“全员聘任制、绩效考核制、薪酬激励制”为核心的体制机制改革，允许高新区在机构编制管理部门核定的机构总数内，自主设立、调整工作机构，精简综合事务部门，加强业务职能部门，健全党建工作机构；优化内部管理架构和管理流程，提高运行效率。优化高新区编制资源配置，鼓励跨地区跨层级跨部门调剂编制，支持高新区统筹使用各类编制资源，实行编制分类管理、人员统筹使用，建立以员额总控、岗位管理和项目制管理为核心的人员管理制度，赋予高新区选人用人自主权，实行任用制与聘任制、合同制相结合的岗位管理模式，可采用兼职兼薪、年薪制、协议工资制等多种分配方式。

（四）深化“放管服”改革。建立授权事项清单制度，依法赋予高新区相应的科技创新、产业促进、人才引进、市场准入、项目审批、财政金融等省级和市级经济管理权限；将试点赋予郑洛新国家自主创新示范区、中国（河南）

自由贸易试验区的省级经济管理权限逐步在国家高新区和符合条件的省级高新区推广复制。深化高新区商事制度改革，放宽市场准入，简化审批程序，加快推进企业简易注销登记改革。探索实行包容审慎的新兴产业市场准入和行业监管模式。加快高新区投资项目审批制度改革，实行企业投资项目承诺制、容缺受理制，减少不必要的行政干预和行政审批备案事项。推行综合行政执法体制改革，最大限度减少不必要的行政执法事项。优化行政管理流程，建立一门集中、一窗受理、联审联批、多证联办和高效运转的综合服务平台。

**三、夯实创新基础，提升创新发展能力**

（五）建设高能级科技创新平台。支持国家高新区建设战略性国家科技创新基地，争创国家实验室、国家技术创新中心、国家制造业创新中心等创新平台，优先在高新区布局建设省实验室和省技术创新中心。支持高新区面向国家战略布局和产业创新需求，通过建立分支机构、联建联办等方式，引进境内外高等院校、科研院所和知名企业，在高新区建设新型研发机构等产业技术创新组织。支持高新区以高新技术企业、骨干龙头企业为主体，联合高等院校、科研院所建设市场化运行的高水平实验设施、创新基地。支持国家高新区围绕智能传感器、智能装备、生物医药等优势产业建设产业共性关键技术创新与转化平台，探索风险分担机制，试行科研经费“包干制”，支撑产业创新发展。

（六）加强共性关键核心技术攻关。支持高新区创新型企业积极参与国家科技重大专项和重点研发计划，加强共性关键核心技术、前沿引领技术、现代工程技术、颠覆性技术联合攻关和产业化应用。采用“揭榜挂帅”等项目组织方式，实施一批重大创新项目，着力突破一批共性关键核心技术和“卡脖子”技术，实现产业高端化发展。

（七）集聚创新型人才及团队。支持高新区围绕产业链构建人才链，分类编制高端紧缺人才及团队目录，精准引进高端人才及团队；建立“产业＋项目＋人才团队”的协同引才模式和“全职引进＋柔性引进”的灵活引才方式，制定更具竞争力和吸引力的高层次人才及团队奖励政策。充分发挥院士基金和院士工作站、中原学者工作站、杰出外籍科学家工作室、博士后科研工作站、博士后创新实践基地的引才、育才、聚才、扶才作用，推动高层次人才服务产业发展。

**四、壮大高新技术企业，推进产业迈向中高端**

（八）大力培育高新技术企业。制定科技型企业成长路线图，支持领军企业组建创新联合体，带动中小企业创新发展。落实高新技术企业所得税减免、企业研发费用加计扣除、科技金融扶持等政策，引导高新区内企业进一步加大研发投入，建立企业研发和知识产权管理体系，培育具有国际竞争力的创新龙头企业和“独角兽”企业。

（九）培育壮大创新型产业集群。支持高新区聚焦高新技术产业和战略性新兴产业等战略重点领域，建设覆盖全产业链条的科研孵化园区，承接国家、省重大科技项目，开展应用示范，发展新技术、新产品、新业态、新模式，不断壮大新兴产业集群。做大做强特色主导产业，以领军企业为龙头，集成相关企业和高等院校、科研院所，开展协同攻关，突破创新链关键核心技术，实现产业链关键产品自主可控，推动价值链向高端发展。加快传统产业转型升级，引导企业广泛应用新技术、新工艺、新材料、新设备，推进互联网、大数据、人工智能与传统产业深度融合，实现传统产业的智能化、高端化、绿色化发展。

（十）加快新型基础设施建设。支持高新区加快5G基站、工业互联网、智能传感及物联网、人工智能、大数据中心等新基建项目建设，在财政金融、产业发展等方面给予重点倾斜。加快5G、人工智能、工业互联网领域示范应用，探索场景开放模式，制定场景清单，开放场景机会。促进投资链、产业链、创新链深度交叉融合，构建“重大项目+龙头企业+创新载体+应用场景”的产业新生态。

## 五、加快开放创新，推动科技成果转移转化

（十一）深化境内外合作创新。按照国家有关部署，支持高新区通过共建海外创新中心、海外创业基地和国际合作园区方式，加快引进集聚国际高端创新资源；支持高新区在“一带一路”沿线地区和城市开展人才交流、技术交流和跨境合作。简化高新区人员因公出国审批程序，优化国际企业在高新区落地流程。深化与国内先进地区科技合作，鼓励与先进高新区建立伙伴园区关系，推动异地孵化，争取重大科研成果、科技创新项目、各类创新平台在高新区落地。支持符合条件的地方依托高新区按规定程序申请设立综合保税区。

（十二）提升科技成果转移转化和孵化育成能力。探索职务科技成果所有权改革，加强专业化技术转移机构、技术成果交易平台及产业技术创新联盟等载体建设，探索形式多样的技术转移模式，促进科技成果转移转化。完善军民科技创新项目和成果转化对接机制，促进军民科技成果融合创新发展。建设“众创空间+孵化器+加速器+科技金融”全链条的科技企业孵化育成体系，鼓励高新区盘活闲置场所，建设创新创业载体；支持行业龙头企业、高等院校、科研院所等各类主体，在高新区建设科技企业孵化器、大学科技园、众创空间，发展企业总部型、专业园等多种类型加速器，为科技成果转化和科技型中小企业提供全方位、多类型的孵化服务。支持高新区按市场化原则设立产业投资基金、创业投资基金，搭建金融、科技、产业融合发展的综合服务平台。吸引国内外知名科技金融机构入驻高新区，发挥各类政府基金的导向作用，引导社会资本支持种子期、初创期科技型企业发展。

## 六、推动以升促建，优化高新区空间布局

（十三）提升高新区发展水平。支持有条件的国家高新区建设科学城，通过分园、飞地等形式将区外科学城整体纳入高新区管理范围。鼓励高新区通过政府购买服务、委托外包等方式，探索市场化建设、运营、管理和园区服务新模式，引导社会资本在高新区投资建设、运营特色产业园。鼓励各类社会主体在高新区建设信息化等基础设施和智慧园区；坚持生态、生产、生活融合，完善科研、医疗、教育、文化、金融等公共服务配套，实现产城融合，将高新区打造成为宜创宜居宜业的新城区。建设绿色、低碳、循环科技园区，严格控制高污染、高耗能、高排放企业入驻，培育形成优势互补、集聚集约、低碳循环、具有国际竞争力的发展新格局。支持符合条件的高新区创建国家级生态工业园区，在符合园区规划环评结论和审查要求的基础上，对园区内的重大项目依法简化项目环评内容。支持符合条件的高新区开发建设主体在境内外上市、发行债券融资。

（十四）优化高新区布局。郑州、洛阳、新乡国家高新区作为郑洛新国家自主创新示范区核心区，要对标国内外先进园区，加快体制机制改革、政策先行先试，发挥创新驱动引领示范作用，建设高质量发展先行区、实验区；其他国家高新区要坚持高质量发展标准，培育高新技术企业，做大做强高新技术产业，成为区域创新发展增长极。支持符合条件、有优势、有特色的省级高新区争创国家高新区，提升高新区支撑区域经济社会发展能力；依托产业集聚区等各类园区，布局建设省级高新区，引领支撑县域经济创新驱动发展。

（十五）提升区域协同创新发展能力。充分发挥高新区在区域创新驱动高质量发展中的核心支撑作用，建设区域科技创新中心，服务中原城市群建设、黄河流域生态保护和高质量发展等国家战略实施。推进郑洛新国家自主创新示范区、国家高新区、省级高新区加强合作交

流、产业共建，通过探索异地孵化、伙伴园区等合作模式，实现创新要素跨区域配置，推动区域经济与科技创新一体化发展。做实“一区多园”，支持国家高新区和发展水平较高的省级高新区整合或托管区位相邻、产业相近的产业园区，鼓励在更大行政区域内对产业园区进行整合，实行集中管理，建立创新共同体，探索实施生产总值核算、税收分成制度，实行经济指标合并统计，带动区域创新发展。

## 七、强化要素资源保障，加强规范高新区管理

（十六）加强组织领导。省科技部门负责全省高新区归口管理，制定高新区发展规划。省直有关部门做好政策支持等工作。各省辖市政府、济源示范区管委会要切实承担高新区建设的主体责任，为高新区提供财政、土地等政策保障，集聚创新资源，推动产业发展。鼓励高新区所在地政府按高新区上缴的财政贡献和土地出让收入对高新区给予奖补。加强高新区领导班子配备和干部队伍建设，国家高新区管理机构主要领导可由所在省辖市党政领导班子成员兼任，择优选派省直机关、高等院校、科研院所和省属企业等有关单位高素质干部人才到高新区任职。

（十七）优化土地资源配置。在下达土地利用年度计划时，优先安排高新区创新项目、平台建设用地；高新区所在地政府要统筹考虑用地需求，优先保障高新区发展建设用地空间和新增建设用地年度计划；鼓励支持高新区推行新产业、新业态发展用地政策，推行工业用地“标准地”出让，依法依规利用农村集体经营性建设用地，建设创新创业等产业载体。强化高新区建设用地开发利用强度、亩均税收、投资强度、建成率和人均用地指标整体控制，提高平均容积率，优先支持符合条件的高新区调区、扩区及升级。支持高新区加快消化处置批而未供、闲置及低效等存量土地，对盘活利用存量土地较多的，可给予用地指标奖励。积极推行在高新区建设多层标准厂房，并充分利用地下空间。

（十八）建立评价激励制度。鼓励国家高新区争先晋位，对年度综合评估位次上升的国家高新区给予表扬。建立健全省级高新区高质量发展综合统计和动态监测评价体系，对评价位次上升的省级高新区给予表扬，对评价考核结果较差的予以约谈、通报；对连续3年考核结果较差的予以撤销、退出省级高新区行列。充分运用评价考核结果，在事前绩效评估的基础上，统筹科技专项资金对评价位次较好的给予奖励，对位次靠前的省级高新区优先推荐创建国家高新区。

各地各部门要针对高新区优势产业和区域创新发展特点，支持高新区开展创新政策探索，以主导产业为核心加强政策精准支持，优化管理服务流程，在重大项目布局、重点企业培育、高层次人才团队引进等方面实行“一企一策”“一人一策”，重大事项可“一事一议”，增强园区政策外溢效应。

来源：河南日报客户端

# 福建省人民政府关于印发国家数字经济创新发展试验区（福建）工作方案的通知

闽政〔2021〕5号

各市、县（区）人民政府，平潭综合实验区管委会，省人民政府各部门、各直属机构，各大企业，各高等院校：

现将《国家数字经济创新发展试验区（福建）工作方案》印发给你们，请认真贯彻执行。

福建省人民政府

2021 年 3 月 3 日

（此件主动公开）

国家数字经济创新发展试验区（福建）工作方案为深入贯彻落实党中央、国务院关于数字经济发展的战略部署，加快建设国家数字经济创新发展试验区，深化新时代数字福建建设，根据《国家发展改革委 中央网信办关于印发〈国家数字经济创新发展试验区实施方案〉的通知》（发改高技〔2019〕1616 号），结合我省实际，制定本方案。

## 一、总体要求

（一）指导思想

坚持以习近平新时代中国特色社会主义思想为指导，深入贯彻党的十九大和十九届二中、三中、四中、五中全会精神，认真贯彻落实习近平总书记关于网络强国的重要思想，落实省委工作部署，立足新发展阶段、贯彻新发展理念、积极服务并深度融入新发展格局，扭住供给侧结构性改革这条主线，注重需求侧管理，牢牢把握数字技术发展方向，大力推广数字化应用，深入实施数字经济创新发展工程，以数据要素高效有序流通和新型基础设施建设为驱动，推进数字产业化和产业数字化，加快经济社会各领域数字化、网络化、智能化转型，服务区域发展战略，促进闽台融合发展，为全方位推动高质量发展超越提供强有力支撑。

（二）总体目标

到 2022 年，全省数字经济增加值达 2.6 万亿元以上，年均增长 15% 以上，占 GDP 的比重达 50% 以上，全省数字经济创新发展水平明显提升，新一代信息技术自主创新能力显著增强，重点行业数字化、网络化、智能化转型取得明显成效，数据要素实现有序流通和深度开发利用，新型基础设施支撑引领作用进一步凸显，安全可控的数字经济产业链、价值链和生态系统基本形成，建成数字中国样板区、数字经济发展新高地、智慧海洋和卫星应用产业集聚区、“数字丝路”核心区，新时代数字福建建设再上新台阶。

——突破一批关键核心技术。在数字经济领域建成 100 个以上高水平创新平台，重点聚焦我省优势产业集群数字化转型需求，突破一批关键核心技术。

——打造一批特色优势产业。数字新型基础设施总体布局更加合理，物联网产业发展水平位居全国前列，人工智能、5G、卫星应用、智慧海洋等产业加快创新发展，“数字丝路”核心区建设成效明显。

——培育一批行业龙头企业。培育形成 3 000 家以上数字经济领域高新技术企业、科技小巨人、单项冠军、“瞪羚”“专精特新”等创新企业，涌现一批产业带动性强、市场占有率高、影响力大的行业龙头企业和领军企业，新增若干个全国数字经济行业百强企业。

——建成一批引领示范高地。围绕电子信息制造业、软件和信息技术服务业、物联网、大数据等数字经济核心产业，打造 20 个以上省级重点数字经济园区、省级成长型数字经济园区，形成具有特色优势的产业高地、创新发展核心区和引领极。

——破解一批体制机制障碍。全面深化改革，与信息化建设相适应的管理体制机制全面优化，与数字经济发展相适应的法规制度体系进一步健全完善，数据生产要素高效配置机制加快建立，营商环境不断优化。

## 二、重点任务

（一）加快提升数字产业化，培育新产业新业态新模式

1. 提升新一代信息技术自主创新能力。高标准推进省创新研究院和省光电信息创新实验室建设，大力扶持行业龙头企业和高校、科研院所及产业联盟等共建面向行业应用的产学研合作基地，加快建设一批数字经济领域工程研究中心、企业技术中心和新型研发机构等高水平创新平台。建设省信息技术应用创新适配检测中心、集成电路晶圆测试公共服务平台、物联网产品测试验证平台等科研试验支撑平台。

2. 争取创建若干个国家重点实验室、技术创新中心、工程研究中心、科学中心等国家级创新平台。争取国家在我省布局建设国家实验室。吸引国内外知名龙头企业、一流高校院所等在我省设立高水平研发机构，推动建设北京理工大学东南信息技术研究院。聚焦 5G、人工智能、大数据、物联网、区块链、量子信息和工业互联网等重点领域创新需求，集聚优势、创新资源开展联合攻关，着力突破高端通用芯片、核心电子元器件、关键软件和基础材料等核心关键共性技术。加大知识产权保护力度，实施自主知识产权竞争力提升“领航计划”，加强数字经济关键领域自主知识产权创造和储备。到 2022 年，全省数字经济领域有效发明专利拥有量超 5 万件，形成一批标志性创新成果，建成比较完善的创新平台体系。

3. 推动数字经济集聚发展。实施电子信息及数字产业保产业链供应链稳定行动，集中优势资源实施一批重点项目和示范工程，锻造长板、补齐短板，拓展产业链条。优化布局区块链、物联网、大数据、人工智能等重量级未来产业，推动集成电路、软件和信息技术服务业、新型显示、网络通信、核心元器件及关键材料等基础产业向价值链中高端迈进，提升产业基础高级化、产业链现代化水平。实施数字经济园区提升行动，引导数字福建（长乐、安溪）产业园、福州软件园、福州马尾物联网产业基地、厦门软件园、泉州软件园、泉州芯谷、漳州招商局•芯云谷、三明红明谷、武夷智谷、龙岩龙雁组团未来城等重点园区壮大特色产业，提升服务能力，完善创新体系，优化发展环境，打造成为我省数字经济发展的综合性载体。加快平台经济发展，推进福州、莆田建设具有示范效应的平台经济集聚区。培育发展共享经济，建设教育资源公共服务平台、智能制造公共生产设备共享平台、大型科学仪器设备协作共用平台、新型兼职和人才众包共享平台、知识技术服务众包平台、全民众包物流平台等。到 2022 年，全省形成 5 个以上规模超千亿的数字经济产业集群。

4. 积极打造“数字应用第一省”。建立健全省级数字技术应用场景征集、评审、发布、对接、落地工作机制，建设省级数字技术应用场景滚动推进项目库，促进数字技术、产品和解决方案应用和迭代，推动各领域数字化优化升

级。落实国家“网号工程”部署，推广全省网上身份认证应用。加快普及人工智能技术应用，推广一批“AI+ 产业”创新成果。实施区块链技术创新和产业培育专项行动，建设福建省区块链主干网，开发上线数字福建区块链应用公共平台，拓展“链上政务”“链上民生”“链上金融”等应用，推动福州创建区块链经济综合试验区，泉州、南平、龙岩等地打造区块链产业集聚区。推动 5G 技术在工业互联网、智慧港口、在线教育、远程医疗、超高清视频等领域的应用，开展自动驾驶公交、共享出租车、环卫作业车、物流车等智能网联汽车商业示范应用，促进汽车产业与 ICT 产业深度融合发展。有序发展“直播 +”“云逛街”等新业态新模式，建设一批直播生态基地。到 2022 年，在重点领域培育 100 个以上人工智能深度典型应用项目、100 个以上区块链典型创新应用项目，“数字应用第一省”品牌效应明显，场景招商、数据招商取得突破性进展。

5. 培育发展卫星应用产业。实施海丝空间信息港工程，加快建设海丝卫星数据服务中心、国家北斗导航位置服务数据中心福建分中心和省级自然资源卫星应用技术中心，推动全球商业遥感卫星地面接收站网福建站建设。开展北斗综合应用示范工程和“一带一路”高通量通信卫星应用，为“一带一路”沿线国家和地区提供卫星通导遥服务能力。建立卫星服务与应用体系，推进卫星数据开放共享和开发利用，拓展卫星数据在智慧城市、数字政务、闽台融合、乡村振兴等领域的示范应用，促进北斗卫星导航终端设备产业化，培育卫星应用服务企业，完善卫星应用服务产业链。推进国家地球空间信息福州产业化基地建设，推动莆田建设具有示范效应的北斗综合应用城市，培育漳州华晴卫星应用产业园等卫星应用产业基地，构建“卫星 +”产业发展生态圈。到 2022 年，建成多级卫星数据分发管控体系，行业卫星数据应用成效显著，形成标准规范完备的空天地一体卫星数据服务能力。

（二）加快推进产业数字化，赋能实体经济转型升级

1. 大力发展数字农业。实施“互联网 + 现代农业”行动，加快新一代信息技术在茶叶、水果、蔬菜、食用菌、畜禽、林竹、花卉苗木、乡村旅游等我省乡村特色产业全过程融合应用和集成示范。创建一批省级现代农业智慧园，提升农业生产、加工、仓储等环节信息化水平。实施“农业云 131”信息工程，持续深化信息进村入户，全面推进村级益农信息社建设，加快实现益农信息社覆盖主要行政村。加快发展农村电商，完善农村智慧物流体系，大力推广农产品新零售模式，打造一批具有影响力的特色品牌。到 2022 年，全省农产品网络销售额突破 1 000 亿元。

2. 加快推进智能制造。深入实施“上云用数赋智”行动，分行业、分区域建设一批中小企业数字化转型促进中心，促进中小微企业“上云上平台”。加快特色产业集群数字化转型，围绕我省电子信息及数字产业、先进装备制造、石油化工、现代物流等主导产业和食品工业、冶金、建材等优势产业，建立全产业链数据资产地图，开展数字化改造需求梳理和技术挖掘，培育一批典型应用场景，推广一批示范应用案例，树立一批标杆应用企业。推广国家工业互联网标识解析二级节点（福州）应用，争取设立中国工业互联网研究院福建分院、国家工业互联网大数据中心福建分中心。实施“5G+ 工业互联网”创新工程，加快培育一批面向重点行业重点领域的工业互联网平台，搭建面向工业设计和智能制造的公共服务平台以及工业软件测试验证平台。实施“机器换工”，推广传感器、工业软件、网络通信系统、新型人机交互等应用，打造一批智能制造标杆工厂，推动生产方式向柔性、智能、精细转变，实现传统企业智能化改造。推动传统产业供应链数字化重构，发展 C2M 数字工厂等新业态新模式。到 2022 年，培育 10 个以上省级工业互联网示范平台和 100 家以上应用标杆企业。

3. 培育智能化服务业。实施“互联网＋社会服务”行动，全面拓展大数据创新应用，推动教育、养老、托育、家政、文化、广电、体育等社会服务数字化、网络化、智能化、多元化、协同化发展。创建一批“互联网＋医疗健康”城市，建设全省统一的医保信息平台，推广智慧医保新模式，加快实现全省看病就医“一码通行”。深化“互联网＋旅游”，加快景区智能化改造，提升完善“一部手机全福游”App，实现“一机在手畅游福建”。到2022年，建成一批国内领先、线上线下融合的服务业细分领域智能化服务平台，形成一批典型示范创新成果。

4. 打造新型智慧城市。研究制定新型智慧城市建设标准规范，分级分类推进智慧城市（县域）建设。建立城市综合管理服务平台，支持福州、厦门建设“城市大脑”。加快市政基础设施数字化改造，推广应用多功能智慧门牌、智慧杆，发展智慧管网、智慧水务、智慧井盖等。建设运行城市级公共停车信息平台。实施智慧社区工程，支持智能停车、智慧门禁、智慧养老等应用。

5. 建设智慧海洋强省。加快推动新一代信息技术在海洋渔业、海洋交通运输业、海洋船舶工业、海盐业、滨海旅游业、海洋服务业等领域的创新应用。建设完善海洋综合感知网，优化、整合、新建一批海洋潮位站、岸基雷达、浮标、海床基观（监）测系统和海上观（监）测平台等，提升海洋动力环境、生态环境、水上目标及海洋活动、调查与科考四类感知和灾害预测预报服务能力。推广卫星通信技术与系统在大中型海洋渔船中的应用，推进“宽带入海”，提升对海上活动的动态监管能力。建设智慧海洋大数据中心（一期）和监管服务平台，围绕开展渔业渔政监管服务、海洋防灾减灾、生态预警监测、生态保护和修复等开发一批智慧化应用。推动建设数字海洋文化博物馆。到2022年，初步形成国内领先的海洋信息与数字产业体系。

（三）推动数据资源开发利用，建立健全数据要素市场

1. 加强公共数据汇聚治理。优化完善政务数据资源目录，编制公用企业和公益事业单位公共数据资源目录，构建全省公共数据资源目录。加强公共数据汇聚，建立政务数据汇聚保障机制和基础数据更新联动机制，实施公共数据汇聚定期通报制度。加强数据质量管控，健全完善问题数据全流程网上处理纠错机制，做到“一数一源、一源多用”，保障数据准确性、完整性、可用性和时效性。建设完善人口、法人、社会信用、自然资源和空间地理等基础数据资源库和电子证照等重点资源库，分期分批建设卫星应用、金融发展、生态建设、教育、卫生健康、体育、文化旅游等行业（主题）数据库。到2022年，基本形成全省公共数据资源目录体系，公共数据资源基本满足政务服务和开发利用需求。

2. 推动公共数据资源共享和开放。全面推进政务数据在政务服务事项中共享应用，促进“数据多跑路、群众少跑腿”。聚焦教育、就业、医保社保、卫生健康、便民服务等民生服务领域的堵点难点问题，扩大数据资源共享应用范围，加强行政审批、公共服务、现场执法领域电子证照推广应用。制定公共数据资源开放目录清单，依法有序向社会开放与民生紧密相关、社会迫切需要、产业发展急需的重点领域公共数据资源。建立完善自然人“一人一档”和法人“一企一档”对象库，通过闽政通平台面向该自然人和法人开放。到2022年，全省公共数据实现纵横贯通和开放共享。

3. 推进公共数据资源开发利用。在保障公共数据资源公益属性的前提下，成立市场化、公司化运作的省级公共数据资源一级开发机构，推进全省公共数据资源一级开发和授权开放。建设省公共数据资源开发服务平台，提供面向企业、科研院所、社会机构的场景化公共数据建模、分析、挖掘等基础服务和应用环境支撑。建立公共数据资源开发应用场景库，创新推出一批便民利企数据产品和数据服务。依托数字

中国创新大赛，开展系列数据开发竞赛，推进数字技术、产品创新应用。探索建立公共数据资源开发技术相关标准体系。到 2022 年，基本形成全省公共数据资源开发利用的技术支撑体系。

4. 推进公共数据资源市场化。建立公共数据资源目录发布机制和数据供给服务保障机制，强化公共数据供需对接，快速响应企业需求。探索制定数据资源开发和交易制度，依法依规开展数据交易。探索构建涵盖产权界定、价格评估、流转交易、担保、保险等业务的综合服务体系。培育数据开发市场主体，积极拓展数据资源应用场景，为推动企业技术创新应用提供更多“高含金量”场景条件。到 2022 年，基本健全全省公共数据资源开发利用制度规范，初步形成数据要素流通交易体系。

（四）加快建设“数字丝路”，打造数字经济开放合作核心区

1. 提升数字经贸合作水平。加快建设厦门金砖国家新工业革命伙伴关系创新基地，深入推进政策协调、人才培养、项目开发等领域合作。培育推广数字展览、数字营销、数字文化、跨境电商等数字贸易新业态新模式，加快推进厦门软件园国家数字服务出口基地建设，打造数字贸易的重要载体和数字服务出口的集聚区。推进“丝路海运”信息化平台建设，促进港口、航商、物流企业与口岸单位信息资源融合，为“丝路海运”联盟成员提供高质量商业数据服务。提升福州、厦门、漳州、泉州、莆田、龙岩跨境电商综合试验区建设水平，拓展与“一带一路”沿线国家和地区跨境电商合作，打造“丝路电商”核心区。实施电子商务综合通关提速工程和国际大通道建设工程，持续拓展国际贸易单一窗口服务功能，推动与“一带一路”沿线国家和地区口岸信息系统互联互通，推进关港贸金全链条一体化运作。打造跨境电商海外仓大数据服务平台、海上丝绸之路产业互联网创新合作平台，建设海丝工业互联网（泉州）创新中心，支持福州、厦门、泉州建设“数字丝路”经济合作试验区。到 2022 年，建成一批各具特色的国际经贸合作信息化平台。

2. 构建数字文化交流纽带。推动数字龙头企业在“一带一路”沿线国家和地区建设数字教育平台，促进教育合作。打造福州全球数字教育资源生产基地，建设南平人工智能产教融合基地，开展“一带一路”沿线国家和地区人工智能人才培训交流。打造“丝路茶道”品牌，建设世界妈祖文化交流公共信息平台、华人华侨数字化公共服务平台、南洋华裔族群寻根谒祖综合服务平台。到 2022 年，形成一批具有较强国际影响力的文化交流信息化平台。

3. 加强闽台数字经济融合发展。推进厦门、泉州打造海峡两岸集成电路产业合作试验区，支持厦门、泉州、漳州等地建设半导体高端材料产业园，吸引台湾集成电路相关企业来闽投资配套产业，有序推动集成电路设计、封装、测试和智能终端等上下游产业集聚发展。持续办好两岸物联网应用创新创业大赛、海峡两岸信息服务创新大赛等活动。建设数字“第一家园”对台一体化服务平台，打造台胞台企登陆第一家园。

（五）加快推进数字新基建，增强数字经济发展支撑能力

1. 优化提升网络基础设施。纵深推进“数字福建•宽带工程”建设，全面建设高水平全光网络，扩容互联网省际出口带宽，加快推进千兆城市建设。完善乡村信息基础设施，加强偏远农村、山区和海岛等地区网络建设，提升农村光纤网络深度覆盖水平和服务质量，打造一批数字乡村。坚持适度超前、以建促用、以用促建原则，扎实推进 5G 网络建设。深化工业互联网网络、平台、安全三大体系建设，推动有条件的地市和行业龙头企业建设工业互联网标识解析二级节点，推动传统企业、工业互联网平台、标识解析节点、安全设施等接入工业互联网高质量外网。推进 IPv6 规模全面部署，加快重要节点、重要应用 IPv6 升级改造。统筹布局智能感知基础设施，部署建设低时延、高可靠、广覆盖的物联网络，争取国家移动物联

网试点。到2022年，全省互联网省际出口带宽达到40Tbps，城镇宽带具备千兆接入能力，建成5G基站8万个以上，新增工业互联网标识注册量1亿以上，IPv6活跃用户在互联网用户中的占比超过60%，物联网终端用户数超过5 000万户。

2. 统筹布局算力基础设施。加快建设一批绿色智能、安全可靠的数据中心和新一代高性能云计算、边缘计算、智能计算能力中心，争取国家一体化大数据中心区域分中心、中国长城网东南数据中心和大型互联网企业区域性数据中心在我省布局，打造数字福建人工智能公共平台和福建智能视觉AI开放平台，建设和升级省超算中心（二期）、厦门鲲鹏超算中心、泉州先进计算中心、龙岩土楼云谷数据中心等。争取国家授予平潭综合实验区国际数据特殊监管政策，在确保数据流动安全可控的前提下，在平潭探索开展国际互联网数据交互试点。到2022年，全省在用数据中心的机架总规模达10万架，AI算力达到P级以上。

3. 加快建设融合基础设施。实施智慧交通、智慧能源、智慧水利、智慧教育、智慧医疗、智慧生态、智慧海洋、智慧广电等基础设施建设工程，推动传统基础设施数字化智能化升级。推动福州、厦门、平潭等地出台智能网联汽车道路测试及商业示范应用管理办法，实施车路协同信息化设施改造。提升福州机场、厦门机场智慧化水平。推动建设油气管道综合管理平台。加快建设面向中小企业和新零售的智能物流骨干网络，推广城市智能物流设施、末端配送设施、智能外卖生鲜自提柜等应用。

4. 健全完善安全基础设施。构建全省统一的网络安全监测预警、应急处置平台。建立健全网络与信息安全标准体系，完善数据分级分类安全保护机制。加强关键基础设施安全保护，强化密码技术在关键基础设施中的推广应用。

## 三、实施保障

（一）加强统筹协调。省政府建立督促协调机制，统筹推进试验区建设，研究协调相关重大事项和政策措施。省发改委、数字办牵头制定和组织实施分年度工作计划，每季度开展评估评价，定期总结经验、通报进展情况，各项工作牵头部门制定具体工作方案和政策举措，明确工作目标和序时进度，确保各项工作有序推进。建立健全数字经济专家咨询制度，聚焦前沿科技领域和产业发展方向，强化规划编制、政策研究、项目评估等智力支持。推广数字福建建设经验，建立健全数字福建重大项目建设、重大合作协议签订、公共数据采集与开发利用、网络安全保障等上下联动、部门协同的工作机制。建立健全数字经济运行监测评估机制，加强产业发展态势分析。各地要对照试验区建设任务清单、成果清单，强化责任落实，确保如期取得试验成果。

（二）优化营商环境。推进新一代信息技术与政务服务深度融合，加快建设集约化、一体化的数字政府，进一步提升治理水平和服务效能，实现政府决策科学化、社会治理精准化、公共服务高效化。持续拓展省网上办事大厅服务功能，提升闽政通平台支撑能力，打造“一网好办”政务服务品牌。加大电子证照生成和应用推进力度，加快建设一体化协同办公平台，强化跨部门业务协同。推进全省一体化监管平台建设，构建社会治理、市场监管、生态保护、应急管理、综合执法等领域的“一网统管”应用体系，推进非现场监管、移动电子执法和风险预警模型等现代化管理方式的应用。

（三）完善政策支持。加快推动福建省大数据发展促进条例立法进程，为统筹推动数据资源管理、开发、利用和大数据产业发展提供法治保障。加强数字经济领域用地、用能、环境容量等要素资源优化配置和重点保障，对符合布局导向、能效值要求的数据中心和数字化高载能产业项目，实行支持性电价政策。对重点企业、重大项目，各地各有关部门可采取“一企一策”“一事一议”给予精准扶持。发挥政府采购政策功能，推动数字经济创新产品和服务率先在政务领域应用。探索开展“股权+债权”的投贷联动模式，积极开发知识产权质押贷款及其保证保险、科技保险、专利保险等金融产品，推动“保险助融”“协商估值”等质押模式落地。

（四）强化人才支撑。将数字经济人才列入全省紧缺急需人才引进指导目录。探索制定个性化、差异化、多样化的高精尖数字人才引进政策，在人才落户、子女教育、就医看病、交通出行等方面建立阶梯式支持机制，加快引进一批数字经济领域学科带头人、技术领军人和高级经营管理人才。加大政策激励，吸引更多的优秀闽籍企业家返乡“二次创业”。支持企业设立博士后工作站，培养数字经济青年创新人才。进一步扩大和落实高校专业设置自主权，支持高校设置数字经济类相关专业、课程或研究方向，在省级教育经费等方面予以倾斜。鼓励本科高校和职业院校、科研院所与企业、园区采取多元化形式合作培养数字经济应用型、技能型、复合型人才。探索设立“旗山云大学”，推动福州大学城与高新区协同创新发展，打造数字经济产业急需的各类适应性人才。深化数字经济领域国有企业人才管理体制机制和薪酬体系改革。各级党校（行政学院）要将信息化知识作为重要培训内容，提升党政领导干部、公务人员信息化意识和水平。加大企业家、创业者群体信息化知识、能力教育培训力度。制定数字人才评测标准，支持福州、厦门开展大数据专业职称改革试点。

（五）强化典型引路。持续办好数字中国建设峰会，打造国家信息化和数字经济政策发布、高端对话、交流合作、成果展示的顶级平台。加大试验区建设的政策解读和宣传力度。加强省市上下联动，深入挖掘试验典型和示范标杆，通过宣传推广、现场交流等方式，充分发挥典型示范引领作用，不断总结形成一批可操作、可复制、可推广的经验做法，努力营造良好发展氛围。加强数字经济领域新技术、新业态、新模式的科普工作，提升全民数字技能。

来源：福建省人民政府

# 陕西发布关于促进高新技术产业开发区高质量发展的实施意见

陕政办发〔2021〕8号

各设区市人民政府，省人民政府各工作部门、各直属机构：

为深入贯彻落实习近平总书记来陕考察重要讲话和《国务院关于促进国家高新技术产业开发区高质量发展的若干意见》（国发〔2020〕7号）精神，紧抓秦创原创新驱动平台建设重大机遇，加快推动全省高新技术产业开发区（以下简称高新区）高质量发展，充分发挥高新区示范引领和辐射带动作用，现提出以下实施意见：

## 一、发展目标

坚持创新驱动、深化改革，先行先试、引领发展，深化“两链”融合，营造良好创新创业生态，优化整体布局，加强分类指导，支持差异化发展，将高新区打造成创新驱动发展示范区和高质量发展先行区，成为加力加速秦创原创新驱动平台建设的重要支撑。

到2025年，全省高新区布局更加优化，力争实现国家高新区市（区）全覆盖，布局建设省级高新区超过25家。高新区内企业研发经费投入强度达到3%，全省高新技术企业数量达到10 000家，高新区高新技术企业超过7 000家。高技术产业产值占规模以上工业产值达到18%，高新区生产总值占全省地区生产总值的比重达到30%。

到2035年，西安高新区建成具有全球影响力的高科技园区，以西安高新区为龙头的关中高新技术产业带成为全国重要的创新高地和区域创新增长极。培育10个左右具有国际竞争力的产业集群，电子信息、先进制造和新材料等产业进入全球价值链中高端。建设10个在全国有影响力的高科技园区及创新型特色园区，实现园区治理体系和治理能力现代化。

## 二、重点任务

（一）构建引领发展格局。

1．积极推动秦创原创新驱动平台建设。全省高新区要充分发挥在区域经济中的示范引领和辐射带动作用，联合全省高校、科研院所、企业等创新主体，围绕关中先进制造、陕北能源化工、陕南绿色发展等区域创新发展需求，加强创新资源开放集聚和优化配置，加速产业链和创新链深度融合，加快科技成果转化，建设立体联动“孵化器”、成果转化“加速器”“两链”融合“促进器”，共同打造全省创新驱动高质量发展的强大引擎。〔省科技厅、各市（区）政府等按职责分工负责〕

2．支持西安高新区建设成为具有全球影响力的高科技园区。支持西安高新区建设国家自主创新示范区和国家硬科技创新示范区，打造电子信息、高端装备等一流产业集群，加快发展人工智能、生物医药、光子、软件信息服务等主导优势产业，培育一批以硬科技为特色的产业链群。深化“西安研发—异地转化”模式，支持西安高新区在全省布局建设合作示范园区、创新共同体等创新平台，加强与省内其他高新区产业链创新链分工协作，赋能全省高新区发展。积极推动西安科学城建设，促进科研机构、科学装置、创新平台、科研人员聚集，打造创新策源地，支撑创建西安综合性国家科学中心。（西安市政府、省科技厅、省发展改革委、省工业和信息化厅等按职责分工负责）

3．支持国家高新区特色发展。支持宝鸡高新区重点发展钛及钛合金材料、高端装备制造业，聚力打造中国钛谷；杨凌示范区聚焦现代种业、智慧农业等产业，建设具有国家影响力的农业科技创新城；渭南高新区重点发展以工程机械和印刷机械为主的高端装备制造业，打造国内一流增材制造产业化示范园区；咸阳高新区重点发展电子显示、生物医药及医疗器械产业，加快推进创新型特色园区建设；榆林高新区重点发展高端精细化工新材料、高端能源装备，加快推进国家级能源革命创新示范区建设；安康高新区突出发展生物医药、新材料产业，建成国内一流国家创新型特色园区。〔各市（区）政府、省科技厅、省发展改革委、省工业和信息化厅等按职责分工负责〕

4．支持省级高新区量质双升。加强省级高新区“以升促建”，推动延安、商洛、汉中、铜川高新区升级国家高新区，对于新认定的国家高新区，连续三年在园区建设、研究开发、成果转化、人才培育等方面每年给予不低于3 000万元支持。推动省级高新区优化布局，指导现有省级高新区特色化发展，在发展基础较好的地区新培育布局一批省级高新区，给予新认定省级高新区奖补支持。〔省科技厅、省发展改革委、省工业和信息化厅、省财政厅、省自然资源厅、省生态环境厅、各市（区）政府等按职责分工负责〕

（二）增强自主创新能力。

5．打造创新人才高地。支持高新区在“高精尖缺”人才和特殊人才培育引进方面先行先试，建立外籍人才和领军人才职称评审“直通车”制度，推广外籍人才永久居留、在华工作居留等人员往来便利化政策。支持国家高新区建立国际学校、国际医院、国际社区，打造国际化人才特区。支持国家高新区率先试行持有永久居留身份的外籍人才担任新型研发机构法定代表人、牵头承担科研项目的机制，逐步在省级高新区乃至全省范围推广。〔省委组织部、省人力资源社会保障厅、省科技厅、省公安厅、各市（区）政府等按职责分工负责〕

6．建设高水平创新平台。支持国家高新区主动布局建设国家实验室、国家重大科技基础设施等国家战略科技平台。持续引导全省高等院校、科研院所、企业研发总部等科技创新资源向高新区集聚。支持高新区各主体联合高等院校、科研院所建设新型研发机构，创新管理体制和运行模式，高新区按照技术研发、成果转化等服务成效给予补贴或奖励。（省科技厅、省发展改革委、省教育厅、省工业和信息化厅等按职责分工负责）

7．加强关键核心技术攻关与成果转化。在高新区开辟项目申报绿色通道，持续布局重大项目，率先建立先进技术“揭榜挂帅”清单，支持高新区内龙头企业牵头组建创新联合体，开展共性技术、关键核心技术、前沿引领技术攻关和产业化应用。支持高新区大力发展研发服务、知识产权、检验检测等科技服务业，建设概念验证、产品中试等公共技术服务平台和技术要素交易市场。支持高等院校、科研院所等科研事业单位在高新区率先开展职务科技成果所有权改革试点，复制推广“一院一所”模式。（省科技厅、省发展改革委、省教育厅、省工业和信息化厅等按职责分工负责）

（三）激发企业创新活力。

8．大力培育创新型企业。推动高新区制定科技企业梯度培育计划，不断壮大创新型企业规模。对首次认定通过的高新技术企业给予20万元奖励，各市（区）和高新区给予相应的配套奖励。出台陕西省瞪羚企业培育认定实施方案，加大高成长性企业培育支持力度。建立健全政策协调联动机制，进一步落实研发费用加计扣除、高新技术企业所得税减免、小微企业普惠性税收减免等政策，支持企业建立研发准备金制度，引导企业加大研发经费投入力度。在高新区试点和推广科技企业创新积分制，发布陕西省创新型企业榜单，与金融机构形成政策互认，开展企业享受金融政策直通车服务。〔省科技厅、省工业和信息化厅、省财政厅、省国资委、省地方金融监管局、省税务局、各市（区）政府等按职责分工负责〕

9．优化创新创业生态。全省高新区围绕主导产业构建完善"众创空间、孵化器＋加速器＋产业园"服务体系，围绕每个主导产业至少建立1家省级以上科技企业孵化器，优先支持建设具有创业投资功能的孵化机构，探索和推动持股孵化及市场化运行机制，在孵化培育方面实现创新资源高效集聚、协同联动。支持龙头企业打造特色孵化载体，鼓励企业科技创新，向中小企业开放技术、标准、品牌等资源。加强孵化载体绩效评估考核，分类设立"孵化成果排行榜"。〔省发展改革委、省科技厅、省教育厅、省工业和信息化厅、各市（区）政府等按职责分工负责〕

（四）壮大现代产业集群。

10．打造创新型产业集群。各高新区要立足资源禀赋和发展基础建立准入清单和负面清单，实施包容审慎的产业准入和行业监管模式。科学制定产业规划，因园施策，围绕细分领域提升产业配套和服务能力，持续开展创新型、特色化产业集群培育。按照"一区一主导产业"的原则，优先在高新区布局实施"两链"融合计划项目，加强省市联动一体化推进，做大做强特色主导产业。〔省科技厅、省工业和信息化厅、省发展改革委、各市（区）政府等按职责分工负责〕

11．大力培育新兴产业。支持国家高新区面向国家战略需求，围绕光子、未来网络、脑科学、量子信息、人工智能、基因工程等具有重大引领带动作用的新兴产业，加强新技术、新产品、新业态、新模式布局和产业化应用，抢占未来发展先机。支持高新区布局建设一批场景应用开发平台，实施"上云用数赋智"行动，支持高新区企业建设制造业与互联网融合企业、工业互联网试点示范企业、智能制造试点示范企业（项目）、服务型制造示范企业（平台、项目）。〔省工业和信息化厅、省发展改革委、省科技厅、各市（区）政府等按职责分工负责〕

（五）促进开放协同发展。

12．强化高新区辐射带动作用。发挥秦创原创新驱动平台作用，强化高新区协同创新力度，打造高新技术产业带。促进关中科技创新资源向全省辐射，实施一批跨区域重大科技项目、重大产业项目，引导陕南、陕北高新区在关中建设异地孵化、飞地园区、伙伴园区，形成西安带关中、关中带全省的发展格局。支持国家高新区和具备条件的省级高新区以"一区多园"模式整合或托管区位相邻、产业互补的其他园区，其生产总值、市县级财政收入等，可按属地原则进行分成。〔各市（区）政府、省科技厅、省发展改革委、省工业和信息化厅等按职责分工负责〕

13．融入全球创新网络。推动高新区与友好城市建立伙伴园区，争创国家级承接产业转移示范区。推动高新区在"一带一路"沿线国家布局离岸创新中心、海外人才离岸创新创业基地，积极参与共建跨境经济合作园、海外科技园，创建联合实验室。支持高新区与陕西自贸试验区相关片区、功能区协同创新，加快自贸试验区创新举措在高新区复制推广，支持符合条件的高新区申请设立综合保税区。建立省内高新区与国内先进高新区、全球创新高地交流合作机制。〔各市（区）政府、省科技厅、省发展改革委、省商务厅、省外办等按职责分工负责〕

（六）营造高质量发展环境。

14．深化体制机制改革。依法赋予国家高新区与设区市人民政府同等的经济管理权限、省级高新区与县（市、区）人民政府同等的经济管理权限，建立相应授权事项清单，持续优化政务服务环境，落实“园区事园区办、一件事一次办”服务理念。加强高新区领导班子建设，探索实行新型政区管理模式，引导社会专业力量参与园区治理，开展去行政化改革，突出主责主业。高新区可在核定机构和编制总数内，合理配置内设机构职能，试点全员聘任与市场化激励制度，对急需岗位的高层次人才，可实行特岗特薪、特职特聘。支持高新区建设运营公司实施混合所有制改革，鼓励符合条件的高新区开发建设主体上市融资。进一步深化商事制度改革，推行企业投资项目承诺制、容缺受理制，对标一流营商环境标准，强化高新区营商环境统计监测。加快推进智慧园区建设，支持高新区产城融合发展，完善科研、教育、医疗、文化等公共服务设施。提升数字化治理能力，加快推进省、市、县、高新区的政务数据开放互通。〔省委组织部、省委编办、省发展改革委、省科技厅、省人力资源社会保障厅、省市场监管局、各市（区）政府等按职责分工负责〕

15．推进绿色生态发展。支持高新区创建生态工业示范园区、绿色园区等。在条件成熟的高新区试点规划环评与项目环评联动改革，支持建立企业节能环保准入制度，构建市场导向的绿色技术创新发展标准体系和服务体系。支持高新区发展绿色产业、绿色金融，开展生态系统价值核算，推动生态系统价值转化，对于碳排放工作显著的高新区在考核评价中予以加分奖励。〔省生态环境厅、省发展改革委、省科技厅、省工业和信息化厅、各市（区）政府等按职责分工负责〕

16．强化土地要素配置。各级政府在安排年度新增建设用地指标时对高新区给予适度倾斜，优先用于重大科技创新等项目用地，高端制造业用地做到应保尽保。试行“亩均效益”用地评价机制，探索推行“标准地”制度改革。在符合国土空间规划和土地用途管制要求前提下，推动不同产业用地类型合理转换，探索增加混合产业用地供给。推进产业用地市场化配置改革，通过长期租赁、先租后让、租让结合、弹性年期等方式供应工业用地，现有工业用地提高土地利用率和增加容积率的，不再增收土地价款。〔省自然资源厅、省发展改革委、各市（区）政府等按职责分工负责〕

17．加大财政金融支持。支持高新区所在地政府赋予国家高新区和具备条件的省级高新区一级财政管理权限，鼓励各市（区）提高高新区税收收入、土地出让收入留成比例，建立财政稳定支持高新区发展机制。支持高新区围绕主导产业按市场化原则设立产业投资基金、创业投资基金，允许园区内符合条件的国有创投企业建立跟投机制。鼓励金融机构开展多样化科技金融服务，开发知识产权质押融资、知识产权证券化等新型金融产品，加大对高新区内科技型企业的信贷投放力度，支持高新区建立完善科技型中小微企业贷款风险补偿机制。〔各市（区）政府、省财政厅、省地方金融监管局等按职责分工负责〕

## 三、保障措施

18．加强组织领导。提升高新区在全省创新发展中的首位度。省科技厅会同省级有关部门，统筹做好高新区规划布局、区域合作、协同创新、产业发展和政策支持等相关工作。各市、县、区政府要切实承担高新区建设的主体责任，出台支持高新区高质量发展的具体举措，在资金投入、重大项目布局、政策激励等方面全力支持，给予高新区充分的财政、土地、金融等政策保障。〔省科技厅、省发展改革委、省工业和信息化厅、省自然资源厅、省生态环境厅、各市（区）政府等按职责分工负责〕

19．强化考核评价。持续优化以高质量发展为导向的高新区综合评价体系，加大研发经费投入强度、高新企业占比、亩均效益产出、绿色生态发展等考核权重。建立高新区发展评价排行榜，对排名靠前、进步明显的高新区给予奖励表彰；对排名大幅下降或连续2年排名靠后的高新区通过约谈、通报等方式予以警告；

对连续3年整改不力的省级高新区，实行摘牌退出，对所在市县领导通过“三项机制”激发动力、传导压力。鼓励各市（区）探索促进高新区发展差异化考核评价方式。〔省科技厅、各市（区）政府等按职责分工负责〕

陕西省人民政府

2021年6月17日

来源：中华网陕西发布

# 广西壮族自治区人民政府办公厅关于印发《加快推进广西经济技术开发区改革提升行动方案》的通知

桂政办发〔2021〕101号

各市、县人民政府，自治区人民政府各组成部门、各直属机构：

《加快推进广西经济技术开发区改革提升行动方案》已经自治区人民政府同意，现印发给你们，请认真组织实施。

2021年10月18日

（此件公开发布）

## 加快推进广西经济技术开发区改革提升行动方案

为加快推进广西经济技术开发区（以下简称"经开区"）改革提升，激发经开区创新活力，促进经开区高质量发展，充分发挥经开区示范引领和辐射带动作用，制定本方案。

### 一、总体要求

以习近平新时代中国特色社会主义思想为指导，全面贯彻党的十九大和十九届二中、三中、四中、五中全会精神，立足新发展阶段，贯彻新发展理念，服务和融入新发展格局，抢抓用好西部陆海新通道、粤港澳大湾区建设、《区域全面经济伙伴关系协定》（RCEP，全书同）签署等重大机遇，以高质量发展为中心，推动经开区开放创新、科技创新，提升开放型经济水平，增强产业和科技竞争实力，优化园区营商环境，打造对外开放合作高地、产业集聚与创新高地、一流营商环境高地。

### 二、主要目标

全面提升经开区综合经济实力，提高开放发展水平和科技创新能力，进一步增强经开区对地区产业和开放型经济发展的带动力和支撑力。到2023年，全区经开区发展水平有综合提升，国家级经开区排名较2020年有较大提升。

——综合经济实力显著增强。国家级经开区地区生产总值比2020年增长30%以上，年营业收入超15亿元人民币的制造业企业数量比2020年增长30%以上。自治区级经开区规上（规模以上，全书同）企业工业总产值比2020年增长25%以上。

——开放型经济水平明显提升。全区经开区实际利用外资比2020年增长40%以上，进出口总额比2020年增长30%以上。

——科技创新能力明显提高。全区经开区高新技术企业数量比2020年增长50%以上，自治区级以上研发机构数量比2020年增长30%以上。

### 三、重点任务

（一）提升开放型经济水平

1. 优化外商投资导向。实施首用外资工作制，加大引进外资力度，鼓励外资项目业主扩大投资，推动重大外资项目向经开区布局。对符合外资鼓励类产业或经开区主导产业发展方向（不含金融业）且自然年内实际利用外资超过2 000万美元的新设或增资项目、超过1 000万美元的外资跨国公司总部或者地区总部，按其实际到位外资的2%给予一次性奖励，单个企业奖励最高不超过2 000万元人民币。奖励资金由自治区财政、经开区所在设区市财政各按50%承担，同类奖励政策不叠加享受。鼓励运用境外上市和发债、外资并购、私募股权投资等方式，创新投融资机制。（自治区商务厅、投资促进局、发展改革委、财政厅、地方金融监管局，人民银行南宁中心支行、广西证监局、广西银保监局，相关设区市人民政府按职责分工负责）

2. 促进外贸扩量提质。发挥中央外经贸发展专项资金、自治区本级商务发展专项资金等作用，支持经开区引进贸易型总部企业，打造外贸转型升级基地和加工贸易基地。对获批外贸转型升级基地的经开区在建设企业产品设计中心、企业技术中心、产品实体展示中心等方面予以支持。支持经开区参与国际循环，申报和建设国家加工贸易产业园、综合保税区。对经开区引进的加工贸易企业在新购设备、厂房装修与租赁等方面给予支持。鼓励经开区外贸企业开拓国际市场，支持外贸企业转型升级发展，对企业开展融资、物流运输、网络营销及信息化建设等给予支持，降低企业经营成本。对重点企业进出口业务遇到的问题采取“一事一议”方式协调解决。支持经开区发展大宗商品贸易、跨境电子商务、市场采购贸易、外贸综合服务等新业态新模式。（相关设区市人民政府，自治区商务厅、工业和信息化厅、财政厅、北部湾办按职责分工负责）

3. 强化招商引资及投资服务。在经开区内打造国际化、专业化招商团队。加快绘制经开区“产业树”、产业链招商图谱和建链补链强链延链路线图，建立重点招商引资项目库。通过委托招商、中介招商、以商招商、互联网招商等方式，重点面向粤港澳大湾区、RCEP成员国和欧美地区开展产业链招商，进一步拓展引资渠道。鼓励经开区完善数字化服务体系，建设数字化招商引资和“一站式”智慧服务平台。推广外商投资企业服务专员制，实施全流程跟踪，通过“一企一策”“直通车”等方式实施精准服务，推动外资项目加快落地、建设和进资。（自治区商务厅、投资促进局，相关设区市人民政府按职责分工负责）

4. 加强与其他开放合作平台的联动发展。推动国家级经开区与凭祥、东兴边境经济合作区在人员交流、资金援助、产业合作等方面开展合作。支持南宁经开区链接中国（广西）自由贸易试验区南宁片区、南宁国际铁路港、临空经济示范区、跨境电商综合试验区和综合保税区，共同构建服务西部陆海新通道的产业基地。推动钦州港经开区、中国—马来西亚钦州产业园区（以下简称中马钦州产业园区）与中国（广西）自由贸易试验区钦州港片区、钦州综合保税区统筹发展。支持北海经开区与北海综合保税区建立联动合作机制。实现各类开放平台功能叠加、资源共享和优势互补，共同打造跨境产业链供应链。（相关设区市人民政府，自治区商务厅、发展改革委、北部湾办，南宁海关按职责分工负责）

（二）推进产业集聚发展。

1. 推动经开区整合提升。以经开区为主体，整合或托管区位邻近、产业关联、功能互补的产业园区或功能区，按照“一区多园”的发展模式，统一规划、统一产业布局，着力培育工业总产值超千亿元人民币和500亿元人民币的园区，提升经开区的经济总量和区域带动能力。（相关设区市人民政府，自治区发展改革委、工业和信息化厅、自然资源厅、商务厅按职责分工负责）

2. 打造特色主导产业链。围绕特色主导产业推广“链长制”，建立“一链一策”精准供给机制，推动产业链上下游企业和重大项目向园区集聚。南宁经开区重点打造临空经济、生物医药、电子信息产业链，广西—东盟经开区重点打造特色食品、绿色家居、纺织服装等产业链，钦州港经开区重点构建新能源、新材料、装备制造等临港产业链，中马钦州产业园区重点发展电子信息、生物医药、东盟特色农产品加工产业链，北海经开区重点完善电子信息和信息服务产业链。（相关设区市人民政府，自治区工业和信息化厅、发展改革委、商务厅、投资促进局按职责分工负责）

3. 扶持企业做大做强。着力培育先进制造业和现代服务业重点企业，推动企业上统入库。对培育或引进的制造业企业年营业收入首次突破 15 亿元人民币的经开区，每新增一家给予经开区 15 万元人民币一次性奖励。对首次进入广西独角兽企业培育库的企业，给予每家企业 100 万元人民币财政资金前资助；对进入专业机构发布的独角兽企业榜单的企业，给予每家企业 400 万元人民币财政资金后补助。（自治区商务厅、科技厅、发展改革委、工业和信息化厅、财政厅按职责分工负责）

（三）提升科技创新能力。

1. 提升企业创新和研发能力。支持经开区内企业申报高新技术企业和自治区级新型研发机构。对经开区内新认定的自治区级新型研发机构，达到补助条件的给予单次最高不超过 200 万元人民币、三次总金额原则上不超过 500 万元人民币财政资金补助。对经开区内获得国家科技重大专项和重点研发计划项目的企业，按照所获国家专项支持资金的 1∶1 给予财政资金资助，每家企业获资助资金最高不超过 1 000 万元人民币，专项用于项目研究开发、成果转移转化及产业化。（自治区科技厅、工业和信息化厅、财政厅、商务厅，相关设区市人民政府按职责分工负责）

2. 建设科技创新平台和载体。支持在经开区内建设国家级实验室、技术创新中心、工程研究中心等科技创新平台。对经开区内新认定的国家重点实验室、国家制造业创新中心、国家技术创新中心、国家工程研究中心、国家企业技术中心，给予一次性不超过 1 000 万元人民币的财政资金补助。（自治区科技厅、发展改革委、工业和信息化厅、财政厅，相关设区市人民政府按职责分工负责）

3. 推进“双创”基地建设。支持在经开区内建设“双创”示范基地，布局建设一批众创空间、孵化器、加速器等多层次孵化载体。加快建设北海经开区创新创业基地、中国电子北部湾信息港和中马钦州产业园区的中马国际科技园、北斗及遥感卫星应用创新创业基地。支持南宁经开区建设联讯云谷、东盟智谷等“双创”基地。支持广西—东盟经开区依托南宁教育园区建设众创空间及孵化器。（自治区发展改革委、科技厅，相关设区市人民政府按职责分工负责）

（四）深化“放管服”改革。

1. 赋予更多管理权限。依法依规赋予经开区与其承接能力相适应的自治区级和市级经济管理权限。在有条件的经开区所在设区市试行平台经济项目集群注册。探索赋予经开区更多的财政管理权限。（自治区大数据发展局、发展改革委、商务厅、市场监管局、财政厅，相关设区市人民政府按职责分工负责）

2. 探索开展区域节能评价。符合区域节能评价要求的国家级经开区，按程序向自治区申请开展区域节能评价工作，区域内年综合能源消费量 1 000 吨至 5 000 吨标准煤（当量值）的固定资产投资项目，节能审查由国家级经开区管委会实行承诺备案制。（自治区发展改革委、工业和信息化厅，相关设区市人民政府按职责分工负责）

3. 推广区域评估和“标准地”改革。在符合国土空间规划前提下，实现经开区区域评估全覆盖。力争 2023 年底前，在经开区内全面推行工业项目“标准地”出让，园区新增工业用地 60% 以上实行“标准地”供应。各经开区在“多评合一”“多测合一”“多审合一”等领域开展改革创新，推行审批事项公开、告知承诺、容缺受理等机制，进一步压缩建设工程规划许可、施工许可等审批时间，推动项目在最短时间内落地建设。实行国有建设用地使用权出让合同（租赁合同）和工业用地“标准地”投资建设监管协议“双合同”监管，建立健全全过程联动监管新模式。（自治区自然资源厅、发展改革委、住房城乡建设厅，相关设区市人民政府按职责分工负责）

（五）集中要素资源支持经开区建设。

1. 加大投融资支持力度。推动经开区在重点产业和平台项目的投融资方面与自治区国有企业开展合作，推广运用政府和社会资本合作（PPP）模式。鼓励各类合格投资者依法依规发起设立各类产业投资基金和科创基金，投资经开区内企业。利用新增政府专项债券支持符合条件的基础设施项目建设。鼓励、支持符合条件的市场主体通过发行战略性新兴产业专项债券、双创孵化专项债券、绿色债券等专项企业债券进行直接融资。用好用足“桂惠贷”政策，鼓励金融机构向经开区的重点产业和重大项目提供融资服务。（自治区发展改革委、地方金融监管局、财政厅、工业和信息化厅、科技厅、商务厅，人民银行南宁中心支行，广西银保监局，广西证监局按职责分工负责）

2. 加大财税支持力度。自 2021 年起 3 年内，国家级经开区上划自治区税收较上年增长的，对上划自治区税收收入增幅超过当年全区平均增幅 20% 以上的部分，2021 年按照 50% 奖励，奖励比例按照 10% 逐年退坡。国家级经开区所在设区市已享受类似政策的按“从优不重复”的原则执行。支持相关设区市优化平台经济项目税收征管服务，鼓励优质平台落户经开区。（自治区财政厅、广西税务局，相关设区市人民政府按职责分工负责）

3. 加强用地保障。探索增加混合产业用地和新产业新业态用地供给。在符合控制性详细规划的前提下，各设区市可按照用途相近、功能兼容、互无干扰、基础设施共享的原则，根据当地实际，探索划分有助于新产业新业态发展的兼容性地类，制定相关控制指标。经设区市、县自然资源部门充分论证，生产服务、行政办公、生活服务设施建筑面积占项目总建筑面积比例不超过 15% 的新产业工业项目用地，可仍按工业用途管理。鼓励经开区内企业按规定提高用地容积率。（自治区自然资源厅，相关设区市人民政府按职责分工负责）

4. 加强人才保障和政策支持。鼓励各大院校落户经开区，支持经开区与院校共建产业技术研究机构和人才联合培养基地，支持经开区引进符合产业发展方向的职业院校和培训机构。对拟长期在经开区工作和符合经开区产业发展方向的单位聘雇的 A 类外国高端人才，可根据其合同有效期办理最长 5 年的工作许可。（自治区教育厅、人力资源社会保障厅、科技厅，相关设区市人民政府按职责分工负责）

（六）强化激励考核。

1. 加强对设区市的绩效激励。对在全国排名前列或工作取得重大突破、成效明显的国家级经开区，自治区给予其所在设区市绩效考评加分鼓励。[ 自治区商务厅，自治区党委编办(绩效办）按职责分工负责 ]

2. 加大对提升综合排名激励力度。自治区给予新获批的国家级经开区最高 1 000 万元人民币资金奖励。对首次进入国家级考核评价排名前 50 名（含）、前 100 名（含）和前 150 名（含）的国家级经开区分别给予一次性最高 800 万元人民币、500 万元人民币和 300 万元人民币资金奖励；对年度排名较上年度提升超过 15 位(含)、20 位（含）且排名在前 180 名（含）的国家级经开区分别给予最高 100 万元人民币和 200 万元人民币资金奖励。对在自治区级经开区考核评价中连续两年排名前两位且外向型经济发展成效显著的经开区，自治区分别给予最高 200 万元人民币资金奖励。（自治区商务厅、财政厅按职责分工负责）

3. 强化考核引导。修订《广西壮族自治区经济技术开发区管理办法》《广西壮族自治区经济技术开发区综合发展水平考核评价办法》。推动重要资源要素配置与经开区考核评价结果逐步挂钩。各设区市要结合经开区综合发展水平考核评价工作，建立完善有别于行政区的考核指标体系，促进所辖经开区加快创新提升。（自治区商务厅，相关设区市人民政府按职责分工负责）

## 四、保障措施

1. 加强组织领导。经开区所在设区市承担经开区建设发展责任，要成立由设区市主要负责同志担任组长的经开区考核评价工作领导小组，指定专门的牵头部门负责经开区的考核评价、指导支持等工作，明确设区市本级和经开区各部门的责任分工和考核任务目标；要制定经开区改革提升行动方案和措施，实施“一区一策”，对经开区发展给予重点支持和分类指导。各经开区管委会要制定工作清单和时间安排表，确保改革提升工作落实到位。（相关设区市人民政府，各经开区管委会按职责分工负责）

2. 加强统计服务。建立健全广西经开区综合发展水平考核评价指标统计监测体系，自治区各有关部门根据职能提供统计数据、证明，加大对经开区及其园区内企业的统计培训，确保经开区及企业上报数据准确无误。（自治区商务厅、统计局、科技厅、自然资源厅、生态环境厅，南宁海关按职责分工负责）

本方案中的奖励措施与以往自治区发布的涉及经开区相关政策不一致的，以本方案为准。

来源：广西壮族自治区人民政府办公厅

# 甘肃省人民政府印发关于推进园区加快发展若干措施的通知

甘肃省人民政府：2021年05月31日

为进一步深化全省园区改革创新，推动园区高质量发展，提高建设、管理和运行水平，切实把园区建设成为我省改革开放的排头兵、创新驱动的试验田、加快发展的主阵地，提升园区对全省经济发展的支撑带动作用，加快融入新发展格局，现提出以下措施：

## 一、深化体制机制改革

（一）创新园区管理模式。支持园区推行“管委会+开发运营公司”管理运行模式。允许国有企业、社会资本、第三方运营机构等各类主体参与园区基础设施、公共服务平台建设，或对园区内特色产业园进行包干运营。

（二）下放项目审批权限。省级政府投资项目审批、企业投资项目核准、节能审查等项目审批权限，除国家法律法规明确由省级政府部门审批事项外，依照法定程序全部下放至国家级园区。各市州政府相应建立政府放权与园区承接能力相适应的授权事项清单制度，依照法定程序赋予省级园区市级项目审批权限。

（三）赋予灵活人事管理权限。赋予省级及以上园区核定编制内选人用人自主权。按照管理权限，经批准后，省级及以上园区可实行聘任与任命双轨运行、全员竞聘上岗的人事管理制度。对园区领导班子以下非公务员和非参公管理工作人员允许探索实施“多劳多得、优绩优酬”的绩效工资制度。对园区引进的招商引资和专业岗位急需高层次管理人才、特殊人才，可实行年薪制、协议工资、项目工资等灵活多样的薪酬形式。

## 二、加大财税支持

（四）加大奖补力度。2021年2025年期间，园区新引进企业缴纳增值税地方留成部分由园区所在地政府统筹使用，重点用于园区招商引资、改善营商环境、支持企业发展和基础设施建设等方面，对用于园区建设的资金可由园区依规专户储存专款专用。各地在安排地方政府专项债券额度时优先支持符合发行条件的园区基础设施、公共服务平台、检验检测等项目。园区所在地政府、园区管理机构可在权限范围内，按招商引资实际到位金额、企业贡献等，自行制定奖补政策。在园区落地的省级重大招商引资项目按相关规定落实奖补政策。

## 三、强化土地保障

（五）强化规划保障。依法将园区用地布局和规模纳入国土空间规划确定的城镇开发边界，并纳入市县编制的土地征收成片开发方案，在分解下达市州年度新增建设用地计划时，对园区用地计划实行单列。省级重大招商引资用地由省级统筹安排。

（六）加强建设用地供应。开辟绿色通道，缩短审批时限，对园区项目用地快审快批，支持园区依法设立纳入土地名录管理的土地储备机构，储备一定规模的建设用地。依法依规推行工业用地长期租赁、先租后让、租让结合、弹性年期等供应方式，开展“标准地”出让改革试点。

（七）促进土地集约节约利用。实行建设用地“增存挂钩”有效处置园区批而未供和闲置土地，每年对土地利用情况进行综合评估，对土地集约节约利用水平高、土地利用秩序良好、存量土地少且用地需求较大的园区，在国家规定范围内增加下一年度的用地计划。

## 四、加快项目落地

（八）优化审批服务。在省级及以上园区全面推行企业投资项目承诺制、区域评估、代办服务、模拟审批、容缺受理等改革。园区涉企经营许可、证明事项等领域推行告知承诺制。对压覆矿产、文物保护、水土保持、地质灾害评价、地震安全性评价等事项由园区实行区域评估，供园区企业免费使用，单个项目不再编制相关报告，区域评估事项由园区所在地政府结合实际依法合理确定。

（九）提升工程项目审批效能。赋予国家级园区房屋建筑和市政基础设施工程项目施工许可证核发权限，相应开展质量安全监督。对社会投资简易低风险工程项目推行建设工程规划许可证与建筑工程施工许可证合并办理。投资在100万元及以下或建筑面积在500平方米及以下的房屋建筑和市政基础设施工程，不再办理施工许可证。

（十）改进生态环境服务。除新批复设立省级园区外，省级及以下园区规划环评、规划环境影响跟踪评价分别由市级生态环境部门出具审查意见和反馈评价结果，并报省级生态环境部门备案。对已设立生态环境管理机构的园区，根据实际能力承担项目环评审批，国家另有规定的，从其规定。支持园区不断完善环境基础设施建设，推进土地、水资源等集约节约利用。各地要贯彻新发展理念，加强对园区生态环境的分析评估，把好产业准入关，防止高耗能、高排放项目盲目发展，加强引导企业应用绿色技术，提高能效水平，促进园区发展向绿色低碳转型。

## 五、加大融资支持

（十一）支持发行债券。支持符合条件的园区企业发行绿色、项目收益等企业债券，提高直接融资规模。对已安排中央、省预算内投资和地方政府专项债券等资金的项目，优先支持项目实施主体发行企业债券，以支持募投项目所需资金足额到位。允许满足相关条件的企业发行债券，专项用于偿还为在建项目举借且已进入偿付本金阶段的原企业债券及其他高成本融资。

（十二）创新融资模式。鼓励开发性、政策性金融机构加大对园区企业中长期贷款投放规模和力度。发挥“甘肃信易贷”等平台作用，引导金融机构加大对园区项目支持力度。鼓励金融机构对园区产业链进行整体授信，简化单个企业放贷审批程序。鼓励银行机构通过“债贷组合”增信方式，对园区项目进行债券和贷款统筹管理。支持金融机构将集团企业授信额度向其迁建入园的分、子公司切割额度，开辟融资“绿色通道”，缩短审批放贷时限。

（十三）支持上市融资。支持符合条件的园区企业上市融资，允许各园区结合实际制定奖补政策，对园区内进入上市辅导期企业、在境内外直接上市（A股、H股等）公司、注册地迁至园区内上市公司、再融资并投入园区产业项目的上市公司等给予一定比例的一次性奖补。

## 六、强化要素保障

（十四）提高供给效率。除法律法规和相关政策另有规定外，供水供电供气供热企业的投资界面，应延伸至园区内用户建筑区划红线，用户不承担建筑区划红线外发生的任何费用。用户建筑区划红线连接至公共管网入网工程，由园区按照基础设施“七通一平”标准建设，建成报验后统一移交水电气暖经营企业运营维护。

（十五）发挥价格引导作用。园区内所有经营性工商企业用电全部纳入直购电交易，通过优化电力资源配置和市场化交易机制降低用电成本。其中，列入省级重大招商引资项目清单的，重点包括新材料、新能源、高端制造业等大工业生产用电，从投产投运之日起，电度电价不高于每千瓦时0.35元；纳入大数据企业（不含生产“虚拟货币”的“挖矿”企业）目录的，从投产投运之日起，其生产电度电价不高于每千瓦时0.28元。

（十六）强化人才保障。赋予省级及以上园区相关系列（专业）高级职称评审权，适时设立相应高级职称评定委员会。对园区及园区企业在省内作出重大贡献人才和从国内外引进高层次人才、急需紧缺人才，按照“特事特办、一事一议”方式，实行特殊人才特殊评价。园区所在地政府对园区内符合条件的全省重大招商引资纳税企业高管、高层次人才、引进人才，根据其缴纳个人所得税地方留成部分给予等额奖补。园区企业可直接组织职工开展职业技能培训，补贴资金由当地人社、财政部门直补企业，在符合法律法规前提下由企业自主开支使用。

## 七、推动产业集聚发展

（十七）做大做强主导产业。各园区结合实际确定2～3个主导产业，加快形成差异化定位，实现错位联动发展。兰州高新区、兰州经开区、金昌经开区、天水经开区等要重点围绕生物医药、先进制造、有色金属新材料、电工电器等，聚焦产业集群建设。白银高新区、张掖经开区、玉门经开区、嘉峪关工业园区、西峰工业园区等要做大主导产业，力争打造百亿级园区。酒泉经开区、平凉工业园区、定西经开区、陇南经开区等要立足特色优势产业，加快转型升级，成为区域产业集聚的重要平台。

（十八）提升园区产业链水平。按照“强龙头、补链条、聚集群”的总体要求，打好产业基础高级化产业链现代化攻坚战。探索实施产业链链长制，按照确定的主导产业细化产业链条，制定产业链图谱、招商引资地图，强化全产业链供应链管理。支持本地本园区骨干企业发展壮大，形成一批“链主企业”。各地可结合实际预留一定能耗指标，对强链补链有突出贡献的链主企业、重点企业给予能耗指标倾斜，促进园区产业集聚发展。

（十九）加快承接产业转移。抢抓东中部地区产业转移重要机遇，发挥兰白承接产业转移示范区作用，加快形成产业转移聚集区。支持园区与京津冀、长三角、大湾区等发达地区开展合作共建，建立产业转移协调机制，鼓励发展“飞地经济”。支持园区加大基础设施建设投入，完善公共服务平台功能，有条件的园区要积极推进园区智能化、数字化改造，推行园区企业上云服务，提升园区产业承载能力，为承接产业转移提供有力支撑。

（二十）激发创新发展活力。支持园区以骨干企业为主体，联合高等学校、科研院所建设高水平实验设施、创新基地。鼓励园区内科技领军企业，联合行业上下游、产学研科研力量组建创新联合体，推动产业链供应链创新链升级。建立健全研发和知识产权管理体系，落实好研发费用加计扣除、高新技术企业所得税减免、小微企业普惠性税收减免等政策，引导园区企业加大研发投入，提升创新能力。建立科技成果常态化路演推介机制，支持重大创新成果在园区落地转化并实现产品化、产业化。

## 八、加强组织保障

（二十一）加大考核奖惩。省政府加强对园区考核评价，及时通报考评结果。园区所在地政府设立园区发展奖，对年内产业发展成效显著、强链补链明显、财税贡献突出、进位提升显著的园区进行薪酬奖励，并于次年度予以兑现。

省开发区建设发展领导小组统筹指导全省园区建设，研究解决重大问题，督促省级部门加大简政放权和资金支持力度，对支持园区建设发展发挥作用好的部门进行表彰奖励。对年内考核评价位列后3位的省级园区，由省开发区建设发展领导小组办公室通报督促整改；对连续2年位列后3位的省级园区，由所在地市州政府对园区管委会主要负责人约谈警示；对连续3年位列后3位的省级园区按程序报省政府批准退出省级园区序列。各市州、县(市、区)政府要加强组织领导，切实扛起主体责任，出台相关配套政策，建立容错纠错机制，鼓励园区先行先试，形成一批可复制推广的典型经验。省开发区建设发展领导小组办公室做好政策研究、统筹协调，及时开展省级园区年度工作考核评价，督促落实奖惩措施，并对省直部门支持园区发展情况进行测评。

本文所指园区是指经国务院或省人民政府批准，有明确地域界限的国家级和省级经济技术开发区、高新技术产业开发区、海关特殊监管区以及省级工业集中区。国家级新区可参照执行。

来源：甘肃省人民政府

# 专题研究篇

# 回归本位 重塑优势
# 开发区体制机制改革的创新实践

文/商务部国际贸易经济合作研究院　黄源源　程慧

多年来，我国开发区一直承担着政策实验和制度创新的任务，引领中国经济结构优化调整和发展方式转变，这其实得益于开发区自身不断摸索形成的一套特有的管理模式。当前，大部分开发区采用管委会管理模式，也有部分开发区采用企业管理模式，例如设立一个如开发总公司的法人管理主体，并对其赋予一定的行政职能，由其承担开发区内经济活动的组织和管理。各种模式兼具利弊，在实践中也更加复杂。为此，通过对江苏、广东、山东等地开发区体制机制改革中的有益经验进行梳理，包括高层统筹设计、园区市场化运作、人员和薪酬管理制度改革等具体举措，以期对其他开发区破解体制机制难题、释放改革活力提供借鉴。

## 坚持高位推动 加强统筹谋划

为整体推进开发区的体制机制改革工作，山东等地出台了省级及市级体制机制改革方案，明确改革事项，并建立专门的工作推进机制，统筹解决改革中的各种问题。

建立改革专班，强化组织领导。为了推动改革稳步快速推进，部分开发区建立了专门的推进工作机制，加强体制机制改革工作的统筹协调。例如，山东省成立了由省委书记任组长、省长任常务副组长的省级推动开发区改革创新领导小组，16 市也均成立了由市委书记任组长的市级领导小组，统筹推进改革创新工作。各领导小组在促进各项工作的协调联动、有效推进任务落实方面发挥了重要作用。

出台改革方案，加强顶层设计。省级、市级层面出台的改革文件明确了开发区体制机制改革的主要方向，并提出了各项具体举措，为开发区的改革工作提供了重要指引。例如，山东省印发了《全面有序推进开发区体制机制改革创新工作方案》，加强体制机制改革的顶层设计，各地按照方案要求，认真总结以往工作经验，结合开发区实际进行探索创新，制定了体制机制改革方案，明确优化干部队伍、完善开发区薪酬制度、健全政策支持体系等改革的具体事项，为系统性推进改革奠定了基础，其中，潍坊市出台《潍坊滨海经济技术开发区体制机制改革方案》，规定实行全员聘任制改革，实施绩效考核改革，改革薪酬分配制度等。

## 推进机构改革 聚焦主责主业

为使开发区提升运行效率，聚焦双招双引、企业服务等主要职责，部分开发区通过简化管理机构、统筹人员编制、剥离原先社会管理职能的方式，促进开发区高效运行，保障开发区的职能发挥。

实行大部门制改革，统筹人员编制。为加强开发区的统筹管理，部分开发区在体制机制改革过程中对原先的管理机构进行了简化，通过职能合并、扁平化工作机制、编制统筹等方式，实现了对人员和机构的大幅度“强身瘦体”。例如，改革前，山东省相当一部分开发区比照行政区设置机构规格，行政化运营模式效率较低，无法满足开发区的发展需求；通过去行政化改革，山东省54家试点开发区共撤减管委会内设机构619个，压减65.2%[①]，编制资源得到有效整合，开发区运行效率得以提升。

剥离社会管理职能，强化经济主责。部分开发区在体制机制改革过程中剥离管委会的社会管理职能，集中精力开展招商引资、推进项目建设、促进产业发展、优化企业服务等，不断强化开发区的经济管理功能。例如，德州经开区聚焦招商引资工作，大力培育高端装备制造等主导产业，积极推动项目落地。还有一些开发区将原先管委会的社会管理职能剥离给属地政府。例如，东营市采取“派出机构＋街道”模式，有效承接东营经开区的社会事务管理职能，经开区之前承担的自然资源、生态环境、公安、教育、住房和城乡建设管理、卫生健康等工作已实现有效剥离。

## 实行政企分开 推动市场化运营

部分开发区在实践中尝试“法定机构＋市场主体”管理运营新模式，明确开发区市场化经营的发展方向，将开发区的建设、招商引资和对外合作等工作交由专业公司操作，以市场为导向，聚集开发区招商项目，升级开发区公共服务产品，为开发区的高质量发展提供机制保障。

促进管理机构市场化。漕河泾开发区按照《上海市漕河泾新兴技术开发区暂行条例》，实行“人大立法、政府管理、公司运作”的管理模式，由漕河泾开发区发展总公司全面负责漕河泾开发区的基础设施建设、土地开发、招商引资、经营管理，以及综合协调服务等工作，并行使市政府授权的项目预审权、投资项目初审权等管理职能。中新苏滁（滁州）开发有限公司作为苏滁现代产业园的开发主体，按照“统一规划、分期开发”的模式，在合作区域内享有独家开发权，负责区域规划、招商引资、土地一级开发等工作。

实现管理机制市场化。开发区通过引入社会资本、购买市场服务等方式，利用市场力量完善运营管理，提升公共产品的供给质量和重大项目的引入效率，提高企业服务水平。例如，沂水开发区引进专业团队，通过委托经营等市场化方式建设和管理创新创业园等公共服务平台，还与第三方环保公司签订监管协议，具体负责开发区的环保核查工作。

## 创新人事制度 激发干部活力

在体制机制改革的过程中，一些发展较为先进的开发区探索实施以岗位和绩效为主体的人事管理和分配制度，以人员能进能出、职务能上能下、工资能高能低为目标，逐步建立考核严格、奖惩分明、分层管理的职员制管理模式。

实行聘任制改革，打破身份限制。部分开发区为了激发人员活力，打破原有人事关系和干部职位终身制，实行聘任制改革，构建具有竞争性的选拔机制，重新塑造岗位危机意识，使开发区人员队伍结构得到了明显优化。例如，廊坊经开区实行“双轨运行”管理模式，实现干部编内任职与岗位聘职相分离，档案工资与实际薪酬相分离，干部人事档案管理与合同聘用管理相分离。山东各地开发区着力扩大选人用人范围，根据工作需求和专业结构需要来选拔人才，通过组织推荐和个人自荐等多种方式掌握人才信息，组织笔试、面试确定合适人选，从而较大改善了开发区人员的来源结构、年龄结构、专业结构和能力水平。

健全绩效考核体系，激发干事热情。为充分调动管理人员的工作积极性，部分开发区深化用人体制改革，实施绩效工资制，使职员收入突破职位限制，直接与工作实绩挂钩，拉开关键业务岗位和其他岗位的薪酬级差。例如，连云港经开区建立年度综合考核体系，将招商成果和服务成效与各类绩效考核奖惩挂钩，形成全员支持招商、服务企业的浓厚氛围。潍坊

① 山东举行重点领域和关键环节改革新闻发布会：http://www.scio.gov.cn/m/xwfbh/gssxwfbh/xwfbh/shandong/Document/1688302/1688302.htm，最后访问时间：2021年6月9日。

经开区建立全员绩效工资薪酬体系，薪酬由基本工资和绩效奖励组成，并逐步加大激励部分比重，对业绩特别突出、表现特别优秀的人员给予奖励，实现薪酬管理由“铁工资”向“活薪酬”转变。聊城经开区引入了KPI（关键绩效指标）考核原理，实施全员关键绩效考核，构建与KPI挂钩的薪酬体系，坚持优绩优酬，向关键岗位、业务骨干和做出突出业绩的职员倾斜，并将考核结果与绩效奖励、评先评优、奖惩激励等挂钩，且作为职务调整、岗位变动以及续聘、解聘的重要依据。

开展业务培训，提升干部能力。部分开发区通过交流、培训等多种形式增强干部的业务知识储备，建立省内、开发区间的人员交流学习机制，锻炼工作人员适应不同岗位的能力，推动开发区工作人员扩展眼界、转变思想、提升职业素质。例如，靖江经开区大力实施中层干部“511培养工程”、年轻干部“成长+”计划，将可塑性强、成长性好的年轻干部，放到开发前沿、公司一线进行锤炼，并制定相应考核机制激励，逐步营造干事创业工作氛围，加快建设结构合理、素质优良的中坚力量。

## 完善配套措施 汇聚改革合力

开发区体制机制改革是一项系统性改革，各地积极完善体制机制改革的配套措施，实行考核评价和督导、下放审批权限等措施，进一步释放改革活力。

制定考核评价办法，督促园区提升。通过发挥考核评价指挥棒的作用，突出差异化的评价导向，制定有别于行政区域的考核办法，推动开发区聚焦开放、创新、产业招商等关键领域，使其经济发展功能得到强化。例如，广东省出台了《广东省经济开发区综合发展水平考核评价办法》，依据经济开发区的经济发展、科技创新、对外开放、绿色生态、集约集聚、营商环境水平对开发区进行考核评价。山东省在省级层面制定了全省开发区综合发展水平评价办法，有效引导开发区的改革方向。此外，山东省领导小组办公室会同有关单位对各开发区开展了多轮督导，根据综合考评结果分别督促各地开发区进行整改提升，激发开发区争先进位的积极性。

下放审批权限，实现便利化管理。各发展较为先进的开发区以相对集中行政许可权改革为切入口，采取“互联网+政府服务”模式，简化办理流程，为申请人提供更加人性化、便利化的服务，打造一流审批服务和项目建设环境。例如，广东省对原《广东省省级经济开发区设立、扩区和区位调整管理办法》进行修订，进一步下放了审批权限及部分前置审批事项，并支持符合条件的国家级经济技术开发区推行行政审批局模式，实行“一枚印章管审批”。锡山经开区对照国家级经济技术开发区全链赋权清单，深入推进不见面审批、证照分离改革和承诺制改革试点工作，探索在信用承诺的基础上，创新行政审批服务模式，通过政策引导、提前介入、并联预审、集成服务、监管同步等举措，再造企业投资项目审批流程。海门经开区实施了“一张网络管服务”制度，积极推进申办企业全程电子化服务，全力推广江苏省企业开办全链通，极大提高了市场准入效率。

# 把握政策红利与转型机遇
# 推动开发区数字经济突破性发展

文/商务部国际贸易经济合作研究院　张中严　程慧

根据2016年二十国集团（G20）杭州峰会发布的《二十国集团数字经济发展与合作倡议》中对数字经济的定义，数字经济是指以使用数字化的知识和信息作为关键生产要素、以现代信息网络作为重要载体、以信息通信技术的有效使用作为效率提升和经济结构优化的重要推动力的一系列经济活动。目前，全球数字经济正在经历高速增长，逐步成为经济增长的新方向和新动力。一方面，大力发展数字经济有助于我国产业发展的提质增效；另一方面，由于数字经济打破了地域限制，数字技术的应用也将有助于国内大循环的形成，为此，我国开发区应紧抓发展机遇推进数字经济发展。

## 我国数字经济发展的现状

当前，数字经济在全球范围内迅速发展，我国也对数字经济的发展给予了大力支持，数字经济正成为促进我国经济发展的新动力。

数字经济蓬勃快速发展。根据中国信息通讯研究院《2021中国数字经济发展白皮书》显示，在2015至2020五年间，我国数字经济规模从18.99万亿元上升至39.2万亿元，年均增长率达10.86%，占GDP比重从27.2%上升至38.6%。其中，我国31个省市（自治区、直辖市）数字经济规模超5 000亿的省份有21个，其中超万亿的省份有13个，分别是广东、江苏、山东、浙江、上海、北京、福建、湖北、四川、河南、河北、湖南和安徽。目前，我国已成为除美国外的全球第二大数字经济体，总量超过了排名第三位（日本）和第四位（英国）的总和。《全球数字经济国家竞争力发展报告》显示，在全球数字经济国家竞争力方面，我国位列世界第三；在数字产业竞争力上，我国位列世界第一；在数字设施竞争力方面，我国位列世界第四。此外，2021年，我国人工智能发明专利授权总量全球排名第一。

数字产业政策不断落地。在中央层面，自2015年“国家大数据战略”提出以来，推进数字经济发展和数字化转型的政策陆续出台；2017年以来，“数字经济”连续四年被写入国务院《政府工作报告》；2021年，在《中共中央关于制定国民经济和社会发展第十四个五年规划和二〇三五年远景目标的建议》中明确提出，要发展数字经济，推动数字产业化和产业数字化，推动数字经济和实体经济深度融合。在地方层面，截至2020年底，全国31个省(自治区、直辖市）的政府工作报告中，有26个明确提出将大力发展数字经济，有29个省（自治区、直辖市）已经出台了数字经济专项政策。

## 开发区数字经济发展存在显著问题

区域发展不平衡。由于数字经济较为依赖资本聚集、技术创新和人才供给，因此，我国经济发达的东南沿海地区数字经济发展较为迅速。而西部地区则在资本、技术和人才方面存在先天短板，加之由于西部地区数字经济整体市场规模较小且应用场景少，西部地区开发区在数字经济发展过程中，面临着要素支撑薄弱等问题，数字经济企业入驻西部地区开发区的积极性不高。

区域协同水平低。鉴于数字经济带来了新的发展机遇，各开发区在产业规划上都为数字经济的发展预留空间，许多开发区也将数字经济列为主导产业，但部分开发区在产业规划中未充分考虑区域发展情况，在规划方向上与周边地区存在着明显相似性，无法避免未来的恶性竞争。此外，同一区域内的地区经济发展存在优劣差异，而政策制定又缺少协同，进而导致发展相对落后的地区在发展数字经济方面难以获得有效的资源，直接影响了落后地区产业规划的真正落地，限制了落后地区的发展。

基础设施配套不完善。目前，我国各地开发区在数字经济的基础设施建设方面进度不一，部分开发区数字经济相关配套设施的建设相对滞后，影响数字经济产业布局进度。同时，由于对数字经济基础设施建设的整体规划不足，新布局的数字经济基础设施没有实现与传统基础设施的良好衔接，造成了一定程度上的资源浪费。此外，由于设施建设融资渠道的限制，企业投资热情不高以及地方财政资金紧缺等原因，对数字经济基础设施建设项目的进度也造成了一定影响。

数字化治理能力不强。当前，虽然诸多开发区搭建了线上政府服务平台，实现了政务线上办理，提高了行政审批效率。但在园区企业数据、工业治理数据和社会治理数据等方面未实现充分的数字化，导致部门间信息流动不畅、决策联动效力不足，园区管理的科学性和有效性有待提高。

## 推进开发区数字经济发展的实践建议

着力弥补要素短板，打造自身发展优势。着力解决开发区特别是西部地区开发区数字经济发展的资本、技术和人才等要素问题。资本方面，加快构建数字经济产业基金，搭建地方性数字经济投融资平台，发挥市场在资源配置中的作用，推动资本向数字经济产业流动；技术方面，找准自身数字经济产业定位，依据自身定位开展技术攻关，培育自身的技术优势；人才方面，加强人才培养力度，积极引入数字经济优势地区的培训和教育机构，鼓励地方高校开设相关专业，培育符合自身产业领域发展的相关人才，提高本地人才的供给。此外，在要素补短板的同时，西部地区应积极发挥自身在成本、土地和地域等要素方面优势，提高对数字经济企业的吸引力。

**案例**①

近年来，贵州省的开发区依托自身地质稳定、气候凉爽、电价便宜等优势，吸引了中国联通、中国移动、中国电信、苹果、华为及腾讯等一批国内外知名企业落户贵州，建设了大规模的数据中心，带动了当地数字经济的发展。同时，为解决人才和技术的短板问题，贵州省初步构建起从社会培训、职业教育到普通高等教育的大数据人才培养体系。目前，贵州省内8所高校获批开设了“数据科学与大数据技术”专业，同时与阿里巴巴、华为等合作开设大数据学院，培养了一批符合当地数字经济产业需要的人才，并积极开展相关技术的研发工作。

强化区域协同发展，避免资源分配失衡。开发区在布局和规划自身数字经济产业的过程中，不仅要结合自身资源禀赋进行规划，还要深度了解数字经济产业链上下游涉及的相关领域和企业，充分调研周边地区的数字经济发展情况以及相关政策规划，做到与其他开发区的产业链上下游联动和政策协同，实现开发区间数字经济产业错位发展和政策规划有效互补。同时，利用区域产业联盟或者协同发展平台，加强与周边开发区的产业信息联动，促进项目资源合理分配。

**案例**

2021年5月20日，京津冀数字经济联盟成

① 案例来源：《贵州坚定不移推进大数据战略行动》，新华网。

立，该组织是在中国科协指导下，协调50余家数字经济相关的产业领域、高等院校、科研院所、金融领域、社团组织等自愿结成的跨行业、开放性协作组织。京津冀地区的开发区在发展数字经济过程中，将利用数字经济联盟在京津冀三地设立区域性协调机制，实现京津冀地区数字经济的协同发展。同时，该联盟还联合政、产、学、研、金、服、用等各方资源，聚焦政策措施、技术标准、融合应用、数字安全等重点领域，促进相关主体之间的交流和深度合作，促进供需对接和知识共享，形成优势互补，有效推进京津冀数字经济发展，切实解决区域协同发展的数字经济现实问题，推动京津冀产业数字化、数字产业化、治理数字化快速健康发展。

统筹规划基础设施建设，夯实产业发展基础。开发区在发展数字经济的初期，需要加强数字经济基础设施建设的统筹规划，以系统性思维形成有针对性和可操作性的整体建设规划，明确建设重点和优先顺序。在做好与现有传统基础设施衔接的同时，结合经济社会发展需要统筹考虑。同时，创新投资建设模式，提高财政资金的使用效率，充分发挥财政支持的杠杆作用，鼓励不同主体运用市场机制开展合作，加强资源整合和共建共享，提高资源要素配置效率。

**案例**

近年来，贵阳经开区为推进全国大数据综合试验区建设，加快推进新型数字基础设施建设，超前谋划和布局园区数字基础设施建设，快速推进5G基站、数据中心、工业互联网等基础设施建设，形成了“万物感知、广泛连接、存算一体、数字安全”四大支撑体系。截至2020年底，园区已部署5G基站857个，启用785个，初步实现经开区5G信号全覆盖，成为贵阳市部署5G基站密度最大区域 。

提升数字化治理水平，增强管理整体效能。实现数字化治理是数字经济发展的主要目标之一，也是数字经济的重要应用场景之一。因此，开发区在提升数字化治理水平的过程中，需充分利用大数据、云计算、人工智能等技术，突破部门间信息共享的壁垒，提高信息共享效率，推动实现组织管理的数字化、社会信息的数字化、管理决策的数字化、政府服务的数字化和舆情监控的数字化，提高园区对社会资源的分配效率和政府决策的科学性。

**案例**

德清经济开发区利用数字技术实现园区的“云治理”，2020年在浙江省率先启用基层数字园区“云治理”中枢，实现了开发区的基层治理从传统向数字化“智”理的转变。“云治理”中枢构建了整体分布图、个性画像图两张图，绘制了经济运行、项目双进两张表，耦合了企业码、政务端两个应用，通过数字赋能，形成对10 000余家企业、100余项指标、100余个项目的“云监管”“云跟踪”“云服务”，实现了数据“跑起来”“活起来”“用起来”，切实提高园区基层治理能力。

# “双碳”目标下我国经开区的实践与挑战

文/商务部国际贸易经济合作研究院 贸易与投资安全研究所 田伊霖 韩露

2020年，时值《巴黎协定》签署5周年之际，习近平主席在联合国大会上代表中国向世界宣示了2030年前力争实现“碳达峰”，2060年前争取实现“碳中和”的国家目标。实现“双碳”目标，不仅是减缓气候变化、顺应全球绿色低碳发展的客观需要，更是党中央立足中华民族永续发展、构建人类命运共同体的重大战略部署。

当前，作为我国工业发展和技术创新的重要载体，经济技术开发区为助力“双碳”目标实现开展了丰富实践，也面临着较以往更为严峻的挑战。

## “双碳”目标下已开展丰富实践

《关于推进国家生态工业示范园区碳达峰碳中和相关工作的通知》（科财函〔2021〕159号）指出，实现“双碳”目标，应从优化能源和产业结构、推动低碳技术创新应用转化、构建双碳目标管理平台以及强化绿色低碳理念宣传教育等四方面着手。当前，围绕上述重点任务，全国经开区开展了丰富实践。此外，园区还出台了一系列政策保障，促进“双碳”目标尽早实现。

优化能源与产业结构。目前，有些园区通过产业集聚促进低碳发展，鼓励区内企业引进配套供应商，设立功能型总部机构，不断延伸产业链。例如，天津开发区内天津一汽大众华北基地全部按照绿色建筑三星标识标准设计建造生产及办公设施，建成后也将在生产过程中采用绿色低碳工艺、绿色高效物流。①同时，在优化能源结构方面，天津开发区重点引进了中广核太阳能等新能源企业，计划项目建成后将太阳能作为天津市除垃圾发电外的另一种重要清洁能源供给。

开展低碳技术创新应用。部分工业园区坚持以提高碳生产力为核心，以环境保护技术创新与应用为支撑，以提高碳管理能力为着力点，以园区集聚功能为依托，开展低碳技术创新应用。例如，武汉经开区（汉南区）积极开展生物质锅炉清洁供热示范项目，采用比化石燃料更具绿色低碳等优点的生物质燃料，引进和消化国家先进生物质锅炉燃烧技术，将污染物排放降低至优于国家排放标准。

搭建目标管理平台。“双碳”目标平台的构建可以利用大数据技术，对园区能源结构改善以及减污降碳协同效应进行跟踪和评估，提高“双碳”目标任务管理的精确性和科学性。为解决工业园区碳排放测算难题，国家级经济技术开发区绿色发展联盟秘书处研发的“工业园区双碳智慧管理平台”于2021年8月正式上线。该平台能够实现园区碳排放核算、智能数据分析、碳资产管理、碳排放报告编制、碳相关信息披露等多种功能。②

促进低碳理念宣传。工业园区不仅承载着工业发展的任务，也是区内人员生活的家园，

---

① 新华网：《天津一汽大众华北基地正式开工 绿色环保打造“完美工厂”》，参见：http://www.xinhuanet.com//politics/2016-05/18/c_128994543.htm .

② 参见：《园区碳脑——工业园区双碳智慧管理平台已上线》，绿色园区公众号，2021年8月25日。

生产生活模式的改变对实现双碳目标也具有十分重要的作用。因此，工业园区持续加强低碳理念宣传，促使公众在生产、生活和消费行为模式中向减碳降碳方向转变。例如，广州开发区邀请132家单位参与“云上节能宣传周”活动，开启并举行重点用能单位绿色系列政策宣讲专场活动。[③]萍乡经开区为宣传节能低碳理念和政策，举办“全国低碳日”主题宣传，向公众普及气候变化知识和低碳节能生活理念。

构建政策保障体系。许多园区通过构建低碳发展政策保障体系来促进“双碳”目标尽早实现。园区构建政策保障体系的主要做法包括制定园区层面专项发展规划，设置奖励政策鼓励企业开展低碳升级以及完善保障措施等。例如，广州开发区出台了“低碳16条”，制定了一系列环境经济、低碳发展专项规划和方案，设立绿色低碳发展专项基金；同时，强化引导，通过对企业开展二氧化碳核查、碳盘查、碳核证等进行奖励，降低园区碳排放水平。武汉经开区（汉南区）则通过制定《拥抱蓝天行动方案》，重点推进引导落后产能转移退出工作，对园区低碳发展进行保障。

## 落实“双碳”目标面临多重挑战

当前，距离2030年完成碳达峰任务已不足10年。“双碳”目标的实现不仅“时间紧”，任务也相当繁重。经开区“双碳”目标任务实现是一项系统性工作，必须对园区规划、生态环境、运行管理等各方面进行系统性考虑。完成“双碳”目标，经开区未来将面临传统产业转型升级、技术革新竞争激烈、规则变化压力增大等多重挑战。

传统产业面临颠覆性转变。应对气候变化绝不仅是软实力竞争，伴随“双碳”目标实现的将是一次国家的系统性产业升级。当前，碳达峰、碳中和等措施的背后是能源政策和产业政策的支撑，各国的经济和产业发展都将面临新的挑战与竞争。例如，拜登政府提出的“清洁能源革命”计划中宣布美国要在2050年实现碳中和，而实现这一目标预计需要美国太阳能和风能发电量占比由目前的14%提升至2050年的56%。这一重大能源转型的实现将涉及一系列部门、产业和企业，大量的基础设施需要改组和重建，众多产业将面临技术革新。而对于我国经开区而言，目前绝大部分土地空间的产业布局已经完成，并且传统产业在其中占据重要份额。在这样的情况下，根据“双碳”目标进行产业升级迭代，将是经开区即将面临的挑战之一。

技术革新竞争更加激烈。实现“双碳”目标需要许多行业的技术做出变革型发展。目前，发达国家基本都公布了碳中和目标，其背后核心仍是技术和经济的竞争。例如，欧盟将2030年目标设置得更加严格，其目的就是争取在2030年之前促使欧盟的技术超越其他国家。由此可见，伴随碳达峰、碳中和目标的实现，将引起新一轮国际产业技术竞争。然而，目前技术领先国家已经在很多零碳技术发展方面进行了长期的努力，掌握了一定优势。我国由于近两年才公布碳中和目标，许多针对碳中和的变革性技术研发此前并未得到重视，已经相对落后于其他国家。

此外，经开区高新技术产业布局和发展也将面临更大压力。随着全球各国纷纷向碳达峰、碳中和冲刺，清洁能源的供需两侧都将快速发展，除新能源技术外，5G、6G、物联网、人工智能领域有关提高能源利用效率、降低能源损耗的技术也将变得非常重要。而我国经开区目前在上述领域布局尚处于初级阶段，未来发展仍面临较大挑战。

国际经贸规则变化压力增大。伴随着碳达峰、碳中和进程，国际经贸规则下一步矛盾的焦点当属欧盟提出的碳关税。碳关税的本质是对进口到欧盟的产品加税，以使进口产品和欧盟产品在碳成本上“扯平”。这种碳边界调整机

③ 参见：《“节能降碳，绿色发展”，黄埔区、广州开发区节能宣传周“云上”开启》，黄埔发展改革公众号，2021年8月23日。

制适用产品范围可能重点覆盖电力和能源密集行业。与此同时，我国经开区中钢铁、铝、化工等电力、能源密集产业布局十分广泛。这些产业前期投入大，产品的原料指向性明确，相关企业一般也属于园区龙头企业和重点项目，短期内改产其他产品的可能性很低。未来，碳贸易壁垒较大可能会成为贸易摩擦的主要形式之一，“碳倾销”、“碳补贴”甚至“碳保障措施”均有可能出现。一旦涉及贸易措施，碳边界调整机制就可能对我国产业产生影响，而经开区作为产业的重要载体也将受到波及。

**顺利实现“双碳”目标任重道远**

为更好实现“双碳”目标，经开区应着重从以下三方面开展工作：

首先，持续推进低碳科技创新。经开区作为产业技术革新的前沿阵地，应将低碳技术研发作为重要内容进行扶持，力争在关键领域、核心技术和关键器件方面取得突破，引领低碳关键技术发展。

其次，加快优化出口贸易结构。为应对碳达峰、碳中和进程中可能遭遇的国际经贸规则调整和重塑，经开区应加速优化出口贸易结构，构建绿色核算体系，保障低碳战略实施，培育绿色创新能力，支持战略性新兴产业出口，有效降低出口贸易中占比较大的高碳产品出口。

第三，加快产业转移调整。面对传统产业转型升级压力，经开区应着重调整外资引入策略，持续引入节能减排技术，充分发挥外资溢出效应。

# 以高质量党建引领国企高质量发展
## ——广州开发区决战高质量“万亿国资”的几点思考

文/广州开发区国有资产监督管理局党组书记、局长 罗松

2021年8月30日，中共黄埔区第二届代表大会第一次会议作出了实施“万亿国资”计划的重大部署，为“十四五”时期全区国资国企改革发展标定了奋斗目标。为此，广州开发区国资国企系统迅速研究、全面论证，紧紧围绕全区经济社会发展大局，对高质量“万亿国资”发展蓝图和实施路径进行了初步勾勒和谋划。

### 坚持向万亿目标要干劲 谋划“万亿国资”蓝图

明确奋斗目标。以高质量“万亿国资”为总目标，以“打造国资管理体制创新先行区、国有企业综合改革示范区、国有企业高质量发展先锋区”为总定位，以推动国有经济高质量发展为主题，以做强做优做大国有资本和国有企业为根本，力争到2025年，实现国资管理规模超1万亿元。

明确实施路径。谋划提出“八纵八横”“万亿国资”实施路径。“八纵”即通过整合重组专业化、产业布局科学化、固定投资集约化、资源注入系统化、国有资产证券化、基金运作实体化、投资并购优质化、混改引战常态化，高效推进“万亿国资”计划；“八横”即通过强化党建引领、强化国资监管、强化法人治理、强化人才支撑、强化正向激励、强化风控管理、强化数字转型、强化容错纠错，确保“万亿国资”计划顺利实施，推动国资国企高质量发展。

明确细分任务。将“万亿国资”目标细化分解到各区属国企，力争形成4～5家资产管理规模超1 000亿元、2家超2 000亿元的在粤港澳大湾区有影响力的旗舰型优势企业集团。截至2021年10月，区属国企资产总额3 380亿元，较年初增加855亿元，增长34%，到2021年底有望达到3 500亿元。

### 坚持向党的领导要战力 锻造“万亿国资”引擎

以政治属性引领经济属性。充分发挥党组织的领导核心和政治核心作用，全面落实区属国有企业党委研究讨论“前置程序”要求，推动国有企业集团和所属企业制定党组织前置研究讨论重大经营管理事项清单和工作流程。深化“双向进入、交叉任职”体制，推动党建与公司治理有效融合。强化人才支撑，抓好企业经营管理人才、专业技术人才、高技能人才及特殊领域紧缺人才队伍建设。

以政治优势激发竞争优势。强化基层党支部的战斗堡垒作用，打造“两如”组织体系（如身使臂、如臂使指），织密上下贯通、执行有力的国企基层党组织体系。完善区属国企贯彻落实区委重大决策部署机制，深化党建工作与生产经营融合。按照“一企一园一品牌”要求，谋划企业发展布局，培育“开企先锋”。优化国企党建品牌培育常态机制，维护提升“1435”“三比三做”“能源先锋”“人才服务红色方阵”等国企党建品牌，扩大优秀党建品牌示范效应，形成具有开发区特点的党建新品牌。

以政治导向驱动价值导向。全面落实党风廉政建设“两个责任”，完善“三重一大”决策监督机制，强化对关键岗位、重要人员特别是

区属国企领导人员的监督管理，突出对企业重点经营环节的监督。细化完善从严治党“清单化”管理，强力推行党风廉政建设“一岗双责”，健全从严治党可操作、可考核、可量化的知责、担责、履职“刚性标准”。加强巡察整改，对巡视巡察审计反馈的问题实施清单管理销号制度，以改增效、以改控险、以改促规。

## 坚持向现代产业要体量 夯实“万亿国资”根基

全面深化整合重组。充分发挥市场配置资源功能，推动新增国有资本投资集聚到实体经济和产业园区，确保区属国企新增投资30%以上投向战略性新兴产业。明晰区属国企分类和主业界定，在集团内部逐步消除同质化企业，合理压缩层级，清理退出无实质性经营、长期亏损且扭亏无望的劣势下属子企业和参股企业，打造一批定位明确、主业突出、规模较大、竞争力较强的区属国有企业。

全面优化产业布局。全面融入“万亿制造”计划，精准把握产业投资重点领域和环节，利用股权投资、创业投资和并购重组等手段培育孵化战略性新兴产业，在IAB、NEM等产业领域关键核心环节占据一席之地。积极参与科研成果转化，助力打造全区新型显示、生物医药、集成电路、智能汽车、数字经济等世界级产业集群。充分发挥区属国企招商引资和产业牵引主力军作用，以招投联动为主线，加强资本招商力度，探索“产业+园区+基金”发展模式、“房东+股东+综合服务员”等合作方式，在投资、引进优质项目的同时拓展身盈利点和发展空间。

全面强化固定投资。积极参与“万亿固投”计划，推动“攻城拔寨”重点项目开发建设，扩大有效投资。集聚生物医药与健康重点机构和核心要素，打造集产学研于一体的全球高端生物医药价值创新园，做强做优新一代信息技术产业园区投资建设及运营，推动“南方美谷”、智能制造和先进制造园区等多元化产业园区的投资和运营服务，加快粤港澳大湾区科技金融中心、知识城创新驱动中心、生物安全创新港等项目开发建设和运营，推进整区光伏开发、可再生能源、加油加氢综合能源站、广州国际氢能产业园、大型清洁保障电源等项目建设。

## 坚持向资本市场要规模 激发“万亿国资”动能

加快推进上市融资。充分利用资产支持证券（ABS、CMBS）以及公开募集基础设施证券投资基金（REITs）等多种融资工具，提高资金配置效率。推进具备条件的企业整体上市，力争每家商业类国企控股1家以上上市公司，国有控股上市公司总量达到10家以上。目前，区属国企控股并表上市公司3家，年底有望达到5家。

加快推进基金运作。积极发行市场化母基金，打造产业基金群，逐步形成具有广州开发区特色的产业基金群生态圈。推动设立粤港澳大湾区母基金，引导省市区各类投资基金投资本区的生物医药、集成电路等核心产业。围绕新型显示、集成电路、汽车制造、新材料、绿色能源、生物技术、高端装备、美妆大健康等支柱产业集群设立子基金或产业基金，推动重点园区企业实现“房东”向“股东”转变。推动区属国企发起设立城市更新发展基金。引导社会资本参与投资城市更新、交通基础设施建设、产业及配套等项目。

加快推进投资并购。鼓励上市国企以行业龙头企业为发展目标开展并购，按照专业化运作方式，通过定增、换股或公开增发等方式，对国内国际优质资产进行并购重组。推动区属国企围绕核心主业，积极利用并购基金、私募股权投资基金及银行并购贷款等方式，对优质上市公司实施控股型并购。推动区属国企并购主业突出、资产质量较好、具备一定持续盈利水平的非上市公司。大力发展金融科技，投资并购金融科技公司，以金融大数据获取、挖掘与应用，统筹搭建金融科技业务板块。

## 坚持向国企改革要动力 增强“万亿国资”活力

结构性重塑法人治理结构。健全外部董事

选聘和管理制度，选聘一批现职国有企业负责人及专业人才任外部董事，推动商业类企业及其规模较大的二级企业建立外部董事占多数的董事会，组建专门委员会支撑董事会决策，提升董事会战略管理和科学高效决策水平。打造高素质、专业化、职业化的监事队伍，有效发挥监事会监督作用。建立健全经理层授权管理制度，依法明确董事会对经理层的授权原则、管理机制、事项范围、权限条件等主要内容，维护经理人经营自主权，更好发挥经理层经营管理作用。

常态化推进混合所有制改革。制定区属国企混合所有制改革专项行动方案，梳理推出一批混合所有制改革项目，加强与“三类500强”及中央和省、市国有企业的深度合作，最大限度撬动社会资本。鼓励区属国企开展混合所有制改革。指导具备条件的企业制定混改方案，运用增资扩股、推动上市等方式分层分类推进混合所有制改革。鼓励商业类国有企业开展反向混合所有制改革，通过对外投资入股、联合投资、并购重组等多种方式，与国内外社会资本等非国有资本进行股权融合、战略合作、资源整合，发展混合所有制经济。

市场化推进经营机制改革。坚持组织选拔与市场化选聘相结合，探索区属国企领导人员按组织任命和市场化选聘两类进行分类管理。深化职业经理人选聘和契约化管理改革。建立具有市场竞争优势的核心关键人才薪酬制度，推动薪酬分配向作出突出贡献人才、市场稀缺性人才和一线关键岗位倾斜。推进符合要求的商业类企业实行工资总额预算备案制管理，探索实行更具灵活性和市场竞争力的工资总额动态调整机制。积极探索项目分红、岗位分红、超额利润分享、虚拟股权、跟投等激励模式。

**坚持向监管创新要效能 提升“万亿国资”质量**

推进综合授权，“放”出企业活力。以管资本为主推进国有资产监管机构职能优化，科学界定国有资本所有权和经营权边界。完善国资授权方式，建立差异化授权放权体系，完善区国资局对不同企业授权的内容、范围和方式，对不同企业实行差异化分类考核、分类监管。全面实行清单管理，分类完善“权责清单”“投资负面清单”等清单。加快组建国有资本投资运营公司，推动股权划拨和整合重组，短期内组建形成千亿级企业。

优化监管手段，“管”住风险底线。加快形成业务监督、综合监督、责任追究“三位一体”的国资监督工作闭环，推动国有企业构建集中统一、全面覆盖、权威高效的内部审计监督和责任追究体系。注重通过法人治理结构履职作用，“一企一策”制定完善公司章程，依据股权关系依法依向所出资企业委派董事或提名董事人选，构建包括出资人、纪检监察、审计、监事会、内控、社会公众等在内的全方位监督体系，形成监督合力。

加强服务指导，“服”出效率效益。进一步提升国资监管服务能力，完善国资监管制度体系，梳理完善已出台规章和规范性文件，结合“万亿国资”工作，推进“立改废释”工作，形成科学系统、特色鲜明的国资监管制度体系。打造“国企有呼，国资必应”服务体系，全方位提升服务国企能力，优化国资监管机构内部职能设置和人员结构，积极引入专业人才并寻求智库支持，建立高效联系服务企业的工作制度。

# 事前科学防、事中有效控、事后及时救：构建智慧化园区安全风险管控工作体系

文/礼森园区智库　蒲雅丽

产业园区是支持城市产业发展和经济提升的重要力量。近年来，随着各类生产安全事故的爆发，人们越来越重视产业园区安全风险的管控。园区作为一个缩小版的城市，在安全风险的评估、预防、管控、处理等方面与城市安全风险管理具有一定的相似性，但又因其特殊的产业生态、规划布局以及人员流动属性，使得我们必须结合实际特点，融合精细化管理理念和智能化服务手段，在智慧园区建设逐渐成为园区升级必然趋势的今天，探讨建立适合园区实际的安全风险管控体系，助力园区稳定、安全发展。

## 坚持精细化管理理念 保障高质量安全运行

精细化管理的理念最早应用于工业企业的生产组织活动中[①]，相比之下，运用到园区管理上，面临的情况更为严谨和复杂。园区精细化管理的主要目标在于实现稳定可持续发展，而安全无疑是最核心的要素。通过对一个目标的分解，实现责任细化、纵向下沉、横向互动，使不同的治理主体做到合心、合拍、合作、合力，可极大推动整个园区安全风险共防、共治模式的形成。在此基础上不断完善标准和工作机制，亦可有效保障园区风险管理措施落地，对整个园区安全管控体系的建立具有极高的指导价值和重要意义。

园区可以借助于第三方咨询机构的专业知识，完善精细化管理的流程和体系，从而理顺园区与上级政府之间、园区与区内企业之间、园区各职能部门之间的风险管理职责分工。同时，园区可以借助咨询机构力量，充分制定各类风险管理预案，真正做到有备无患。

## 应用智能化技术手段 提高安全风险管理效率

同济大学城市风险管理研究院孙建平院长指出，新时期安全风险管控技术有“软”“硬”两个层面，“软”技术就是运用“大数据”、保险产品等，实现风险的预防与“多元共治”；“硬”技术则是利用科技“红利”，弱化风险治理的“时空限制”，提高应急管理和风险治理的可靠性和效率。利用物联网、大数据、云计算、人工智能等技术进行信息化、智能化管理，实现收集、梳理和反馈需求，进一步促进园区风险管理技术平台的更新、优化和迭代，逐渐成为提高安全风险管控效率的关键手段。对此，园区可以邀请智慧园区企业作为技术支撑方，深入参与技术平台建设，为园区风险管理赋能。

## 结合自身发展情况 完善安全风险管控流程

从园区安全风险的辨识、评估、管控、可视四个方面着手，结合园区自身发展情况、产业引进类型及整体规划布局制定适宜的安全风险管控体系，明确风险管控流程，对可能会产生的风险进行全周期、系统性的管理，做到防

① 参见：徐祖远在2019城市风险管理高峰论坛上的演讲，题目为《基于精细化管理的城市安全风险防范》。

患于未然（见图 1）。

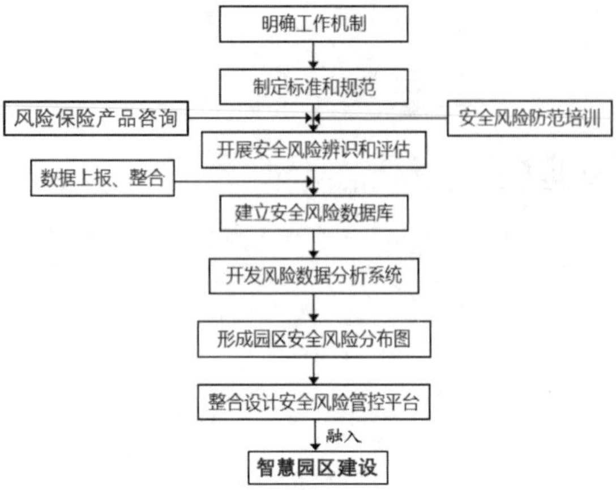


图 1 园区安全风险管控工作流程

流程 1：明确工作推进机制。园区管理主体统筹把关，负责园区安全风险管控工作的动员、部署、推进、跟踪等工作，同时，充分分配好企业、咨询机构、智慧园区企业等参与主体的工作职责，分工实施、协作推进，形成准备工作自上而下，落实工作自下而上的推进机制（见图 2）。

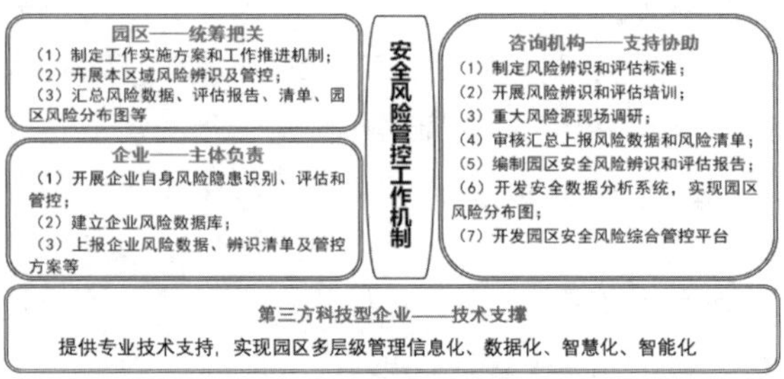


图 2 园区安全风险管控工作机制

流程 2：制定标准和规范。结合、参考城市安全风险辨识和评估等相关标准，对园区内环境设施、产业形态、功能布局等进行充分调研，制定形成契合园区特点的安全风险辨识评估规范和安全风险评估实施办法，做好顶层设计。

流程 3：定期开展安全风险防范培训。以相关规范和标准为依托，定期召集园区内企业和相关责任部门开展安全风险防范培训，结合典型案例对园区安全风险类型、危害、风险辨识评估标准，以及如何做好“事前科学防、事中有效控、事后及时救”进行重点讲解，增强园区整体安全防范意识。同时，尽早与专业的风险保险机构接洽，定制园区风险保单，通过商业化保险措施，降低自身未来可能的风险损害，未雨绸缪，保障自身。

流程 4：开展安全风险辨识和评估。形成自下而上的风险评估落实工作机制，园区内企业按要求摸清自身安全风险底数，并上报给园区相关责任部门（或第三方机构）；责任部门根据企业上报的风险数据和清单，对重大风险点进行现场调查，厘清现状，聚焦重点问题，编制形成园区安全风险评估报告和安全风险辨识清单。

流程 5：建立安全风险数据库。整合各部门和企业安全风险数据，建立园区安全风险数据库，及时进行数据上报和更新工作，形成动态、有序、实时的数据监管机制。同时，鼓励企业建立风险数据库，便于自我风险管理和预警。园区可以利用智能化技术打通企业与园区的风险数据库，实现风险点实时上报和信息共享。

流程 6：开发风险数据分析系统。在建立安全风险数据库基础上，开发风险数据分析方法，划分单元网格，重点针对风险程度、分布密集度、相关原因、行业属性、影响程度等方面进行数据解析，挖掘重点管控风险点，实现风险量化。在这之中，智慧园区企业作为技术支撑方，可以利用信息技术，进行火灾、风灾、水害等灾害的风险计算机模拟与压力测试，利用计算机模型快速找出风险点并进行风险评级，同时模拟计算风险带来的各项影响。

流程 7：制定安全风险分级管控机制。根据风险分布和程度，明确园区、企业等相关负责人和岗位人员的风险管控责任，根据风险评估结果，对重大、较大、一般、低四级风险分级别提出不同的管控和应急措施，制定落地方案。现存风险需要“一事一策”，根据风险类型和级别的呈现，采取针对性的防控措施，如工程性改造、管理流程完善、监管手段优化等。

流程 8：形成安全风险空间分布图。动态显示各风险点的基本情况、影响范围、应急措施，根据分级色彩，显示各区块整体风险程度，实现数据可视化。

流程 9：整合设计安全风险管控平台。结合园区智慧化建设进程，借助智能化技术手段，将数据资源、分析方法、动态分布图整合形成园区安全风险管控平台，同时链接园区内实时监控情况，对上报数据和重要信息进行集成、分析、建模、推延、发布，对风险进行分类、分级、分阶段作出预警，以便在事前精准进行布控，事中落实各项措施，事后及时进行救援。建立基于风险场景的监测预警和安全态势评估模型，增强园区安全状态监测预警、风险防控能力，实现精细化管理和智能化技术的融合。将园区风险管控平台整合融入智慧园区建设综合管理平台内，将园区安全风险管控与日常园区管理有机结合，实现数据利用价值的深入挖掘。

图之于未萌，虑之于未有。园区安全风险的有效管控关系到社会的发展和人身的安全。唯有进一步加强安全风险防范意识，构筑“事前科学防、事中有效控、事后及时救”的风险防控体系，打造横向到底、纵向到边的全方位、全覆盖、全生命周期的立体性、多维度、成闭环的风险管理体系，建设整合型、数字化的智慧管理平台，才能真正将安全风险防范于前、杜绝于后。

# 四新经济：我国产业高质量发展的“护卫舰”
## ——以广东省为例的若干思考

文/广东省人民政府参事室特约研究员、广东省商务厅原副巡视员 周树伟

经过改革开放四十余年的发展，我国已基本形成具有中国特色、门类齐全的产业发展体系。但近年来，中美经贸摩擦加剧、全球产业链、供应链大调整加快，我国产业链供应链不安全风险逐步显现。

一是比较优势产业有所削弱。以广东省为例，广东制造业在融入全球供应链中形成了相对完整的产业链，但大部分属于机电加工型产品出口，而且部分出口型产业链的控制权由外资掌控，长此以往，比较优势产业难以为继。受中美贸易摩擦影响，省内部分企业为规避关税成本上升、市场开拓限制、技术封锁等风险因素影响，开始加快向国外尤其是东南亚地区转移布局。而随着知识产权、环保等要求的提高，一些原本稳定的产业链也承受着较大的压力和挑战。东南亚等国家也会在代工型龙头企业带动下，吸引上游和配套企业跟进转移，逐步建立起部分替代广东省的出口型中低端产业链，这将对广东省保持产业链完整性及其竞争优势带来重大挑战。

二是产业控制能力有所弱化。广东省制造业多种产品产量规模居全球领先，并建立起了规模最大、品类齐全的电子信息、石化、轻工、家电等产业链，不仅是全球重要的生产基地，而且是亚洲供应链的中心。但广东省总体仍处于全球价值链的中低端，产业发展主要靠“人有我廉”的低价取胜，拥有的不可替代的技术、装备和产品数量较少，在全球产业链、价值链中的话语权不足，制造业增加值率偏低。这包括产业基础能力薄弱，关键环节掌控力弱、短期难以实现技术替代；产业链协同创新能力不足，人工智能、大数据行业产业链上下游协同效应还未能充分发挥；金融对产业链供应链畅通运行的支持不足，对产业优化升级支撑不够。

三是某些关键核心技术受制于人。广东省集成电路芯片制造基本形成“芯片设计—晶圆制造—封装测试”产业链，但高端芯片设计制造能力不足，5G、人工智能等前沿领域高端芯片发展仍存在差距。芯片工艺制程相对落后，与国际主流工艺制程 7nm ～ 12nm 相比有两代以上差距。封装测试低端，集中在印制电路样板小批量快件制造、LED 封装测试等中低端领域，探针台、测试机、分选机等封装测试设备仍高度依赖进口。超高清显示领域，4K 超清图像传感器芯片、显示驱动芯片等核心部件还不具备本地化制造能力，高端透镜、芯片、惯性传感器等主要依赖进口。工业机器人及智能装备领域，精密减速器、伺服电机、伺服驱动器、控制器等高可靠性基础功能部件以及传感器等关键元器件依赖进口。生物材料领域，心脏起搏器、心脏介入类、人工器官等高值医用耗材企业较少，新冠疫情中重点治疗设备 ECMO（“人工肺”）中的关键材料聚甲基戊烯（PMP）的中空纤维膜完全依赖进口。工业机器人及智能装备领域，机器人性能参数测试和标定设备如激光跟踪仪、零部件精度参数测量设备如高精度三坐标测量仪、高精度二次元标定设备等主要依赖进口。一些战略性矿产资源面临巨大

供给缺口，对资源能源安全和相关产业发展构成了较大威胁。

产业链供应链是产业安全的根本。加快发展四新经济，是有效维护产业链供应链安全稳定的系统工程。大数据时代，数字化、信息化、网络化、智能化、物联化无所不在、无所不容。必须坚持新发展理念，从我国经济安全的战略思维，构建自主可控与安全高效的产业链供应链政策环境体系，结合实际推进四新经济扎根、扎实发展，全面提升我国产业链供应链稳定性、国际竞争力和现代化水平。广东省作为全国第一经济大省，肩负国家经济安全的重大责任，加快发展四新经济，促进产业链安全稳定，增强产业链供应链自主可控能力，提升产业现代化水平，对于我国经济安全具有重要的战略意义。

## 引导资源流向 优化产业生态

完善产业基础发展导向机制。营造有利于产业基础能力提升和产业链现代化发展的环境，特别要加大金融对产业链水平提升的支持，打造资本要素流向四新经济，形成有利于四新经济发展的产业政策环境。

营造共生包容的产业生态环境。鼓励上下游企业加强产业协同和技术合作攻关，通过资源整合、运营协同和利益共享，建立空间跨区域、横向跨产业、纵向跨链端的利益共同体组织，形成互容共生、分工合作、利益共享的广东省新型产业生态。

加快产业技术领军人才队伍建设。培养潜心科研、热爱探索的科学家和创新人员，通过薪酬制度、评价制度等体制机制创新，充分赋予科研人员决策权，落实科研经费管理制度，完善人才评价体系，支持科研人员更加心无旁骛地投身科研之中。强化高水平人才引进，优化外籍人士来粤工作许可证办理流程，完善住房、教育、医疗等配套条件，吸引国际高水平人才集聚。鼓励企业建立针对优秀技工的补助性津贴制度，在收入分配和荣誉制度设计上向一线技术工人倾斜，打造广东省新时代大国工匠和高素质高技能人才队伍。

## 科学谋划布局 夯实产业基础

强化产业空间能力布局。按照广东省委、省政府确立的“一核一带一区”区域发展分工定位，服务构建我国新发展格局，实现广东省供与需、内与外、城乡区域发展更趋平衡更加协调稳固。以“一核一带”为主力军，以广州和深圳国家级功能区为载体，突出粤港澳大湾区产业链供应链建设，鼓励各类企业深度参与全球产业链供应链重塑，提高全球资源配置能力和防范国际市场风险能力。通过创新提升工业质量和竞争力，打造一批具有全球影响力和竞争力的世界级先进制造业集群、一批先进制造业基地，并在资金、技术、土地供应、税收等方面加大支持力度，着力推动以创新驱动、智慧高效、绿色低碳为重点的新型工业化，逐步形成一批新的国家工业基地。

强化产业基础能力布局。大力推进“点式突破”与“链式协同”相结合，为国产技术和产品应用打开市场空间，加速产业技术进口替代进程。着手组织推动本地区“一揽子”技术突破，聚焦新一代信息技术、高端数控机床和机器人、新材料、生物医药及高性能医疗器械等产业发展需求，梳理产业基础薄弱环节、技术和产品，制定年度攻关清单逐一解决、引领发展；组织开展“一条龙”链式创新，围绕基础装备、关键零部件、基础工业软件和关键基础材料等重点领域，以重点产品为龙头进行“全产业链持续创新能力建设”，推动产业链上下游产品设计、材料开发、工艺开发、装备制造、示范应用推广等企业和研发机构、高校等单位开展协同攻关，在国家级开发区构建独特的国产化、首批次产品大规模市场应用产业生态系统。

## 瞄准关键技术 重视产业创新

着手解决“补短板”问题。从短期方向着手，实施产业基础再造工程的目标是“补短板”，即在被国外“卡脖子”束缚比较明显的领域以及事关国家安全的领域和经济社会发展亟须突破的重点领域，加大重要产品和关键核心技术攻关力度，聚焦并明确工程重点，发挥新形势下集中力量办大事的新型举国体制优势，调动部门、企业、行业协会等多方力量，加快技术突破和集中力量攻关，使产业基础薄弱问题力争3～5年得到初步缓解。同时，实施断链断供替代行动，推动龙头企业建立备份机制。推动开展多元化采购，加强国际技术和贸易合作，加快拓展第二技术来源国。聚焦具有标志性产业链和关键产品，加快绘制重点产业链精准合作图，建立产业链补链延链项目库，精准招引一批产业带动强、科技含量高、经济效益好的外资重大项目。

着眼解决中长期的关键核心技术问题。从中长远着眼，广东省不能满足于产业技术“点”上的突破，而要立足于国内产业规模优势、配套优势和高铁、电力装备、通信设备、人工智能、量子计算等部分领域先发优势，全面夯实产业基础能力，构建有利于产业基础能力提升的制度环境，从长远战略角度推动一批能够助力高质量发展和引领新一轮科技革命和产业变革的产业基础技术、产品突破，努力锻造产业链供应链长板，形成局部领域领先的优势，获取反制“卡脖子”约束的非对称制衡能力，形成广东省引领未来发展的产业基础优势，重点是“锻长板”“拓优势”。建议重点支持广州开发区发展精准医疗国家实验室、中国集成电路第三极、中国自主航空轮胎系统、中国纳米技术支撑的纳米谷，实现广东省有特色的强链环节突破。

要瞄准产业链关键短板。在5～10年内集中优势资源聚焦重大目标，统筹科技资源，发挥市场优势，推动实现重点突破。强化产学研协同攻关，分类推进关键技术突破，主要是攻克受制于人的技术短板，加强基础技术和共性技术研究；强化反制于人的技术优势，巩固华为等通信设备系统等方面的优势；强化前沿、颠覆性技术突破，力争在量子通信、人工智能、新材料等前沿领域占据优势。

### 突出“链主”示范 坚持产业联动

集中力量锻造产业长板并补好短板。大力发展产业生态主导型企业、产业链“链主”企业，提高广东省产业链根植性与本土化，推动传统产业高端化、智能化、绿色化，发展服务型制造和工业互联网。企业是产业链现代化的主体，提升产业链现代化水平必须强化企业主体培育，加大对龙头企业和“专精特新”中小企业的支持力度。一方面，要加快培育广东省产业链龙头企业。支持企业家通过创造新模式、运用新技术、制造新产品、开拓新市场，培育壮大一批产业生态中具有重要影响力和主导作用的领军企业。借助全球产业体系重构的契机，推动企业在研发设计、技术创新、生产管理、品牌建设等方面取得突破，加快提升本土企业竞争力，培育以高新技术企业为主导的国家价值链，促进优势企业利用创新、标准、专利等优势开展对外直接投资和海外并购，有效整合全球资源，形成全球生产网络的治理能力，加快向具有国际竞争力的跨国公司转变。

大力培育“专精特新”中小企业。发挥创新型“中小企业能办大事”的示范引领作用，以提升基础产品、关键基础材料、核心零部件研发制造能力和基础软件研发、先进基础工艺和尖端设计能力为目标，实施广东省“关键核心技术—材料—零件—部件—整机—系统集成”全链条培育路径，建立分类分级、动态跟踪管理的企业梯队培育清单，给予企业长周期持续稳定的支持，加快培育一大批主营业务突出、竞争力强的“专精特新”中小微企业，打造一批专注于细分市场、技术或服务出色、市场占有率高的单项冠军企业。

### 破题数字经济 拓宽产业市场

围绕市场导向，促进数字经济创新发展。围绕市场要素流通、核心技术产业发展、数字化转型、数字治理、数字经济基础设施建设等关键环节，推动加快数字政府、数字经济、数字社会及数字个人等社会经济各领域数字化转型升级，促进数字经济创新发展取得更大成效。

围绕数字赋能，推进社会经济高质量发展。围绕数字赋能培育发展战略性支柱产业集群和战略性新兴产业集群，重点布局发展半导体及集成电路、新一代电子信息、区块链与量子信息、数字创意等产业集群。依托5G、物联网、人工智能、大数据、云计算、区块链等新一代信息技术，支持发展共享经济、直播电商、无人零售、无接触配送、在线教育、远程办公等新业态。推进社会经济高质量发展。

## 坚持开放视野 推进产业合作

进一步优化利用外资环境。准确落实各项稳外资政策措施，完善外商投资促进服务体系，建立引进优质外资项目市场化奖励机制，培养服务外资的国际化业务人员，简化审批外资项目规划用地，优化政企沟通反馈机制，推动营商环境国际化、市场化、法治化发展，增强对外资企业的吸引力。

构建多元化供应链体系。巩固和增强与欧盟、日本、韩国的产业链供应链联系，依托“一带一路”倡议构建“广东+X”产业链，推进供给来源多元化，创造“你中有我、我中有你”的更普遍供应链形态，提高产业链的开放性、安全性与可控性，在全球产业链重构中掌握主动权和先发优势。

发挥海外机构作用。发挥在海外投资的行业龙头企业、海外服务平台、海外商会等海外机构的作用，支持建设线上线下展示平台、国内外电子商务平台等，提供政策咨询、信息共享、企业联谊等支持服务，加大对欧洲招商引资力度，吸引跨国公司到我省设立总部型企业。

# 横琴合作区：新时代我国扩大开放、深化改革的“第四极”
## ——《横琴粤澳深度合作区建设总体方案》解读

文/复旦大学上海自贸区综合研究院研究员、丝路研究院（海口）院长 张涌

2021年9月5日，党中央、国务院发布《横琴粤澳深度合作区建设总体方案》（以下简称《横琴合作区方案》），引起社会的广泛关注。实际上，横琴一直以来都站在改革开放的最前沿，是内地首个实施“一线”放宽、“二线”管住、全岛封关的特殊功能区域。

**2009年以来，习近平同志4次登岛视察：**

2009年1月10—11日，时任国家副主席的习近平同志在考察访问澳门期间表示，中央政府已决定同意开发横琴岛，将在开发过程中充分考虑澳门实现经济适度多元发展的需要。

2012年12月8日，习近平总书记考察横琴，强调：开发横琴，是一个审时度势之举，既有利于珠海建设生态文明新特区，又有利于澳门经济适度多元化。希望勇于探索合作模式，着力进行体制机制创新，为深化粤澳合作，保持澳门长期繁荣稳定作出贡献。

2014年12月20日，国家主席习近平考察澳门大学横琴新校区。

2018年10月22日，习近平总书记考察横琴新区粤澳合作中医药科技产业园，强调：我们还是始终要不忘初心呐！为什么要开发横琴？主要是针对澳门，澳门多元化发展。下一步，就是怎么使它充满活力。

横琴岛位于珠江口西岸，总面积106.46平方公里，是珠海最大的海岛。其地理位置独特，与澳门一河之隔，最近处仅187米，海上距香港34海里，通过港珠澳大桥、莲花大桥分别与香港、澳门互联互通。

2009年8月14日，国务院批准实施《横琴总体发展规划》，将横琴岛整体纳入珠海经济特区（原有面积约121平方公里）范围，将横琴和澳门的口岸设定为“一线管理”，横琴和内地之间设定为“二线管理”。

2009年11月，中央编办批复同意设立珠海横琴新区管理委员会，为广东省政府派出机构并委托珠海市管理。珠海横琴新区成为继上海浦东新区、天津滨海新区后的第三个国家级新区。

2011年7月14日，国务院印发《关于横琴开发有关政策的批复》，同意在珠海横琴实行比经济特区更加特殊的优惠政策。

2014年1月，国务院同意建立由国家发改委牵头、国务院有关部门和广东省政府、珠海市政府、澳门特别行政区政府等参加的促进广东前海、南沙、横琴建设部际联席会议制度。

2015年4月8日，国务院印发《中国（广东）自由贸易试验区总体方案》，横琴新区有28平方公里被纳入其中。

2011年7月14日，国务院印发《关于横琴开发有关政策的批复》，同意在珠海横琴实行比经济特区更加特殊的优惠政策，通过加快横琴开发，一是构建粤港澳紧密合作新载体，二是促进澳门经济适度多元发展和维护港澳地区长期繁荣稳定，三是重塑珠海发展新优势。批复

明确横琴按照“一线”放宽、“二线”管住、人货分离、分类管理的原则实施分线管理。

十年前的这一横琴开发政策，与2020年6月1日颁发的《海南自由贸易港总体方案》，有不少相通之处。

第一，横琴环岛不设置隔离围网，代之以设置环岛巡查及监控设施，确保有效监管。横琴与海南自贸港都采取全岛封关运作模式。

第二，对从境外进入横琴的与生产有关的货物实行备案管理并给予免税或保税，内地与生产有关的货物销往横琴视同出口并按规定实行退税。“一线”不予免税或保税、“二线”不予退税的具体货物清单由财政部、税务总局、海关总署会同有关部门制定。这里，“一线”不予免税或保税的货物主要包括生活消费类货物、商业性房地产开发项目进口的货物、列入加工贸易禁止类目录的货物、其他与生产无关的货物。横琴与海南自贸港都实行“零关税”，但相比之下，海南自贸港“零关税”覆盖面更广，包括飞机、船舶等交通运输工具和岛内居民日用消费品等。

第三，允许横琴居住人员。根据第七次全国人口普查结果，2020年11月1日零时横琴本岛常住人口为43 618人。

第四，允许横琴建设商业性生活消费设施和开展商业零售等业务。在这一方面，海南洋浦保税港区和洋山特殊综合保税区都有这样的制度安排。

第五，在制定产业准入及优惠目录的基础上，对横琴符合条件的企业减按15%的税率征收企业所得税。国家对注册在海南自贸港并实质性运营的鼓励类产业企业，也减按15%征收企业所得税。

比照综合保税区政策，国家还明确对横琴企业之间货物交易免征增值税和消费税。海南自贸港虽被视为是超大规模的综保区，但自贸港内企业之间的货物交易并未被豁免增值税和消费税。

此外，2019年7月27日印发的《中国（上海）自由贸易试验区临港新片区总体方案》，明确要“研究实施境外人才个人所得税税负差额补贴政策”，2011年的横琴政策对此已有基本安排，“在横琴工作的香港、澳门居民涉及个人所得税问题，暂由广东省政府按内地与港澳个人所得税负差额对港澳居民给予补贴，并对纳税人取得的上述补贴免征个人所得税”。

比照2011年的《关于横琴开发有关政策的批复》、2020年的《海南自由贸易港总体方案》，以及洋山特殊综合保税区的相关政策，仔细研读刚刚印发的《横琴粤澳深度合作区建设总体方案》，笔者认为，有九大亮点值得关注。

### 一、全岛封关运作、“区内有区”，分区分类施策管理

《横琴合作区方案》明确，对澳门大学横琴校区和横琴口岸澳门管辖区，由全国人大常委会授权澳门特别行政区政府管理，适用澳门有关制度和规定，与其他区域物理围网隔离。2009年6月27日，十一届全国人大常委会第九次会议通过决定，授权澳门特别行政区对设在横琴岛的澳门大学新校区，共计1.092 6平方公里，至2049年12月19日止的土地使用权租赁期内（可续租），依照澳门特别行政区法律实施管辖。由于“区内有区”，《横琴合作区方案》提出，将建设校区与横琴口岸的专用通道，在校区与合作区之间建设新型智能化口岸，便利师生进出合作区。此次将校区以外的区域设定为“粤澳双方共商共建共管共享区域”，将采用电子围网监管和目录清单方式，对符合条件的市场主体实施特殊政策。

### 二、“一线”更加放开、“二线”实施30%增值后免关税的原产地政策

对经“一线”进出的货物，继续实施备案管理并进一步简化申报程序和要素，研究调整不予免（保）税货物清单政策。复制海南自贸港经验，对横琴合作区内企业生产的不含进口料件或含进口料件在合作区加工增值达到或超

过30%的货物，经“二线”进入内地免征进口关税。从内地经“二线”进入合作区的有关货物延续现有安排，视同出口并实行退税，对退税货物范围实行负面清单管理。2021年6月10日通过的《海南自由贸易港法》第二十九条第二款规定，货物由内地进入海南自由贸易港，按照国务院有关规定退还已征收的增值税、消费税。

## 三、企业所得税实行15%低税率，对横琴企业境外投资所得给予免税

《横琴合作区方案》基本延续了2011年的政策安排，对合作区符合条件的产业企业减按15%征收企业所得税，着重明确将有利于澳门经济适度多元发展的产业全部纳入政策范围。但目前，“合作区符合条件的产业”“有利于澳门经济适度多元发展的产业”的具体范围尚待明确。《横琴合作区方案》在保障措施中提出，将由国家发改委会同有关部门研究制定“横琴合作区鼓励类产业目录”，后续应该会很快出台相应的目录清单。

从海南自贸港的经验来看，其15%的企业所得税税制安排，2025年前覆盖所有的鼓励类产业企业，2025年后覆盖负面清单行业外的所有企业，均强调实质性运营。2021年1月27日，国家发改委、财政部、税务总局印发《海南自由贸易港鼓励类产业目录（2020年本）》，在全国版基础上增加了红酒、牛羊肉、冻品、燕窝等进口食品的深加工制造，深海鱼油等水产品加工，化妆品开发、生产，航天食品、航天生物医药、航天医学研究及应用，离岸新型国际贸易，国际航空货运服务，国际能源、航运、大宗商品、产权、股权等国际现货交易场所、国际现货清算所和国际知识产权交易所建设，新能源汽车制造，高等教育、国际教育，高端专业医疗、康复、护理等医疗卫生服务，医疗机构经营，高端医疗装备、新药品应用等产业门类。

《横琴合作区方案》复制了海南自贸港做法，对在合作区设立的旅游业、现代服务业、高新技术产业企业新增境外直接投资取得的所得，免征企业所得税（《海南自由贸易港总体方案》明确，对在海南自由贸易港设立的旅游业、现代服务业、高新技术产业企业，其2025年前新增境外直接投资取得的所得，免征企业所得税）。值得注意的是，《横琴合作区方案》中对政策享受的期限并未作出约定。这一安排将有助于海南自贸港和横琴合作区成为中国企业“走出去”投资的“桥头堡”。

## 四、个人所得税实行15%低税率

《横琴合作区方案》对在合作区工作的境内外高端人才和紧缺人才，其个人所得税负超过15%的部分予以免征。对享受优惠政策的高端人才和紧缺人才实行清单管理，具体管理办法由粤澳双方研究提出，提请粤港澳大湾区建设领导小组审定。在此基础上，《横琴合作区方案》还延续2011年政策，对在合作区工作的澳门居民，其个人所得税负超过澳门税负的部分予以免征。也就是说，对在横琴工作的澳门居民来说，个人所得税实行的是15%或澳门税负两者孰低的原则。

之前，《海南自由贸易港总体方案》规定，对享受15%个人所得税优惠政策的高端人才和紧缺人才实行清单管理，由海南省商财政部、税务总局制定具体管理办法。两者的区别在于，横琴强调由粤澳双方提出具体办法，境外人才引进倾向于澳门居民，对其实施比其他境外人才更为优惠的税收政策；而海南自贸港的管理办法规定，个人所得税优惠的享受对象为在海南工作并在海南连续缴纳社会保险6个月以上，与在海南注册并实质性运营的单位确定1年以上的劳动关系，属于海南省各级人才管理部门所认定的人才或一个纳税年度内在海南的收入达到30万元以上。

## 五、“港澳药械通”政策在横琴合作区再升级

2020年11月，国家市场监管总局、药监局等8部委印发的《粤港澳大湾区药品医疗器械监管创新发展工作方案》提出，在粤港澳大湾

区内地9市开业的指定医疗机构，使用临床急需、已在港澳上市的药品，使用临床急需、港澳公立医院已采购使用、具有临床应用先进性的医疗器械（以下简称“‘港澳药械通’政策”）。这意味着海南自由贸易区内的博鳌乐城国际医疗旅游先行区曾探索多年的境外特效药械政策，被局部复制推广到粤港澳大湾区，政策差异主要体现在药械来源的范围上，博鳌乐城国际医疗旅游先行区覆盖全球，粤港澳大湾区仅覆盖港澳地区。

自2021年1月“港澳药械通”政策试点以来，广东已审核临床急需使用进口药品9个、医疗器械2个，惠及150名患者。2021年8月，广东省宣布除前期试点的香港大学深圳医院，广州现代医院、广州和睦家医院、珠海希玛林顺潮眼科医院、中山陈星海医院被纳入为指定医疗机构。此次《横琴合作区方案》又明确，允许指定医疗机构使用临床急需、已在澳门注册的药品和特殊医学用途配方食品，以及使用临床急需、澳门公立医院已采购使用、具有临床应用先进性（大型医用设备除外）的医疗器械。

与博鳌乐城国际医疗旅游先行区和“港澳药械通”政策相比，《横琴合作区方案》增加了“特殊医学用途配方食品”这个大类。2015年4月，十二届全国人大常委会第十四次会议修订通过的《食品安全法》第八十条规定，“特殊医学用途配方食品应当经国务院食品药品监督管理部门注册。注册时，应当提交产品配方、生产工艺、标签、说明书以及表明产品安全性、营养充足性和特殊医学用途临床效果的材料”。根据2016年3月原国家食药监总局颁布的《特殊医学用途配方食品注册管理办法》，特殊医学用途配方食品是指为满足进食受限、消化吸收障碍、代谢紊乱或者特定疾病状态人群对营养素或者膳食的特殊需要，专门加工配制而成的配方食品，包括适用于0月龄至12月龄的特殊医学用途婴儿配方食品和适用于1岁以上人群的特殊医学用途配方食品。截至2020年5月，我国通过特殊医学用途配方食品注册审批的配方食品共48个，其中适用于0月龄至12月龄儿童的29个，包括无乳糖配方6个、乳蛋白部分水解配方5个、乳蛋白深度水解或氨基酸配方3个、早产/低出生体重婴儿配方11个、婴儿营养补充剂3个、氨基酸代谢障碍配方1个；适用于1岁以上人群的19个，包括全营养配方15个、非全营养配方4个。

## 六、放宽市场准入特别措施将在横琴合作区制定实施

2021年1月，中办、国办印发的《建设高标准市场体系行动方案》明确提出，要“制定出台海南自由贸易港、深圳建设中国特色社会主义先行示范区、横琴粤澳深度合作区放宽市场准入特别措施”。本次《横琴合作区方案》即在“建立高度便利的市场准入制度”部分，对该重大改革举措做了进一步明确。

《横琴合作区方案》明确：“实施市场准入承诺即入制，严格落实‘非禁即入’，在‘管得住’前提下，对具有强制性标准的领域，原则上取消许可和审批，建立健全备案制度，市场主体承诺符合相关要求并提交相关材料进行备案，即可开展投资经营活动。不断放宽各类投资者在合作区开展投资贸易的资质要求、持股比例、行业准入等限制。制定出台合作区放宽市场准入特别措施。强化事中事后监管，建立与澳门衔接、国际接轨的监管标准和规范制度。”

2021年4月7日，国家发改委、商务部印发《关于支持海南自由贸易港建设放宽市场准入若干特别措施的意见》，22条特别措施突破了市场准入负面清单中30个限制类事项，包括在博鳌乐城国际医疗旅游先行区建立海南电子处方中心，在乐城先行区的美容医疗机构可批量使用在美国、欧盟、日本等国家或地区上市的医美产品，支持国外高水平医疗美容医生依法依规在海南短期行医，优化移植领域各类新药、检验检测试剂、基因技术、医疗器械等准入环境，在乐城先行区设立国际移植医疗康复诊疗中心，组建中国海南国际文物艺术品交易中心、

鼓励国内外知名拍卖机构在交易中心开展业务，推动“一带一路”沿线国家乃至全球优质文化演艺行业的表演、创作、资本、科技等各类资源向海南聚集，探索将国产网络游戏试点审批权下放海南，推动卫星遥感、北斗导航、卫星通信、量子卫星、芯片设计、运载火箭、测控等商业航天产业链落地海南，简化飞行训练中心、民用航空器驾驶员学校、飞行签派员培训机构审批流程等。2021 年 7 月 15 日公布的《关于支持浦东新区高水平改革开放打造社会主义现代化建设引领区的意见》，也明确要制定浦东放宽市场准入特别措施清单。《横琴合作区方案》公布后，我国已经明确放宽市场准入特别措施的共有 4 个地区，即海南自贸港、浦东引领区、深圳示范区、横琴合作区。

## 七、横琴合作区将为澳门的人才、企业和产业提供充足的物理空间和充分的创新空间

人才方面，早在 2009 年 6 月，全国人大常委会会议审议澳门大学新校区有关议案时，国务院所作的说明就指出，由于澳门大学校园面积难以适应在校学生的数量，教学设施拥挤，学校发展受到严重制约，鉴于澳门地域狭小，已无适合的土地供澳门大学扩建，澳门特别行政区提出，希望在珠海市横琴岛为澳门大学提供新校址。本次《横琴合作区方案》单列一章“建设便利澳门居民生活就业的新家园”，允许具有澳门等境外执业资格的金融、建筑、规划、设计等领域专业人才经备案后在横琴合作区提供服务；支持在合作区采取便利措施，鼓励具有澳门等境外资格的医疗领域专业人才依法取得境内执业资格。

企业方面，《横琴合作区方案》高度重视习近平总书记视察过的粤澳合作中医药科技产业园建设，对在澳门审批和注册、在横琴合作区生产的中医药产品、食品及保健品，允许使用“澳门监造”“澳门监制”“澳门设计”标志；研究简化澳门外用中成药在粤港澳大湾区内地上市审批流程，探索允许在内地已获上市许可的澳门中药在粤港澳大湾区内地生产，对澳门研制符合规定的新药实施优先审评审批。

产业方面，《横琴合作区方案》的任务部分开篇即围绕“发展促进澳门经济适度多元的新产业”，提出加快发展四大产业：以集成电路、电子元器件、新材料、新能源、大数据、人工智能、物联网、生物医药等为重点，发展科技研发和高端制造产业；以中医药生产和服务、毛坯钻石加工和宝石交易为重点，发展澳门品牌工业；以休闲度假、会议展览、体育赛事观光等旅游产业和休闲养生、康复医疗等大健康产业为重点，发展文旅会展商贸产业；以财富管理、融资租赁、股权投资等为重点，发展现代金融产业。选择这些产业作为主攻方向，有利于发挥粤澳两地资源禀赋和发展基础的比较优势，有利于促进澳门产业多元化、高端化发展，有利于坚守以横琴开发为澳门产业多元发展创造条件的初心。

此外，《横琴合作区方案》提出的对接澳门教育、医疗、社会服务等民生公共服务和社会保障体系，支持澳门轻轨延伸至合作区与珠海城市轨道线网联通，大幅降低并逐步取消合作区与澳门间的手机长途和跨境漫游费等具体举措，都是着眼于营造趋同澳门的宜居宜业生活环境，让横琴延伸成为澳门居民安居乐业的最佳最近目的地。

2019 年 12 月 20 日，习近平总书记在庆祝澳门回归祖国 20 周年大会上强调：当前，特别要做好珠澳合作开发横琴这篇文章，为澳门长远发展开辟广阔空间、注入新动力。

## 八、共商共建共管共享的新体制将为坚守“一国”之本、善用“两制”之利提供成功范例

《横琴合作区方案》的关键词是“合作”，路径是实现与澳门一体化发展，目标是促进澳门经济适度多元发展、推动粤港澳大湾区建设。为了实现一体化发展，横琴合作区建设将凸显共商、共建、共管、共享，力争成为具有中国特色、彰显“两制”优势的区域开发示范。

具体而言，在共商上，粤澳双方联合组建横琴合作区管委会，由广东和澳门的行政负责人担任双主任，并由澳门派出一名常务副主任，统筹决定重大规划、重大政策、重大项目、重要人事任免；在共建上，组建横琴合作区执委会并组建开发投资主体，履行国际推介、招商引资、产业导入、土地开发、项目建设、民生管理等职能，执委会一把手由澳门委派；在共管上，广东省将成立省委和省政府派出机构，做好横琴合作区属地管理工作，包括党的建设、国家安全、刑事司法、社会治安等，广东省和珠海市将协助做好横琴合作区建设涉及广东省事务的协调工作，国家也将像支持深圳示范区和浦东引领区综合性改革一样，支持横琴合作区以清单式申请授权方式，在经济管理、营商环境、市场监管等重点领域加大赋权力度；在共享上，支持粤澳双方建立横琴合作区收益共享机制，2024 年前投资收益全部留给横琴合作区管委会支配，中央财政给予补助，支持横琴合作区吸引澳门企业入驻、扩大就业、增加实体经济产值、发展重点产业。

**九、横琴合作区将在创新国际化环境中党的建设和法治保障上作出重要探索**

未来，横琴合作区将拥有多个主体并行运作和发挥重要影响力，包括国家层面的粤港澳大湾区建设领导小组、广东省委和省政府层面的派出机构、粤澳双方联合组建的横琴合作区管理委员会、合作区管理委员会下设的执行委员会，以及粤澳双方根据需要组建的合作区开发投资公司。多元主体和“一线放开”将对党的建设提出新的更高的要求。《横琴合作区方案》强调，全面加强横琴合作区党的领导和党的建设，把党的领导贯穿横琴合作区开发建设全过程，积极创新国际化环境中党的建设工作，把党的政治优势、组织优势转化为合作区全面深化改革和扩大开放的坚强保障。

在法治保障上，《横琴合作区方案》提出，一是在遵循宪法和澳门特别行政区基本法前提下，逐步构建民商事规则衔接澳门、接轨国际的制度体系；二是用足用好珠海经济特区立法权，允许立足横琴合作区改革创新实践需要，根据授权对法律、行政法规、地方性法规作变通规定；三是加强粤澳司法交流协作，建立完善国际商事审判、仲裁、调解等多元化商事纠纷解决机制。

总体来看，横琴合作区将与海南自贸港、浦东引领区、深圳示范区一起，成为新时代我国扩大开放、深化改革、践行新理念、构建新格局的重要一极。

# "1+3"模式驱动上海制造业转型突围

文/礼森园区智库 蒲雅丽

制造业是实体经济的主体，制造业的高质量发展关系到经济高质量发展的全局，必须摆在更加突出的位置。"十四五"期间，世界各国将以更加剧烈的竞争之势，推动全球制造业格局加速调整。一是发达国家将依靠其传统领先优势，通过前瞻性布局，加速新兴技术突破和产业化进程，继续抢占全球产业分工和产业竞争制高点。比如，美国聚焦人工智能、智能制造、量子科技以及5G技术等关键领域；德国重点扶持钢铁铜铝、化工、机械、汽车、光学、医疗器械、绿色科技、国防、航空航天和3D打印等十个"关键工业领域"的新制造技术企业。二是新兴经济体国家加大投入和支出，利用资源、劳动力等低成本优势，制定优惠政策吸引跨国公司投资，积极承接全球产业转移。

受此影响，中国制造业将继续面临两头挤压，而上海受影响更甚。一方面，由于周边经济体低成本优势，上海低端产业加速外迁影响其制造业转型升级战略；另一方面，由于发达国家的产业控制和技术封锁，上海通过参与全球化引进先进技术和高端产业更为困难。此外，劳动力和土地成本的上升逐步压缩上海比较优势，部分针对发达国家市场的制造活动回迁导致上海外资结构被迫调整，制造型产业面临重新布局。

在转型分水岭的发展关键期，上海制造业必须把改善供给侧结构作为主攻方向，提高制造业供给体系质量，加快制造业向产业链高端延伸，需瞄准前沿技术和前沿产业，坚持"内生提量与开放引进"相结合，聚焦一个创新策源核、三大动力源的"1+3"发展模式，加快创新驱动，以企业增效、产品提质、服务提升促进上海制造业高质量发展。

**"1+3"发展模式内涵**

"1"——创新策源核，即聚焦体制机制创新和技术创新，瞄准前沿关键技术，破除制造业发展体制机制桎梏，构建上海开放的创新发展环境，形成创新要素集聚、市场活力迸发的产业发展新生态。

"3"——三大动力源，即聚焦企业、产品、服务三大核心领域，以提高企业效益、增强产品质量、优化服务效能为核心，形成一批具有国际竞争力和影响力的制造品牌（优质企业、高端产品、高质服务），实现制造业高端化、融合化、服务化和品牌化发展。

## 聚焦创新驱动 营造产业创新生态

加快科技体制改革，打通科研成果转化的"最后一公里"。针对科技资源分散、重复、封闭、低效和科技成果转化率不高的问题，进一步完善政府统筹协调和决策咨询机制，优化科研项目和资金管理；进一步完善科技成果转化激励机制，提高科研人员职务成果转化收益比重；进一步完善知识产权制度建设，促进各区知识产权管理和执法体系改革。

打造高能科研平台集群，提高技术原创性。遴选重大战略领域、关键共性技术或重大工程，积极开展基础性、战略性、前沿性科学研究和共性技术研究，探索建立高能级研究型大学、高等研究院、企业中央研究院，构建开放、协同、高效的共性技术研发平台，争取在高端芯片、创新药研发、人工智能等领域打造一批具有全球影响力的理论成果和创新成果。加强对研发平台的政策支持，及时协调解决平台发展中产生的人才、资金、场地等问题，提升平台核心竞争力。

补足创新人才缺口，加大人才引培力度。目前，上海在基础科研和产业技术方面人才缺口显著（根据国际著名咨询机构估算，“十四五”期间，上海人工智能、集成电路、生物医药三大核心领域的产业人才缺口超过 90 万人）。为此，需进一步加强本土重点产业人才培养力度，制定本土高精尖人才培养计划，特别是生物医药、集成电路设计、人工智能应用领域的各类高级专业技术人才；通过专业机构建立世界顶级人才库，收集各领域的顶级人才信息，制定精准的人才引进计划；将跨国公司研究中心的全球技术专家与本土中小企业孵化的项目合作升级为常设性机制，加快构建海外中高端科创人才的融通交流“硅谷”。

## 聚焦企业增效 提升企业整体效益

加快传统制造业“挖潜开荒”和改造升级。推动高端化、绿色化、智能化改造，重塑传统制造业流程和发展模式。突破制约存量经济转型升级的研发设计、供应链管理、品牌培育、营销等关键环节，借助人工智能、工业互联网、物联网等技术，促进新兴技术与制造业的深度融合，加快新旧动能转换，让传统制造业从以机械化、自动化为主向数字化、网络化、智能化转变。

加大拓展民营企业发展空间。以市场化择优遴选机制为主，关注隐形冠军、专精特新企业、科创板企业、高新技术企业等创新能力强、成长速度快、发展前景好的民营中小企业，建立创新型高成长民营企业库，重点培养，优先扶持，争取培育出上海本地领军骨干企业。同时，积极解决中小民营企业融资难、融资贵等问题，出台旨在长远解决民营小微企业融资难、融资贵的制度设计，进一步深化“补改投”，建立战略性新兴产业中小企业政银担合作新机制，推动产业化信用贷款扶持计划、产业化担保贷款扶持计划、设备融资租赁扶持计划等政策实施。

加快推动跨国公司与本土公司融合发展。继续集聚和培育高能级全球服务机构，激发跨国公司总部作为境内境外创新资源平台性角色在链接海外创新要素中的作用，支持跨国公司在上海设立全球研发中心、大区域研发中心和开放式创新平台，构建跨国公司与本土企业创新合作服务平台，促进跨国公司的溢出技术、资本和市场资源与本土企业对接。

## 聚焦产品提质 促进制造业向高附加值转型

进一步提高产品研发投入。引导市场主体、科研院所、高校等加大研发投入力度，提高资金使用效率，营造市场机制配置研发资源的有利环境，确保研发投入的针对性、及时性、有效性。同时，通过一系列政策设计激发企业和社会增加研发投入积极性，如通过直接抵税或减税的政策，鼓励企业对技术开发类的科研项目增加经费投入，促进科研真正与实际生产相结合。

加强产品的标准化建设。鼓励中小企业按照国内外先进标准对现有产品进行改造提升，加快产品升级换代，促进代工企业“双标合一”，从“贴牌”变“品牌”，对产业链关键领域、薄弱环节和共性问题等进行整体技术改造，推广共性适用的新技术、新工艺和新标准。研制一批基础共性、重点应用和关键技术的“上海标准”，积极引导上海企业和研究机构加大力度开展标准研制工作，推进制造业标准研制测试验证平台建设，积极推动自主技术标准的国际化，扩大“上海标准”的影响力。

延伸“产品 + 服务”链。鼓励制造业企业发展对产品、市场的动态监控和预测预警等业务，加快制造与服务的协同发展，增加服务要素在投入和产出中的比重，从单纯生产产品向生产“产品＋服务”转变，延伸和提升产品价值链，由以制造为主向解决方案提供商、工程总包集成商等“制造＋服务”型企业转型。

### 聚焦服务提升 打造一流营商环境

深化重点服务，完善服务链机制。以创新链和产业链的高端协同发展“服务链”，聚焦战略性产业和重点企业，围绕企业生命周期开展精准服务，初创期雪中送炭，成长期助力加速，成熟期重点服务，扩宽服务内容，创新服务模式，严格服务管理，壮大本土科技企业基数。

规范产业服务，加强产业周期管理。针对上海产业用地紧张问题，坚持以产业规划、产业准入、产业服务和产业退出的全生命周期管理思路为引领，促进重点优势产业高质量发展。加强产业规划和区域规划，瞄准重点产业的关键环节，开展顶层设计，提升各区资源利用能级；严守产业准入，做好产业退出，加快推动产业用地“腾笼换鸟”和二次开发，结合产业地图，优化企业资源利用效率评价方法，提高资源配置效率；加快探索形成重大项目服务机制，在项目标准、质量评判、相关政策口径、土地使用导向等方面凝聚各条线合力，并与开发区形成联动，共同推动产业集聚。

优化配套服务，保障人才生根发展。在住房方面，进一步完善落实限价商品房、“先租后售”公共租赁房、人才公寓、人才租房补贴“四位一体”的人才住房保障体系，加大双限房、经适房的供给力度。在教育方面，适应海外高层次人才子女教育需求，探索弹性学制等创新举措，重视就业人员子女教育问题，增加开发区周边区域的学校，方便各类人才子女就近入学。在医疗方面，建立和完善与国际接轨的医疗服务体系，优化医疗机构布局、提升医疗服务水平，推动异地就医即时结算，提高医疗服务质量。

# 以链长制打通堵点 凝力畅通“双循环”

文/浙江省商务厅开发区处处长　梁志良
浙江省开发区研究会副秘书长　赵丽娜

2020年9月18日，《人民日报》头版头条介绍了浙江在全国首创的产业链链长制。目前，浙江的这种模式已被全国多个省、市推广。浙江链长制之所以将开发区作为推广链长制的支点，源于开发区作为浙江省对外开放的主要平台、经济发展的强大引擎、产业集聚的重要基地、科技创新的中坚力量、产城融合的重要载体，以及抗击疫情的战斗堡垒、复工复产的主平台，在浙江经济社会发展中有着重要的地位。形势在发展，实践在深入，在加快形成“以国内大循环为主体，国内国际双循环相互促进”的新发展格局中，开发区一头挑着内循环，一头挑着外循环，需要在“十四五”期间继续用好链长制，畅通“双循环”，保稳产业链，为经济发展作出更大贡献。

**链长制**

“链”是产业链；

“长”是地方党政主要领导；

“制”是“九个一”工作机制，即一个产业链发展规划、一套产业链发展支持政策、一个产业链发展空间平台、一批产业链龙头企业培育、一个产业链共性技术支持平台、一支产业链专业招商队伍、一名产业链发展指导专员、一个产业链发展分工责任机制、一个产业链年度工作计划，这“九个一”旨在整合各方资源支持产业链的发展。

## 链长制在畅通“双循环”中作用明显

以链长制应对国际经贸形势，畅通外循环。2019年，面对国际经贸形势的变化，浙江省上自省主要领导，下至基层和企业都忧虑全省外贸格局“被打乱”，担心美国市场“被打没”，投资企业“被打跑”，优质企业“被打垮”，产业链“被打断”，就业平衡“被打破”。为此，浙江省商务厅印发《关于开展开发区产业链“链长制”试点 进一步推进开发区创新提升工作的意见》，率先在全国推行链长制，要求认真落实各级党委、政府维护产业链安全的责任，动员社会各方面参与实体经济和产业链建设，确保产业链安全、确保出口和外商投资稳定增长、确保优质企业成长、确保高质量发展有序进行，确保就业平衡。2019年和2020年，浙江省外资外贸保持稳定发展，增幅好于全国平均水平，领跑东部沿海省份。

以链长制应对新冠肺炎疫情，畅通内循环。2020年初，突如其来的新冠肺炎疫情使开发区普遍出现“缺一个零部件断一条生产线”的尴尬情况，内循环失灵，产业链安全面临严重危机。2月7日，浙江省商务厅印发《浙江省商务厅关于进一步落实开发区产业链“链长制”推动企业复工复产 确保产业链安全的通知》，要求“高效运转开发区产业链‘链长制’‘九个一’工作机制；抓好产业链特别是防疫物资产业链的‘建链、补链、强链、延链’工作；扎实落实党中央和省委、省政府出台的一系列稳经济稳企业政策措施；重点破解开发区复工企业融资难、用工难、物流难等问题；创新产业链招商引资方式；推动产业链重大项目开工建设；

提升产业链数字化水平；全力保障复工期间防疫物资供给；要切实发挥好链长的关键作用和落实开发区的主体责任”。在链长制推动下，物资难、融资难、物流难等问题得到了有效解决，市场端的招商引资方式得到了创新，重大项目一个个有序推进……全省开发区仅用了15天时间便完成复工复产，开发区运用链长制在抗击疫情中有效发挥了战斗堡垒和复工复产主平台作用。

### 继续用好链长制 着力畅通“双循环”

发力“双循环”的产业链生产端，构建现代产业体系。坚定不移推进产业基础高级化、产业链现代化，提高经济效益和核心竞争力，加快推进构建现代产业体系。一是推进开发区产业链转型升级。改造提升传统产业链，聚焦发展优势主导产业链，打造一批具有国际竞争力的“隐形冠军”企业和有全球化竞争优势的主导企业。大力发展新兴产业，建设一批优势明显、辐射带动作用强的战略性新兴产业。二是打造先进制造业产业链。精准开发区产业链发展定位，建设一批具有影响力的先进制造业产业链，推动特色块状产业做大做。三是提升产业链数字化水平，加快制造能力平台化建设与开放，实现制造资源与生产能力的共享和优化配置。四大力推进产业链招商。围绕一批引领现代化发展的未来产业推进建链；围绕一批引领竞争力提升的新兴产业补链；围绕一批高质量发展的传统产业强链，推进产业链创新循环。五是发展壮大现代服务业产业链。推进生产性服务业与制造业融合发展。

深化开发区整合提升，构建“双循环”大平台。2020年7月1日，浙江省委、省人民政府印发《关于整合提升全省各类开发区（园区）的指导意见》。这是一份浙江省“十四五”期间开发区发展的纲领性文件，明确了开发区的方向、目标和任务。一是全面提升开发区发展能级和水平，实施产业链“链长制”长效机制，增强产业链韧性，率先打造十大标志性产业链，形成未来产业链竞争力；支持产业链上下游企业协同改造提升传统产业，推动新兴产业、龙头企业、重大项目向开发区集聚。二是淘汰撤销一批未能纳入整合优化、转型提升的开发区；加快符合条件的开发区有机更新，转型成为高端要素集聚、主导产业特色鲜明、创新能力较强的特色小镇、小微企业园等；按照牌子就高、政策叠加、范围适当的原则，保持原有国家级开发区及牌子不变，推进区域范围内各级开发区实质性整合，整合优化一批平台；建设打造20个左右高能级战略平台。三是注重实效、精简机构设置，整合形成空间相对集中连片的“一个平台”、管理运行独立权威的“一个主体”、集中统筹协调高效的“一套班子”；探索机构编制差别化配置，突出经济管理和投资服务职能；实施扁平化、大部门制管理，实行统一规划、统一招商、统一协调。四是分层次理清与属地政府职能边界，开发区要强化产业培育、人才引进、招商引资等经济发展主责主业，依托属地政府开展社会管理和公共服务，形成职能清晰、高效协作的运行机制；强化财政预算管理，探索建立独立核算机制，完善与属地政府投入和财政分成制度；鼓励高能级战略平台全面托管所在行政区内的街道（乡镇）。五是大力度改革干部人事和薪酬管理制度，坚持党管干部原则，探索全员聘任制、末尾淘汰制改革，除党工委书记、主任、纪工委书记外，其他班子成员及以下各类管理人员档案封存，实行全员聘任竞争上岗；实行全员聘任制的开发区参照有关规定确定薪酬水平、分配方法；对特聘的高层次管理人才、各类专业技术人才，可按规定采取兼职兼薪、年薪制、协议工资制等多种分配方法；允许开发区所属国有开发运营企业按市场化方式制定薪酬办法。

大力建设国际产业合作园，打造外循环产业新高地。链长制着力推进开发区开放创新，以全球产业技术精准合作为重点，提升开放型经济质量与国际竞争新优势。一是加强全球产业技术精准合作的平台建设，以国际产业合作园、开发区海外产业创新服务综合为抓手，推动产业精准合作，整合国际资源和全球要素，逐步构建集产业链、投资链、创新链、人才链、服务链于一体的开放创新体系，以点带面提高开发区产业向国际价值链中高端跃升。二是推动国际产业合作园与“一带一路”沿线国家政治、经济、文化的全方位合作，打造“一带一路”标志性工程。三是主动融入“长三角一体化”“京津冀协同发展”“东北振兴”等国家战略，建立产业合作机制，支持产业链区域建链、延链、强链，推动区域联动；鼓励企业境外并购回归，引导高质量外资集聚，拓展内外循环新空间。

# 双循环背景下长三角地区开发区“十四五”发展思路初探

文/长三角开发区协同发展联盟秘书长 杜玉虎

2020年5月，党中央首次提出“构建以国内大循环为主体、国内国际双循环相互促进的新发展格局”，这是党中央在国内外环境发生显著变化的大背景下，推动我国开放型经济向更高层次发展的重大战略部署。在这一重大历史背景下，作为长三角地区经济发展主阵地，长三角地区开发区应当审时度势、瞄准重点，从特色产业、园区合作体制、国内和国际视野等方面力求突破，在双循环新发展格局中发挥开发区应有的重要作用，力争“十四五”期间取得更大的发展成就。

## 依托本地资源禀赋 形成特色产业链条

长三角一体化发展是国家战略，而产业的一体化是长三角一体化的基石，也是长三角地区经济内循环的基础。因此，推动产业在长三角范围内的统筹布局，是长三角一体化和经济内循环的重要手段。

要依托自身资源禀赋形成有特色的产业集群。如果长三角地区各开发区产业雷同、千区一面，开发区内完全实现自给自足，那么，区与区之间就不会有产业链的供需需求，没有相互需求就没有经济循环，长三角范围内的经济内循环也成了无源之水、无本之木。例如，浙江省开发区发展就有着非常鲜明的县域特色，上海市2020年主推的26个特色产业园区也都是很好的例证。

要在产业集群基础上形成特色产业链条。长三角地区是我国经济重镇，也是经济对外开放的窗口，在优化稳定国内产业链方面有着十分重要的意义。为此，长三角地区的开发区要在积极学习国外先进技术的同时，积极加强自主创新，支持关键产业链及其核心环节和龙头企业在长三角地区布局和发展，为经济内循环打好产业基础。

具体而言，长三角地区的开发区打造特色产业链条，可以依据自身情况的不同分别采用两种方式。一方面，对于产业集聚基础较好的开发区，要在原有产业基础上，按照产业链环节进行补链、强链，根据自身资源禀赋，可以打造一条完整的产业链条，也可以集聚某个产业链环节形成自身特色；另一方面，对于原本没有形成特色产业的开发区，应当从引进产业链核心企业入手，围绕其上下游招引企业，集聚成一个全新的产业链。

## 做强品牌开发主体 创新园区合作体制

长三角地区内的产业循环需要加强开发区之间的产业链合作，各开发区要主动对接长三角一体化国家战略，梳理各自开发区产业基础和优势，明确“三省一市”各开发区特色产业链，与其他开发区形成错位竞争和优势互补关系，将各自开发区独特的优势产业链拓展至长三角地区内发展，从产业链层面推动经济在长三角地区的内循环。这也对长三角地区开发区合作机制提出了更高要求。

整合、提升、组建更多高水平的开发区开发主体。目前，长三角地区开发区数量很多，且大多都拥有独立的开发主体，地区内涌现出更多区域开发的平台，如特色小镇、万亩千亿新产业平台、自贸区等。但如果设立过多的开发平台，反而容易分散开发区原本的经济发展职能，并且，各开发区的发展能级各不相同，开发水平较低的开发区往往资源协调能力也较差，导致资源浪费严重，甚至影响区域内的产业链布局。

对此，应当依托产业发展历史久、产业发展基础好的开发区开发主体，充分加强开发区营商环境建设，通过服务企业和产业发展的能力，吸引企业入驻，推动产业链发展。同时，以县和区为单位、以国家级开发区等高水平开发主体为核心，整合资源要素，减少开发平台，形成一批龙头开发平台。

要争取更高层面政府和政策支持。产业链跨省域的统筹布局需要“三省一市”政府层面的协调、沟通和合作，如果有可能在这一领域达成共识，由“三省一市”主要领导出任链长，将对产业链的省际发展将有更好的推动作用。同时，目前跨省开发区合作方面的支持政策较为稀缺（前几年江苏省曾出台过跨省合作园区资金扶持政策，但如今已经失效），在一些园区发展较为关键的领域，如建设用地指标、手续报批、资金支持、规划土地政策等方面，省一级的协调和支持力度较弱，许多园区智能孤军奋战。

由此，建议依托整合提升后有实力的开发主体，进行长三角地区开发区品牌化开发建设。具体而言，可考虑出台有针对性的政策，例如松绑投资限制、改良考核制度、构建公平的市场准入和资源获得机制等，支持品牌开发主体进行跨区域合作开发，整合区域内低效园区资源，共同推动长三角地区经济内循环。

要强调市场化开发主体和行业组织的作用。进行跨区域开发区合作固然需要政府支持，但也不可过于依赖行政力量，应当充分发挥市场主体和第三部门作用，推动长三角范围内的产业和创新统筹，实现长三角地区经济内循环。

具体而言，建议强化开发区行业层面的一体化组织作用（如长三角开发区协同发展联盟等），促进产业和创新项目在长三角范围内的双向流动，推动产业及创新资源在长三角地区统筹布局，统筹长三角地区开发区进行招商引资，打造长三角地区开发区产业协同发展共同体。同时，构建以创新项目筛选、储备、孵化及落地为核心的长三角产业创新创业服务平台，发挥长三角地区三省一市的科技创新资源和环境优势，释放创新潜能，促进科技成果在长三角地区开发区的转化落地。

### 深化国内园区交流<br>要拥有适应双循环发展需求的国内和国际视野

站在双循环高度重视与国内园区的交流合作。长三角地区开发区要扩内需、稳运行，完善国内大循环体系，就要利用好我国东、中、西部地区不同的比较优势，推动产业和创新资源在区域间的合理布局与协同，既为中高端产业在经济发达地区的发展腾挪更多空间，也可推动相对落后地区实现经济和社会可持续发展。长三角地区开发区在落实好长三角一体化的国家战略基础上，要主动对接长江经济带、粤港澳湾区、东北振兴和西部大开发等国家战略，同域外园区开展产业、人才、创新等方面的交流合作，推动产业循环从长三角地区向更大范围拓展。

利用 RCEP 机遇加速“一带一路”园区合作。2020 年，历时 8 年艰苦谈判的亚太区域全面经济伙伴关系组织终于宣布成立，这个由东盟十国以及中国、日本、韩国、澳大利亚、新西兰参加的区域组织，未来将形成覆盖 15 国的区域经济一体化组织。这一组织的成立为实现“国内大循环为主体、国内国际双循环相互促进”的政策提供了有力的支持，也为长三角地区开发区“走出去”，开展国际园区合作提供了更好的政策环境。

长三角地区开发区应当借助这一历史机遇，率先积极参与我国的全球产业布局，构建涵盖本地、区域和全球的多层次、立体化的产业链体系，要在加强长三角地区国际产业园区发展的同时，鼓励园区走出国门，与“一带一路”国家开展园区合作共建，着力夯实以长三角地区开发区为核心平台的亚洲园区网络，加强与“一带一路”沿线国家的园区合作，通过园区合作实现产业融合，同时反哺国内经济高质量发展。

# 明确立足点 把握高质量发展的关键性问题

文/广州开发区　黄孝恕

“十四五”时期是我国在全面建成小康社会基础上开启全面建设社会主义现代化国家新征程的第一个五年。开发区要贯彻落实新发展理念，以推动高质量发展为主题，以深化供给侧结构性改革为主线，以振兴实体经济、培育壮大新动能和拓展内需发展新空间为基本立足点，处理好关系发展全局的若干重大问题。

## 立足国际国内双循环 注重创新驱动发展

东部沿海地区的开发区，普遍以外向型经济起家，是对外开放的前沿阵地，已经成为世界500强企业的集聚地；但同时也应当看到，当前，利用外资和外贸出口的国际环境发生了重大变化，发达国家普遍出现的“再工业化”倾向和贸易保护主义抬头，客观上对开发区引进外资、扩大出口带来了新的挑战，近年来开发区引进外资、特别是外资重大项目，一定程度上呈现放缓趋势。

近年来，国内一些走在前列的开发区转型发展的经验启示我们，一方面，要坚定不移地扩大对外开放、提高利用外资质量和水平，坚决抓好现有外资企业，为其增资扩产、延伸产业价值链创造条件，把更多的外资设计、开发、销售环节引进来，更好地发挥外资企业管理、技术和人才的溢出效应，使其长期立足开发区创新发展。另一方面，也要更多地把经济发展转向自主创新、转向依靠科技进步和提高劳动者素质的轨道上来。只有不断加大创新投入、优化创新环境、建设创新平台，才能更快更好地培育起根植性强的创新型企业，把尽可能多的创新“幼苗”培植成引领新一轮创新发展的“参天大树”，在提高自主创新能力和产业竞争力上真正迈出较大步子，为今后一个较长时期的长远发展积蓄力量、增强后劲。

应当特别强调的是，创新要讲效益、有收益，不能活动化、招牌化。目前，有的开发区名头观念强、产业意识弱，走入了“为创新而创新、为牌子而创新”的误区，创新的“花拳绣腿”太多。必须认识到，创新要一切围绕产业，要从实际需求出发，坚定发展产业的观念，按照产业的观念去办事，发展的路子才能越走越宽。

## 立足高质量发展 着力发展实体经济

世界范围内的金融风暴启示我们，任何时候都不能放松、削弱实体经济的发展。开发区绝大多数产值和税收还是来自实体经济，这是开发区创新发展的根基和“本钱”。同时也要看到，实体经济发展到一定阶段，产生了对生产性服务业的强大需求，实体经济发展本身也面临土地、资源、环境的硬性约束。开发区要在未来一个较长时期内保持较高的发展速度，要实现“十四五”期间高质量发展，必须牢牢把握发展实体经济这一坚实基础，推动战略性新兴产业、先进制造业健康发展，加快传统产业转型升级，推动服务业特别是现代服务业发展壮大，尽快形成二、三产业联动发展、工业化和城市化良性互动的格局。

创新不是凭空而降的，而是从现有的产业基础上延伸和生发的，因此，深刻研究和剖析现有产业是十分必要的。目前，一些以制造业为主的开发区，还没有看到自己发展服务业的优势，没有在把制造业优势转化为服务业优势上做文章，更没有找到发展服务业的现实路径。事实上，在国家提倡制造业和服务业融合发展的大趋势下，开发区的制造业服务化正是一个关键优势。只有正确处理发展实体经济和新经济的关系，推动先进制造业和现代服务业深度融合、工业化和城市化良性互动，才能把经济发展建立在更加坚实的基础上，才能拥有持续不竭的源源动力。

## 立足高水平开放 优化营商环境

改革开放就是最大的营商环境，不走改革开放之路就没有营商环境可言，改革开放步子慢了就没有优化营商环境可言。如今，开发区的经济环境已经与40年前有了很大不同，只有更高层次的改革开放，才能与经济发展相适应。就开发区而言，既有多年发展形成的优越的区位条件、良好的产业基础、完善的基础设施、优美的生态环境等物质基础“硬实力”，也有国际化营商环境、成熟的管理运营团队、先行先试的政策优势、多元融合的创新文化等“软实力”。开发区推动创新发展，既要靠“硬实力”，也要靠“软实力”。而营商环境就是开发区重要的“软实力”。

营商环境是开发区永不褪色的“金字招牌”，无论环境怎么变、条件怎么变、空间怎么变、人员怎么变，优化营商环境这个开发区建设的“关键抓手”不能变。事实上，营商环境问题的实质，是政府与市场的关系。在不适当的政府管控下，市场的力量无法充分发挥，造成资源配置的扭曲，造成作为经济发展源泉的人的创造力和企业家精神的缺失，这是营商环境的主要症结所在。优化营商环境所要解决的主要问题就是发挥市场在资源配置中的决定作用，这是人的创造力的源泉，也是优化资源配置的关键。因此，优化营商环境，既要解决政府这只“有形之手”过度干预的问题，让市场机制能够有效发挥作用，又要在市场机制这只“无形之手”存在失灵的时候，政府以最小化干预的方式给以纠正和弥补。

## 立足治理现代化 促进融合发展

目前，一些开发区实行经济功能区与行政区合署办公，这有利于以开发区为龙头辐射带动周边地区加快发展。开发区要坚持扬长避短、优势互补的发展思路，着重从机构设置、工作分工、资源配置、财力安排等方面强化统筹、创新机制，根据发展阶段和时代条件的变化，优化顶层设计，充分发挥政策叠加效应，充分发挥开发区与行政区合署办公的联动效应，一定要坚决避免和警惕传统体制回归带来的思想老化、机制僵化、效率降低、服务弱化等流弊，一定要永葆一往无前的创业精神，在新的起点上推动新的探索和创造，把开发区的体制机制活力更加焕发出来。要按照“小政府、大社会”的原则转变职能与设置机构，坚持走“小管理、大服务”的路子，切实转变政府职能，取消不利于企业发展、不符合市场竞争规律的行政干预，充分发挥市场在资源配置中的决定性作用，充分发挥公民和社会组织在公共事务管理中的作用，推动政府职能向创造良好发展环境、提供优质公共服务、维护社会公平正义转变。

# 国际合作园区的市场化路径

文/广州开发区　黄孝恕

从20世纪90年代初的中新苏州工业园区开始，国际合作园区在我国开发区发展中已走过近30年的历史，有成功的辉煌，也有停滞和纠结。在不同社会制度、历史文化和经济发展水平的国家之间，以产业园区为载体，开展深入的国际合作，这是我国开发区实践的一个重要特色亮点，也是开发区对于国际经济全球化的一项重要贡献。开发区的国际合作园区建设是在我国的市场化进程中进行的，而这种国际合作也应当为我国更好地融入国际经济全局，实现更高水平的对外开放做出新的贡献。从一定程度上讲，能否在新的历史时期走好走稳新的市场化之路，将是决定开发区未来发展的一个重大命题。因此，只有将市场化方向贯穿于国际合作园区建设的全过程，开发区的国际合作才能行稳致远。

## 遵循市场化原则 找到双方利益交汇点

任何一个合作项目均非慈善行为，而是经营行为。因此，既要讲友谊、讲合作，也要讲利润、讲收益，尊重合作双方实现自己利益的目标和路径。对于合作中的分歧，要求大同存小异，从长远和大局看问题，既不能一味迁就、“要天给半个”，也不能各自为政、自行其是。因此，只有谋划和找到市场化发展的利益结合点，才能实现开发区国际合作的长期互利共赢。

有的国际合作园区选择成立中外合资公司具体负责园区的开发建设，但从现有发展经验看，在合资公司中，中方和外方关注的侧重点往往存在很大的不同。在双方合作中，外方首先考虑的是利润，而不是发展速度与效应，他们往往希望尽快启动房地产、软件合作等收益快的项目，并且合作中最终受益最大的是二级公司和合资公司外方股东旗下的私人公司，而不是合资公司。目前，外方在园区的盈利途径相对稳定，主要有三个：介绍投资项目获取的佣金、土地收益和合资公司的股份分红。中方则希望先大规模启动基础设施建设，尽可能发挥合作园区对整个区域发展的带动作用，因此，对开发建设的速度和规模要求比较高。多数国际合作园区都是经过多年的磨合后，双方逐步找到了各自诉求的平衡点。

## 坚持市场化方向 更好发挥政企协同作用

抛开市场的力量，或者仅仅依靠市场的力量，都不能良好地推动国际合作园区建设，有效市场和有为政府的结合在国际合作园区建设中的作用举足轻重。政府在这之中的作用主要是搭建合作架构，创新合作政策，把控合作方向。

从目前实践看，那些开发建设进程比较顺畅的国际合作园区，关键是探索出了一条解决发展难题、破除发展障碍的路径。比如，建立双方国家层面的理事会制度。

这个理事会不是解决双方分歧的机构，而是合作双方解决发展难题、进行政策创新的平台。其流程通常为，合作项目双方各自发现问题，由合作项目的双方共商需要理事会协调解决的问题，对需要讨论解决的问题提出解决的路径，并提交双方国家层面的牵头部门和有关政策主管部认可，两国合作理事会定期开会研究解决双方共同提交的问题；在理事会开会前，由双方共同确认需要理事会协调解决的问题，共同研究解决问题的对策；在理事会上，明确提出需要理事会为解决这些问题而做出的具体工作以及分工和实施方案。在这个理事会的框架之中，重点是合作双方均要设立一个国家级的牵头部门，以更好地推动协调机制发挥作用。有的项目在国家级的理事会下还会设立省级层面的理事会、联委会一类的协调机构，关键也是要让这一层级的机制能够真正发挥作用。

### 发挥市场化纽带 构建联合招商的共赢关系

有些合作园区的招商效果不理想，一个重要原因是未能处理好利益关系。比如，双方的招商团队貌合神离，外方主要是介绍单个的项目，且大部分都是经其所在国挑选后的不宜落地的项目，更有甚者有意将中方招商人员隔离在其国际招商网络之外。

对于这种情况，中方团队要以学习的态度与外方招商人员建立起良好的人缘关系，在合作招商中借鉴对方的招商模式和经验，以委托招商等形式建立外方招商利益回馈机制，对外方工作人员介绍的项目给予一定的奖励，通过让利调动外方招商积极性，再通过合理设置招商政策、完善激励机制等方式，以联合招商为突破口，进入国际招商网络，增强中方招商队伍的专业性、主动性，进而通过抓点、连线，逐步减少对外方招商部门的依赖，实现自身独立招商的目标。

# 以品牌力量引领开发区价值提升

文/广州开发区　黄孝恕

长期以来，我国开发区普遍存在产业园区思维浓厚、城市新区思维淡薄的问题。当前，区域发展逐步进入区域营销的新阶段，而开发区正在打造产城人文融合的多功能综合性区域，探索科技革命新时代开发区建设的新形态、新标准、新模式，品牌建设和营销传播问题突显出来。因此，要发挥开发区生态优美、企业云集的独特优势，以创新创业为核心价值，突出区域特色，强化品牌培育，提高传播力度，增强开发区文化软实力和综合竞争力。

## 丰富开发区品牌内涵

立足建设国际科技创新中心的新战略、新使命，传承和弘扬创业精神，不断丰富新时代开发区品牌内涵。

开展品牌规划。实施开发区新的形象品牌战略，以功能提升为引领，叫响中国开发区、国际创新源的主题口号，把新时代开发区打造成为以科学精神、开放意识为内核，以创新创业创造为核心价值，以科学中心、创新社区、智造基地、产业先锋为主要表现的中国特色科技园区代表性品牌，成为展示新时代中国科技硬实力和文化软实力的重要载体。

凝聚精神内涵。坚持以创新创业文化为引领，统筹山水生态景观，整合历史文化资源，开发特色科技文化，从产业园区形象品牌拓展到“综合性科学中心”的新形象品牌，集聚提升开发区的开放意象，重塑开发区的文化气质与个性特征，培育崇尚创新、敢于创新、善于创新的浓厚氛围。

## 优化开发区品牌形象

深挖开发区品牌内涵，释放创新创业文化张力，推动文化与科技深度融合，展示独具特色的开发区品牌形象。

建立形象标识系统。开发区要开展品牌形象规划，建立标识统一、层次多元、特色鲜明、易于传播的品牌形象，把品牌打造融入城市规划建设，进入城市设计、绿化美化、景观建设等各个环节。结合城市规划设计，在重点公共建筑和市政建设中融入品牌形象元素，打造地标性建筑、标志性区域。

发挥形象聚合优势。以生产、生活、生态、人文融合为方向，打造生态与产业融合的“科技山”“创新湖”，让山水资源化为创新元素，披上人文和科技的华彩。整合历史人文资源，活化古村落，建设特色小镇，形成富于乡土文化特色的创新社区、创意群落。

强化企业品牌形象。发挥开发区创新企业聚集优势，重点培育一批国家级商标品牌战略示范企业，开展“管理完善—品牌提升—打造标杆”梯次培育。鼓励优秀企业以广告及产品投入等形式提供公共场所便民设施，凸显企业品牌对开发区品牌形象塑造的价值。发挥行业龙头企业的引领带动作用，依托龙头企业，组建一批行业协会、产业联盟，组团“走出去”开展宣传推介。整合企业展馆资源，把工业旅游变为开发区品牌塑造的重要组成部分。

## 统筹开发区品牌传播

开发区要把形象塑造和传播融合到各项工

作中，生动讲好“开发区故事”，传好“开发区声音”，打响“开发区品牌”。

完善品牌传播策略。将文化品牌营销活动与区域发展的长期战略结合，把对外宣传重点放在品牌塑造上，建立营销联席会议，聘请国际化区域品牌营销顾问进行城市营销反馈、评估，开展标杆案例研究，策划品牌营销方案，编缉企业营销案例，制定实施营销规划和年度计划。优化营销策略，开展以品牌塑造为核心的专题营销，持续性强化品牌识别度。

构建品牌传播机制。出台区域形象推广办法，确定区域营销组织机制方式与实施办法，按照“整体规划、分步实施，上下联动、全域参与”的思路，动员社会力量，整合政府、企业、行业协会、中介组织、专家学者、市民等多方渠道，多管齐下、持续传播，长期投入、多元保障，实现全行业、全社会、全方式的营销。

创新品牌传播路径。制定开发区品牌形象传播总体规划，围绕科技创新枢纽、产业创新中心建设，结合招商引资、招才引智、国际合作，精心策划主题营销宣传。发挥重大节事活动营销效应，创建开发区营销主题论坛，举办国际创新创业大赛、开发区创新论坛、中外创新高峰会、科技企业秀场等常态化文化活动，吸引国际学术组织、创新机构和跨国公司在开发区举办高水平专业性学术会议等科技交流活动。结合重大活动，举行新闻发布会、品牌推广会，吸引更多跨国公司、行业领军到开发区投资兴业。

积极开展协同传播。与海上丝绸之路沿线城市、各级开发区协会深化联合营销，开展创新发展模式交流，形成中国开发区高端区域品牌。以推动产业结构调整、产业有序转移为主要方向，通过建立友好园区、合作园区发展飞地经济，以利益共享机制实现招商、宣传和服务资源的共享，不断提升开发区的品牌价值和溢出效应，推进开发区扩大影响力。以提供咨询顾问服务、功能服务输出、管理团队输出为主要方式，打造联动发展的格局，实现开发区品牌外延和内涵强化。

# 处理好开发区合作共建的“六大关系”
## ——浅谈漕河泾开发区市场化开发建设与区域合作共建经验

文/漕河泾新兴技术开发区管委会

一直以来，国家级经开区的市场化开发建设与区域合作共建始终是被反复探讨、广泛研究的重点问题，特别是目前许多开发区发展日渐成熟，建设空间趋于饱和，区域合作共建更成为开发区“走出去”向外发展的有效途径之一。

作为上海最早的一批国家级经开区，漕河泾开发区的市场化开发建设与区域合作共建起步较早，充分利用漕河泾的品牌知名度，主动将优质服务资源辐射周边，与地方政府合作成立漕河泾分园，实现了产业的梯度发展，也开启了“再创业、再出发”的新篇章。

2009年，漕河泾响应上海市“走出去”要求，同海宁开发区合作，设立了上海漕河泾海宁分区，实行“政府推进、企业运作、市场导向、集约发展”，开创了国家级开发区跨区域合作的先河，积累了大量沪浙合作经验，逐渐成为长三角产业协同发展的重要引擎、长三角科创资源互通共享的重要示范、营商环境力名列前茅的重要标杆和一体化政策打通的重要先试区。

2011年，漕河泾开发区与盐城方面合作共建漕河泾盐城分区，后于2015年升级纳入沪苏大丰产业联动集聚区，成为上海市级层面唯一与外省合作共建的开发区，主要承接上海国资国企长三角一体化产业发展，充分配适两地的比较优势。如今，海宁与大丰园区均被列入《长江三角洲区域一体化发展规划纲要》。

2013年，遵义市委、市政府与上海市委、市政府召开对口帮扶第一次联席会议，漕河泾开发区与遵义经开区签署友好合作协议。2014年1月，双方就共建遵义漕河泾科创绿洲产业园签订了投资10亿元的《合作意向书》，按照“优势互补、利益共享、风险共担”原则，由漕河泾开发总公司按市场化原则组建专业团队进行管理。目前，综合服务大楼、园区道路以及11万平方米的标准化厂房已全部建成投用，并成功引进了世界500强企业——联合利华及一批高新技术企业入驻。

2016年，在上海本市区域，在所在辖区政府支持下，青浦赵巷科技绿洲项目启动建设，规划建设用地约492亩[①]，总建筑面积超过100万平方米。地块毗邻虹桥商务区，地铁上盖，周边高速路网直通长三角区域。产业定位结合市西软件信息园主导产业方向，共同推动互联网+、云计算、大数据等高新科技产业在园区内聚集，全力打造一个融多重功能为一体的高端智慧产城社区。

2019年，漕河泾开发总公司取得了上海中心城区硕果仅存的产业用地——徐汇北杨地块，建设人工智能小镇，该项目土地面积428亩，总投资将超过150亿元，在上海“人形分布、多点联动”的人工智能产业发展规划中，北杨承担着上海“人”字产业发展“交汇点”的重要使命。目前，北杨项目正在紧锣密鼓地建设中。

---

① 本书为照顾统计口径，根据不同情形使用平方公里、公顷、亩、平方米等不同单位计算面积。

2020年，为推动闵行区及颛桥镇产业结构转型升级和区域产城融合发展，助力上海南部科创中心建设，在闵行区域合作开发闵行“向阳工业互联网小镇”项目，地块面积250亩，定位“工业互联网＋生物医药”产业，打造前沿、领先的区域产业发展高地。

此外，近几年，漕河泾开发区侧重轻资产输出，将漕河泾品牌扩展至浙江慈溪分区、浙江余姚分区，以及广西柳东创新园和山西大同创新创业园等。

### 处理好“找市长”与“找市场”的关系

在实际的园区开发过程中，土地和资金两条“生命线”都与政府相关，国家级经开区要满足政府对城市形象、产业品质、税收效益的需求，才能持续不断地获取优质资源，在干事创业中发展壮大。如果说民营园区开发商是为了获取利润而开发建设，国家级经开区的目的则是在运营的过程中获取合理利润，实现可持续发展。在服务全局中体现作为，实现更大发展，是国家级经开区安身立命之本，是最重要的发展经验。从方法论上来看，必须兼顾园区的政治属性和市场属性，做到“政府的任务要用市场化手段来完成，市场化的业务要按照政府的规矩来完成”。

以漕河泾开发区为例，自成立之初，漕河泾就进行体制创新，实行“人大立法、政府管理、公司运作”的独特管理模式。上海市漕河泾新兴技术开发区发展总公司（以下简称“漕河泾开发总公司”）成立于1988年7月，归口上海市国资委系统。1990年4月8日，上海市九届人大常委会第17次会议通过《漕河泾新兴技术开发区暂行条例》，明确了漕河泾开发区的公司化运营模式以及其与地方政府的关系。这是漕河泾开发区区别于政府主导型园区最大特点，有利于企业根据市场变化自主决策，实现专业化、市场化，推动产业、园区、企业发展“三个可持续”。

长期以来，漕河泾开发总公司与所在行政区“区区合作，品牌联动”，在招商引资、财税落地、市政建设、环境保护、区域管理等方面紧密协作，以经济发展为纽带，以协议为形式，以平台为抓手，实行功能互补、利益共享形成了长期的良好的区区合作关系。

可以说，漕河泾开发总公司是“政府眼中的企业，企业眼中的政府”，通过“找市长”获取土地、财税和扶持政策等非市场性资源支持，帮助政府提高开发建设的效率、效益和效能，形成良好政企关系；通过“找市场”，让园区供给与市场需求更有效衔接，为客户提供了更高质量的解决方案。

具体而言，“找市场”有几大优点。一是随着开发区建设规模的不断扩大，开发区公司化运作能够最大程度地引入市场资源，大幅度减轻财政负担，形成融资优势。比如，漕河泾开发区于20世纪90年代成立合资公司，向国外学习先进经验，当年外方股东派了财务总监进入运营团队，帮助我们打开向外学习的一扇窗，植入了产金融合运作理念；二是将园区开发公司置于市场竞争之中，倒逼园区主体必须贴近市场、了解需求，把资源配置效率作为评判工作的主要标准，最大程度地提升土地集约利用率，形成效率优势；三是开发公司扎根开发区开发，有利于形成班子的稳定性和蓝图的持续性，能够有效对冲管委会体制领导更迭带来摩擦成本，减少开发的盲目性，形成独特的制度优势。

### 处理好“硬件”与“软件”的关系

改革开放以来，我国园区建设始终在不断完善和提升：1.0版本的园区主要依靠土地、原材料、劳动力等要素驱动；2.0版本的园区已提升为依靠投资建设基础设施和硬环境驱动，如三通一平、五通一平、七通一平标准，以及建设工业厂房、定制厂房、研发楼宇和甲级办公楼等产业载体；3.0版本的园区则更加注重功能开发、服务以及软环境的建设，力求提供公平、稳定、可预期的投资和营商环境。相比之下，

4.0版本的园区内涵应当更为丰富，要把包括企业自身上、中、下游形成的产业链、产业群、产业网，以及更广范围中的“政、产、学、研、孵、金、中、媒、协、城”等诸多“软”要素融合好，实现在科创引领下以全产业链融合驱动。

“政”指政府。在政务服务方面，漕河泾联合当地政府、街道，在开发区最中心、最方便的位置设立漕河泾开发园区综合服务中心，落实“一窗办成”，设置“无人值守自助服务工作站”，提供29个部门共654项政务服务事项的办理，引入“24小时不打烊政务服务”，可实现24小时中各时段的自助查询、办理。

“产”指产业和企业。近年来，漕河泾重点引进“一部三中心”，即地区总部、研发设计中心、管理服务中心、运营结算中心，涌现了一大批数字经济、人工智能、生命健康等产业。尤其是大力发展人工智能产业，集聚开发区最优质的资源和载体吸引世界顶尖的AI公司，推动人工智能产业在开发区爆发式增长。截至目前，上海市403家重点AI企业中，包括腾讯、字节跳动、微软、ARM、商汤科技、依图科技等约四分之一企业落户于漕河泾开发区。在上海市发布的首批人工智能应用场景创新产品名录中，漕河泾开发区区内项目占比也近四分之一，成为人工智能软硬件、智能传感器、智能场景应用等领域的高地。

特别是2020年新冠肺炎疫情以来，为进一步推进产业本地化、区域化，从过去高效柔性的产业链变成安全韧性的产业链，漕河泾抓住机遇引链、固链、强链，配合区内疫情防控相关企业3M、巨哥电子、科华生物、裕隆生物等，搭建本地化、区域化产业链条，实现了相关原材料、配套零部件超过80%本地就近生产，进一步提升了开发区主要产业抵抗外部风险的能力，也促使一些跨国公司将其国外订单转移至开发区企业。

“学”和“研”分别指学校和研究院所。漕河泾本部园区及周边集聚了20余所高等院校、120余家科研机构，以及一大批企业研发平台。35年来，通过产学研用融合发展，形成了孵化、转化、产业化的“源头活水”，也提高了区域创新浓度。比如，与博世共建的亚太首个Connectory创新中心，形成了聚焦工业物联网的创新协同平台；与美国思科合办新思汇，实现了通信领域“大手牵小手”；与圣戈班集团联合打造圣戈版新材料创新中心等。与此同时，还支持建设了国内商汤人工智能产业创新中心、腾讯人工智能应用创新中心、ARM开放智能机器平台、上海免疫诊断试剂工程技术研究中心、上海激光医学设备工程技术研究中心等研发平台。区内的仪器共享服务平台已加盟实验室1 700余家，在线大型仪器上万台（套），入网检测覆盖12大产业领域，服务项目22万项。

“孵”指创新创业中心。早在30年前，漕河泾就尝试在农村住宅里率先建立起孵化器，专注于培育开发区原创经济的发展。经过几代人的努力，如今，漕河泾作为工作手册使用的孵化标准已经成为科技部孵化中心的国际标准，也与国内外知名孵化器和科技园打造了联合孵化空间，建立起国际孵化联合体，谷歌中国开发者社区、微软创投加速器等国际众创空间项目也相继进驻开发区，园区各类创新创业载体面积达到近60万平方米，约占园区总建筑体量的12%。

开发区总公司下属的漕河泾科技创业中心更是被亚洲孵化器协会评为“亚洲最佳企业孵化器”，先后建立了包括科技创业苗圃、大学生创业创新园、留学生创业园、孵化器、加速器在内的接力式孵化链和全方位的创新创业孵化体系，企业成功孵化率超过93%，一大批企业毕业后登陆A股主板、科创板、港股及纳斯达克，在开发区发展壮大进而反哺园区。

“金”指金融及资金。其内涵包括了以银行作为融资主渠道，统筹基金融资、债券融资、上市融资等渠道，引入符合国家政策条件的权益性金融工具，合理运用权益性融资、市场化债转股等创新融资产品，探索公募REITs等新型融资方式，优化开发商及园区企业的资本结构，提升经营效益，增大回旋余地。多年来，漕河泾开发区合区内金融资源，针对科技企业培育、初创、成长、成熟全周期，提供了孵化培育、财政补贴、成果转化、风险投资、科技信贷、科技担保、科技保险、上市辅导等贯穿企业发展的一揽子科技金融服务，截至目前，区内已有各层级金融机构125家。

“中”指中介机构、咨询机构、智库等。以最具特色的漕河泾开发区知识产权中介服务为例，通过搭建知识产权交易、商标审查协作、马德里注册体系、知识产权服务“一站式”平台，开发区已成为长三角地区知识产权服务最集中、最完备和最为国际化的区域。目前，知识产权交易有效挂牌项目累计151宗，每万人拥有发明专利数为419.6件，比肩国外科技创新发达地区；各类知识产权服务机构近160余家，分属于中小企业知识产权托管、贯标、金融、成果转化等领域，并已初步涌现了一批核心服务机构。

“媒”指媒体宣传和媒介活动。通过嘉年华、知识产权周、创新创业大赛、海外路演、科创企业沙龙等活动，以开幕式、展览、首发、论坛等形式，开展品牌咨询传播、媒体公关宣传，提升园区品牌价值与知名度，降低获客成本。

“协”指各类协会。协会能够使企业间信息互通、资源互通，资本融通，促成商业合作，同时增强企业家的归属感，协会的公益服务也是与区内企业、特别是外资500强企业联络感情的重要途径。

“城”指产城融合。要强化园区城市功能、完善社区配套，加强与品牌商业资源、教育、医疗等社会事业资源合作，导入优质餐饮、购物、教育、医疗、居住、娱乐等配套服务，不断提升产业社区的“软环境”，推动园区向商业社区、生活社区转变，打造有温度、有活力的产业社区。

### 处理好“轻资产输出”与“重资产投入”的关系

漕河泾开发区在市场化开发和区域合作共建当中，主要采用了理念互动、项目对接、品牌输出、资本合作四种合作模式。其中，前三种为“轻资产输出”，第四种属于“重资产投入”。

理念互动模式。通过共建国内友好园区或国际姐妹园区，以交流互访、信息共享、干部挂职等形式，达成互动广泛的合作交流，即是理念互动模式。在这一阶段，对方园区可以学习了解开发区的开发理念和经验，但双方并无利益瓜葛。目前，漕河泾开发区与国内外62个科技园区缔结了友好园区关系，其中包括国内园区44个，国外园区18个。

项目对接模式。这一模式是以招商项目推荐、技术项目推荐、产业转移对接等方式，与合作园区建立一种以项目为纽带的合作模式。在项目对接阶段，对方看中开发区丰富的企业资源、完整的产业链，以及项目产业转移的可能性，而开发区自身主要推进一些信息互通、牵线搭桥的工作。

比如，作为长江经济带国家级经开区协同发展联盟理事长单位，漕河泾开发区开设了“产企互融”服务模块，覆盖了全国19个省共312家产业园区的近50万家企业和政府部门，促进政府园区与企业沟通对接。再如，在漕河泾开发区挂牌启动的产业转移促进中心（商务部上海基地），以“服务中西部、促进产业转移”为己任，2020年，向中西部园区输送项目17个、落地投资额90.3亿元；12年来累计落地项目214个，落地投资额1 551亿元。

品牌输出模式。这一模式是在合作园区认可漕河泾开发区经营理念和品牌的基础上，通过对其授权使用漕河泾品牌，提供咨询顾问服务、功能服务输出、管理团队输出，与合作园区建立一种较为紧密的点对点的品牌合作模式。目前，漕河泾开发区浙江余姚分区、慈溪分区，广西柳东创新园，山西大同双创园等，均采用了这种品牌输出的方式。比如，开发区助力大同双创园被认定为市级众创空间、省级众创空间、省级小微企业双创基地以及申请各类专项资金补贴；协助柳东创新园引进21个项目；余姚分区双创园项目已纳入余姚市融入长三角一体化重要工作；慈溪分区的建立推动沪慈园区合作和产业协同，助力长三角更高质量一体化发展等等。

2020 年，开发区还编制完成了《漕河泾高科技园区品牌输出服务标准》，包括产业规划、规划设计、招商服务、科创服务、运营服务、人才服务、智慧园区、生态园区、商业配套等整套漕河泾科技园区管理运营标准，用以支持品牌输出园区顾问服务。

资本合作模式。这一模式由漕河泾总公司独立出资，通过与地方政府或者合作园区共同投资，成立项目公司，对新的地块进行开发、建设、招商运营的全方位、紧密型园区合作开发模式。较为典型的案例是早期的漕河泾浦江园区；当年，为谋求新一轮发展，开发区提出了“走出开发区、建立新飞地”的战略构想，选址闵行区浦江镇，建设了 10.7 平方公里的高科技园和出口加工区。类似地，海宁分园区、徐汇北杨人工智能小镇、闵行向阳工业互联网小镇、青浦赵巷科技绿洲等，均采用了资本合作投资的模式。

对于合作双方而言，合作园区方面更看中漕河泾品牌所代表的“做大蛋糕”的能力和最终的利益分配方式，即从拿地、规划、建设、招商、运营、管理到最后退出的全方位操盘能力；而漕河泾方面也有两部分利润，一是当地的土地增值部分，这部分是原本存在的潜力，但当地政府可能无法挖掘或没有能力挖掘，二是在合作过程中，漕河泾的品牌与操盘运营能力所产生的增值。正是通过这样的合作，合作双方都能够“吃到蛋糕”，这使得双方的合作非常紧密且利益攸关。

事实上，漕河泾区域共建的四种模式，是一个从松散到紧密的渐进式的递进过程，双方的利益也从松散到紧密。合作得好，对园区品牌的正向效应会逐步放大；合作得不好，对园区品牌的负面效果也会逐级放大。一般而言，开发区会采取逐步推进方式，在充分交流、充分论证的前提下，由合作双方共同决定合适的合作模式。目前，漕河泾已将上述四种模式在长三角地区范围进行了较为广泛的应用，但在中西部地区，还仍处于理念合作、项目对接阶段。

### 处理好“项目导入”与“自主培育”的关系

客观而言，区域化共建不仅需要开发建设、招引项目，为当地贡献产业和税收，更为重要的是，将自身市场化管理的理念、品牌联动的标准，以及产业链协同发展的优势充分体现出来，依托科技创新服务体系和创投基金生态环境，发挥研发与转化功能型平台、孵化器、加速器和众创空间的产业培育功能，推动创新技术成果的孵化、转化和产业化，为园区发展注入不竭动力。

上海漕河泾海宁分区成立于 2009 年 9 月，总规划面积 14.71 平方公里，是上海国家级开发区首个“走出去”异地投资项目，也是率先在全国开发区中探索上海资本和外省资本合资运营的先行区。由上海漕河泾总公司和海宁经济开发区下属的国有公司分别按 55% 和 45% 的占股比例共同出资 2 亿元组建分区公司。11 年来，海宁分区吸引了法国宝捷机电、德国索璞、德国艾森曼、日本铁三角、欣奕华、哈工智能机器人、上海光维通讯、久达光电等一大批世界 500 强、全球行业龙头等高质量外资项目和重点产业高科技项目先后落户，更总结出了一系列“品牌导入”经验。

导入“科技绿洲”品牌。海宁科技绿洲集生产、研发、办公、展示等功能于一体，是浙江省首个花园式产业园区。其入驻企业主要为科技含量高、创新能力强、商业模式好的创新型公司，以半导体芯片、光通讯、智能机器人等高精尖产业为主。

导入“漕河泾科创”品牌。借助上海漕河泾作为首个“亚洲最佳孵化器”的强大资源，海宁分区致力于打通沪浙创业创新资源，推进新型“双创”平台建设。2018 年“漕河泾创营 • 海宁”成功创建为嘉兴市级众创空间。

导入泛半导体产业园。为接轨漕河泾开发区电子信息产业，启动建设海宁泛半导体产业园，定位为高端化、国际化、个性定制化、多功能化的一流特色园区。产业园总规划面积1 170亩，计划总投资23亿元，列入2017年浙江省重大产业项目。

导入国际化合作平台。通过漕河泾开发总公司引荐，在海宁搭建海宁中法合作产学研园区（中法两国部长级战略合作项目）和海宁中德创新中心两个国际化平台。与产业转移促进中心（商务部上海基地）签订产业园区资源转移共享平台合作共建协议，建立总部在上海、研发生产在海宁的产业承接合作模式。

依托上述四大平台，海宁分区十年磨一剑，已逐步具备“自我造血”功能，形成跨国公司与民营企业、生产制造与研发设计、产业引进与自主培育协同发展的良好态势。目前，区内现有世界500强企业4家，主板上市企业3家，通过高新技术认证企业55家，引进来自上海的企业69家，累计实现规上企业总产值250.4亿元，实现利税50.3亿元。在国务院发布的《长江三角洲区域一体化发展规划纲要》中，上海漕河泾开发区海宁分区被纳入其中，明确为长三角一体化发展国家战略的一部分。

### 处理好“地方政府考核”与“市场客观规律”的关系

开发区具有地方政府发展经济的政策工具性质，在目前的考核体系之下，大部分国家级经开区开发主体对上级政府主管机关负责，着力于发展地方经济，而非注重自身的盈利。这决定了开发主体承担了很多功能性和公益性的政府任务。同时，为了促进产业发展，开发主体以低价甚至零价格为园区内的企业提供了可以被市场化的服务。由此，如何从为企业服务中盈利，同时又为企业成长和地方发展提供保障，开发区需要找准市场盈利要求和政府要求之间的平衡点。从漕河泾的经验来看，开发区开发主体应当做好三方面工作。

开发区管委会和开发公司要“政企分开”。政府对开发区的考核包括产业基础、科技创新、区域带动等指标，着重于开发区对地方经济发展的带动作用，而市场则是对开发区开发主体自身盈利能力的考验，特别是2019年国务院发布的《关于推进国家级经济技术开发区创新提升打造改革开放新高地的意见》(国发〔2019〕11号)，为开发区带来一个重磅利好——明确支持对有条件的经开区开发建设主体首发上市，而上市公司更是天然要求企业盈利。

对开发区而言，开发公司应承担开发区的开发建设与运营管理，行使经济职能；而管委会只作为管理主体，行使行政管理职能，不涉及开发区具体的开发运营工作。因此，应当对开发公司与管委会实行政企分开、政资分开，推动开发公司的市场化运作。

事实上，“政企分开”模式在上海的开发区中较为常见，在这里，管委会与开发公司是平等并行的关系，而不是上下隶属的关系。以上海张江高科技园区为例，1992年，上海市张江高科技园区开发公司经政府批准成立，负责张江高科技园区的开发与建设。1996年公司上市，张江高科受上海市国资委的监管。2002年，开发区成立管委会，主要行使政府服务和监督的职能，公司并没有受管委会的牵制。类似地，如浦东金桥、外高桥、市北高新、陆家嘴等园区，都实行了“政企分开”模式。

地方政府与开发区要利益捆绑、合理分配。“政企分开”之后，开发区还应考虑“利益捆绑和再分配”的问题。比如，2010年底，漕河泾开发区与徐汇区华泾镇合作，按照“统一品牌、统分结合、功能合作、利益分享”的发展模式，建立了漕河泾光启园、星联园、聚鑫园以及虹华园，总建筑面积近30万平方米，纳税超过4亿元。

以其中的光启园为例，开发区总公司与华泾镇星联公司以土地作价出资，各出50亩土地，配以现金，合资成立上海光启企业发展有限公司，以股权为纽带，双方实行“四统一分”(即统一规划、统一建设、统一招商、统一运营、利益分享)。具体而言，规划、建设、招商、运营均由漕河泾开发区统一负责，后期的优惠政策落实和注册落地的具体工作由华泾镇指导和配合企业实施，双方通过合资公司分享利润。2020年，光启园四期项目竣工，已成功引进世界500强企业、全球领先的汽车技术公司采埃孚亚太集团，国产动漫IP以及游戏产品开发与运营龙头企业上海米哈游天命科技有限公司等。

总体来看，漕河泾通过将开发区的规划、建设、招商、服务、管理等功能拆分组合，按照“四统一分”灵活分解的实施路径，借助区域招商载体资源，既为园区产业拓展新的空间并获得收益，又对地方经济增加产出，同时还开创性地走出了一条国资国企带动乡镇集体经济共同发展新路，切实让当地农民分享改革红利和开发成果，实现了国有企业、乡镇集体经济、地方政府、园区企业多方共赢的良好局面。

开发类企业要能够多元化盈利。一般而言，园区开发商的利润主要有三个来源，即房地产开发销售收益、园区管理及服务收益、投资收益。其中，房地产开发销售收益是营业利润的重要构成，但仅仅靠“卖房子挣钱”不是长久之计，需要及早拓宽盈利渠道，做到多元化盈利。换言之，开发区必须从“园区地产商”升级成为“园区服务商”和“园区投行”。

漕河泾开发区很早就将“服务”作为园区的核心竞争力，按照“专业化、市场化、品牌化、国际化”要求，围绕政务、创新创业、人才、物业、商业配套、生态环境建设、交通能源、协会服务、通信服务等，成立了7家服务类子公司及相关机构，形成了具有漕河泾特色的综合科技创新服务体系。目前，开发区还在积极探索“招、投、贷联动”，构建集技术研发、企业孵化、成果转化、投资基金、科技信贷、科技担保、科技保险等服务为一体的科技金融产业链条和创新链条，增强孵化、投资、贷款、担保、保险的联动机制，帮助科创项目快速实现产业化的同时获取一定的投资收益，实现开发商与企业的双赢。

未来，漕河泾的目标是要实现“三三两两”的利润结构，即30%销售、30%租赁、20%服务、20%投资。实现这一盈利架构后，园区开发商就可以转型为集建设商、服务商、运营商、投资商为一体的“四商”企业，无论从可持续发展角度，还是从资本市场讲故事的维度，都具有相当的吸引力和想象空间。

## 处理好激励与约束的关系

合理的激励约束机制可以有效激发团队干事创业的内生动力。开发企业要逐步适应平等使用市场资源趋势，形成统筹当前和长远的制度改革举措，释放企业发展内生动力。

科学选择激励工具。根据发展阶段、业务特点等，科学选择激励工具探索创新激励方式，推进经营管理、绩效考核、劳动用工和收入分配与市场化接轨。

一是对处于市场竞争一线领域、营业收入及利润的绝大部分来源于市场、人力资源高度市场化的公司，推动干部能上能下、员工能进能出、收入能高能低。1997年亚洲金融危机时期，漕河泾开发区内楼宇空置率明显上升，公司决定建立招商奖励制度，将目标设定在7 000万利润线上。尽管实施初期十分困难，压力很大，但全公司凝心聚力，最终仍完成了这一目标，招商中心很多项目经理的当年奖金超过了当时的公司管理层，体现了困难面前解放思想、勇于担当的精神。

二是要加大混合所有制改革力度，强化股权激励，实施公司业绩与激励对象个人绩效考核相挂钩的激励方式，形成对企业业务骨干和核心员工的中长期激励与约束。

三是适应“基金管理+专业化管理团队”的开放式合作模式，建立与项目实施周期相匹配的薪酬发放模式，根据决策行为后果与预期吻合度加大奖惩力度，同时，在基金投资、产业招商等领域推行职业经理人制度。

强化约束机制建设。坚持激励与约束并举，

建立容错机制，按照“三个区分开来”标准（即把干部在推进改革中因缺乏经验、先行先试出现的失误和错误，同明知故犯的违纪违法行为区分开来；把上级尚无明确限制的探索性试验中的失误和错误，同上级明令禁止后依然我行我素的违纪违法行为区分开来；把为推动发展的无意过失，同为谋取私利的违纪违法行为区分开来），划定容错界限，明确容错重点，制定容错程序。

以项目管理为核心，聚焦企业财务状况、资产质量、经营绩效等重点领域和关键环节，加强审计工作全流程管理，持续健全完善防范化解重大风险工作机制。建立违规责任追究体系和工作体系，完善监督协同机制，抓好重大问题线索核查，加大追责问责力度，切实防止国有资产流失。

# “三个转型”引领新一代资源型园区的“十四五”发展

文/同济大学发展研究院研究员、新闻中心副主任　唐瑞哲

2020年10月，党的十九届五中全会通过了《中共中央关于制定国民经济和社会发展第十四个五年规划和二〇三五年远景目标的建议》，文件“绿色发展”理念浓墨重彩，“能源革命”将成为产业升级着力点之一。围绕这一主题，加快资源能源改革、持续推进产业转型仍将成为资源型城市下一个五年的重要任务之一，其“十四五”规划的编制方向也将更加明确。

在未来五年的“能源革命”中，以所在地矿产、森林等自然资源的开发加工为主导产业的资源型园区将担任更加突出的角色，承担更加艰巨的任务。面临资源种类单一、储备总量减少、环保政策收紧等制约因素，在转型思路、转型方向、转型路径三个方面狠下功夫，打造我国新一代资源型园区，对262个资源型城市、120个老工业城市的产业升级、高质量发展具有重大意义。

## 开拓“以旧换新”的转型思路

“老原料”焕发“新生机”。新一代资源型园区，“新”在对待资源的态度。过去，“老原料”的开采、加工带来的高风险、高污染等问题，曾一度让不少资源型园区“谈煤色变”“谈油色变”，资源依赖型产业甚至被视为“灰色产业”。“十四五”期间，新一代资源型园区应主动突出自身高储量、近距离、低成本的原料优势，用积极坦率的态度为“老原料”注入新生机，这样才有机会真正地解决问题、突破瓶颈。

“新手段”助力“老产业”。新一代资源型园区，“新”在助力资源的手段。近几年，产业结构优化成为各资源型园区的首要任务之一，但优化并不意味着让其他产业彻底替代资源依赖型产业；相反，新一代资源型园区要确立资源依赖型产业的主导地位，通过出台独家政策、设立引导基金、建设资源交易所等新策略、新思维、新工具，帮助园区突破行业“瓶颈期”、打造行业“风向标”、掌握行业“话语权”。

“旧资源”迈向“新资源”。新一代资源型园区，“新”在丰富资源的内涵。从矿产、油气、森林等旧资源到风能、光能、核能、生物质能等新能源，我们对资源种类及价值的认知从未停止。毋庸置疑的是，今天所追逐的新资源势必会成为未来的旧资源，会有更多高度依赖于开采、加工技术的矿产资源、海洋资源、太空资源为我们所知、为我们所用，新一代资源型园区的发力点将更加多样化、高端化、专业化。

## 不拘泥于“先产后城”的转型方向

新一代资源型园区的转型路径应该有别于传统资源型园区，差异性在于如何处理“城”的问题。目前，国内部分资源型园区还未完成产业结构的彻底优化，主导产业尚停留在高污染、高能耗的低端环节，但已开始迫切地追求产城融合，设立社区、学校等基础设施，并尝试承担部分社会事务，导致在发展过程中，疲于解决居民投诉、企业搬迁、财政压力、社会事务管理经验不足等问题。资源依赖型产业带来的问题不断堆积，城市功能又衔接不上，逐渐形成一种被动的、不可持续的产业结构改造路径。

事实上，园区的发展周期通常是遵循从“以

产促城”到“以城促产”的过程，初期依托产业发展驱动城市功能完善，之后，城市功能的更新又反过来推动产业的升级。由于资源型园区临近原料地而远离市中心，且区内大型开采、加工类项目需要与居民住宅区保持距离，产与城并不集中。与一般园区相比，资源型园区在转型过程中“以产促城”的过渡时间更长，产城融合的统筹压力更大，也需要更多的耐心和毅力。

对新一代资源型园区而言，“先产后城”是关键，要将产业结构优化提升作为转型升级的首要任务。在这场耗时、耗财的转型持久战中，可以由资源型城市层面推进“先城后产”，对市容市貌、城市形象、生活配套等进行彻底的修补完善，帮助园区承担更多的城市与社会功能。让资源型园区真正沉下心，发挥“排头兵”角色，推进“优产先行”，因地制宜寻找到符合区域转型的独特路径，再推广、复制、上升至城市整体产业规划。

## 坚持“有所为有所不为”的转型路径

坚持“一张蓝图绘到底”“集中资源办大事”，切忌“赶时髦”。目前，国内部分资源型园区仍存在着“定力不强”的现实问题。资源优势还没有得到充分发挥，就迫切地希望找到新的经济增长点，忽视现实基础和下游需求，盲目布局新兴产业、高端产业，最后陷入进退两难的局面。对资源型园区而言，转型升级时间紧、任务重，在有限的人力、财力、物力下追求“面面俱到、遍地开花”，既不现实，也不理智。既然手握资源优势，就要脚踏实地、坚定不移地将资源依赖型产业做大、做强，想尽一切办法让资源成为园区发展的“王牌”，而不是“弃牌”“烂牌”。只有将资源依赖型产业的地基打牢了，才能有资本、有底气、有把握地建设起更高端、更创新的产业大厦。

坚持对标科技前沿、瞄准国家需求，避免“假高端”。习近平总书记提出，我国科研工作要坚持“面向世界科技前沿、面向经济主战场、面向国家重大需求、面向人民生命健康”。新一代资源型园区的转型方向也应该如此。目前，我国西部地区一些资源型园区会围绕当地的天然气、棉花优势资源，将天然气精细化工及纺织服装作为主导产业。“走高端”并不仅仅是一句口号，它需要园区管理者在布局谋篇之前，审慎分析、深度考察，从资源出发，摸透产业链条、研判市场趋势。同时，也要依托高水平大学、高效率科研院所的知识和技术供给，来支撑资源原料向高端产品过渡，否则“走高端”只是“空中楼阁”，是“假高端”。

坚持变劣势为优势、化被动为主动，坚持“有所为”。资源开采、制备、加工总会伴随环境污染、能源浪费等问题。对此“顽疾”，资源型园区既不能“放任自流”，追求经济指标而牺牲资源环境，也不能“因噎废食”，迫于环保压力而抵制项目落地，需要园区真正沉下心、扎下根，不断创新处置手段。目前，国内转型较为成功的部分资源型园区采取的有效手段是建立循环经济园区，发展节能环保产业。在资源型园区内集聚固废处理、污水处理、余热回收、垃圾发电、环境监测、能源审计等配套服务机构，提供定制化、全方位的环保综合服务及解决方案。事实证明，资源依赖型产业的强劲发展可以为节能环保产业提供更广阔的市场需求、更丰富的应用场景；同时，节能环保产业也推动了资源依赖型产业的可持续发展，可以帮助资源型园区实现“负担成市场、赘肉变肌肉”。

# 集约用地是开发区高质量发展的战略空间

文/广州开发区　黄孝恕

土地短缺是开发区发展到一定阶段面临的普遍问题，特别是在东部沿海地区表现更加突出。近年来，有不少企业把“拿地”作为重要的经营方向；对此，要从战略上看待产业用地问题，把集约用地作为园区高质量发展的战略方向，刚性监控、弹性运营，少供地、多供楼，养生地、卖熟地，确保在有限空间内实现效益与效率的最大化。

## 刚性监控 弹性运营 放大土地财富效应

提高项目用地的集约化利用水平是确保可持续发展的必要前提。在这个问题上，必须首先明确“有地”与“没有地”的概念，“占满了”不一定就是“没有地”，有时候“占满了”的低效用地恰恰是最大的挖潜空间。事实上，“有地”与“没有地”是相对的，应当有一个标准。有的开发区存在严重的土地闲置情况，大量土地“不打粮食”，却认为自己“没有地”；而有的开发区内，真正的好项目落不了地，“大忽悠”的项目却能够轻松落地。

总结而言，在用地上出现的一切问题，包括低效闲置问题、消极腐败问题等，都是因为在用地上没有处理好政府与市场的关系造成的。换言之，正是因为那些从经济理性上来看不应当“拿地”的企业和项目拿到了土地，才使那些应当“拿地”的高效项目拿不到地。政府管了不该管的，但对那些本来应当着重管理的闲置和低效用地，却又因为牵涉利益关系而不去管。

由此，土地执法要增强刚性，土地经营要提升弹性。具体而言，土地执法要增强刚性，就是要让好项目找到合适的地，而不能让不好的项目霸占着土地不放。对此，开发区要全面摸查现有项目的发展态势及项目用地情况，支持和鼓励优质项目扎根开发区增资扩产，推动低效企业腾笼换鸟、转型升级。对占地大、产值小的价值链低端企业，以及那些产品和运营模式比较单一的企业，引导其利用“城市更新改造”政策，通过改变用地功能等方式，发展标准厂房、商务楼宇、孵化器等其他业态。对于经营困难、投资能力弱的企业，通过嫁接招商、并购等方式，引进更高效的企业落户原地块，盘活存量资产。

这里要特别指出的是，我国实行的是土地公有制，即无论国有建设用地，或是农村集体土地，都是全社会的资产，是全民的财富。而土地转为建设用地后长期低效使用，得利的只是个别企业的个别人，实际上是全社会的损失，是全民的财富浪费。因此，在目前情况下，可以探索在开发区开展试点，采用地方立法的形式，提高对低效用地的依法处置力度，强化对低效用地处置的刚性约束。

土地经营要增强弹性，就是要根据产业发展的新特点，积极探索与经济转型升级相适应的用地模式，特别要探索弹性用地。这是因为，如今的开发区内，轻资产企业越来越多，已经不再是过去的“制造业一统天下”模式。而用地成本是项目固定资产投资的重要组成部分，特别是对于研发、创意设计等轻资产的现代服务业项目而言，用地成本无疑是决定项目落户的关键因素。同时，从企业的成长路线图来看，企业在创新载体内完成创新孵化后，需要购买用地进入产业化阶段，此时，如果土地成本过高，将在某种程度上制约项目的成长，加大企业上市的难度，造成创新体系环节的缺失。如果研发、创意、设计等项目都以综合（办公）类、住宅类的基准地价计算，企业负担过重，在这种情况下，可以考虑在开发区的一定范围内试点，采取弹性的土地出让政策，对研发、创意、设计等申请研发用地的项目，制定介于工业用地和商业用地之间的出让价格，并提高容积率，以降低企业成本、促进成长加速。

**少供地 多供楼 以立体发展拓展用地空间**

提高项目用地的集约化利用水平是缓解用地紧张的有效方式。为缓解开发区普遍面临的用地指标紧张瓶颈问题，同时又不影响项目的引进和落户，一方面，开发区要投资建设大规模的产业发展创新载体，构建大孵化器体系，特别要发挥国有企业的建设主体作用，建设孵化器等科技载体，为企业进驻提供充足的场地，在提高土地利用水平的同时，通过载体招商和提供专业化服务，聚集企业落户。

另一方面，在具体项目用地上，对单个项目的供地严格把关，原则上对于一般项目不予出让用地，把更多的土地用于建设科技创新载体。近年来，各地开发区大都采取了“无地招商”的模式，由传统的平面开发向立体开发转变，向空间要资源，大力发展楼宇经济，引导企业向楼宇集聚，既能提高土地的集约化水平，也可破解载体空间不多的困境，将用地指标留给大型优质高端项目。

事实上，租用楼宇进驻的方式也非常符合多数企业的需求，特别是针对研发型、创意设计型的知识经济项目。这些项目基本没有生产功能，大部分场地需求是用于研发及综合办公，进驻楼宇是项目落户的重要方式。因此，在科技型开发区的开发建设中，应大规模建设专业性的产业创新载体，要根据产业发展规律，引进专业化的运营主体，在开发区新建一批配套完善的专业科技企业孵化器、加速器，打造一批亿元楼宇、十亿园区、百亿组团，引导初创期、成长期的科技型企业入驻。

**养生地 卖熟地 打通土地开发的良性循环**

土地运作是园区开发的核心内容，是开发区人的“看家本事”。凡是在土地运作上成功的开发区，几乎都走上了可持续发展之路。因此，要从资本角度、动态地看待土地，而非从物理形态、静态地看待土地，如果仅仅将土地看作产业和项目的空间载体，那样的土地运作思路只会越走越窄。

土地的空间成长和价值增值是一个活性要素，土地的价值归根结底是要通过市场来体现。对于开发区而言，土地则是进行资本运作的杠杆。早在20世纪90年代，就有一些开发区走在了改革创新的“第一线”，这些开发区先从银行贷款，用于基础设施建设和绿化，通过打造宜人的居住环境和独具吸引力的投资环境，创造地块新价值，同时大幅提升了周边土地的价值；待土地价值上升到一定高度后，将其中一个地块出售，获取资金用于偿还贷款，再以涨价之后的土地作为抵押从银行融资，用于土地的二期开发，等土地进一步成熟后，土地增资带来的收入完全能够还清银行贷款。

现在不少开发区在土地运作上没有招数，政府投入把地做熟，可是政府拿不到土地收益，造成了园区财政的危机；还有的地方，花费大量财政资金进行土地配套，政府没有拿到应得的地价收入，好地没有卖出好价钱。因此，要按照“劣地先用、时序可控”的原则搞好土地经营，尽量出让熟地（配套完善），不要出让生地（无配套）。在中心片区适当预留、储备一些优质建设用地，满足中后期进入的高端项目及高端综合体发展需要，以储备用地持续不断升值来促进园区良性循环。可以让开发区的国有企业发挥土地运作的引导和示范作用，在成片的园区开发中，也可以选择一片中心地块作为预留地，规划为高层建筑，由国资公司拿地，但不急于开发，先由国资公司建设钢结构的临时用房，只出租不出售，等基础设施成熟、周边地块涨价到极限后挂牌出让该地块，保证土地增值空间的收益。

# 数字经济赋能：按下产业园区高质量发展“快进键”

文/泛华产业园区发展研究院

产业园区为推动我国区域经济发展做出了巨大贡献，是对外开放、招商引资、管理创新的主要载体，是发展高新技术产业、促进产业集聚的重要平台。统计数据显示，2019 年，全国各类开发区对国家经济的贡献率已超过 30%。

但随着我国经济改革的进一步深入，特别是进入数字经济时代之后，产业演变速度不断加快，我国的产业园区转型升级面临严峻考验，同时也陆续出现了一些问题。未来“十四五”期间，我国产业园区的创新升级，必然将与数字经济深度融合；而数字时代的园区，更应系统性设计其转型升级路径，以战略势能重塑引领城市发展格局，以产业数字化转型升级重构产业创新生态，并围绕战略势能和产业生态推动空间载体、模式机制等创新融合，从而推动开发区战略、产业、空间、机制、模式等有机融合。

## 产业园区数字化变革的三个阶段

由于数字科技的发展和涌现是一个逐渐发展的过程，故产业园区的数字化转型也是一个逐步渐进的过程，伴缩着数字技术的不断发展，不断地利用数字技术重新定义产业园区的发展模式。数字技术的发展没有终点，注定了数字化转型也只有起点没有终点。每个阶段的发展逻辑和运营形态也都存在着很大的差异：数字园区 1.0 阶段是通过新一代信息化基础设施解决园区各要素的链接效率，数字园区 2.0 阶段是通过数据共享提升园区的管理效率，数字园区 3.0 阶段则是数字思维带来的园区商业和运营模式重构（见表 1）。

## 未来新一代数字园区的发展思路

新一代数字园区不仅是“传统物理园区 + 数字化”的呈现，更是依托 5G、人工智能、大数据、BIM/CIM 平台、工业 / 产业互联网平台等新基建，催生出的园区产业集聚形态、开发运营模式、管理模式、服务模式的多层次变革。具体而言，可从五个方面进行剖析。

塑造两个空间——线上集群融合线下园区。传统的产业园区是基于物理空间的产业集聚，由于受到土地空间资源限制，即便在原有园区边缘空间拓展或是建立新的园区，发展到一定程度后也会遇到一系列瓶颈问题，触碰到“天花板”。但进入数字时代，数字孪生技术打破了土地空间的限制，产业园区的概念可以根据某个特定的“产业价值主题”无限扩展，从物理

表 1

| 版本 | 主要特征 | 表现形态 |
|---|---|---|
| 数字园区 1.0 阶段 | 各种便利的信息化基础设施，促进了园区各要素之间的连接 | 新一代基础设施：相比传统园区的“三通一平”“七通一平”，新一代数字园区更加强调智能化的基础设施，即运用数字化、智能化技术改造园区的交通、能源、水利、市政等传统基础设施 |
| 数字园区 2.0 阶段 | 打破各种信息孤岛，实现数据共享，促进园区的管理效率提升 | 云化管理：全业务体系化的“四云、一平台”，即招商与营销云、产业服务云、公众服务云、园区 FM 运维管理云 |
| 数字园区 3.0 阶段 | 发展模式和商业模式的创新，以园区为平台载体构筑新的经济发展形态 | 虚实融合：“线下实体园区 + 线上数字园区”，基于数字孪生的产业集群 |

空间走向虚拟空间，打造跨越物理边界的“虚拟产业集群”和“虚拟产业园区”，甚至通过线上、线下相结合的方式，建立线上大产业运营平台，形成多个企业的集聚，形成“线上产业生态集群”，实现从区域“小市场”到全国乃至全球“大市场”的跨越。

由此，进入数字时代，线上的虚拟园区能够基于各种主题而形成“数字空间的产业生态集群”，并且，与数字新型基础设施融合、与智慧园区建设同步，将产业数字虚拟空间与实体开发区、物理空间相融合，实现产业、空间、网络和数字资源共享，构建开发区与数字技术协同协作的数字孪生空间。这种基于 CIM 等技术的数字孪生园区，能够在虚拟空间再造一个园区，集成不同数字技术对产业或物理空间进行描述、诊断、预测、决策，促进多种数字技术与传统产业的协同与协作，打造数字孪生空间和场景载体高度融合、智能互动的数字新生活服务体验，为园区发展注入创新活力。

与此同时，线下的物理园区也应当坚持产、创、城、人耦合，以人的需求为主导，园区功能由强调经济发展，向更加强调产业发展、科技创新、社会管理与城市服务功能耦合转变，满足创新发展、人才工作、生活等方面的各种需求，从而形成产业、创新创业、生活、人居相结合功能区。

具体而言，除生产厂房、标准化车间等传统产业载体外，数字时代的物理园区还将涌现出更多创新创业、生活宜居、社交娱乐等新型空间载体，包括以创新载体为导向的众创空间、孵化楼宇、总部楼宇、研发楼宇，以生态文明（EOD）为导向的产业园区环境和绿色空间，以宜居载体为导向的专家公寓、青年社区、老年公寓、长租公寓，以设计载体为导向的商业综合体、公共交流中心、社区服务中心、科技博物馆等。为适应这一即将到来的变化，未来的园区应该留存更多的混合性用地，坚持灰度思维、融合思维和弹性机制，在规划中率先引入“白地”“灰地”“弹性绿地”等先进理念，对短期内难以明确用途的地块实施弹性控制，有效提高土地开发效益和集约利用水平。

打通供需两端——再造新型产业组织方式。伴随着新基建的加速部署，产业互联网建设已经迎来全新发展阶段；与此同时，伴随消费在国民经济中的驱动作用日趋明显，消费互联网也处于持续发展的过程中。如何将两者打通融合、创造新的机遇？应当积极围绕产园区的主导产业进行品牌化、产业 IP 化建设，并建设视商产业创新中心、数字电商体验中心、异地消费体验基地等一系列数字新零售平台，形成“注意力经济”和“流量经济”，并把流量转化为生产力，以需求侧带动供给侧改革，借助 C 端流量、市场需求反向配置园区的生产资源，消费互联网拉动产业互联网，通过 C2M 模式（用户直连制造 Customer-to-Manufacturer）倒逼产业端转型发展，在消费反向决定生产的基础上，促进园区产业的智能化升级，再造新型产业组织方式。

产业育城赋能——构筑“专精特新”创新生态。新一代产业园区需要搭建起与数字经济时代相匹配的产业赋能平台，并通过产业赋能平台所带来的新经济、新产业、新业态的集聚和辐射能力提升促进园区升级。具体而言，可以借助人工智能、大数据、云计算、物联网等数字化技术，以创新型新基建为支撑，为各产业园区量身打造产业数字化赋能平台，导入创意设计、职业教育、科技创新、供应链金融、数字化工厂等新产业要素，形成以服务“专精特新”为主的孵化平台，构建起覆盖产业链上、中、下游，以大、中、小企业为代表的产业生态，与以“政、产、学、研、金、介、用”为代表的创新生态实现协同演进与闭环发展。

除了上述产业服务之外，还应同时构建多层次的线下服务体系，从共性服务向专业化、市场化服务延伸发展，引进平台型服务机构，完善服务体系构建。这其中，共性服务包括租售服务、市政服务、园区配套、政务服务、金融服务等；专业化、市场化服务则指依据园区不同主导产业提供的、能够解决企业专业化需求的针对性服务，以及除园区或产业地产商外，通过引进平台型服务机构提供的服务。

园区产业大脑——建设园区治理服务体系。按照中共浙江省委全面深化改革委员会印发的《浙江省数字化改革总体方案》，产业大脑被定义为："基于系统集成和经济调节智能化的理念，将资源要素数据、产业链数据、创新链数据、供应链数据、贸易流通链数据等汇聚起来，运用云计算、大数据、人工智能等新一代信息技术，对数字产业发展和产业数字化转型进行及时分析、引导、调度、管理，实现产业链和创新链双向融合，推动数字经济高质量发展。"

基于产业大脑，可以推进产业上下游资源共享和业务协同，提升园区和企业内部数字化水平，形成"一产业一大脑"的发展格局。一是内置产业链鱼骨图、供应链关系图、产业空间秩序图等可视化图形功能，让园区决策者一目了然纵览全局；二是提供产业运行监测、风险处置、供需对接、产业链评价、精准招商、人才招引和合作服务等应用工具，帮助园区管理者更高效地管理和运营园区；三是提供一系列的"平台 + 管家"服务套餐，入园企业在平台上可以看信息、找政策、招人才，并及时寻找各类商业和服务配套功能。

当然，产业大脑还可以与5G技术结合，建立全链接的智慧园区数字化场景，全方位提升园区数字化管理水平；与人工智能技术结合，打造智慧办公、智慧安防、智慧交通等业务，为园区企业提供高效便捷服务；通过大数据分析，勾勒企业画像、沉淀企业信息数据，为园区提供精准招商服务、为企业提升决策能力；通过产业平台建设，为园区企业提供众创孵化、人才培养等服务，促进园区产业生态圈构建。

产业场景创新——围绕特色产业纵深发展。数字经济下的新产业业态孵化逻辑与传统制造业不同，传统制造业是"技术先行"或"产品先行"，而数字经济下的新产业业态孵化则是"场景先行"。新基建加速催生了新模式、新产业、新业态，从新冠肺炎疫情期间的在线办公、在线教育、在线医疗，到金融科技、智慧物流、智慧农业、智慧城市等，场景应用将成为产业园区数字化转型创造价值的重要内容。构建创新型新基建的场景应用，向产业园区特色主导产业纵深创新发展，需要构建场景化的产业发展服务新模式，将场景化数字生态与相关特色产业融合，用数字经济的思维构建"一品、一网、一平台、多基地"的平台经济、总部经济和结算经济，推动特色产业信息化、数字化、网络化、智能化融合发展，通过全过程溯源、检验检测、品牌认证、数字供应链、5G场景应用等，实现垂直产业场景化应用创新，从而推动产业园区整体数字化转型。

同时，以园区内头部企业为核心，培育产业头部企业成为平台型企业，覆盖企业、产业、市场、研发等数字化资源，打通全产业链的设计、生产、营销等环节，加强渠道、品牌、数据、技术、系统集成等优势，把产业相关的园区内外企业连接起来，通过大企业建平台、中小企业用平台双轮驱动，完善运营机制、共享数据资源等，使园区的各类服务可以被高效激活，实现采购共享、制造共享、研发共享、库存共享、标准共享、物流共享等虚拟产业集群模式，构建产业园区数字化生态，促进产业链不同环节良性互动发展。

总而言之，产业园区在我国过去三十余年经济发展中起到了不可替代的重要引擎作用，以后也必将发挥更加重要的示范和带动作用。产业园区的数字化转型刚刚开始，在实际中要把握不同阶段的产业和园区演化规律，立足长远，着眼未来，才能找准我国产业园区发展转型之路。

基于此，以数字资产为基础，以产业平台为核心，架起数字经济与产业园区创新升级、协同发展的桥梁纽带，集聚导入创新产业要素，提升园区资源要素配置能力，促进新产业、新业态孵化落地，打造产业园区数字化新生态，正是产业园区转型升级的必由之路。

# “链长制”+数字化：启动产业提升的双引擎

文/浙江省开发区研究会　赵丽娜

“链长制”首创于浙江省，被全国各地复制推广，已经成为各地优化和稳定产业链、供应链的重要抓手。归纳而言，“链长制”的核心设计就是明确产业链“链长”由当地党政主要领导人担任，承担起谋划、统筹、推进和督促职责，建立健全并高效运转产业链“九个一”工作机制，其目的是通过“链长制”推动各类要素向优势产业链集聚，加快构建现代产业体系。

**“链长制”的“九个一”工作机制**

一个产业发展规划

一套产业链发展政策

一个产业链发展空间平台

一批产业链龙头企业培育

一个产业链共性技术支持平台

一直产业链专业招商队伍

一个产业链发展指导专员

一个产业链发展分工责任机制

一个产业链年度工作计划

2021年6月24日召开的浙江省数字化改革推进会上，袁家军书记指出，数字化改革是重塑性的制度革命，是从技术理性走向制度理性的跨越，其本质是改革，根本要求是制度重塑，要求以数字化引领、撬动、赋能现代化。“链长制”推进的实践表明，在数字化改革中，“链长制”是应该而且能够起到重要作用的。

## 数字化引领：产业链发展的“快速路”

为应对中美经贸摩擦，2019年9月，浙江省商务厅出台《浙江省商务厅关于开展开发区产业链“链长制”试点 进一步推进开发区创新提升工作的意见》（浙商务开发函[2019]2号）。这份“链长制”创设的标志性文件指出：“扭住产业链这个关键，构建现代产业体系……提升产业链数字化水平。完善数字基础设施建设。大力打造人工智能、物联网、大数据等数字化产业链，带动企业实现装备智能化、设计数字化、生产自动化、管理精细化、营销服务网络化。”为应对新冠疫情的冲击，2020年2月，浙江省商务厅又出台了《浙江省商务厅关于进一步落实开发区产业链“链长制”推动企业复工复产 确保开发区产业链稳定的通知》（浙商务开发函[2020]1号），要求提升产业链数字化水平。无论是应对中美经贸摩擦还是应对新冠疫情的冲击，以数字化引领产业链的发展是十分重要的任务，而“链长制”是产业链数字化的制度供给。

目前，浙江省已成功建立了66条开发区产业链“链长制”试点单位，涌现出了一批数字化产业“链长制”试点单位。杭州经开区的芯片制造“链长制”，以半导体产业与集成电路产业为核心，建立健全“九个一”工作机制，在制约芯片制造产业链的关键领域或卡脖子工程上充分发挥积极作用，引领杭州经开区在发展5G、芯片制造等数字化产业链上开展强链、延链工作取得显著效果。嘉善经开区建立通信电子产业链“链长制”，明确以半导体产业为重点招商对象，紧盯半导体设计、封测、核心器件等优质产业链项目，开展积极招商，成功吸引了唐人制造、格微电子等优质企业落户，产业集聚度进一步提升。

### 数字化防控：产业链风险的“防火墙”

以“链长制”促进产业链安全生产的风险防控。“链长制”有效推动了产业链生产管理的规范化，加快构建起产业链安全发展的数字化防控体系。比如，杭州湾上虞经济技术开发区按照新材料产业链“链长制”，全面梳理了链上的安全防控要求较高的化工类企业，在安全生产各个环节设立风险防控机制，建立“安全生产指挥中心”，全天候监管生产、运输等过程，确保产业发展安全可控。目前，“智慧园区”“数字园区”在全省开发区如雨后春笋般涌现出来。

以“链长制”推动产业链精准招商的风险评估。“链长制”指导产业链发展的精准对接，引导建立产业链招商地图，通过数字化手段，建立产业链强链、延链过程中的风险防控体系。通过数字化手段分析招商项目的融资、专利和舆论信息，迅速判断项目发展速度、创新能力和发展风险，为开发区招商引资提供风控防控保障。余杭经济技术开发区在“链长制”推动下，率先搭建“产业大脑”数字化平台，依托大数据分析等技术手段，实现产业链智慧化、精准化和科学化管理。“产业大脑”围绕智能制造、生物医药、纺织布艺等产业链，开展全面梳理、打通部门部门间数据壁垒；建立开发区主导产业体系产业链模型，根据链上各环节的企业体量、经济指标、创新能力等开展评估，分析产业链长短板、潜力与隐患，精准定位有效带动产业链发展的“引擎”型企业，推进开发区招商引资。

### 数字化服务：产业链发展的“云保姆”

“链长制”是一种服务机制，强调的是以需求为导向，聚焦产业链发展中的痛点、堵点和难点，提供数字化服务，推动创新链、产业链融合发展，在产业转型升级、优化营商环境中发挥积极作用。

“链长制”推进了产业链招商服务的数字化水平。结合招商工作特点，杭州经开区抢抓“杭州数字经济第一城”的机遇，谋划建立全球招商地图，构建高精准度的项目信息抓获网。类似地，余杭经开区搭建“产业大脑”，基于应用产业链分析结果，围绕“产业引擎”在“招商地图”中筛选目标行业，评估风险，确定项目招引的价值和可行性，精准把握“商机”。

“链长制”推进了开发区产业服务的数字化水平。杭州经开区推出24小时全天候投资促进信息数据平台，不仅提高了开发区服务水平和效率，大大促进了开发区产业链服务各项业务的“一站式”管理，推动开发区形成了综合集成、业务协同、信息共享的数字化格局。丽水经开区在水性革产业链“链长制”和滚动功能部件“链长制”促进下，积极搭建“智慧园区”、产业推介平台、产业大脑，开展产业链全生命周期管理，提高开发区产业链服务水平。

数字化改革是全面深化改革的总抓手，为现代化先行提供了根本动力。“链长制”是解放思想、大胆探索的制度革新，体现了数字化改革的要求，因此必将在实践中显示出强大的生命力。

# 走好开放路，打好创新牌，开发区应当怎样做

文/中国（江苏）自由贸易试验区苏州片区制度创新局局长、党组书记 苏州工业园区深改办主任 沈卫奇

苏州工业园区是国际经济技术互利合作的产物，是中国和新加坡两国政府间的旗舰合作项目。

1978 年 11 月，改革开放总设计师邓小平访问泰国、马来西亚、新加坡。在新加坡，他详细询问了新加坡利用外资情况，实地参观了裕廊工业区，萌生了学习新加坡经验、在沿海地区设立“经济特区”的想法。

1992 年，小平同志南巡，发表了关于学习新加坡的著名的一段话：出国去看看，尤其是到新加坡，他们有良好的社会教育和良好的社会秩序，终有一天我们也会像新加坡一样；新加坡的社会秩序算是好的，他们管得严，我们应当借鉴他们的经验，而且比他们管得更好。

新加坡高层很快对小平南方谈话作出回应，李光耀资政带领高级别的代表团考察了上海、广东、山东、浙江、江苏等地，最终确定两国政府合作项目落户苏州。

1994 年 5 月，首个国家级中新合作项目——苏州工业园区正式成立，开创了国际合作开发产业园区先河。经过 27 年砥砺前行，苏州工业园区交出了一份靓丽的成绩单：2020 年，园区实现地区生产总值 2 907 亿元、进出口总额 941.8 亿美元、一般公共预算收入 377.3 亿元，单位 GDP 产出 10.46 亿元 / 平方公里、人均 GDP 约 5.1 万美元、万元 GDP 能耗 0.23 吨标煤、R&D 投入占 GDP 比重达 4.5%，多项指标达到世界先进水平，连续五年在全国经开区综合考评中位居第一，并跻身建设世界一流高科技园区行列。

## 开放合作是苏州工业园区的最亮底色、最强基因

开放带来进步，封闭导致落后。只有坚定不移地推进开放合作，前进的道路才会越走越宽广。近年来，苏州工业园区以完善国际大循环战略链接、打造国内大循环重要节点、提升资源要素汇聚配置能力为发力点，加快构建更高水平开放型经济新体制。

苏州工业园区的中新合作模式，价值不仅限于园区自身，更在于为新时代国际合作开创了成功范例。园区主动服务“一带一路”倡议，推动共建国际化走廊，在新加坡、苏州互设国际合作中心，在印尼、缅甸等东南亚国家共建国际合作园区，支持园区企业到新加坡设立海外总部，形成以新加坡为“跳板”、辐射东南亚的向东开放通道，以及以霍尔果斯为节点、辐射中亚、连接欧洲的向西开放通道。目前，园区参与开发的境外合作园区有 4 个，依托全国唯一的国家级境外投资服务示范平台，支持 309 家中国企业到 53 个国家和地区投资布局，协议投资金额超 100 亿美元。在扩大园区经济版图的同时，也为“一带一路”倡议注入了新动力。

区域一体化发展战略，正在改变经济成长的逻辑。当下，中国的发展模式已经从单一城市或单一项目开发，向发展都市圈、城市群转变。研究表明，我国未来 80% 的发展动能将来自于都市圈、城市群的发展。园区抢抓虹桥国际开放枢纽建设机遇，积极打造北向拓展带，

在全国率先设立长三角境外投资促进中心，在江苏、浙江、安徽等长江经济带重要省份、重要节点城市，采取政府推动、市场主导等方式，探索“飞地经济”新模式，鼓励新加坡企业来园区设立区域总部，共享国内大市场成长机遇。目前，园区已经集聚新加坡企业360余家，投资总额近40亿美元；集聚功能性总部200家，其中省级总部占江苏省的20%。“互利共赢、美美与共”使园区在高质量发展的道路上走得更远。

开放的本质是提升资源要素汇聚配置能力，一流的开放合作要有一流的营商环境。新加坡营商环境在全球名列前茅。园区认真学习借鉴新加坡亲商服务理念，相继推出“企业标准化服务事项清单（100条）”“营商环境30条”“新30条”“促进外商投资20条”等政策文件，围绕“减环节、降成本、优流程”，念好“三字经”，解决真问题，打造全生命周期亲商服务体系，成立“双首长制招商亲商领导小组”。项目引进阶段采取充分授权的“一站式服务”，深化放管服改革，实施“1220”改革；企业投产运营阶段通过成立企业服务中心、领导干部挂钩联系企业、“企业家沙龙”、中新企业“面对面”“营商环境通报制”等，为企业提供金融、人才、政策宣介等一揽子服务，协调解决企业关注的问题。目前，96个国家4 500多家外资企业在园区深耕发展，其中包括84家世界500强企业项目131个，国际化和参与全球竞争能力居全国高新区首位。

**抓创新就是抓发展，谋创新就是谋未来**

关键原材料、关键装备、关键技术等卡脖子问题，已经成为高质量发展的“阿喀琉斯之踵”。更高水平开放需要有更高层次创新加持，才能把命运掌握在自己手里，赢得竞争主动权。

自主创新不是关起门来搞创新，自立自强也应善于借助外部力量。园区坚持在全球范围汇聚配置创新资源，积极推动本土创新、离岸创新双向互动，先后引进以中科系为代表的大院大所14家，设立中外合作创新中心21个，集聚国内外知名高校31家，全球排名前十位的高校中半数在园区设立了新型研发机构，微软、苹果、华为、百度等世界知名企业也都在园区设立了研发中心。同时，园区还在美国、德国、日本、以色列、新加坡等国家和地区设立海外创新中心，成立海外创投基金，在创新源头集聚创新资源要素。最近，园区正式获批国家生物医药产业创新中心、第三代半导体产业创新中心和人工智能实验区，姑苏实验室正在积极争创国家实验室，战略科技力量加速集结。

科技创新是项系统工程，涉及政产学研各个领域，其中寻找“最聪明的人”和“最聪明的钱”，是加快创新升维的两大关键要素。园区全面实施“金鸡湖人才计划”，建立国家重点人才、省双创、姑苏领军、园区领军相互衔接的人才体系，引进一个高端人才，带动一个创业团队，成立一个科创项目，入选国家级重点人才工程计划人才172名，其中创业类占全国7%。园区建设东沙湖基金小镇，设立100亿元产业投资基金和20亿元风险投资基金，集聚高瓴资本等优秀基金管理团队30余个，管理的基金规模达2 800亿元。通过人才和资本之间的化学反应，最近三年园区出现了上市井喷现象，每年有10余家企业在海内外上市，实施的1 900个领军人才项目中20个已经上市，平均每不到100个孵化项目中就有1个实现上市。

对于一个开发区来说，产业大而全做不到，小而全更不可取，唯有立足自身产业基础，注重发挥比较优势，瞄准重点产业，加快转型升级，方能行稳致远。园区聚焦发展生物医药、纳米技术应用、人工智能三大特色产业，用好产业图谱、创新图谱、人才图谱和资源图谱，探索形成了“十个一”战略性新兴产业培育机制，就是选择一个特色产业，制定一个产业规划，组建一家国资公司，建设一个功能园区，引进一家大院大所，设立一支产业基金，成立一个服务机构，集聚一批龙头企业，搭建一批合作平台，打造一个品牌盛会，以“十年磨一剑”的精神，推动战略性新兴产业保持年均20%以上的增速。园区被美国国家科学技术委员会评为全球八大微纳制造领域代表性区域之一，生物医药产业竞争力、人才竞争力在全国开发区中位居第一，去年上述两个产业产值均突破1 000亿元，成为引领园区未来发展的新支柱产业，初步实现了发展动能转换。

**走好开放路，打好创新牌，关键要下好改革棋**

改革说到底，就是对制约开放创新的痛点、难点、堵点问题，进行一系列体制架构、机制创新和制度安排，从而发挥出对各项工作的牵引导向作用。厦门特区、厦门自贸区之所以取得今天的辉煌成就，靠的就是“敢为天下先、爱拼才会赢”的改革精神。

如何选择适合自身的园区发展道路，取决于我们对发展规律的理解、认识和把握。当下，要抓住功能叠加、产城融合、职能整合三大发展趋势，以此推动园区体制机制创新。

纵观北京、广州、苏州等地的中国头部园区，都在推进经开区、高新区、自贸区功能叠加，这是一个重要趋势。作为国家级合作项目，苏州工业园区具有“不特有特、比特更特”的特殊优势——虽然不是特区，但具有特区的基本功能，在某些方面甚至比特区更加特殊。1994年，国务院批复明确园区为国家级经开区；2005年，又将园区纳入国家级高新区序列进行管理；2019年，江苏自贸区获批，苏州自贸片区全部位于园区，面积占江苏自贸区半壁江山。因此，1.0版本是园区的经开区时代，2.0版本是园区的经开区+高新区时代，3.0版本是园区的经开区+高新区+自贸区时代。三区功能叠加提升了园区体制优势，推动园区加快从资源要素型开放向规则制度型开放转变，实现了开放和创新的融合发展。

科技、产业与城市融合，是园区发展的第二个大趋势。园区发展通常要经过生产集聚、人员集聚、功能集聚三个阶段，当园区进入科技、产业、城市并行发展阶段，就会形成园区的高级形态——高科技产业新城。苏州工业园区一直坚持“开放与创新融合、创新与产业融合、产业与城市融合”的总体思路，明确“双一流、新中心”的发展定位，积极打造世界一流高科技园区、一流自贸试验区、面向未来的苏州城市发展新中心，以现代化城市承载科技进步和产业升级，以科技进步和产业升级提升城市发展水平。

第三个大趋势是经济职能和社会职能整合。如何处理经济职能与社会职能的关系是园区发展绕不开的话题。有些地方强调，聚焦主责主业，经济职能和社会职能分离。有些地方强调，经济职能和社会职能是个整体，整合在一起可以形成协同增强效应。苏州工业园区坚持“优化协同高效”改革方向，按照经济职能、社会职能相统一的工作思路，实施“大部门制”改革，构建大规划建设、大经济发展、大社会治理以及大自贸区建设的工作格局，在确保社会治理有效保障的前提下，推动职能、资源向经济领域集中，设立经济发展委员会、投资促进委员会、科技创新委员会、规划建设委员会“四大发展委员会”，高标准配置自贸区制度创新局、自贸区综合协调局，全面提升自贸工作布局。为避免开发区“行政化”，园区创新管理机制，系统谋划推进干部聘任制、薪酬激励制、招商机构市场化改革等全链条体制机制设计，强化以工作业绩为导向的风向标，使去行政化成为成熟型开发区体制机制创新的鲜明特质。

# 烟台开发区：实施“四大工程”以金融服务助力实体经济高质量发展

文/烟台经济技术开发区管委会

近年来，烟台开发区深入贯彻落实中央和省、市关于金融服务实体经济、支持民营企业发展的一系列决策部署，特别是结合李克强总理考察烟台时提出的“解决小微企业融资难问题”的指示要求，充分发挥自贸区国家战略叠加优势，大力实施金融供给“扩容”、小微信贷“增氧”、资本对接“助推”、金融生态“优化”四大工程，全力打造烟台市中小微企业金融服务创新试点区、先行区，助力实体经济高质量发展。

## 筑牢基础：实施金融供给“扩容”工程

烟台开发区现有工业企业3 000余家，其中产值过百亿企业5家，过10亿企业32家，规模以上工业企业达410家，15家企业入围国家和省级制造业单项冠军。企业发展需要金融供给“输血”，同时，良好的产业环境也是吸引金融机构“落得下”且“投得出”的关键所在。为此，烟台开发区对各类金融业态给予全方位扶持，提供“店小二”服务。

坚持“花开蝶自来”，提升环境硬实力，吸引金融机构纷至沓来。突出营商环境吸引，释放既有高端写字楼集聚效应，加快推进F-6金融城、瑞东金融广场、华海保险总部产业园等新载体，在区内迅速崛起长江路传统金融带、衡山路新型金融圈和业达基金谷，打造立足烟台、辐射山东、服务全国的高端金融服务承载体系。与此同时，率先实施“一枚印章管审批”，实施全流程“保姆式”服务，对金融高端人才提供“贴身式”服务。截至目前，累计设立金融机构127家、基金201支、资产总规模1 448亿元，其中，保险公司全国总部1家、证券及期货省级分公司2家、银行保险等市级以上机构24家，基本建成商业性金融、政策性金融、合作性金融分工合理、相互补充的多层次、广覆盖、有差异的普惠金融服务体系。

坚持“筑巢引凤栖”，强化政策软实力，保障金融供给有的放矢。出台《推动全区金融业高质量发展实施意见》“1+5”金融政策文件，政府、银行、保险、担保、创投协同发力，实现“三个首创、两个最高”，即全省首创3亿元的“中小企业信用保证基金”，为中小微企业纯信用贷款增信；全市首创企业融资担保费、科技保险费补助；全市首创“投保贷”联动融资模式；信贷风险补偿、融资补贴标准全市最高。此外，还率先实行金融业社会责任考核，年底评选“履行社会责任先进集体”，引导金融机构聚焦服务地方实体经济发展，形成比学赶超浓厚氛围。通过“增信支持＋风险补偿＋政府贴息＋考核激励”政策组合拳，有力护航银行机构“愿贷”，创投机构“敢投”。烟台创新创业投资有限公司获评烟台开发区2020年度“履行社会责任先进集体”特等奖，先后对区内4家企业直投6 515万元，又联合总部深创投对5家区内企业投资7.94亿元，带动社会资本投资10.1亿元。截至目前，驻区银行贷款余额1 857亿元、同比增长34%，其中中小微企业贷款余额664亿元、同比增长18%。

## 创新驱动：实施小微信贷“增氧”工程

科技型中小微企业具有“轻资产、少信用、高成长、高风险”的特点，企业发展往往受制于资金短缺。为此，烟台开发区持续深化金融供给侧改革，推动设立5家科技信贷专营机构，授予10家银行“中小企业自主创新金融支持中心”称号，支持金融机构由传统的“看过去、看股东、看资产”转为“看未来、看团队、看技术”，进一步拓展科信贷、成果贷、税E贷等覆盖面，深入挖掘企业要素资源价值，提供特色化差异化融资服务。

赋能人才创新“人才贷”。2020年6月，李克强总理在烟台与部分小微企业主召开“站谈会”时指出，“要研究将人力资本作为授信额度担保的重要依据”。烟台开发区第一时间研究出台《烟台开发区“人才贷”风险补偿资金管理办法》，将区级“领军人才”或其长期所在企业纳入“人才贷”支持范围，按照不良贷款本金最高70%的比例进行风险补偿。截至目前，通过“人才贷”，已为7户企业提供信贷资金3 019万元。烟台一诺电子材料公司总经理林良依靠其“泰山学者”身份，仅用一周时间就获得了一笔无抵押、无担保的300万元贷款，及时避免了企业因流动资金不足而让到手的合同落空。

助力“知本”变“资本”。针对中小微企业自主知识产权融资转化难问题，开发区一方面创新知识产权质押贷款运作，将知识产权导航、运营与质押结合，同步对专利和商标开展质押，解决了纯知识产权质押难题，目前已为近40户企业提供信贷资金5.08亿元。另一方面，实施知识产权证券化，以国企信用“嫁接”科创企业创新资源，发行“业达智融—烟台开发区知识产权（人力资本）资产支持专项计划”，作为山东省首单知识产权资产证券化产品、国内首个人力资本概念的知识产权证券化项目，为16家企业实现中长期融资3亿元。

大力探索“金融强海”。贯彻落实海洋强国战略，推动恒丰银行成立全国首个海洋产业特色支行，强化海洋信贷供给。特别是聚焦海洋牧场融资，建立海洋牧场平台确权颁证机制，推出海洋牧场天气风险指数保险，形成破解海洋牧场融资难题的“闭环”联动机制。目前，已为海洋牧场企业提供资金支持3.7亿元，为烟台重点项目“百箱计划”一期四座网箱提供项目贷款授信2.5亿元。此外，总部位于开发区内的华海保险，是全国首家以海洋保险为特色的保险公司，近年来依托保险科技，已累计提供海洋风险保障2 000余亿元。

用好融资担保“杠杆”。建立“信保基金分险、国有担保增信、政策性担保支小”的政府性融资担保体系，充分发挥财政资金“四两拨千斤”作用，撬动更多信贷资源流向中小微企业。

信保基金方面，与银行、担保（保险）公司按照65%：20%：15%的比例，为“信保贷”业务分担风险，2020年至今已为22户企业提供1.4亿元信贷资金。

国有担保方面，将区属担保机构——银桥担保公司注册资本增至5亿元，融资担保能力放大到50亿元；推动加入国家、省再担保风险分担体系，获得授信20亿元。截至目前，银桥担保公司已累计为1 610户企业提供融资担保122亿元。军民融合高新技术企业烟台万隆真空冶金股份有限公司在承担工信部特铜项目时遇到资金瓶颈，银桥担保及时帮助其获批贷款2 000万元，解决了企业应急之需，并实现当年营业收入2亿元，同比增长50%，入围全省新材料领军企业50强。

政策性担保方面，与山东农担公司合作开展“鲁担惠农贷”，由农担公司、银行分担80%的风险。仅2021年一季度就为69户“三农”主体提供担保贷款7 873万元，企业按期还本付息后可获得省财政贴息249万元。

## 拓展渠道：实施资本对接“助推”工程

随着产业升级、科技创新以及企业自身发展，资本市场在资金供给体系中扮演的作用越来越重要。烟台开发区抢抓资本市场改革机遇，建立上交所、深交所烟台资本市场服务基地，多措并举强化资本市场服务，促进产业资本与金融资本互促共赢。

撬动社会资本加大前期投入，力促企业“破茧成蝶”。在烟台市率先设立财政引导基金和国有创投机构，建立基金投资风险分担和补偿机制，强化与省、市新旧动能转换基金三级联动。按照基金“引资金、引项目、引人才”的发展思路，联合社会资本成立项目基金、产业基金、不良资产收购基金、医药孵化器基金等各类基金，并通过“引导基金 + 直投基金”双向合力，推动形成以投促投良性循环。目前区级政府引导基金累计参股设立 10 只基金，总规模 54 亿元，引导基金参股基金及直投基金累计投资区内项目 27 个、金额 5.3 亿元。

实施投保贷联动，推动企业实现“加速跑”。出台《科技金融投保贷联动业务实施办法》，发挥财政股权投资基金引导作用，以区属企业——烟台业达创业投资有限公司、烟台银桥融资担保有限公司为主体，建立以投促贷机制，汇聚金融合力加快培育“金种子”企业。烟台显华化工科技有限公司通过“投保贷”联动方式获得融资 1.1 亿元，目前已从留学生创业园区的一家生产经营液晶中间体的微型企业，成长为国内唯一一家拥有液晶和 OLED 材料全产业链的高新技术企业，被山东省科技厅批准为“山东省平板材料工程技术研究中心”，建立了国内第一个分子材料基因组工程创新研究平台。

完善挂牌上市推进机制，助力企业“跃龙门”。制定服务挂牌上市企业工作制度，按照“政策优先享受、生产要素优先安排、问题优先解决和审慎监管”的原则，打通区属部门协同推进企业上市“绿色通道”。实施“行业主管部门 + 独立园区 + 镇街”的后备资源发掘机制，按照“上市一批、储备一批、培育一批”的原则，通过政策资金扶持、挂牌上市培训、投融资服务等措施，鼓励和支持企业通过多层次资本市场融资。目前，全区已建立 60 余家重点上市企业后备资源库，推动 97 户企业成功进入资本市场，其中，境内上市公司 10 家、境外上市公司 1 家、“新三板”挂牌企业 25 家，共实现股权、债权直接融资 945 亿元。在资本的加持下，万华化学成为山东省市值最大的企业，睿创微纳成为全国首批科创板上市企业，荣昌生物成为 2020 年全球生物技术 IPO 募资最高的上市公司，也是迄今为止全球第二大生物技术 IPO。

### 优化环境：实施金融生态“优化”工程

架桥连金企，让融资对接更加便捷。按照“政府主导、市场运营、征信为基、政策支撑”的思路，开发建设集聚金融资源、企业资源、政府资源的烟台业达综合金融服务平台，实现线上投融资对接。依托平台归集整合社保、医保、公积金、水电气暖、市场监管等 13 个政务部门 200 余项企业数据，充分发挥涉企政务信息的信用背书和价值倍增效应，建立多维度、高信度的信用评价模型，解决“轻资产”中小微企业信用不足问题，推动提高金融服务效率，降低企业融资成本。自 2021 年试运行以来，平台已上线金融机构 23 家、发布金融产品 81 个，注册中小微企业 154 家、发布融资需求 56 笔，实现信贷投放 31 笔、1.7 亿元。

畅通境内外，让外资流入更加高效。用好自贸区制度红利，主动对接企业需求，联合人民银行烟台市中心支行向上争取 9 项跨境贸易与投融资创新便利化外汇管理措施。推动驻区银行在自贸区内先后落地首笔跨境离岸直贷、首笔基于区块链平台的跨境融资、首笔“单一窗口”电子汇总征税保函、首笔“单一窗口”出口保理融资等业务，极大便利了企业。以“单一窗口”出口保理融资为例，银行可直接从海关“单一窗口”在线获取企业相关单据信息，缩短了融资流程链条。作为“资本项目收入结汇支付便利化”试点，烟台开发区将企业资本项目收入结汇支付时间由 2 天缩至 1 小时，已为 57 家企业便利化支付 1 826 笔、7.76 亿美元。

统筹发展与安全，让金融环境更加稳定。

坚持保企业就是保发展，设立 5 000 万元财政信贷周转金，为企业提供到期贷款过桥周转。2020 年共为 17 户企业提供资金过桥 3.03 亿元，有效保障企业良性运行。此外，为帮助企业抗疫情、渡难关，及时出台鼓励银行扩大信贷投放、支持中小微企业抗疫情稳发展的 10 条意见，推动银行为 65 家企业展期贷款 3.9 亿元，为 244 户企业办理“无还本续贷”12.5 亿元，减免企业手续费、罚息等 9 600 余万元。同时，政府性融资担保费率全部优惠 20%，并将单户 500 万元以下的融资担保费率降至 1%，累计为企业节省融资成本 1 000 余万元。

# 综 合 篇

# 2021年天津市开发区发展情况综述

2021年天津市16家开发区（包括10家国家级开发开放区域和6家市级经济开发区），用不到天津1/10的土地面积，创造了天津市42.3%的地区生产总值、56.8%的工业增加值，完成了天津市80%以上的实际使用外资和进出口总额，为稳定天津市经济大盘，实现高质量发展发挥了重要支撑作用。

【开放水平不断提高】2021年，天津市16家开发区实际使用外资同比增长13.9%，占天津市比重为85.2%，高技术产业实际使用外资同比增长70.5%；进出口总额同比增长22.1%，高于全市5.8个百分点，占全市比重为84.1%。

【发展质量稳步提升】2021年，天津市16家开发区地区生产总值占天津市比重为42.3%，工业增加值占天津市比重为56.8%；税收收入同比增长10.3%，占天津市比重为51.4%；亩均地区生产总值、亩均税收较上年度分别提高5.27万元/亩、2.76万元/亩。

【科技创新活力增强】截至2021年末，天津市16家开发区的高新技术企业、市级及以上孵化器众创空间数量占天津市比重分别为56.2%、43.8%；上市企业（不含新三板、境外上市企业）占天津市比重为82.5%；2021年参评开发区高新技术产品进出口额同比增长27.9%。

【绿色发展成效突出】2021年，天津市16家开发区规模以上工业单位增加值能耗、水耗、单位工业增加值化学需氧量（COD）排放量均同比下降。园区二氧化碳排放量增长率下降15.0%。

【协调发展不断推进】截至2021年末，天津市16家开发区共设立98个市级及以上特色功能园区，与中、西部地区合作共建园区和对口援助帮扶地区数量达到29个；2021年参评开发区企业数量增长率17.4%，新增就业人数近30万人。

天津市16家开发区，其中国家级开发开放区域10家：天津经济技术开发区、天津港保税区、天津滨海高新技术产业开发区、天津东疆综合保税区、北辰经济技术开发区、武清经济技术开发区、东丽经济技术开发区、西青经济技术开发区、中新天津生态城、天津子牙经济技术开发区；市级经济开发区6家：天津津南经济开发区、天津蓟州区经济开发区、天津宝坻经济开发区、天津宁河经济开发区、天津大港经济开发区、天津武清福源经济开发区。

（天津市商务局）

# 2021年河北省开发区发展情况综述

2021年，在河北省开发区改革发展领导小组正确领导下，各成员单位协同配合、密切合作，积极推进全省经济开发区（以下简称“经开区”）坚持以习近平新时代中国特色社会主义思想为指导，深入学习贯彻党的十九大和十九届历次全会及省委九届九次至十二次会议和省第十次党代会精神，认真落实河北省委、省政府《关于加快开发区创新发展提升能级的若干措施》等要求，紧紧围绕《全省经济开发区2021年工作要点》重点任务，不断深化重点领域改革，持续提升能级水平和综合竞争力。

## 一、建设发展改革创新成效明显

2021年1—12月，河北省经开区建设发展总体保持良好态势，实现营业收入81 245.8亿元，同比增长30.6%；实际利用外资84.2亿美元，同比增长12.8%，完成全年任务目标。

（一）统筹疫情防控和建设发展。年初面对严峻复杂的疫情防控形势，及时向开发区下发《关于夺取疫情防控和经济发展双胜利有关工作的通知》，在复工复产、招商引资、政策落地、安全生产等方面提出明确指导意见和要求，为重点经开区及企业提供支持和帮扶，协调解决在投资、生产、经营中遇到的困难和问题；同时下发《关于报送开发区防疫应急物资及生活必需品数据的通知》，建立“开发区防疫应急物资及生活必需品数据库”，及时掌握136家防疫物资生产企业、116家生活必需品生产企业、44家应急物资生产企业的生产和库存情况，为领导决策提供数据支撑。

（二）统筹顶层设计和政策指导。协助河北省委、省政府召开全省经济工作推进会暨开发区和服务贸易高质量发展大会，省委主要领导在会上就开发区工作作出安排部署；多次召开领导小组全体会议、小组办公室专题会议，制定了《关于加快开发区创新发展提升能级的若干措施》（冀发〔2021〕9号）配套的分工责任表，指导各市出台落实《若干措施》的配套文件，以领导小组名义印发《全省经济开发区改革发展2021年工作要点》，修订完善领导小组工作规则；专题研究2021年工作要点中重点推进事项的督导考评，完成《关于强化开发区督导考评措施的报告》并报省政府。全面搜集整理党的十八大以来习近平总书记关于特殊经济区域改革开放创新的重要讲话和指示精神，辑印《习近平总书记关于特殊经济功能区深化改革对外开放科技创新的重要论述摘编》并发领导小组各成员单位学习参考。在实地调研和广泛征求各市开发区主管部门、重点经开区意见建议的基础上，按有关程序编制印发《河北省经济（技术）开发区“十四五”发展规划》。

（三）统筹重点领域四项改革。一是推进机构编制改革。河北省委编委办牵头，以河北省委名义印发《关于规范开发区管理机构促进开发区创新发展的实施方案》，指导各市根据实际稳步推进开发区机构调整，及时出台政策口径、工作方案以及开发区管理机构“三定”规定模板，确保改革标准统一、步调一致。进一步探索推进“一区多园”“区区合一”管理模式，统筹使用各类编制资源等多项改革举措，为促进开发区创新发展提供体制机制保障。全省开发区厅级管理机构经中央编办批复同意；处级管理机构形成意见提交省委专题会研究；市以下自行设立的管理机构，各市研究清理规范意见，报编制部门备案。二是推进干部队伍建设。河北省委组织部牵头，进一步加大开发区与省、市、县（市、区）之间以及不同开发区之间的干部交流力度，选配政治素质好、业务水平高、开放意识强、有创新精神、作风过硬以及懂经济、会管理、善协调、能服务的干部到开发区任职。从市县党政班子、直属部门新选配至开发区的负责同志 105 名，其中从县委书记中提拔 2 名，从市直部门选派 5 名，从县直部门提拔 46 名，从经开区内部提拔 10 名，从县级党政班子提拔 9 名，从乡镇党政正职提拔 33 名。经开区负责同志中 40 岁左右的年轻干部 21 名，全日制大专以上学历的 50 名。进一步优化了开发区干部队伍结构，充分调动了干部的积极性。三是推进人事薪酬制度改革。实行全员竞聘，科学设岗，简化岗位设置，减少管理层级，原属事业单位正式人员可参加专业技术职务资格评审或管理岗位职员等级晋升，促进开发区人员流动。进一步量化考核评估，精细指标，提升工作效能。积极推进开发区薪酬制度改革，研究出台以绩效工资制为核心的薪酬制度改革实施办法，认真开展绩效考核，根据绩效考核结果发放绩效工资。全省 191 个开发区中，已有 94 个实施绩效工资制。四是推进市场化运营。各市创新园区合作运营模式，引入战略投资者和专业化园区运营商开发、建设、运营园区，以公开招标方式向社会购买服务承担部分社会管理工作。组织经开区与高水平的园区专业运营机构开展合作，探索推进对园区及区内企业的“全生命周期”管理，构建‘一区多园’格局。保定、衡水、沧州等市一批重点经开区与联东 U 谷、中南高科、清华启迪、隆基泰、砹立方、北京学宏等专业园区运营或招商机构签约，开展区中园合作共建、委托招商、产业导入等深度合作，推行“党工委（管委会）+”体制，根据实际需要，灵活设置公司、基金等投资运营主体，推进运营管理市场化、融资渠道多元化、招商引资专业化。

（四）优化政务环境。根据建设需求向各类开发区下放省级行政审批权，特别是与项目建设相关的审批权。强化审批服务领办、代办、帮办等工作机制，实行“一门”“一站式”审批，全省 131 家经开区建立全程代办制度，代办服务企业投资项目 2 353 个。持续优化企业服务。全省经开区共设立行政审批局 43 家，大力推进“互联网 + 政务服务”，实行网上审批、一网通办，提高审批效率，网上审批率超九成。协调市、县有关部门开辟项目审批绿色通道，实行入区企业全程代办，提高项目承载能力。衡水、邯郸、石家庄等市积极推行“标准地 + 承诺制”改革，加快推进企业投资工业项目“标准地”改革，发挥标准控制在节约集约用地中的约束作用。持续深化审批制度改革。建立项目责任制，实施开发区项目建设定期协调督办机制，由市县主要领导协调项目进度，及时解决项目建设中的问题。

## 二、产业招商业绩突出

积极开展招商引资和招才引智线上线下对接洽谈活动，着力推进项目聚合、企业聚拢、产业聚集、创新集成，进一步加大宣介力度，营造良好招商氛围。

（一）精心组织招商活动。举办 2021 年廊坊“5•18 国际经洽会”及“重点开发区高水平开放发展高端会议”专场活动，邀请业内权威专家到场阐述新理论、新成果、新经验，为全省开发区实现高水平开放发展提供思路，拓宽视野；组织开发区参加“2021 京津冀物联网产业对接活动”，提升京津冀三地物联网产业协同协作，推动一批优质项目落地；组织召开全省综合保税区政策宣讲暨项目推介视频会议，围绕综保区精准招商、业态创新、产业培育、营商环境优化等方面开展政策宣讲和项目对接；组织国家级经开区、综合保税区及部分省级重点经开区分批次参加 RCEP（《区域全面经济伙伴关系协定》的简称，下同）线上专题培训；组织“物联网人才智库—开发区管委会—物联网企业”视频对接会，为开发区搭建招才引智、成功孵化、嫁接先进技术的渠道。

（二）主导产业集聚发展。通过不断赋能产业链条，初步形成了大中小、上下游、产供销企业协同发展的产业生态。一是打造了一批先进制造和特色产业集群，石家庄经开区生物医药、秦皇岛经开区高端装备、廊坊经开区电子信息、曹妃甸经开区石油化工等初具规模。二是培育了一批园区品牌，清河经开区羊绒、宁晋经开区线缆跻身国内知名特色产业品牌行列；隆尧灰铸铁、文安人造板等产业制造技术已达到国际先进水平；肃宁裘皮服装、文安人造板、馆陶禽蛋、安平丝网、安国中药材等发布了产业指数。三是建成了一批专业平台，以经开区为主载体培育了14家战略性新兴产业示范基地、77家新型工业化产业示范基地、34家军民融合产业示范园区、20家国际省际合作重点产业园、20家两类示范经开区、13家绿色园区。

（三）产业创新活力增强。河北省科技厅牵头，以培育科技企业为抓手，着力提升开发区创新能力，大力组织实施科技型中小企业成长计划和高新技术企业后备培育工程，设立高企培育服务机构，对企业申报高企进行一对一帮扶。不断优化创新创业生态，在研究开发、技术转移、检验检测、工业设计、科技金融、知识产权、科技咨询等多环节为企业提供服务。建成一批科技企业孵化器、众创空间、大学生创业园、高层次人才创业园等创业孵化载体。加强经开区人才引进相关工作，鼓励经开区积极创新柔性引才方式和渠道，采取聘请兼职教授、客座专家、星期天工程师、科技特派员等方式，柔性引进急需紧缺人才。鼓励经开区设立人才专项资金，自主制定引进急需紧缺高层次人才或特殊人才的政策。

（四）强化宣传推介。河北省商务厅牵头，修订完善《河北省开发区产业地图（2020—2021)》，印制河北开发区投资指南画册，制作招商引资视频专题片，加强整体形象对外宣传推介。利用省人才办“人才强冀”项目资金，依托开发区平台优势，建立全省物联网产业人才库，组织相关产业对接活动，为省内重点开发区物联网产业发展解决实际问题。参加省政府举办的“经济强省、美丽河北”新媒体作品网络推选活动，投稿的《感受河北开发区之美》宣传片获评机关组优秀作品和人气作品“双优奖项”。抓好典型总结推广，向商务部、省政府等提供我省开发区典型经验做法要闻信息十余篇，拍摄“商务为民”开发区专题活动的短视频，得到各级领导的批示肯定。

## 三、营收千亿级园区做大做强

河北省经开区营业收入超千亿元的23家，超2 000亿元的9家。

（一）强化土地保供。河北省自然资源厅牵头，指导各地加快编制国土空间规划，深入研究产业布局和产业定位，将开发区全部纳入规划范围统筹编制，指导各地新增建设用地计划指标优先保障高新技术产业、战略性新兴产业、主导产业、特色产业等项目建设用地，新建工业项目除对资源、环境、地质等条件有特殊要求外全部进园入区。对开发区核准范围内公益性用地比例高于40%需征收土地的，不再编制土地征收成片开发方案。研究出台《严格建设用地管控若干措施》《河北省开发区用地审核规范》等系列文件，对全省省级以上开发区土地集约利用状况开展全面评价，核实确认开发区坐标范围，摸清省级以上开发区用地状况、供地状况、用地效益及管理绩效；严格开发区用地使用标准，加强土地使用标准审查核验，加强开发区建设用地管控，促进建设用地减量化发展，全面规范开发区用地审核报批。

（二）加强财政扶持。为充分发挥省开发区建设专项资金效益，河北省财政厅会同省商务厅研究制定并印发《河北省开发区建设专项资金管理办法》；向26个先进经开区下达总计1.37亿元奖励资金，同时，积极推进2021年度能级提升和特色产业示范经开区认定与建设工作，利用2.5亿元支持资金，支持20家示范经开区建设，专项资金主要用于经开区的新型基础设施和公共服务平台建设及重大规划、招商引资、招才引智与宣传推介等方面，助推经开区做大做强、做精做优。

（三）实施优化整合。河北省商务厅牵头，研究细化全省开发区优化整合的总体原则和标准，下发《关于报送开发区优化整合方案的通知》，按照事权明晰、以大带小、同类整合、符合规划、区位相邻、产业相近等原则，采取合并重组、一区多园、更名规范、区政合一等多种方式路径，对全省154家经开区、31家高新区实施优化整合，提出了优化整合方案。支持符合条件的开发区升级扩区调区，按照商务部要求，会同省自然资源厅等部门赴张家口实地调研，听取工作汇报，研究起草《关于张家口经开区升级为国家经开区有关情况的报告》并报商务部。经国务院批准，2021年7月张家口经开区成功升级为国家级开发区。经省政府批准，秦皇岛海港经开区等11家开发区完成扩区调区。

（四）狠抓安全生产。河北省商务厅召开全省经开区安全生产专题调度会，持续推进全省经开区安全生产专项整治三年行动，对重点经开区进行督导抽查，督促开发区认真开展安全风险摸排、辨识和隐患治理，精准排查治理生产装置、生产工艺、设备管线和消防设施等方面的风险隐患，确保各类安全隐患能够被及时发现、及时整改。做好重要节日、全国“两会”期间安全生产工作。配合做好省安委办第三考核督导巡查组对全省经开区安全生产进行的考核巡查，做好提供相关资料和回答问询等工作。省应急厅牵头，对全省化工园区进行安全风险评估和现场考核，结合现场踏勘复核实际和园区整改情况，计算园区安全风险等级评分，确定风险等级；对部分经开区和试点企业开展深入调研，全面摸清安全管理和信息化建设的基础现状，研究制定实施方案，进一步明确试点建设的内容、标准和时间节点，加快推动化工行业安全生产数据资源库和省级中心平台建设。实行安全生产工作一票否决制度，对发生重大安全生产事故的沧州经开区取消全省示范经开区申报资格。

（五）牢树绿色理念。河北省生态环境厅牵头，印发《关于进一步强化规划环评和项目环评文件编制过程管理工作的通知》《关于开展规划环评监管工作回头看的通知》等文件，对全省开发区及产业园区开展规划环评审查；强化对新设立省级以上经开区污水集中处理设施建设情况调度和现场督导；按月通报开发区环境质量状况；按月印发开发区环境质量状况及污水排放达标率情况排名通报；持续推进经开区清洁生产，53家区内企业实施强制性清洁生产审核；狠抓“散乱污”企业整治，健全完善长效监管机制，常态化开展排查整治，开发区内未发现“散乱污”企业；开展宣贯培训，组织召开全省规划环评培训会议，解读规划环评法律法规、工作要求，提高开发区相关业务和政策水平。

（六）搞好督导考核。河北省开发区改革发展领导小组办公室多次赴部分市县和重点经开区、综保区督查指导工作，协调解决重点问题。根据商务部办公厅《关于2021年国家级经济技术开发区综合发展水平考核评价数据报送有关工作的通知》（商办资函〔2021〕310号）要求，省商务厅对全省7家国家级经开区上报商务部系统的有关数据、证明材料等逐一进行了初审，并将初审报告报商务部外资司；坚持按月通报全省经开区主要经济指标排名，表扬先进、督促后进；不断研究完善开发区数据测算方法，持续加大统计执法监督检查力度，确保数据统计及时准确完整。按照省委、省政府要求，根据2020年省委领导干部考核小组新的开发区考核办法，精心组织实施新的全省开发区综合考核，严格按照新考核办法的指标体系和评估标准形成考核结果，经审核后下发《2020年度全省开发区综合考核结果通报》，向各开发区反馈具体考核结果，明确告知各个指标最高值、最低值、平均值和开发区实际值，督促开发区明确整改方向，补短板强弱项。

（河北省商务厅开发区管理处）

# 2021年江苏省开发区发展情况综述

**【概况】**江苏作为沿海开放地区，是最早建设开发区的省份之一，江苏开发区经过40多年的建设，经济实力不断增强，新兴动能快速发展，统筹疫情防控和经济社会发展取得显著成效，是推动全省双向开放、高质量发展的主力军。截至2021年末，江苏省现有省级及以上开发区158个，其中，国家级47个，省级111个。在国家级开发区中，经济技术开发区27个，高新技术产业开发区17个，旅游度假区2个，保税港区1个。

2021年，江苏省开发区坚持以习近平新时代中国特色社会主义思想为指导，全面贯彻党的十九大和十九届历次全会精神，认真落实习近平总书记对江苏工作的重要指示要求，按照党中央、国务院和省委省政府决策部署，坚持稳中求进工作总基调，扎实推进“六稳”工作，全面落实“六保”任务，经济实力不断增强，新兴动能快速发展，全省开发区经济运行呈现稳定向好态势，为全省经济社会的平稳健康、高质量发展提供了重要支撑和坚实保障。

**【综合情况】**2021年，江苏省158家开发区（不含筹建开发区，下同）实现业务总收入312 144.0亿元，同比增长18.7%，地方一般公共预算收入5 587.5亿元，同比增长10.2%。国家级开发区实现业务总收入166 536.9亿元，地方一般公共预算收入3 224.1亿元，同比分别增长15.9%和8.3%。全省共有545家上市企业落户开发区，其中国家级有332家上市企业。全省开发区呈现出在高平台上稳步发展。

**【工业经济】**江苏省开发区结合自身特点，围绕转型升级目标，着力加快重点产业发展，产业结构不断调整、优化和集聚，产业规模稳步增长。2021年，全省开发区完成重点产业增加值同比增长17.8%，其中，国家级开发区完成重点产业增加值同比增长17.5%。

**【固定资产投入】**2021年，江苏省开发区完成固定资产投资同比下降1.9%，其中工业项目固定资产投资同比增长为4.0%。国家级开发区完成固定资产投资同比下降1.1%，工业项目固定资产投资同比增长3.8%。区内营业收入20亿元以上的“四上”（指规模以上工业企业、资质等级建筑业企业、限额以上批零住餐企业、国家重点服务业企业，全书同）企业数1 074家，其中649家落户国家级开发区。

**【招商引资】**2021年，按省统计口径，江苏省开发区实际使用外资298.3亿美元，同比增长25.8%，高于全省9.5百分点，占全省比重90.4%；其中国家级开发区实际使用外资161.9亿美元，同比增长13.2%。新批外商投资企业3 424家，同比增长17.7%，占全省比重80.8%，其中，国家级开发区新批外商投资企业1 954家，同比增长18.9%。区内共引进跨国公司总部和功能性机构302家，占全省比重91.2%，其中，国家级开发区241家，占全省比重72.8%。

开发区吸引内资企业规模在高平台上快速增长。2021年，全省开发区新增内资企业注册资本22 048.1亿元，同比增长17.4%，其中工业项目注册资本5 206.4亿元，同比增长21.6%。国家级开发区新增内资企业注册资本12 064.1亿元，同比增长8.7%，其中工业项目注册资本2 328.3亿元，同比增长28.7%。区内新增内资企业249 899家，同比增长16.8%，其中国家级开发区新增内资企业153 670家，同比增长13.9%。

【对外贸易】2021 年，江苏省开发区实现进出口总额、出口额和进口额分别为 6 495.5 亿美元、4 011.2 亿美元和 2 484.3 亿美元，同比分别增长 34.9%、36.6% 和 32.3%，分别高于全省 9.4、9.5 和 9.3 个百分点，分别占全省的 80.5%、79.7% 和 81.9%，其中高新技术产品进出口额 2 634.7 亿美元，占全省比重 88.4%，民营企业进出口额 2 344.6 亿美元，占全省比重 75.5%。国家级开发区实现进出口总额和出口额分别为 5 022.6 亿美元和 3 054.9 亿美元，同比分别增长 32.2% 和 35.5%，其中高新技术产品进出口额 2 406.6 亿美元，占全省比重 80.7%，民营企业进出口额 1 523.9 亿美元，占全省比重 49.1%。

【科技创新】江苏省开发区不断增强科技引领实施创新驱动。现有高新技术企业 28 691 家，同比增长 13.0%，高新技术企业产值同比增长 16.1%。省级以上研发机构共 8 359 家，同比增长 23.6%。年度 PCT 专利申请量 4 794 件，占全省比重 66.9%。发明专利授权量 34 812 件，同比增长 38.1%，占全省比重 50.6%。集聚省"333 高层次人才培养工程"、中国科学院"百人计划"（不含区内各类高校）等省级以上领军人才 7 805 人。区内共有智能车间 1 448 个、智能工厂 48 家、"专精特新"小巨人企业数 828 家(不含产品数)，占全省比重分别为 88.3%、92.3% 和 54.5%。

【社会贡献】2021 年，江苏省开发区期末从业人员 1 947.5 万人，同比增长 8.9%，其中工业从业人员 914.4 万人，同比增长 1.2%；境外人士在职人员 13.6 万人，同比增长 2.8%。国家级开发区期末从业人员 912.4 万人，同比增长 2.9%，其中工业从业人员 476.1 万人，同比增长 2.0%；境外人士在职人员 6.3 万人，同比下降 0.8%。

【生态环境】2021 年，江苏省开发区坚持绿色低碳循环发展，污染防治力度不断加大，节能减排成效显著。通过优化"两高"产业布局，区内工业综合能耗同比下降 0.1%，重点产业增加值占全区 GDP 比重 52.4%。全省 158 家开发区中获批建设国家级生态工业示范园 28 家，占全国总数的 29.5%，其中 23 家正式命名，占全国总数的 35.4%。

【平台载体】江苏省紧紧围绕省委、省政府"一特三提升"的工作目标，探索竞合发展实践路径，建设一批优质平台，推动全省开发区建设成为现代产业园区。截至 2021 年底，先后认定 72 家省级特色创新示范园区、35 家省级智慧园区、18 家省级国际合作园区，充分发挥推动开发区加快特色创新产业集聚、加快提升开发区信息化水平、深化国际合作双向开放的载体平台作用，推动全省高质量发展。

**分区域业务总收入和一般公共预算收入完成情况**

| 地区 | 业务总收入（亿元） | 同比（%） | 一般公共预算收入（亿元） | 同比（%） |
|---|---|---|---|---|
| 全省 | 312 144.0 | 18.7 | 5 587.5 | 10.2 |
| 苏南 | 191 747.2 | 14.9 | 3 827.6 | 10.7 |
| 苏中 | 56 247.1 | 5.1 | 796.0 | 10.0 |
| 苏北 | 64 149.7 | 50.6 | 963.9 | 8.7 |

**重点产业增加值排位前 8 位的行业发展速度**

| 产业名称 | 完成增加值（%） |
|---|---|
| 计算机、通信和其他电子设备制造业 | 17.4 |
| 电气机械及器材制造业 | 20.4 |
| 通用设备制造业 | 16.3 |
| 化学原料及化学制品制造业 | 23.2 |
| 汽车制造业 | 16.7 |
| 黑色金属冶炼和压延加工业 | 13.3 |
| 专用设备制造业 | 19.5 |
| 医药制造业 | 12.4 |

注：① 重点产业增加值：指以《国民经济行业分类与代码》（GB/T4754-2011）的大类划分，并且增加值排在前三位的 3 个行业增加值的总和，同口径计算增速。② 开发区主要经济指标来自省有关部门数据和各开发区上报汇总核实数，进出口等外贸数据来自海关；计算方法是与上年同期相比；增加值计算为现价，增速为名义增速。

（江苏省开发区协会）

# 2021年浙江省开发区发展情况综述

**【概况】** 2021年，浙江省有国家级经济技术开发区22个，海关特殊监管区12个，省级经济开发区69个，参照省级开发区管理单位8个，开发区数量位居全国前列，发展质量不断攀升。全年开发区实际利用外资91.97亿美元，比上年增长3.59%；实现进出口总额18 502.95亿元，增长3.82%，其中：出口额14 367.95亿元，增长6.29%；进口额3 978.25亿元，下降7.60%。实现财政收入5 767.83亿元，增长20.89%。开发区固定资产同比增长11.88%。全省开发区以7.40%的占地，实现占37.67%的税收收入、44.68%的外贸总额、50.14%的利用外资。

**【国家级平台】** 2021年，浙江省22个国家级经济技术开发区在全国230个国家级经济技术开发区考核中整体态势持续向好，平台能级进一步提高，经济贡献度不断攀升。国家级经济技术开发区全国综合排名前三十的数量位居全国第二，杭州、嘉兴、余杭、宁波4家经开区进入全国三十强，较上一年度增加2家。杭州、嘉兴、余杭3家经开区进入利用外资十强。

2021年，全省8家海关特殊监管区参加海关总署2020年全国海关特殊监管区域发展绩效评估。全国134家海关特殊监管区中，浙江省宁波保税区、杭州综保区综合排名保持全国A类，分别位列第11、12位，其余6家为B类(温州、义乌、绍兴、台州4家新设未满一年的综保区不参加绩效评估)。

**【开发区特色】** 山区26县开放平台共建。2021年，浙江省商务厅全面贯彻落实党中央国务院关于高质量发展建设共同富裕示范区的决策和省委省政府关于推进山区26县跨越式高质量发展的部署，以山海协作为基础，以产业相关为原则，推动先进开发区与山区26县开放平台共建发展。指导山区26县创建经济开发区，推动浙江省25个先进地区开发区与山区26县开发区签订共建合作结对协议，推进结对共建。联合省山海协作领导小组办公室等10部门出台《关于推进山区26县开放平台共建发展的指导意见》，联合省发改委出台云和县、衢江区“一县一策”。

深化产业链“链长制”。2021年，浙江省经济开发区实现规上工业增加值14 122.10亿元，同比增长26.59%，占全省的69.75%。在“链长制”推动下，千亿级平台不断壮大，产业布局日趋优化。电气机械和器材制造业、汽车制造业、化学原料和化学制品制造业仍是浙江省开发区主导产业，发展稳中有进。新能源汽车、新材料、新能源等战略新兴产业蓬勃发展。2021年度，按照全省十大标志性产业链，浙江省开发区产业链“链长制”试点示范新增15条，截至2021年，全省开发区产业链“链长制”试点达81条。积极探索建立绿色产业链“链长制”试点6条和“双链长制”试点6条，以“链长制”推进开发区招商引资、招大引强。

继续推进开发区“争先进位”；修订《浙江省经济开发区综合评价办法》，并经省政府办公厅印发。组织开展2020年度全省经济开发区和国际产业合作园的年度综合评价，依据评价结果，推进开发区“争先进位”。按照省政府工作报告关于“高质量建设国际产业合作园”决策部署，印发《浙江省国际产业合作园综合评价办法（2021)》。

（浙江省开发区研究会）

# 2021年广东省工业园区发展情况综述

广东省积极构建“一核一带一区”区域发展格局，以工业园区作为产业发展的重要载体。2021年全省以发展工业为主的高新区、经开区、省产业园、综合保税区等省级以上工业园区共161个，其中，“一核”园区71个、“一带”东西两翼园区50个、“一区”园区40个。

161个省级以上工业园区实现规上工业产值超6万亿元，约占全省的四成。近年来，广东省工信厅主动会同有关部门以“核”“带”“区”主体功能定位为引领，持续优化工业园区布局、推动城产融合发展，进一步提升园区承载能力、增强内生发展动力，助力“一核一带一区”区域发展格局。

在省产业园建设方面，2021年省产业园数量已达94个，主要经济指标增速超全省平均水平；1—10月，全省产业园实现规上工业增加值2 477亿元，同比增长35.8%，较全省同期(11%)高24.8个百分点；同时，我省积极引进一批百亿元以上重大项目落户产业园区，如广州的华星T9项目、深圳的中芯国际12英寸芯片项目、珠海的格力电器高栏产业园项目、肇庆的瑞庆时代项目（宁德时代肇庆项目）、湛江的巴斯夫一体化项目等，以龙头企业、重大项目带动产业集聚发展。此外，我省指导推进韶钢“厂区变园区”改造升级，经省政府同意批复设立“广东省韶钢产业园”。

在工业园区提质增效方面，2020年印发的《关于推动工业园区高质量发展的实施方案》提出了“一核一带一区”园区差异化的发展路径：“一核”的园区专注发展先进制造业、提升创新能力，“一带”的园区发展沿海大产业、构建世界级沿海产业带，“一区”的园区合理控制开发规模、发展绿色低碳特色产业，持续推动“核”“带”“区”打好特色牌、协作牌。数据显示，2021年1—10月，全省产业园完成工业项目固定资产投资1 415亿元，新落地工业项目981个、同比增长21%，新投产工业项目659个、同比增长42%，其中，亿元以上工业项目分别为420个、146个。全省产业园规上工业增加值占粤东粤西粤北地区比重超过四成，较去年同期（36.5%）提高4个百分点；1—10月，26个省产业园产值超百亿元，其中，湛江产业园、珠海（阳江）产业园产值突破千亿元；汕头产业园、中山(潮州)产业园、江门蓬江产业园、珠海（阳江）产业园、广州花都（清新）产业园、湛江产业园、江门鹤山产业园等百亿园区工业增加值增速较快，高于省产业园总体水平(35.8%)；肇庆大旺产业园完成工业固定资产投资超百亿元，工业投资活跃。

在推动战略性产业集群建设发展方面，相继出台一系列政策法规，高起点培育20个战略型产业集群，增强产业链供应链自主可控能力，提升产业发展竞争力。按照《关于组织申报省产业园和特色产业园的工作方案》，全省培育打造高水平的园区发展平台。组织评审特色产业园区，广州花都经济开发区（汽车）、深圳（河源）产业转移工业园（移动智能终端）、江门蓬江产业转移工业园（健康食品）等19个产业园区被授予首批“广东省特色产业园”。

在建设大型产业集聚区方面，2021年印发的《关于优化国土空间布局推动形成若干大型产业集聚区的意见》，推动形成珠海、汕头、佛山、中山、江门、湛江、肇庆等7个大型产业集聚区，打造制造业高质量发展的新增长极。

目前，广东省财政已安排21亿元专项资金、省自然资源厅预安排万余亩用地指标，支持大型产业集聚区基础设施建设。

在村镇工业集聚区升级改造方面，2021—2023年广东省村镇工业集聚区升级改造攻坚战三年行动计划，将着力为产业发展腾挪新的空间。广东省工信厅与省自然资源厅计划组织开展村改示范项目的评选，计划将村改整理的土地空间打造成土地利用高效、建筑风貌美观、产业优势凸显、运营管理专业的现代化产业园区。

（广东省工业园区协会）

# 2021年山东省开发区发展情况综述

**【运行概况】**2021 年，山东省 160 个开发区（含 16 个国家级经济技术开发区、21 个高新技术产业开发区、123 个省级经济开发区）实际吸收外国及中国港澳台地区投资 162.8 亿美元，占全省吸收境外投资的 75.6%，增长 22.3%，高于全省平均水平 0.4 个百分点。实现货物进出口 21 314.9 亿元，占全省货物进出口总值 72.8%，增长 33.6%，高于全省平均水平 1.2 个百分点。

**【明水经济技术开发区】**2021 年，明水经济技术开发区实现生产总值 615.1 亿元，较上年增长 7.7%；实现公共财政预算收入 37.8 亿元，增长 13.1%；完成固定资产投资 175 亿元，增长 15.6%；吸收外国及中国港澳台地区投资 2.872 5 亿美元，增长 212.8%；实现货物进出口 84.98 亿元，增长 31.3%。

**【青岛经济技术开发区】**2021 年，青岛经济技术开发区实现生产总值 2 530 亿元，较上年增长 10.3%；实现一般公共财政预算收入 218 亿元，增长 9.2%；完成固定资产投资 930 亿元，增长 6.9%；吸收外国及中国港澳台地区投资 10.8 亿美元，增长 12.9%；实现货物进出口 2 785 亿元，增长 39.7%。

**【胶州经济技术开发区】**2021 年，胶州经济技术开发区实现生产总值 450 亿元，较上年增长 27.8%；一般公共财政预算收入较上年增长 13%；固定资产投资较上年增长 37.1%；吸收外国及中国港澳台地区投资较上年增长 37.3%；货物进出口较上年增长 68.6%。

**【滕州经济技术开发区】**2021 年，滕州经济技术经济技术开发区实现地区生产总值 403.2 亿元，同比增长 7.4%；实现一般公共财政预算收入 35.4 亿元，增长 14.9%；完成固定资产投资 71.2 亿元，增长 9.7%；吸收外国及中国港澳台地区投资 0.76 亿美元，增长 33.9%；实现货物进出口 26.6 亿元，增长 11.2%。

**【东营经济技术开发区】**2021 年，东营经济技术开发区实现生产总值 499.8 亿元，较上年增长 12.5%；实现一般公共财政预算收入 38.2 亿元，增长 6%；完成固定资产投资 139.8 亿元，增长 19.3%；吸收外国及中国港澳台地区投资 1.2 亿美元，增长 59%；实现货物进出口 192.76 亿元，增长 102.2%。

**【烟台经济技术开发区】**2021 年，烟台经济技术开发区实现生产总值 2 002.1 亿元，较上年增长 13.3%；实现一般公共财政预算收入 120 亿元，增长 12.5%；完成固定资产投资 544.4 亿元，增长 7.1%；吸收外国及中国港澳台地区投资 7.8 亿美元，增长 4.8%；实现货物进出口 1 802.9 亿元，增长 20%。

**【招远经济技术开发区】**2021 年，招远经济技术开发区实现生产总值 366.2 亿元，较上年增长 5.3%；实现一般公共财政预算收入 41.9 亿元，增长 2.0%；完成固定资产投资 151.6 亿元，增长 21.2%；吸收外国及中国港澳台地区投资 1.7 亿美元，增长 20.1%；实现货物进出口 194.5 亿元，增长 17.7%。

**【潍坊滨海经济技术开发区】**2021 年，潍坊滨海经济技术开发区生产总值较上年增长 9.5%；一般公共财政预算收入增长 11.4%；固定资产投资增长 15.5%；外国及中国港澳台地区投资增长 133%；货物进出口增长 32.4%。

**【威海经济技术开发区】**2021 年，威海经济技术开发区实现生产总值 380.72 亿元，较上年增长 10%；实现一般公共财政预算收入 28.87 亿元，增长4.6%；完成固定资产投资193.81亿元，增长2.2%；吸收外国及中国港澳台地区投资3亿美元，增长8.12%；实现货物进出口491.9亿元，增长32.1%。

**【威海临港经济技术开发区】**2021年，威海临港经济技术开发区实现生产总值125.47亿元，较上年增长17.7%；实现一般公共财政预算收入10.07亿元，增长17.2%；完成固定资产投资128.1亿元，增长21.5%；吸收外国及中国港澳台地区投资1.83亿美元，增长48.4%；实现货物进出口219.5亿元，增长37.6%。

**【日照经济技术开发区】**2021年，日照经济技术开发区实现生产总值406.9亿元，较上年增长15.6%；实现一般公共财政预算收入29.7亿元，增长19.4%；完成固定资产投资174.4亿元，增长8.6%；吸收外国及中国港澳台地区投资3.65亿美元，增长48.6%；实现货物进出口476.59亿元，增长46.5%。

**【临沂经济技术开发区】**2021年，临沂经济技术开发区实现地区生产总值270亿元，较上年增长10%；实现一般公共预算收入25.1亿元，增长21%，完成固定资产投资150.2亿元，增长10.1%；吸收外国及中国港澳台地区投资1.01亿美元，增长41.1%；实现进出口总额144亿元，增长58%。

**【德州经济技术开发区】**2021年，德州经济技术开发区实现生产总值390.84亿元，较上年增长8.6%；实现一般公共财政预算收入34.24亿元，增长15.3%；完成固定资产投资144.43亿元；吸收外国及中国港澳台地区投资8 398亿美元，增长31.4%；实现货物进出口133.25亿元，增长29.34%。

**【聊城经济技术开发区】**2021年，聊城经济技术开发区实现生产总值290亿元，较上年增长12%；实现一般公共财政预算收入22亿元，增长16.4%；完成固定资产投资89.41亿元，增长12.4%；吸收外国及中国港澳台地区投资1.67亿美元，增长87%；实现货物进出口87.78亿元，增长75%。

**【邹平经济技术开发区】**2021年，邹平经济技术开发区实现生产总值370亿元，较上年增长8.6%；实现一般公共财政预算收入30亿元，增长10.2%；完成固定资产投资90.7亿元，增长19.2%；吸收外国及中国港澳台地区投资2.1亿美元，增长46.1%；实现货物进出口208.4亿元，增长9.5%。

**【滨州经济技术开发区】**2021年，滨州经济技术开发区实现生产总值较上年增长6.8%；一般公共财政预算收入增长13.5%；完成固定资产投资增长17.7%；吸收外国及中国港澳台地区投资1.18亿美元，增长120%；实现货物进出口152亿元，增长40%。

**【海关特殊监管区域运行概况】**2021年，山东省境内实有海关特殊监管区域13家，分别是济南综合保税区、济南章锦综合保税区、青岛前湾综合保税区、青岛胶州湾综合保税区、青岛西海岸综合保税区、青岛即墨综合保税区、淄博综合保税区、东营综合保税区、烟台综合保税区、潍坊综合保税区、威海综合保税区、日照综合保税区、临沂综合保税区。2021年全年实现货物进出口4 884.2亿元，增长93.8%，增幅高于全省平均水平61.4个百分点，进出口额占全省进出口总额的16.7%，较上年提高5.2个百分点。进出口规模在全国各省区市海关特殊监管区域中列第7位，进出口增幅在前十位省市中列第1位。实际吸收外国及中国港澳台地区投资13.5亿美元，增长159.6%。

**【海关特殊监管区域业务拓展】**2021年，济南综合保税区、济南章锦综合保税区、青岛前湾综合保税区、青岛西海岸综合保税区、青岛胶州湾综合保税区、烟台综合保税区、东营综合保税区、潍坊综合保税区、威海综合保税区、临沂综合保税区、日照综合保税区等11家综合保税区开展了保税维修业务，维修业务进出口额合计23.5亿元，13家综合保税区全部开展跨境电商业务，跨境电商业务进出口额合计527.7亿元。2021年，济南章锦综合保税区、青岛西海岸综合保税区、烟台综合保税区、淄博综合保税区等4家综合保税区获批开展增值税一般纳税人资格试点。

**【海关特殊监管区域管理体制】**山东省海关特殊监管区域管理体制不一。青岛前湾综合保税区、烟台综合保税区和潍坊综合保税区管委会为山东省人民政府派出机构，由所在地人民政府代管。临沂综合保税区、东营综合保税区、威海综合保税区、日照综合保税区、淄博综合保税区管委会为当地政府派出机构。济南高新技术产业开发区管委会加挂济南综合保税区管委会牌子；济南章锦综合保税区由济南综合保税区管委会管理。青岛胶州湾综合保税区由青岛市城阳区政府管理；青岛西海岸综合保税区由青岛前湾综合保税区管委会代管；青岛即墨综合保税区管委会为青岛市即墨区政府派出机构，与青岛蓝谷高新技术产业开发区管委会合署办公。

（山东省商务厅开发区处）

# 2021年湖南省产业园区发展情况综述

产业园区是湖南省推动中部地区崛起和长江经济带发展的重要载体，是培育产业新动能、增长实体经济、提升城市竞争力的重要平台。在省委、省政府的坚强领导下，湖南省各级各类园区坚持以习近平新时代中国特色社会主义思想为指导，全面贯彻落实党的十九大和十九届历次全会精神，深入贯彻习近平总书记考察湖南重要讲话精神，全面落实“三高四新”战略定位和使命任务，以创建“五好”园区为重要抓手，坚持高质量产业发展方向，规划定位立本，不断开放引领、推动科技创新、优化产业升级、健全体制机制、营造良好发展环境，成为全省经济高质量发展的样板区和产业强省的主引擎，走出了一条湖南特色的园区发展道路。

## 一、2021 年湖南省产业园区基本情况

2021 年是厚积成势、跨越突破的一年，湖南省产业园区踔厉奋发，笃行不怠，奋楫争先，以卓越的发展速度和量效齐升的发展质量，在“十四五”开局之年交出了一份优秀的答卷，向建党一百周年献上了一份厚礼。

截至 2021 年底，湖南省拥有各类省级及以上产业园区 144 家，其中国家级园区 23 家，省级园区 121 家。从产业园区类型来看，省级产业开发区 44 家；其次为省级高新区 42 家，省级经开区 35 家，国家级高新区 8 家，国家级经开区 10 家，国家级综合保税区 5 家。从区域分布来看，大湘西地区国家级园区 3 家、省级园区 41 家；湘南地区国家级园区 5 家、省级园区 33 家；长株潭地区国家级园区 10 家、省级园区 22 家；洞庭湖地区国家级园区 5 家、省级园区 25 家，园区布局实现了市、县、区全覆盖。从各园区技工贸收入规模来看，大于 1 000 亿元的有 15 家、500 亿～ 1 000 亿元的有 19 家、100 亿～ 500 亿元的有 66 家、小于 100 亿元的有 39 家（以纳入统计的 139 家园区为基数），全省产业园区持续发展能力不断增强，在全省经济发展中走在前列。

湖南省产业园区区域分布情况

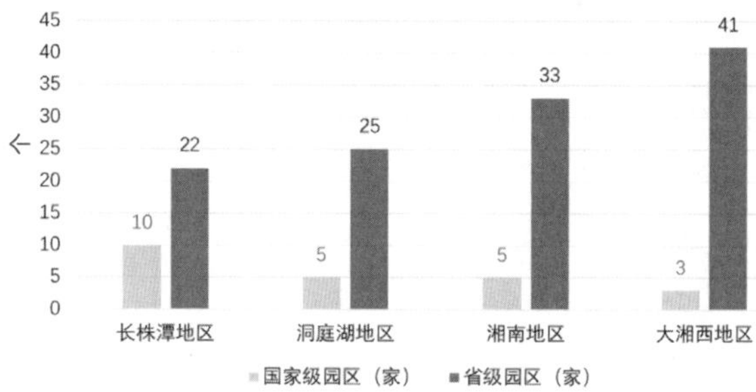


（一）开启“五好”园区创建新征程。省委、省政府高度重视产业园区建设工作，2021 年 6 月，在浏阳召开了有史以来最高规格的全省产业园区高质量发展推进会，会上提出创建“五好”园区的新目标，出台园区高质量发展“1+3”政策体系（即《关于创建“五好”园区推动新发展阶段园区高质量发展的指导意见》，以及《创建“五好”园区推动新发展阶段园区高质量发展的若干政策》《湖南省省级及以上产业园区评价办法》《湖南省“十四五”产业园区发展规划》），进一步明确园区发展路径，强化实施保障，以更大力度、更实举措吹响产业园区高质量发展“冲锋号”。

（二）迈上高质量发展新台阶。2021 年全省各级党委政府深入贯彻省委省政府关于支持园区发展的各项政策精神，聚焦“五好”园区

创建目标，召开专题会议，对“五好”园区建设工作进行研究部署，坚持规划引领，出台了关于“五好”园区创建的实施方案，强化绩效考评，“以亩产论英雄”“用实绩比高低”，狠抓园区各项工作落实落地，以高质量发展成果展现园区担当和作为，形成了如火如荼的“五好”园区创建新局面，涌现出了浏阳经济技术开发区、长沙高新技术产业开发区、株洲高新技术产业开发区、常德经济技术开发区、长沙经济技术开发区、江华高新技术产业开发区、长沙雨花经济开发区、宁乡高新技术产业园区、桃源高新技术产业开发区、常宁水口山经济开发区等一大批先进园区，提供了众多可复制、可推广的园区高质量发展创新经验。

（三）实现综合实力新跨越。在常态化疫情防控大背景下，全省产业园区砥砺向前，努力实现各项指标稳定高效增长，园区综合实力持续攀升。截至2021年末，纳入统计的139家省级及以上产业园区实现技工贸总收入57 215.59亿元，较上年增长13.7%；实现生产总值15 871.71亿元，较上年增长11.7%，实现利润总额2 668.51亿元，较上年增长9.4%；上交税金总额1 964.41亿元，较上年增长11.3%；各类入园企业69 852个，较上年增长11.3%。全省省级及以上产业园区规模工业增加值增长10.1%，快于规模工业增速1.7个百分点，占规模工业比重为69.8%，较上年提高2.6个百分点。湖南省产业园区以占全省约0.51%的国土面积，产出了34.5%的地区生产总值，69.8%的规模工业增加值，69%的实际利用外资，对全省经济增长发挥重要的推动作用，成为支撑和稳定区域经济增长的中坚力量。

## 二、2021年湖南省产业园区发展成效

2021年面对百年变局和世纪疫情，湖南省产业园区以“五好”园区创建为导向，推动经济发展稳步向前，发展格局持续优化，创新活力不断释放，产业发展韧性彰显，发展水平再上新台阶。

（一）规划定位逐步清晰，整合升级步伐加快。全省产业园区按照国家级园区“两主一特”、省级园区“一主一特”的原则，科学确定主导产业、优势产业、特色产业和未来产业。空间布局不断优化，规划形态、园区业态、产业生态“三态”协同发展。2021年，全省园区主导产业主营业务收入35 165.2亿元，较上年较上年增长18.2%，工业增加值10 539.32亿元，占园区生产总值的66.4%，工业利润总额2 105.1亿元，占园区利润总额的78.9%。2021年6月国务院正式批复永州经济技术开发区、邵阳经济技术开发区由省级园区升级为国家级经济技术开发区，为全省推进“三高四新”战略及经济高质量发展注入了新动力。

（二）创新驱动提质增效，平台承载不断增强。全省产业园区不断强化建设高科技园区的使命感、紧迫感，集聚创新资源要素，集成创新政策措施，以科技创新为引领，攻坚克难、扎实奋进，奋力开拓科技创新工作新局面。2021年，全省产业园区省级及以上研发机构数、众创空间孵化器在孵企业数分别达到2 088个和452个，较上年增长10.9%和22.5%。专利申请授权29 014件，高新技术产业企业10 077个，较上年增长17.8%，高新技术产业增加值7 048.86亿元，较上年增长15.4%，高新技术产业主营业务收入27 991.59亿元，较上年增长18.1%，高新技术产业企业从业人员157.18万人，较上年增长1.2%。

（三）产业集聚不断壮大，项目建设纵深推进。产业是经济发展的核心命脉，是立国之本、强省之基。2021年湖南制造业已形成了3个万亿级产业、14个千亿级产业以及3大世界级产业集群，拥有工程机械、先进轨道交通装备、中小航空发动机及航空航天装备、电子信息和新材料等一批优势产业集群。全省产业园区立足“一条产业链、一名省领导、一套工作机制”工作思路，二十条工业新兴优势产业链得以加快发展。2021年全省坚持将抓项目、稳投资作为促进经济平稳运行的关键抓手，分批次集中

开工重大项目，新开工重大项目 3 445 个，总投资额超 1.6 万亿元，主要集中在重大产业链、科技创新、重大基础设施和公共服务等领域，其中 90% 以上的项目落在产业园区，在“含金量”“含新量”上再创新高。

（四）体制机制日趋完善，干事创业活力突显。2021 年，各产业园区积极寻求破解园区建设发展的体制机制障碍，开展一系列改革措施。一是创新符合园区工作的管理体制，合理设置园区管理机构，聚焦经济管理、投资服务和产业发展等主责主业。二是支持园区市场化建设运营，强化园区经济功能定位，推进生产要素市场化高效配置，推动实体经济发展，深化产业用地市场化改革。三是加强领导班子和人才队伍建设，探索推行市场化薪酬制度和绩效工资制度，切实激发园区活力，优化园区发展环境，形成了一个强动能、增后劲、惠民生的蓬勃发展态势。立足选优配强园区领导班子要求，郴州市 9 个县市园区党工委书记由县市区委常委、副县市区长担任，形成了县市区主要领导亲自抓园区建设的局面，干事创业活力显著增强。

（五）发展环境持续优化，招商引资成效显著。全省以推进简政放权为出发点，深化园区行政审批改革，大力推进政务服务信息化水平，全面整合园区信息服务资源，进一步促进了园区审批服务提质、企业办事提速，着力强化公平竞争环境，打造最优营商环境。2021 年全省产业园区完成固定资产投资 12 284.07 亿元，较上年增长 11.6%；实现招商引资 5 147.98 亿元，较上年增长 36.7%；实际使用外资 16.62 亿美元，增长 110.1%；产业投资 10 115.94 亿元，较上年增长 13.8%，进出口总额 4 584.57 亿元，较上年增长 21.4%；外商投资企业 1 072 个，较上年增长 3.7%；园区开放型经济再创新高，持续优化营商环境“强磁场”效应不断释放。2021 年全省产业园区狠抓安全生产及环境保护工作，不断完善应急管理机制，持续筑牢安全防控底线，积极实施环境污染治理，强化绿色发展理念，推动园区发展从追求经济总量扩张向绿色化、低碳化、安全化、循环化转型。

2021 年是中国共产党成立第一百周年，是党和国家历史上具有里程碑意义的一年，湖南省产业园区以创建“五好”园区推动新发展阶段高质量发展为引领，坚持稳中求进工作总基调，全面落实“三高四新”战略定位和使命任务，统筹疫情防控和经济社会发展，扎实做好“六稳”工作，全面落实“六保”任务，积极有效应对各种困难挑战，经济运行稳中有进、稳中提质，社会大局和谐稳定，实现了“十四五”良好开局。

（湖南省开发区协会）

# 2021年安徽省开发区发展情况综述

“十四五”以来，安徽省开发区认真贯彻落实中央及安徽省委、省政府各项部署要求，进一步聚焦经济发展主责主业，积极推进“双招双引”，探索园区体制机制创新，奋力推进园区高质量发展，为全省经济高质量发展和“十四五”开好局起好步发挥了不可替代的作用。

截至2021年，安徽省共有13家国家级经开区，数量居全国第四、中西部第一。根据商务部公布的2021年国家级经开区综合发展水平考核评价结果，在全国217家国家级经开区中，合肥经开区综合排名位列全国第10位、中西部第1位，利用外资单项排名位列全国第5位；芜湖经开区全国综合排名第13位、中西部第2位。2021年，安徽省国家级经开区完成外贸进出口总额389.6亿美元、实际使用外资39.6亿美元，分别同比增长43.9%、22.2%，分别占全省比重为36.4%和20.5%。

科技创新方面，国家级经开区已成为安徽省科技创新的重要平台与高新技术成果转化的重要基地，长鑫存储、蔚来汽车、奇瑞智能网联“未来工厂”、惠科光电等一批重大项目在全省国家级经开区落户或投产。

国际合作产业园、自贸区是安徽开发区的“热词”。国家级经开区主动适应对外开放新形势和国际产业转移新趋势，以“区中园”方式设立了4家国际合作产业园。此外，安徽省共获批5家综合保税区，其中3家位于国家级经开区。合肥经开区、芜湖经开区分别启动安徽自贸试验区片区建设。

截至2021年底，累计已有56家境外世界500强企业在省国家级经开区投资设立了66家企业，分别占全省总量的62.9%、38.8%。大众、大陆、采埃孚、庞巴迪等一批重大外商投资项目的落地生根，为全省经济高质量发展提供了有力支撑。

此外，全省开发区坚守生态保护“红线”，严守生态质量“底线”，全面打响大气、水、土壤污染防治“三大战役”；同时坚持走产城融合发展之路，加快推动物流信息、科技支撑、创业孵化、金融咨询、电子商务、商贸旅游、医疗养老、文化教育等生产性服务业平台建设，国家级经开区综合承载能力不断增强、综合服务能力不断提高。

“十四五”时期，安徽省国家级经开区发展进入以改革创新求突破、以转型升级求发展的关键时期。2021年，安徽开发区实现经营(销售)收入5.56万亿元，增长23%。经营（销售）收入超1 000亿元的园区达到9家，2 000亿元以上开发区达到4家。

下一步，安徽省商务厅将全力提升园区综合发展水平，贯彻落实商务部印发的《国家级经济技术开发区综合发展水平考核评价办法(2021年版)》，引导国家级经开区找准差距不足，精准锻长补短，提高综合发展水平，推动安徽省排名靠前的国家级经开区继续争先进位。同时，指导做好省级开发区申报国家级经开区培育和升级工作，编制印发《安徽省国家级经济技术开发区“十四五”发展规划》，及时总结推广新经验新做法，确保规划目标任务有序推进、如期完成。

（来源：《市场星报》）

# 2021年福建省开发区发展情况综述

2021年，福建省开发区坚持以习近平新时代中国特色社会主义思想为指导，认真贯彻落实国务院《关于推进国家级经济技术开发区创新提升打造改革开放新高地的意见》《关于促进国家高新技术产业开发区高质量发展的若干意见》《关于促进综合保税区高水平开放高质量发展的若干意见》，以及省政府《关于促进开发区高质量发展的指导意见》《关于实施工业（产业）园区标准化建设推动制造业高质量发展的指导意见》等文件精神，聚焦“三提三效”，统筹疫情防控和经济社会发展，加快推动开发区质量变革、效率变革、动力变革，开发区建设发展取得新成效。

一是经济总量较快增长。全省开发区实现地区生产总值1.88万亿元，增长14.3%，占全省比重为38.6%；实现规模以上工业增加值1.01万亿元，增长15.3%，占全省比重56.6%。实现税收收入（不含海关代征，下同）1 572.65亿元，增长20.6%，占全省比重32.4%。二是投资聚集效应凸显。全省开发区实现公共基础设施建设投资总额1 886.08亿元，较上年增长12.9%。省级工业龙头企业450家，较上年增加101家，占全省60.2%。全省开发区户均产业集聚水平为83.3%，较上年提高2.9个百分点。三是土地利用集约增效。全省开发区工业用地固定资产投入强度552.44万元/亩，增长18.4%；户均综合容积率达1.11，较上年提高3.5个百分点。全省开发区工业用地地均税收28.10万元/亩，增长19.5%。四是创新动能持续增强。新认定国家高新技术企业数1 414家，累计5 051家，占全省56.3%。有效发明专利数28 661件，较上年新增2 164件，增长8.2%，占全省比重为46.1%。五是开放合作继续深化。全省开发区实际使用外资总额180.92亿元，增长3.2%，占全省49.0%。实现进出口总额1.04万亿元，增长28.6%，占全省56.1%。重点推动以下几方面工作：

（一）研究制定开发区工作要点及促进政策。制定印发《2021年全省开发区工作要点》，重点从十个方面提出创新举措，提升开发区对外合作水平和经济发展质量；起草制定《福建省开发区管理办法（试行）》，规范开发区管理，促进开发区高质量建设发展，争取以省政府规章的形式出台；研究制定《福建省综合保税区提升行动方案》，促进综合保税区提质增效、争先进位。

（二）推动开发区整合提升创新发展。全年有福清龙田经济开发区、漳平工业园区、三明尤溪经济开发区、宁德三都澳经济开发区等10个省级开发区实行“一区多园”整合托管。印发《全省开发区建设自贸创新成果复制推广先行区的实施意见》，推动全省开发区全面复制推广自贸创新成果，打造国内国际双循环重要载体。总结各地开发区在创新发展中形成的好经验好做法，编辑印发《福建省开发区高质量发展典型经验汇编》，供开发区学习互鉴。落实《福建省工业（产业）园区标准化建设“机制创新专项行动”实施方案》，推动园区标准化建设试点。

（三）推进海关特殊监管区域整合优化。推动海关特殊监管区域与自贸试验区统筹发展，制定印发《推动海关特殊监管区域与福建自贸试验区统筹发展任务分工方案》。福州综合保税区、厦门象屿综合保税区完成验收，实施封闭监管、开关运作。推进厦门海沧港综合保税区和福州江阴港综合保税区，分别通过由厦门海关和福州海关组织相关部门进行的验收。推动福州保税区整合优化为福州长乐国际机场综合保税区，推进厦门象屿综合保税区和厦门象屿保税区整合优化，规划新设厦门空港综合保税区。组织全省7家海关特殊监管区域参加海关总署组织的发展绩效评估，结果显示我省海关特殊监管区域发展绩效居中上水平。

（四）推动开发区招商引资。第二十一届投洽会共有福州高新区、厦门海沧台商投资区、福州综合保税区、漳州古雷港经济开发区等14家国家级和省级开发区参展，其中9家参展开发区设置7个独立特装展台，面积达810平方米，会上共签约内外资项目13个，总投资580多亿元；同时结合第四届进博会、第四届数字中国建设峰会、“日资企业福建行”等活动，组织开发区参加招商推介，对接洽谈投资项目；推动中国与印度尼西亚、中国与意大利、中国与塞尔维亚等“两国双园”建设。

（五）开展开发区综合发展水平考核评价。组织对全省97家省级以上开发区开展2020年度综合发展水平考核评价，通报评价结果，对先进开发区予以奖励，督促落后开发区整改提升。组织10家国家级经开区参加2020年全国国家级经开区考评，并根据2019年评价结果督促相关国家级经开区整改提升。

（六）推动对口合作帮扶。持续协调推动福清融侨经开区、龙岩经开区、东侨经开区与宁夏银川国家级经开区、石嘴山经开区落实合作，推动宁夏固原经济开发区分别与漳州金峰经济开发区、晋江经济开发区开展合作。推动福建开发区与新疆昌吉高新区、昌吉国家农业科技园区、准东经开区开展合作，加强对口帮扶，促进产业合作。继续推动福州经开区等4个国家级经开区对口帮扶新疆准东经开区，推动泉州经开区扶持吉林珲春边境经济合作区，促进招商合作和资金支持。

（七）推进开发区生态环境保护和安全生产。持续推动落实省委省政府办公厅印发的《福建省贯彻落实中央生态环境保护督察报告整改方案》要求，督促开发区做好中央环保督察问题整改落实，重点推进沿海开发区混合处理生活污水和工业污水的配套污水处理厂提标改造，福清江阴港城经济区等5家开发区污水处理厂提标改造工程已完成。联合省生态环境厅、科技厅印发《福建省开发区生态环境专项整治工作方案》。开展“污水零直排区”建设，提升开发区污水接管率和处理率。督促闽江、九龙江流域开发区、近岸海域开发区按照省河长办等相关部门要求，落实生态环境保护措施，提高污水处理水平。督促开发区健全安全生产监管机构，明确安全生产监管人员。

2021年全省开发区建设发展虽然取得较好成绩，但是仍然存在一些问题，主要是总体规模偏小，仍然有17个开发区没有工业龙头企业入驻，辐射带动作用发挥不充分；对外开放水平还有差距，外资增长缓慢，占比不高，对外投资下降；集约用地有待继续提升，沿海和山区开发区亩均税收差距进一步拉大等。

（福建省开发区协会）

# 2021年江西省开发区发展情况综述

2021年江西省园区强化工业主阵地定位，深入实施工业强省战略，以产业链链长制为抓手，聚焦首位产业和主导产业，推进产业链延链补链强链，推动园区高质量跨越式发展。全年园区实现营业收入首次突破4万亿元，达到4.05万亿元，同比增长27.5%，占全省规模以上工业营业收入的92.1%。利润总额达到2 887.66亿元，同比增长31.4%，占全省规模以上工业利润总额的92.5%。

2021年新增赣州经济技术开发区、贵溪经济开发区营业收入首次突破千亿元，过千亿园区总数达到8个。新增7个营业收入过500亿元园区是：九江共青城高新技术产业开发区、永修云山经济开发区、德安高新技术产业园区、玉山高新技术产业园区、湖口高新技术产业园区、奉新高新技术产业园区和高安高新技术产业园区，总数达到27个（含过千亿园区）。

党的十八大以来江西经济社会蹄疾步稳，全省开发区发展展现新面貌。

## 建设水平迈上新台阶

——基础设施投入年均过千亿。十八大以来，全省开发区累计完成基础设施投入11 307.0亿元，年均基础设施投入1 130.7亿元。2021年，全省开发区完成基础设施投入2 526.5亿元，较2012年增加2 082.1亿元，增长4.7倍。基础设施投入超20亿的开发区从2012年的3个，增加到2021年的36个。基础设施投入的快速增长，为开发区经济健康持续发展提供了强劲动力。

——资产总计超2万亿元。2021年末，全省开发区内工业企业15 375户，较2012年末增加7 146户，增长86.8%；其中，规上（规模以上，全书同）企业11 959户，较2012年末增加6 956户，增长1.4倍。伴随着开发区经济的平稳健康发展，工业企业资产实现了保值增值，资产规模稳步提升。2021年末，全省开发区工业企业资产总计达27 084.8亿元，较2012年末增加19 181.4亿元，增长2.4倍。

——招商引资成效显著。2021年，全省开发区完成招商引资签约资金17 015.5亿元，较2012年增长2.7倍。实际到位资金8 837.8亿元，较2012年增长2.1倍，资金到位率51.9%；其中，省外资金7 125.8亿元，占园区招商到位资金的80.6%，较2012年提高13.8个百分点。全年共引进“5020”项目169个，投资总额5 257.2亿元，项目数量和投资总额分别较“5020”项目实施元年的2019年增长53.6%和50.6%。

## 生产效益实现新突破

——经济运行产销两旺。2021年，全省开发区实现工业增加值较2012年增长1.4倍，年均增长10.0%。工业销售也保持较高的水平，实现工业销售产值较2012年增长1.5倍，实现出口交货值较2021年增长57.5%，工业产品产销率98.9%。

——年营业收入突破4万亿元。十八大以来，全省开发区营业收入连上三个台阶，实现了从万亿级到四万亿级的突破。2014年实现营业收入23 226.7亿元，首次突破2万亿元；2020年实现营业收入32 379.3亿元，首次突破3万亿元；2021年实现营业收入40 504.4亿元，首次突破4万亿元，较2012年增长1.5倍，年均增长10.7%，占规上工业比重92.1%，较2012年提高19.4个百分点。2021年，营业收入超千亿元的园区有 8 个，超 500 亿元的有 28 个，超 300 亿元的有 48 个，分别较 2012 年增加 8、23、34 个。

——盈利能力稳定向好。2021 年，全省开发区实现利润总额 2 887.7 亿元，较 2012 年增长 1.9 倍，年均增长 12.4%，占规上工业比重 92.5%，较 2012 年提高 13.9 个百分点。其中，95.9% 的园区利润实现增长，占比较 2012 年提高 18.4 个百分点，55 个园区增速快于全省平均，较 2012 年增加 1 个。

**高质量发展取得新成效**

——国家级开发区增至 19 个。十八大以来，全省开发区继续加快发展升级步伐。截至 2021 年末，全省共有 19 个国家级开发区，其中包括 9 个国家级高新技术产业开发区，10 个国家级经济技术开发区。南昌高新技术产业开发区、南昌小蓝经济技术开发区、南昌经济技术开发区、上饶经济技术开发区、九江经济技术开发区、井冈山经济技术开发区、赣州经济技术开发区等 7 个国家级开发区营业收入超千亿元。

——行业结构不断优化。2021 年，全省开发区制造业实现营业收入 39 488.0 亿元，较 2012 年增长 1.5 倍，年均增长 10.6%。其中，装备制造业实现营业收入 14 248.6 亿元，较 2012 年增长 2.9 倍，年均增长 16.3%；占全省开发区收入比重 35.2%，较 2012 年提高 12.8 个百分点。高新技术产业实现营业收入 14 064.6 亿元，较 2012 年增长 2.5 倍，年均增长 14.9%，占全省开发区收入的比重 34.7%，较 2012 提高 9.8 个百分点。

——集聚集约集群发展不断提升。2021 年，全省开发区亩均营业收入 398.1 万元，较 2012 年增长 108.3%；亩均利润总额 28.4 万元，较 2012 年增长 138.7%。产业集群发展氛围浓厚，2021 年，超 100 亿元集群达 91 个，超 500 亿元集群 13 个，超千亿元集群 3 个，省级战略性新兴产业集聚区达 20 个。

（江西省工业和信息化厅）

# 2021年新疆维吾尔自治区园区发展情况综述

在新疆维吾尔自治区党委、政府的正确领导下，在自治区工业园区工作领导小组的带领下，全区各园区坚持以习近平新时代中国特色社会主义思想为指导，深入贯彻落实第三次中央新疆工作座谈会精神，完整准确贯彻新时代党的治疆方略和新发展理念，坚持稳中求进工作总基调，统筹疫情防控和经济社会发展，统筹发展和安全，实现"十四五"良好开局。

## 一、园区经济稳中有进，承载能力不断增强

随着国内经济稳步恢复，以及新疆自治区稳定红利不断释放和疫情防控取得重大成效，全区园区经济持续向好，园区基础设施建设投资不断加大，园区综合承载能力得到有效提升，在承载企业和吸纳就业等方面显著增强。截至2021年底，全区自治区级及以上84家园区（不含兵团）实现工业增加值2 145.2亿元，同比增长34.8%，占全区工业增加值的47%。入驻企业2.49万家，较上年增加2 600余家，期末就业人数达70万余人，较上年增加7万余人。尤其是准东经济技术开发区2021年工业总产值突破千亿。园区经济成为筑牢工业经济平稳运行的重要平台和支撑。

## 二、园区体制机制改革持续深化

落实《关于自治区园区体制机制改革的实施意见》，鼓励和指导各地园区积极开展体制机制改革。将伊宁市、霍城县代管的伊宁园区、清水河配套园区调整到霍尔果斯经济开发区统一管理，实现一园三区一体化发展，形成了协同并进的区域合作新局面。将博州五台工业园区、博州金三角工业园区管委会整合至博乐市边境经济合作区管委会，进一步规范和提升园区管理机构效能；积极推进鄯善工业园区和鄯善石材工业园区优化整合，完成了哈密工业园区、三塘湖工业园区调区，伊吾工业园扩区工作；准东经开区开展人事薪酬制度改革，建立全员绩效薪酬分配体系。引导各地园区充分利用援疆优势，进行"飞地园区、共建园区"探索。浙江省采取"组团式"援疆，下辖各市分别与阿克苏地区自治区级各园区共建飞地园区，其中，金华市采用"建设—招商—运营—提升"全过程援建新模式实现对温宿县产业援疆。喀什地区十一县在喀什经济技术开发区城北加工转化区建设"飞地园区"，全面承接劳动密集型产业，推动产业转型升级。"飞地园区、共建园区"已经成为推进产业援疆的重要举措和共同打造资源互补、协同发展的新模式。

## 三、园区创新能力取得明显提升

坚持以深化供给侧结构性改革为主线，积极推动产业转型升级，绝大多数园区已基本实现了要素集聚、规模成长和数量扩张，逐步进入转变发展方式、优化资源配置、全面提升效率与发展质量阶段，大数据、云计算、高端装备制造、新能源、新材料等战略性新兴产业快速推进，园区参与国内、国际产业分工的环节正在由低端向高端攀升。全区创建新型工业化示范基地21个，其中国家级9个，自治区级12个，创建自治区级高新技术产业共建园区16个。

## 四、园区绿色发展水平不断提高

积极推动各园区绿色低碳循环发展，重点在化工、建材、装备制造、纺织等领域推进循

环化改造，培育壮大节能环保产业，通过创建绿色园区、建设绿色工厂、打造绿色供应链，推动园区绿色低碳循环发展，培育壮大节能环保产业。目前，累计创建绿色园区 9 家、绿色工厂 136 家、绿色供应链 7 家，自治区绿色产品 46 种。

### 五、园区两化融合快速推进

通过实施“数字园区、智慧园区”等重点工程，各园区积极推动互联网、大数据、人工智能与实体经济深度融合，创建“5G+ 智慧园区”示范园区 4 个，评选新疆首批数字经济示范园区 6 个，数字信息化转型正成为园区经济高质量发展的新引擎。新疆软件园、准东经济技术开发区、轮台工业园区和沙湾工业园区被评为自治区第一批“5G+ 智慧园区”示范园区，乌鲁木齐高新技术产业区（新市区）、新疆软件园、伊宁市边境经济合作区、准东经济技术开发区、克拉玛依云计算产业园区和阿克苏纺织工业城（开发区）入选新疆首批数字经济示范园区。

### 六、兵地产业园区融合发展有序推进

充分发挥自治区工业园区工作领导小组的统筹协调作用，加强兵地园区的统一规划，推动出台《关于推进兵地产业园区融合发展的指导意见》《关于在准东经济技术开发区建设兵团产业园区、乌鲁木齐产业园区的实施意见》等促进兵地产业园区融合发展的指导性文件，积极推进兵团准东产业园区、乌鲁木齐产业园区有序建设，推进兵地园区产业发展优势互补，协同发展。

[新疆维吾尔自治区园区（开发区）协会]

# 2021年云南省产业园区发展情况综述

2021年，云南省园区改革工作迈入深水期，在云南省委、省政府的坚强领导下，全省产业园区坚定砥砺前行的发展信念，取得初步成效。

## 一、工作成效、总体水平不断提高

2021年，云南省园区营业收入21 153亿元，规模以上工业总产值从2016年的6 627亿元增长到12 823亿元，占全省工业比重从62.5%提升到74.7%；工业投资占全省工业投资的比重保持在40%以上；规模以上企业从4 145户增加到4 487户；营业收入超2 000亿元园区2个，超1 000亿元5个，超500亿元10个，超100亿元42个。2021年园区经济运行保持了总体平稳态势。2021年，全省优化提升后保留的园区（以下简称全省园区）实现营业收入21 153亿元，同比增长13.6%；完成工业总产值14 118亿元，同比增长22.8%，其中规上工业总产值12 823亿元，同比增长21.0%。产业园集聚能力不断增强。产业园区成为全省工业发展的重要载体，绿色硅材聚集区渐成规模，中国铝谷初具雏形，新材料、生物医药、电子信息等新兴产业集群正在加快形成。滇中地区园区成为全省工业发展的核心载体（工业总产值占全省比重达到60%以上），布局合理、产业集聚、类型多样、错位发展的园区发展格局逐步形成。全省产业园功能配套不断完善。园区污水集中处理设施实现全覆盖，道路、能源、通信等基础设施和各类生活配套设施逐步完善，玉溪、普洱成为国家产城融合示范区建设城市。绿色发展不断加强。园区循环化改造和节能减排工作扎实推进，提前两年完成单位GDP能耗、用水量等节能降耗目标；昆明经济技术开发区、玉溪高新技术产业开发区等5个开发区被认定为国家级绿色园区，昆明经济技术开发区建成国家生态工业示范园区，景谷产业园区列入全省唯一的国家绿色产业示范基地，安宁、东川、兰坪产业园区列为国家工业固体废物综合利用基地，牟定县成为国家级大宗固体废弃物综合利用基地。

## 二、主要做法

一是抓“十四五”产业园区发展规划编制。推动全省产业园区高质量发展为主线，以产业集聚发展、优势产业全产业链发展以及产业园区差异化发展为导向，把产业园区打造成为产业强省的主引擎、改革开放的先行区、创新驱动的引领区和产城融合的示范区。

二是抓重大工业信息化项目综合协调服务工作。组建工作专班，围绕24个重大项目相关联的土地、林地、能评、环评等八方面要素明确调度标准、清单，积极开展全省重大工业和信息化项目调度工作，持续深入项目一线全面梳理建设推进中存在的困难和问题。24个重大工业和信息化项目涉及绿色硅、绿色铝、新能源电池、生物医药、新材料等行业，计划总投资2 147亿元，项目全部建成达产后新增工业产值4 077亿元，上缴税收240亿元，增加就业人数8.6万人。

三是抓中央环保整改落实。深入贯彻落实习近平生态文明思想和考察云南重要讲话精神，履行省级牵头部门督导职责，扎实推进2021年中央生态环境保护督查指出的“昆明西山区海口工业园区环境问题突出、曲靖市沾益工业园区环境风险隐患大”等问题整改（一家达到消号条件，另一家计划2022年年底前消号），积极配合省住房城乡建设厅督导原保山工贸园区污水处理设施建设。配合省级相关部门对22家园区开展了实地联合检查，并及时反馈实地检查意见（已整改到位）。

四是抓财政资金扶持工作。2021年度省级工业和信息化发展专项资金（园区方向）最终下达10个项目，安排专项资金7 344万元，拉动投资41亿元。2021年共获得专项债券143.81亿元，2022年两批次获得专债资金249.8亿元。

## 三、比较分析

从数量比较，云南省开发区优化提升后保留的园区数量为64家，数量仅为湖南（144家）的40%左右、安徽（131家）的50%左右、福建（100家）的60%左右，与西部省份相比，也是园区数量较少的省份，比贵州（100家）少36家、比广西（116家）少52家。

从百亿园区比较，云南有42家百亿元以上园区，仅比贵州多3家，少于广西、湖南、福建（安徽省提出打造千亿元级园区，已不再统计百亿园区）。其中，云南千亿元以上园区数量少于安徽、湖南、福建，500亿元以上园区数量只有安徽、福建、湖南的50%左右。

从全国排名来看，云南省没有园区进入国家级高新区20强、国家级经开区30强，安徽（合肥经开区第10名、芜湖经开区第13名），湖南（长沙经开区第14名），福建（东桥经开区第26名）有至少1家入榜，西部只有成都经开区（17名）、西安经开区（21名）入榜单。

从园区规上工业企业数量看，云南园区规上工业企业数量最少，仅为广西的40%、贵州的80%左右。

从主要经济指标看，云南园区营业收入仅为安徽、湖南的38%、43.6%；云南园区工业企业利润还不到湖南园区的50%；云南园区规上工业总产值占全省比重为74.7%，比贵州低6.3个百分点，比广西、湖南高7.7和5个百分点。

从省内比较情况来看，全省园区两极分化明显。分州市看，滇中5州市园区经济总量占全省的比重很高，是全省园区发展的重要支撑。2021年营业收入排名前5位的昆明、曲靖、玉溪、红河、楚雄等州市，共实现营业收入18 017.81亿元，占全省比重为85.2%，工业总产值11 408.63亿元，占全省80.8%。分园区看，2021年营业收入前5位为昆明高新区、昆明经开区、五华产业园、安宁工业园区、红塔工业园区（含玉溪高新区），共实现营业收入8 955.24亿元，占全省的42.30%；工业总产值前5位均为红塔工业园区（含玉溪高新区）、昆明高新区、安宁工业园区、蒙自经开区、昆明经开区，共实现工业总产值4 563.74亿元，占全省32.3%。

（云南省工业和信息化厅）

# 经济开发区篇

# 金普新区（金州区、大连经济技术开发区）

**【概况】**金州区（金普新区）地处辽东半岛南部、大连市区东北部，东南临黄海，南与甘井子区毗邻，西濒渤海，北与普兰店区接壤。国务院批复金普新区总面积2 299平方公里，其中金州区行政区划面积1 480.47平方公里。海岸线长478.4公里，其中陆岸线长404.93公里、岛岸线长73.47公里。

2021年，全区有街道办事处25个，设社区居民委员会149个、村民委员会189个。年末户籍总人口94万人，比上年增长2.1%。金普新区坚持稳中求进工作总基调，以供给侧结构性改革为主线，推动高质量发展，深化“重强抓”专项行动，做好“六稳”（稳就业、稳金融、稳外贸、稳外资、稳投资、稳预期）工作，改革、开放、创新、发展等事业稳中有进、持续向好。全年实现地区生产总值2 316.4亿元，比上年增长9.0%；规模以上工业增加值比上年增长13.0%；一般公共预算收入160.6亿元，按可比口径比上年增长5.4%；实际利用外资11.42亿美元，比上年增长544%；省外实际到位内资330.3亿元，比上年增长12.4%；社会消费品零售总额434.9亿元，比上年增长4.6%；城镇居民人均可支配收入52 126.0元，比上年增长6.8%。

**【经济发展】**2021年，金州区（金普新区）谋划“四湾十四园”产业发展空间，聚焦小窑湾、普湾、金石湾、北海湾开发建设，布局金州产业新园、氢能产业园、智能制造装备产业园等14个特色园区发展。商务部发布2020年国家级经开区综合发展水平考核评价结果，大连经济技术开发区综合发展水平列全国218家国家级经开区第20位，排名较上年上升9位。大连金普新区产业控股集团主体长期信用等级AAA级，成为辽宁省第8家AAA主体评级企业和市、区（县）级唯一的城投类企业（其他7家均属省级平台）。大连特种分子筛和环保催化剂新材料研发及产业化项目被国家发展改革委等四部委联合评为2020年度真抓实干成效明显通报表扬的产业转型升级示范项目。7月16日，“信用资本 金融创新 引领东北经济高质量发展”高峰论坛在金普新区举办。2021年（第十七届）大连国际沙滩文化节期间，举办10个大项20余个活动，历时2个月。规划建筑面积50万平方米的小窑湾万达广场商业综合体奠基。大连松木岛化工产业开发区被认定为辽宁省第一批省级化工园区。金普新区大魏家街道荞麦山村和七顶山街道老虎山村入选全国乡村特色产业亿元村。中国（辽宁）自由贸易试验区大连片区被英国FDI杂志评为2021全球最佳自由贸易区排名第三和亚太地区冠军。新区46家企业上榜2020年度大连市企业100强榜单。金普新区被评为2021年农业现代化示范区创建名单。坚山（大连）有限公司被国家工业和信息化部“两化融合”管理体系（升级版）评定为AAA级企业，大连恒基新润有限公司获AA级证书，是全国第1家获AA级证书的水务企业。

**【产业发展】**2021年，金州区（金普新区）加快推进产业转型升级。工业基础不断夯实。石油化工、装备制造、电子信息、汽车整车及零部件、生物医药五大主导产业实现产值2 848亿元，占规模以上工业总产值79.8%。克诺尔商用车系统、日本电产新工厂二期厂房、利勃海尔风电零部件、斯凯孚三期、格劳博机床五期新工厂等项目开工，林德加氢站设备、柏德皮革（中国）有限公司三期项目投产。SK 海力士并购英特尔项目获国家批准。数字经济加快发展。华为人工智能计算中心项目签约，大连商品交易所金普新区同城数据中心、大连数字谷、特来电充电网、华录数字能源北方产业基地、金港中日智慧制造产业园等项目建设启动，全国首笔 B2B 平台数字人民币结算在新区诞生。组建 5G 创新孵化中心，光洋高端装备工业互联网平台、锦源石化 5G+ 工业互联网应用走在全省前列。规划金普数字经济试验区新基建项目，主城区无人驾驶出租车业务开通运营。大连达利凯普科技股份公司的射频微波 MLCC、冰山冷热科技股份有限公司的工商用开启式螺杆制冷机组及冷冻系统被认定为国家第六批制造业单项冠军产品。冰山技术服务（大连）有限公司的冰山工业制冷技术服务云平台被评为国家第三批服务型制造示范平台。2021 年中国汽车及零部件制造基地峰会举办。现代服务业扩能升级。小窑湾万达广场、盛唐岚山、众益圆梦海岸、绿城玫瑰园葡萄酒小镇、雅诗阁酒店等项目开工建设。鲁能美丽汇、鲸屿市集、EX 机器人等项目投入运营。东北首家首贷中心成立运行，办理首贷业务 1 亿元。发放消费券 1 000 万元，大樱桃直播季、沙滩文化节、房交会、冬泳节等节庆活动成功举办。现代农业健康发展。新发展设施农业 3 000 亩。金普新区创建 2021 年农业现代化示范区。完成增殖放流 6.4 亿尾。金普新区渔港经济区成为 2021 年中央财政补助资金支持建设的渔港经济区试点。蚂蚁岛等 5 个国家级海洋牧场示范区建设有序推进。金州粮库等储粮设施改造完成，新区粮食安全省长责任制考核成绩居全市首位。举办首届“名优特”农产品展销会。

**【对外开放】**2021 年，金州区（金普新区）深化对外经贸合作，开放质量进一步提高。大连湾里综合保税区（A 区、B 区）和大连大窑湾综合保税区通过联合验收。中国（辽宁）自由贸易试验区大连片区首创进口货物目的地检查“云眼查”新模式，实现新冠肺炎疫情防控背景下海关“零接触”远程检查。中欧班列新通道开通，“班列 + 班轮”多式联运新模式启动，大幅节约运输时间。举办中日（大连）地方发展合作示范区线上推介会、核心片区投资说明会、中韩工业自动化设备对接洽谈会，日本电产（大连）新工厂项目二期厂房主体竣工，藤洋钢材第三工厂、铃木精密制造、THK 辽宁等项目建设有序推进。对内合作稳步推进。全年引进“飞地经济”招商项目 12 个，投资总额 264 亿元。沪连合作再上新台阶，金普新区与上海黄浦区签署跨省市旅游领域守信联合激励战略合作协议，大连金石滩国家旅游度假区旅游产品进驻黄浦区信易游平台。招商引资硕果累累。新区全年实际利用外资、引进省外内资和省内到位内资分别占大连市的 46.6%、23.7% 和 26.7%。

**【科技创新】**2021 年，金州区（金普新区）加快推进科技要素聚集，进一步释放创新活力。创新能力稳步提升。开展科技企业梯度培育计划，新增高新技术企业 270 家，新备案辽宁省“瞪羚企业”18 家、“雏鹰企业”85 家，入库科技型中小企业 274 家。全区有市级及以上研发机构 264 家，投入研发经费 63.7 亿元。大连广泰源环保科技有限公司等 16 家企业入选工业和信息化部第 3 批专精特新“小巨人”企业名单，占全市入选企业总数的 50%。大连雅立峰生物制药有限公司的四价流感病毒裂解疫苗细胞大规模培养技术等 5 个项目被评为辽宁省首批“揭榜挂帅”科技攻关项目；29 个项目被评为大连市“揭榜挂帅”科技攻关项目，其中富生制药、科兴疫苗、科德数控、科利德光电子 4 个项目为“卡脖子”技术攻关项目。科技成果加速转化。全年技术合同成交额突破 80 亿元。“蝌蚪联盟”科技企业孵化器联盟成立，中国科学院化物所绿色制氢及氢燃料电池、广州呼吸病研究院抗新冠病毒药物、大连自贸片区华录数字能源北方（大连）产业基地、大连中关村信息谷创新中心、捷匠钣金快交付平台、金石滩数字经济创新中心、5G 创新孵化中心（大连）等项目签约落户。科德数控股份有限公司在上海证券交易所科创板挂牌上市。高端人才不断聚集。实施“带土移植”科技人才引育工程，全年引进高层次人才88人、产业发展紧缺人才173人、外国专家480人。全区有外国高端及专业人才1 135人。制定发布《金普新区集聚人才十项重点政策》，发放人才住房补贴3 126.5万元、“瞪羚企业”人才奖励620万元。智慧新区建设扎实推进。大连金普新区数字城市运行管理中心实现宏观经济、招商引资、环境污染、旅游运行、民生民情5个展示场景上屏展示，接入区级政务系统20个，汇集数据12.4亿条，智慧环保、冷链监管、燃气监管等应用系统建设加快推进。第二届全国海洋智能装备创新大赛暨第五届全国水下机器人大赛成功举办，20支团队入围并参加现场赛，1 200余人参加线上赛。2021年人工智能与水下机器人高峰论坛举办。大连海洋智能装备评测与试验基地项目签约。

**【投资促进】**2021年，金州区（金普新区）招商引资逆势上扬。实际利用外资1.8亿美元，比上年增长36%；省外实际到位内资293.9亿元，比上年增长20%。以金普新区为核心的中日（大连）地方发展合作示范区获批。新日本工业团地块开工建设。大连大窑湾综合保税区、大连湾里综合保税区获批。中国（辽宁）自由贸易试验区大连片区落实对标上海临港新片区深化改革方案任务65项，探索建设自由贸易港先期行动计划17项，推出全国首创制度创新成果26项，“进出口商品智慧申报导航服务”入选自贸试验区第六批改革试点经验并在全国复制推广，“出口货物检验检疫证书云签发（E签通）平台”等16项改革创新经验在全省推广。东北亚冷链物流、油气贸易等功能性平台开通。大连金普新区获评国家进口贸易促进创新示范区，是全国10个国家级进口贸易促进创新示范区之一，也是东北地区唯一入选地区。

**【国企改革】**2021年，金州区（金普新区）推进国企改革。制定《金普新区党工委、管委会关于新时代推动国资国企高质量发展的实施意见》《金普新区关于深化国资国企改革的实施方案》，分步有序推进国企改革。区属一级企业由29家优化重组为8家，实行全体起立、全员竞聘、市场化选人和末位淘汰。区属一级企业领导班子新到岗成员所占比例55%，平均年龄由53.7岁降至49.4岁，中层干部平均年龄从46.5岁下降至42.5岁，本科以上学历比例上升至95.5%。大连金普新区产业控股集团有限公司主体长期信用等级被评为AAA，评级展望为“稳定”，是东北地区唯一市（区）属AAA级城投类平台公司，获批在上海证券交易所非公开发行公司债20亿元。深化媒体融合改革，组建大连文广传媒集团有限责任公司，由大连金普新区融媒体中心（大连金普新区广播电视台）授权管理。金普新区国际传播平台上线。

**【绿色集约】**2021年，金州区（金普新区）城市建设步伐加快，乡村面貌明显改善。金普新区南部城区城市更新项目获国家开发银行授信贷款160亿元，规划用地范围15平方公里，涉及动迁居民3 836户、企业310家，动迁总建筑面积198.2万平方米，改造不动产建筑面积63.6万平方米。金七公路、永安大街、十七线、城区一号路、渤海大道南段（金州滨海路以南至甘井子后盐段）、振兴路—滨海路立交线竣工通车。改造老旧小区3.9万平方米，实现燃气入户3 437户。开展“重拳拆违”行动，拆除违章建筑1 440处、22.4万平方米。改造新建农村公路91.4公里。农田水利、农村饮水、农村危房等维修改造任务全面完成。开展“大棚房”及农地非农化专项整治，拆除农村各类违章建筑726处1.3万平方米。环境治理成效显著。中央生态环保督查涉及的整改任务全部落实。亮甲店污水处理厂尾水排放管线工程竣工，小窑湾污水处理厂三期开工，全区19座污水处理厂达到国家一级A类标准，饮用水水源地水质优良比例100%。清理垃圾47.5万吨，垃圾无害化处理率100%。栽种绿植70.9万株，植树造林180公顷。全年环境空气质量达标316天。万元生产总值能耗比上年下降3%。河长制、河湖管理工作分获国务院和辽宁省政府重大政策激励督查激励。金石滩湾入选全国首批美丽海湾优秀案例评审。大魏家街道后石村获评2021年中国美丽休闲乡村。向应街道获评辽宁省“绿水青山就是金山银山”实践创新基地。

**【营商环境建设】**2021年，金州区（金普新区）营商环境提升年建设成效显著。深化“证照分离改革”，将个人独资企业和一人有限公司两种类型企业的注册登记权限下放至各基层市场监督管理所，实现全域通办。积极推进“互联网＋政务服务”、24小时自助服务，政务服务事项100%容缺受理，部分事项即来即办、秒批秒办、全程网办。试行零时限审批，企业完成土地摘牌手续即可开工。评选金普新区直属机关2021年度优化营商环境党员先锋岗13个。完成金普新区政务服务中心大厅升级改造，增设一窗综合业务办理区、24小时自助服务区、网上申报辅导区、新办企业专区、首贷中心、大数据分析展示区等功能性服务区10个，纳入综合窗口办理事项528项。

**【社会事业】**2021年，金州区（金普新区）完成惠民实事项目50个，总投资34.3亿元。全年安置就业2.1万人次，城镇登记失业率控制在3%以内。城乡低保标准提高至每人每月780元，发放最低生活保障金6 739.8万元。首期人才公寓交付使用。发放38家单位“名校优才”107人2019—2020年度“名校优才”生活补贴198万元。金普新区被评为辽宁省脱贫攻坚优秀集体。投入30亿元完成8个校舍建设，扩增学位1.4万个，小窑湾金牌教育园小学和初中投入使用，大连艺术学院附属高级中学获大连市教育局批准设立，首批招生72人。严格执行“双减”政策，中小学“5+2”课后服务全面落实。在全市率先推行婴幼儿托幼一体化试点。全国校园足球特色学校、特色幼儿园数量均居辽宁省各县市区首位。中国（辽宁）自由贸易试验区大连片区管委会、金普新区卫生健康局、大连大学附属中山医院签署大连大学附属中山医院自贸区分部共建协议。建成120院前急救指挥中心，院前急救保障能力不断增强。金普新区红十字会夺得辽宁省红十字会应急救护大赛冠军。建设“首诊负责制”在线视频监控系统，633家医疗机构上线运行。完成全区村（社区）“两委”换届工作。社会治理智慧平台和网格提升工程扎实推进，社区云治理平台“金普社区通”上线运行，区内各社区（村）工作者4 900余人、居民64万余人实名加入，覆盖家庭55万户。新区获批辽宁省数字乡村试点。开展安全生产专项整治三年行动、燃气安全大排查大整治、高层建筑消防安全隐患大排查大整治专项攻坚行动。七顶山街道拉树山村、石河街道石河村获评第二批全国乡村治理示范村。湾里街道山城社区获评全国示范性老年友好型社区。马桥子街道和大魏家街道小莲泡村分别获评全国文明单位和全国文明村镇。

**【新冠肺炎疫情防控】**2021年，金州区（金普新区）突出科学防治、精准施策，新冠肺炎疫情防控精准高效。截至1月28日，“12•15”疫情中确诊患者、无症状感染者全部清零。推进新冠疫苗接种，实现重点人群应种尽种。至年末，金普新区新冠疫苗接种298.25万剂次，其中第一剂次接种147.5万人，接种率达95.44%，完成全程二剂次接种133.16万人，完成第三剂次接种17.597 8万人。完成中央广播电视总台东京奥运会前方转播报道团成员在东泉假日酒店集中隔离保障任务。新区范围内冷链企业坚持每周自行开展全覆盖式核酸检测。金州区第二人民医院、金州区第三人民医院PCR方舱实验室和金州区中医医院发热门诊等重点防疫设施建设完工。大连金普新区疾病预防控制中心获评辽宁省抗击新冠肺炎疫情先进集体。

**【C立方文化综合体生活配套项目开工】**2021年5月13日，C立方文化综合体生活配套项目开工仪式举办。项目位于金普新区小窑湾板块，计划投资15亿元，拟于2023年投入使用，将打造集购物消费、休闲娱乐、文化旅游、艺文展演、美食餐饮于一体的新型文化综合体。项目将为1 000户家庭提供居住、文化、娱乐生活体验，全面运营后，年可吸引游客超百万人次，整体拉动产值20亿元，创造就业岗位5 000个。

**【《中国共产党大连市金州区历史（1927—1978）》出版】**2021年6月30日，《中国共产党大连市金州区历史（1927—1978）》出版发行仪式在金普新区管委会国际报告厅举办。该书由金普新区党工委党史研究室编著，中共党史出版社出版，分为6章、附录和大事记，总字数36万字，系统地记述1927—1978年金县各级党组织的发展历程和建设情况，突出反映中国共产党领导下广大人民进行革命斗争与经济社会建设的光辉历程，总结不同历史阶段正反两个方面的经验，是全区首部权威性地方党史资料书。

**【机构设置与党工委、管委会领导】**2021年，金普新区党工委、管委会作为市委、市政府的派出机关，分别与金州区委、区政府合署办公；金普新区党工委、管委会工作部门及派出机关和群团机关也是金州区委、区政府工作部门及派出机关和群团机关。

至2021年末，党工委设置工作部门10个，分别是纪检监察工委（金州区纪委、区监委），党工委管委会办公室（保密委员会办公室、机要局、政策研究室、档案局、全面深化改革委员会办公室、财经委员会办公室），组织部（老干部局、公务员局、非公有制经济组织和社会组织党工委），宣传部（精神文明建设指导委员会办公室、新闻出版局、网络安全和信息化委员会办公室、互联网信息办），统战部（台湾工作办公室、侨务办公室），政法委（国家安全委员会办公室），机构编制委员会办公室，区委巡察工作领导小组办公室，直属机关党工委，信访局。管委会设置工作部门19个，机构规格为正处级，包括发展和改革局（军民融合发展委员会办公室），教育和文化旅游局（广播电视局、体育局、文物局、教育工作委员会），科学技术局，民族和宗教事务局，司法局（法治建设委员会办公室），财政局，人力资源和社会保障局（民政局），住房和城乡建设局（城市管理综合行政执法局、人民防空办公室），交通运输局，农业农村局（乡村振兴局、农村工作领导小组办公室），商务局（区政府外事办公室）（外事工作委员会办公室），卫生健康局，退役军人事务局，应急管理局，审计局（审计委员会办公室），国有资产监督管理局，市场监督管理局（知识产权局），统计局，营商环境建设局（行政审批局）。群团机构12个，包括总工会、共青团、妇女联合会、工商业联合会，为党工委管委会直接管理单位；社科联、科协、文联、侨联、残联、贸促会、红十字会、计生协会，为党工委管委会工作部门代管理单位。法定机构园区3个，包括中国（辽宁）自由贸易试验区大连片区（大连保税区）、大连金石滩国家旅游度假区、大连普湾经济区。全区辖街道办事处25个，分别是：光中街道办事处、先进街道办事处、拥政街道办事处、友谊街道办事处、站前街道办事处、登沙河街道办事处、杏树街道办事处、大魏家街道办事处、七顶山街道办事处、向应街道办事处、华家街道办事处、得胜街道办事处、大李家街道办事处、金石滩街道办事处、董家沟街道办事处、大孤山街道办事处、海青岛街道办事处、湾里街道办事处、马桥子街道办事处、三十里堡街道办事处、石河街道办事处、复州湾街道办事处、炮台街道办事处、亮甲店街道办事处、二十里堡街道办事处。在其他有关事项方面，普兰店区所辖的普兰店经济开发区和铁西、丰荣、南山、太平4个街道享受金普新区政策，区域规划和产业布局等重大事项由金普新区和普兰店区建立相应协商机制。

至2021年年末，金普新区党工委、管委会在职领导人员如下：

大连市委常委，金普新区党工委书记、管委会主任，大连经济技术开发区党工委书记、管委会主任，金州区委书记，中国（辽宁）自由贸易试验区大连片区（大连保税区）党委书记李鹏宇。金州区人大常委会党组书记、主任任维达。中国（辽宁）自贸试验区大连片区（大连保税区）党委副书记、管委会主任刘爱民。金普新区党工委委员、管委会副主任，大连经济技术开发区党工委委员、管委会副主任吕东升。金州区政协党组书记、主席丛军。大连金石滩国家旅游度假区党委书记、管委会主任柳金红。金普新区党工委委员、管委会副主任，大连经济技术开发区党工委委员、管委会副主任，金州区委常委、金州区政府党组书记、区长马英骥。金普新区党工委委员，大连经济技术开发区党工委委员，大连普湾经济区党委书记、管委会主任赵东。金普新区党工委委员、政法委书记、国家安全委员会办公室主任兼教育工作委员会书记，大连经济技术开发区党工委委员，金州区委副书记、政法委书记、国家安全委员会办公室主任兼教育工作委员会书记王端平。金普新区管委会副主任，金州区委常委，金州区政府党组副书记、副区长，大连经济技术开发区管委会副主任王杰。金普新区管委会副主任，金州区委常委，大连经济技术开发区管委会副主任，金州区政府党组成员、副区长王长义。金普新区党工委委员、纪工委书记，大连经济技术开发区党工委委员，金州区委常委、纪委书记、监委主任王锡庆。金普新区党工委委员、宣传部部长兼网信办（互联网信息办公室）主任，大连经济技术开发区党工委委员，金州区委常委、宣传部部长兼网信办主任（互联网信息办公室）佟欣秋。金普新区党工委委员、组织部部长兼非公有制经济组织和社会组织党工委书记，大连经济技术开发区党工委委员，金州区委常委、组织部部长兼非公有制经济组织和社会组织党工委书记，金普新区党工委党校（党群服务中心、行政学校、社会主义学校）校长王开革。金普新区党工委委员，大连经济技术开发区党工委委员，金州区委常委、金州区人民武装部部长徐相会。金普新区党工委委员，大连经济技术开发区，金州区委常委，区政府党组成员李晓涛。金普新区党工委统战部部长，金州区委常委、统战部部长兼金州区政协党组副书记张丹羊。金普新区党工委委员、管委会副主任，大连经济技术开发区党工委委员、管委会副主任刘睿智（挂职）。金普新区党工委委员，大连经济技术开发区党工委委员，金州区人大常委会党组副书记、副主任刘文锋。金州区人大常委会副主任毛长毅。金州区政协副主席徐晓莉。金州区政协副主席张俊余。金州区人大常委会党组成员、副主任杨永全。金州区政府党组成员、副区长滕毓磐。金州区政府党组成员、副区长胡凡。金州区政府党组成员、副区长董洪军。金州区副区长张新天。金州区政协党组副书记、副主席姜维。金州区人大常委会党组成员、副主任张立新。金州区政协副主席杨航。金普新区管委会副主任，大连经济技术开发区管委会副主任王天欣。金州区政协党组成员、秘书长、办公室主任万春来。

（大连金普新区地方志办公室）

# 秦皇岛经济技术开发区

**【概况】**2021 年，秦皇岛经济技术开发区（以下简称“开发区”）经济发展继续保持稳中向好态势，工业生产稳中趋缓，投资降幅持续收窄，市场需求稳中有降。全区完成地区生产总值 350.02 亿元，按可比价计算增长 7.0%。其中，第二产业完成增加值 238.09 亿元，增长 5.4%；第三产业完成增加值 110.12 亿元，增长 10.3%。工业生产增长、效益稳中趋缓。规模以上工业增加值比去年同期增长 7.8%。规模以上工业营业收入 1 067.10 亿元，增长 15.2%；实现利润 70.41 亿元，下降 6.9%。固定资产投资降幅持续收窄。固定资产投资比去年同期下降 8.2%。内资、外资持续增长。到位内资 199.69 亿元，比去年同期增长0.3%。实际利用外资4.90 亿美元，比去年同期增长 6.9%。消费品市场稳中有降。限额以上单位完成零售额 54.30 亿元，比去年同期增长 3.4%。财政收入、支出稳步增长。实现全部财政收入 50.86 亿元，比去年同期增长 4.2%。全区各项指标持续增长，较好发挥了示范带动作用。

**【产业发展】**2021 年，开发区围绕完善产业链、优化供应链、提升价值链，壮大提升汽车及零部件、粮油食品精深加工、高端重型装备及智能制造等传统产业，加快发展精密电子信息技术及智慧消防、康复辅具和医疗健康 2 大新兴产业，全力发展现代服务业，推动主导产业与现代服务业深度融合发展，“321” 产业集群效应初步呈现。创新实施产业“链长制”，建立由工委、管委主要负责同志担任总链长，分管领导担任链长，牵头部门分包推进、责任部门各负其责的工作体系，全年各链长走访服务企业2 000余次，解决各类问题200余个，产业、企业、项目发展有机有力融合。

**【项目建设】**2021 年，开发区牢固树立“项目为王”理念，以“扩增融”为路径，深入实施产业补链、增链、强链工程，大力开展“双百工程”行动，全年纳入河北省秦皇岛市重点项目 95 个，总投资 297.24 亿元。其中省市重点建设项目 54 个，总投资 142.69 亿元，已全部开工，2021 年，完成投资 64.74 亿元，占全年投资计划的 111.4%。其中，29 个项目已实现竣工投产。纳入省市重点前期项目 41 个，总投资 150.55 亿元。19 个项目提前开工建设，完成投资 16.46 亿元；同时，持续强化项目谋划储备工作，已储备项目 200 个，总投资 1 300 多亿元。

**【创新平台】**2021 年，开发区坚持以“产业链”引领“创新链”，以“321”产业集群为靶标开展创新。加大创新主体培育力度，围绕产业龙头培育中小微企业。截止到 2021 年 10 月，全区完成高新技术产业营业收入 453.6 亿元，实现利润 43.4 亿元，分别占总量的 63.84% 和 76.85%。加快创新平台建设，规范创业港湾管理体制，支持各类市场主体开展创新，激发区域创新活力。全区现有创新平台 88 家，其中省级技术创新中心 20 家，市级工程技术研究中心 63 家，省级产业技术研究院 4 家，省级重点实验室 1 家。积极构建完善创业孵化体系，形成了“众创空间—孵化器—加速器—产业园区”的孵化链条。

**【开放格局】**2021 年，开发区积极开展“走出去、请进来”招商活动，储备了一批优质项目，在谈项目超 100 个，其中重点在谈项目 60 个，总投资超 360 亿元。2021 年 3 月，秦皇岛综合保税区正式封闭监管运营，实现从“出口加工区”向“综合保税区”转型。充分发挥综保区功能优势，建立“管委会+公司”模式，秦开综保园区发展有限公司正式成立并实体运行。强力推进综保区招商引资工作，年产100万吨混合饲料生产加工、恩彼碧轴承公司出口产品仓储、金蟾供应链等项目落户综保区，跨境电商“网购保税进口”2021年4月底首单通关，综合保税区发展能级不断提升，辐射带动作用显著增强，到2021年11月，完成进出口总值8.68亿美元，同比增长44%；经营总收入6.83亿元，同比增长830.24%；海关税收1.56亿元，同比增长1 353%，开放格局迈向更广空间和更深层次。

**【新冠疫情防控】**2021年，开发区把疫情防控作为压倒一切的重大政治任务来抓，坚持“外防输入、内防反弹”原则，严格管控各类人员，积极采取有效措施，抓好疫情防控工作。石家庄突发疫情和近期国内多地零星散发疫情后，第一时间启动应急预案，全面进入应急状态，对疫苗接种、境外人员管理、防疫物资准备、隔离人员医学观察、山船防控、“八支队伍”建设等重点工作高位调度，快速有效应对处置问题，坚决防止疫情发生和蔓延。第一时间启动并全力推进疫苗接种工作，推动建立全民免疫屏障，保障人民群众生命安全和身体健康。2021年，3岁以上人群首针完成覆盖率为98.89%，3～11岁人群首针完成覆盖率101.14%，60岁以上实际居住人口接种覆盖率81.06%，免疫针应接完成率84.35%。

**【制度建设与创新改革】**2021年，开发区立足规范管理，坚持问题导向，以规范区属国有企业管理为突破口，建立健全国企管理、项目评审、众创空间管理、危机管控和国家安全等方面规章制度30余项，立起了用制度规范、公开、透明管理的四梁八柱，有力推动了制度优势向治理效能和发展红利转化。积极推进全民所有制企业公司制改革，严格按时限有序推进。深化工程项目审批制度改革，政府投资类、社会投资核准类、社会投资备案类3类项目从立项到取得施工许可审批时限分别压缩至28、26、24个工作日。深化“互联网+政务服务”建设，加强政务服务“一网、一门、一次、一窗”建设，322项政务服务事项实现“全流程网办”，行政审批效率和社会满意度不断提高。

**【国土空间规划修编】**2021年，开发区按照产城融合、职住一体原则，做优区域发展顶层设计，合理划定集中建设区、弹性发展区、特别用途区等功能区域，为开发区“十四五”时期各类用地提供充足保障，确保形成功能复合、宜业宜居的功能分区。合理规划产业项目二次退城近郊，积极探索城市更新、低效用地改造新路径。加快推进开发区空间规划总体城市设计成果编制，同步完成重点片区城市设计中期成果，突出产业规划的精准指导，增强产业规划与空间规划的协同互动，全力争取实现“多规合一”。

**【生态环境】**开发区深入实施蓝天、碧水、净土“三大行动”。大力实施VOCs（挥发性有机化合物，全书同）深度治理，VOCs产业园建设有序推进。2021年，开发区环境空气质量综合指数4.29，同比下降5.09%；开发区建设大厦国控点变化率在全市5个国控点中排名第三；优良天数279天，比去年同期多13天。深入实施戴河、小汤河、小潮河等入海河流治理工作，河流水质稳步提升。加强环境监管，有效防控建设用地土壤环境风险。

**【城市管理】**严格落实“河长制”“路长制”“片长制”“湾长制”，创新实施“坑塘长制”，城市环境显著提升。2021年，开发区实施了“保洁企业总包+村委会责任制+村民五包”相结合的农村垃圾保洁机制，研究制定《农村垃圾综合治理工作方案》，建立了农村垃圾网格化管理机制，实现农村垃圾监管全覆盖，农村环境焕然一新。深入实施精细化管理和“凌晨洗路”行动，城区面貌持续改善。以红黑榜、擂台赛、竞赛观摩、晨检夜查等形式，营造争先创优、争先进位的创卫工作浓厚氛围，进一步夯实巩固创卫工作成果。推动文明城市建设常态化，研究制定《关于新时代全国文明城市建设常态长效机制的实施意见》《关于巩固提升全国文明城市的实施方案》，构建各领域参与创建新格局。

**【民生保障】**2021 年，开发区抓牢保就业基础，采取线上、线下相结合的模式，开展企业职工技能提升培训 24 161 人次，社会性培训 3 696 人次。开展“春风行动”“就业援助月网络招聘会”，多形式提供就业岗位。全年完成城镇新增就业 6 401 人，设立 338 名防贫预警联络员、500 万元社会救助基金和 20 万元防贫保险金，建档立卡贫困劳动力全部脱贫就业，退出低保对象 57 户 73 人，特困供养对象 3 户 3 人，扶贫政策和社会救助制度有效衔接。以 20 项民生工程为抓手，全力办好省、市、区各项民生实事。翠松苑、太行山路 13 号老旧小区改造提升全面完成，新建 1 000 个公共停车位投入使用，新设社区日间照料站（点）4 个，建立 110 个社区（村）综合服务站投入使用。深化“四医联动”改革，开发区医院与开发区二院、珠江道社区卫生服务中心，组建医联体，医疗服务更加优质便捷。深入落实“教育十条”，计新庄幼儿园投入使用，新增普惠性民办幼儿园 2 所，组建第二小学、第三小学教育集团。

（秦皇岛经济技术开发区史志办公室）

# 烟台经济技术开发区

【概况】烟台经济技术开发区是全国首批14个国家级开发区之一，1984年10月批准设立，1985年3月动工建设，管辖面积360平方公里，下辖3个街道、1个乡镇，共212个居（村）委会，总人口53.8万，是中国（山东）自由贸易试验区烟台片区承载地，是烟台国际招商产业园、中韩产业园、中日产业园和综合保税区主阵地。2021年以来，开发区认真落实全市“1+233”工作体系和中心城区“12335”建设思路，统筹推进安全生产、疫情防控、社会稳定与经济社会发展，在重重考验中逆势而上。全区生产总值2 002.1亿元、增长13.3%，一般公共预算收入120亿元、增长12.5%；规上工业增加值增长27%，固定资产投资增长7.1%，外贸进出口增长20%，实际使用外资增长4.8%。

【经济发展】烟台经开区积极抢抓新旧动能转换重大机遇，加快构建现代化产业体系。2021年实现工业增加值1 086.8亿元，增长13.6%。规模以上工业增加值增长27%。规模以上工业营业收入3 368.5亿元，增长33.5%；规模以上工业利润388.9亿元，增长70.6%。全年规模以上工业成本费用利润率和营业收入利润率分别为12.7%和11.5%。2021年规模以上电子信息和机械汽车两大主导产业分别实现营业收入1 023.6亿元和693.7亿元，分别增长18.4%和下降7.7%，占全区工业的51%。全区共有市场主体6万多家，工业企业3 000多家，其中规上工业企业超过400家，产值过百亿企业6家，过十亿企业34家，过亿元企业168家，上市企业达到11家、新三板挂牌企业25家。形成电子信息、机械制造两大主导产业持续升级，化工新材料、生物医药两大优势产业强势崛起，智能制造、节能环保等潜力产业增容扩规的产业格局。

【开放兴区】持续狠抓外资、外贸和境外合作，加快崛起对外开放新高地。推进自贸试验区、综合保税区、跨境电子商务综合试验区以及国际招商产业园、中韩产业园、中日产业园“三区三园”建设，启动综保区西区改造提升和RCEP合作示范中心、韩资中小企业孵化基地建设，日本中小企业基地年底建成，2021年引进过10亿元项目40个、三类500强项目21个。累计引进外商投资项目2 007个、投资总额396.9亿美元，世界500强投资企业133家。

【科技创新】着力构建政产学研资介协同的创新生态，不断增强经济发展的核心竞争力。提速八角湾中央创新区建设，先进材料与绿色制造省实验室、烟台大学开发区科教园区等4个项目开工，新开续建面积突破120万平方米。加快环磁山国际科研走廊建设，清科嘉机器人联合研究院挂牌启用，国际高性能材料创新中心开工建设。加快构建大实验室、关键共性技术和转化、企业创新、科技孵化、国际科创、科技服务等科创平台“六大体系”，先进材料与绿色制造省实验室一期、山东产业计划研究院（烟台）等45个高端研发机构快速推进。2021年新获省级科技奖励4项。发明专利申请1 527件、发明专利授权量910件，有效发明专利拥有量3 079件；国际专利申请量（PCT，全书同）52件，累计308件。完善科创企业梯度培育体系，8家企业步入上市进程，3家企业获批国家首批重点支持专精特新“小巨人”、占全市近一半。

【体制机制改革】2021年，烟台经开区深入推进园区体制机制改革，全面激发转型发展新活力。推行“党工委（管委会）+”体制，深化“大部制”整合、扁平化管理，持续完善全员聘用、绩效薪酬等制度。推进流程再造，打造法治化、国际化、便利化一流营商环境。成立省内首家国际人才集团和混合所有制招商公司，建立更加灵活务实的开发运营机制。

**【项目建设】**2021 年，烟台经开区开展“双招双引”百日攻坚和央企集中大走访，组建混合所有制招商公司，实际使用外资 7.8 亿美元，其中制造业外资占比 40%。日本中小企业产业基地、RCEP 产业合作发展中心投运，中韩经济文化交流中心二期加快推进，一批全省“首”字项目落户。2021 年全区共引进各类人才 8 601 人，新引进省级以上人才 32 人。

（烟台经济技术开发区管委会）

# 青岛经济技术开发区

**【经济发展】**青岛经济技术开发区作为青岛市乃至山东省开放型经济发展程度最高的现代化综合功能区之一，以占青岛市4%的陆域面积，创造了全市1/3的进出口、1/4的规模工业总产值、1/5的GDP和税收、1/6的实际使用外资。先后获批国家智能化工业园区、国家生态工业示范园区和国家级园区循环化改造示范试点，综合考评位居全国国家级开发区第七位、全省开发区（高新区）首位。2021年，实现地区生产总值2 651亿元，同比增长9.8%；完成固定资产投资903亿元；获评“2021中国经济最具投资价值十大开发区”。

**【产业发展】**2021年，青岛经开区完整准确全面贯彻新发展理念，加快构建现代产业体系，做大做强智能家电、汽车和高端化工等传统优势产业，引进培育新型显示等战略性新兴产业。其中，以海尔海信澳柯玛为链主的智能家电产业链，2021年实现工业产值757.7亿元，同比增长22.8%，海尔卡奥斯COSMOPlat荣膺“2021工业互联网先锋榜TOP100”榜首；汽车产业链主企业上汽通用五菱迎来第700万辆整车下线，力促集团成为中国首个累计产销量达2 500万辆的民族品牌单一车企，2021年五菱宏光MINIEV累计销量突破55万辆，连续16个月蝉联中国新能源汽车销冠；高端化工产业链2021年实现工业产值613亿元，同比增长45.49%，青岛炼化通过技术改造首次实现燃料电池用氢工业化生产，率先实现了“青岛的车用上青岛的氢”，助力青岛打造“东方氢岛”。

**【科技创新】**按照“管委会+科创平台+校城融合+科创园区”模式推进科技创新工作。2014年以来，青岛开发区累计建立中电光谷、海尔信息谷、山东省机器人产业园、新型显示产业园等七大科创园区，为园区提供各类科技创新政策扶持，成功打造蓝色高新产业集群，加速带动区域内其他传统产业和实体经济转型升级、融合创新，趟出了一条园区经济“科技赋能、创新发展、集约管理、优质融合”发展的新路子、新模式。截至目前，七大园区已累计招商落户中国海洋工程研究院、全球中文学习平台、科大讯飞、宸芯科技等各类高新企业、中小企业和机构2 000多家，注册资本累计200多亿元，聚集各类人才1万多人，其中，中电光谷获评国家级众创空间，培育了以萨数据、宸芯科技等新一代信息技术头部企业，“园中园”讯飞未来港被工信部授予“国家人工智能创新应用先导区（青岛）赋能中心”。依托京东方、中南高科、福建万达等新型显示产业园项目，着眼于提升青岛新型显示产业竞争力，延伸产业链、提升价值链，推动新型显示产业链转型升级、营造富有活力的创新创业生态。目标到2024年，青岛新型显示产业园产值规模力争达到120亿元，新型显示产业产值年均增速达到20%。

**【投资促进】**2021年，青岛经开区坚持以健全项目服务机制、优化营商环境为重点，通过实行“专班服务、全程跟进”等方式积极推进重点项目建设不断实现新突破，有效形成“重点项目储备一批、签约一批、开工一批、投产一批”和产业梯次升级的良好生态。新开工国家组织工程种子细胞库等重点项目90个、总投资530亿元；新竣工投产中国电信云计算基地等产业项目80个。港航物流产业持续发力，保税物流中心二期、新加坡冷链仓储等重点项目加快建设，跨境电商实现成倍增长；扩建寰宇东方冷藏集装箱、东平货柜集装罐等项目，集装箱生产疫情形势下逆势上扬。数字产业突破发展，头部企业科大讯飞聚集上下游企业48家，创建10家大企业联合创新中心，深度赋能实体经济；商汤AI开放平台建成运营；中国电信云基地二期AI楼建成启用。生命健康产业精准发力，海华莱康健康中心、海华实验室等一批重点项目开工建设。“聚焦产业链、打造高质量利用外资主阵地”被作为全省开发区高质量发展的典型案例予以全省推广。

**【基础设施建设】**2021年，青岛经开区加大基础设施项目、民生工程投资建设力度，有序推进城市功能提升和产城人深度融合发展。转型发展区内重点推进辛安片区、殷家河片区、信息谷片区三个片区部分路网贯通、项目护坡防护、电力迁改和村改道路配套等工程，信息谷片区重点电力、防洪等工程设施逐渐完善，石化区封闭设施提升等一批新项目相继开工建设。王台新动能产业基地发展迅速，基地核心启动区内开投大厦、王台大厦、总部办公中心等一批高端楼宇拔地而起，其中开投大厦、王台大厦投入使用，总部办公中心项目主体封顶，基地外围，茂山路、328省道改造和204国道拓宽等“三横两纵”主干路网已全面形成，交通网络日趋便捷。

**【体制机制创新】**2021年，青岛经开区着眼构建简约高效的审批服务体制，稳妥推进相对集中行政许可事项改革，以集中为原则、不集中为例外，规范梳理集中审批事项，科学界定事中事后监管职责，建立审批监管联动机制，不断优化营商环境。编制《青岛经济技术开发区与黄岛区安全生产职责边界清单》《青岛经济技术开发区管委与属地单位职责边界清单》《青岛经济技术开发区管委与所属公司职责边界清单》，进一步厘清与行政区职责边界，提高职能运行效率。完善职员岗位聘用、绩效考核、薪酬分配等管理办法，推行职级晋升积分制，激励职员创先争优和自我提升。创新KPI、日常管理和综合评价三方面指标，突出优绩优酬，个人考核结果与业绩性绩效工资、岗位升降挂钩，真正体现实干导向，多劳多得、能者多得。

（青岛经济技术开发区管委会）

# 宁波经济技术开发区

【概况】1984年国务院批准建立的宁波经济技术开发区，其首期开发面积为3.9平方公里，为全国首批14家国家级开发区。1987年增至5.44平方公里。在初步建成联合开发区域的基础上，1992年10月21日，国务院批准将宁波经开区与北仑港工业区的重点开发区域合并，开发面积调整为29.6平方公里。为实现区域的全面开放，2002年11月，宁波市委、市政府决定宁波经开区与所在的北仑行政区一体化融合发展，实行“一套班子、两块牌子”的管理体制和运行模式，经济职能以开发区为主，社会管理职能以北仑区为主，各有侧重，形成优势叠加的良好局面。

2021年5月，浙江省委、省政府根据国务院《关于推进国家级经济技术开发区创新提升打造改革开放新高地的意见》(国发〔2019〕17号)文件精神，对宁波经济技术开发区、宁波保税区、梅山保税港区和大榭经济技术开发区进行了整合提升，整合后的宁波经济技术开发区（宁波大榭开发区、宁波保税区、宁波北仑港综合保税区、宁波梅山综合保税区、宁波梅山先进制造高新技术产业园区、中国〔浙江〕自由贸易试验区宁波片区），与北仑行政区域深度融合，面积为615.47平方公里。整合后的宁波开发区与北仑行政区实行政区合一，全区面积618平方公里。开发区主要负责经济发展、招商引资、产业培育、项目建设等工作。经过多年发展积累、持续整合提升，宁波经济技术开发区形成了五个方面的发展优势和特色成效。

【区位优势】宁波经开区地处浙江省陆地最东端和全国海岸中枢，三面环海，北邻杭州湾，南邻象山港。位于杭州一小时交通圈和上海两小时交通圈内，是“一带一路”重要战略支点、长三角“金南翼”前沿、甬舟一体化发展核心区。全区岸线总长173公里，其中深水岸线120多公里，是宁波舟山港主要作业泊位所在地，设有北仑、大榭、穿山、梅山四大港区，与100多个国家和地区的600多个港口有贸易往来。2021年，宁波舟山港完成年货物吞吐量12.24亿吨，同比增长4.4%，连续13年位居全球第一；完成集装箱吞吐量3 108万标准箱，同比增长8.2%，继续位居全球第三，有力保障了腹地经济发展和外贸进出口稳定顺畅。

【经济发展】宁波经开区是浙江省宁波市对外开放的主战场、产业集聚的主平台、创新发展的主阵地。2021年，经开区实现地区生产总值2 382.5亿元，居全省第4、全市第2，规上工业总产值、外贸进出口、财政总收入等10项主要经济指标总量居全市首位，以不足宁波1/16的面积和人口，创造了宁波1/6的地区生产总值、近1/4的财政收入、超过1/5的规上工业总产值和1/3的外贸进出口总额。

【开放提升】宁波经开区是全省开放时间最早、国家级功能区最集中、功能政策优势最突出的区域，“港口＋自贸区＋保税区”功能叠加优势显著，高效连接国内国际两个市场，有效利用国内国际两种资源。外贸进出口额、外资利用水平全省第1，与200多个国家和地区建立贸易关系，外贸进出口总额占全市35%、占全省10%；累计引进外资项目2 300余个，有40家世界500强企业落地投资，实际利用外资约占全市40%。自贸试验区宁波片区、中东欧经贸合作示范区建设加快推进，2021年，自贸区宁波片区各项经济指标在全省10个自贸片区所在行政区中列第1，对标RCEP等国际经贸规则，获批开展跨境贸易投资高水平开放试点，投资贸易自由化便利化水平全国领先，油气贸易、离岸贸易、国际集拼中转、跨境电商、港航金融等业态蓬勃发展，其中跨境电商进口业务居全国首位。

**【临港产业】**宁波经开区临港大工业集群集聚。依托港口和开放优势，已形成以绿色石化、汽车、装备、钢铁、能源等为主体的临港产业集群，拥有注塑机、数控机床、模具等优势传统产业体系，集聚了电子信息、集成电路、高端装备、新材料等新兴产业，基本形成了龙头企业带动、上下游产业链配套齐全的发展格局。全区现有工业门类33个，规上工业企业1 000家，其中高新技术企业374家，百亿级企业10家，有一批国家级专精特新“小巨人”、单项冠军、市级“大优强”培育企业，2021年规上工业总产值5 000亿元。建有灵峰现代产业园、芯港小镇“万亩千亿”新产业平台、临港经济示范区等产业平台。获批全国首批“两业融合”发展试点单位、国家级双创示范基地、国家新型工业化产业示范基地、国家循环经济试点园区、国家智能装备高新技术产业化基地等称号。现代服务业发展迅速。港航物流、国际贸易、服务贸易、数字经济、金融服务等发展迅速，拥有限上（限额以上，全书同）服务业企业近2 000家，营收超50亿元商贸服务总部77家，2021年全区限上商品销售额1.64万亿元，占全市45%；集聚投资机构和投资平台1.3万余家，注册资金达1.86万亿元，近80%的创投基金投向省内、市内创业创新项目。

**【营商环境】**北仑城市活力生机迸发，港产城文融合发展，是全国首批文明城市、全国优秀旅游城市、中国公众首选宜居城市，历史文化底蕴深厚，九峰山、梅山湾等山海风景秀美，教育、医疗、商业、体艺、星级酒店等资源丰富，充分满足购物休闲娱乐旅游需要。两小时交通圈内有上海、宁波和杭州等地四大国际机场，通过铁路、高速公路和长江水道与内陆腹地相连。政府服务高效便捷，享有部分省级经济管理许可权，拥有自行审批3亿美元以内项目的许可权，今年以来省市又分别下放32项、145项管理权限到自贸片区，通过数字化改革精简优化行政审批流程。经开区内产业政策有力，出台有专门政策鼓励扶持主导产业培育、优质项目引进、企业上市培育、企业创新发展以及拓宽融资渠道。

**【科技创新】**宁波经开发区科创资源丰富，拥有北航宁波创新研究院、北大海洋药物研究院、万华高性能材料研究院等一批重点科研院所，全区人才总量超过34.6万人，其中博士、高级工程师、海外工程师、领军特优人才等专家400余名，高技能人员6.5万名，是全国首批《中长期青年发展规划》实施试点地区，对创业创新形成强力支撑。

（宁波经济技术开发区管委会）

# 湛江经济技术开发区

2021年，湛江经济技术开发区坚持以习近平新时代中国特色社会主义思想为指导，认真贯彻落实习近平总书记重要指示批示精神，统筹推进常态化疫情防控和经济社会发展，我区经济社会发展各项政策措施成效凸显，实现了“十四五”的良好开局，为“十四五”经济的发展奠定了坚固的基础。

**【经济发展】**2021年末，湛江经开区常住人口34.60万人，比上年末增加0.49万人，其中城镇常住人口22.69万人，占常住人口比重（常住人口城镇化率）65.58%，比上年末提高0.9个百分点。

经湛江市统计局统一核算，2021年经开区实现地区生产总值（初步核算数）693.99亿元，比上年增长16.8%，其中，第一产业增加值20.73亿元，增长0.4%，对地区生产总值增长的贡献率为0.1%；第二产业增加值498.08亿元，增长24.2%，对地区生产总值增长的贡献率为92.0%；第三产业增加值175.83亿元，增长4.1%，对地区生产总值增长的贡献率为7.9%(见图1)。三次产业结构比重为2.9∶71.8∶25.3，第二产业比重提高7.9个百分点。人均地区生产总值202 005元，增长15.7%。

图1 2016—2021年经开区地区生产总值及增长

全年全区地方一般公共预算收入15.81亿元，比上年增长29.6%，其中，税收收入13.63亿元，增长43.9%。全年一般公共预算支出24.38亿元，下降2.6%，其中，教育支出6.52亿元，增长6.5%；卫生健康支出1.51亿元，增长49.2%；社会保障和就业支出4.35亿元，增长10.2%。民生类支出17.48亿元，占一般公共预算支出比重71.7%。

**【农业经济】**2021年，经开区全年粮食作物播种面积9.10万亩，比上年下降2.6%；糖蔗种植面积0.02万亩，下降9.4%；花生种植面积1.22万亩，下降9.3%；蔬菜种植面积4.08万亩，下降0.1%。全年粮食产量3.17万吨，比去年下降2.8%；糖蔗产量0.12万吨，下降9.3%；蔬菜产量3.42万吨，下降0.5%；园林水果总产量6.57万吨，下降0.1%。

全年肉类总产量0.73万吨，比上年下降0.1%。其中，猪肉产量0.44万吨，增长4.3%；牛肉产量0.01万吨，增长3.8%；羊肉产量0.01万吨，增长4.2%；禽肉产量0.25万吨，下降7.0%。全年全区水产品产量9.99万吨，下降4.2%。其中，海水产品9.82万吨，下降4.2%；淡水产品0.16万吨，下降0.6%。

**【工业和建筑业】**2021年，经开区全年全部工业增加值比上年增长25.3%。规模以上工业增加值增长33.0%，其中，国有控股企业增长37.5%，外商及港澳台投资企业增长52.9%，股份制企业增长12.1%。分轻重工业看，轻工业增长8.9%，重工业增长36.5%。分企业规模看，大型企业增长69.9%，中型企业下降91.2%，小型企业增长11.7%，微型企业增长42.5%（见图2）。

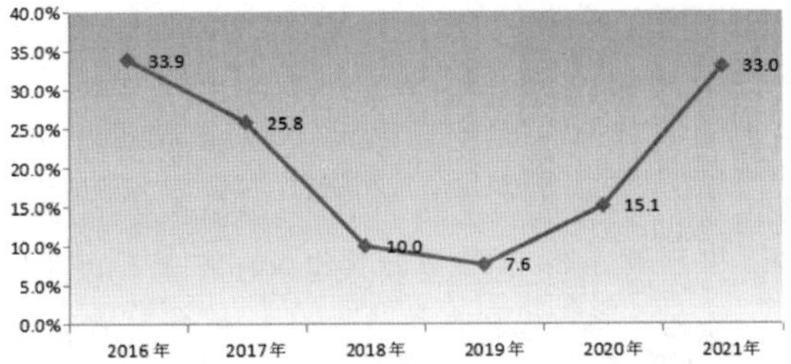


图 2 2016—2021 年规模以上工业增加值增长速度

高技术制造业增加值比上年增长 13.8%，占规模以上工业增加值比重 1.1%。先进制造业增加值比上年增长 40.4%，占规模以上工业增加值比重 82.5%，其中石油化工业增长 54.3%，先进轻纺制造业增长 16.9%，新材料制造业增长 11.5%，生物医药及高性能医疗器械业增长 13.8%，先进装备制造业下降 117.3%。

优势传统产业增加值比上年增长 8.3%；其中，纺织服装增长 13.9%，食品饮料业增长 18.9%，建筑材料增长 0.4%，金属制品业下降 18.8%，家用电力器具制造业下降 62.6%。

六大高耗能行业增加值比上年增长 37.4%；其中，非金属矿物制品业增长 0.4%，电力、热力生产和供应业增长 20.0%，黑色金属冶炼及压延加工业增长 11.5%，化学原料和化学制品制造业增长 135.4%，石油、煤炭及其他燃料加工业增长 49.1%。

全年规模以上工业实现利润总额 125.21 亿元，比上年增长 75.0%。亏损企业亏损总额 5.03 亿元，增长 111.3%。亏损企业亏损面 21.2%。分经济类型看，国有控股企业利润 106.85 亿元，增长 89.9%；股份制企业 71.80 亿元，增长 15.5%，外商及港澳台商投资企业 53.40 亿元，增长 470.6%。分行业看，制造业利润 128.48 亿元，增长 88.1%；电力、热力、燃气及水生产和供应业 -3.27 亿元，下降 200.9%。全年规模以上工业企业每百元营业收入中的成本为 78.36 元，增加 1.62 元；营业收入利润率 7.23%，提高 0.32 个百分点。

全年全社会建筑业增加值 14.16 亿元，比上年下降 5.9%。总承包和专业承包完成建筑业总产值 81.23 亿元，下降 3.5%。

**【服务业】**2021 年，经开区全年批发业和零售业增加值 20.54 亿元，比上年增长 7.8%；交通运输、仓储和邮政业增加值 5.21 亿元，增长 13.6%；住宿和餐饮业增加值 5.28 亿元，增长 11.6%；金融业增加值 36.92 亿元，增长 0.2%；房地产业增加值 25.12 亿元，下降 5.1%。现代服务业增加值 116.19 亿元，增长 0.1%。

全年规模以上服务企业实现营业收入 47.44 亿元，比上年增长 12.4%；利润总额 0.48 亿元，下降 53.5%。分行业看，交通运输、仓储和邮政业增长 32.7%，信息传输、软件和信息技术服务业增长 1.3%，租赁和商务服务业增长 15.1%，科学研究和技术服务业增长 38.3%，居民服务、修理和其他服务业增长 16.6%，卫生和社会工作增长 27.5%，文化、体育和娱乐业增长 22.4%。

**【固定资产投资】**2021 年，经开区全年完成固定资产投资 320.19 亿元，比上年增长 10.2%。其中项目投资 226.47 亿元，增长 1.5%(见图 3)。

全年房地产开发投资 93.73 亿元，增长 38.7%；商品房销售面积 63.79 万平方米，下降 13.7%。商品房销售额 87.61 亿元，下降 14.4%。

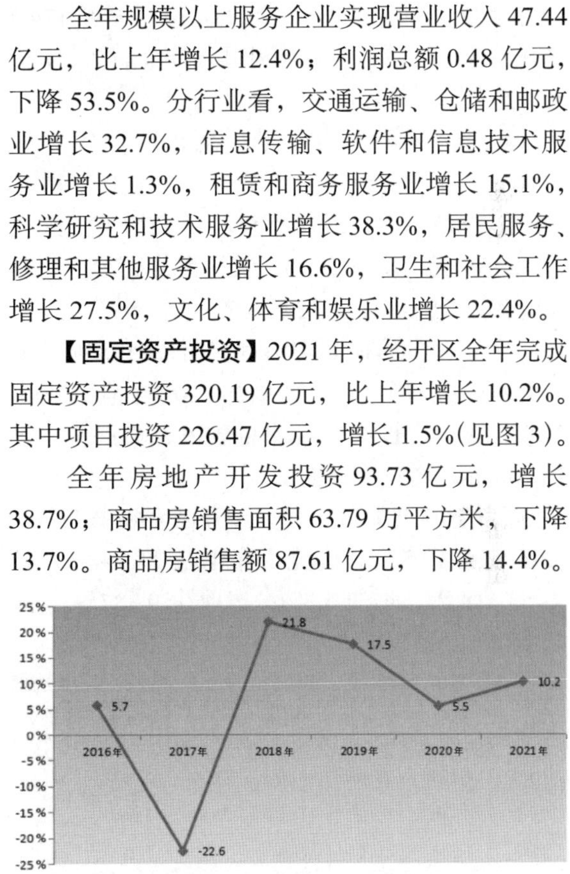


图 3 2016—2021 年固定资产投资增长速度

图 4 2016—2021 年社会消费品零售额及增长速度

**【国内贸易】**2021年，经开区全年社会消费品零售总额107.45亿元，比上年增长7.4%。城镇消费品零售额101.81亿元，增长7.2%；乡村消费品零售额5.64亿元，增长10.6%。分消费形态看，商品零售92.82亿元，增长6.8%；餐饮收入14.63亿元，增长10.7%（见图4）。

**【对外经济】**2021年，经开区全年外贸进出口额254.5亿元，比上年增长35.4%，其中：出口总额80.4亿元，增长17.1%；进口总额174.1亿元，增长45.9%。实际利用外资金额26.21亿元，增长582.6%。

**【社会服务】**2021年，经开区全年全区居民人均可支配收入35 385元，比上年增长8.4%。分城乡看，城镇常住居民人均可支配收入42 979元，增长5.6%；农村常住居民人均可支配收入21 484元，增长8.6%。

全年全区居民人均消费支出23 598元，增长8.2%。分城乡看，城镇居民人均消费支出27 638元，增长4.7%；农村居民人均消费支出16 202元，增长11.9%。

**【教育科技】**2021年，经开区全年中小学学校招生数12 506人，比上年增长11.4%；在校生53 618人，增长5.8%；毕业生9 387人，增长16.8%（见表1）。

**表1 2021年中小学招生、在校生、毕业生人数及其增长速度**

| 指标 | 招生（人） | 比上年增长（%） | 在校生（人） | 比上年增长（%） | 毕业生（人） | 比上年增长（%） |
|---|---|---|---|---|---|---|
| 小学 | 6 453 | 5.0 | 38 193 | 2.3 | 5 511 | 32.4 |
| 初中 | 4 710 | 23.8 | 11 561 | 21.0 | 2 660 | 3.2 |
| 高中 | 1 343 | 5.2 | 3 864 | 2.2 | 1 216 | −6.0 |

截至2021年末，经开区高新技术企业77家。技术研发机构41家，其中，省级重点实验室1家，省级新型研发机构2家，省级工程技术研发中心12家，省级企业技术中心7家，市级工程中心13家，市级企业技术开发机构6家。

（注：①财政数据来自经开区财政局；教育数据来自经开区教育局。②文中2021年数据为初步统计数。③本文中国内生产总值、三次产业及相关行业增加值、地区生产总值、人均国内生产总值和国民总收入绝对数按现价计算，增长速度按不变价格计算。④规模以上工业统计口径为年主营业收入2 000万元及以上的工业企业。⑤固定资产投资项目统计起点由50万元提高到500万元。⑥限额以上批发和零售业统计标准为：批发业年主营业务收入2 000万元及以上；零售业年主营业收入500万元及以上。⑦规模以上服务业范围是：第一，年营业收入2 000万元及以上服务业法人单位，包括：交通运输、仓储和邮政业，信息传输、软件和信息计算服务业，水利、环境和公共设施管理业三个门类和卫生行业大类；第二，年营业收入1 000万元及以上服务业法人单位，包括：租赁和商务服务业，科学研究和技术服务业，教育三个门类，以及物业管理、房地产中介服务、房地产租赁经营和其他房地产业四个行业小类；第三，年营业收入500万元及以上服务业法人单位，包括：居民服务、修理和其他服务业，文化、体育和娱乐业两个门类，以及社会工业行业大类。⑧先进制造业包括高端电子信息制造业，先进装备制造业，石油化工产业，先进轻纺制造业，新材料制造业，生物医药及高性能医疗器械。⑨高技术制造业包括医药制造业，航空、航天器及设备制造业，电子及通信设备制造业，计算机及办公设备制造业，医疗仪器设备及仪器仪表制造业，信息化学品制造业。六大高耗能行业包括石油、煤炭及其他燃料加工业，化学原料及化学制品制造业，非金属矿物制品业，黑色金属冶炼及压延加工业，有色金属冶炼及压延加工业，电力热力的生产和供应业。⑩2016—2017年社会消费品零售总额为2018年“四经普”之前未调整的数据。）

（湛江经济技术开发区）

# 天津经济技术开发区

**【概况】**1984 年 12 月 6 日，天津经济技术开发区（简称天津经开区）经国务院批准建立，系首批国家级经济技术开发区。至 2021 年，面积由建区时的 33 平方公里扩至 403 平方公里。东区为最初批准建立的区域，地域位置东起海防路、西至京山线、南到京津塘高速公路延长线、北靠当时的北塘镇。天津经开区适应发展需要拓展区域，后依次辟建逸仙科学工业园、微电子工业区、化学工业区（2008 年更名为现代产业区）、西区、南港工业区、南部新兴产业区、中区（2021 年中区调整至南港工业区）、北塘企业总部园区（2016 年 12 月 6 日更名为天津滨海—中关村科技园）、一汽—大众华北基地；2017 年 12 月，滨海新区原中心商务片区并入天津经开区，形成了东区、商务片区、西区、南港工业区、滨海—中关村科技园、现代产业区、逸仙科学工业园、微电子工业区、南部新兴产业区、一汽—大众华北基地的“一区十园”发展格局。

1984 年 8 月 6 日，天津经开区管委会成立。11 月，中共天津经济技术开发区总支委员会成立。后历经中共天津经开区临时委员会、中共天津经开区工委、中共天津经开区保税区工委等变更。2008 年 4 月 3 日，中共天津经开区保税区工委并入中共滨海新区工委，并成立天津经开区管委会党组。2015 年 7 月 28 日，天津经开区管委会党组改建为中共天津经开区工委。2019 年 6 月 27 日，中共天津经开区党委成立。

天津经开区地处渤海经济带和京津冀都市圈的交汇节点，位于京津冀产业布局轴带核心位置，是中国北方区域融入“一带一路”倡议的支点，是 RCEP 自贸协议框架下，面向东北亚的对外开放高地，是环渤海建设世界级湾区的重要引擎，是天津市打造具有国际水平滨城 CIZ（滨城中央创新区）的核心要地。自 1997 年起，天津经开区主要经济指标和综合发展水平在国家级开发区中持续保持领先，连续 16 年蝉联中国开发区综合排名之首。经过三十多年发展，天津经开区已成为中国经济规模最大、外向型程度最高、综合投资环境最优的国家级开发区之一。2021 年，天津经开区以党史学习教育为抓手，为群众和企业解决办理百余件实事，完成经济发展、疫情防控、创建全国文明城区、创建国家卫生城市等各项任务，全年主要指标增速保持稳定。

**【经济发展】**2021 年，天津经开区地区生产总值 2 379.60 亿元，按可比价格计算，比 2020 年增长 6.0%，其中，第二产业增加值 1 371.14 亿元，可比增长 5.9%；第三产业增加值 1 008.46 亿元，可比增长 6.1%。第二、三产业比例为 57.6∶42.4，第二产业比重比上年提高 3.7 个百分点。全员劳动生产率 52.4 万元 / 人，可比增长 1.0%。

2021 年，完成全口径财政收入 691.52 亿元，增长 3.9%，其中，税收收入 594.14 亿元，增长 6.9%，税收占比 85.9%。区级一般公共财政预算收入 161.47 亿元，增长 4.5%，其中，税收收入 154.42 亿元，增长 5.4%，税收占比 95.6%，比上年提高 0.8 个百分点。全年财政总支出 322.42 亿元，同比增长 13.4%，其中，一般公共财政预算支出 205.53 亿元，同比增长 17.6%。有 7 家企业税收规模达 10 亿以上，税收合计 188.30 亿元，占比 32.8%。

**【产业发展】**2021 年，天津经开区工业实现增加值1 130.30亿元，按可比价格计算，比2020年增长6.6%。规模以上工业增加值增长6.6%。规模以上工业总产值5 399.74亿元，增长5.6%，其中，外商及港澳台投资企业实现工业总产值4 173.16亿元，增长3.5%，占比77.3%；内资企业实现工业总产值1 226.57亿元，增长13.5%，占比22.7%。有288家企业工业总产值超1亿元，产值合计5 298.10亿元，占全区工业总产值的比重98.1%，所占比重与上年相同。71家企业产值超过10亿元，产值合计4 591.30亿元，占比85.0%，较2020年减少0.4个百分点；12家企业产值超过100亿元，产值合计2 885.50亿元，占比53.4%。工业产销率为99.0%，较同期下降0.8个百分点。

在规模以上工业中，汽车制造、装备制造、电子信息、化工新材料、医药健康五大支柱产业实现工业总产值4 791.55亿元，增长2.1%，占全区规模以上工业总产值的88.7%；工业增加值增长3.8%，占全区规模以上工业增加值的89.5%，其中，汽车制造产业实现产值1 415.45亿元，下降11.6%，工业增加值下降6.8%；装备制造产业实现产值749.52亿元，增长6.8%，工业增加值增长4.7%；电子信息产业实现产值1 106.01亿元，下降5.3%，工业增加值增长3.2%；化工新材料产业实现产值855.16亿元，增长19.8%，工业增加值增长0.6%；医药健康产业实现产值665.42亿元，增长30.5%，工业增加值增长27.2%。

在规模以上工业中，战略性新兴产业实现产值2 431.29亿元，增长2.1%，占全区规模以上工业总产值的45.0%，工业增加值增长9.7%，总量占全区规模以上工业增加值的42.3%。高技术制造业实现产值1 649.19亿元，增长6.6%，占全区规模以上工业总产值的30.5%，工业增加值增长16.8%，总量占全区规模以上工业增加值的32.5%。高新技术企业实现产值1 186.58亿元，下降2.9%，占全区规模以上工业总产值的22.0%，工业增加值增长9.4%，总量占全区规模以上工业增加值的22.7%。2021年天津经开区各园区中，西区完成规模以上工业总产值1 535.12亿元，下降13.9%；南港工业区完成规模以上工业总产值715.13亿元，增长73.8%；微电子工业区完成规模以上工业总产值358.08亿元，增长8.0%；现代产业区完成规模以上工业总产值122.36亿元，增长2.2%；逸仙科学工业园完成规模以上工业总产值146.24亿元，增长29.2%；中区完成规模以上工业总产值38.26亿元，增长43.7%；一汽—大众华北基地完成规模以上工业总产值19.90亿元，增长1.7%；中心商务片区完成规模以上工业总产值12.67亿元，下降37.8%；滨海—中关村科技园完成规模以上工业总产值13.39亿元，增长16.9%。

2021年，规模以上工业企业利润总额378.15亿元，其中，五大支柱产业利润总额337.11亿元，同比增长18.2%，占比89.1%。规模以上工业企业主营业务收入利润率6.7%。经济效益综合指数472.2，较上年提高18.2个百分点。工业全员劳动生产率59.8万元/人，可比增长5.7%。

2021年，天津经开区有资质的建筑业企业190个，同比增长25%，实现总产值293.33亿元，同比增长11.3%。实现营业收入343.13亿元。全年房屋建筑施工面积2 821万平方米，增长96.7%。

2021年，服务业实现增加值1 008.46亿元，可比增长6.1%，其中，其他服务业实现增加值327.00亿元，增长8.5%；金融业实现增加值333.17亿元，增长4.1%；交通仓储邮政业实现增加值78.14亿元，增长3.1%；批发和零售业实现增加值126.75亿元，增长9.7%；房地产业实现增加值38.90亿元，增长7.3%；住宿和餐饮业实现增加值5.81亿元，增长7.3%。“四上”服务业企业实现营业收入6 065.74亿元，增长22.5%，实现营业利润119.10亿元，增长2.5%。

2021年，规模以上营利性服务业企业385家，实现营业收入892.55亿元，增长20.2%，其中，信息传输、软件和信息技术服务业实现营业收入406.84亿元，增长38.8%；租赁和商业服务业实现营业收入167.36亿元，增长7.5%；科学研究和技术服务业实现营业收入110.63亿元，下降19.1%。

【科技创新】2021年，天津经开区有市级以上众创空间16家；孵化转化载体面积累计120.6万平方米；新增在孵企业392家，累计2 178家。工程技术研究中心累计33家。康希诺生物股份公司、深之蓝海洋科技股份有限公司、飞旋科技股份有限公司等11家企业获批天津市企业技术中心，航天瑞莱科技有限公司升级为国家级企业技术中心。中汽研汽车工业工程（天津）有限公司、芯海创科技有限公司、航天泰心科技有限公司等6家企业获批天津市企业重点实验室。全年技术合同登记888项，技术交易额126.8亿元。科技成果鉴定登记44项。有效专利23 061项，增长16.6%（其中新增发明专利授权1 055项）。天津经开区离岸创新创业基地等创新载体建设稳步推进，多次举办创新创业大赛。

以无人机和新材料、互联网新经济、生物医药人才创新创业联盟以及精细化工和新材料、供应链金融产业人才联盟为枢纽，推动人才链、产业链、项目链、技术链、资本链融合发展，联盟入驻企业逾400家，新落地项目116个，投资总额221亿元，创造就业岗位5 000余个。加大力度引进“高精尖缺”人才，新引进10名国务院特贴专家，新增博士后工作站10家，223人入选天津滨海新区“优秀企业家”队伍，引进培养中高层次人才3 975人，天津经开区人才资源总量突破40万。

2021年，天津经开区国家级高新技术企业新增165家，累计892家；科技型中小企业、雏鹰企业、瞪羚企业入库分别实现983家、493家、52家，均完成年度任务目标；科技领军及领军培育企业新增21家；狮桥租赁有限公司、瑞派宠物医院管理股份有限公司、高济医疗公司、禧云国际公司4家企业成长为独角兽企业；新增种子企业、市级专精特新企业、小巨人企业总量占天津滨海新区三分之一。凯莱英医药集团（天津）股份有限公司成功赴港上市，为天津市第二家同时在内地和香港上市民营企业；裕丰碳素股份有限公司、滨中科讯信息技术股份有限公司在新三板挂牌；唯捷创芯（天津）电子技术股份有限公司、博益气动股份有限公司等一批企业上市筹备稳步推进。康希诺新冠疫苗、长征五号B遥二运载火箭、天河E级原型机、自主高端芯片等民生和国之重器在天津经开区孕育而生。

【投资促进】2021年，天津经开区落实京津冀协同发展战略，加大对非首都功能疏解力度，中海油油田化学品项目、国家管网液化气接收站管理公司、中石化天然气销售公司等一批央企优质企业落户。全年承接京冀项目488个，总投资1 114亿元。

全力打造滨海—中关村科技园，天津科技大学科技园正式运营，市级知识产权服务业集聚区建成入驻，天津市中小企业信用担保中心整建制迁入，滨海新区首个园区共同缔造理事会挂牌成立，园区楼宇载体管理运营机制进一步理顺，摆渡车、政务服务站、公共法律服务中心等相继设立开通，类中关村创新创业服务体系日益完善。全年园区新增注册企业907家，同比增长76.1%，其中科技型企业占比53%；雏鹰企业、高新技术企业、科技型中小企业同比增长176%、188%、281%。

2021年，天津经开区实际利用外资14.69亿美元，增长17.8%。新批外商及港澳台投资项目91个，投资总额55.63亿美元，出资比例91.5%，平均出资规模6 114万美元。53家企业完成增资，投资总额增加57.93亿美元，平均增资规模1.09亿美元。投资总额1 000万美元及以上企业31家，累计1 559家；投资总额300万～1 000万美元企业12家，累计614家；300万美元以下企业48家，累计3 878家。

2021年，新批准外商及港澳台投资企业91家，增长62.5%，新批合同外资金额71.48亿美元，增长42.1%；至年末，外商及港澳台投资企业累计6 081家，实际使用外资累计657.19亿美元。投资方来自66个国家和地区。新批外商及港澳台投资工业项目3个，投资总额1.09亿美元，23家工业企业完成增资，投资总额增加38.93亿美元。PPG全球涂料中心、纬湃科技研发中心、SEW智能制造基地、见龙聚苯乙烯等一批高质量制造业实体项目落地。新批外商及港澳台投资服务业项目88个，投资总额54.54亿美元，30家服务业企业完成增资，投资总额增加19亿美元。药明康德华北总部基地、维斯塔斯销售公司、奥的斯智慧电梯检测中心、贝壳集团VR项目等一批现代服务类项目加速聚集。

2021年，天津经开区实际利用内资404.07亿元，增长24.8%。新注册内资企业5 949家，增长33.2%，累计注册3.46万家。新注册内资企业投资规模亿元以上175家，新注册内资企业资本金1 503.27亿元。

**【体制改革】**2021年，天津经开区深化法定机构改革。落实滨海新区“三考合一”部署，建立包括定量与定性、年度与季度、部门与个人相结合的闭环考核体系，指标任务清单到岗到人，考核激励机制更加系统完备、合理有效，同级别干部间年度绩效薪酬差距有效拉开，激发干部工作的主动性、积极性。优化“一区十园”管理模式，调整设置覆盖8个飞地园区的片区管理局，建立“园区吹哨，部门报到”制度，理顺各类现场管理职能，强化园区招商引资和企业服务职能，发展速度稳步提升。

自贸改革放能持续提升。天津自贸试验区创新发展行动方案中各牵头任务落地完成，形成包括跨境人民币保理、农业保理数字化服务平台等多项全国首创业务模式；以国家超算中心为载体挂牌成立全国首个自贸联动创新基地，在全市率先参与离岸贸易支持政策制定、数字人民币申请等工作，争取先行先试、积累发展经验。天津市服务业扩大开放试点任务加快推进，数字服务出口基地、碳普惠创新示范中心建设等工作取得阶段性成效。泰达综合保税区发展实现飞跃，获批全市首家增值税一般纳税人资格试点，完成天津市首单工业品异地保税展示业务，园区进出口总额突破100亿元，同比增长7倍以上。

不断加大国企改革力度。21家企业完成混改出让出清，6家企业提前完成市、区两级公司制改制任务，国企股权划转社保基金工作全面完成，国企聘任制、职业经理人试点、薪酬绩效考核等一系列改革稳步实施，四大集团全年盘活各类资产12.68亿元，经营收入提升20%，债务实现有效接续。国企市场化运营方式更加清晰，成立专业运营公司，以市场化合作方式开展城市运营更新、口岸产业促进等工作。国企监管机制更加完善，修订完善国资监管清单、投资管理办法，启动智慧国资平台建设，实现对区属企业整体运营全方位监管。

深化行政审批改革。与北京经开区、陕西航空经开区签署授权协议，建立“全程网办”与“代收代办”工作机制；与北京经开区、广州经开区建立全国首个国家级经开区“政务服务改革创新合作联盟”，268项政务服务事项在京津穗三个国家级经开区实现“跨省通办”。设立园区政务服务工作站，建立标准化工作机制，为102家企业建立一企一档，推行“跨省通办”“国际贸易”“拿地即开工”等特色服务“标准一致、效率同优”。制定《天津经济技术开发区深化工程建设项目审批制度改革优化营商环境实施方案》，提出“推行用地清单制”“启动区域评估”等19条优化简化流程、保障审管联动措施。

**【优化营商环境】**2021年，天津经开区构建产业营商环境指标体系，为全国产业营商环境建设提供示范。建成天津经开区营商环境监测信息化平台，升级企业服务云平台，为企业提供464项惠企政策的精准匹配和主动推送，在滨海新区全面复制推广。政务服务延伸到各园区，为园区企业提供现场咨询服务2 200次，办理事项300余件。扎实推进“双随机、一公开”，实现“进一次门、查多项事”。建立公平竞争审查制度，完善公平竞争审查工作机制。政策兑现效能不断提升，企业累积获得政策兑现资金同比增长 10%。

建设泰达产品展示厅，收集、宣传 3 000 余家企业上万种产品，打造“泰企劲”“泰企需”固定宣传窗口，形成商贸网上配对平台。通过接链配对、银企对接、产业交流、专线服务等多种途径，为区内企业拓宽交流和合作空间，全年发布供需信息上百条，服务企业逾 500 家。完成广交会、智能大会、进博会等十几场全国性重点展览展会工作，全年组织 200 余家企业参加各类展会。

制定《2021 年天津经开区“双万双服促发展”活动工作安排》《关于加强天津经开区重点企业服务的工作方案》《天津经开区重点企业包联帮扶工作方案》。深入开展“双万双服促发展”活动，至年末，平台提出 593 个问题，解决 591 个。走访服务企业 600 余户次，协调解决融资、交通、通关、子女入学、用工、涉法涉诉、有序用电等各类问题 100 余件。

深入开展“我为群众办实事”系列活动，聘请区内 73 位企业家共同组建天津经开区各主导产业营商环境专家咨询委员会，组织召开“向企业家汇报”系列座谈会，出台《天津经开区实施服务企业十项重点工作，解决 100 个企业问题的实施方案》。及时落实企业家节日祝福，为企业家的衣食住行、教育医疗提供便利。积极拓展政企交流渠道，举办“天津茱莉亚之旅”、2021 年“泰达夏日艺术季”政企交流活动、“2021 泰达魅力女性沙龙”等政企交流活动。

**【绿色集约】**2021 年，天津经开区环境空气质量综合指数 4.61，达标天数比例为 74.6%；PM2.5 浓度为 39 微克 / 立方米，PM10 浓度为 68 微克 / 立方米。区域环境噪音平均值 52.9 分贝，道路交通噪声平均值 68.8 分贝。排海污水达标率 92.8%，排海雨水达标率 95.0%，污水处理厂出水达标率 100%，工业废水排放量 1576 万吨，工业固体废物产生量 76.3 万吨，工业固体废物综合利用率 88.9%，危险废物集中处置率 100%。全区公园 31 座，绿地面积 3 163.10 万平方米，年末实有树木 623.30 万株，全区绿化覆盖面积 3 351.08 万平方米。

推动重点行业深度治理、企业 VOCs 治理设施升级改造、LDAR 检测及柴油车路检等工作。完成 419 家工业企业秋冬季重污染减排清单及 84 家企业保障清单编制。地表水考核断面水质达到天津市考核要求，其中蓟运河防潮闸、海河大闸、永定新河塘汉公路桥年均水质达到地表水Ⅳ类，东排明渠年均水质达到地表水Ⅴ类。推动 10 家重点企业开展土壤污染隐患排查和土壤地下水自行监测及 5 家重点单位周边土壤和地下水监测。

落实“碳达峰、碳中和”国家战略，梳理摸清 5 年内工业碳排底数，确定碳达峰路线图，完成天津经开区首个污染物协议减排项目。开展绿色产业示范基地建设，组织申报一批国家级重点支持和示范建设项目。推动组建“双碳联盟”，打造“双碳大厦”，促进绿色行业头部企业快速聚集。绿色低碳发展模式入选生态环境部 2021 年绿色低碳典型案例。落实中央环保督察工作要求，完成污染防治攻坚工程类项目 80 余个。加大水系整治力度，压实河长制工作职责，开展河湖巡查巡检 230 余次，区域内黑臭水体基本消除。打造智慧环保平台，整合各类环保数据，开展污染源自动监控线上巡查 1.6 万余次，推送预警信息 3 000 余条。

**【机构设置与管委会领导】**2021 年末，天津经开区管委会设置内设部门 35 个：商务和投资促进办公室，电子信息产业促进局，汽车产业促进局，装备及智能制造产业促进局，新经济促进局，绿色石化产业促进局（南港工业区经济发展局），新能源和新材料产业促进局，医药健康产业促进局，金融局，贸易发展局，科技创新局（科学技术协会），滨海—中关村科技园办公室，企业服务局（营商环境办公室），发展和改革局（统计局），财政局，人力资源和社会保障局（医疗保障局），规划和自然资源局，生态环境局，建设和交通局，应急管理局，审计局，国有资产监督管理局，政务服务办公室

(行政审批局)，市场监督管理局(知识产权局)，中国(天津)自由贸易试验区滨海新区中心商务片区管理局(全面深化改革委员会办公室、政策研究室)，西部片区管理局，北部片区管理局，南港工业区综合办公室，南港工业区规划建设服务中心，南港工业区应急管理局，党委办公室(管委会办公室、政法办、网信办、信访办)，党建工作部(机关党委、机关工会、机关团委)，纪委(巡察工作办公室、巡察组)，非公有制经济组织和社会组织党委办公室，总工会(妇联、团委)。专业工作机构22个：综合事务服务中心，档案馆、图书馆(地方志编修办公室)，法律援助中心，泰达公证处，翻译中心，金融综合监管中心，双创服务中心，统计调查中心，财务中心，公寓管理中心，人才服务中心，土地整备发展中心，不动产登记中心，环境保护监测中心，环境监察支队，建设工程管理中心，交通运输服务中心，投资项目评审中心，安全生产执法监察中队，南港工业区规划建设服务中心，南港工业区安全生产执法监察中队，市场稽查大队(计量检定所、特种设备安全监察站)。

2021年末，天津经开区领导成员包括：党委书记、管委会主任尤天成，党委副书记张青，天津经济技术开发区党委常委、纪委书记刘越红，党委常委徐庆和，党委常委、天津经济技术开发区南港发展集团有限公司党委书记兼董事长马建军，管委会副主任金香花，党委常委、管委会副主任、天津泰达产业发展集团有限公司党委书记兼董事长李涛，党委常委、管委会副主任叶炜、徐斐、曹红钢、周勍，泰达街党工委书记兼天津经开区党委常委吴鹏。

(天津经济技术开发区管委会)

# 连云港经济技术开发区

连云港经济技术开发区是1984年12月经国务院批准设立的首批国家级开发区，位于连云港市区的地理中心，辖朝阳、中云、猴嘴三个街道和台北、青口两个盐场。重点发展新医药、新材料、新业态、高端装备制造等主导产业，已建成全国最大的抗肿瘤药物、抗肝类药物生产基地，全国重要的现代中药生产基地，全国最大的碳纤维生产基地，亚洲最大的风电装备生产基地。高新技术产业产值占规模以上工业总产值的比重达77.7%。

**【经济发展】**连云港经开区面对药品集采、新冠疫情、原材料价格上涨等不利因素，开发区抓运行、强服务，迎难而上、化危为机，全区工业经济稳中向好。2021年，开发区规模以上工业企业实现产值780.2亿元，增长5.4%。三大主导产业实现产值606.2亿元，增长3.9%，占全区总产值77.7%，其中，新医药产业实现产值446.5亿元，增长1%；新材料产业实现产值54.6亿元，增长50%；高端装备制造实现产值105.1亿元，较去年持平。地区生产总值增长8.2%；实际利用外资2.3亿美元；工业应税销售收入增长8.9%；规上工业总产值增长5.4%。

**【投资促进】**2021年，连云港经开区针对落地项目制定出台一系列奖励扶持政策，在厂房租赁补贴、科技创新扶持、高层次人才奖补等方面出台了通用奖励政策，在生物医药、医疗器械等园区主导产业发展上制定了专门扶持政策，实现土地、税收、规费、金融、人才、科技等方面政策配套全覆盖。同时，对于园区重大投资项目，实行“一事一议”。

开发区内土地资源丰富，临港产业区土地均为存量国有建设用地，不受农转用指标限制，能够满足各类项目用地需求。开发区电力供应充足，可保障大型项目生产用电需求。

（连云港经济技术开发区管委会）

# 南通经济技术开发区

【经济发展】2021年，在南通市委、市政府的正确领导下，南通经济技术开发区坚持以习近平新时代中国特色社会主义思想为指引，认真贯彻落实中央、省、市决策部署，统筹推进改革、发展、稳定各项工作，实现“十四五”良好开局。全年完成地区生产总值835亿元，增长8.7%；一般公共预算收入67亿元，增长13.6%，增幅列全市八个单元第三，其中，税收占比87.6%，列全市第一；工业应税销售1 800亿元，增长30%；服务业应税销售1 800亿元，增长20%；实际利用外资6.3亿美元，增长12.5%，总量全市第一；进出口总额530亿元，增长27%，总量居全市前列。

【投资促进】2021年，南通经开区全面整合招商资源，构建“4+2”招商体系，形成“赛马制”招商格局；建立项目质量评估机制，加强源头把关，项目质效显著提升；优化招商引资考核办法，从严实绩考核，招商活力充分激发。组织重大项目集中签约、集中开工活动6次，在上海成功举办生物医药产业园推介大会，做到月月有活动、月月有开工、月月有签约。全年新签约总投资超10亿元重大项目34个，总投资784.5亿元，包括百亿级星源材质项目，以及晟斯医药、中兴新锂电池隔膜等4个50亿元项目；新开工超10亿元重大项目18个，总投资574亿元，12个省、市重大项目全部开工；在手推进超10亿元重大项目37个，总投资773.7亿元；在谈超10亿元重大项目29个，总投资751亿元。在全市产业项目年度考核中列开发园区第一，连续5年获得“流动红旗”。

【产业发展】2021年，南通经开区牢牢锁定新一代信息技术、高端装备、医药健康和新能源“3+1”主导产业方向，大力实施“一条产业链、一个工作专班、一套推进机制”的链长制，推动产业发展迈上新台阶。预计全年完成新一代信息技术产业应税销售收入331亿元，增长50%；高端装备产业应税销售收入344亿元，增长30%；新能源产业应税销售收入100亿元，增长140%；生物医药产业亩均税收达42万元，增长38.8%。获批为首批中日韩（江苏）产业合作示范园区。稳步推进能耗“双控”，单位GDP能耗降幅居全市前列。加大企业智能化改造推进力度，建成省级示范智能车间19个。每季度召开企业上市推进会，加强分类指导、精准扶持，江天化学、鹿得医疗分别在深交所、北交所上市，全年新增辅导备案企业4家、上市入轨企业2家、新三板入轨企业2家。每季度召开金融工作座谈会，设立政府性融资担保公司，组建总投资50亿元的政府投资母基金，全面深化政银企合作，强化金融支撑和资本助力。深入推进质量、知识产权强区战略，1家企业获评“南通市市长质量奖”；全国家用纺织品标准化技术委员会床上用品分技术委员会成功落户。成功举办第四届“能达杯”创新创业大赛；设立总投资1亿元的科创基金；全社会研发投入占比重达3.29%，列全市第一；万人发明专利拥有量65件，列全市第一；新获批专精特新“小巨人”企业国家级2家、省级7家、市级11家；新增高新技术企业70家；实现高新技术产业产值720亿元，增长35%；新签订产学研合作项目248项；入选省“双创”计划6人；入选市“江海英才”计划19人，资助金额列全市第二；集成电路测试产业研究院正式运营；南通产研院科技孵化作用进一步发挥。

【园区建设】2021年，南通经开区大力实施以低效用地整治、沿江空间腾退为主要内容的空间再造行动，累计签约腾退土地超6 000亩，已腾出净地2 700亩；19个点式回收项目加快推进，已签约6家、可腾退土地690亩。实施化工园区整合提升，逐步关闭位于长江一公里以内的化工北区，着力推动总投资17.86亿美元的宝泰菱等6家企业签订南迁协议，致力打造绿色转型、安全发展、效益突出的一流化工园区。全年累计完成基础设施和城建投资19.88亿元，能达中学、振兴路小学投入使用，5个特色小游园建成开放，能达商务区提档升级有序推进，新开北路改造、景兴路改造等工程基本完工，启动“滨江湾”、国际社区、活力岛规划设计，总长2.2公里的沿江生态景观带示范段、总面积23公顷的洪港滨江生态园全面建成。智慧停车、违法建设治理等工作扎实推进，文明城市长效管理水平明显提升。

【创新开放】2021年，南通经开区强化街道、老洪港服务经济发展、招商引资等职能，不断优化区街联动机制；创新设立企业发展服务中心，以“无事不扰、有求必应、说到做到、柔性执法”为原则，为企业提供全方位、全流程、全周期的“一站式”服务；集中开展“服务企业大走访”，建立领导挂钩企业常态化走访机制，赢得企业普遍认可；在全市率先推行惠企政策“免申即享”，首批拨付748万元，惠及60家企业；深化“放管服”改革，建立政务服务大厅一体化管理联席会议制度，实现政务服务事项“应进尽进”。控股集团、炜赋集团积极参与中心工作，炜赋大厦建设加快推进，资本运作、市场拓展、开发建设、企业治理能力不断提升，市场化转型步伐持续加快。综保区进出口货额突破100亿元，增幅高于全省综保区平均增幅15个百分点；高新技术进出口货值65亿元，实现翻番；跨境电商1210进口额超1亿元。

【民生事业】2021年，南通经开区牢固树立以人民为中心的发展思想，加大民生投入，老小区改造等10件民生实事工程基本完成。疫情常态化防控责任有效落实，重点人群排查管控精准到位，港口码头、商场超市等重点区域疫情防控有序推进，新冠疫苗接种工作全市领先。持续打好污染防治攻坚战，截至12月底PM2.5浓度年平均值30.4微克 / 立方米，下降10.9%；优良天数比例89.6%，上升1.3个百分点；国考长江团结闸、省考营船港闸、东方大道跨境桥断面持续保持优三类水质；“三线一单”生态环境分区管控体系覆盖全区，生态工业示范园区通过第二轮国家复查。大力发展教育事业，“双减”工作、一体化办学稳妥推进，高起点规划国际幼儿园，教育现代化示范区建设步伐不断加快；公共卫生应急管理体系建设持续加强，卫生服务供给水平有效提升；深化文艺精品创作，各类文体活动广泛开展。加强产业园区共建、消费帮扶，与城固对口协作不断深化。开发区“政校企合作联盟云平台”顺利启动，促进高校人才培养和企业用工需求的精准对接。全面落实城乡居民社保、医保政策，加强就业创业扶持、失地农民保障工作，养老服务水平不断提升。深化安全生产专项整治三年行动，组织两轮百日安全大检查大整治和“防风险、除隐患、保安全、迎华诞”专项行动，化工园区实现实质化封闭管理，安全生产事故起数和死亡人数下降60%和50%。深化“全要素”网格治理，推动网格化服务管理提质增效。持续深化平安法治开发区建设，圆满完成建党100周年安保维稳任务，积极稳妥处置信访问题，社会大局总体稳定。审计、工会、妇联、商会、民族宗教、共青团、慈善、红十字、关心下一代等工作取得新成绩。

【党建工作】2021年，南通经开区坚持以新时代党的建设总要求引领党建工作，持续深入推进全面从严治党。扎实开展党史学习教育，建党100周年系列庆祝活动热烈开展，“两在两同”建新功、“攻坚有我”显担当行动和“我为群众办实事”主题实践活动取得明显成效。意识形态责任制有效落实，宣传思想工作不断加强。38个社区党组织换届圆满完成，研究出台社区工作者“1+4”系列文件，持续提升社区工作规范化管理水平。实施“两新”组织“两个覆盖”集中攻坚行动，打造了中天科技等一批党建工作品牌。出台干部队伍建设“2+2”系列文件，选树12名“创新作为好干部”，加强干部培训，队伍管理进一步规范，活力进一步增强。圆满完成人大代表换届工作，全区“有事好商量”协商议事工作持续深化。党管武装考核排名列全市第一。扎实开展政法队伍教育整顿，召开行政执法机关“厚植为民情怀、提高执法水平”主题教育动员暨机关作风建设大会，引导全区党员干部改进作风、提升效能、优化服务。压严压实全面从严治党“两个责任”，常态化开展效能监督，紧盯营商环境、商品房、公共资源交易等领域开展专项巡察，积极构建权力运行规范化、监督管理制度化体系；坚持严管与厚爱并重，立案查处违纪违法党员干部、公职人员35件35人，运用“第一种形态”占比达54.4%。

（南通经济技术开发区管委会）

# 广州开发区

**【概况】**广州开发区为广州经济技术开发区、广州高新技术产业开发区、广州保税区、广州出口加工区四个国家级经济功能区和中新广州知识城的统称。广州经济技术开发区建于1984年，位于珠江和东江主干流交汇处，毗邻黄埔新港，面积9.6平方公里，即西区；至1995年，规划面积扩大至永和经济区，即东区。广州高新技术产业开发区建于1988年，为省级高新区，1991年升格为国家级高新区，原名为广州天河高新技术产业开发区，1996年更名为广州高新技术产业开发区（简称广州高新区），实行“一区多园”管理模式，包括广州科学城、天河科技园、黄花岗科技园、广州民营科技园和南沙资讯科技园，其中广州科学城是广州高新区的核心园区，是高新技术产业的示范基地，规划面积为144.65平方公里。1998年，广州高新区与广州经济技术开发区合署办公，实行“一个机构、两块牌子”管理体制。广州保税区建于1992年，在广州经济技术开发区西区范围内，面积1.4平方公里，与广州经济技术开发区实行财税分离，成为“友邻”单位。广州出口加工区建于2000年，在广州经济技术开发区东区范围内，面积2平方公里，广州出口加工区管理委员会与广州经济技术开发区管理委员会、广州高新技术产业开发区管理委员会合署办公，实行“一个机构、三块牌子”的管理体制。2001年，广州市政府明确广州经济技术开发区参照广州科学城的开发建设模式，负责对位于海珠区的广州国际生物岛（原名“官洲岛”）进行开发建设。2002年，中共广州市市委、市政府决定，广州保税区管委会并入广州经济技术开发区管委会，挂广州经济技术开发区、广州高新技术产业开发区、广州出口加工区、广州保税区4块牌子，以上四区统称为广州开发区。合并后的广州开发区党工委、管委会对这四区实行统一管理。中新广州知识城建于2010年6月，中国政府和新加坡政府跨国合作标志性项目，规划面积123平方公里，其中规划建设用地面积60平方公里；同年10月，中新广州知识城管委会成立，是广州市政府的派出机构，享有市一级管理权限；2012年9月，中新广州知识城管委会与广州开发区管委会合署办公，两个机构仍为广州市政府派出机构。2021年3月，经广州市市委编办批复同意，西区产业园管理委员会（挂保税业务管理局牌子）、云埔工业园管理委员会分别更名为穗港智造合作区管理委员会（挂保税业务管理局牌子）、穗港科技合作园管理委员会，黄埔临港经济区管理委员会（挂长洲生态文化旅游区管委会牌子）加挂广州人工智能与数字经济试验区鱼珠片区管理委员会牌子。

**【经济和社会发展基本情况】**2021年，广州开发区地区生产总值3 459.78亿元，比上年增长9.5%，其中，第一产业3.43亿元，增长17.9%；第二产业2 034.08亿元，增长9.7%，工业增加值1 984.28亿元，增长10.1%；第三产业1 458.27亿元，增长9.2%。规模以上工业总产值6 586.67亿元，增长5.2%；高新技术企业规模以上工业总产值2 222.62亿元，其中，广州开发区2 182.78亿元，增长12.5%，广州保税区39.87亿元，下降29.7%；规模以上利润总额569.74亿元，下降8.6%。限额以上商品销售总额1.21万亿元，总量居全市第二位，增长13.6%；率先实现“万亿商品”工作目标；限额以上住宿餐饮企业营业总额21.81亿元，增长40.2%；规模以上服务业营业收入1 353.09亿元，增长22.5%；进出口总额2 461.71亿元，增长10.1%。

2021年，科学城推动“五年大变化”，核心区规划全面提升，松下电子材料、京广协同创新中心、万孚国际医药生物产业基地等一批项目竣工，成为广州总部经济最集聚、创新活力最强劲的区域。黄埔临港经济区推进广州国际航运枢纽建设，黄埔综合保税区通过验收，黄埔国际邮轮城加快建设。全年共吸引169家注资2 000万元以上企业落户，新注册企业注资总额超370亿元。其中保利鱼珠港、广州国际港航中心、南方智媒大厦、广州日报科技文化中心等4个重点项目完成固定资产投资25.48亿元。打造十里数字经济产业长廊，百度自动驾驶和车路协同应用测试基地、中国软件CBD、南方智媒大厦等项目进展顺利，广州日报科技文化中心主体封顶，珠江黄埔段沿岸高质量发展扎实推进。广州国际生物岛跻身世界级生物科技园区行列，华南生物医药研究院华南干细胞与再生医学研究中心揭牌成立，建成国际领先水平的临床研究基地，集聚高端研发机构、企业总部超500家，进一步打响官洲国际生物论坛品牌。

2021年，广州开发区连续3年获国家级投资促进大奖，获评“企业家幸福感最强区”；5项主要经济指标保持全国经开区第一；获批全国首个“中小企业能办大事”创新示范区；成立全国首个知识产权保险中心；获53项国家级及省级专利奖项，累计获国家及省级奖项255项，发明专利授权量居全国开发区第一；出台全国首个智能应急救援产业政策；在全省首创“知识产权助力科技企业上市工程”；获国家级屋顶分布式光伏开发试点名额。

**【国家循环经济试点园区建设】**2021年，广州开发区推进国家循环经济试点园区建设，发挥财政资金杠杆作用。修改出台《广州市黄埔区广州开发区广州高新区促进绿色产业发展办法》，全年安排绿色低碳专项资金约5 190万元，扶持约80个绿色低碳类项目。加快推动分布式光伏发电项目建设，同年9月获批国家整县(市、区)屋顶分布式光伏开发试点，推动新增光伏发电总装机容量超过18.9兆瓦，全区分布式光伏发电项目累计备案158.4兆瓦，全年光伏发电量1.25亿度，折算年节约标准煤1.54万吨（当量值）。

**【“双创”示范基地建设】**2021年，广州高新技术产业开发区科学城园区“双创”（大众创业、万众创新）示范基地按照习近平总书记“中小企业能办大事”的指示精神，推动禾信仪器、明珞装备等一批中小企业发展壮大，获批全国首个“中小企业能办大事”创新示范区。以双创示范基地为主体的广州开发区内80%以上规上工业企业、80%以上高新技术企业均是中小企业，80%以上授权发明专利和技术创新成果来自中小企业。广州高新区综合排名从2017年的全国第12位跃升至2021年全国第6位，跻身科技部10大世界一流高科技园区建设行列，科技创新指标连续3年位居219家国家级经开区第一。同年，科学城基地开展大中小企业融通创新专项行动，促进创业带动就业，基地内聚集民营及中小企业约4万家，新遴选瞪羚企业413家，重点创新创业载体提供就业岗位1.26万个。

**【全球企业投资首选地打造】**2021年，广州开发区打造千亿级产业集群、跨国企业聚集地和优越营商环境。是年，首创招商4.0模式，实施“一十百千万”专项行动，突出重大项目靶向招商、“全产业链”精准招商，打造国内外龙头企业投资落户的首选地、领军人才创新创业新高地。至年末，全区集聚千亿级企业1家、500亿级企业2家、百亿级企业15家，形成汽车、电子、能源等三大千亿级产业集群，生物医药、化工、食品饮料、电气机械等四大500亿级产业集群。推进中以、中欧、中沙等合作，经贸联系遍布100多个国家和地区，获评“企业家幸福感最强区”。吸引宝洁设立亚洲第一个智能技术创新中心，默克设立华南首个创新中心，赛默飞设立全球首家精准医疗客户体验中心。全区年均实际利用外资水平从“十二五”的13.89亿美元上升至“十三五”的22.68亿美元，升幅超过60%，连续五年居全国开发区前三。率先出台“黄金四十条”产业政策，在全省率先成为营商环境改革创新实验区，首创“承诺制信任审批”“订制式审批服务”，完善商业教育、医疗配套，加大城市更新力度。至年末，引进院士100余名，集聚高层次人才1 151人，居全市第一、全省前列。疫情期间，推出“暖企8条”“稳企6条”等惠企政策，支援LG、现代等外资重点企业渡过难关。是年，黄埔区、广州开发区获2021年度“杰出投资促进机构奖”，现代氢燃料电池系统项目获2021年度“杰出投资促进项目奖”，连续三年获国家级投资促进大奖，打造全球企业投资首选地。

**【国家及省级专利奖位居全国经开区首位】** 2021年，广东通报第二十二届中国专利奖名单和第八届广东专利奖获奖单位，黄埔区获53个奖项，至2021年年末，黄埔区获国家及省级奖项255项，发明专利授权量居全国开发区第一。出台“知识产权10条”2.0版、“粤港澳知识产权互认10条”等系列政策，对专利创造、保护、运营、产业化等各阶段予以扶持，每年投入100万元扶持高价值专利培育中心，支持企业、科研院所等加强关键领域自主知识产权储备，全面提升专利实施转化率和产品竞争力。深化质量提升。开展“十百千”知识产权质量提升工程，组织优质代理机构对接园区、孵化器，聘请资深导师驻点园区，指导企业提升专利申请质量，免费配送共享型专利数据库，提供信息检索服务，提高企业发明专利质量，开展优秀专利遴选推荐，提高参评项目精准度和获奖率。提升服务水平。搭建高质量专利审查协同工作机制，建设全国首个知识产权远程会晤咨询平台，设立2家重点产业知识产权维权援助和保护工作站、45家企业知识产权服务工作站，提供高价值专利挖掘与培育、知识产权分析评议、海外维权援助等全方位服务，提高企业专利申请便利化水平，促进申请质量和效率提升。

**【中新广州知识城】** 2021年，中新广州知识城擘画城市发展新格局。延续刘太格概念规划设计理念，依托优越的山、水、林、田、湖生态本底，科学布局生产生活生态空间，合理配比城市产业、配套、居住空间，控制生态空间和建设空间5∶5的比例格局，营造“三山相拥，城景交融”的山水新城、公园城市景象；落实知识城总体发展规划，以国土空间规划为纲，编制生态环保、土地综合整治、耕地和基本农田、历史文化保护4个专题研究，稳定完善多个专项规划、控制性详细规划、城市设计，构建“1+4+N”高质量科学规划体系；谋定城市空间布局，构建“一核两心多园”的城市空间格局，优化环九龙湖总部核心城市设计，着力优化城市空间形态，在滨水一线布局国际会议中心、科技馆、知识塔、中新科技文化艺术中心等公共文化设施和地标塔楼，加快建设墟镇片区、独角兽总部集群、知识服务走廊，打造环山绕水、独具特色的“山水创新之城”。枫下副中心围绕“创芯+园”定位，打造全链条芯片智造产业集聚区；新龙副中心围绕“湾区策源智心”定位，以产业园区为依托，打造服务创新经济的活力宜居家园。生物医药、智能制造、湾区半导体产业园等8大组团式空间布局形成，构筑“三集群两高地”产业发展空间，形成从南到北优势互补、有机融合的高质量发展格局。是年，《〈中新广州知识城总体发展规划（2020—2035年）〉实施方案》出台，以24项举措明确落实《总规》的时间表和路线图。《知识城条例》审议通过并印发，赋予知识城26项国家、省的事权事项，以法治保障支撑知识城高质量发展。全年完成固定资产投资813亿余元，比上年增长39.6%。

**【项目建设成果丰硕】** 全年动工项目78个，在建项目215个，成为全区经济主阵地、主战场。项目建设刷新“知识城速度”，小鹏汽车从动工到首车下线仅用时九个半月，新锐光掩模从打桩到封顶仅用时7个月。全省第二季度重大项目集中开工活动在知识城设立主会场，全年在知识城举办重大项目动工活动3次。竣工投试产项目89个，达产产值超1 700亿元，规模以上工业总产值160亿元，比上年增长38.68%。

**【产业集群厚积薄发】**提升生物医药产业引领力，引进40多家顶尖生物医药项目，项目总投资额超200亿元，达产产值超1 000亿元。招商模式创新推进。聚焦产业前沿领域，创新云招商新模式，赴进博会、西安举办知识城推介会，组织日本上市企业跨境路演，提升新形势下招商引资效能。全年接触、洽谈投资意向企业300多家，签约项目35个，引进万孚生物、疫苗生产基地等一批重大优质产业项目。加强商务载体统筹管理，300余家企业进驻楼宇，载体招商取得新突破。

**【创新平台建设】**全面铺开科教创新园建设，园区获国开行批复75.7亿元贷款授信，协调加快园区建设全面加速，西电校区主体结构建设完成50%，广大校区教学实验楼即将完成桩基础施工。构建科技创新矩阵，与中国科学院、中国信通院等院所共建科研平台18个，航空轮胎动力学大科学装置一期设备进场，第三代半导体创新中心一期验收，大湾区密码及网络安全研究院签约落地，推动设立宋尔卫院士工作站、工业互联网标识解析国家顶级节点运营中心，清华珠三角研究院、粤港澳生态环境科学中心等科研平台加速建设，西电、广大、广外等入驻院所参与申报重点实验室项目150余项，获助科研经费1亿余元。开展省级产教融合试点，建立校企协同育人机制，成立知识城校企创新创业联合会，与30多家企业达成合作意向，促进科技成果转化为现实生产力和经济驱动力。

**【人才高地建设】**集聚24位院士领衔的顶尖人才队伍，吸纳20余名第三代半导体产业高端技术人才，培养硕博研究生3 400余名、产教融合高端应用型人才1 000余名，为创新驱动发展培养生力军。配套出台“国际人才自由港10条”，正式运营国际人才自由港，试点开展“人才零跑动”政务服务创新，政策扶持力度全国领先。获批成立全省首批、全市首家省级博士博士后创新示范中心和全市首批国家海外人才离岸创新创业基地，落地“世界500强企业家俱乐部”，汇聚全球高端知识型人才。

**【知识产权改革】**推进知识产权体制机制创新，获批全国首批、全省唯一的专利代理对外开放改革试点，340余项先进专利首次挂牌流通。集聚知识产权高端要素，推进全国规模最大的知识产权服务园区建设，其中，省知识产权服务业集聚中心开始运营，11家境内外机构入驻国际知识产权服务大厅，中国地理标志大厦、黄埔知识产权审判中心加快建设。扩大综改试验品牌影响，连续四年承办香港知识产权国际营商论坛、“新加坡知识产权周”等顶级国际会展，常态化开展“中新知识产权日”等国际交流活动，参会嘉宾4 000余人次。

**【城区交通建设】**完善“857”(8条轨道交通、5条高速公路、7条城市快速路)对外交通体系，五纵五横骨架路网格局已经成型，生物医药园路网已经成环，集成电路园等重点园区内部路网全面加快推进。在建道路36条，全年建成道路7条，建成里程达22公里，花莞高速建成通车，东部快速、钟太快速、知识大道验收通车，历时10个月，打通创新大道知识城段，实现双向六车道全线贯通，打开知识城南北发展交通大动脉。

**【绿色智慧城市建设** 聚焦“双碳”目标，在知识城南起步区试点建设绿色生态区，并通过住建部首批“双碳”先进案例初审。贯彻落实绿色发展理念，推动绿色建筑全覆盖，有474栋建筑获得绿色建筑专业认证。成立“零碳社区发展战略合作联盟”，探索建设低碳社区、“零碳”社区，推广绿色低碳生活模式。践行海绵城市理念，建成知识城广场、知识大厦等示范项目，树立海绵城市建设新标杆。落地运营全球首个自动驾驶出行服务平台，初步实现知识城南起步区CIM平台数据衔接，城市智慧化水平迈上新台阶。

**【深化中新合作】**加强与新加坡在科技创新、产业发展、知识产权、金融服务、人才培养、城市治理等方面全方位合作，累计签署中新合作项目60项，启动建设2平方公里中新国际科技创新合作示范区，打造高质量高水平国际化开放合作平台。聚焦产业引领。集聚国际领先的创新制药项目40余个，百济神州、诺诚健华、康方生物等项目相继投试产，打造全球顶尖的生物医药与健康产业链；规划6.6平方公里湾区半导体产业园区，引进粤芯、深南电路等上下游企业80余家，打造粤港澳大湾区集成电路核心承载区；落地百度Apollo、小鹏汽车等重点项目，打造千亿级新能源智能网联汽车产业集群。优化营商环境。深耕知识产权综改试验田，推进新加坡、粤港澳知识产权互认互通，实现四地知识产权优势互补、协同发展；率先推出“跨境通”业务，推动外商投资企业准入“一体化”，实现新加坡企业“足不出境”完成全流程注册手续，擦亮“新加坡企业来华投资首选地”品牌。同年，中新广州知识城获第十届“通商中国企业奖”，表彰其对中新合作重大贡献和在知识经济领域示范引领作用。

**【机构设置及党工委（管委会）领导名录】**2019年3月13日，广州市编委印发《关于调整优化广州经济技术开发区、广州高新技术产业开发区、广州出口加工区、广州保税区、中新广州知识城党工委管委会内设机构的批复》，明确广州开发区党工委、管委会单独设置的工作部门9个：广州开发区政策研究室、广州开发区投资促进局、广州开发区国有资产监督管理局、广州开发区民营经济和企业服务局、广州开发区知识产权局、广州开发区金融工作局、广州开发区援建和对外经济合作局、广州开发区城市更新局、广州开发区营商环境改革局；广州开发区党工委、管委会部分工作部门分别与黄埔区区委、区政府有关工作部门和市政府工作部门派出机构实行“一个机构、两块牌子”的单位有18个：广州开发区纪工委机关与黄埔区纪委机关一个机构、两块牌子，广州开发区党工委办公室（广州开发区管委会办公室与其合署办公）与黄埔区区委办公室一个机构、两块牌子，广州开发区党工委组织部与黄埔区区委组织部一个机构、两块牌子，广州开发区党工委机构编制委员会办公室与黄埔区区委机构编制委员会办公室一个机构、两块牌子，广州开发区党工委老干部局与黄埔区区委老干部局一个机构、两块牌子，广州开发区口岸局与黄埔区政府办公室（黄埔区口岸局）一个机构、两块牌子，广州开发区发展和改革局与黄埔区发展和改革局一个机构、两块牌子，广州开发区科技创新局与黄埔区科学技术局一个机构、两块牌子，广州开发区经济和信息化局与黄埔区工业和信息化局一个机构、两块牌子，广州开发区财政局与黄埔区财政局一个机构、两块牌子，广州开发区规划和自然资源局与市规划和自然资源局黄埔区分局一个机构、两块牌子，广州开发区生态环境局与市生态环境局黄埔区分局一个机构、两块牌子，广州开发区建设和交通局与黄埔区住房和城乡建设局一个机构、两块牌子，广州开发区应急管理局与黄埔区应急管理局一个机构、两块牌子，广州开发区审计局与黄埔区审计局一个机构、两块牌子，广州开发区市场监督管理局与黄埔区市场监督管理局一个机构、两块牌子，广州开发区统计局与黄埔区统计局一个机构、两块牌子，广州开发区行政审批局与黄埔区政务服务数据管理局一个机构、两块牌子。设置的功能园区管理机构有6个：中新广州知识城合作事务办公室（中新广州知识城开发建设办公室）、广州开发区西区产业园管理委员会（挂保税业务管理局牌子）、广州开发区长岭居管理委员会、广州开发区黄埔临港经济区管理委员会（挂长洲生态文化旅游区管委会牌子）、广州国际生物岛（中以合作区）管理委员会、广州开发区云埔工业区管理委员会。按照相关文件设置的机构1个：广州开发区商务局，与黄埔区商务局实行一个机构、两块牌子。

2021年11月，黄埔区口岸管理职责及机构设置调整，将黄埔区政府办公室承担的“组织拟订并实施区口岸建设发展规划，负责口岸综合管理和协调及按管理权限办理全区口岸的开设、关闭、搬迁及技改建设的审查、报批”等工作职责划转至黄埔区商务局（广州开发区商务局）承担，并在黄埔区商务局（广州开发区商务局）加挂黄埔区人民政府口岸办公室、广州开发区口岸办公室牌子，调整后，黄埔区政府办公室不再加挂黄埔区口岸局、广州开发区口岸局牌子，同时将黄埔区政府办公室口岸管理科成建制划转至区商务局。

2021年，广州开发区领导班子成员包括：党工委书记周亚伟，副书记陈勇、冼银崧，委员周亚伟、陈勇、冼银崧、王大通（任至2021年8月）、陈娟(任至2021年7月)、陈智勇(任至2021年6月)、牟治平（任至2021年8月)、陈美祥、刘石、顾晓斌、姚锦全、钟文辉。广州开发区管委会主任周亚伟，常务副主任陈勇，副主任王大通（任至2021年9月)、刘石、张晖(任至2021年9月)、姚锦全(2021年7月任)。

（广州市黄埔区人民政府地方志办公室）

# 福州经济技术开发区

**【概况】**福州经济技术开发区于1985年1月经国务院批准设立（1992年与马尾区实行“两区合一”的行政管理体制），是首批14个国家级经济技术开发区之一，地处福州市东南部、闽江下游北岸，距闽江口17海里，是福建省的重要商港、福州的水上门户。东濒闽江，西与晋安区宦溪镇接壤，南与仓山区、长乐区隔江相望，东北毗邻连江县琯头镇。主要产业园区包括：高新园区马尾园、马江园区、长安园区（出口加工区）、综合保税区、琅岐经济区。行政管辖范围包括罗星街道、马尾镇、亭江镇、琅岐镇等“三镇一街”。总面积275.66平方公里（其中开发区面积23平方公里），第七次人口普查人口数为290 554人。

2021年，福州经开区落实“五个一批”“抓项目促提升”等工作机制，扎实推进项目建设，全年344个重点项目完成投资233亿元。上线全国首个5G产业服务平台，建成全国首个搭载鸿蒙系统的智慧中控平台，东泽医疗“5G+居家智慧透析”项目入选国家试点项目。“一趟不用跑”事项占比和行政许可事项承诺时限压缩比居全市第二，“最多跑一趟”事项占比居全市第三，落地全省首家移民（华人华侨）事务服务中心。

**【经济发展】**2021年，全区完成地区生产总值639.84亿元，比上年增长3.5%；一般公共预算总收入35.6亿元，增长12.8%；地方一般公共预算收入22.95亿元，增长9.3%；固定资产投资144.18亿元，下降28.4%；社会消费品零售总额204.14元，增长9.4%；进出口总额345亿元，增长31.4%；实际利用外资6.07亿元，下降9.3%；城镇居民人均可支配收入58 990元，增长7.9%；农村居民人均可支配收入32 375元，增长10.4%。

**【产业发展】**2021年，全区规模以上工业增加值比上年增长6.4%。共有规模以上工业企业169家，产值857.5亿元，比上年增长6.8%。三大主导产业完成值825.5亿元，比上年增长3.8%，其中，41家电子信息业规上工业企业完成产值291.7亿元，同比增长6.4%，占全区产值34.02%；95家轻工食品规上工业企业完成产值326.6亿元，同比增长4%，占全区产值38.09%；23家机械制造业规上工业企业完成产值207.2亿元，同比增长15.3%，占全区产值24.16%；其他行业完成产值32亿元，占全区产值3.73%。

2021年，全区产业结构持续优化。一是壮大实体产业。开展“扶持龙头壮大产业”专项行动，启动实施产业链“链长制”，推进工业（产业）园区标准化建设行动，落地源融鑫现代冷链加工等249个招商项目，投资总额391.03亿元，建成联东U谷、万洋众创城高标准厂房40万平方米。二是推动数字赋能。上线全国首个5G产业服务平台，建成全国首个搭载鸿蒙系统的智慧中控平台，“5G+智能交通”、物联网智慧幼儿园成为全省物联网应用标杆，物联网产业链产值达370亿元，同比增长8%。三是壮大海洋经济。稳步推进国家骨干冷链物流基地建设，加快深海时代、汉吉斯等11项冷链物流项目建设，已建成冷库28座，总库容量达84.1万吨，正福超低温冷库项目已进入制冷调试。

**【科技创新】**2021年，全区37个省市重点技改项目完成投资21.59亿元，超序时进度11.26个百分点。新增市级以上企业技术中心4

家、“专精特新”中小企业7家，飞毛腿等27家企业入选省级工业龙头企业，新大陆支付获评国家级工业设计中心，实现国家级工业设计中心零的突破。战略性新兴产业产值占规上工业产值62.12%，居福州市第2位。拥有企业技术中心49家（其中国家级5家、省级18家、市级26家），国家级数量居福州市第一。新大陆集团、网龙网络荣登中国软件和信息技术服务综合竞争力百强榜，网龙网络入选互联网综合实力百强榜。

**【投资促进】**2021年，全区共有进出口贸易企业667家，进出口总额344.97亿元，同比增长31.4%，其中出口额209.03亿人民币，同比增长22.48%；进口额135.94亿人民币，同比增长48.02%。全区出口产品遍布世界各大洲168个国家和地区，主要为纺织品、皮革箱包、塑料制品、矿产品、机电产品、船舶、电子产品等；进口的产品主要为海产品、电子产品、木制品、化工原料等。新批外商投资企业36家，同比增长2.9%；新批外商投资企业合同外资23 375万美元，同比增长38.1%。实际利用外资60 664万元人民币。

**【体制机制创新】**2021年，全区营商环境不断优化，“一趟不用跑”事项占比和行政许可事项承诺时限压缩比居全市第二，“最多跑一趟”事项占比居全市第三，在全省首创破产企业司法行政协同改革，在全市首推国际高端人才引进警务服务“一窗受理”。开发区创新再创新绩，落地全省首家移民（华人华侨）事务服务中心，推出全国首创举措2项，在医药卫生、网络游戏、跨境电商等领域获得4项改革自主权限。

在体制改革方面：(1) 深化区属国有企业改革，加快区属国企重组整合步伐，已全面完成区工业建总、区房地产公司两家全民所有制企业公司制改革工作，同时完成区建发集团和区城投集团组建工作。初步建立区属国有企业负责人经营业绩考核体系。(2) 深化医疗卫生体制综合改革，全面实行区医院全员目标年薪制、绩效管理工分制以及院长聘任制。成立全省县（区）首家标准化代谢性疾病管理中心（MMC），进一步提升马尾区医疗水平。(3) 深化教育体制综合改革，印发《区属公办中小学、幼儿园参照事业单位聘用制人员管理办法》，创新招聘形式，逐步解决缺编缺员问题，进一步激发教师队伍工作积极性。(4) 规范开展农村集体资产股份合作制改革，全面完成农村集体经济组织成员认定、农村集体经济组织赋码登记，57个村开展股份合作制改革，5个村成立经济合作社。

**【投融资服务】**2021年，经开区基金小镇集聚了389家私募基金管理人和产品，基金管理规模达1 551亿元，占全省六成以上，投向福建省实体项目249亿元，累计纳税总额为3.11亿元，形成了千亿产业集群，成为福建省管理基金规模最大的区域。

**【绿色集约】**2021年，全区空气优良率达99.7%。6项污染物平均浓度均达到国家环境空气质量二级标准，空气质量综合指数2.5，创历年来最好水平。单位工业增加值新鲜水耗与单位工业增加值综合能耗，分别比规划基准年（2004年）降低了95.46%和84.31%。各污染物排放效率指标均有不同程度的提升，其中单位工业增加值COD（化学需氧量，下同）排放量和单位工业增加值二氧化硫排放量，分别比规划基准年（2004年）降低了96.84%和98.89%。耕地全部实现安全利用，全区受污染耕地安全利用率为100%。白眉水库等集中式饮用水源水质达标率100%，闽江国控琯头断面、白眉溪省控小流域水质达标率100%。昼间区域环境噪声平均值55.8分贝，昼间道路交通噪声平均值63.5分贝，符合声学环境质量功能区标准。2021年固废和危废处置综合利用率达99.12%，辖区已转移危险废物11 910.13吨，危险废物处置利用率97.77%。

**【项目建设】**一是省重点项目：2021年列入省级重点项目9项，年计划投资14.89亿元，全年完成投资17.42亿元，完成年计划117.1%；二是市重点项目：2021年列入市重点项目110

项，年计划投资200.75亿元，全年完成投资226.78亿元，完成年计划113%；三是区重点项目：2021年区重点项目344项，年计划投资174.67亿元，全年完成投资165.83亿元，完成年计划的94.9%；四是“五个一批”项目：全区产业开工项目34项，总投资78.15亿元（其中战略新兴项目11项，总投资30.21亿元）；五是“抓促”项目：全年新开工94项，完成市下达任务的110.59%；新竣工项目66项，完成市下达任务的113.79%；六是“一企一议”：全年累计收集项目问题1 198条，已协调解决1 174条，办结率97.9%。其中区主要领导协调675条，解决675条，办结率100%；七是“攻坚120天”项目：专项行动提速攻坚项目107项，计划投资123.35亿元，累计完成投资165.37亿元，完成率134.1%；开工提速攻坚项目36项，实际开工36项，开工率100%；竣工投产攻坚40项，实际竣工40项，竣工率100%；八是地铁二号线东延线项目：顺利完成项目工可专家评审、站点及管线工程技术对接、社会稳定风险评估报告专家评审、总体设计专家评审、节能报告专家评审。

**【开放合作】**2021年，经开区对台交流更加紧密。以通促融，推进琅岐对码头建设和“两马航线”复航工作；以惠促融，落实落细各项惠台政策，引进落地拓脉科技软件等10家台资台企，推进对台跨境电商产业园建设，开展马尾区台商台胞金融信用证书“送证上门”等活动；以情促融，成功举办“两马”纪念妈祖诞辰1 061周年祭典仪式、第十三届海峡论坛•第十二届海峡两岸船政文化研讨会、第九届海峡青年节•第十七届榕台青年夏令营等活动。

经开区在常态化疫情防控前提下开辟服务企业绿色渠道，积极助力区内企业复工复产。为企业提供因公出国政策宣讲、APEC商务旅行卡宣传册发放等服务，利用外事渠道依法依规为区内企业邀请国外科技、经贸等领域外籍人员来榕提供服务，邀请外国人入境7批、16人次，发放APEC商务旅行卡12批、20人次。

**【机构设置与管委会领导】**2021年，福州经济技术开发区党委、管委领导成员包括：中共福州经济技术开发区委员会书记张帆，副书记庄永智、张清泉，委员：伍南腾、陈巍、余颖凌、赵勇、张琴。管委会主任庄永智，副主任林群慧、江典顺、陈晓彬，管委会办公室主任郑秀铭，副主任褚睿、何云、邱星奇、余思源。管委会督查室主任兰爱金。

**福州经济技术开发区2020—2021年主要经济综合指标一览表**

| 项目 | | 单位 | 2020年 | 2021年 | 增减（%） |
|---|---|---|---|---|---|
| 开发区生产总值 | | 亿元 | 586.71 | 639.84 | 3.5 |
| 第二产业 | | 亿元 | 335.66 | 362.24 | 0.6 |
| 工业 | | 亿元 | 215.37 | 240.01 | 5.5 |
| 第三产业 | | 亿元 | 241.16 | 264.54 | 7.4 |
| 工业总产值（现价） | | 亿元 | 829.96 | 857.52 | 3.3 |
| 高新技术企业 | | 亿元 | 299.97 | 336.59 | 12.2 |
| 销售（营业）收入 | | 亿元 | 3 149.82 | 3 388.08 | 7.6 |
| 第二产业 | | 亿元 | 1 303.58 | 1 412.53 | 8.3 |
| 工业 | | 亿元 | 788.04 | 853.91 | 8.4 |
| 第三产业 | | 亿元 | 1 846.24 | 1 975.55 | 7.0 |
| 利润总额 | | 亿元 | 125.23 | 113.67 | −9.2 |
| 第二产业 | | 亿元 | 48.01 | 55.45 | 15.5 |
| 工业 | | 亿元 | 36.64 | 38.30 | 4.5 |
| 第三产业 | | 亿元 | 77.22 | 58.22 | −24.6 |
| 区内主导产业及产值 | 1. 食品制造业 | 亿元 | 161.68 | 163.43 | 1.1 |
| | 2. 装备制造业 | 亿元 | 409.54 | 445.79 | 8.9 |
| | 3. 金属冶炼和压延加工业 | 亿元 | 92.59 | 75.48 | 22.7 |

| 项目 | | 单位 | 2020年 | 2021年 | 增减（%） |
|---|---|---|---|---|---|
| 进出口总额 | | 亿美元 | 264.57 | 344.98 | 31.4 |
| 进口 | | 亿美元 | 93.66 | 135.94 | 22.5 |
| 出口 | | 亿美元 | 170.91 | 209.03 | 48.0 |
| 财政收入 | | 亿元 | 494.86 | 489.61 | -1.1 |
| 税收收入 | | 亿元 | 48.2 | 55.25 | 14.6 |
| 财政支出 | | 亿元 | 64.23 | 41.14 | -36.0 |
| 新批企业个数 | | 家 | 2 991 | 4 574 | 52.9 |
| 外商及港澳台企业 | | 家 | 35 | 36 | 2.9 |
| 内资企业 | | 家 | 2 956 | 4 538 | 53.5 |
| 国家级高新技术企业数 | | 家 | 84 | 78 | -7.1 |
| 新批企业投资额 | 外商及港澳台企业 | 亿美元 | 4.45 | 4.85 | 8.9 |
| | 内资企业 | 亿元 | 623.16 | 421.75 | -32.3 |
| 规模以上企业个数 | | 家 | 944 | 1 024 | 8.5 |
| 科学研究与试验发展经费（R&D）支出 | | 万元 | 18.41 | 22.29 | 21.1 |
| 研究与试验发展（R&D）经费投入强度 | | % | 3.0 | 3.5 | 15.0 |
| 合同外资金额 | | 亿美元 | 3.31 | 3.78 | 14.1 |
| 外商实际投资 | | 亿美元 | 6.69 | 6.07 | -9.3 |
| 固定资产投资 | | 亿元 | 201.3 | 144.18 | -28.4 |
| 年末从业人员数 | | 万人 | 15.4 | 15.7 | 2.0 |
| 上市企业数量 | | 家 | 29 | 30 | 3.4 |
| 区内建立的创业创新平台数量 | | 个 | – | – | – |
| 区内科研院所数量 | | 家 | 27 | 30 | 11.1 |
| 区内职业教育学校数量 | | 家 | 5 | 5 | 0.0 |

（福州经济技术开发区管委会）

# 闵行经济技术开发区

**【经济发展】**2021 年，上海闵行经济技术开发区（以下简称“开发区”）整体保持平稳发展态势，工业总产值超过闵行区工业总产值的 1/6。

**2021 年闵行开发区主要经济指标**

| 项 目 | 数值（亿元） | 比上年增长（%） |
|---|---|---|
| 工业总产值 | 631.98 | 7.55 |
| 销售收入 | 737.81 | 9.35 |
| 利润总额 | 74.81 | 14.91 |
| 临港园区工业总产值 | 54.99 | 13.69 |

**【疫情防控、复工复产】**2021 年，开发区一是守土有责、守土尽责，保障园区平稳运行。疫情期间一支以公司领导带头、各部门负责同志及业务骨干为代表的约 30 人队伍驻守园区，为复工企业调配防疫物资、开展核酸检测等工作，为园区筑牢疫情防控底线提供了组织保障、物资保障、志愿保障、后勤保障和安全保障。二是打破思维定式，为园区企业提供全方位的服务。根据园区企业经营特点及实际需要，牵头制定开发区“闵四条”扶持政策，直击痛点，针对疫情期间的防疫物资、临时安置、复工保障等企业急难愁盼问题进行补贴，帮助园区企业恢复信心。三是开展房屋租金减免工作，涉及约 194 家企业，减免金额超 2 000 万元。

**【招商引资】**2021 年，开发区一是聚焦重大产业项目，打造产业高地。闵行园区招商稳步进行，成功签约落地安睿迈博、康宁医疗、本导基因、爱达克等一批行业龙头企业，打造生物医药、智能制造、新材料产业“朋友圈”。临港园区招商火力全开，吸引如芯源微涂胶显影设备、拓荆科技薄膜设备、新阳硅密铜互连电镀设备等一批集成电路设备头部企业落地，形成半导体设备全国性产业高地。二是积极开展园区企业总部及研发中心认定工作，在原先管理性总部的基础上，协助亨斯迈完成投资性总部认定工作，提升其跨国地区总部能级；推动贺德克、ABB 等一批知名跨国公司在华设立研发中心；园区现形成“3+1”的亚太地区总部、7 家世界级研发中心、19 家亚太技术创新中心的发展格局，助力园区向创新型、复合型新一代园区发展。三是加强招商引税工作力度，积极开展虚拟招商工作。2021 年，完成虚拟招商超 600 余家，认缴注册资本超 180 000 万元，实际贡献税收超 3 000 万元，落户高新技术企业 4 户。

**【园区创新】**2021 年，开发区一是积极推进大零号湾全球创新创业集聚区建设。探索由地产集团牵头建立区域协同工作机制，推动区域内国企优势资源互补，做大做强零号湾品牌影响力。二是推动形成科创可持续性发展生态体系，联手上海交大打造我国海洋装备领域集应用研究和产业化于一体的高端示范平台，成为闵行开发区转型发展“新引擎”。三是推动零号湾品牌“走出去”工作，零号湾品牌走出闵行，辐射临港新片区，推动“闵虹—海事”创新联合体实体化运作，与零号湾的运营团队、海事大学形成合力，实体化启动创新联合体运作，在高校的产业孵化、科技加速和产研结合等各类工作提供全方位服务，为构建完整的产业生态奠定坚实的基础。2021 年，在地产集团及各级政府部门的支持下，零号湾已从产业孵化“1.0”时代迈向产业赋能“2.0”时代，推动校企合作再上新台阶。

**【绿色发展】**2021 年，开发区响应国家的碳达峰碳中和战略，做优闵行开发区绿色低碳品牌。率先提出建设成为零碳示范园区的目标，并邀请市环科院进行专题研究，摸清了园区碳排放现状和历史碳达峰时间，并在碳排放预测分析和碳中和主要路径研究的基础上，研判了园区碳中和时间表及阶段性减量目标，为编制形成零碳示范园区创建行动方案、明确碳中和实施路径及重点任务和行动，并研究提出碳中和跟踪评估体系和配套政策措施打下坚实基础。闵行开发区将践行园区绿色发展理念，进一步发挥国家级经济技术开发区的示范引领作用，形成零碳示范园区行动方案。

**闵行经济技术开发区 2020—2021 年主要经济综合指标一览表**

| 项目 | 单位 | 2020 年 | 2021 年 | 增减（%） |
|---|---|---|---|---|
| 开发区生产总值 | 亿元 | 236.16 | 258.23 | 9.35 |
| 第二产业 | 亿元 | 228.05 | 248.99 | 9.18 |
| 工业 | 亿元 | 228.05 | 248.99 | 9.18 |
| 第三产业 | 亿元 | 8.11 | 9.24 | 13.93 |
| 工业总产值（现价） | 亿元 | 587.59 | 631.59 | 7.49 |
| 高新技术企业 | 亿元 | 291.76 | 293.83 | 0.71 |
| 销售（营业）收入 | 亿元 | 674.73 | 737.81 | 9.35 |
| 第二产业 | 亿元 | 651.58 | 711.41 | 9.18 |
| 工业 | 亿元 | 651.58 | 711.41 | 9.18 |
| 第三产业 | 亿元 | 23.16 | 26.40 | 13.99 |
| 利润总额 | 亿元 | 65.11 | 74.82 | 14.91 |
| 第二产业 | 亿元 | 61.62 | 71.38 | 15.84 |
| 工业 | 亿元 | 61.62 | 71.38 | 15.84 |
| 第三产业 | 亿元 | 3.49 | 3.44 | −1.43 |
| 区内主导产业及产值 1. 机电制造 | 亿元 | 328.80 | 345.66 | 5.13 |
| 2. 医药医疗 | 亿元 | 88.28 | 97.43 | 10.36 |
| 3. 食品饮料 | 亿元 | 72.05 | 76.11 | 5.63 |
| 进出口总额 | 亿美元 | 17.06 | 16.71 | −2.05 |
| 进口 | 亿美元 | 8.05 | 7.90 | −1.86 |
| 出口 | 亿美元 | 9.01 | 8.81 | −2.22 |
| 财政收入 | 亿元 | 38.19 | 44.25 | 15.87 |
| 税收收入 | 亿元 | 38.19 | 44.25 | 15.87 |
| 新批企业个数 | 家 | 0 | 2 | – |
| 外商及港澳台企业 | 家 | 0 | 2 | – |
| 区内世界 500 强企业数 | 家 | 25 | 23 | −8.00 |
| 国家级高新技术企业数 | 家 | 14 | 13 | −7.14 |
| 新批企业投资额 外商及港澳台企业 | 亿美元 | 0.00 | 0.06 | – |
| 内资企业 | 亿元 | 0.00 | 0.00 | – |
| 规模以上企业个数 | 家 | 55 | 54 | −1.82 |
| 科学研究与试验发展经费（R&D）支出 | 万元 | 174 540.60 | 176 127.60 | 0.91 |
| 研究与试验发展（R&D）经费投入强度 | % | 2.59 | 2.39 | −7.72 |
| 合同外资金额 | 亿美元 | 0.39 | 0.72 | 84.62 |
| 外商实际投资 | 亿美元 | 0.30 | 0.03 | −90.00 |
| 固定资产投资 | 亿元 | 11.22 | 7.92 | −29.41 |
| 年末从业人员数 | 万人 | 26 463 | 26497 | 0.13 |
| 万元 GDP 能耗 | 吨标煤 / 万元 | 0.033 5 | 0.034 0 | 1.49 |
| 水资源消耗总量 | 万立方米 | 393.70 | 414.03 | 5.16 |
| 单位国内生产总值取水量 | 立方米 / 万元 | 0.670 | 0.656 | −2.09 |
| 区内建立的创业创新平台数量 | 个 | 1 | 1 | 0.00 |
| 区内职业教育学校数量 | 家 | 6 | – | – |

（闵行经济技术开发区）

# 漕河泾新兴技术开发区

2021年是“十四五”规划开局起步之年，也是漕河泾新兴技术开发区“再创业、再出发”攻坚蓄势之年。面对疫情持续影响和国际国内环境不利因素叠加，漕河泾开发区积极响应国家导向，继续内强管理，外塑品牌，增强优势、补足短板，保持良好发展势头。

**【经济发展】**2021年，漕河泾开发区经济继续保持稳中向好的增长势头，全年实现营业收入5 886亿元（含浦江），同比上升8.53%；三产收入4 899亿元，同比上升12.2%；利润总额493亿元，同比上升5.64%；税收总额175亿元，同比上升10.49%；从业人员数30.4万人。

**2021年上海漕河泾新兴技术技术开发区主要经济指标**

| 项目 | 单位 | 数值 | 比上年增长(%) |
| --- | --- | --- | --- |
| 营业收入（含浦江） | 亿元 | 5 886 | 8.53 |
| 三产收入 | 亿元 | 4 899 | 12.2 |
| 工业总产值 | 亿元 | 745 | −2.2 |
| 利润总额 | 亿元 | 493 | 5.64 |
| 税收总额（不含关税） | 亿元 | 175 | 10.49 |
| 进出口总额 | 亿美元 | 93 | −7.2 |
| 进口总额 | 亿美元 | 56 | −2.9 |
| 出口总额 | 亿美元 | 36 | −9.8 |
| 从业人数 | 万人 | 30.4 | 4.3 |

园区综合发展水平不断提升，在2021年国家商务部公布的国家级经开区综合发展水平考核评价中，漕河泾开发区位列全国第15位，相较2020年第16名提升1位，继续保持全国前20名和上海市第1名。漕河泾开发区积极克服管辖范围小、公司制体制经营、无独立政府财政收支等不利因素，在此次年度考核评价中创造近1 000亿元的GDP，单位面积经济贡献处于全国领先地位。此外，在2021年上海市开发区综合评价中，漕河泾开发区继续名列综合发展指数中型园区第1名。在4项分项指数中，营商环境指数排名第一，产业发展指数和创新发展指数排名第二；在9项专业评价指数中，产业发展指数和管理服务水平指数排名第一，创新成果指数和资源利用指数排名第二，科创投入指数排名第三；在25项单项评价指标中，“世界500强企业地区总部数和入区投资企业数及上市公司、挂牌公司数加权合计数”“园区创新创业服务机构加权合计数”“园区内公共服务平台数”和“认定的国家级或市级功能性园区加权合计数”4项指标排名第一。

**【产业发展】**2021年，漕河泾开发区抓牢长三角一体化发展、做优做强五型经济和城市数字化转型的历史新机遇，招商引资瞄准高端、支柱产业，新引进一批具有行业影响力的头部企业和发展势头迅猛的创新型企业，提升园区产业能级，凸显总部经济效应。去年总计新引进企业196家，其中漕河泾本部园区新引进企业86家，包括思特威科技（芯片设计）；鹰角网络、莉莉丝、阿里互娱（数字娱乐）；宁德时代、蔚来汽车（智能网联汽车）；百度在线（原创算法）、虾皮科技（在线电商）、太美医疗科技（医药临床研究数字化）等数字经济领域代表性项目，以及雅诗兰黛全球研发中心、国家电投风电产业创新中心、三菱化学、英国史密斯医学仪器等龙头项目。新业坊园区（源创、尚影、虹信、城工）新引进企业110家，代表性项目有妃鱼网络、华建集团、中创寰宇、使冠新能源汽车、通信计量站、国家无线电监测中心、自动化仪表、梧桐生物、鑫国动力等。年内开发区5家企业上市或挂牌，目前累计有114家企业上市或挂牌。

**【项目建设】**2021 年，漕河泾开发区拿地、新建项目均按计划推进。全年拿地 375 亩，新开工 74 万平方米，包括长三角国际协同创新中心项目（临云）14.8 万平方米、北杨项目 D 地块 5.4 万平方米、E\F1 地块 28.9 万平方米、颛桥 9.5 万平方米、南大 A1 组团 15.7 万平方米；续建项目 68.5 万平方米，包括漕河泾科技绿洲六期 26.9 万平方米和北杨项目 A/B 地块 28.8 万平方米，南大首发项目 12.8 万平方米；竣工项目面积 43.5 万平方米，包括城工科技绿洲 25.5 万平方米，漕河泾本部园区科技绿洲五期 18 万平方米。

园区更新方面，紧抓上海城市更新立法颁布契机，开展漕河泾城市更新深化研究。2021 年总计梳理漕河泾本部园区开发类体量约 21.2 万平方米，包括河南队 14.5 万平方米、左村项目 3.4 万平方米，凤凰园板块 3.3 万平方米目前正在推进项目设计及拿地投资，力争 2022 年开工。另有 3 个环境提升类项目（中环科创公园、上澳塘、道路改造）和 1 个跟踪推进类项目（漕宝路 440 地块）。

**【科技创新】**2021 年，漕河泾开发区南片区落实北杨人工智能创新中心纳入上海张江国家自主创新示范区范围。北片区 5 个科创载体 2.95 万方投入运营，包括新业坊 LAB 源创、上海退役军人创新创业基地、虹口创营、漕河泾科创公园、漕河泾科创会堂；引入城工环上大科技园 1 号基地；城工科技绿洲孵化器、技物所光电子产业创新转化中心等目前筹建中。年内开发区 43 个项目获得风投金额近 39.4 亿元，新增专精特新企业 85 家、“小巨人”企业 7 家；19 家企业获得上海市服务业发展引导资金立项；84 家企业获得科技型中小企业技术创新资金立项，立项金额近 2 千万元。协同金融办和上交所，举行漕河泾上市服务基地专场活动，推广临港园区科创贷服务。全年共有 138 家企业获得张江国家自主创新示范区专项发展资金，立项金额约 9 000 万元。

知识产权服务方面，持续推进知识产权运营服务体系项目建设：组建人工智能产业知识产权联盟，建设商标品牌创新创业基地、人工智能高价值专利培育中心、知识产权金融服务平台。联动融资平台和上市服务基地，开展商标质押融资、企业专利海外维权投保等创新型业务，完成知识产权质押融资 15.8 亿元，商标品牌保险 31 单，并创多项纪录。开发区企业申请专利 6 125 件，累计申请专利 61 766 件，每万人拥有发明专利数 447 件，比肩国外科技创新发达地区。

**【机构设置和领导班子】**2021 年，漕河泾新兴技术开发区发展总公司党委、总经理室下设党群办、工会、纪律检查室、团委及行政管理中心、审计室 / 风险管理中心、干部处 / 人力资源中心、经营管理中心、招商管理中心、财务金融中心、成本合约中心、园区服务中心、工程建设中心、规划设计中心、安全管理中心、投资管理中心、科技创新中心、开发区企业协会等。

公司主要领导班子为：漕河泾新兴技术开发区发展总公司董事长张黎明；漕河泾新兴技术开发区发展总公司监事长徐斌；漕河泾新兴技术开发区发展总公司党委书记、总经理顾伦。

（漕河泾新兴技术开发区发展总公司）

# 温州经济技术开发区

**【经济发展】**2021 年，温州经济技术开发区“一区七园”“四上”企业营业收入超 3 500 亿元，地区生产总值超 600 亿元，规上工业增加值超 340 亿元，其中，核心区地区生产总值 275.36 亿元，同比增长 8.9%，全市第三；规上工业总产值 643.6 亿元，全市第三，同比增长 19.6%；规上工业增加值 131.7 亿元，同比增长 13.7%，全市第三；工业投资 52.69 亿元，同比增长 16.1%，其中技改投资增速 62.8%，全市第一；财政总收入 47.13 亿元，同比增长 21.6%；一般公共预算收入 25.9 亿元，同比增长 13.1%；税收占比 92.4%，全市第一；研发经费支出占比 4.35%，全市第一；限上社会消费品零售总额 49.5 亿元，同比增长 23.9%。

**【产业发展】**2021 年，温州经开区成立招商引资和产业发展委员会，制定出台《单体制造业项目入园管理实施办法（试行）》《已供地工业项目双合同管理“回头看”行动实施方案》。组织“三大百亿项目”集中投产开工签约，签约产业项目 10 个，总投资约 182 亿元。全年引进亿元以上产业项目 11 个，其中“251”工程项目 5 个、10 亿元以上单体制造业签约项目 5 个、超 50 亿元单体制造业项目 1 个；完成温商回归到位资金 37.74 亿元，实际利用外资 2 690 万美元；总部回归税收额 6.71 亿元，完成年度任务的 237%。加快瓯飞起步区用海项目审批；瓯飞片 150 兆瓦农光互补和全国单体最大 550 兆瓦渔光互补顺利并网发电，获央视新闻联播、新华社专题报道。

**【科技创新】**2021 年，温州经开区科技创新指标走在温州市前列，高新产业增加值占规上工业增加值占比达 72.88%、全市第二，生命健康产业增加值增速 35.3%、全市第二，规上企业研发费用覆盖率从 40.5% 提高到 76.7%、取得历史性突破。创新主体培育形成梯队，新增创新型领军（瞪羚）企业 4 家，累计数居自创区“一区五园”第一；新增高新技术企业 65 家，密度居全市第一；新增省科技型企业 182 家，超额完成年度任务。举办首届全球精英创新创业大赛，建设海外人才工作联络站 3 个、高校联络站 7 个，“鲲鹏计划”、国家科技进步奖取得历史性突破，入选“国家引才计划”2 名、省级领军型创新创业团队 1 个。省级产教融合示范基地正式挂牌，构建金海匠谷实践育人平台和“金海量子云”在线大学，培育技能人才 800 名。

**【投资促进】**2021 年，温州经开区以先进装备制造产业链“链长制”省级试点为抓手，龙头企业持续培大育强，4 家企业入选全国民营 200 强，入选国家级专精特新“小巨人”3 家（重点 1 家）、市级“两型”工业企业 36 家；新增市场主体同比增长 10%，净升规企业 84 家，超额完成年度任务；新增企业上市报会 3 家，仁智股份 ST 摘帽，不良贷款率全市最低。深化“腾笼换鸟、凤凰涅槃”行动，整治高耗低效、“低散乱”企业 161 家，腾出工业用地 708 亩，“批而未供”“供而未用”、低效用地再开发、盘活存量、闲置土地处置完成率均超 100%，居全市前列；新增国际首台套、省级首台套各 1 项，发布浙江制造标准 7 项、“品字标”认证 21 家。推进数字经济发展，4 家企业入选省级融合发展试点，11 家企业通过国家“两化”融合管理体系贯标认定，企业上云 336 家。获国家绿色工厂 1 家、浙江省“绿色工厂”1 家、温州市“绿色工厂”17 家。

**【体制机制创新】**2021 年，温州经开区对标数字化改革“1+5+2”工作体系，制定出台《数字化改革总体方案》，建立“1+7”工作组织架构，打造区级一体化智能化公共数据平台。突出特色应用场景建设，数字污水零直排平台入选全省城镇污水零直排建设示范案例，获国家地理信息产业优秀工程项目银奖、自主创新产品；迭代升级“掌上幸福宝”平台，实现“民生服务 + 社会治理”双重功能。积极探索低风险小型项目审批“最多 15 个工作日”和“拿地即开工”为主的“极简审批”改革试点，“最多 80 天”项目全过程审批用时完成率 100%，稳步推进“一件事”“证照分离”等集成改革，深化“五心”红色代办服务，进一步擦亮优质营商环境示范窗口“金名片”。成功发行一批政府债、公司债，其中瓯飞公司债发行创全市 AA 主体无担保发行利率最低。

**【绿色集约】**2021 年，温州经开区谋划海绵城市、桥下空间利用、滨海大道以西片区等规划，金海湖城市风貌样板区列入省级首批试点。推进美丽城镇建设，制定城中村“清零”五年行动方案，完成城乡危旧房解危工作，开展东溪旧村一期改造。大干交通，编制综合交通运输“十四五”规划，全市率先开展 S2 线轨道铺设，推进环山南路、新川大道主干道建设，建成市政道路 8.7 公里。打好环境整治战，全年处置违章 46.7 万平方米，新增绿地 19.7 公顷，新建绿道 5.24 公里，打造海城梅花林主题公园，迎宾大道创建获省级绿化美化示范路，明珠路获省级街容示范街。推进生态园区建设，以第二轮央督整改落实工作为抓手，开展“危废清零”行动，推进“六大行业”整治，工业涂装水性涂料源头替代试点和推广走在前列。开工建设瓯飞起步区核心区基础设施、安澜千亿海塘智慧提升、滨海湿地修复和东排三期（瓯飞片）等工程，瓯飞一期北片获鲁班奖、大禹奖，海洋科技创新园一期工程获钱江杯。

**【社会事业】**2021 年，温州经开区创建全国义务教育优质均衡发展区，落实落细“双减”工作，中考成绩进入县（市、区）前四，推进中小学联盟化办学，新改扩建校园 9 所、建成投用 4 所。有序推进二甲级区中心医院改扩建、海城社区卫生服务中心等医疗基建工程，投用沙城社区卫生中心住院楼。稳步开展社会救助工作，加强基层儿童关爱保护体系建设，基层养老服务中心运营全覆盖。编制“十四五”旅游发展规划与工业旅游发展方案，金海湖公园 AAA 级景区创建完成公示，推进八甲社区“非遗在社区”全国试点工作。打造 15 分钟体育健身圈，新建一批百姓健身房、多功能运动场。创成 2 家“五化”市场，2 家放心农贸市场。全面推进民生实事，推进“明眸皓齿”“温馨教室”等工作，率全市之先实现全区农村家宴、学校食堂阳光厨房全覆盖。完成 4 家街道养老服务中心建设。建成省、市级垃圾分类示范小区 2 个、环卫工人爱心驿站 2 个。被征地农民指标和参保任务完成率 100%。

**【党建工作】**2021 年，温州经开区筑牢疫情防控战线，建立“一办十三组”“三队三单”疫情防控体系，区街干部入网入格，建成投用滨海医院发热门诊大楼和安心公寓区级集中医学留观点，率全省之先起草发布集中监管仓工作标准，疫苗接种率全市第一。深入推进“区街一体、条抓块统”改革，完善“基层治理四平台”，建成覆盖区、街、村（社）的三级矛盾纠纷调处化解体系，创新法庭全员入驻矛调中心模式。深化平安稳定“五大攻坚”行动，圆满完成重要节点安保任务，国家级、省级重复信访事项全面化解。常态推进“扫黑除恶”，做好电信网络诈骗打防。聚焦安全生产、消防安全、交通管理，建立智慧应急一张图，提升防灾减灾救灾水平，出台《消防安全网格化管理实施意见》，完善基层网格消防治理工作机制。巩固“无欠薪区”创建成功，全面推动落实“阳光支付系统”，欠薪处置率 100%。创成 4 个“枫桥式”退役军人服务站。推进未来乡村建设，开展非粮化整治，村集体经济收入保持全市前列。

**【机构设置与管委会领导】**2021 年，温州经开区下设直属机构有：党政办公室、组织宣传部、统战和群团工作部机关党委、政法委（信访局）、经济发展局（统计局、金融办）文化和教育体育局、科技局、财政局、人力资源局、公安分局、交通和建设局、民政和卫生健康局、农业农村和水利局、招商局（商务局）、应急管理局、审计局、综合行政执法局（城市管理局、综合行政执法大队）、行政审批局、人大工作联络室（政协工作联络室）。

直属事业单位有：行政事务服务中心、产业研究中心、招商服务中心、建设项目前期管理中心、大数据和档案管理服务中心、机关事务管理服务中心、社会事务服务中心、社会治理指挥中心（经开区办证处）、建设工程管理站、财政集中支付中心、不动产登记服务中心。

派驻机构有：派驻纪检监察组、税务局、司法分局、自然资源和规划分局、生态环境分局、市场监督管理分局、社会保障分局、交管局五大队、消防分局（消防救援大队）。街道办事处有：星海街道、海城街道、沙城街道、天河街道。

管委会领导成员包括：徐蓬勃、沈林杰（挂职）、黄定恩、陈旭辉、黄伟龙、金旭东、潘国杰、董学德、朱城、谢庆全、姜益祥、应维胜、赵立强、凌王兴、张志军。

温州经济技术开发区 2020—2021 年主要经济综合指标一览表

| 项目 | | 单位 | 2020 年 | 2021 年 | 增减（%） |
|---|---|---|---|---|---|
| 开发区生产总值 | | 亿元 | 249.73 | 275.36 | 8.9 |
| 第二产业 | | 亿元 | 180.81 | 204.17 | 10.2 |
| 工业 | | 亿元 | 170.82 | 194.37 | 11.6 |
| 第三产业 | | 亿元 | 68.51 | 70.78 | 5.2 |
| 工业总产值（现价）（规上） | | 亿元 | 507.18 | 643.54 | 19.6 |
| 工业（规上） | | 亿元 | 507.61 | 657.35 | 21.8 |
| 利润总额 | | 亿元 | – | – | – |
| 工业（规上） | | 亿元 | 33.11 | 39.93 | 15.2 |
| 区内主导产业及产值（规上） | 1. 电气机械和器材制造业 | 亿元 | 93.90 | 115.42 | 20.3 |
| | 2. 通用设备制造业 | 亿元 | 84.92 | 108.90 | 21.6 |
| | 3. 汽车制造业 | 亿元 | 84.13 | 102.58 | 19.6 |
| 进出口总额 | | 亿美元 | 21.01 | 21.20 | 0.9 |
| 进口 | | 亿美元 | 0.2 | 0.35 | 75 |
| 出口 | | 亿美元 | 20.81 | 20.85 | 0.2 |
| 财政收入 | | 亿元 | 38.74 | 38.74 | 38.7 |
| 税收收入 | | 亿元 | 47.13 | 47.13 | 47.1 |
| 财政支出 | | 亿元 | 21.6 | 21.6 | 21.6 |
| 规模以上企业个数 | | 家 | 487 | 557 | 14.4 |
| 科学研究与试验发展经费（R&D）支出 | | 万元 | 107 506 | 115 149 | 7.1 |
| 研究与试验发展（R&D）经费投入强度 | | % | 4.3 | 4.2 | –2.3 |
| 万元 GDP 能耗 | | 吨标煤／万元 | 0.396 0 | – | – |
| 区内科研院所数量 | | 家 | 1 | 1 | 0 |
| 区内职业教育学校数量 | | 家 | 1 | 1 | 0 |

（温州经济技术开发区管委会）

# 昆山经济技术开发区

**【概况】**昆山经济技术开发区创建于1984年，1991年经江苏省政府批准为省级经济技术开发区，1992年8月成为国家级经济技术开发区，辖区面积108平方公里，总人口68万人。

**【投资促进】**昆山开发区始终以扩大开放、改革创新为主题，以解放思想、抢抓机遇为先导，勇毅笃行、薪火相传，探索出了开发区建设的一系列成功经验。截至2021年12月，累计引进欧美、日韩、港澳台等51个国家和地区客商投资的超2 650个项目，投资总额超430亿美元，注册外资超250亿美元，注册内资企业数量超40 000家，注册资金近2 000亿元。成为全球资本、技术、人才的集聚地，海峡两岸产业合作的集聚区，中国重要的对外贸易基地。

**【再创佳绩】**2021年，昆山开发区以昆山九分之一的土地面积，完成了全市近50%的地区生产总值、60%以上的工业产值，贡献出全市60%以上的外资、70%以上的台资产出份额、80%的进出口总额。在江苏开发区科学发展综合考核评价中名列第二、全国经济开发区营商环境指数中排名第二、国家级开发区综合发展水平考核评价中名列第五。

**【经济发展】**2021年，全区完成规上工业产值6 240亿元，同比增长10.5%；完成全社会固定资产投资302亿元，同比增长3.0%；完成工业投资107亿元，同比增长4.9%。一般公共预算收入184亿元，同比增长10.3%。完成进出口总额超850亿美元，同比增长20%。全区产业质量持续提高，加工制造业产值占规上工业产值比重由60%下降为45%，先进制造业产值由40%上升到55%。

（昆山经济技术开发区管委会）

# 营口鲅鱼圈区（营口经济技术开发区）

2021 年，在坚持疫情防控常态化前提下，贯彻新发展理念，务实担当，主动作为，全区呈现出经济平稳向好、民生持续改善、社会和谐稳定、人民安居乐业的良好局面。全年鲅鱼圈区（营口经济技术开发区）地区生产总值实现 390 亿元，增长 4%；一般公共预算收入 33.5 亿元，下降 6%，其中，税收收入 32.5 亿元，增长 7.5%；固定资产投资 70 亿元，增长 1.4%；规模以上工业增加值 118 亿元，增长 2%；实际到位内资 112.45 亿元，增长 13.9%；实际利用外资 3 572 万美元；城镇居民人均可支配收入 46 913 元，增长 6.8%。

**【投资促进】**2021 年，鲅鱼圈区（营口经开区）经济运行持续向好。有效应对经济下行压力和疫情影响，全力稳定经济运行，破解发展难题，多项主要经济指标总量全市第一。坚持扩大内需，提振消费，社会消费品零售总额增长 15%。加强农副产品品牌建设，中国（营口）海蜇节交易额突破 1 000 万元，全省唯一葡萄科技小院落户区内，红旗葡萄被评为中国葡萄年度优秀品牌。鲅鱼圈区获批全省首批数字乡村试点。全年新增市场主体 10 046 户、农民专业合作社 4 个、家庭农场 3 个。深入挖掘盘活存量资源，消化解决了一批历史遗留问题，盘活闲置厂房 4.1 万平方米、存量土地 10.6 公顷，房地产去库存 70 万平方米。服务业品质逐步提升，电子商务运行良好，河海龙湾温泉生态康养基地、中房广场等重点服务业项目进展顺利，新增商品房销售面积 70.24 万平方米、销售金额 32.76 亿元，预计服务业增加值增长 5.1%。

**【项目建设】**2021 年，鲅鱼圈区（营口经开区）项目建设稳中提质。坚持“项目为王”，组织招商洽谈活动 117 次，新签约中集安瑞科等项目 74 个，新瑞碳材料二期、金铮金刚石、鑫宇科技等项目建成投产。重点推进“老原新”项目 39 个，总投资 307.6 亿元，开通 5G 基站 742 座。建设乡村振兴产业项目 4 个。全年开复工千万元以上项目 109 个，总投资 306.8 亿元，其中亿元以上项目 58 个。

**【科技创新】**2021 年，鲅鱼圈区（营口经开区）新兴动能加快培育。坚持把创新作为引领高质量发展的第一动力，自主创新能力不断增强。鞍钢股份鲅鱼圈钢铁分公司热轧、超低碳钢轧制两项技术分别获得省科学技术进步二等奖、三等奖。预计全年新增高新技术企业 6 家，雏鹰企业 4 家，注册科技型中小企业 40 家，市级科普基地 5 家，研发投入增长 83.3%，高新技术产品产值 160 亿元，增长 20%。不断深化产学研合作，中航信诺成功认定实质性产学研联盟盟主企业，转化科技成果 10 项，技术合同交易额 1 亿元。新增授权专利 7 件。63 家企业完成工业互联网标识解析接入。预计全年实现“个转企”153 户、“小升规”11 户，规模以上工业总产值 567 亿元，增长 21%。国家级绿色工厂数量居全市首位。

**【产城融合】**2021 年，鲅鱼圈区（营口经开区）港区联动迈出新步伐。完善港区联动工作机制，成立港产城融合发展工作专班，定期召开联席会议，谋划港、区产业布局和发展方向，积极争取政策支持物流枢纽建设。联动开展招商合作，与营口港签订《跨境电商产业发展战略合作协议》，保税物流园区扩建、跨境电商等项目稳步推进。协同发展进入新阶段。全力支持港口基础设施建设，营口港鲅鱼圈港区钢杂泊位改造一期主体工程完工，25 万吨级航道中线前后导标工程封顶。完善综合交通运输体系，铁路专用线路网规划加快编制，汇丰、正丰物流铁路专用线扩建等项目加紧实施。建设绿色智慧港口，电动重卡在汇丰、吉星物流试点推广，港产城融合政务大数据服务平台业务架构搭建完成。

**【产业发展】**2021 年，鲅鱼圈区（营口经开区）产业集聚实现新突破。“四个中心”建设持续提质增效，8 个国家物流枢纽增量项目完成总投资 11.8 亿元，营口港物流枢纽信息化、沈哈红运、港力博星等枢纽项目进展顺利，泰谷、正丰、中远海运等物流项目加紧建设。全年新引进物贸企业 200 家，预计实现税收 12.4 亿元。鞍钢钢构 5G 信息化生产智云平台建成，信义玻璃、圣泉高科等 22 家企业实施数字化改造、扩产增效，预计实现先进制造业产值 427.9 亿元，占工业总产值 88.9%。国家全域旅游示范区创建有序推进，省旅游主体功能区建设完成，西部海滨旅游带项目建设取得新进展，预计全年接待游客 962 万人次，增长 4%，实现旅游总收入 97.55 亿元，增长 1.06%。小望海村被评为全国旅游重点村。辽沈银行营口分行正式营业，预计全区各项存款余额 1 457.1 亿元，贷款余额为 1 049.2 亿元。全面落实“北粮南运”通道建设政治任务，全区 170 家粮食物流企业、545 万吨仓容良性运转，营口港预计完成粮食吞吐量 2 698 万吨，粮食深加工项目积极推进。

**【营商环境】**2021 年，鲅鱼圈区（营口经开区）营商环境持续优化。不断深化“放管服”改革，实施告知承诺、容缺办理、并联审批，审批项目实现全程帮办、一站办结，“减时限”达 84.2%。深入推进“一网通办”，服务及审批事项“一网办理、一网审批”率、全流程网办率均实现 100%，网上流转率、办件覆盖度等多项指标居全市首位。全面梳理政务服务事项网办流程，修改完善数据近 12 万条。全省税务首例单边预约定价协议在我区签约。深入开展“项目管家”帮扶行动，解决“卡脖子”问题 28 个。

**【体制机制改革】**重点领域改革纵深推进。深化国资国企改革，完成 59 家国企清产核资审计，整合优质国有资本组建投资运营公司，实现国有资产保值增值。整合区属国企组建经开实业集团公司，获得外部评级 AA，国有资产运营能力和公开市场融资能力进一步提升。商事制度改革扎实推进，523 项涉企经营许可事项全面实施“证照分离”，企业设立登记注册全程电子化达 99.84%，市场主体准入更加便捷。

**【开发开放】**2021 年，鲅鱼圈区（营口经开区）对外开放水平不断提升。坚持“走出去”，组织 18 家区内企业参加第四届中国进口博览会，实现交易额 3.2 亿元。成功复制自贸区政策 27 项，预计全年完成进出口总额 200 亿元，新引进外资企业 3 家。

**【城市建设】**环境面貌大为改观。高标准创建文明城市，深入开展 21 项专项整治行动，施划机动车公共泊位 5.3 万个，增设非机动车公共泊位 4 583 个。公共文明行为规范初见成效。农村人居环境不断改善，8 个村农村人居环境整治工程主体完工，农村生活污水治理率 47.9%，走在全市前列。创建省级美丽宜居村 5 个。

城乡建设日新月异。基础设施不断完善，改造老旧小区 15 个、供热管网 45 公里，修建口袋公园 2 座，完成绿化工程 59 项，维修改造道路 42.7 公里，碧霞山公园、月亮湖公园、红海河景观桥等公共配套设施改造升级。新建 6 处农村饮水工程，解决 1.4 万余人饮用优质水问题。

**【绿色发展】**生态环境持续改善。积极落实环保督察整改任务，第二轮中央环保督察信访举报案件全部办结。深入实施“五大工程”，PM2.5 浓度下降 13.16%。入海河流断面水质持续稳定达标。完成水土保持小流域综合治理 10.3 平方公里。我区获省“大禹杯（河湖长制）”竞赛区级考评全省最优。望儿山村被评为中国美丽休闲乡村。

**【社会事业】**社会保障逐步健全。持续稳就业，新增城镇就业 5 200 人，城镇登记失业率控制在 2.7%。零就业家庭始终保持动态为零。社会救助水平不断提高，城乡特困人员救助供养标准分别提高 7.1%、14.3%，全年发放困难群众救助金 3 800 万元。街道层面居家和社区养老服务中心省级建设试点投入使用。迅速开展今冬寒潮暴雪灾后重建工作，累计发放涉农政府贴息贷款 1 321.1 万元。

教育事业不断进步。加大教育投入，办学条件进一步改善，月亮湖小学加紧建设，特教学校改造完成。深化教育改革，集团化办学稳步实施，“双减”工作有序推进。高考成绩再创新高。

卫生事业成果丰硕。坚持常态化疫情防控不松懈，全面建立起常态化疫情防控应急体系，众志成城，高效应对“1•6”和“5•13”突发疫情，得到国家及省市充分肯定。积极推进新冠病毒疫苗接种，加速构筑群体免疫屏障，接种率 89.2%。公立医院改革有序推进，疾病综合防控能力不断增强，基本公共卫生服务更加均等化，“互联网 + 健康医疗”更加便民。海星、望海社区卫生服务中心在全国“优质服务基层行”活动中受到国家卫健委通报表扬。

文化事业繁荣发展。成功举办第 27 届中国营口望儿山母亲节等活动。原创辽剧《颂百年伟业》《缘分》代表营口地区参加全省展演。积极开展村史馆建设示范工程，小望海村、望儿山村村史馆建成开放。芦屯镇获评辽宁省民间文化艺术之乡。区文化馆被评为国家二级文化馆。

社会大局和谐稳定。退役军人服务保障体系不断健全。应急管理、安全生产工作系统推进，食品药品监管不断强化，社会持续安全稳定。与此同时，外事、统计、气象、双拥共建、人防、民兵预备役等工作扎实开展。

**【党建工作】**从严治党更加深入。深入学习贯彻习近平新时代中国特色社会主义思想，从严从实开展党史学习教育，认真履行党风廉政建设主体责任，严格落实意识形态工作责任制，坚决执行中央八项规定精神。积极落实省委巡视“回头看”反馈意见整改 3 项，审计监督问责持续强化，家省市重大决策部署落到实处。

依法行政更加严格，风险防范更加有力，工作作风更加务实。扎实开展“三落实”专项行动，完成省市绩效考核指标任务 226 项。依法推进政务公开，主动公开基本信息 5 050 条。畅通诉求渠道，12345 政务服务平台办结率 100%，综合成绩位列全市第一。

**营口经济技术开发区 2020—2021 年主要经济综合指标一览表**

| 项目 | | 单位 | 2020 年 | 2021 年 | 增减（%） |
|---|---|---|---|---|---|
| 开发区生产总值 | | 亿元 | 370 | 387.8 | 1.4 |
| 第二产业 | | 亿元 | 132.1 | 143.86 | 8.9 |
| 工业 | | 亿元 | – | 131.445 | – |
| 第三产业 | | 亿元 | 226.5 | 231.77 | 2.3 |
| 工业总产值（现价） | | 亿元 | 482.1 | 582.6 | 20.8 |
| 高新技术企业 | | 亿元 | – | 44.56 | – |
| 销售（营业）收入（工业） | | 亿元 | 504.8 | – | – |
| 利润总额（工业） | | 亿元 | 25.8 | – | – |
| 区内主导产业及产值 | 1. 冶金工业 | 亿元 | 258.1 | 338.18 | 31.3 |
| | 2. 食品产业 | 亿元 | 101.6 | 55.69 | -45.4 |
| | 3. 装备制造业 | 亿元 | 28.6 | 14.2 | -50.3 |
| | 4. 新型建材产业 | 亿元 | 28 | 9.5 | -66.1 |
| 进出口总额 | | 亿美元 | 30.9 | 34.84 | 12.8 |
| 进口 | | 亿美元 | 25.98 | 22.3 | -14.2 |
| 出口 | | 亿美元 | 4.9 | 12.54 | 155.9 |
| 财政收入 | | 亿元 | 35.6 | 59.5 | 67.1 |
| 税收收入 | | 亿元 | 30.2 | 58.75 | 94.5 |

| 项目 | | 单位 | 2020年 | 2021年 | 增减（%） |
|---|---|---|---|---|---|
| 财政支出 | | 亿元 | 38.8 | – | – |
| 新批企业个数 | | 家 | 2 115 | 2 647 | 25.0 |
| 外商及港澳台企业 | | 家 | 4 | 5 | 25 |
| 内资企业 | | 家 | 2 111 | 2 642 | 25.2 |
| 区内世界500强企业数 | | 家 | 18 | 18 | 0 |
| 国家级高新技术企业数 | | 家 | 31 | 35 | 12.9 |
| 新批企业投资额 | 外商及港澳台企业 | 亿美元 | 0.46 | 0.3 | -34.8 |
| | 内资企业 | 亿元 | 279.8 | 284.9 | 1.8 |
| 规模以上企业个数 | | 家 | 87 | 88 | 1.1 |
| 科学研究与试验发展经费（R&D）支出 | | 万元 | 40 335（四上） | 82 812.8（四上） | 105.3 |
| 研究与试验发展（R&D）经费投入强度 | | % | 0.797 7（四上） | 0.687 9（四上） | -11.0 |
| 合同外资金额 | | 亿美元 | 0.2 | 0.2 | 0 |
| 外商实际投资 | | 亿美元 | 0.06 | 0.36 | 500 |
| 固定资产投资 | | 亿元 | 69 | 70.17 | 1.7 |
| 年末从业人员数 | | 万人 | 199 842（四上） | 217 494（四上） | 8.8 |
| 上市企业数量 | | 家 | 1 | 1 | 0 |
| 区内职业教育学校数量 | | 家 | 1 | – | – |

鲅鱼圈区（营口经济技术开发区）

# 威海经济技术开发区

**【经济发展】**2021年，威海经济技术开发区贯彻落实中央决策部署和山东省委、威海市委工作安排，科学把握新发展阶段，坚定贯彻新发展理念，主动融入新发展格局，统筹推进新冠肺炎疫情防控和经济社会发展工作，聚焦九大攻坚突破行动（空间资源整合攻坚突破行动、中韩自贸区地方经济合作示范区核心区建设攻坚突破行动、鼓励支持高端制造业膨胀发展攻坚突破行动、精准招商攻坚突破行动、科技创新科技赋能攻坚突破行动、精致城市建设攻坚突破行动、营商环境优化攻坚突破行动、安全稳定风险防范攻坚突破行动、干部队伍能力建设攻坚突破行动），脚踏实地，攻坚克难，经济高质量发展再上新台阶。经开区实现地区生产总值380.72亿元，按可比价格计算，比上年增长10.0%。全区实现一般公共预算收入28.87亿元，比上年增长4.6%，同口径增长7.7%。实现税收收入26.38亿元，剔除桥头镇因素，同口径增长5.4%。实现外贸进出口总值491.9亿元，比上年增长32.1%，进出口总量居全市首位。规模以上工业增加值增长11.9%，固定资产投资增长2.2%，社会消费品零售总额增长15.3%。

**【产业发展】** 2021年，经开区规模以上工业企业132家，实现工业总产值324.9亿元，比上年增长16.3%，规模以上工业增加值增长11.9%；实现规模以上工业营业收入315.3亿元，增长9.9%；实现规模以上工业利润总额17.8亿元，增长41.2%；实现利税25亿元，增长14.5%，其中，营业收入过1亿元的企业46家，过10亿元的企业9家，过30亿元的企业2家。实施企业冲击新目标行动，14家冲击新目标入库企业实现收入223.1亿元，比上年增长23.3%，其中威海泓淋科技集团有限公司营业收入突破50亿元；13家冲击新目标后备库企业实现收入15.7亿元，增长14.9%，其中山东华方智联科技股份有限公司、威海兴泰精工科技有限公司营业收入分别比上年增长132.1%、84.4%。开展“亩产效益”评价改革，全区104家参评规模以上工业企业用地面积546.15公顷，实现税收12.7亿元，销售收入203.2亿元，总能耗10.5万吨标煤，污染物排放总当量55.5当吨量。研发经费支出4.9亿元，年平均职工人数24 413人。

**【科技创新】** 2021年，经开区全年新增市级重点实验室3个、市级工程技术研究中心6个，新备案市级新型研发机构2个，新筹建市级技术创新中心4个，高新技术企业总数达到204家，高新技术产业产值占规模以上工业总产值比重为55.6%。入库国家科技型中小企业410家，“千帆计划”企业达到130家。拨付科技创新扶持资金突破2 000万元，全年完成技术合同成交额19亿元、技术交易额3 100万元。招商局金陵船舶（威海）有限公司“中尺度高端客滚船批量快速建造技术及其应用”项目获省科学技术进步奖二等奖。全区完成发明专利授权142件，比上年增长274%。迪沙药业集团有限公司权属发明专利获第二十二届中国专利优秀奖。经开区知识产权保护展示中心建成启用，全年完成知识产权质押融资登记2.42亿元，出质各类专利权105件，总量是上年度的10倍。全年推动企业签订产学研合作协议20项。

举办第四届中韩创新大赛，共计2 811家企业报名参赛，166家企业获奖，促成中韩技术合作项目23项，协助近100家韩国获奖企业在威海成立公司。至2021年末，全区各类研发平台总数达到92个，其中，国家级企业技术中心2个，省级企业技术中心7个，市级企业技术中心21个；省级工程实验室6个，市级工程实验室8个；省级工程技术研究中心8个，市级工程技术研究中心23个；省级新型研发机构2个，市级新型研发机构5个；市级重点实验室6个；市级技术创新中心4个。省级以上科技孵化载体13家，其中国家级科技企业孵化器3家、省级科技企业孵化器5家、国家级众创空间2家、省级众创空间3家，总孵化面积52万平方米，新增在孵企业130余家，在孵企业470家。

**【投资促进】** 2021年，经开区印发《威海经济技术开发区关于推动开放型经济及商贸流通业高质量发展的扶持意见》（经技区管发〔2021〕235号），出台《威海经济技术开发区招商引资优化提升行动方案》，在全市率先探索实行招商引资项目论证暂行办法，完善区领导分包台账，加快推进项目落地。全年开展专题招商75次，其中市、区领导直接参与28次，接待到区客商380批次，对接世界500强、行业领军企业等40余家；举办或参与在威异地商协会走进经开区、跨国公司领导人青岛峰会等各层次大型招商推介、项目签约、高峰论坛活动18次，对接韩国三星、斗山、浦项、希杰和SK等一批韩国世界500强和行业领军企业；出台《加快韩日商品集散地建设实施方案》，规划建设城市国际客厅，加强顶层设计，做实布局谋篇。全年储备韩日产业项目12个，落地开工6个。全区新批准外资和港澳台资项目118个，投资总额109 124万美元，比上年增长30.0%；合同利用外资和港澳台资92 675万美元，增长83.6%；实际利用外资和港澳台资2.98亿美元，增长30.5%。其中增资项目14个，新增投资总额2 457.24万美元，新增合同外资和港澳台资4 210.37万美元，分别占全区总的2.25%、4.54%。

2021年，经开区货物进出口实绩企业1 311家，实现外贸进出口总值491.9亿元，比上年增长32.1%，占全市的24.2%。其中出口总值360.1亿元，增长38.7%；进口总值131.8亿元，增长15.0%。与RCEP签署国贸易的企业有1 120家，进出口额265.6亿元，增长31.7%；与“一带一路”沿线国家贸易的企业有504家，进出口额153.3亿元，增长44.2%，占比31.2%。280余家跨境电商出口企业实现进出口总值98.5亿元，比上年增长804%，占全区外贸进出口总值的20%。全区服务进出口额达到26.49亿元。举办2021中韩（威海）服务贸易创新发展论坛，“助力远洋船舶维护维修集群发展”经验做法获评全国服务贸易创新发展试点第三批最佳实践案例。

**【生态环保】** 2021年，经开区深入学习贯彻中共中央总书记习近平生态文明思想，牢固树立“绿水青山就是金山银山”理念，以实现减污降碳、协同增效为总抓手，突出精准治污、科学治污、依法治污，打好污染防治攻坚战，圆满完成第二轮中央、省级环保督察保障任务，生态环境保护服务高质量发展成效显著，全区生态环境治理能力进一步增强，生态环境质量不断改善。全年投资2 000余万元完成污水收集设施、污水处理设施、初期雨水收集设施改造。成立省级生态工业园区建设工作领导小组，颁布实施《威海经济技术开发区省级生态工业园区建设规划》（党政办发〔2021〕45号），全面启动省级生态工业园区建设。区湾长制办公室印发《威海经济技术开发区海洋生态环境保护问题大排查大整改工作方案》（威经湾长办字〔2021〕2号），修订完成《威海经济技术开发区农村饮用水水源保护区或保护范围划定方案》（经技区管发〔2021〕264号）。完成建设项目环境影响评价报告表审批32个，夜间施工审批239个。对区内“两高”（高能耗、高污染）项目开展排查，对新建“两高”项目审核把关，严控环评文件质量、碳排放减量替代等。完成15家2020年度排污许可证执行报告内容规范性审核、37家排污许可证质量审核，全区472家企业纳入“双随机”监管。以“双随机”系统为基础，以排污许可证管理为抓手，完成“双随机”系统抽查企业 67 家，完成环境违法行为行政处罚 14 起，罚款 124 万元。

**【优化营商环境】** 2021 年，经开区编制《威海经济技术开发区优化营商环境和推进政府职能转变三年行动计划（2021—2023）》，印发《2021 年度威海经济技术开发区持续优化营商环境创新突破行动方案》，深化制度创新，加快流程再造，优化政务服务，提升监管效能，推进营商环境持续优化，初步构建与国际先进营商规则相衔接的制度体系。推行全领域无差别“一窗受理”审批。推动实体大厅端、PC 端、自助端、移动端“四端”一窗受理，实现线下“一窗通”、线上“数据通”“应用通”。企业开办实现 1 小时办结全流程业务，企业和个体工商户全程电子化登记率分别达到 85% 以上和 100%，实现“一网办、一窗办、一次办、零成本”。推行“多审合一”机制，将建筑工程施工许可、防空地下室建设许可（或防空地下室易地建设许可）、工程质量监督、工程安全报监、人防工程质量监督、特殊建设工程消防设计审查 7 个事项合并为建筑工程施工综合许可 1 个事项，推动水、电、气、热等基础配套联合报装，实现工程建设项目市政公用报装申请“一张表单”、联合踏勘、一次办好。推行出口退税“一体化”改革，户均退税时间 1 天，无纸化申报率达到 100%，2 项指标均位居全市第一。打造高质量法治环境，成立“自贸区法庭”，进驻智慧谷“一站式”公共法律服务矛调中心，建立全市首个建设领域纠纷调解平台，诉前化解物业纠纷 800 余起，实现物业纠纷下降 72%，促进物业企业健康经营，经验做法被最高法院在全国法院“一站式”建设工作推进会采用推广。

**【人才建设】** 2021 年，经开区出台《关于优化人才创新创业扶持推动全区高质量发展的意见》，引进海内外高层次人才和产业紧缺人才 50 余人，储备国家级、省级重点人才工程人选 22 人，其中 3 人入围国家相关人才计划国家级评审。新增市级以上认定高层次人才 7 人，其中齐鲁乡村之星 2 人、威海市有突出贡献的中青年专家 3 人、威海市首席技师 1 人、威海市文化名家 1 人。兑现 2020 年度区级人才扶持资金 467.64 万元，为 4 名高层次人才提供公寓，为 20 名高层次人才提供三甲医院免费高标准查体。依托智慧谷产业园建设精致人才社区，实施“筑巢引凤”“固巢留凤”“育巢养凤”3 项工程，让各类人才引得来、留得住、用得好。全年引进高层次人才项目 14 个，吸引 741 名产业人才入驻社区，自主完成技术攻关 30 余项，威海智慧谷投资运营有限公司获评国家级小型微型企业创业创新示范基地。以智慧谷产业园为核心，整合智能制造产业园、众科创新工业园、创业服务大厦、海洋生物科技楼等优势资源，规划建筑总面积达到 177 万平方米，形成“一核多元”联动发展布局，为各类人才创新创业提供一条龙硬件支撑。设立 1 亿元产业引导基金，与 80 余家银行、投融资机构，342 所高校、78 家人力资源及培训机构建立合作，建立 88 人“专家智库”，建设 5G 基站和 5G 实验室，推动企业“上云”“用数”“赋智”，助力人才轻装上阵、快速成长。打造“人才创业谷”。以智慧谷产业园为龙头，以园区内天智创新技术研究院、北京大学威海海洋研究院、中国船舶集团第 716 研究所威海研发中心为支撑，搭建“1+3+N”科技创新体系，带动各类创新要素资源向社区集聚，人才聚焦效应逐步显现。

**【城乡建设】** 2021 年，经开区出台《威海经济技术开发区精致城市建设攻坚突破三年行动方案（2021—2023）》，确定 20 项工作措施，计划利用 3 年时间打造道路系统优化工程、绿化景观提升工程、园区建设提质工程、乡村建设样板工程、城市更新涅槃工程、城市管理创新工程 6 类精致工程，实现经开区全域精致化、城市有效更新、高效城市管理 3 个目标任务。全年完成城建重点工程 18 项，完成投资 29.37 亿元。开展韩乐坊城市品质提升试点片区建设，申请中央及省级补助资金 7 499 万元，实施 34 个智慧小区改造，实现与区级、市级平台对接。

至年末，共计51个小区接入智慧物业综合信息服务平台。完成159.2公顷低效用地征收，解决小城故事片区停车难问题，推进威海国际经贸交流中心建设工程，补齐东部滨海新城市政建设短板。开展10 707户农村房屋安全隐患排查，办理公租房退出手续72户、镇域农村居民补助性购房退出手续29户，审批发放住房租赁补贴资格登记证131份，为37人发放住房租赁补贴76 160元。

**【党建工作】** 印发《关于进一步加强新时代干部队伍政治能力建设的实施意见》，全面提高干部政治判断力、领悟力、执行力，加快建设德才兼备的高素质专业化干部队伍。设立500万元“民生微实事”补助资金，全市民生微实事现场会在经开区举行；出台镇（街道）红色物业联盟、社区红色物业联席会等实施方案，组织开展各类活动60余次，解决问题720余件。创新开展小区（网格）党建。制定出台小区（网格）党建工作标准“15条”。“两新”组织党建再上台阶，成立全市首家快递、外卖行业党组织，相关做法在中组部《组工信息》刊发。举办各类干部培训40余期，培训3 000余人次。组织参加上级调训20余个班次，培训300余人次。举办经开区大讲堂2期，邀请专家介绍上海浦东开发区发展历程及产业园招商知识，提升全区干部队伍善学、善谋、善作的本领。

组织生活现场化和“双报到”常态化推行组织生活现场化，将“三会一课”及主题党日等组织生活下沉工作现场开展。年内，各阵地接待基层党组织开展活动230余次，党员参与率比上年提升26%。围绕联系服务群众，组织全区47个机关事业单位党组织、1 700余名在职党员，深入45个社区开展“双报到”，开展志愿服务活动960余次，为民办实事1 600余件，认领“微心愿”140个，助力新冠肺炎疫情防控、全国文明城市创建、安全生产等工作。

制定《关于建立镇街红色物业党建联盟制度的实施方案》，61家物业企业成立独立党支部或联合党支部。125个小区中，94个小区成立业主委员会党组织，占比75.2%。全年全区争创市级红色物业示范项目13个、市级红色物业星级引擎示范项目4个。

**【民生保障】** 2021年，经开区落实民生支出13.2亿元。全区有各级各类医疗机构240所，实有床位1 855张，有卫生技术人员2 015人，包括执业医师及执业助理医师834人、注册护士1 030人。建成城市社区“10分钟健身圈”，人均体育场地面积3.5平方米。全区拥有大型体育健身机构5家、各类体育培训机构42家。

发放各类救助资金1 500万元，惠及1.7万人次，新增城镇就业人口3 600人。高标准打造龙山湖智慧养老服务中心，新建社区食堂和农村老年餐桌12处、卫生服务机构3所，群众生活更舒心、就医更方便。深化全国文明城市创建活动，举办群众性文体活动900余场次，涌现“山东好人”4名、“威海好人”12名。深化“六治一网”社会治理模式，在全市率先创建“社区网格法庭”。三大攻坚战成效显著，全区231天刑事零发案。经区法院获“全国优秀法院”称号。

地方教育经费总支出6亿元，增长9.89%。新建扩建中小学校4所，增加学位2 700个，有效解决“大班额”问题。全年开展送戏下乡演出395场，放映公益电影948场，开展流动图书车流动阅读60场、流动演出15场、流动展览14场，举办非遗剪纸公益培训班22期、少儿京剧公益培训班56期、公益培训班168节课、全区基层文艺骨干培训班64节课、全区文化馆分馆专兼职文艺骨干培训班12期，举办文化志愿者队伍公益讲座70场、书画进基层活动21场，创作红色歌曲3首、红色小说1部。开展传统艺术进校园活动48场，其中戏曲5场、剪纸25场、书法18场，授课2 000人次。

**【机构设置与管委会领导】** 2021年，经开区坚持问题导向，做好改革“后半篇”文章，根据改革后各部门运行情况，优化部分职能，调整部分机构，将项目推进职能划转经济发展局（应急管理局），审计职能划转财政金融局，为党政办公室新增网络安全和信息化办公室、秘书科。整合社会治理和城市智慧管理相关职能，成立社会治理服务中心（城市智慧管理中心），撤销党政办公室电子政务管理办公室、社会工作部网格化治理中心（管委主任公开电话办公室），进一步提高社会治理服务水平。同时，按照便于统筹调度、推进工作的原则，将经济发展局（应急管理局）应急、安全生产监督管理，建设局园区建设，财政金融局国有资产管理、金融工作，社会工作部政法维稳、文化旅游、林业渔业水利、民政、农业农村等相对独立的工作实行分块管理，建立分工合理、协调配合、运转高效的工作机制，进一步提升工作效能。

中共威海市委经济技术开发区工作委员会书记吕晓东（2021年年内离任），副书记王清、谭远国，委员梁永波、李英春、赵冰（2021年年内离任）、毕建华、王启、梁明、马玉鑫（挂职）、张国杰、张宗浩、邵明光、邱鲁金，一级调研员姚桂礼、汤华海（2021年年内离任）、毕建忠。

威海经济技术开发区管理委员会主任吕晓东（2021年年内离任），副主任王清、谭远国、李英春、赵冰（2021年年内离任）、王启梁明、马玉鑫（挂职）。

**威海经济技术开发区2020—2021年主要经济综合指标一览表**

| 项 目 | | 单位 | 2020年 | 2021年 | 增减（%） |
|---|---|---|---|---|---|
| 开发区生产总值 | | 亿元 | 319.37 | 380.72 | 19.21 |
| 第二产业 | | 亿元 | 119.49 | 142.49 | 19.25 |
| 工业 | | 亿元 | 99.28 | 121.05 | 21.27 |
| 第三产业 | | 亿元 | 193.5 | 232.98 | 20.4 |
| 工业总产值（现价） | | 亿元 | 285.58 | 324.97 | 13.79 |
| 销售（营业）收入 | | 亿元 | 693.397 | 817.1 | 17.84 |
| 工业 | | 亿元 | 285.581 9 | 319.952 0 | 12.04 |
| 利润总额 | | 亿元 | 71.27 | 30.24 | −57.57 |
| 工业 | | 亿元 | 12.728 2 | 15.456 | 21.43 |
| 区内主导产业及产值 | 1. 批发业 | 亿元 | 276.8 | 298.6 | 7.88 |
| | 2. 零售业 | 亿元 | 238.7 | 273.1 | 14.41 |
| | 3. 计算机、通信和其他电子设备制造业 | 亿元 | 148.9 | 113.4 | −23.84 |
| 进出口总额 | | 亿美元 | 54.09 | 76.12 | 40.73 |
| 进口 | | 亿美元 | 16.19 | 20.40 | 26 |
| 出口 | | 亿美元 | 37.90 | 55.72 | 47.02 |
| 财政收入 | | 亿元 | 46.518 3 | 47.93 | 3.05 |
| 税收收入 | | 亿元 | 44.473 4 | 44.301 3 | −0.39 |
| 财政支出 | | 亿元 | 20.71 | 17.85 | −13.8 |
| 新批企业个数 | | 家 | 3 856 | 5 085 | 31.9 |
| 外商及港澳台企业 | | 家 | 151 | 111 | −26.5 |
| 内资企业 | | 家 | 3 705 | 4 974 | 34.3 |
| 区内世界500强企业数 | | 家 | 7 | 8 | 14.3 |
| 国家级高新技术企业数 | | 家 | 140 | 203 | 45.0 |
| 新批企业投资额 | 外商及港澳台企业 | 亿美元 | 8.39 | 10.91 | 30.0 |
| | 内资企业 | 亿元 | 119.80 | 271.30 | 126.5 |
| 规模以上企业个数 | | 家 | 451 | 488 | 8.2 |
| 科学研究与试验发展经费（R&D）支出 | | 万元 | 9 121 | 9 157 | 0.4 |
| 研究与试验发展（R&D）经费投入强度 | | % | 1.8 | 2.1 | 16.7 |
| 合同外资金额 | | 亿美元 | 5.05 | 9.267 5 | 83.6 |
| 外商实际投资 | | 亿美元 | 2.280 3 | 2.980 0 | 30.69 |
| 固定资产投资 | | 亿元 | 123.1705 | 129.7762 | 5.37 |
| 年末从业人员数 | | 万人 | 5.068 | 5.813 4 | 14.7 |

| 项 目 | 单位 | 2020 年 | 2021 年 | 增减（%） |
|---|---|---|---|---|
| 万元 GDP 能耗 | 吨标煤／万元 | — | — | −3.34 |
| 上市企业数量 | 家 | 2 | 2 | 0 |
| 区内建立的创业创新平台数量 | 个 | 85 | 96 | 12.9 |
| 区内科研院所数量 | 家 | 27 | 27 | 0 |
| 区内职业教育学校数量 | 家 | 15 | 15 | 0 |

（威海经济技术开发区管委会）

# 东山经济技术开发区

**【经济发展】**2021年，东山经济技术开发区（以下简称“开发区”）深入学习贯彻习近平新时代中国特色社会主义思想，认真贯彻落实中央、省、市、县工作部署，全面开展“再学习、再调研、再落实”活动，扎实推进“党史学习教育”“学习谷文昌，实干立东山”活动，融入参与全市“六比一看”竞赛活动，进一步优化项目落户平台，全方位推进开发区高质量发展超越。2021年，开发区规模工业产值完成151.92亿元，同比增加48.27%；工业增加值完成54.14亿元，同比增加66.38%；全社会固定资产投资28.36元，同比增加10.67%；财政总收入完成9.5亿元，同比增加21.73%，本级财政收入完成5.05亿元，同比增加13.73%。

**【项目建设】**2021年，东山开发区坚持工作以项目为重点、要素向项目集中、服务向项目聚拢，实行“9+9+12”项目动态管理，建立项目挂钩责任制，坚持把解企业之难当作肩上之责，实行“一月一集中调度、一周一专题研办”，成立开发区“营商办”及审批服务工作专班，在县行政服务中心开设“帮代办中心”窗口，对落户开发区的项目，实行一个专班服务、一系列问题帮助协调、一站式审批办理服务等全程“班帮办”。在良好的营商环境带动下，一年来，全区共新开工项目12个、竣工项目3个、投产项目7个，项目建设、投产如火如荼。

**【招商引资】**2021年，东山开发区坚持“一把手”招商、“走出去”招商、以商引商相结合，捕捉光伏组件、新能源、新材料等产业风口，前往北京、浙江衢州、湖南郴州等地开展招商活动，围绕水产业精深加工和玻璃新材料产业等主导产业，有针对性引入大项目、好项目。一年来，完成签约项目14个、总投资87.86亿元。其中，签约引进总投资30.66亿元的旗滨一窑多线光伏组件高透基板项目、总投资17.18亿元的太阳海缆项目等大项目、好项目，与一道新能源科技（衢州）有限公司合作，有望实现单项目达产后年产值100亿元、税收4.5亿元以上，为全区工业发展蓄足后劲、铆足马力。

**【体制机制创新】**2021年，东山开发区着眼推进机制体制改革，带领全区干部职工转变观念、创新思路，进一步强化“大企业、小政府”理念，成立“开投集团”，成为县属重点国企，作为开发区投资建设主体，它建立完善了开投集团组织架构，推动开投集团与一道新能源、建发地产等企业合作开发项目，实现当年成立，当年“走出去”；推动3个园区服务中心进入实质性运行，推动一批干部职工入驻一线，提升园区服务水平。

**【营商环境】**2021年，成立开发区“营商办”及审批服务工作专班，在县行政服务中心开设“帮代办中心”窗口，对落户开发区的项目，实行一个专班服务、一系列问题帮助协调、一站式审批办理服务等全程“班帮办”。实行“9+9+12”项目动态管理，建立项目挂钩责任制，坚持挂钩一线、服务基层制度，深入了解基层工作动态。主动聚焦问题，问计于民、问需于企，采取实地考察、调研和召开座谈会相结合的形式，多角度、全方位了解辖区企业当前形势下企业生产、出口、融资等方面的情况，以及企业发展过程中面临的问题，协调开发区相关部门，为企业解决困难、助力发展关心生产生活情况，听取企业主、一线管理人员及务工人员的诉求和意见建议，针对存在的问题困难，积极与县有关部门沟通协调解决。

**【基础设施】**2021年，东山开发区按照“一区两园”产业布局，以参与“六比一看”竞赛活动为契机，着眼打造优质产业发展平台，高标准推动园区标准化建设。谋划建设总投资5.6亿元的众创孵化园，在“两个园区”入口处建有大型地名标识牌。坚持“园区即是景区、厂区即是庭院”，开展“美丽园区”建设行动，实施临港园路灯工程等一批园区绿化、亮化、靓化工程，谋划建设园区入口景观带，改造完善园区道路设施，大大提升了园区整体形象。2021年全市园区标准化建设活动中，东山位列全市第五。

**【疫情防控】**2021年，东山开发区成立区应对新冠肺炎疫情工作领导小组和指挥部，下设5个专项小组，确保统一领导、统一指挥、统一行动。紧盯重点人群，采取“区滚动排查+企业主动报备+大数据交办核查”三级管理模式，动态摸排掌握风险地区输入人员。坚持分类管理、动态管理，按时序安排核酸检测，确保“应检尽检”，不漏一人。督促辖区企业发动员工积极接种疫苗，对接县疫情防控指挥部安排企业接种专场，确保全民“应接尽接，应种尽种”，筑牢全民免疫屏障。

**【领导班子】**领导班子成员包括：党委书记沈惠勇，管委会主任沈惠勇，管委会副主任欧艺群（任至2021年11月）、许世齐（任至2021年11月），党委委员、管委会副主任陈路生、吴石坤（2021年11月任）、林秀平（2021年11月任），纪委书记林添生。

（东山经济技术开发区管理委员会）

# 沈阳经济技术开发区（铁西区、中德园）

**【概况】**铁西区位于沈阳市西南部，由主城区、沈阳经济技术开发区（以下简称“经开区”）和中德（沈阳）高端装备制造产业园（以下简称“中德园”）组成，面积488平方公里，常住人口170万人，下辖17个街道（镇）。重点发展先进装备制造、汽车及零部件、生物医药、工业文旅、战略新兴等产业。

沈阳经开区成立于1988年6月，1993年4月，经国务院批准为国家级经济技术开发区。2002年6月，市委、市政府决定，铁西区与经开区合署办公。2020年经开区在国家级经济技术开发区综合发展水平考核评价中位列第19位。

中德园位于经开区内，规划面积55平方公里。2015年12月，国务院正式批复中德园建设方案。中德园是辽宁自贸区沈阳片区协同区，也是沈大自主创新示范区重要组成部分。2019年5月，市委、市政府决定经开区与中德园合署办公。

**【经济发展】**2021年，铁西区主要经济指标位居全市前列，跻身全国城区综合竞争力百强区，完成地区生产总值1 131.8亿元，同比增长7%；规模以上工业总产值2 038.7亿元，增长9.1%；一般公共预算收入126亿元，增长5.3%；固定资产投资373.9亿元，增长13.1%，其中工业投资141.9亿元，增长47.9%；社会消费品零售额647.3亿元，增长9.7%。

**【项目建设】**全区进驻宝马、采埃孚、普利司通等世界500强直接投资的企业84家，本特勒、慕贝尔、安川电机等外资企业600家，沈阳机床、北方重工、沈鼓集团、特变电工、三一重装、远大集团、三生制药等工业企业3 000余家，规模以上工业企业372家。

**【发展成就】**铁西区相继获得国家“老工业基地调整改造暨装备制造业发展示范区”“改革开放30年全国18个重大典型地区”“联合国全球宜居城区示范奖”“国家新型工业化产业示范基地”“国家级生态工业示范园区”等荣誉。中德园被国家发改委等五部委评为产业转型升级示范园区，获评国家级绿色工业园区；新华社《国内动态清样》评价中德园为中德工业融合的重要支点和标杆。沈阳•中关村被国家发改委、科技部等四部委评为真抓实干成效明显的产业转型示范项目。铁西主城区成为“国家先进制造业和现代服务业融合试点区域”，位列“2021中国夜经济繁荣百佳县市”东北地区榜首。

站在新的发展起点，铁西区将以习近平新时代中国特色社会主义思想为指导，完整准确全面贯彻新发展理念，强力推动产业转型、城市转型、社会转型，走好走实生态优先、绿色低碳的高质量发展之路，干在实处、走在前列、当好先锋，打造新型工业化示范区的核心区，力争三年进入国家级经开区第一方阵，坚决扛起“东北振兴、铁西先行”的使命担当。

[沈阳经济技术开发区（铁西区、中德园）]

# 杭州钱塘新区

【经济产业发展】2021年，钱塘新区实现地区生产总值1 218.23亿元，比上年增长6.6%；其中：第一产业增加值13.96亿元，下降5%；第二产业增加值828.63亿元，增长5.7%；第三产业增加值375.65亿元，增长9%。三次产业比重调整为1.1∶68.0∶30.9。财政总收入240.61亿元，增长26.5%；一般公共预算收入117.31亿元，增长17%。固定资产投资461.34亿元，增长12.1%，其中工业投资126.8亿元、制造业投资118.6亿元。规上工业总产值3 169.11亿元，增长7.3%，首次突破3 000亿元，位居全市第一位。

【五大主导产业产值2 661.28亿元】2021年，钱塘新区五大主导产业产值2 661.28亿元，比上年增长6%，占工业总产值比重84%，其中新材料产业产值增长28%、半导体产业产值增长10.3%、生命健康产业产值增长8.7%、智能汽车及智能装备产业产值下降15.5%、航空航天产业产值增长39.5%。杭州医药港创建为省级特色小镇、全市“最强产业小镇”。“芯智造”产业链、生物医药产业链获评全省经济技术开发区产业链“链长制”试点示范。

【产业数字化】2021年，钱塘新区以打造智能化标杆为目标，围绕智能化生产、网络化协同、数字化设计、共享化制造、个性化定制六新场景，深化应用5G、人工智能、大数据等先进适用技术，培育一批技术水平领先、应用效果显著的“智能工厂”和一批具有较高生产效率和柔性制造能力的“数字化车间”，实现规模以上工业企业数字化覆盖率100%。至年末，认定省级“未来工厂”1个、培育1个；认定省级智能工厂、数字化车间14个；培育市级“未来工厂”体系企业45个，其中链主工厂2个、智能工厂8个、数字化车间32个。近三年累计实施制造业数字化改造攻关项目97个、实施工厂物联网项目140个、实施机器换人项目393个、新增工业机器人2 237台。

【传统产业转型】2021年，钱塘新区实施“新制造业计划”，组建“未来工厂”建设联盟，推动规模以上工业企业数字化改造全覆盖，中策橡胶集团股份有限公司入选省级工业互联网平台创建名单。整治低效工业企业72个、淘汰落后产能企业22个，规上工业亩均税收32.5万元、增长23.1%。落实“双碳”任务，实体化运作和达能源，差异化开展有序用电。创成市级以上绿色工厂12个，前进智造园创成全市首批低碳园区。加快传统农业向现代农业转型，打造农业示范园11个，新增高标准农田333.33万平方米，农业综合机械化率88%，粮食总产量超过3万吨。

【新兴产业发展】2021年，钱塘新区数字经济核心产业增加值实现129亿元，比上年增长13.3%；规模以上高新技术产业增加值实现487.22亿元，增长4.9%，占规模以上工业增加值比重71.9%；高新技术产业投资实现87.32亿元，增长52.2%。培育省科技型中小企业528个，新认定国家高新技术企业205个，新增“准独角兽”企业18个。新增规模以上服务业企业213个，引进总部经济项目5个，培育东部国际商务中心等1亿元楼宇6幢，实现服务业增加值375.65亿元、增长9%，社会消费品零售总额339.5亿元、增长9.6%，龙湖江东天街开业运营。

【重点项目推进】2021年，钱塘新区实施项目流程再造，实行产业用地“净地一件事”、工业投资项目“小时制”审批，净地用时从平均135天缩短至60天，工业用地项目拿地到开工用时从平均162天缩短至114天。全年招引1亿元以上产业项目75个，总投资594.8亿元，实际利用外资9.9亿美元。发挥产业基金杠杆作用，带动社会资本投资115亿元，促成34个项目落地。落地“零跑汽车”“英诺湖医药”“赛德光电”等10亿元以上项目28个，位列全市“赛马榜”第一位。6个“152”重大产业项目全部开工，签约中欧创新中心等重大科技平台项目4个。

**【三大新平台增设】**2021年，钱塘新区在六大产业平台基础上，增设钱塘科学城、美丽云城、江海之城三大产业平台，形成“6+3”平台体系，实现招商引资、项目推进、企业服务精准化全覆盖。3月25日，钱塘科学城揭牌成立，规划“一核引领、两区联动、全域覆盖”格局，以环大学城区域为核心，联动创新成果转化区和城市综合功能区，重点发展生物医药、智能装备、数字贸易等产业，打造“杭州综合性科学中心的重要承载区、长三角一体化的融合发展先导区、活力迸发的都市型新城区”。9月23日，美丽云城建设启动，范围覆盖钱塘新区全域，聚焦美妆、美食、美图、美服、美生活为主体的“美丽经济”，计划未来3年引入总产值不少于100亿元的项目30个。9月30日，江海之城挂牌，总开发建设面积24.5平方公里，先行启动区6.24平方公里，东至青东一路，南至青龙路，西至前民河，北至南沙大堤。重点发展科创、商务、总部经济、现代金融、公共服务、文化休闲等服务业，以产业高端化、要素高能化、城市品质化、人文特色化、场景低碳化“五化共促”，高水平打造“湾区活力门户、星城魅力客厅”。

**【中国（浙江）自由贸易实验区杭州片区钱塘区块挂牌】**2021年7月6日，中国（浙江）自由贸易实验区杭州片区钱塘区块挂牌。钱塘区块面积10.1平方公里，由杭州综合保税区、大创小镇、东部湾总部基地组成，围绕“双一流、双领先”的目标任务，以综保区“保税+”功能为基础，推进数字贸易高质量发展、建设数字综合保税区、培育数字经济产业集群、打造合作先行示范区四大专项行动，发展数字贸易、跨境电商、生物医药、智能制造、保税经济等产业，构建“自贸试验区+联动创新区+钱塘区”的全域自贸发展新格局。全年钱塘区块累计入驻企业5 200多个，税收36.6亿元，外贸进出口总额402.6亿元，以占全区1.8%的面积，实现全区15.2%的税收和39.1%的外贸进出口。

**【浙江华瑞航空制造项目主体工程开工】**2021年9月29日，浙江华瑞航空制造项目主体工程开工仪式在钱塘新区举行。浙江华瑞航空制造项目坐落于钱塘新区前进智造园，总投资约100亿元，规划建筑面积53.8万平方米。项目建成后将成为国内单体最大的航空复合材料厂房，满足配套中国商飞中机身大部件生产的要求，助力国产大飞机CR929研发、试飞和量产。

**【零跑新能源汽车项目签约】**2021年3月29日，钱塘新区与浙江零跑科技有限公司就“新能源汽车项目”签约。浙江零跑科技有限公司拟在钱塘新区建设年产20万台新能源汽车项目，从事新能源汽车研发、生产与销售。项目总投资40亿元，计划2023年投产。浙江零跑科技有限公司2015年12月成立于浙江杭州，是科技型智能电动汽车企业，有智能电动车完整自主研发能力，业务范围涵盖智能电动汽车整车设计、研发制造、智能驾驶、电机电控、电池系统开发以及基于云计算的车联网解决方案等方面。

**【大创小镇获评省级优秀特色小镇】**2021年11月4日，浙江省创建特色小镇2020年度考核结果公布，钱塘新区大创小镇获优秀等级。大创小镇依托全省最大高教园区，以杭州市高科技企业孵化园区和新加坡（杭州）科技园为双核心，打造全链条双创空间体系。全年新增人才项目115个，其中估值过亿企业18个。新增市级科技企业孵化器4个、国家高新技术企业

93个、省科技型中小企业266个。

**【“拿地即开工”改革】**2021年6月17日，钱塘新区前进智造园企业杭州世如家居科技有限公司的智能家居项目仅用一天时间就取得了“建设用地规划许可证”“建设工程规划许可证”“建筑工程施工许可证”3本证书，实现项目“拿地即开工”。该项目总投资约2亿元，项目建成后年产2.5万套智慧型整体橱柜，预计年产值2.5亿元。该项目于6月8日签订土地出让合同，6月17日完成施工许可证，从土地出让合同到施工许可证用时9天。除去法定规划设计方案公示时间，办理手续仅用时1天，成为钱塘新区审批用时最短项目，也是全市项目开工用时最短项目。该改革案例被编入“省工程审改办关于推广部分地区‘拿地即开工’改革探索经验做法案例”。

**【中国计量大学校友产业园开园】**2021年7月5日，由中国计量大学与钱塘新区管委会合作共建的中国计量大学校友产业园开园仪式在钱塘科学城佳宝科创中心举行。园区围绕数字化计量、先进检验检测等领域，创新推出NQI（国家质量基础设施）一站式服务联盟钱塘中心，探索政府与名企、名院、名校战略合作新模式，打造集研发总部、加速载体、交流枢纽、展示中心于一体的校友创新创业平台。杭州量友创业投资有限公司与杭州诚鸿佳煜测量技术有限公司、杭州君安有道网络有限公司等一批涵盖智能装备、生物医药、精密检测等科创领域的优质校友企业在开园仪式上签署战略合作与入驻协议。至年末，校友产业园落地“都林生物”“君安有道”“云莓科技”“亚微特科技”“舜地智能”等重点项目12个；自主举办“量友汇”投融资对接会1场，组织参加各类创新创业大赛、路演活动10多场；搜集筛选出符合钱塘新区“515”现代产业定位项目22个，其中重点项目17个。

**【中国药学大会举行】**2021年9月18日，2021年中国药学大会开幕式在钱塘新区举行。活动由中国药学会、浙江省科学技术协会、杭州市政府主办，浙江省药学会、杭州市钱塘区人民政府承办。大会总结“十三五”时期医药事业所取得的成绩，围绕“十四五”时期中国医药产业发展的目标和任务，重点探讨新时代药物创新新理论、新方法、新技术、新进展；展望药学事业发展前景，对重大疾病防治进行深入研讨。中国药学会常务理事、理事、监事，2021年学会最美科技工作者、第十六届中国药学会科技奖等获奖代表，以及浙江省、杭州市有关部门领导，科研院所、高等院校、医疗机构、医药企业、监督管理等领域专家学者1 000多人参加大会。

**【浙江省原料药安全研究中心成立仪式暨医药创新发展论坛举行】**2021年4月26日，浙江省原料药安全研究中心成立仪式暨医药创新发展论坛在钱塘新区举行。活动由浙江省药品监督管理局、中国药科大学、钱塘区主办，浙江省食品药品检验研究院、中国药科大学（杭州）创新药物研究院、杭州医药港管理办公室承办，200多名医药领域专家学者、企业家与会。浙江省药品监督管理局、中国药科大学、浙江省食品药品研究院与钱塘区举行浙江省原料药安全研究中心落户杭州医药港签约仪式；同步举行医药创新发展论坛，由浙江省食品药品检验研究院副院长陶巧凤、中国药科大学博士生导师尤启冬教授等专家进行主题分享，与会专家围绕原料药产业发展现状、质量控制、影响因素与发展策略等进行深入探讨。

（杭州钱塘新区）

# 萧山经济技术开发区

**【经济发展】**2021 年，萧山经济技术开发区按照高水平建设“亚运国际城•数智新萧山”要求，开发区本级完成规上工业总产值 516.8 亿元，同比增长 8.6%；规上工业增加值 129.3 亿元，同比增长 8.3%；规上服务业营业收入 1 747.4 亿元，同比增长 22.8%；规上服务业增加值 79.3 亿元，同比增长 11.9%；固定资产投资 111.4 亿元，同比增长 21%，其中工业投资 28.8 亿元，同比增长 20%，服务业投资 82.7 亿元，同比增长 21.3%；实现财政总收入 154.01 亿元、一般公共预算收入 85.24 亿元，分别增长 26.12%、9.86%。

**【自贸区建设】**2021 年，自贸试验区管理局和自贸试验区服务中心挂牌。涵盖新能源汽车及关键零部件、高端装备、5G 通讯、生物医药等领域的 26 个项目进入了自贸区萧山区块重点统计项目，占萧山区块项目总数的 84%，涉及投资总额达 220 多亿元。率先完成首笔新型离岸转口业务、开市客浙江首店落户自贸区、新落地采埃孚、开市客（Costco）等世界 500 强项目、新落地嘉晨西海生物医药项目四项成果入选浙江自贸“十大”标志性成果，“线上知识服务 + 线下成果展示——全球跨境电商知识服务中心打造杭州跨境电商第一站”入选自贸杭州片区优秀案例，“一企一策、一事一议”为新型离岸国际贸易发展率先“探路”入选 2021 年第二批中国（浙江）自由贸易试验区制度创新案例。

**【科技创新】**2021 年，萧山经开区新认定国家高新技术企业 85 家、省科技型中小企业 178 家、市雏鹰计划企业 34 家。新增博士后科研工作站 3 家，新建市级及以上研发机构 35 家，1 家企业入围国家科技进步二等奖，5 家企业入围省科学技术进步奖。杭州湾信息港、传化国际科创园成功入选杭州市 2021 年高新技术孵化成果转化园。浙大科创中心碳化硅单晶技术、碳化硅半导体芯片相关项目以及传化精细化工环保印染项目入选 2022 年度浙江省“尖兵”计划立项清单，西电研究院获批 2021 年度省级新型研发机构；浙大科创中心和广科安德分别入选 2022 年度省级重点实验室。

**【数字化改革】**2021 年，萧山经开区制定《开发区制造业数智提升三年行动计划》，按照未来工厂、智能工厂、数字化车间三个层次建立新智造企业培育库。7 家企业入选市级“未来工厂”体系培育名单。以“机器换人”“工厂物联网”“数字化车间”“智能工厂”“企业上云”建设和工业 App 应用为重点，实施智能制造项目 72 个。建设“开发区数智楼宇系统”，打造楼宇经济“升级版”；鼓励服务业企业开展数字化改造，推动传统服务业企业提升发展。加快平安社区数字化系统建设应用，数字工作室建成率达 100%。首创“平安三率”宣传 AI 调查员、首推“AI 反诈语音机器人”，推动平安创建提质增效。

**【招商引资】**2021 年，萧山经开区成功招引一批亿元以上项目，总投资达 137 亿元，实际利用外资 4.2 亿美元。包括总投资 1.6 亿美元的美国开市客（Costco）项目；总投资 30 亿元的华擎半导体项目；总投资 30 亿元的美满芯盛智能传感器与 5G 芯片制造项目；总投资 1 亿美元的云合以太网交换核心芯片项目；总投资 10 亿元的希瑞新材料导电涂层项目；总投资 2 亿元的安渡生物总部项目；以及清华大学戴琼海院士团队领衔的依澜科技图灵数字人等高层次项目。

**【项目建设】**2021 年，萧山经开区 6 个项目列入省重大项目，3 个项目列入省市县长“152”项目，62 个项目列入萧山区“4286”产业载体项目。裕隆总部、永盛总部、兆丰智能化工厂、明电舍一期、机器人研发中心、传化钱湾智谷、圣奥时尚家具、凯风自南生物医药等一批项目相继竣工；信息港七期（西区）正加快建设，2023 年交付使用。

**【总部企业培育】**2021 年，萧山经开区新增上市企业 3 家，曼卡龙珠宝在深圳创业板，九紫新能在纽交所，凯尔达机器人在上海科创板上市。加快储备优质上市资源，新增区级上市后备企业 4 家。

新增 2 家企业入选 2021 杭州独角兽榜单，累计达到 4 家；新增 7 家企业入选 2021 杭州准独角兽榜单，累计达到 15 家；新增 30 起股权融资，融资 1 亿元以上企业 19 家，总融资额超 82 亿元，其中生命健康领域总融资额超 41 亿元、先进制造及信息科技领域总融资额超 25 亿元。

**【人才引进】**2021 年，萧山经开区新引进院士专家 2 人，此外，累计引育市级及以上领军人才 18 人，包含国家级领军人才 6 人，省级领军人才 4 人，自主培养和引进市级领军人才 8 人；新认定 A—E 类人才 419 人，F 类人才 856 人，新增高技能人才 408 人。超额完成“5213”计划等人才项目注册落地任务，签约落地加州大学伯克利分校研究院。各项人才指标均超额完成年度目标任务，招才引智排名位居全区第一。

**【平台建设】**2021 年，信息港小镇连续 5 年荣获国家级科技企业孵化器 A 类优秀，新落地康基医疗、王力安防、赞宇科技等上市公司总部项目及乐泽新材料、无忧传媒、缇苏网络等 22 个重点项目，新投入使用六期杭州湾数字健康创新谷北区块及九期杭州市集成电路产业园，持续推进超 300 万平方米的创新载体及总部经济建设。

机器人小镇获评省级小微企业集聚发展优秀平台和国家 3A 级旅游景区，已集聚凯尔达机器人、钱江机器人、中开特种机器人、西门子工业 4.0 智能制造创新中心、翼菲并联机器人等多家机器人及智能装备知名企业，完成桥南首家星级酒店招租及桥南首个人才公寓建设，14 万平方米产业配套综合体和生活服务综合体建成并即将投入使用。

科技城招引美国纳斯达克上市公司九紫新能、医疗器械 CRO 行业龙头项目致众科技、总部经济项目全球家、产业孵化平台项目浙工大梦工场等。加快建设近 200 万平方米的“三谷一园一基地”创新载体。

三江创智新城加快开发建设，实施重大建设工程 9 项，累计总投资 20 亿元。威雅实验学校顺利完工并于今年 9 月开学。签约落户重点产业项目 5 个，总投资约 90 亿元。

绿色智造产业新城“三纵五横”路网体系加速成型，恒逸逸通、盛元二期、奥展航空、万鼎科技等一批产业项目纷纷落地。

浙大国际科创中心顺利完成启动区块一期、二期改造，新建区块 COMS 平台主体结顶。累计引进技术研发人员 429 人，其中两院院士 3 人，吴汉明院士成功入选浙江省“鲲鹏行动”计划首批专家。

西电杭州研究院过渡区块成功开园，9 月第一批研究生顺利入学，已组织开展产学研活动 40 多次，并与当地及周边 8 家企业达成共建联合实验室意向。

**【规划引领】**2021 年，萧山经开区开展美妆小镇概念规划，完成未来交通小镇启动区块、浙江绿色智造产业新城、三江创智新城城市设计。宁围街道金一、金二、宁东、宁税社区城中村改造安置房基本完工，新街街道新盛村、江南村部分区块已全面进入主体施工，目前正在开发建设的安置房总面积达 500 万平方米，涉及总投资 310 亿元。信息港初中、天德路幼儿园等建成投用，开欣幼儿园、市北东幼儿园、市心初中等加快推进，启动嵌入式幼儿园试点建设，信息港文体中心、人才公寓、市北东邻里中心、市心公园等项目加快建设。通过发行公司债券、政府债券以及 PPN 项目等多措并举，全力缓解资金保障压力。土地全域整治，优化永久基本农田布局，强化耕地保护，释放土地空间。积极争取农转用指标，提高土地利用效益。

**【社会事务】**2021 年，萧山经开区运用好亲清在线、城乡统筹等平台，实现在线项目“小时制”审批。完成人才科技数字化全生命周期服务链设计，推进人才科技服务精准化、系统化。持之以恒落实疫情防控常态化机制；统筹推进交通安全整治；加大反电信网络诈骗宣传力度；新增 3 个社区，发挥“金融反诈联盟”“社区义警队”等作用，完善“警格 + 网格”宣防体系，开展建设领域“无欠薪”“安全护航”长效整治。扎实推进安全生产风险普查、“平安护航建党百年”安全隐患大排查大整治专项行动、燃气等领域安全大排查大整治专项行动等，全面启动新《安全生产法》的宣贯推广工作，狠抓安全生产责任落实。

**【基层组织建设】**2021 年，萧山经开区开展党史学习教育主题活动和庆祝中国共产党成立 100 周年系列活动。举办“我在中共农运发轫地学党史”“我为党史学习教育献一策”“新老党员信仰对话”“迎百年忆初心 我与党旗同框”等活动。新成立两新党组织 32 家，做好 10 个小微企业园、650 家区级重点企业的组织覆盖和工作覆盖。进一步做好机构改革工作，萧山科技城管委会更名为萧山科技城管理局，由直属机构转变为内设机构。

（萧山经济技术开发区管委会）

# 惠州大亚湾经济技术开发区

**【经济发展】**2021年，惠州大亚湾经济技术开发区坚持稳中求进的工作总基调，自觉践行新发展理念，科学统筹推进常态化疫情防控和经济社会发展，有效应对各种挑战，全年经济保持平稳发展，社会大局和谐稳定，实现“十四五”良好开局。

2021年，大亚湾区地区生产总值（初步核算数）805.7亿元，增长6.6%，其中，第一产业增加值1.8亿元，增长24.3%；第二产业增加值577.2亿元，增长11.7%；第三产业增加值226.7亿元，下降4.1%。三次产业结构调整为0.2∶71.7∶28.1。人均地区生产总值179 987元（按年平均汇率折算为27 900美元），增长2.7%。

全年一般公共预算收入70.5亿元，增长6.0%，其中税收收入61亿元，增长2.1%，非税收收入9.5亿元，增长40.4%。一般公共预算支出81.4亿元，增长14.4%。全区税收总收入（含海关代征税）504.6亿元，增长22.8%，其中，海关代征税收入201.1亿元，增长18.3%。剔除海关代征税，全区税收总收入303.5亿元，增长26.0%。全年城镇新增就业人员6 153人，下岗再就业人员1 527人，就业困难人员再就业107人，转移农村劳动力167人。年末城镇登记失业率为2.23%。

**【农业发展】**2021年，大亚湾区粮食作物播种面积5 752亩，增长0.02%；粮食总产量2 082吨，增长0.5%；蔬菜总产量6 917吨，增长0.4%；水果总产量792吨，下降25.3%。全年肉类总产量234吨，下降3.3%。全年水产品产量13 835吨，下降5.7%，其中，海水产品13 835吨，下降5.2%。

**【工业发展】**2021年，大亚湾区规模以上工业企业218家，实现增加值533.3亿元，增长10.2%。分园区看，石化区实现工业增加值317.3亿元（占全区规模以上工业增加值的比重为59.5%），增长7.5%；西部综合产业区实现工业增加值207.1亿元（占全区规模以上工业增加值的比重为38.8%），增长12.5%。分支柱产业看，石化产业实现工业增加值297.2亿元，增长9.0%；电子产业实现工业增加值125.1亿元，增长5.7%；汽车产业实现工业增加值60.9亿元，增长29.0%，以上三大支柱产业增加值占规模以上工业增加值的比重分别为55.7%、23.5%、11.4%。先进制造业、高技术制造业增加值占规模以上工业增加值比重分别为83.5%、22.3%。

全年规模以上工业企业实现销售产值2 718.3亿元，增长32.9%，其中，内销产值2 468.9亿元，增长33.4%；出口交货值249.4亿元，增长28.2%。内外销比例为89.9∶10.1。全年规模以上工业实现营业收入2 816.3亿元，增长29.6%；利润总额177.3亿元，增长92.7%，产品销售率99.3%。

**【固定资产投资】**2021年，大亚湾区固定资产投资比上年增长18.7%。分产业看，第二产业投资增长72.7%；第三产业投资下降0.4%。分投资主体看，国有经济投资增长58.0%；民间投资增长9.0%；港澳台、外商经济投资增长25.1%。分领域看，工业固定资产投资增长72.7%，其中工业技术改造投资增长53.6%；房地产开发投资下降9.8%；基础设施投资增长31.9%。

**【国内贸易】**2021年，大亚湾区实现社会消费品零售总额79.4亿元，增长20.2%，其中，限额以上零售额34.6亿元，增长48.7%；限额以下零售额44.9亿元，增长4.7%。全区实现商品销售总额280.5亿元，增长50.9%，其中，批发业商品销售额198.7亿元，增长55.1%；零售业商品销售额81.8亿元，增长41.7%。

**【招商引资】**2021年，大亚湾区共签订外商直接投资项目合同38宗，下降37.7%；外商直接投资合同金额3.7亿美元，增长131.5%；实际利用外商直接投资4.5亿美元，增长71.5%。全年工商注册新增内资企业6 221家，新增注册资本金314.8亿元；工商注册新增个体工商户5 759户，新增注册资本金5.5亿元；工商注册新登记外商投资企业47家，新增注册资本金8 222万美元。年末工商登记外商企业实有474家。

**【城市建设】**2021年末，全区农村公路总长134.6公里，市政道路总长413公里。全年港口货物吞吐量7 852万吨，下降1.7%，其中，荃湾港区2 574万吨，增长4.5%；东马港区5 278万吨，下降4.4%。全年港区集装箱吞吐量31万标准箱，增长15.1%。全年港区油品货物吞吐量5 367万吨，下降5.7%。全年完成油气输送量1 165万吨，下降3.6%。

全年共接待游客534万人次，增长50.7%。住宿设施接待过夜游客137.8万人次，增长26.3%。全年实现旅游总收入36.9亿元，增长63.3%。年末全区拥有国家4A级景区1个，即大亚湾红树林城市湿地公园；拥有国家3A级景区1个；旅行社（门市部）4家。

**【投融资服务】**2021年末，全区金融机构本外币存款余额594.6亿元，增长14.2%；金融机构本外币贷款余额804.5亿元，增长10.8%。年末全区金融机构人民币存款余额550.7亿元，增长13.2%，其中，企业存款余额367.4亿元，增长12.8%；城乡居民储蓄存款余额172.3亿元，增长13.3%。全区金融机构人民币贷款余额782.1亿元，增长13.9%，其中，短期贷款余额38.2亿元，增长39.9%；中长期贷款余额736.8亿元，增长12.8%。

**【科技创新】**2021年末，全区共拥有高新技术企业130家，增长16.1%。专利授权数1 872件，增长31.0%，其中发明专利150件，增长117.4%。

全年财政用于科学技术支出共2.7亿元，增长1.2%。年末科创园已入驻各类机构130家，其中孵化企业89家、公共服务平台12个、总部经济项目6个、新型研发机构3个、创业投资基金3支；累计孵化毕业企业111家，其中2021年孵化毕业企业10家。

**【社会事业】**2021年末，共建有群众文化事业站3个，农家书屋57间，行政村及社区农家书屋全覆盖。广播人口覆盖率和电视人口覆盖率均为100%。全区有线电视用户3.52万户，均为数字电视用户。娱乐歌舞厅8家，网吧44家。

全年财政用于医疗卫生事业支出共4亿元（占地方公共财政预算支出的4.9%），下降7.1%。年末共有公立医疗卫生机构数8家，其中医院、社区卫生服务中心6家；拥有病床数854张；医院、社区卫生服务中心技术人员983人，增长8.0%，其中医师311人，下降4.6%，护士454人，增长20.4%。农村医疗机构数57所，与上年持平；从事乡村卫生工作人员96名，与上年持平，其中执业（助理）医师58人，增长11.5%。人均基本公共卫生服务经费由76.33元提高到81.07元。年末全区共有体育馆1个。全年体育健儿在市级以上比赛中共获奖牌30枚。

**【民生保障】**2021年末，全区常住人口44.82万人，增长0.2%；人口密度1 527人/平方公里；户籍人口17.3万人，增长9.1%，其中，男性人口8万人，增长8.0%，女性人口9.3万人，增长10.1%。人口出生率为12.34‰；人口死亡率为1.48‰；人口自然增长率为10.86‰。

全年全体居民人均可支配收入52 648元，增长6.5%。其中，城镇常住居民人均可支配收入53 352元，增长6.7%；农村常住居民人均可支配收入30 223元，增长10.8%。全年社会保险征缴总额29.2亿元，增长55.5%。全年领取养老金人数10 733人，增长7.1%，全年发放养老金总额1.86亿元，增长8.8%。城乡居民基层养老金标准为 185 元 / 月，与上年持平。

全区列入城市居民最低生活保障对象共 212 人，增长 28.5%，保障资金投入总额 175 万元，增长 31.2%；列入农村居民最低生活保障对象共 129 人，下降 2.3%，保障资金投入总额 106 万元，增长 12.8%。临时救济 78 人次，下降 48.0%，国家定救人数 1 991 人，增长 14.6%。集体供养五保户数 6 户，投入供养金额 17.7 万元。年末全区各种社区服务设施共 410 个，其中综合性社区服务中心 60 个。

**【资源环境】**2021 年，全社会用电量（包含中海油惠州石化、中海壳牌自发电量）96.2 亿千瓦时，增长 8.4%。其中工业用电量 81.4 亿千瓦时，增长 7.0%。供电线路总长 10 082 公里，增长 19.3%。年末全区拥有 110 千伏以上变电站 24 座，主变容量 722.3 万千伏安。全区供电能力 9 364 万千伏安 / 日；供水能力 88.5 万吨 / 日；供燃气能力 32 万立方米 / 日；集中式污水处理能力（不含企业污水处理设备）17.5 万吨 / 日。港口货物设计年吞吐能力 12 900 万吨；集装箱码头泊位设计年吞吐能力 90 万标准箱。

全区建成区面积 81.63 平方公里；建成区绿化覆盖面积 2 840.9 公顷；建成区绿化覆盖率 41.6%；年末公共绿地实有树木数 15.8 万株。供水管网长度 422.0 公里，排水管道长度 889.9 公里。

全区污水处理厂共 7 座，污水管网长度 407.7 公里，城镇生活污水集中处理率达 97.0%；生活垃圾无害化处理率达 100%；危险废物处理处置率达 100%；全年环境空气优良天数为 347 天，空气质量优良率为 95.1%。

注：① 本文 2021 年数据均为初步统计数。② 地区生产总值、增加值总量按现价计算，增长速度按可比价计算，根据第四次全国经济普查结果，对地区生产总值、三次产业及相关行业增加值等相关指标的历史数据进行了修订。③ 部分数据因四舍五入的原因，存在分项合计不等的情况。

（惠州大亚湾经济技术开发区管委会）

# 北京经济技术开发区

**【经济发展】**2021 年，北京经济技术开发区（简称“北京经开区”）坚持统筹疫情防控和经济社会发展，实施抗疫情稳增长系列政策，落实经济运行“双周调度”等服务企业系列举措，按照“七促周调度”要求，推进项目落地建设，促进企业稳产增产，经济高质量运行成效显著。全年完成地区生产总值 2 666.0 亿元，同比增长 28.8%，其中，第二产业增加值 1 884.0 亿元，同比增长 39.7%，占地区生产总值的 70.7%；第三产业增加值 782.0 亿元，同比增长 8.3%，占地区生产总值的 29.3%。一般公共预算收入 333.2 亿元，税收收入 313.2 亿元；营业收入为 19 844.2 亿元；进出口总值 315.4 亿美元，同比增长 58%。实现工业总产值 5 712.1 亿元，同比增长 27.8%，全市总量排名第一。完成全社会固定资产投资 460.5 亿元，同比增长 17.1%。全社会消费品零售额完成 431.4 亿元。大中型企业研发投入 280 亿元，同比增长 22%。

**【产业发展】**2021 年，北京经开区围绕攻克核心技术、转化科技成果、优化创新生态，集聚创新要素、完善创新链条、激发创新活力，推动高精尖产业集聚发展和新兴产业快速发展。新一代信息技术产业加速壮大，全年产值首次超 1 000 亿元，成为继高端汽车、产业互联网、生物医药和大健康之后的第四个千亿级产业集群。高端汽车和新能源智能汽车产业加速布局，聚焦产业发展趋势和核心技术突破，推进高级别自动驾驶示范区、氢能实验室和产业化基地建设。生物技术和大健康产业突破发展，以创新疫苗、细胞和基因治疗、创新药及创新医疗器械为主要发展方向，建设全国首个细胞治疗中试基地，研制的新冠灭活疫苗、呼吸机、CT 机等 120 余种产品驰援全球，检测资源服务全市，保障防疫物资供应。机器人和智能制造产业全面推进，形成以智能制造装备为核心，高端能源装备和节能环保装备为两翼的“一核双翼”的产业发展格局，打造全国智能制造系统解决方案策源地。数字经济核心产业快速发展，加快推进制造业数字化转型，推进数字技术与实体经济深入融合发展，建成“城市大脑 1.0”，逐步构建数据驱动未来产业发展的数字经济新体系和全球数字经济标杆城市。科技文化融合产业聚焦高新视听、游戏、电竞三大领域，推动科文融合产业集聚，打造中国（北京）高新视听产业园、北京网络游戏新技术应用中心、北京智慧电竞赛事中心、北京智慧融媒创新中心四大产业园区（中心），培育“热带雨林”式的产业生态。现代服务业巩固扩大产业优势，打造“北京服务”新名片，培育具有全球竞争力的万亿级产业集群。

全区有规模以上工业企业 359 家，实现工业总产值 5 712.1 亿元、营业收入 5 953.8 亿元。其中，电子信息产业实现工业总产值 1 087.7 亿元、装备制造产业实现产值 602.1 亿元、生物与医药产业实现产值 1 643.4 亿元、汽车与交通设备产业实现产值 2 028.0 亿元。规模以上工业企业中，内资企业 206 家，实现工业总产值 2 296.59 亿元；港澳台商投资企业 27 家，实现工业总值 315.25 亿元；外商投资企业 126 家，实现工业总值 3 100.27 亿元。规模以上工业战略性新兴产业总产值为 3 008.7 亿元，其中生物产业实现总产值 1 741.9 亿元、新一代信息技术产业实现总产值 864.4 亿元、高端装备制造业实现产值 157.4 亿元。

**【科技创新】**2021 年，北京经开区紧扣创新能力持续提升，突出企业创新主体地位，推动产学研用创新联合体建设，出台“科创 20 条”，打造体系完备、活力迸发的创新生态。在关键核心技术攻关能力系统提升方面，聚焦“卡脖子”技术，制定《“白菜心工程”项目管理实施细则》和项目研发任务作战图，国望光学光刻物镜、聚束科技高通量扫描电镜、中电科超精密减薄抛光设备等首批 10 个项目完成预定研发任务；发挥“20+10”创新体系引领作用，新增市级研发机构 99 家，实现市级认定的新技术 121 项、新产品 208 项、新标准 59 项。在“三城一区”联动机制深化方面，聚焦成果转化、政策协同、载体建设、成果共享等关键环节，发扬北京经开区企业与中关村高校、研究机构紧密合作的优良传统和经验做法，与三大科学城签订创新联动发展合作协议，首批 6 家先导基地加速区挂牌，落地成果转化项目 162 项；与北京航空航天大学、北京工业大学开展全面战略合作，推动北京清华工业开发研究院与 GE 医疗中国合作设立 G2 创 • 中心、储备产业化项目 700 余项；搭建“三城一区”线上服务平台，发布共享设备 549 台（套）、共享实验室 108 个，提供技术服务 345 项；实施“创新成长计划”和“创新伙伴计划”，储备项目 112 个。在创新生态持续优化方面，聚焦锻长板、补短板，搭建全市首创的“概念验证平台—公共技术服务平台—打样中心—中试基地”全链条创新服务体系，挂牌公共技术服务平台 59 家；打造“龙头企业 + 孵化”的融通型特色载体，上线科技型中小微企业运行融通发展平台，培育“独角兽 + 专精特新 + 瞪羚 + 金种子”创新梯队，入库企业 1 114 家；完善科技资金管理机制，科技创新资金规模扩大至 60 亿元；打造科技金融服务平台，成立双创友好型科技金融服务联盟，支持企业 375 家、资金超过 232 亿元；北京经开区获批中国科协“科创中国”试点园区；创新型企业加速成长，全年新增国家高新技术企业 89 家，累计达 1 717 家，其中规模以上高新技术企业实现产值 2 233.2 亿元，比 2020 年增长 1.1 倍，占全区工业总产值近一半；全年新增国家级专精特新“小巨人”企业 22 家、北京市专精特新“小巨人”企业 41 家，市级以上累计达 295 家。在创新人才服务体系完善方面，坚持人才是第一资源，围绕创新链、产业链部署人才链，加快推进高水平人才高地建设；成立人才创新创业发展中心，整合金融谷、亦麒麟工作站、高新技术企业公共服务平台和“揭榜挂帅”创新中心，建设国内领先的双创服务大厅；创新校企合作模式，在全市率先一体化推进技术技能人才培养，打造亦城工匠学院、亦城工程师学院，认定人才联合培养基地 50 个，博士后科研工作站达 59 家，为企业提供人才和技术保障；实施亦麒麟人才品牌工程，落实“人才十条”，评定首批“亦城人才”2 065 名；国际人才公寓投入使用，各类人才住房需求得到有力保障。

**【投资促进】**2021 年，北京经开区通过国际合作强化“亦庄生态”。坚持创新培源，以研发鼓励政策吸引外资企业建设研发中心、区域总部，施耐德、SMC 中国、通用（GE）、瓦里安等一批存量优质外企落地新增项目；坚持特色集聚，以世界 500 强企业为龙头推进国际合作园区建设，吸引丰田燃料电池研发中心和生产基地、芬兰湃邦先进光刻胶、德国莱茵检测等一批重点海外项目落地；坚持技改导向，支持外资企业技术升级，ABB、拜耳医药保健、北京奔驰等技改项目年度投资达 20 亿元；建设国家海外人才离岸创新创业基地，11 个离岸创新中心挂牌。全年实现进出口总额 315.4 亿美元，比 2020 年增长 58.1%，其中，出口额为 127.7 亿美元，比 2020 年增长 1.2 倍；进口额为 187.6 亿美元，比 2020 年增长 33.1%。全年新增外资企业 86 家，比 2020 年增长 56.4%。实际利用外资 3.6 亿美元，比 2020 年增长 16.1%。

**【体制机制创新】**2021 年，北京经开区以高效化、系统化为着力点，推进制度机制创新，形成全市首创、全国领先的改革创新实践案例

12 个，4 项案例全市复制推广。“放管服”改出“亦庄效率”，在全市率先出台《“最后一公里”工作方案》，问题解决率达 100%；深度推进“一网通办”，依申请政务服务事项网办率达 100%，全程网办率达 91.31%；“一业一证”、跨省通办、证照分离等改革领跑全市；在全市率先实现电子证照场景应用，试点“免申即享”，构建政府政策在办事大厅集中兑现的新模式；公共资源交易平台实现全流程电子化“云上”交易；“一刻钟”政务服务圈作用凸显，七大类别 177 个事项实现“马上办、就近办、自助办”；以亦企服务港和园区政务服务站为抓手，完善企业服务三级体系，设立亦企服务港 11 个，走访企业 4 299 家，解决企业诉求 1 666 个。深化“区域评估 + 标准地 + 承诺制 + 政府配套服务”改革，通过优化告知承诺模式、建立全过程政府综合服务机制等举措，构建企业投资项目快速落地新模式，改革经验在全市自贸区推广。深化机构和人事制度改革，持续选优配强中层管理岗干部，全年提拔任用 20 名干部，推动 49 名干部交流任职，招聘 83 名优秀年轻干部；开展改革后首次干部绩效考核，运用考核结果，将干部干事创业的能力贡献与个人职业发展挂钩，激发干部队伍活力。

**【投融资服务】**2021 年，北京经开区持续引导金融机构强化区域资源倾斜，积极推进金融产业集聚，丰富金融业态体系，提升金融服务经开区实体经济效能。与北京银行、工行北分、国开北分、中银北分开展战略合作，在重大项目建设、产业升级发展、核心技术攻坚等领域提供 6 600 亿元意向授信。农行、中行升格为二级分行，工行、中行等 7 家银行升格为自贸业务专营银行；吉利商业保理公司成立，填补北京经开区商业保理领域空白。金融产品持续创新，全市首笔线上开立进口信用证、建行北分首笔“跨境快贷”外币贷款、全市首笔城市更新项目贷款及碳排放配额质押贷款落地。小微企业金融综合服务平台效应凸显，发布融资需求 18.07 亿元，落地 17 亿元。企业上市成效显著，通过梯队管理、精准辅导，建立 156 家拟上市企业培育库；新增上市企业 11 家，比 2020 年增长 57.1%，境内外上市企业达 41 家，在全市名列前茅。国有资本引领带动作用增强，亦庄国投累计投资产业项目 170 个，出资 770 亿元，有力推动中兴高达等项目落地，撬动社会投资 2 500 亿元。

**【绿色集约】**2021 年，北京经开区鼓励企业、园区实施碳达峰和碳中和行动，坚持集约高效、绿色低碳发展模式，生态环境质量显著改善。完成国家“无废城市”试点，形成六大经验模式全国推广，4 个案例入选生态环境部首批优秀试点案例；细颗粒物（PM2.5）年均浓度值为 35 微克 / 立方米，首次达到《环境空气质量标准》（GB 3095—2012）二级标准。严格落实林河湖长制，凉水河水质稳定保持Ⅳ类；完成污水领域首个 BOT 项目回收；超过 40% 的区域达到市政府要求的海绵城市建设标准，海绵城市建设工作在全市保持领先；节能减排成效显著，万元 GDP 能耗、水耗保持全市领先，达国际先进水平；成立区域零碳协会和碳中和研究院，制定“双碳”行动方案，探索经开区碳治理路径；推动 9 家企业申报绿色工厂，2 家企业成为绿色供应链管理企业；打造国内首个可再生能源“金风科技碳中和”智慧园区；北京奔驰、SMC 绿色电力交易量占全市总交易电量的 35% 以上；以国家整县（市、区）屋顶分布式光伏开发试点为契机，加快区域能源结构绿色低碳转型；推动绿色建筑高星级建设，全年绿色建筑高星级标识认证面积达 130 万平方米。

土地集约利用输出“亦庄模式”。出台《亦庄新城产业用地规划建设指标使用管理办法》，保障规划建设指标供给、合理匹配、高效利用；构建“50 年（国家战略项目）+20 年弹性出让 + 先租后让 + 国企代建标准厂房 + 产业用地城市更新”的五级供地模式；深化产业用地标准化改革，经验在全市自贸区推广，中芯京城项目率先纳入“标准地”管理，完成全市首例园区级区域评估；修订《工业用地先租后让实施办法》，以“先租后让”方式挂牌成交项目18个，占比72%。高效推动土地精细化管理，出台国有建设用地使用权分层供应及建设项目开工竣工管理规定，探索混合用地模式。加快推进马驹桥智造基地、瀛海镇工业区和镇区改造、长子营工业园区土地一级开发，完成190.34公顷土地征收，11宗100.73公顷工业用地挂牌出让。累计推动海尔智造•未来创新中心等54个城市更新项目，提供422.35万平方米高质量产业发展空间，配套服务设施19万平方米。

**【基础设施建设】**2021年，北京经开区完善基础设施规划，开展台湖站前区、马驹桥镇区及金桥产业基地一期市政专项规划编制，保障土地一级开发进度，确保重大项目快速落地。加强基础设施建设，累计投资50亿元，实施新扩区域基础设施三年行动计划，开工建设辛四路等项目，凉水河一街等一批道路改造完成，经海九路、西环路、博兴八路等项目加快推进；新增各类临时停车位近3 000个；开展慢行系统示范区建设工作，首次完成慢行交通服务全域评价，对慢行交通开展系统性“体检”，多项指标位居全市前列；完成110余条城市道路、6座天桥人行步道、盲道和坡道无障碍改造任务，改造面积超过1.10万平方米；完成10所学校门前道路交通安全设施改造工程，改善重点地区交通环境。

**【社会事业】**2021年，北京经开区公共服务供给高效优化。优化布局优质公共服务资源，不断提升亦庄新城综合承载能力；核心区全面承接教育管理职权，构建教育管理服务体系，科学区划学区，保障区域义务教育均衡发展。投资37亿元建成北京市第二中学经开区学校、人大附中亦庄新城学校、北京市建华实验亦庄学校（南校区），新增中小学学位3 600个、普惠性幼儿园学位630个。与首都师范大学、海淀教师培训中心等机构开展战略合作，组建北京经开区教育发展理事会，推动教学质量稳步提升；落实“双减”政策，学科类校外培训机构“动态清零”。构建区域医疗卫生体系，核心区33号地社区卫生服务中心、北京急救中心经开区直属分中心加快建设，区疾控中心、荣华街道社区卫生服务中心获批，4个急救站点建成；8家医保定点医院实现看病“脱卡结算”，3家实现跨省异地就医直接结算；成立区医学会，打造高标准、高质量医学交流平台。坚持文化兴城，举办“大都东南”科技文化艺术节、“亦庄学院”科技沙龙等文化活动，推出一批实体书店、书屋；定期举办创新发布，深入开展精神文明创建活动，丰富群众文化生活。成立区文联，创建全市首个工业科技旅游示范区，推出首批50家“北京•亦庄科技馆”和5条工业科技旅游精品线路，公共文化服务水平持续提升。

**【党建工作】**2021年，经开区坚决贯彻市委、市政府决策部署，扎实开展党史学习教育，统筹推进疫情防控和经济社会发展，实现“十四五”良好开局，展现出北京高质量发展开路先锋的应有担当。

持续创新基层治理模式。党建协同发展先锋区建设持续深化，通过“五联”工作机制，实现多层次、全方位融合发展。11个亦企服务港配备到位，实现新城服务全覆盖。“两新”组织建设加快向新行业、新业态推进“两个覆盖”，把党组织建在重大项目上、园区工地里，成立行业功能型党委。特色党建品牌充分发挥“红色引擎”作用，京东、悦康药业、中芯国际等企业上榜北京市100个两新组织“党建强、发展强”党建品牌项目名单。社区“两委”换届完成，基层治理的“主心骨”强健稳固。

不断优化人才发展环境。推动“人才十条”和相关实施细则落地，初步建立起“1+N”人才政策体系；实施“千人聚亦”工程，基本形成以院士为领衔、以“亦麒麟”人才为中坚、以技术技能人才为重要支撑的人才队伍梯次。纵深推进全面从严治党。出台《关于加强对“一把手”和领导班子监督的具体措施》；发挥巡察综合监督平台作用，跟进做好巡察“后半篇文章”，健全“一张清单到底”机制，引导形成未巡先改的良好态势；深化监督机制贯通融合，建立会商机制，形成同向发力、协作互动的工作格局；健全“三网一平台”廉政风险防控体系建设，建成廉政警示教育基地。经开区工委直接管理10个党（工）委；全区共有基层党组织730个，党员14418名。

**【机构设置与管委会领导】**2021年，北京经开区设有党政办公室、组织人事部、宣传文化部、地区协同事务局、经济发展局、营商合作局、科技创新局、财政审计局、开发建设局、城市运行局、社会事业局、商务金融局、行政审批局、综合执法局、机关党委、机关纪委和总工会、党群服务中心、土地储备与建设服务中心、财务结算中心、政务服务中心、公共资源管理服务中心、社会保险保障中心、劳动人事争议仲裁院、档案数据中心、产经政策研究院、市自动驾驶办公室共27个部门。

管委会领导成员包括：北京经济技术开发区管委会主任梁胜，北京经济技术开发区管委会副主任孔磊、沈永刚、刘力(2021年6月任)、郑海涛（2021年12月任)、宋亚君（2021年10月任），副主任袁立洪（2021年10月免）、一级巡视员（2021年2月任)，一级巡视员（2021年2月任）赵雅娟，副主任陈小男（2021年2月免）、一级巡视员（2021年2月任)，副主任（挂职）张广（至2021年5月)，一级巡视员沈金坤。

**北京经济技术开发区2020—2021年主要经济综合指标一览表**

| 项目 | | 单位 | 2020年 | 2021年 | 增减（%） |
|---|---|---|---|---|---|
| 开发区生产总值 | | 亿元 | 2 040.3 | 2 666.0 | 30.7 |
| 第二产业 | | 亿元 | 1 332.5 | 1 884.0 | 41.4 |
| 工业 | | 亿元 | 1 277.3 | 1 818.1 | 42.3 |
| 第三产业 | | 亿元 | 707.9 | 782.0 | 10.5 |
| 工业总产值（现价） | | 亿元 | 4 467.9 | 5 712.1 | 27.8 |
| 高新技术企业 | | 亿元 | 3 731.8 | 4 767.1 | 27.7 |
| 销售（营业）收入 | | 亿元 | 15 878.9 | 19 844.2 | 25.0 |
| 利润总额 | | 亿元 | 715.7 | 1 691.2 | 136.3 |
| 区内主导产业及产值 | 1. 电子信息产业 | 亿元 | 848.8 | 1 087.7 | 28.1 |
| | 2. 装备制造产业 | 亿元 | 610.5 | 602.1 | −1.4 |
| | 3. 生物与医药产业 | 亿元 | 530.5 | 1 643.4 | 209.8 |
| | 4. 汽车与交通设备产业 | 亿元 | 2 160.2 | 2 028.0 | −6.1 |
| 进出口总额 | | 亿美元 | 199.5 | 315.4 | 58.1 |
| 出口 | | 亿美元 | 58.5 | 127.7 | 118.3 |
| 科学研究与试验发展经费（R&D）支出 | | 万元 | 1 035 649 | 1 473 232 | 42.3 |
| 固定资产投资 | | 亿元 | 393.2 | 460.5 | 17.1 |
| 年末从业人员数 | | 万人 | 28.0 | 31.0 | 10.7 |
| 万元GDP能耗 | | 吨标煤／万元 | 0.124 | 0.102 | −17.7 |
| 水资源消耗总量 | | 万立方米 | 5 003.2 | 5 103.2 | 2.0 |
| 上市企业数量 | | 家 | 31 | 11 | −64.5 |
| 区内职业教育学校数量 | | 家 | 2 | 2 | 0.0 |

（北京经济技术开发区管委会）

# 武汉经济技术开发区

**【概况】**武汉经济技术开发区1991年5月动工兴建，1993年4月经国务院批准为国家级经济技术开发区，管辖面积184.18平方公里，是武汉经济发展的主战场，工业经济的顶梁柱。

经过31年发展，形成了以汽车及零部件、电子电器、食品饮料、生物医药为核心，以新能源、新材料、智能装备、通用航空为支撑，以现代服务业为补充的产业体系，年产整车近百万辆，工业产值超3 200亿元，占全市五分之一，实现了从“一辆车”到“一个产业集群”，再到“一座时代新城”的转变，被称为“中国车谷”。全区主要经历四个发展阶段：

一是创建探索阶段（1991—2002年）。建立了“小政府、大社会”的行政管理体制和运行机制，初步完成资本积累、人才积累、经验积累。

二是快速发展阶段（2003—2013年）。世界500强企业东风集团总部迁入，东风本田、东风乘用车、美的、格力等国内外知名企业陆续入驻开发区，地区生产总值突破1 000亿，综合实力迈入国家级经济技术开发区前列。

三是转型提升阶段（2014—2020年）。设立8大园区，实施体制机制改革，成功引进东风云峰、吉利等一大批重大项目，产城融合、创新驱动取得新突破，工业产值站稳3 000亿大关。

四是二次创业阶段（2021年起）。发挥军山地区北联沌口、南通纱帽、东接金口、西望常福的核心优势，工委、管委会整体搬迁到军山地区，推动产业、城市、人口加速提升，围绕军山新城打造车谷副城核心区，二次创业再出发，再造一个新经开。

**【经济发展】**2021年，武汉经开区面对汽车“缺芯”、“德尔塔”疫情、龙卷风灾等三重挑战，在工委、管委会坚强领导下，全区上下团结一心、攻坚克难、砥砺奋进，交出了一份沉甸甸的成绩单。

2021年，经开区经济指标全面恢复增长。全区完成地区生产总值1 728亿元，同比增长10%，达到近四年来最快增速；规上工业总产值同比增长8.5%，固定资产投资同比增长13.1%；东风乘用车、神龙等重点企业走出低谷，社会消费品零售额、地方一般公共预算收入等主要经济指标实现两位数增长，多项指标位居全市前列。

**【产业发展】**2021年，武汉经开区“3335”产业基础不断夯实。全区近三分之一的规上工业企业产值实现超30%的增长。建成云峰、岚图两个整车厂，落户小鹏汽车、中航锂电等4个百亿级项目。建筑业、电子电器产业产值分别增长53%、31%。国电投氢能、中国电子、科大讯飞等一批新能源、新材料和数字经济龙头企业落户经开区，“3335”现代产业体系初步形成。

**【项目建设】**2021年，武汉经开区“中国车谷”影响力更强。举办中国汽车供应链峰会、资本大会、中电数字未来峰会等一系列精彩纷呈的招商活动，2021年全年项目签约额突破千亿元，一批“打基础、管长远”的重大项目顺利签约。2021年初以来，签约东风猛士、东本新能源、理工氢电膜电极、亿咖通二期、东软集团南方总部、华科大军山校区等重大项目。

**【科技创新】**2021年，武汉经开区创新发展活力不断增强。江汉大学精细爆破国家重点实验室获批，武汉中科先进院等创新平台加快建设。高新技术企业数量增长近60%，诞生了区内首个“独角兽”企业，车规级 IGBT 芯片模块、“龙鹰一号”智能驾驶芯片等一批产业卡脖子技术实现了“零的突破”。

**【城市建设】**2021 年，武汉经开区城市功能品质全面提升。一批重大基础设施建成投用，地铁 16 号线开通运营。武大重离子医学中心、协和西院二期、经开外校、爱莎国际学校等一批优质医疗、教育项目加快推进。“春笋”新地标正式投入使用，“军山新城”掀起建设热潮，宜居宜业、产城融合“车谷副城”加速形成。

**【五年展望】**武汉经开区锚定“中国车谷”中心目标，全面开启“二次创业”新征程。全力集聚“万亿项目、千亿企业、百万人口”，构建“3335”现代产业体系，奋力“追、转、超”，努力实现区党代会“三个倍增”宏伟目标。力争到 2026 年，地区生产总值冲刺 4 000 亿元，人口迈向百万规模，市场主体超过 15 万个。全区今后将主要从六个方面开展工作：

一是全力抓好发展第一要务，当好武汉经济重要增长极。围绕汽车、新能源、新材料、数字经济、现代服务等构建“3335”现代产业体系，着力培育一批新“千亿企业”和新“千亿产业”。

二是全力增强创新第一动力，打造中部产业创新集聚区。争创一批国家级高层次创新平台、双创示范基地，打造人才集聚高地；持续壮大创新主体规模，力争高企数量突破 3 000 家。

三是全力提升开放水平，建设湖北对外开放新高地。强化经开综保区、汉南港一类口岸、通航机场开放流通作用，提升双向开放水平，打造中西部外资落户重要集聚区、武汉西南陆港空综合交通物流枢纽。

四是全力推进改革攻坚，创建全国营商环境引领区。做实做强园区发展平台，重塑体制机制优势，实施市场主体倍增行动，对标国际国内最优营商环境，打造市场化、法治化、国际化营商环境。

五是全力建设现代城市，构建国家级经开区产城融合新模式。高标准建设“车谷副城”，补足公共服务和城市功能短板，将军山新城打造为“双智之城”“未来之城”，推动全区人口总量迈向百万规模。

六是全力推动绿色发展，建设长江经济带绿色集约发展示范区。抢抓“双碳”机遇，推动产业结构、能源结构、用地结构转型升级，全力促进生产生活生态绿色转型。

（武汉经济技术开发区管委会）

# 长春经济技术开发区

**【经济发展】**2021 年，长春经济技术开发区深入贯彻落实习近平总书记视察吉林重要讲话重要指示精神，在市委市政府坚强领导下，逆势而进、变中突破，以最大的努力实现了最好的结果，在最新的全省 120 家开发区综合考核排名中位列第一，取得了“十四五”良好开局。全年地区生产总值增长 5.7%；规上工业总产值增长 7.2%；限额以上社会消费品零售总额增长 10.9%；服务业核算行业营业收入增长 42%。

**【产业发展】**2021 年，长春经开区落实 5 000 万元以上项目 98 个。获提前批专项债项目 5 个，到位资金 8 亿元，完成固定资产投资 103 亿元。经开光电小镇获评省级特色产业小镇，光电信息产业基地一期竣工、二期主体施工、三期即将开工。国家半导体激光技术创新中心正式投入运营，以光电创新元素为主题的“光电特色产业街”有望成为网红新地标。

**【科技创新】**2021 年，长春经开区全国科技活动周及重大示范活动获得科技部表彰；新认定国家高新技术企业 88 户、国家级专精特新企业 13 户、省级企业技术中心 2 个；科创广场发挥积极作用，成功孵化共识科技等多家创新型企业，院士团队项目进入产业化阶段，中农阳光有望在“新三板”实现挂牌。

**【投资促进】**2021 年，长春经开区综保区二期实现当年建设、当年验收。长春药品进口口岸成功获批。“长满欧”班列全年承运货物 1.2 万标箱，增长 20% 以上。长春至天津、辽宁海铁联运达 4 万标箱以上，“长珲欧”班列顺利开通，长春至法兰克福包机正式通航。跨境电商综试区建设稳步推进，与一汽进出口公司合作实现整车出口，引入跨境电商企业 26 家。全年实现一线进出口额 17 亿元，增长 37%；园区业务额 60 亿元，增长 34.5%。展示中心成为热门购物“窗口”。聚焦行业龙头东北刚性布局，大力开展产业招商，敏华、日丰管等重大项目实现落位。成功承办第二届中国（吉林）医疗器械创新发展大会，我省首个医疗器械产业创新示范园区落地，晨裕生物、爱诺德、眼动力科技等 20 多户企业入园发展，中国科学院苏州医工所和省药监局医疗器械检验研究院进驻园区，产业集群集聚态势正在形成。

**【体制机制创新】**2021 年，长春经开区“放管服”改革不断深化，98% 的事项实现“最多跑一次”，全省首个区级公共资源交易分平台投入使用，率先在全市推行“交房即办证”改革，率先上线“新版全流程审批系统”，率先启动“施工图审查制度改革”，率先实现企业用水用气“报装即接入”，人才公寓特色服务模式等改革经验成为省市典型，全年新增市场主体 3.5 万户，增长 40%，高于全市 16 个百分点。

**【绿色集约】**2021 年，长春经开区北区 38 条市政道路历时 3 年建成通车，南区生物城、台湾园两座广场提升了周边氛围，50 条街路中小修后焕然一新，临河街改造提升了沿线商业品质，北海公园电力排迁加速了土地释放进程。三年产权攻坚圆满收官，创新经验全市推广。深入开展燃气安全隐患、老旧住宅区物业等“四大”攻坚，形成长效管理机制。“两违”专项清查、垃圾分类宣传、市容环境“四清”等重点工作取得显著成效，解决近 2 万件群众关心的身边问题。持续开展河湖“清四乱”专项行动，三级河长巡河已成常态，经开区水环境生态持续改善。单位 GDP 能耗、能源消费总量增量控制、煤炭消费总量、秸秆禁烧均达到预期目标。全年空气质量优良天数超过 330 天，创历史最好水平。

【社会事业】2021 年，长春经开区加快推动民生事业由兜底线、保基本向促均衡、优服务转变，滚动实施“幸福经开”行动计划，“宜居、宜业、宜商、平安、快乐、健康”6 大类 108 件惠民实事全面完成。深入推进“三保障”和饮水安全整改提升专项行动，脱贫基础更加稳固，全面小康成色更足。常态化开展“送温暖”活动，稳步提高低保标准，积极开展社会救助，低收入群体生活得到切实保障。大力推进老旧小区改造，群众居住环境大幅改观；积极推动教育发展，全面落实“双减”政策，全力打造“名师、名校、名校长”工程，投入 1.5 亿元推进学校建设，构建“作业辅导 + 社团活动”课后服务模式，不断满足群众优质教育需求。中小学教学质量监测持续位居全市前三，成功承办全省第四届区域义务教育优质均衡发展现场会，教育改革经验在全省推广。大力帮扶残疾人和失地农民再就业，强化失业人员培训上岗，保障退役军人合法权益，持续提升农村人居环境，群众满意度不断提高。

【管委会领导】2021 年，长春市人民政府副秘书长、经开区党工委书记、管委会主任、长春兴隆综合保税区管委会主任为谢志敏同志。

**长春经济技术开发区 2020—2021 年主要经济综合指标一览表**

| 项目 | | 单位 | 2020 年 | 2021 年 | 增减（%） |
|---|---|---|---|---|---|
| 开发区生产总值 | | 亿元 | 733.8 | 781.5 | 5.7 |
| 第二产业 | | 亿元 | 289.6 | 312 | 5.8 |
| 工业 | | 亿元 | 241.1 | 270 | 8.1 |
| 第三产业 | | 亿元 | 444 | 469.3 | 5.7 |
| 规上工业总产值 | | 亿元 | 765.7 | 792.5 | 7.2 |
| 高新技术企业 | | 亿元 | 315.3 | 457.5 | 45.1 |
| 四上企业销售（营业） | | 亿元 | 1 353.6 | 1 604.4 | 18.5 |
| 第二产业 | | 亿元 | 793.1 | 1 019.3 | 28.5 |
| 工业 | | 亿元 | 790.9 | 819.5 | 3.6 |
| 第三产业 | | 亿元 | 560.5 | 585.1 | 4.4 |
| 四上企业利润总额 | | 亿元 | 71.8 | 96.5 | 34.4 |
| 第二产业 | | 亿元 | 64 | 69.3 | 8.2 |
| 工业 | | 亿元 | 57 | 61.6 | 8.1 |
| 第三产业 | | 亿元 | 18 | 27.2 | 51.1 |
| 区内主导产业及产值 | 1. 汽车零部件行业 | 亿元 | 520.6 | 538 | 3.3 |
| | 2. 农副产品行业 | 亿元 | 70.9 | 89.5 | 26.1 |
| | 3. 光电子行业 | 亿元 | 5.9 | 9.5 | 61.2 |
| 进出口总额 | | 亿美元 | 17.78 | 22.62 | 27.22 |
| 进口 | | 亿美元 | 13.42 | 15.87 | 18.26 |
| 出口 | | 亿美元 | 4.36 | 6.75 | 54.82 |
| 国家级高新技术企业数 | | 家 | 36 | 37 | 2.8 |
| 规模以上企业个数 | | 家 | 595 | 636 | 6.9 |
| 四上企业科学研究与试验发展经费（R&D）支出 | | 万元 | – | 208 543.3 | – |
| 外商实际投资 | | 亿美元 | 0.56 | 0.69 | 2.3 |
| 规上工业增加值能耗 | | 吨标煤 / 万元 | 18.7 | 19.5 | 4.2 |
| 规上工业企业取水量 | | 万立方米 | 318.7 | 330.5 | 3.7 |
| 规上工业增加值取水量 | | 立方米 / 万元 | 13.22 | 12.4 | −7.1 |

（长春经济技术开发区管委会）

# 重庆经济技术开发区

**【概况】**2021 年，重庆经济技术开发区以习近平新时代中国特色、社会主义思想为指引，全面贯彻落实市委、市政府的工作部署，在区委、经开区党工委的坚强领导下，坚持稳中求进工作总基调，持续深化改革开放，统筹发展和安全，推动经济社会发展各项工作呈现良好势头，走出了符合经开区实际的高质量发展之路。

**【经济发展】**2021 年，重庆经开区地区生产总值 460.5 亿元，同比增长 8.3%，占南岸区地区生产总值的 52.3%，其中第二产业增加值 285.7 亿元，同比增长 5.7%，占经开区地区生产总值的 62%，占南岸区第二产业增加值 87.5%；第三产业增加值 173.2 亿元，同比增长 12.7%，占经开区地区生产总值的 37.6%，占南岸区第三产业增加值 31.5%。固定资产投资完成投资同比增长 10.7%，占南岸区固定资产投资 68.1%。社零 195.1 万元，同比增长 12.5%，占南岸区社零 32.2%。2021 年经开区工业增加值 207.9 亿元，占 GDP 的 45.2%，同比增长 7.3%。

**【产业发展】**2021 年，重庆经开区规上工业经济运行总体平稳，全年规上工业总产值 829.1 亿元，占全区规上总产值的 93%，产值增速同比增长 10.4%，较 2019 年同期增长 11.2%，两年平均增速 5.4%；规上工业增加值增速 8.2%。八大行业产值增速分别是：装备制造业同比增长 24.2%、汽车行业同比增长 15.6%、摩托车行业同比增长 12.7%、电子行业同比增长 9.2%、能源行业同比增长 8.2%、消费品行业同比增长 6.1%、医药行业同比增长 5.8%、材料行业下降 2.4%。八大行业营业收入增速分别是：装备制造业同比增长 28.5%、电子行业同比增长 20.6%、汽车行业同比增长 20.1%、摩托车行业同比增长 13.3%、医药行业同比增长 9.8%、消费品行业同比增长 5.6%、材料行业同比下降 0.5%、能源行业下降 33.7%。战略新兴制造企业产值同比增长 11.1%；高技术制造企业产值同比增长 8.8 ；高新技术企业产值同比增长 13.1%；外资企业产值同比增长 16.3%。

**【科技创新】**创新主体加快培育。大力实施科技企业成长工程，积极推动高新技术企业培育、科技型企业入库，切实做到稳增量、优存量、提质量。2021 年，经开区新入库科技型企业 138 户，累计达到 595 户；新增高新技术企业 56 家，累计达到 175 家。开展 2021 年高新技术认定评审工作，全年南岸区、重庆经开区 124 家企业申报高企，93 家通过专家评审，通过率 75%，同比提高 9 个百分点，全市靠前。2021 年经开区规上工业高新技术企业 72 家，高新技术产业产值 235.22 亿元，增速 13.1%。创新平台加快建设。大力推进科技研发平台建设，2021 年，经开区新增市级及以上研发平台 6 个，累计达到 105 个，其中国家级研发平台 8 个。新增市级科技企业孵化器 2 个，累计建成市级以上孵化平台 6 个。长江模拟器科学装置签约落地，重庆市碳捕集与利用技术创新中心获批建设，绿色技术创新中心、绿色工程研究中心加快创建。加快国家智能产业密码应用示范与科技创新基地建设，成功申报重庆市首批网络安全人才培训基地，组织建设川渝区域性密码应用与创新示范项目 29 个，申报专项资金 1.5 亿元。创新生态加快优化。2021 年，兑现各类科技创新扶持政策 506.56 万元，共 42 家企业受益。包括 2020 年新认定、新迁入高新技术企业190万元；2020年度科技创新补助包括研发准备金区级配套补助302万元；科技型企业知识价值信用贷款担保费用补助14.56万元。制定出台《支持绿色创新若干财政金融政策》，积极筹建规模为1亿元的南山创新基金，2021年完成技术合同登记79个，合同成交累计金额13 862.58万元。联合力合科创打造创新合伙人成果转化平台，聚集高校、院所科研成果192项，促成高校科技成果转化16项。整合京东智联云、物联地带•渝等专业孵化机构，共同建设环重邮创新生态圈，中国人民大学商学院西部分院、重庆工商大学广阳湾校区签约落地，推动与工信部及其部属7所高校开展合作。联合在区高校共同组建"南山智库"，将重庆邮电大学、重庆交通大学、重庆工商大学、重庆第二师范学院等在区高校43名国家级人才纳入首批智库专家，进一步深化校地交流合作，有效激发创新人才活力。

**【投资促进】**2021年，重庆经开区进出口总值83.2亿元，同比增长12.9%，其中出口39.3亿元，同比增长130.4%，进口43.9亿元，同比增长-22.4%。进口商品主要是手机用零件、集成电路、蒸馏煤焦油所得产品和晶体管，分别占进口总值的51%、27%、10%和2%；出口商品主要是印刷电路、羧甲基纤维素及其盐、门窗、车用有接头电导体和发动机零件，分别占出口总值的46%、7%、5%、4%和3%。全年新增外商投资企业22家，合同外资金额79 981万美元、实际利用外资金额148 539万美元，同比增长36.62%，占南岸区比重超90%。

**【投融资服务】**2021年，重庆经开区做好政策贯彻落实，贯彻执行科技相关政策（《南岸区经开区软件和信息服务业发展扶持办法》《南岸区重庆经开区加快科技创新促进高质量发展激励政策十条》《南岸区经开区重点工业企业考核奖励办法》《促进工业企业高质量发展的若干扶持政策（试行)》），合计兑现金额2 296万元。做好产业科技创新保障，累计兑现重点科技创新行业、企业扶持资金共计8 839万元。做好科技金融发展工作，重庆广阳岛产业发展有限公司2021年发起设立重庆广阳湾绿色产业发展股权投资基金，基金规模50 500万元。重庆广阳岛产业发展有限公司认缴出资50 000万元，占比99.01%。2021年度广阳湾基金完成投资项目1个，为参与重庆长生胜合医药私募股权投资基金，投资金额为5 000万元。

**【基础设施建设】**重庆经开区城市功能更加完善，重庆东站片区建设提速，铁路干线、骨架路网建设等工作有序开展。城市环境有效改善，景观绿化提档升级，2021年，新增绿地面积552.93万平方米（535.71万平方米为广阳岛生态修复新增绿地）。强化苦竹溪等河道管护，河流水质持续向好。切实加强城市综合管理，有力整治城市"十乱"。配套短板加快补齐，2021年新增水电气讯管网53.7公里，建成5G基站105座，长江工业园、美的工业园等片区5G信号实现全覆盖。学校、医院、酒店、商超、公共交通等生活配套更加完善。

**【党建工作】**2021年，重庆经开区按照《中共重庆经济技术开发区工作委员会2021年党建工作要点》要求，各级党组织及时研究部署、定期督促检查，结合工作实际，狠抓工作落实。加强政治建设，持续营造良好政治生态。层层传导压力，落实党风廉政建设责任。强化宣传教育，筑牢拒腐防变思想防线。持续正风肃纪，推动党风政风向上向好。靶向防控风险，形成反腐倡廉长效机制。汇聚监督合力，不断增强监督治理效能。

**【机构设置】**2021年，重庆经开区共有7个内设机构：重庆经济技术开发区管理委员会办公室、重庆经济技术开发区管理委员会改革发展和科技局、重庆经济技术开发区管理委员会经济运行局（应急管理局)、重庆经济技术开发区管理委员会经贸合作局、重庆经济技术开发区管理委员会财务局、重庆经济技术开发区管理委员会生态环境和建设管理局、重庆经济技术开发区管理委员会市场监管局。重庆经开区共有4个直属事业单位：重庆经济技术开发区土地利用事务中心、重庆经济技术开发区建设服务中心、重庆经济技术开发区创新创业服务中心、重庆经济技术开发区行政服务中心。

**【管委会领导任职名单】**2021 年 1—10 月：中共重庆经开区工作委员会书记颜伟，副书记陈一清、王茂春。重庆经开区管理委员会主任王茂春，副主任侯宗权、张进、王建华、游泳。中共重庆经开区工作委员会委员陈松（挂职）。

2021 年 11—12 月：中共重庆经开区工作委员会书记许洪斌，副书记王茂春、黄红。重庆经开区管理委员会主任黄红，副主任王建华、谭昊、肖鼎光、谭厚江。中共重庆经开区工作委员会委员陈松（挂职）。重庆经开区管理委员会一级巡视员侯宗权。

**重庆经济技术开发区 2020—2021 年主要经济综合指标一览表**

| 项目 | | 单位 | 2020 年 | 2021 年 | 增减（%） |
|---|---|---|---|---|---|
| 开发区生产总值 | | 亿元 | 414.5 | 460.5 | 8.3 |
| 第二产业 | | 亿元 | 261 | 285.7 | 5.7 |
| 工业 | | 亿元 | 191.2 | 207.9 | 7.3 |
| 第三产业 | | 亿元 | 151.7 | 173.2 | 12.7 |
| 工业总产值（规上） | | 亿元 | 743 | 829.1 | 11.6 |
| 高新技术企业 | | 亿元 | 182.6 | 235.2 | 28.8 |
| 销售（营业）收入 | | 亿元 | 1 695.7 | 1 936.8 | 14.2 |
| 第二产业 | | 亿元 | 902.3 | 1 062.4 | 17.7 |
| 工业 | | 亿元 | 771.4 | 915 | 18.6 |
| 第三产业 | | 亿元 | 793.4 | 874.4 | 10.2 |
| 利润总额 | | 亿元 | 71.5 | 75 | 4.9 |
| 第二产业 | | 亿元 | 32.9 | 38.6 | 17.3 |
| 工业 | | 亿元 | 26.4 | 34.5 | 30.7 |
| 第三产业 | | 亿元 | 38.6 | 36.4 | -5.7 |
| 区内主导产业及产值 | 1. 电子 | 亿元 | 380.9 | 414.8 | 8.9 |
| | 2. 装备 | 亿元 | 95.1 | 121.1 | 27.3 |
| | 3. 汽摩 | 亿元 | 79 | 90.1 | 14.1 |
| 国家级高新技术企业数 | | 家 | 119 | 175 | 47.06 |
| 规模以上企业个数 | | 家 | 430 | 458 | 6.5 |
| 固定资产投资 | | 亿元 | 190.5 | 240.6 | 26.3 |
| 年末从业人员数 | | 万人 | 89 516 | 90 644 | 1.3 |
| 万元 GDP 能耗 | | 吨标煤 / 万元 | 0.034 9 | 0.032 6 | -6.6 |
| 单位国内生产总值取水量 | | 立方米 / 万元 | 2.256 5 | 1.728 6 | -23.4 |
| 上市企业数量 | | 家 | 2 | 2 | 0 |

（重庆经济技术开发区管理委员会）

# 乌鲁木齐经济技术开发区（头屯河区）

**【概况】**乌鲁木齐经济技术开发区 1994 年 8 月经国务院批准设立，是新疆第一个国家级开发区。2011 年 1 月，经开区与市辖行政区头屯河区合并，实行“区政合一”，集国家级开发区、行政区、国际陆港区、综合保税区及若干特色功能园区于一体，是首府乃至全疆特有的多功能、复合型经济区。

**【经济发展】**2021 年，乌鲁木齐开发区实现地区生产总值 634.4 亿元，同比增长 6.6%，占全市 17.2%。地方财政收入 113.9 亿元，同比下降 8.4%，其中一般公共预算收入 69.3 亿元，同比下降 11.4%；地方财政支出 90.7 亿元，同比下降 24.9%。限额以上批发零售业商品销售额 3 247.7 亿元，同比增长 28.6%，其中零售额 117.8 亿元，同比增长 15.5%。限额以上住宿餐饮业营业收入 3.7 亿元，同比增长 12.4%。固定资产投资 280 亿元，同比下降 3.3%。

**【产业发展】**2021 年，乌鲁木齐开发区坚持把经济发展着力点放在实体经济上，做大规模、做优园区、做强企业，先进制造业发展巩固提升。实施产业基础再造和产业链提升工程，八钢、金风科技、天山星贵金属、红云红河、陕汽等重点企业综合实力稳步增强，工业产值上亿元企业达 40 家，大道、正威等重点项目加快推进。实现规模以上工业总产值 788.3 亿元，同比增长 7.4%，占全市 27.1%；规模以上工业增加值 120.5 亿元，同比下降 3.5%。

重点行业支撑我区工业经济，黑色金属冶炼和压延加工业、电气机械和器材制造业、烟草制品业、有色金属冶炼和压延加工业、汽车制造业五大产业共实现产值 649 亿元，占总产值比重为 82.3%。新动能产业贡献突出，装备制造业完成工业总产值 242.4 亿元；战略性新兴产业完成工业总产值 213.6 亿元。

**【科技创新】**2021 年，乌鲁木齐开发区全力推动高新技术企业培育工程，高新技术企业总数达到 139 家，占全市的 35%，高新技术企业完成工业总产值 523.5 亿元。全社会科学研究与试验发展投入经费达 18 亿元，研发投入强度是全市平均水平的两倍。创新活力加速释放，技术合同交易登记额大幅增长，占全市比重超过 60%。深化双创升级，建立“科创之星企业培育库”，企业服务水平持续提升。成功获评第三批国家级双创示范基地，发展新动能不断壮大。

**【投资促进】**2021 年，乌鲁木齐开发区实现外贸进出口总额 240 亿元，同比增长 11%，占全市 58.3%；新引进 4 家外商投资企业，实际使用外资 553 万美元。引进 160 家外贸企业入驻，注册资金 24.8 亿元。全力推进招商引资，引进绿峰环保产业园、友好国际医药产业物流园、中电投农牧光伏等项目 65 个，超额完成全年目标任务。工业招商比例持续提升，引进工业项目 38 个，荣获自治区招商引资先进集体称号。

**【开放平台建设】**2021 年，乌鲁木齐开发区以更大力度扩大开放，加快开放型平台建设，高质量发展的动力更加强劲。

核心区标志性工程建设走深走实。国际陆港区完成投资 33 亿元，金阳路、铁路口岸快件中心等 28 个重点项目加快推进。北站片区城市设计完成，保税物流中心（B 型）、进境粮食指定监管场地等功能平台申建稳步推进。中欧班列智能场站平台系统正式上线运行，通关效率持续提升，发运全国首列“铁路快通”出境班列。集货能力不断增强，全年开行中欧班列超千列。

引进山东港口、新铁外运等物流供应链企业20余家。

综合保税区功能进一步完善。建立与三坪集装箱中心站连接专用通道，新建口岸作业区，实现双卡口监管模式，保税服务功能进一步完善。2.19平方公里扩展区规划工作启动。跨境电商加快发展，完成跨境电商出口“9610”“9710”“9810”业务平台系统搭建，开通布达佩斯跨境电商班列，并建立海外仓。西大门保税直购商城投入运营，保税展示交易中心、保税直购中心建设完成。

纺服商贸中心面貌初现。周边道路及市政基础设施建设基本完成，对外交通立交节点渐次打通。创意研发设计中心、园区服务中心主体封顶。纺织纤维纱线产业园、原创品牌孵化实践中心等项目全面铺开。完善相关规划及功能，为商贸服务型国家物流枢纽打好基础。参股国家级棉花棉纱交易中心工作稳步推进。

两河片区建设步伐加快。两河高端制造科技产业园、新兴产业园、高科技智能制造产业园建设提速，玉鑫蕊高新材料科技园基本完工。登龙岭隧道全线贯通，两河路、纬五路等5条新建道路具备通车条件。

**【体制机制创新】**2021年，乌鲁木齐开发区持续推动重点领域改革，营商环境不断优化提升。

实施“营商优化年”专项行动，深入推进“放管服”改革，实现可网办事项占比达96%，四级全网通办事项98%，最多跑一次事项96%，均位居全市第一。推进工程项目建设审批制度改革，实现“一窗受理、集成服务”。商事制度改革成效显著，新增市场主体数量同比增长25%。深入开展“企业服务月”，全覆盖走访企业，做到“墙内的事情企业管、墙外的事情政府办”。减税降费政策深入落实，减免税费5.31亿元、惠及5.25万户纳税人。

深入实施国企改革三年行动，创新国有资产监管模式，实现从“管企业”向“管资本”转变。国有资本做大做强。医疗改革不断深化，紧密型医共体建设取得新进展，分级诊疗效果明显。农村集体产权制度改革全面完成，农民集体资产权益得到有效保护。婚俗改革试点有序推进，成为全疆首家全国婚俗改革实验区。

**【投融资服务】**2021年，乌鲁木齐开发区用好积极的财政政策，深化财税体制改革，提高财政支出效益。提高金融服务实体经济能力，深入开展重点领域排查整治，全力防范化解非法集资和中小金融机构风险，维护良好金融秩序。加快科技金融创新实践，推动区级科创产业基金运营，拓展市场化融资渠道，力争首期基金规模达3亿元。

**【城区管理】**2021年，乌鲁木齐开发区坚持建管结合，以“绣花功夫”提升城市品质。

城市颜值不断刷新。建立“路长制”，开展道路集中整治、桥梁检测和市政设施维护，完成273条巷道整治，修补道路6万余平方米，完成青岛路和珠海街示范工程打造。推进洁城行动，加强环境卫生、环卫设施整治，清洗护栏等设施近40万米，优化生活垃圾分类收运系统，累计清理垃圾近6万吨，做到生活垃圾日产日清。

城市功能日趋完善。实施主干道扩容，推进北站路改扩建工程；实施“断头路”畅通，完成4条断头路改造；实施“瓶颈路”拓宽，推进屯坪路与乌奎高速、豫清路与乌昌大道互通立交建设，区域交通网络进一步完善。提升白鸟湖新区、高铁站公交覆盖率，新增（优化）公交线路15条，群众出行更加便利。推动城市更新，完成12个老旧小区改造，城区功能更加健全。

城市品质有效提升。公共体育建设稳步推进，新增130件健身路径、25套球类设施，大绿谷健身步道建成，公共体育设施不断完善，居民体育生活更加丰富。推动路灯智能控制终端建设，开展树木亮化、桥体亮化和氛围营造，提升高铁南北广场亮化水平，流光溢彩扮靓城市夜景。

**【绿色集约】**2021年，乌鲁木齐开发区坚持产城融合，合理布局产业发展，做到生产空间集约高效、生活空间宜居适度、生态空间山清水秀。

全面推进园林绿化建设，投资 2.1 亿元实施园林绿化项目 21 项，完成“树上山”改造提升 546 亩，新增绿地 500 亩。两河片区榆树林带生态修复及景观建设稳步推进，文秀山、石火山生态基底环境得到改善，“三大片区”生态绿化体系不断完善，绿化景观更加优美。推进污水资源化利用，科学建设蓄水设施，加快实现再生水和泉水冬储夏用、防洪调蓄。

加强生态保护，完善“三线一单”生态环境空间分区管控体系，严格落实河（湖）长制、林长制，守住生态环境红线底线。坚决打好污染防治攻坚战，深入开展“蓝天、碧水、净土”行动，加强“散乱污”企业治理，全力做好中央生态环境保护督察各项工作。认真落实“双碳”目标任务，加快八一钢铁超低排放改造进度，实现减污降碳协同效应。推广绿色建材和装配式建筑，加快充电设施建设，提高新能源汽车充电保障水平。

**2020—2021 年乌鲁木齐经济技术开发区（头屯河区）主要经济综合指标一览表**

| 项目 | | 单位 | 2020 年 | 2021 年 | 增减（%） |
|---|---|---|---|---|---|
| 开发区生产总值 | | 亿元 | 556.4 | 634.4 | 6.6 |
| 第二产业 | | 亿元 | 216.6 | 245.6 | -3.7 |
| 工业 | | 亿元 | 136.9 | 156.9 | -3.2 |
| 第三产业 | | 亿元 | 332.8 | 383.4 | 13.9 |
| 工业总产值（现价） | | 亿元 | 712.8 | 788.3 | 7.4 |
| 高新技术产业 | | 亿元 | 244.4 | 523.5 | 16.2 |
| 销售（营业）收入 | | 亿元 | 3 848.3 | 4 981.1 | 30.1 |
| 第二产业 | | 亿元 | 1221.6 | 1317.9 | 7.9 |
| 工业 | | 亿元 | 957.6 | 983.9 | 2.7 |
| 第三产业 | | 亿元 | 2 626.7 | 3 663.2 | 39.5 |
| 利润总额 | | 亿元 | 82.7 | 162.6 | 96.5 |
| 第二产业 | | 亿元 | 36.1 | 41.1 | 13.9 |
| 工业 | | 亿元 | 24.8 | 27.5 | 10.9 |
| 第三产业 | | 亿元 | 46.6 | 121.5 | 160.7 |
| 区内主导产业产值（可加减项） | | 亿元 | 543.3 | 614.5 | 13.1 |
| 主导产业 | 1. 黑色金属冶炼和压延加工业 | 亿元 | 234.8 | 332.6 | 39.2 |
| | 2. 电气机械和器材制造业 | 亿元 | 233.2 | 207.9 | 3.9 |
| | 3. 烟草制品业 | 亿元 | 46.6 | 48.1 | 3.2 |
| | 4. 汽车制造业 | 亿元 | 28.7 | 25.9 | -10.0 |
| 进出口总额 | | 亿美元 | 31.1 | 37.2 | 19.6 |
| 进口 | | 亿美元 | 6.9 | 13.34 | 93.3 |
| 出口 | | 亿美元 | 24.2 | 23.86 | -1.4 |
| 财政收入 | | 亿元 | 124.3 | 113.9 | -8.4 |
| 税收收入 | | 亿元 | 120.5 | 140.7 | 16.8 |
| 财政支出 | | 亿元 | 120.8 | 90.7 | -24.9 |
| 新批企业数 | | 家 | 5 406 | 6 206 | 14.8 |
| 外商及港澳台企业 | | 家 | 10 | 3 | -70.0 |
| 内资企业 | | 家 | 5 396 | 6 203 | 15.0 |
| 区内世界 500 强企业数 | | 家 | 26 | 26 | 0.0 |
| 国家级高新技术企业数 | | 家 | 115 | 139 | 21 |
| 新批企业投资额 | 外商及港澳台企业 | 亿美元 | 0.2 | 0.05 | -75.0 |
| | 内资企业 | 亿元 | 517.67 | 517.42 | -0.1 |
| | 增资企业 | 亿美元 | — | — | — |
| 规模以上企业个数 | | 家 | 981 | 1 083 | 10.4 |
| 科学研究与试验发展（R&D）经费支出 | | 万元 | 168 589 | 185 879 | 8 |

| 项目 | 单位 | 2020年 | 2021年 | 增减（%） |
|---|---|---|---|---|
| 科学研究与试验发展（R&D）经费投入强度 | % | 2.93 | 2.93 | 0 |
| 合同外资金额 | 亿美元 | 0.2 | 0.659 6 | 229.8 |
| 外商实际投资 | 亿美元 | 0.070 8 | 0.055 3 | -21.9 |
| 固定资产投资 | 亿元 | 290 | 282.3 | -3.3 |
| 年末从业人员数 | 万人 | 10.3 | 9.6 | -6.8 |
| 万元GDP能耗 | 吨标煤/万元 | 0.8 | 0.79 | -1.3 |
| 水资源消耗总量 | 万立方米 | 9 428 | 9 471.5 | 0.5 |
| 单位国内生产总值取水量 | 立方米/万元 | 17.3 | 17 | 1.8 |
| 上市企业数量 | 个 | 15 | 15 | 0.0 |
| 区内建立的创业创新平台数量 | 个 | 22 | 23 | 4.5 |
| 区内科研院所数量 | 家 | 2 | 2 | 0.0 |
| 区内职业教育学校数量 | 家 | 10 | 13 | 30.0 |

[乌鲁木齐经济技术开发区（头屯河区）管理委员会]

# 合肥经济技术开发区

【经济发展】2021年，合肥经济技术开发区经济总体平稳增长，全年实现地区生产总值增速11.2%，规上工业增加值增长22.5%，固定资产投资增长11.7%。全年产值超亿元企业155户，超10亿元企业35户，4户企业产值超百亿元。综合发展水平位列国家级开发区第十。

【产业发展】2021年，合肥经开区加快转型升级，战略新兴产业成为增长的主导力量，战略新兴占规上工业产值比重提升至63.6%。集成电路、新能源汽车、生物医药等战略性新兴产业加快崛起。集成电路产业成长壮大。集聚沛顿科技等链上企业超70家，基本形成集成电路完整产业链。2021年，集成电路产业实现产值114.3亿元，同比增长379.9%。新能源汽车产业迈入快车道。以江淮汽车、大众安徽、蔚来3家整车企业为龙头，集聚斑马智行等逾70家产业链企业，向世界级智能电动汽车产业集群快速迈进。2021年，新能源汽车产业实现产值339.6亿元，同比增长96.2%；新能源整车产量133 886辆，同比增长163.8%。生物医药产业蓬勃发展。聚集生物制剂、高端医疗器械、医药供应链三大板块企业200多家。合肥综合性国家科学中心大健康研究院主体基本建成，已与29个全球领先的研究团队达成入驻意向。2021年生物医药产业实现产值11.9亿元，同比增长5.1%。

【科技创新】2021年，合肥经开区共有高新技术企业、科技型中小企业563家、1 400家。科技支出增加到16.7亿元，占一般公共预算支出比重达到31.9%。大力推进大院大所重点项目。与清华等高校共建多家协同创新平台，按照“研发—转化—产业化”路径，推动重大创新平台科技成果攻关、转化和产业化运用。科学谋划科技园区建设。按照自然生态、生活生态、产业生态、科技生态“四生”融合路径，打造定位个性化、运营多元化的园区平台。现已打造科技园区19个，共计232.15万平方米，占地2 475.41亩，总投资超92亿元。截至目前，已入驻企业729家，其中国家级高新技术企业122家。形成15大众创空间、15大科技孵化器，其中国家级11家。

【投资促进】2021年，合肥经开区新签约重点项目147个，总投资720.8亿元（其中工业项目57个，总投资609.9亿元；服务业项目90个，总投资110.9亿元），投资额完成年度计划的124%，同比增长11.1%，全市第一；经商务局认定实际利用外资7.07亿美元，同比增长6.3%，全市第一。新开工（运营）大项目15个，包含20亿元以上工业大项目3个、10亿～20亿元工业大项目6个、现代服务业大项目6个。新建省外亿元以上项目49个，完成年度任务的153%，其中10亿元以上项目10个，完成年度任务的166%，到位资金237亿元。招商机制更加灵活。一是国资平台海恒集团挂牌科技园区招商中心，激发招商工作活力，共签约项目53个。二是依托产业链龙头企业，共同举办项目开竣工仪式、汽车蓝皮书论坛、供应商座谈会等大型活动，宣传造势同时开展联合招商，对接落地讴帕斯、天汽模等一批产业链配套项目。三是继续与石溪资本、赢骧咨询等社会化力量合作，引进光微科技、心得医疗等项目。四是统筹清华启迪、东湖高新等社会化园区平台，明确定位、完善配套、打造生态，招引科技型企业集聚发展，社会化园区共引进科技型项目75个。

【绿色集约】合肥经开区始终坚持以绿色经济、低碳经济、循环经济理念和生态工业原理为指导，以创建国家生态工业示范园区为目标，积极开展节能减排和低碳经济实践，全面推进环境综合治理，综合经济实力不断增强，产业结构不断优化，产业链条逐步完善，园区整体环境质量不断提升，生态文明水平进一步提高。相继荣膺全国首批“低碳工业园区”“国家绿色园区”等荣誉。

优化产业结构，推进生态工业化进程。坚持“龙头项目—产业链—产业集群—产业基地”的发展思路，围绕大众、蔚来、海尔、联想等种子项目，大力引进核心配套企业，积极促进企业、行业内部及相互之间的物质、能量交换，实现水和废物的减量、再用和循环，构建了21条生态工业链条（生态工业示范园区的标准是≥6）。持续推进主要污染物减排。燃煤锅炉全部淘汰，天然气锅炉全部实施低氮改造；建设污水管网366公里、雨水管网727公里，雨污水管网全覆盖，全面实现雨污分流。投资近2.3亿元，对合肥经开区污水处理厂排放的尾水进行提标处理，主要污染物排放指标近《地表水环境质量标准》中的Ⅳ类水体水质标准（实际出水水质：COD达到地表水I类标准，氨氮达到地表水II类标准、TP达到地表水III类标准）。投资近2亿元，建设国内第一个高标准就地处理初期雨水调蓄项目（总调蓄规模为4.5万立方米，日处理水量1.5万立方米，实际出水水质COD、TP达到地表水I类标准，氨氮达到地表水II～III类标准）有效解决初期雨水面源污染问题。投资5 000万元，运用清华公共安全院的专利技术，建设水污染预警溯源系统，对流域内重点排污单位建立“水指纹库”，在重要雨污管网交汇处和各入河雨水排口建立水质、水量实时在线监控设施，对发现的异常排水、排污情况及时报送区内执法部门。主要污染物排放弹性系数逐年下降，从2010年的-0.19下降到-4.17（生态工业示范园区的标准是≤0.3）。引导企业开展节能技改。为企业搭建能源管理体系认证、电力需求侧在线管理平台，单位工业增加值综合能耗仅0.13吨标煤/万元（低于标准值近80%，标准值为≤0.5吨标煤/万元）。开展全域性绿化提升工程。以“增加绿量，提升品质”为主线，大力推进城市公园、道路、街头绿地、林荫广场的建设，扩大防护林、主次干道、高压走廊等区域绿地面积，打造连片生态景观带，构建300米见绿、500米见园的公园体系，全面提升城区绿化品质，园区绿化率已达到46%（生态工业示范园区的标准是≥15%）。对水体面积分别为947亩和1 100亩的翡翠湖和南艳湖坚持在保护原生态不被破坏的前提下，进行景观性开发，使其成为合肥经开区东西两边的天然“绿肺”。积极开展绿色创建活动，提高公众参与度。共有国家级绿色工厂3家、省级绿色工厂5家；省级绿色社区1个、合肥市绿色社区19个；省级绿色学校2所，市级绿色学校14所，国际生态学校1所；入选国家绿色设计产品87项、国家能效之星产品7项。

**【投融资服务】**2021年，合肥经开区在全省率先出台“园区贷”创新金融产品，采取“白名单”式管理，企业融资规模最高1 000万元，通过担保公司“见贷即保”的方式，充分简化业务流程和办理手续，有效提高企业融资效率。确定了三批白名单企业共计137家，2021年累计放款10笔，金额3 100万元。持续推进“高企贷”创新金融产品，2021年全年累计放款2.4亿元，放款94笔，为高新技术企业提供了强有力的资金支持。

经开区逐步建立起了“引导基金＋参股基金＋自管市场化基金”的基金丛林和投资体系。各类基金投资领域涵盖集成电路与电子信息、新能源汽车及零部件、智能终端、高端装备制造、生物医药及医疗器械等经开区优势主导产业，有效推动了经开区产业转型升级，促进支柱产业和战略性新兴产业加快发展。截至目前，经开区设立引导基金、参股市场化基金、自管市场化基金共13支，基金总规模达91.84亿元。

**【机构设置】**2021年，合肥经开区工委、管委会下设纪检监督机构1个：纪检监察工委；直属机构有2个：合肥综合保税区管理局、合肥空港经济示范区管理委员会；工作部门17个（不含归口部门）：工委办（融媒体办公室，归口管理机关党委、企业党委、共青团工作委员会、妇女联合会）、管委办（归口管理机关事务中心、绩效考评中心、政务服务中心）、经贸发展局（归口管理发展研究中心、中小企业服务中心）、建设发展局（归口管理建设管理服务中心、重点工程建设管理中心）、财政局（归口管理财务管理中心）、人事劳动局（归口管理人力资源中心）、社会发展局（社会发展局党委）、社区管理局（归口管理退役军人服务管理中心）、市场监督管理局（知识产权局，归口管理市场监管稽查大队）、政法办公室（信访局）、投资促进局（归口管理创新转型升级办公室）、总工会、科技局（数据资源局）、应急管理局、环保分局、审计中心、公共资源交易中心；社区及街道办事处7个：新港工业园园办事处、高刘街道办事处，海恒、锦绣、莲花、芙蓉、临湖社区管理委员会；区属企业3个：海恒集团公司、公用事业发展公司、公共交通运营有限公司。

**合肥经济技术开发区2020—2021年主要经济综合指标一览表**

| 项目 | 单位 | 2020年 | 2021年 | 增减（%） |
|---|---|---|---|---|
| 开发区生产总值 | 亿元 | 1 223 | 1 410.2 | 12.6 |
| 第二产业 | 亿元 | 636.1 | 752.1 | 16.4 |
| 工业 | 亿元 | 491.3 | 590.4 | 20.5 |
| 第三产业 | 亿元 | 584.9 | 656.1 | 8.7 |
| 工业总产值（现价） | 亿元 | 2 787.6 | 3 353.8 | 20.3 |
| 高新技术企业 | 亿元 | 1 512.6 | 1 687.6 | 11.6 |
| 销售（营业）收入 | 亿元 | 5 495.7 | 6 622.4 | 20.5 |
| 第二产业 | 亿元 | 3 373.4 | 3 782.7 | 12.1 |
| 工业 | 亿元 | 2 922.6 | 3 280.3 | 12.2 |
| 第三产业 | 亿元 | 1 572.7 | 2 177.5 | 38.5 |
| 利润总额 | 亿元 | 118.7 | 145.2 | 22.4 |
| 第二产业 | 亿元 | 68.1 | 82.9 | 21.7 |
| 工业 | 亿元 | 49.1 | 59.2 | 20.6 |
| 第三产业 | 亿元 | 38.7 | 47.8 | 23.5 |
| 进出口总额 | 亿美元 | 137.9 | 179.2 | 29.9 |
| 进口 | 亿美元 | 49.9 | 74.7 | 49.8 |
| 出口 | 亿美元 | 88.1 | 104.5 | 18.6 |
| 财政收入 | 亿元 | 140.7 | 182.7 | 29.8 |
| 税收收入 | 亿元 | 136.7 | 178.0 | 30.2 |
| 财政支出 | 亿元 | 95.0 | 114.2 | 20.2 |
| 新批外商及港澳台企业 | 家 | 28 | 41 | 46.4 |
| 区内世界500强企业数 | 家 | 38 | 38 | 0 |
| 国家级高新技术企业数 | 家 | 415 | 563 | 35.7 |
| 规模以上企业个数 | 家 | 779 | 843 | 8.2 |
| 科学研究与试验发展经费（R&D）支出 | 万元 | 109.9 | 123.4 | 12.3 |
| 研究与试验发展（R&D）经费投入强度 | % | 8.9 | 8.7 | -2.2 |
| 合同外资金额 | 亿美元 | 9.9 | 15.8 | 59.6 |
| 外商实际投资 | 亿美元 | 6.65 | 7.07 | 8.55 |
| 固定资产投资 | 亿元 | 361 | 403.2 | 11.7 |
| 年末从业人员数 | 万人 | 25.7 | 26.4 | 2.7 |
| 万元GDP能耗 | 吨标煤/万元 | 0.04 | 0.037 | -7.5 |
| 水资源消耗总量 | 万立方米 | 1 855.7 | 1 808.1 | -2.6 |
| 单位国内生产总值取水量 | 立方米/万元 | 1.52 | 1.28 | -15.8 |
| 上市企业数量 | 家 | 9 | 13 | 44.4 |

（合肥经济技术开发区管理委员会）

# 郑州经济技术开发区

【概况】郑州经济技术开发区成立于1993年，2000年获批为河南省首个国家级经开区。规划控制范围东至新107国道、西至机场高速、南至福山路、北至陇海铁路，面积158.7平方公里。管理经开综保区、国际物流园区两个正县级专业园区，下辖6个办事处78个村（社区），常住和从业人口40余万人，下设14个基层党（工）委，10 387名党员。集聚规模以上企业759家、超百亿企业14家、亿元以上企业233家、纳税超亿元企业25家，在区内投资的世界500强企业39家、国内500强企业53家、外商投资企业106家，是河南省百亿企业最多、最集中的区域。先后荣获国家新型工业化（装备制造）产业示范基地、国家生态工业示范园区、国家示范物流园区等荣誉，是河南省第一家六星级产业集聚区。“十三五”经开区实现了“百千万”奋斗目标（公共预算收入100亿、地区生产总值1 000亿元、企业总收入1万亿），荣获全省产业集聚区高质量发展第一名。

【经济发展】经开区以高质量发展为主线，坚持以“东强”战略为统揽，以“双十工程”为抓手，扎实做好“六稳”工作，落实“六保”任务，经济社会保持了良好发展态势。2021年，地区生产总值完成1 234.5亿元，同比增长5.7%；规模以上工业增加值完成608.5亿元，同比增长4.4%；固定资产投资完成483.3亿元，同比增长0.8%；社会消费品零售总额完成482.6亿元，同比增长4.0%；一般公共预算收入完成101.35亿元，同比增长1.03%。

【产业发展】 经开区坚持“制造立区”，现代产业体系初步建立，已形成汽车及零部件、装备制造、现代物流三个千亿级主导产业集群。2021年规模以上工业产值完成1 833.3亿元。汽车产业方面，拥有上汽、海马、东风日产、宇通等整车厂4家，宇通重工、宇通专用车、森源鸿马、诺优房车、恒天宏达、宇通商用车、宇通矿用设备等专用车厂7家，日立化成、精益达等配套零部件企业131家，形成了130万辆产能。2021年汽车产值1 001亿元，整车产量47.5万辆，占全省产量的80%。装备制造业方面，集聚了郑煤机、中铁装备、海尔、富泰华等一批行业龙头，郑煤机是世界最大的煤炭机械生产商，中铁装备稳居行业世界第一，海尔建成全国最先进的智能化生产基地。2021年装备制造业产值635.3亿元。现代物流业方面，以医药物流、快递物流、保税物流、冷链物流、汽车物流等高附加值业态为重点，集聚4A级以上物流企业26家，建成仓储面积800万平方米。2021年现代物流业营业收入2 247亿元，同比增长6.7%。国际物流园区获评省级快递物流园示范园区第一名。获评国家首批制造业和现代化服务业融合发展试点区域。其他产业方面，河南中烟完成产值288.9亿元，同比增长8.8%。郑州双汇、益海嘉里、中粮等食品加工产业产值超百亿。生物医药产业完成产值27.5亿元，同比增长14.6%。

【招商引资】经开区是河南省“五区联动”的重要平台、“四路协同”的主要载体，坚持“开放带动”，枢纽能级持续提升。2021年，经开区实际吸收外资6.5亿美元，同比增长4.2%；进出口总额386亿元，同比增长30%；引进境内域外资金44.4亿元。“陆上丝绸之路”越跑越快，获批建设中东部唯一中欧班列集结中心，“关检合一”通过海关总署验收，“关铁融合”大监管区列入国家亮点工程。国际货运班列（郑州）开行达到 2 002 班，形成了“十四站点、六口岸”国际物流网络体系。“网上丝绸之路”越来越便捷，获批全国唯一跨境电子商务零售进口药品试点，成功举办全球跨境电子商务大会。跨境电商进出口货值 455.68 亿元，其中，进口 130.24 亿元，出口 325.44 亿元。“海上丝绸之路”越来越通达，大力发展海铁联运，新增郑州至上海杨浦港铁海联运线路，2021 年海铁联运到发集装箱 17 930 标箱，同比增幅 18.6%。自贸区建设加快推进，上报创新案例 6 个，创新解决上汽集团郑州分公司非独立法人经营者备案问题，在全国复制推广；增列“9710”“9810”监管方式，实现了跨境电商出口业务全模式、物流全通道。经开综合保税区区域整合基本完成。

**【项目建设】**经开区连续五年大抓“双十工程”项目建设，以“万人助万企”“三个一批”活动为契机，突出项目带动，以项目建设为抓手，实施项目化推进，重点推进 10 个投资超 20 亿元的重大产业项目和 10 类重点工程建设，拓宽“双十工程”的广度和深度，从原有的具体项目建设向开放创新领域延伸，从原有的全域配套建设向核心区域打造延伸，充分发挥“双十工程”支撑产业发展、提升城市形象、突出开放引领、强化创新驱动的作用。成立服务部（指挥部），建立“1+1+1”服务专班，落实周例会、月观摩、季讲评、年终总结的工作推进机制，全过程统筹项目推进、投产运营、后期监管、以商招商等工作。坚持“招大引强”，招商引资成效显著。2021 年签约重点项目 41 个，总签约金额 682 亿元，在郑州市“125 计划”单项考核中排名前列。2022 年共谋划项目 333 个，总投资 3 190.2 亿元，年度计划投资 537.3 亿元，其中，储备项目 29 个，总投资 768.9 亿元；拟开工项目 149 个，总投资 939.1 亿元，年度计划投资 288.4 亿元；在建项目 141 个，总投资 1 425.7 亿元，年度计划投资 246.6 亿元；竣工项目 14 个。

**【科技创新】**经开区是郑洛新自主创新示范区和河南大数据综合试验区的重要功能区。2021 年高新技术产业产值完成 1 377.6 亿元，高新技术产业增加值完成 335.9 亿元。聚集科技型企业 752 家，高新技术企业 250 家，市级以上研发中心 353 家（国家级 13 家、省级 127 家），入选国家、省市各级人才工程 187 人（国家级 32 人、省级 56 人），获批院士工作站 13 家、新型研发机构 4 家、省级产业技术创新战略联盟 3 个、市级及以上博士后科研平台 15 家、上市企业 7 家。研发投入强度达到 4.2%。引进河南省氢能与燃料电池汽车产业研究院、省级新型研发机构河南卫华机械工程研究院。中铁装备荣获国家科技进步二等奖，正申报国家地下工程装备技术创新中心。郑煤机荣获省装备制造业科学技术奖一等奖。

**【城市建设】**经开区建成区面积 85.26 平方公里。通车道路里程 350 公里，公交场站 5 个，公交线路 27 条，停车位 2 万个，绿地总面积 2 705.5 公顷，绿地率 41.81%，绿化覆盖率 43.24%。辖区主要分为起步区、滨河国际新城、国际物流园区、祥云办事处四大片区。按照郑州市 32 个核心板块要求，谋划了起步区老工业区核心片区、滨河国际新城核心功能区、国际物流园区核心功能区等三个核心板块，滨河新城核心板块立足打造生态宜居产城融合示范区，起步区立足工业智造转型示范区，物流园区内核心板块立足打造区域性物流总部示范区，目前已累计完成投资近 200 亿元。

**【民生保障】**2021 年经开区坚持政府主导征迁安置，累计完成投资 205.9 亿元，建成投用安置房 583 万平方米，回迁群众 9 万余人，回迁率 85% 以上。全面做好“双减”工作，课后延时服务实现全覆盖，校外培训全面规范。辖区共建成学校 102 所，包括公办学校职业技术院校 1 所、中小学 53 所，公办幼儿园 48 所，学位近 6 万个。公立医院 3 所、民营医院 2 所，基层医疗卫生机构 7 所，床位近 2 000 个，郑大二附院、郑州七院新院区建设快速推进，省人民医院签约落地，区域医疗水平大幅提升。大气质量显著改善，2021 年度综合指数 4.62，优良天数 242 天，PM10 浓度 75 微克 / 立方米，两项指标全市排名第一。扎实做好信访稳定工作，压实安全生产责任，人民群众的获得感幸福感安全感显著提升。

（郑州经济技术开发区管委会）

# 成都经济技术开发区（龙泉驿区）

**【概况】**龙泉驿区（成都经济技术开发区）位于成都平原东缘、龙泉山西侧，全区幅员面积557平方公里，建成区面积97.8平方公里，辖10个街镇，123个村社区，常住人口134.6万，是成都经济技术开发区所在地，是第31届世界夏季大学生运动会承办地，也是国务院命名的“中国水蜜桃之乡”，承担着成渝相向发展主战场、全市工业化主战场、成都大运会主战场的重大使命。

区境原为古蜀国辖地，历史底蕴厚重。唐久视元年（700年）始设东阳县，宋天圣四年（1026年）改称成都府灵泉县，有近600年置县史，明洪武九年（1376年）改置龙泉镇巡检司，设国家级驿站，始称“龙泉驿”并沿用至今，新中国成立后辖地分属简阳、华阳，1960年经国务院批准设立成都市龙泉驿区。

**【经济发展】**2021年，实现地区生产总值1 504.4亿元，经济总量连续9年位居全省县（区）域经济首位，工业总产值达1 965.04亿元、全口径税收达361.58亿元，区域综合实力位列全国百强区第27位、217家国家级经开区第17位，获评国家新型工业化产业示范基地、首批国家级“两业”融合示范区、全省县域经济发展模范区等称号。

**【产业发展】**全区建有中德智能网联汽车基地、成都汽车产业功能区、天府新区高端制造产业功能区等产业平台，已聚集一汽大众、一汽丰田、东风神龙、沃尔沃等10家整车制造企业和博世、李尔等300余家零部件企业，信通院、西门子、威马汽车等新能源和智能网联汽车龙头企业落户发展，中航锂电一期加快建设，亿纬锂能成功落户。2021年，实现整车产量104.3万辆，其中新能源汽车产量5.2万辆、增长112%，汽车制造业产值1 558.6亿元，初步形成涵盖全系车型和全链协同发展的汽车产业生态圈，是全国第六大汽车产业基地。

**【基础设施建设】**龙泉驿区交通便捷畅达，历来为蓉城门户、川渝要津，自古有“川东首驿”之称。地处成渝地区双城经济圈的重要节点、成都“东进”战略的核心区域，区界距天府广场8公里，距成都国际铁路港13公里，距双流、天府两大国际机场18公里，毗临成都东客站，成都公路口岸就地通关，成渝中线高铁、蜀都大道东一段穿境而过，境内“六横三纵”高速路网畅联。

**【生态环保】**全区生态环境优美。生态本底厚实，拥有247平方公里山区，40平方公里中央绿芯、18平方公里环城生态区，森林覆盖率达42.1%，空气优良率达85%。公园城市蝶变，东安湖公园、驿马河公园二期建成开放，大运会主场馆入选中国新地标。旅游资源丰富，千年古刹石经寺、最美地宫明蜀王陵、“天下客家”洛带古镇、“国际桃花节”中外知名，获评国家级生态区。

（成都经济技术开发区）

# 长沙经济技术开发区

**【经济发展】**2021 年，长沙经济技术开发区（以下简称长沙经开区）园区企业总收入增长 10%；规模工业总产值增长 14.3%；全社会固定资产投资增长 11.5%，其中产业投资增长 30.6%；研发投入占营业收入比重为 3.7%；税收收入同比略有增长。

**【产业发展】**2021 年，长沙经开区以主阵地主战场主引擎的责任与担当落实“强省会战略”，充分发挥“两区”叠加独特比较优势，大力创建“五好”园区，主动融入长株潭一体化，全力推动园区高质量、产业高端化发展，经济总体呈现平稳增长与恢复增长叠加、稳中有进、稳中提质的态势，展现出较强的韧性与活力。

**【科技创新】**2021 年，长沙经开区完成高新技术企业认定 237 家，高新技术企业总数达到 492 家，同比增长 35.91%。规模工业企业完成研发投入 56.5 亿元，同比增长 0.2%。三一集团、铁建重工获批国家级工业设计中心，明和光电获批国家科技与文化融合示范基地，天河国云获批全省第一家区块链技术创新中心。获得省级科学技术奖 7 项。园区共有省级以上研发平台 87 家，其中国家级研发平台 9 家。专利授权 3 407 件，同比增长 40.4%，其中发明专利授权 532 件，同比增长 47.8%。获第二十二届中国专利奖 6 项，湖南省专利奖 7 项。完成知识产权质押融资 17 笔，融资金额 5.45 亿元，驻长高校知识产权转化金额 414.6 万元。拥有创业基地 17 个，新引进小微企业近 400 家，新增智能制造试点示范企业 14 家。

**【投资促进】**2021 年，长沙经开区引进 5 000 万元以上项目 24 个(其中三类 500 强 4 家)，总投资额 233 亿元。实际利用外资（外商直接投资）1.411 5 亿美元，同比增长 10.14%。实现外贸进出口 70 亿美元，同比增长 42%。引进上汽大众奥迪新车型项目、广汽菲克品牌振兴项目、中电产业园项目、本安亚大项目、国网防灾减灾中心项目、工程机械创新中心项目、中电光谷产业园、上海诺玛液压系统有限公司长沙工厂项目等。

**【绿色集约】**2021 年，园区规模以上工业企业单位耗能大幅下降。主要能源中，电力消耗 29.2 亿度，天然气消耗 4 657 万立方米。园区国控站点空气质量优良率为 81%，累计抢回优良天 46 天。严格落实“洞庭清波”专项行动督导问题后续整改工作，开展涉铊污染专项整治，督促“雨污分流”相关整治。配合完成第二轮中央生态环境保护督察。加快推进风险企业突发环境事件应急预案备案管理工作。启动循环低碳试点工业园区建设方案编制，加快创建绿色低碳园区。坚持绿色发展理念，积极推进绿色制造，园区共有国家级绿色工厂 10 家、省级绿色工厂 9 家，省级以上绿色产品企业 5 家。

**【“三位一体”建设】**2021 年，长沙经开区编制印发《长沙经开区智慧园区“十四五”发展规划》，进一步明确了智慧园区建设的目标体系。编制印发《长沙经济技术开发区智慧园区信息化建设项目验收阶段实施细则（暂行)》《长沙经济技术开发区智慧园区信息化建设项目验收资料编制指南》，规范项目竣工验收流程，进一步提升项目交付质量。持续夯实数据公共资源平台，为数据提供管理、交换、共享功能，并建立数据动态更新机制。探索采用区块链数据网关技术，进一步保障数据安全。智慧人才招聘系统升级项目、湖南（长沙经开区）数字产权保护系统项目和区块链金融服务平台完成竣工验收，湖南（长沙经开区）数字产权保护系统项目“前置保护”，降低企业知识产权保护成本，填补现有知识产权对商业机密保护的空白。推荐园区及企业信息化项目参与首届长沙市新型智慧城市典型应用和解决方案征集活动，三一集团“数字营销智慧服务”解决方案入选长沙市十大解决方案，园区“一档两库一平台”“一码集成”规范涉企检查 2 个典型应用及中电凯杰、长城信息等 4 家企业解决方案入选优秀案例。积极引导企业发展服务型制造，支持一批企业申报省级以上“两业融合”试点企业。持续推动企业开展“智改数转”，在全国智能制造领域率先支持 9 家企业开展探索数字孪生等场景“揭榜挂帅”，鼓励企业先行先试。园区新增市级智能制造试点企业 31 家，省级智能制造系统解决方案供应商 16 家，数量居全省之首；三一集团、山河智能、蓝思科技入选 2021 年度国家首批智能制造标杆工厂揭榜单位，占全省 42.8%；中国信通院（湖南）工业互联网创新中心运营，生态汇聚能力逐步突显；《人民日报》专题宣传《长沙经开区探索“5G+ 工业互联网”发展新路子》，园区“解决‘四大难题’打造制造业数字化转型新方案”入选湖南省自贸区十大改革创新实践案例。

**【自贸区建设】**2021 年，长沙经开区围绕“打造全球高端装备制造业基地”定位，以制度创新为核心，坚持制度赋能、政策授权、服务国际化的改革思路，聚焦“113+X”项改革任务和企业发展诉求，持续深化投资和贸易便利化改革，激发市场主体活力和创新动力，取得 9 项制度创新成果，其中 5 项为全国首创。完成区块固定资产投资 164.72 亿元，同比增长 36.3%。进出口总额 379.15 亿元，同比增长 60.14%。实际使用外资金额 1.4 亿美元，同比增长 17.5%。新增内资企业注册资本 139.6 亿元，同比增长 32.8%。新设立企业 3 563 家，新设立金融机构 21 家。

**【基础设施建设】**2021 年，长沙经开区投资 44.9 亿元，铺排建设项目 173 个。完成 19 个道路桥梁工程，硬化路面 2.7 万米，拉通排水 3.4 万米，完成强弱电改迁 4.6 万米，打通交通动脉，提升交通通达能力。完成绿化 81 万平方米，蓝天保卫战覆绿、盖网 160 万平方米，在建商住房屋、两水、厂房等房屋面积 68.7 万平方米。完成供水项目 62 个，其中建设市政管道 39 个，开梯入户工程 20 个，住宅二次供水项目 1 个，户表改造工程 2 个。星沙污水处理厂扩容(四期)提标工程土建完成竣工验收。完成民用户燃气开发 30 865 户，工商户开发 164 068 立方米 / 日，敷设中压干管 775 公里。

**【投融资服务】**2021 年，长沙经开区深化金融帮扶。引进湖南财务学会等专业论坛，举办“国科之星”校友创新创业大赛、推进科技成果与金融资本深度融合交流，举办大型金融集市活动超 20 场，通过线上“云金融集市平台”、线下集中融资对接，为园区企业提供融资支持 20 亿元。建立“风险补偿基金绿色通道”，发放贷款 5 000 万元。依托“金融集市产品创新研发中心”，推出“便企贷”，为企业提供近 1.1 亿元授信、贷款利率下降 1.5% 以上。完善金融帮扶实施办法，加快推进“千人帮千企”政策兑现，助力中小微企业降成本落到实处。累计向企业拨付财政贴息 451 万元，过桥转贷、风补、融资担保补贴合计 735 万元。加强园区金融监管，开展一系列防非宣传活动，对潜在风险进行排查，分类实行处置，并积极协调配合众泰、猎豹等企业重组工作，确保园区金融生态稳定。

在全省率先出台《长沙经济技术开发区关于加快湖南自贸试验区建设支持金融业发展的若干措施》。“中国（湖南）自由贸易试验区国际金融港”获省自贸办授牌并成为省级功能性平台。引进金融机构 21 家。推进区块链金融服务平台建设，依托区块链、大数据技术，搭建企业、金融机构、政府三方协同集“综合服务 + 金融对接 + 风险监管”为一体的金融综合服务平台，基本完成平台整体开发，发布并上线 10 多个金融产品。积极推进金融改革试点和制度创新。总结提炼“金融集市2.0融资服务新模式”，作为区块重点改革创新实践案例上报，拟在全省复制推广。积极争取外汇便利化在园区企业试点，在索恩格实现湖南首笔线上批量购付汇便利化试点，极大提升跨境资金结算效率。丰富政府性金融服务平台牌照，推进成立区属融资租赁公司，进入验资待公示程序。

及时疏通堵点，加快上市进程。铁建重工、丽臣实业和五新隧装分别在科创板、创业板和北交所上市，实现直接融资近50亿元。多次召开专题会议协调解决重点拟上市企业关键问题。园区后备上市企业长城信息金融、耐普泵业、磐吉奥、一派直驱上市进度较快，金龙铸造、柯盛新材进入后备梯队，钮曼科技已在申请新三板基础层。

**【体制机制创新】**2021年，长沙经开区按照中央和省市关于园区机构清理规范工作部署，聚焦园区主责主业，强化园区经济功能，突出自贸区建设，进一步优化整合相关职能职责，新设自贸区创新发展局、营商环境工作局，调整相关机构名称和职责，整合设置直属事业单位，为园区高质量发展提供坚实的组织机构保障。全国首创环评、排污、排水许可三证合一，将审批时限从13个工作日压缩至5个。全省率先试点“我要开工”一件事一次办，低风险工业项目从备案到施工许可审批环节从10个压减至1个，申请材料从80项压减到19项，承诺时限从38个工作日压缩至15个。全省率先试点分阶段办理施工许可，以承诺制的方式分阶段办理土方开挖和基坑支护工程施工许可，压缩企业从拿地到动工之间的时间，提升项目落地建设效率，企业拿地即可办证进场开展土方工程。

**【政策发布】**2021年1月12日，出台《长沙经济技术开发区推进“四零”行政审批服务实施方案（试行）》，深入推进“一件事一次办”改革，持续优化园区营商环境，进一步发挥相对集中行政许可改革优势，积极打造“零收费、零打烊、零见面、零延误”行政审批服务。2021年4月1日，出台《关于加快湖南自贸试验区建设支持国际先进制造业总部经济中心市场主体发展的若干措施》，促进湖南自贸试验区长沙经开区区块高质量发展，加快打造国际先进制造业总部经济中心，培育具有核心竞争力的企业集群，增强总部经济对园区主导产业的支撑作用。2021年5月24日，出台《长沙经济技术开发区金融帮扶实施办法》，支持园区中小微企业经济发展，缓解中小微企业“融资难、融资贵”问题，促进园区企业高质量发展。2021年5月28日，出台《长沙经济技术开发区（湖南自由贸易试验区长沙片区长沙经开区区块）极简审批实施方案》，从精简行政审批流程、细化工程建设项目分类管理、推广行政审批预服务、扩大告知承诺范围、推行智能审批新模式、升级政务服务场景6个方面推动行政审批由“简化”向“极简”转变，并率先创新推出“我要开工”、环评排污排水许可“三证合一”以及分阶段施工许可等举措。2021年7月15日，出台《长沙经济技术开发区关于加快推进区块链产业发展的若干政策》，践行“三高四新”战略，全面推进长沙经济技术开发区以区块链为核心的数字经济产业发展，积极推动区块链与人工智能、大数据等新一代信息技术融合发展，打造内生驱动、开放自主的区块链产业生态，率先建成全国领先的区块链数字经济产业发展先导区。2021年9月27日，出台《长沙经济技术开发区推进惠企政策“一次办精准办信用办”助力园区高质量发展实施方案》。通过建立政策“一次办”绿色通道，大力优化政策兑现办理方式，探索推出更多的事项“免申即享”“全程网办”；通过创新政策“精准办”服务体系，构建政策精准服务平台，加强园区政策宣讲，实现园区政策快速查询、精准匹配、主动测算、限时办理；通过推行政策“信用办”管理模式，统一政策申报信用承诺，加大政策申报信用监管，形成失信惩戒、守信激励的机制。2021年11月1日，出台《长沙经济技术开发区工程建设项目告知承诺制审批实施办法》，采取“政府告知+企业承诺”方式，进一步扩大告知承诺范围，环评审批可缓交排污权交易文件，规划审批可缓交国土证明，施工许可审批可分“基坑”“地下室”“主体”3个阶段办理，有效解决了项目开工建设中的实际问题。

**【社会事业】**2021年，长沙经开区企业服务卡服务园区企业162家，服务对象956人，另服务家属2 615人。推进长沙经开区与华夏集团战略合作，师大附中与三一云谷、三一智能重卡项目合作办学，协调推动南雅星沙实验学校、三博脑科医院、金东方颐养中心等项目建设。推进英萃园员工小区一期进入试运营期。完善榔梨、干杉、板桥公租房小区配套。优化园区5条穿梭巴士线路，开通园区穿梭巴士E线。在园区企业及工业地产附近布点共享电动单车400余台。

**【党建工作】**2021年，长沙经开区开展“建党百周年”系列活动，完成“三优一先一示范”评选表彰等10余个重点工作。“七一”前夕，表彰100名优秀共产党员、75名优秀党务工作者、5名支持党建工作优秀企业家、30个先进基层党组织、12个党建示范点，为9名老党员颁发“光荣在党50年”纪念章，其中15个组织集体和18名优秀个人被评为全国、省、市先进典型。开展三次全面摸底，印发4个基层党建保障制度文件，制定“两个覆盖”质量提升方案，确定7项保障经费和标准，创新设置“软弱涣散党组织进步奖”。设置10个党建片区，选派10名片区第一书记和37名兼职党建指导员，联系园区720家正常经营企业，让片区管理从制度走进现实。新建企业党组织11家，集中撤销软弱涣散、空壳党组织19家，在汽车及零部件、工程机械产业链成立6个产业链党委，其中上汽大众产业链党委“围绕产业链抓党建促发展”经验做法获评市组织系统2020年度专题调研优秀成果。2021年是实施企业基层党建量化考核的第五年，参加考核的160多家企业党组织，考核合格率提升到95%以上。新发展党员304名，按时保质完成121名预备党员转正审批、新发展党员档案审批。组织开展春训班、秋训班、集中轮训，举办“党务小课堂”6期。推进“人、档、关系三合一”管理，处置失联失管党员2人，完成组织关系转移3 793人次。收缴党费280.5万元，集中返还党费249.8万元，组织春节前夕、“七一”慰问活动，为113名困难党员发放慰问金11.3万元。

**【机构设置与工管委领导】**2021年，长沙经开区工管委内设办公室、人力资源与社会保障局、党群工作局、纪检监察审计室、招商合作局（自贸试验区办公室）、经济发展和企业服务局、财政局、社会事业局、重点项目推进服务局、自然资源和规划建设局、市场监督管理局（知识产权局）、行政审批服务局、自贸区创新发展局13个工作部门。所属政务服务中心、创业服务中心、人力资源公共服务中心、投资评审中心、政府采购与招投标中心、征地拆迁安置事务所（征地服务中心）、建设工程质量安全监督站、法律事务中心、产业发展事务中心、星沙产业基地管理中心、土地储备中心11个事业单位。直属长沙经济技术开发集团有限公司、长沙经济技术开发区城建开发有限公司2家企业。

工管委班子成员：党工委书记沈裕谋（至2021年8月）、付旭明（2021年11月始），党工委副书记、管委会主任张庆红，党工委副书记贺代贵（至2021年4月）、赵文骄（2021年10月始），纪工委书记、监察工委主任周志远，党工委委员周志远、常利民、袁钊（至2021年11月）、张湘鸿、赖坤明（2021年7月始）；管委会副主任常利民、袁钊（至2021年11月）、张湘鸿、赖坤明（2021年7月始）。

（长沙经济技术开发区管委会）

# 西安经济技术开发区

**【概况】**西安经济技术开发区成立于1993年，2000年被国务院批准为国家级开发区，2002年获批国家级出口加工区，2017年获批中国（陕西）自由贸易试验区经开功能区，2020年获批西安关中综合保税区。先后获批国家新型工业化产业示范基地、国家新材料高技术产业基地、国家科技兴贸创新基地、国家绿色产业示范基地、国家加工贸易产业园区等12块国家级授牌。

**【经济发展】**“十三五”以来，全区在市委、市政府坚强领导下，始终坚持以工业强区、产业兴区为己任，先后引进聚集了陕汽、吉利、隆基乐叶、华天科技等一批领军企业，累计培育“五上”企业1 302家，其中规上工业企业252家，上市公司及新三板挂牌企业28家，高新技术企业588家，市级“独角兽”企业2家、科技“小巨人”企业169家，科技型中小企业1 110家，初步形成了“4+4+4”现代产业体系（汽车、高端装备、新材料新能源、电子信息4大支柱产业，人工智能与机器人、增材制造与再制造、分布式能源与储能、大数据与云计算4大新兴产业，现代金融、研发设计、检验检测、软件与信息服务4大生产性服务业）。

2021年，全区生产总值突破千亿，达到1 031.8亿元，同比增长4.1%；规上工业总产值1 967亿元，同比增长18.7%；规上工业增加值313亿元，同比增长3.5%；财政一般预算收入46.7亿元，同比增长12.9%。

（西安经济技术开发区管委会）

# 昆明经济技术开发区

**【经济发展】**昆明经济技术开发区深入贯彻新发展理念，统筹疫情防控和经济社会发展，扎实做好“六稳”工作、全面落实“六保”任务，谋新篇、开新局、启新程，在高质量发展的新征程上迈出了坚实步伐，“十四五”平稳开局。2021 年主营业务收入完成 3 011 亿元、增长 10.1%；规模以上固定资产投资完成 124.4 亿元，其中工业和信息化投资完成 27.4 亿元、增长 28.2%；规模以上工业增加值增长 6%；财税总收入突破百亿大关，达到 108.5 亿元、增长 16%，其中地方一般公共预算收入完成 44.3 亿元、增长 4.6%，非税收入仅占 6%；社会消费品零售总额完成 154.9 亿元、增长 5%；资质以上建筑业实现总产值 1 449 亿元、增长 22%；商贸物流业实现营业收入 1 466 亿元、增长 34%；营业收入突破 100 亿元企业达到 5 户，其中突破 600 亿元企业 1 户；自贸区昆明片区挂牌两年多来，累计新增市场主体 4.4 万户。

**【产业发展】**2021 年，昆明经开区修订出台“1+4+N”促进产业高质量发展系列政策，大力实施“241”产业提升工程，兑现企业各类扶持资金 7.3 亿元，新增规上企业 58 户。装备制造、生物医药及健康产品、新材料等 4 个支柱产业稳中提质，云内动力入选国家第六批制造业单项冠军示范企业、研制的国际首款缸内直喷式轻型商用车高端发动机下线量产，昆船智能和云南航天工程物探入选国家第三批专精特新“小巨人”企业名单，云南神农产业集团在上交所主板上市。以一心堂、金域医学检测等为代表的服务业企业快速增长，税收超亿元楼宇达到 3 幢。培育壮大跨境电商、数字经济等新兴产业，与华为合作共建数字经济创新中心，以红岭云、中唐国盛等为代表的数字企业快速成长。

**【科技创新】**2021 年，昆明经开区不断完善和优化科技创新政策体系，整合各类创新政策，出台《云南自贸区昆明片区（昆明经开区）支持科技创新政策》。科技投入资金 4.74 亿元，占到同级财政支出比重的 16%；企业研究与试验发展（R&D）经费投入 18.9 亿元，同比增长 11%，研发投入（R&D）强度达 3.6%，连续多年位居全市前列；新增省级重点实验室 1 个、新型研发机构 5 个，市级院士专家工作站 4 个、国际对外科技合作示范企业 1 个、国际合作产业基地 1 家。全区共有国家级高新技术产业化基地 5 个、国家高新技术企业 218 家、科技企业孵化器 8 家(国家级 5 家)、众创空间 15 家(国家级 5 家)，共有市级以上研发机构 182 个，其中企业技术中心 107 个(国家级 4 个、省级 45 个、市级 58 个)，院士专家工作站 28 个(省级 22 个、市级 6 个)，工程技术研究中心 20 个（省级 8 个、市级 12 个)，重点实验室 13 个(省级 8 个、市级 5 个)，工程研究中心 3 个（国家级 2 个、省级 1 个)，新型研发机构 5 个，产业技术创新战略联盟 1 个，公共科技服务平台 1 个，国际对外科技合作示范企业 2 个，国际孵化器 1 个，国际合作产业基地 1 家。设置“云南自贸区昆明片区外国人来昆工作服务窗口”，办理外国人工作许可证业务，2021 年办理业务 42 件，持有效工作许可的外国人才共 27 人，包括：A 类人才（高端外国专家）5 名，B 类人才（外国专业技能人才)22 名，分别来自 16 个国家和地区。

**【投资促进】**2021 年，昆明经开区党政主要领导用主要精力抓招商，11 次赴京津冀、长三角、珠三角等地精准招商。举办 3 场共 49 个招商引资项目集中签约仪式，签约项目投资总额内资 156.6 亿元、外资 2.12 亿美元。引进沪滇临港昆明科技城、新希望雪兰乳制品生产加工基地、保元堂药品生产基地等用地类产业项目，引入中国航天科工二院、中核城建、中畅物流结算中心等一批优质税源型总部企业。全年引进市外内资 180 亿元，实际利用外资 1.4 亿美元，招商引资考核成绩连续 11 年位居昆明市开发区板块第一。

**【制度创新】**2021 年，昆明经开区围绕国家和省下达的三年改革试验任务，建档立卡、时间倒排，涉及昆明片区的 141 项试验任务 100% 实施，完成 132 项，完成率 94%；推出 95 套改革创新工作方案，发布创新案例 31 个，上报经验案例 71 条，在简政放权、金融创新、通关便利、跨区合作等领域取得重大突破，形成“三免一限”“跨境淘电”“绿电用电凭证”“一户百币”“先建后验”“标准地 + 拿地即开工”“区区联动”等一批新经验新做法，其中“面向南亚东南亚的跨境电力交易平台”被国务院自由贸易试验区部际联席会议采用，案例上报商务部、中宣部、发改委及联席会议成员单位审阅；9 项改革试点经验在全省范围内复制推广，昆明特色持续彰显。围绕“一带一路”和长江经济带等国家战略，加速推进“南出、北上、东连、西接”大通道建设。南向与中老磨憨—磨丁合作区在跨境商事、跨境产能、跨境电商等 8 个方面开展合作，推出首批 10 项“跨区通办”事项，中老国际物流通道货运班车试点运营，为中老铁路顺利开通和贸易畅通奠定基础。北向与成都青白江铁路港片区在平行车进出口、国际贸易单一窗口、多式联运等方面开展合作，畅通云南连通中欧班列的物流通道。东向与济南片区建立政务互办、信息互换、监管互认的高效便捷通关模式，加强物流通关合作；将钦州港作为重要出海港口和产品出口东盟、非洲等地区的重要节点。西向与临沧边合区共建园区联盟，探索“园中园”“飞地经济”发展模式，开展“仓仓点对点直运”，培育对缅跨境电商新通道，扩大跨境商品贸易规模。

**【生态环保】**2021 年，昆明经开区认真落实生态环境保护责任，深入打好园区污染防治攻坚战，辖区三条入滇河流（市考交界断面）均达到水质保护目标；空气质量优良率为 99.45%，达国家二级考核标准，全年未出现重度污染天气。牢固树立“绿水青山就是金山银山”的生态环境保护理念，建立创新服务型环保监管体系，探索市场化减污降碳手段，工业园区（产业园区）规划环境影响评价执行率达 100%；工业固体废物处置利用率达 99%，危险废物转移处置率达 100%；辖区环境噪声昼间平均等效声级 53.0dB（A），达 1 类声环境功能区噪声限值要求；全区无重大环境污染事件、生态破坏事件发生。倡导绿色发展理念，以 COP15 为契机，充分发挥“两微一端”对外宣传、展示成效和传递信息的矩阵影响力，采取线上线下相结合的形式开展生态环境保护及生物多样性专项宣传教育行动，为辖区生态文明建设营造浓郁氛围。

**【商务金融】**2021 年，商贸方面，外贸进出口 528.31 亿元，增长 94.9%，全社会消费品零售总额 154.94 亿元，增长 4.8%，新增总部企业 1 户，打造保有税收千万、亿元楼宇 3 幢，商贸物流业营业收入 1 466 亿元，增长 34.1%。全面深化服务贸易发展新局面，推进王家营铁路场站海关监管作业场所建设，助力中老铁路综合利用。综保区经开片区全年查验货物 809.20 万单（超额 34.87%），货值 7.67 亿元（超额 99.66%），跨境电商扩面增量；先后开通“9710”“9810”业务，区内 4 家企业在 5 个国家设立海外仓。替代种植橡胶全年保税仓储 16 817.37 吨，云南东方飞行培训有限公司全年培训飞行员、乘务员合计 5 690 人次，新兴业态培育壮大。金融创新出亮点，一户百币、便利跨境贸易人民币结算等业务畅通企业跨境结算渠道；新增 9 家金融机构；强化政金企互动，缓解企业融资难题。金融监管提质增效，排查地方金融组织，防范地方金融风险；推进网络借贷整治，加快存量化解；开展防范非法集资宣传教育活动，发放一万余份宣传品，收效明显。

**【园区建设】**2021年，昆明经开区投入基础设施资金10亿元，茶高山连接东绕城道路等13个项目开工建设，安石公路市政化改造、昌宏路下穿贵昆路隧道等项目加快推进，经开256号、经开94号等5条道路建成通车。启动大小洛羊、倪家营、小新册等4个城市更新(城中村)改造项目，完成投资5.2亿元。开展园区环境综合治理，拆除违法违规建筑158万平方米，改造春漫大道等7条重点城市道路路灯，新增城市绿地18.12公顷，绿化覆盖率达41.9%。

**【营商环境】**承2021年，昆明经开区接省、市下放142项行政管理事项。启用“中国（云南）自由贸易试验区昆明片区行政审批专用章”，赋予官渡区域“中国（云南）自由贸易试验区昆明片区行政审批专用章（2）”，同步开展省、市赋权承接事项审批。自贸区昆明片区综合服务中心共计办理省市赋权事项980件；完成“证照分离”全覆盖，在全省率先推行商事登记确认制，开展集群式注册、一业一证等审批制度改革，截至2021年底，共计发放首批行业综合许可证130份；提供“三免一限＋智慧政务”服务，营业执照立即可取，2021年共为17 703户市场主体发放免费印章76 705枚，减免费用1 193万元；设立跨省通办专窗，在全省首次实现跨行政区域一址多照、一照多址互通互认。推行产业项目先建后验，“工业标准地”项目拿地当天即可开工建设。推进智慧政务平台建设，政务服务事项网上可办率、全程网办率、最多跑一次率、一门进驻率、一窗分类受理率均超95%。

**【党的建设】**2021年，昆明经开区坚持政治统领，始终把学习贯彻落实习近平新时代中国特色社会主义思想作为首要政治任务。精心组织开展党史学习教育，凝聚奋进力量。深入实施园区党建示范工程三年行动，建成区级党群服务中心1.6万平方米，打造各类党群服务阵地167个，覆盖2.7万余户企业、20余万党员群众。开展建党百年系列活动，扎实推进党支部规范化建设，顺利完成社区“两委”换届，统筹开展抓党建促乡村振兴等工作。积极探索自贸党建新路径，成立顺通联合党委、政务服务联合党委、装备制造业联合党委，推进果林片区联合党委建设。群团、外事等工作取得进展。深入实施人才强区战略，构建“1+1+N”人才政策体系，全区人才总量达7.76万人、人才密度26.7%，引进高层次人才341人，高起点高标准高效率一次性建成396套人才公寓。严格贯彻落实党要管党、从严治党的要求，抓住“关键少数”，在全市率先实施党风廉政建设主体责任提示制度；加强纪检监察干部队伍建设，推进巡察工作全覆盖、从严治党向基层延伸。

**【机构设置】**中国共产党中国（云南）自由贸易试验区昆明片区工作委员会、中国（云南）自由贸易试验区昆明片区管理委员会与中国共产党昆明经济技术开发区工作委员会、昆明经济技术开发区管理委员会合并设立，内设综合管理部、党群工作部、制度创新部（加挂政策研究室及全面深化改革委员会办公室牌子）、经济发展局、招商合作局、规划建设局、工业和科技局、商务金融服务局（加挂出口加工区管理局牌子）、行政审批局[加挂政务服务中心及公共资源交易监督管理委员会办公室、中国（云南）自由贸易试验区昆明片区综合服务中心牌子]、城市管理局、社会事务局、机关党委。党的基层组织、工会、共青团、妇联等群团组织按有关章程和规定设置。

**【领导班子】**

中国共产党中国（云南）自由贸易试验区昆明片区工作委员会成员为：

书记赵学锋（2021年4月止），副书记：李河流（兼任）、何云虹（兼任），党工委委员：王月冲（兼任）、王桂泽（兼任）、徐春（兼任）、李勇（兼任）、金平（兼任）、吴智峰（2021年5月起）、赵昆、童文俊(挂职，2021年1月起)、戴端（兼任）、张秋、王刚（兼任，2021年11

月止)、王勇（兼任）。

中国（云南）自由贸易试验区昆明片区管理委员会成员为：

主任李河流，副主任：王月冲（兼任）、王桂泽（兼任）、徐春（兼任）、李勇（兼任）、吴智峰(2021年5月起)、赵昆(挂职)、童文俊(挂职，2021年1月起)。

中共昆明经济技术开发区工作委员会成员为：

书记赵学锋（2021年4月止），副书记李河流、何云虹，党工委委员王月冲、王桂泽、徐春（兼任）、李勇、金平、吴智峰（2021年5月起）、戴端、张秋、王刚（2021年11月止）、王勇。

昆明经济技术开发区管理委员会成员为：

主任李河流，副主任王月冲、王桂泽、徐春（兼任）、李勇、吴智峰（2021年5月起）。

**国家级昆明经济技术开发区中国（云南）自由贸易试验区昆明片区2020—2021年主要经济综合指标一览表**

| 项 目 | | 单位 | 2020年 | 2021年 | 增减（%） |
|---|---|---|---|---|---|
| 开发区生产总值 | | 亿元 | 519.03 | 579.9 | 4.7 |
| 第二产业 | | 亿元 | 345.88 | 389.9 | 3.4 |
| 工业 | | 亿元 | 167.29 | 193.5 | 5.2 |
| 第三产业 | | 亿元 | 172.59 | 189.1 | 7.3 |
| 工业总产值（现价） | | 亿元 | 510.88 | 534.5 | 4.62 |
| 高新技术企业 | | 亿元 | 258.7 | 261.9 | 1.2 |
| 销售（营业）收入（仅能统计规上企业情况） | | 亿元 | 2 628.38 | 2 988.81 | 13.71 |
| 第二产业 | | 亿元 | 1 672.43 | 1 724.92 | 3.14 |
| 工业 | | 亿元 | 518.77 | 552.88 | 6.58 |
| 第三产业 | | 亿元 | 955.95 | 1 263.88 | 32.2 |
| 利润总额（仅能统计规上企业情况） | | 亿元 | 140.5 | 163.57 | 16.42 |
| 第二产业 | | 亿元 | 105.02 | 133.8 | 27.4 |
| 工业 | | 亿元 | 60.2 | 70.83 | 17.65 |
| 第三产业 | | 亿元 | 35.48 | 29.76 | -16.12 |
| 进出口总额 | | 亿美元 | 269.3 | 528.8 | 96.36 |
| 进口 | | 亿美元 | 6.2 | 12.8 | 106.4 |
| 出口 | | 亿美元 | 263.1 | 516 | 96.12 |
| 财政收入 | | 亿元 | 93.55 | 108.52 | 16 |
| 税收收入 | | 亿元 | 39.64 | 41.31 | 4 |
| 财政支出 | | 亿元 | 32.58 | 29.47 | -9.5 |
| 新批企业个数 | | 家 | 4 933 | 6 510 | 31.97 |
| 外商及港澳台企业 | | 家 | 31 | 31 | 0 |
| 内资企业 | | 家 | 4 902 | 6 479 | 32.17 |
| 国家级高新技术企业数 | | 家 | 179 | 218 | 21.8 |
| 新批企业投资额（招商局） | 外商及港澳台企业 | 亿美元 | 19.7 | 23.5 | 19.2 |
| | 内资企业 | 亿元 | 620.92 | 476.15 | -23.32 |
| 规模以上企业个数 | | 家 | 481 | 506 | 5.2 |
| 科学研究与试验发展经费（R&D）支出 | | 万元 | 169 824.6 | 188 951.6 | 11.26 |
| 研究与试验发展（R&D）经费投入强度 | | % | 3.5 | 3.6 | 3 |
| 合同外资金额 | | 亿美元 | 9.66 | 6.15 | -36.3 |
| 外商实际投资 | | 亿美元 | 3.59 | 0.77 | -78.5 |
| 固定资产投资 | | 亿元 | 124.63 | 124.4 | -0.2 |
| 年末从业人员数 | | 万人 | 16.074 3 | 17.209 3 | 7.06 |
| 万元GDP能耗 | | 吨标煤／万元 | 0.23 | 0.2 | -13 |
| 区内建立的创业创新平台数量 | | 个 | 175 | 205 | 17.1 |
| 区内职业教育学校数量 | | 家 | 10 | 16 | 60 |

[昆明经济技术开发区管理委员会、中国（云南）自由贸易试验区昆明片区管理委员会]

# 贵阳经济技术开发区

**【产业发展】**2021 年，贵阳经济技术开发区以产业为核心推动新型工业化。

一是强化统筹谋划。建立产业链“链长”制，完善区领导分片包保、各相关部门“一对一”联系包保、“强省会”统筹调度等机制。紧盯主要目标。工业投资同比增长 22.4%。紧盯方法路径，明确了“强集群、育龙头、抓项目、促转型、保要素、优环境”的工作思路，提出“产业集群发展、企业提质增效、项目招大引强、科技创新引领、产城深度融合、要素支撑保障、营商环境优化”七大工程 21 条措施的发展路径，深入推进工业倍增行动。

二是强化产业集群。抓工业企业，开展工业企业摸底，梳理现有工业企业 796 家，年产值 10 亿元以上龙头企业 12 家，主板上市工业企业 2 家。全年完成新增规上工业企业 14 家，累计达 87 家。抓工业项目，坚持“项目为王”，紧盯运行项目、在建项目、招商项目一起抓，全力推动 48 个工业项目建设，新入库 12 个项目。抓运行调度，对 74 户规上企业分运行好、一般、较差 3 个类别进行月度监测，通过上门服务、解决问题、落实政策等方式纾解企业困难。抓龙头企业，尤其是航天电器、海信电子等 20 户重点企业，占规模以上工业增加值的比重达 97%。全年筛选排名靠前、成长性好的近 30 户企业，纳入上规企业培育库并跟踪培育。抓招商项目，制定实施规范招商引资流程办法，编制“两图两库两池”，瞄准“两主一特”产业，加大央企、厂房等招商，全年签约工业项目 32 个。抓工业产业，“两主一特”产业占非烟部分工业总产值的 92%。

2021 年，开发区获批“国家先进制造业和现代服务业融合发展试点区域”。

三是强化重点工作。突出要素保障，完成 565.14 亩工业用地收储，首宗工业项目“标准地”是贵州省首批挂牌出让的工业项目“标准地”的两个地块之一。建成标准厂房 55.36 万平方米，其中新建成标准厂房 29.79 万平方米。赴贵州财经大学、贵州大学、省农科院、省装备制造职业学院等高校和科研院所对接成果转化、科研平台合作、人才引育等工作，一批产学研合作项目加快推进。通过“1+2+3+N”产业金融服务体系，不断增强金融服务实体经济能力，全年共推荐企业贷款 105 笔，推荐金额 3.0 亿元，企业放款 107 笔，放款金额 3.0 亿元。至 2021 年末，累计推荐企业贷款 204 笔，推荐金额 5.9 亿元，企业放款 186 笔，放款金额 5.3 亿元。突出园区服务，启动园区规划环评编制工作，制定实施《贵阳经济技术开发区南部区域水、电、气、讯规划建设推进工作方案》和《经开区南部片区供排水规划》，2021 年启动实施水、电、气、讯项目 26 个，已完成 20 个。强化园区服务机制，坚持“办事不出园区，园区事园区办”原则。制定领导干部联系重点企业走访制度，完善在筑制造业央企联系包保服务制度。突出营商环境建设，持续加大“放管服”改革力度。印发《经开区“贵人服务”品牌建设三年实施方案（2021—2023 年）》等文件，推进集成套餐服务，95% 政务服务事项实现“一窗通办”。与全国 14 个省份 34 个州市 136 个政务服务部门有关市县（开发区）政务服务部门开通“跨省通办”服务，涉及“跨省通办”高频事项 140 项，为企业群众异地办事提供便利。建成贵阳市首家“7×24 小时政务服务站”，实现 133 个政务服务高频事项“一次办成”，优化提升政务服务大厅“一站式”集中审批功能。

**【城市建设】**

一是做好城市规划。突出前瞻性，按照生态城市、产业城市、韧性城市、海绵城市、智慧城市理念，优化城市空间规划，编制完成《经开区产城融合提升规划》《社区布点规划》等专项规划，制定《关于开展城市品质提升攻坚行动 加快推进新型城镇化建设实施方案》，推动城市空间拓展、板块功能优化、城市品质提升。以项目为抓手，规划实施城市“三改”攻坚工程、内通外联畅通工程、产城融合驱动工程、城市功能双修工程等“六大工程”，不断提升城市品位风貌。

二是做好城市建设。2021年经开片区“三感社区”获市级授牌示范、试点各1个。制定《经开区“一圈两场三改”工作方案》等文件，完成了“六大类、十二要素、六十六子项”的现状摸底调研、规划编制等工作；启动三江、瑞华、兴隆三个生活圈的建设；新建停车场7个，停车位1 155个；完成老旧小区改造7个，涉及4 133户、33.37万平方米；完成棚户区改造4个，涉及2 529户、37.93万平方米；完成背街小巷改造30个，投入资金约2 600万元。

三是做好城市治理。制定并实施《经开区城市精细化管理巩固提升行动计划（2021年—2023年）》及18项具体行动方案，全面加快“城市治理”工作力度。2021年完成南山高地、香港城等36个社区智能化建设，完成465家商铺智慧改造，完成覆盖水、气、声、固废、重点企业、建筑工地、渣土车的生态环境智能化监测监管项目建设。抓好城市文明创建工作，打好“治违、治堵、治垃圾”三大攻坚战。抓好垃圾分类投放、分类收集、分类运输的重点环节，促进垃圾分类处置工作规范化、标准化、精准化。

**【生态环保】**

一是厚植生态优势坚持绿色发展。持续构建“一河两带十园”，建成经开区第一个城市公园——三江口星月湾公园（一期），持续推进三江口星月湾公园（二期）、陈亮公园建设工作，加快檀香山公园提升改造。制定《贵阳经济技术开发区2021年生态文明建设工作要点》，积极践行“绿水青山就是金山银山”理念。积极适应碳达峰、碳中和要求，严格落实能耗“双控”制度。2021年荣获“获国家生态工业示范园区”“国家绿色园区”称号。

二是坚决打赢打好污染防治攻坚战。2021年全区环境空气质量持续改善，空气质量综合指数为3.09，优良率达到97.8%，六项空气质量监测指标浓度全部达到国家二级以上标准。实施经开区城镇污水处理提质增效三年行动工作，制定《贵阳经济技术开发区城镇污水处理提质增效行动攻坚工作方案》。实施“一厂一策”系统化整治工程，完成陈亮河沿线截污干管（涵）改造、箱（管）涵清淤修复、河道拓宽、景观和农村污水处理工程。推进土壤污染持续改善，建立多部门联动机制及污染地块环境管理共享机制。开展土壤污染治理与修复工作。全面开展固体废物和危险废物（医疗废物）排查治理，实现了危险废物依法安全处置率100%，固体废物综合利用率100%。

**【科技创新】**2021年，经开区围绕产业、研发、金融、资本等方面构建全链条发展模式。全区规模以上工业企业研发经费投入9.17亿元，占全市12.38%。发布了《经开区2021年区级财政研发资金申报指南》，构建“贵阳经济技术开发区企业综合科技创新指数”并发布三个经济体量前十强企业“白名单”。积极开展高新技术企业、科技型企业、研发投入、知识产权、科技计划项目、创业孵化平台建设等科技资金后补助申报工作，兑现2020年度区级后补助资金1 058.43万元。2021年新增高新技术企业55家，累计总数达到126家，为126家科技型企业享受研发费用加计扣除近4.8亿元，组织企业申报国家、省、市科技计划项目61个，获得立项资金1 076万元。

打造人才创新创业新高地。编制“十四五”

人才发展规划，出台《关于进一步健全完善党管人才工作领导体制和运行机制的实施办法（暂行)》，建立健全统分结合、上下联动、协调高效的运行机制。聚焦大学生、制造业人才，大力引进各类人才和创新创业团队，人才总量达6.79万人。打造国家级、省级创新平台，全年经开区新增各类研发平台15家。截至2021年底，经开区研发平台总数为79家（国家级5家，省级67家，市级7家)。打造“主动、靠前、精准、快捷”的线上线下服务平台，帮助解决企业发展涉及的人才困难问题。健全配套保障机制，重点解决收入、住房、教育、医疗等服务保障问题，让各类人才创业安心、工作顺心、生活舒心。

**【机构设置】**贵阳经济技术开发区党工委为市委的派出机构，贵阳经济技术开发区管委会为市政府的派出机构，副厅级建制。经市委、市政府授权行使以下职责。2021年，内设机构：党政办、纪检监察工委、组织人事部、工业和信息化局（大数据局)、投资促进和商务局、生态环境局、财政金融局、产业发展局、建设管理局。

（贵阳经济技术开发区管委会）

# 石河子经济技术开发区

【概况】石河子经济技术开发区于1992年12月经自治区人民政府批准设立，2000年4月经国务院批准升格为国家级经济技术开发区，规划面积11.2平方公里，2012年8月30日经国务院批准扩区9.9平方公里。2006年3月，石河子北工业园经自治区人民政府批准设立，规划面积31.2平方公里；2010年9月，石河子化工新材料产业园经兵团党委批准设立，规划面积20.3平方公里。2017年新疆生产建设兵团批准设立八师石河子十户滩新材料产业园区，规划面积9.98平方公里。2015年8月以石河子等五地七园区为载体启动建设丝绸之路经济带创新驱动发展试验区；2018年11月国务院同意以石河子等3个国家高新区为主体建设"乌昌石"国家自主创新示范区。2020年7月，按照兵团党委"一整顿、两到位、三自主"的园区改革路径，以石河子经济技术开发区为主体整合八师石河子市八个园区，形成"四区合一"的发展格局，拟规划面积151.76平方公里。石河子开发区先后荣获了"国家新材料高新技术产业化基地""中国棉纺织名城""国家加工贸易梯度转移承接地""国家新型工业化示范基地""国家级双创示范基地""科创中国试点园区""国家新材料创新型产业集群"等荣誉。

【经济发展】2021年末，石河子开发区内企业3 533家，产值超百亿企业3家，高新技术和科技型企业51家，专精特新企业"小巨人"企业5家。工业产值740亿元，同比增长21.8%，固定资产投资95.2亿元，同比增长17.2%；税收60.57亿元，同比增长75.3%；园区就业人数近8万人。完成生产总值325.2亿元，同比增长13.8%，其中：第二产业增加值261.8亿元，同比增长15.8%（工业增加值250亿元，同比增长17.8%）；第三产业增加值63.4亿元，同比增长9.5%；完成招商引资实物量92.7亿元，同比增长4.7%；完成固定资产投资95.2亿元，同比增长17.2%；实现全口径税收60.57亿元，同比增长75.3%。

【产业发展】2021年，开发区新兴产业铝基、硅基发展持续向好，完成工业增加值148.9亿元，同比增长154%，占开发区规上工业增加值的比重为59.5%，带动开发区工业经济增长70.7%。重点行业增加值实现大幅增长，非金属矿物制品业79.2亿元，同比增长52.2%；有色金属业84.5亿元，同比增长35.7%。

【循环经济】2021年，园区循环化改造示范试点工作顺利通过国家终期验收，争取中央预算资金1.3亿多元，用于支持基础设施、环境提升和节能降耗等项目的实施。通过循环化改造示范试点建设，开发区综合实力显著增强、产业结构不断优化、环境质量持续改善，工业固体废弃物综合利用率由82%提升至93%；工业用水重复利用率由45.4%提升至93.2%；二氧化硫排放量大幅下降，开发区实现了企业小循环，企业间中循环，园区大循环的循环经济发展格局，循环经济产业关联度由30%提升至64.9%，开发区成为兵团首批通过园区循环化改造示范试点园区。

【科技创新】2021年，石河子高新区成功入选第二批"科创中国"试点城市（园区）名单；石河子新材料创新型产业集群成功入选2021年度国家创新型产业集群试点（培育）名单；石河子高新区火炬排名整体综合评价水平较上年显著提升，石河子高新区在2021年度国家高新区综合评价工作中综合排名第 141 位，比 2020 年排名上升 17 位。

2021 年，开发区拥有高新技术企业 36 家，新增 10 家，同比增长 38.5%，高新技术企业完成工业增加值 127.2 亿元、同比增长 22.1%，比规模以上工业增加值增速高 4.3 个百分点，占开发区工业增加值比重的 51%，带动开发区工业经济增长 50.4%；科技型中小企业 51 家，新增 30 家，同比增长 142.9%；国家级专精特新“小巨人”企业 5 家，新增 3 家，占兵团的 45.5%；新增省级以上中小企业公共服务示范平台 1 家；拥有 32 家省级以上级研发机构；9 家国家级孵化器、众创空间；2 个国家双创示范基地；2 个博士后科研流动工作站；1 个产业智库联盟；同年 7 月大全新能源成为新疆第一家科创板上市企业。

**【体制机制创新】**2021 年，石河子开发区修订乌昌石自创区规划纲要并配套政策，与石河子大学共同建设了“兵团工业研究院”，注册兵团首家新型研发平台“石河子工业技术研究院”；通过承办国家和兵团创新创业大赛打造兵团“双创”升级版品牌；筹建辽疆数字丝路电商产业园。

是年，开发区上线运行了政务和 App 为一体的服务企业“110”平台，构建起“党工委、管委会领导 + 牵头部门 + 配合部门 + 服务管家”的下沉式专员服务队伍，打通了服务企业“最后一公里”，成为兵团开发区首家服务企业平台。

**【财政体制】**2021 年度，师市确定开发区财政体制，实行从 2021 年起税收收入基数部分 60%、超基数部分 40% 返还开发区，基数部分 40%、超基数部分 60% 上缴师市的财政体制。2021 年师市应拨付开发区体制补助收入 6.97 亿元，实际只拨付 4.5 亿元(包含体制补助收入 4.3 亿元，开发区发展专项资金 0.2 亿元)。

2021 年师市拨付资金 4.87 亿元，其中：体制补助收入 4.3 亿元，基建项目工程进度款 916.68 万元，其他收入 104.86 万元，师市开发区发展专项资金 0.2 亿元，土地出让金 1 051 万元，2016—2019 年度项目耕地占用税 1 673 万元。其他各类上级专项资金 1.82 亿元（包含兵团发展专项资金 0.6 亿元)，地方政府债务置换 5.57 亿元。

**【全口径税收】**2021 年，开发区累计完成全口径税收收入 60.57 亿元，占师市税收收入 77.74%，较上年同期增收 26.02 亿元，增长 75.31%。其中：增值税完成 27.66 亿元，增收 15.97 亿元，增长 136.62%；企业所得税完成 20.74 亿元，增收 11.05 亿元，增长 113.95%；个人所得税累计完成 3.83 亿元，减收 2.09 亿元，下降 35.33%。

**【基层设施建设】**2021 年，开发区基层设施建设总投资 9 377 万元，其中建成排水管网 5 110 米（投资 828 万元)，道路 8 200 米（投资 8 290 万元)，配套路灯 147 盏 (投资 259 万元)。

同年，开发区上报师市自然资源和规划局项目选址 27 个；规划竣工验收项目 17 个。合计转用农用地项目约 200 亩；呈报 7 个项目招拍挂出让手续，供地面积约 530 亩。完成工程建设招投标项目 14 个，中标总价为 2.8 亿元。全年共办理各类房屋建筑和市政工程基础设施招标备案 14 项，其中公开招标 14 项。应招标率和应公开招标率达到 100%。

同年，开发区依法审核施工许可证 44 项，核发施工许可证 44 项，合同价格 21.27 亿元，建筑面积 82.95 万平方米。依法依规收缴城市基础设施配套费、供热配套费等费用 4 875.58 万元，办理了工程款中检、竣工清欠 32 项，办理农民工保证金返还 29 项，依法依规返还 1 945.65 万元。

**【招商引资】**2021 年，开发区全年新签约项目 23 个，协议总投资金额 448.75 亿元。其中十亿元以上项目 13 个，延伸产业链，积极布局可降解塑料产业、硅基产业、锂电池负极材料等产业，如东华天业年产 40 万吨 PBAT 及 30 万吨 BDO 项目、宁波合盛集团密封胶项目、新疆天宏基锂电子负极材料项目、国力源环保总投资年产 100 万吨棉秆高得率清洁制浆项目等。全年谋划储备项目 25 个，计划投资额 1 285.87

亿元，其中百亿级项目3个，十亿级项目11个。

2021年，面向产业集聚区域累计开展外出招商40余次，拜访企业200余家、协会和科研机构20余家，与中国建材、中国兵器集团、中国化工集团等11家央企建立联系，与中华中医药学会、电子产业协会等开展对接；接待来访客商260余批次，参加各类展会、行业会议、招商推介会12场，有效电话联系企业400家；形成各类产业研究和行业调研报告35份。与此同时，结合疫情防控，积极组织中化集团、丰宾电子等企业与园区开展招商引资“云对接”，确保洽谈项目“有储备”、签约项目“有着落”、建设项目“有进展”；积极推动大数据招商平台建设，与E投在线成功签约合作，并于12月启动项目开发与平台搭建工作。

**【机构设置】**2020年6月，八师石河子市党委发布了《关于印发 < 石河子开发区体制机制改革实施方案 > 的通知》（师市党办发〔2020〕33号），文件规定将高新区、十户滩园区纳入石河子经济技术开发区统一开发管理，对开发区现有内设机构进行整合，设置“五中心一公司”。原经开区、高新区共计23个内设机构整合为5个中心。2021年4月，师市党委编办《关于印发 < 关于规范石河子经济技术开发区管理机构的设置方案 > 的通知》（师市党编发〔2021〕6号）核定开发区管委会党群服务中心（纪工委办公室）、投资服务中心、经济发展中心、应急管理中心、资金管理中心5个内设机构，核定开发区党工委、管委会机关聘用人员控制数132名。师市根据经济体量、发展阶段等因素核定聘用人员控制总量，开发区在批准的内设机构数、聘用人员控制数和领导职数控制范围内，可根据实际需要自主调整内设机构和人员。

（石河子经济技术开发区管委会）

# 南昌经济技术开发区

**【概况】**南昌经济技术开发区（以下简称经开区）位于南昌市北郊，毗邻红谷滩区，创建于1992年，2000年被国务院批准成为江西省第一家国家级经济技术开发区。2021年，辖区面积310平方公里，下辖2个镇（樵舍镇、乐化镇）、1个街道（蛟桥街道）、2个处（白水湖管理处、冠山管理处），有56个村民委员会、33个（社区）居民委员会，常住人口约53.75万人。2021年上半年，在全省98个开发区争先创优综合评价中，总成绩及六个单项均为A等次。其中，评价总分第二，开放水平、营商环境2个单项考核第一，南昌经开区营商环境指标已经7次蝉联全省第一，开放水平指标6次全省第一，在第六届中国国际绿色创新发展大会上，南昌经济技术开发区荣获全国首批12个“绿色低碳示范园区”称号开发区之一。

**【经济发展】**2021年，南昌经开区实现GDP721.3亿元，增长8.4%；规上工业增加值增长11.6%；固投增长13.3%，其中工业投资增长27%；社会消费品零售总额214亿元，增长20%；地方一般公共预算收入完成20.99亿元，同口径增长15.1%；实际利用内资540.8亿元，同比增长7.03%；实际利用外资13.1亿美元，增长7.79%；出口总额100.4亿元，增长12%。

**【招商引资】**南昌经开区聚焦产业龙头、区域总部、创新平台等，主动出击开展精准招商，通过深圳、厦门、北京等产业推介活动、委托招商、“三请三回”等方式，引进了一批投资力度大、带动作用强、发展前景好的好项目、大项目，掀起了招商引资工作热潮。出台了《南昌经开区推进建设内陆开放型经济试验区新高地工作方案》《南昌经开区产业高质量发展“三年再翻番，进军三十强”2021年行动方案》《南昌经开区“管委会+平台公司”运行模式试点示范工作2021年任务清单》《关于做大全区经济总量工作方案汇编》等文件。2021年共签约亿元以上产业项目84个，投资总额891.51亿元，其中，“152”项目12个，总投资额544亿元；主要包括投资200亿元的欣旺达南昌动力电池生产基地项目等，为新能源汽车及动力电池产业集群发展打下了坚实基础。承办了第十二届中国卫星导航年会，现场签约项目9个，总投资额约154亿元。承办了第三届中国航空产业大会，现场签约项目4个，总投资额约120亿元，扩大了南昌经开区航空产业在全国的影响力。

**【产业发展】**2021年，南昌经开区规上工业营业收入1 541.71亿元，增长13.5%，其中，电子信息产业463.3亿元，同比下降10.8%；新能源汽车及动力电池产业124.4亿元，同比增长39.1%；医药健康产业191.6亿元，同比增长30.3%；新材料产业366.5亿元，同比增长28.2%；装备制造产业212.8亿元，同比增长23.2%。为有效地推动了项目建设，南昌经开区严格落实重大重点项目协调推进机制。建立“一办一图一灯”推进机制，对重大重点项目实行“链条式推进、封闭式管理”，以最快速度推进项目早落地、早投产。全年新开工重大产业项目36个，项目总投资294.5亿元；新投产重大产业项目28个，项目总投资223.5亿元。建立“一项目一专班”和“企业吹哨，部门报到”服务机制，全方位、全周期跟进服务项目，帮助协调解决项目推进中遇到困难问题。全年项目服务专班和区企情收处中心协调解决573家企业 514 个问题，办结率 99.81%。

**【城市建设】**2021 年，南昌经开区围绕提升城市功能和品质，在精致建设、精细管理、精准整治上下足“绣花”功夫，推动城市建管朝着科学化、精细化、智能化方向纵深发展。在道路更新、安置房建设、老旧小区改造、绿道游园建设、“厕所革命”等方面重点发力，有力有序推进城市建设和城市更新。2021 年，提升改造市政道路 33 条，打通“断头路”2 条；推进 6 处污水管道建设；完成老旧小区改造 4 个；新建停车场 11 个、标准化公厕 2 座；建成城市绿道 3 条，城市公园 3 个，“邮票绿地”5 个。依托数字城管平台，从照明监管、污水排放监管、园林绿化监管等方面动态发力，持续开展“马路本色”行动，加快推进“暗改亮”工程，扎实推进城市邮票绿地建设，全面加强了对城市日常运转的精细化管理。

**【生态环保】**2021 年，南昌经开区深入推进生态文明建设，开展江河湖库水环境监测与风险监控预警体系建设，完成了水体水质监控预警系统工程子项的初步设计报告初稿，扎实推进了南昌经开区绿色发展促进中心建设，成立并运营南昌经开区绿色发展促进中心。积极做好碳达峰、碳中和各项工作，编制我区工业领域碳达峰碳中和初步方案，进一步摸清了“碳家底”，组织全区 20 余家重点工业企业开展“双碳”专题培训，分析碳排放政策动向及提升企业“双碳”知识水平。深入开展“蓝天、碧水、净土”行动，从生态环境改善和人居环境提升两个维度切入，精准开展环境污染整治和社会乱象行为整治，扎实开展“违章搭建”“超载超限”“占道经营”等乱象整治行动，生态环境和社会秩序持续优化。全年空气质量优良率 91.5%，水环境质量、土壤环境质量总体稳定。

**【体制机制创新】**2021 年，南昌经开区坚持向改革要动力、向开放要活力、向创新要竞争力，着力通过改革开放积蓄发展动能，奋力推动科技创新提升发展能级。深入推进“放管服”改革，重点推进人事制度和薪酬制度改革，着力通过改革激发干劲、提升效率、堵塞漏洞。全年出台重点改革措施 16 项、专项改革措施 82 项，梳理“全市通办”175 项，推行“无证办理、不见面审批”，网上可办事项 968 项。企业开办压缩至 3 个小时，实现 2.5 个小时完成发票申领、发放税务 Ukey、免费公章刻制等工作。持续推进“六多合一”集成审批和重大重点项目“三大超简”审批改革。围绕企业全生命周期，坚持问题导向，“e 心帮”团队推出“上门办、集中办、帮代办”服务 800 件次，办结率、满意率 100%。通过两轮“企业大走访”活动收集问题 515 个，办结率 99.8%。区企情中心协调解决 193 家企业 236 个问题，办结率 100%。

**【科技创新】**2021 年，南昌经开区围绕电子信息、新能源汽车、装备制造等产业发展，探索实行“揭榜挂帅”模式，攻克关键技术领域核心难题。积极培育了一批专精特新“小巨人”企业、高新技术企业、“独角兽”企业、“瞪羚”企业。在新一轮干部人事制度改革当中，专门设立了创新发展局，推动创新发展工作。全年新增高新技术企业 60 家，拥有高新技术企业 213 家，各级各类研发中心 150 多家，国家级科技企业孵化器 3 家，省级科技企业孵化器 2 家，国家级众创空间 6 家、省级众创空间 3 家。与江西农业大学、华东交通大学等大学签订了战略合作框架协议，完成技术合同交易额 9.8 亿元，培育壮大数字经济核心规模以上企业 16 家，主营业务收入达到 7.2 亿元。扎实做好招才引智和服务人才工作，开展线上线下 36 场招聘活动，参会企业 1 481 家，岗位数 82 792 个，参会人数 43.78 万人次。建立了四平台、一中心的“互联网 + 人力资源服务”服务平台，服务企业 3 100 余家；成立了高层次人才创新创业基地和大学生创业孵化基地，吸引了 5 个高层次人才创业项目和 37 个大学生创业项目入驻，解决大学生就业 150 余人。

**【社会民生】**2021 年，南昌经开区坚持以人为本、人民至上，始终把改善人民生活品质作为工作的出发点和落脚点，持续推动社会事业长足发展。深入实施民生工程，稳步推进养老保险、失业保险、困难人员就业等民生工程，持续推进棚改、征迁项目，启动江西农业大学“三家村”棚改工作、瀛上村黄家湖周边农房征收项目，不断改善园区百姓居住环境，巩固提升农村养老“经开模式”成果，制定农村公办养老机构改革政策，推动居家社区机构协调发展。全年高标准打造了6家“1+5+X”社区邻里中心，发放创业担保贷款9 424万元，“财园信贷通”帮扶企业融资金额达3.1亿元。巩固社会和谐稳定。稳步推进全区政法队伍教育整顿，顽瘴痼疾整治、问题线索核查等工作进展顺利。深入开展矛盾纠纷调处，严厉打击各类违法犯罪行为，推动扫黑除恶长效常治。聚焦高校、企业两大阵地，建设“校地共同体”，推动学校保卫部门与属地社区、村委会实现治安联防、乱点联治、矛盾联调、平安联创，建成乐盈广场警务站，组建智慧铁骑队，确保现发警情5分钟内到场处置；建成45个智慧平安小区，其中青秀城小区全市规模最大，连续10个月实现零发案。

**【民生保障】**2021年，南昌经开区健全完善疾病预防控制体系、传染病监测预警体系。科学有效抓好疫情防控，层层压实防控责任，抓实抓细疫情防控，持续巩固防疫成果，累计排查管控密接者2 951人，无新增感染者，完成疫苗接种90.93万人。推动公共卫生服务与医疗服务高效协同、无缝衔接，健全防治结合、联防联控、群防群治工作机制。推进2个社区卫生服务中心建设，经开区人民医院开业营业。出台《关于南昌经开区高质量发展集团化办学的实施意见》，完善食品安全监管体制改革。坚持借助品牌学校优势，推进南昌二中、南昌师范学院、豫章师范等合作办学，进一步打造合作办学“经开模式”，全面助推开发区教育高质量发展。稳步推进南昌二中经开校区、森林公园学校、翰林世家小区配套幼儿园等教育工程。

**【文体产业】**2021年，南昌经开区着力提升创意园区承载力，聚焦资源要素。大力培育中昌红网、雷公坳文体中心等重点文化产业集聚区，推动文化产业提速增效。全面完成村(社区)基层综合文化服务中心融入新时代文明实践站建设；完成经开书房2个分馆（黄家湖西书房、南齿北书房）建设并已运营；完成龙潭公园红色驿站（24小时智能微型图书馆）建设；构建以经开书房为“一个中心”，以黄家湖西书房、南齿北书房为“两个支点”，以18个社区文化服务中心为“全区域”的文化服务网络，推动了文体中心夜间、无休日运营模式，为学校师生、社区居民、企业员工提供家庭、工作以外的“第三空间”。推进文化产业管理机制，出台《经开区做大文旅产业经济总量三年行动实施方案（2021—2023年)》。

（南昌经济技术开发区管理委员会）

# 西宁经济技术开发区

**【经济发展】**2021年，西宁经济技术开发区坚决扛起新冠疫情防控的政治责任，努力完成经济社会发展任务，为推动全市经济高质量发展发挥了重要作用。全年实现规上工业增加值183.8亿元、增长35.1%，对全市贡献率达80.9%，拉动全市17.3个百分点；完成固定资产投资142.3亿元、增长96%，其中工业投资90亿元、增长103.1%；实现限额以上批发业收入1 227.2亿元、增长57.7%；完成地方公共财政预算收入53.9亿元、增长59.2%；完成税收收入90.3亿元、增长53.9%。各项经济指标均超额完成省、市确定的年度目标任务。企业盈利能力处于历史最好水平，重点企业主力军作用凸显，30户重点企业完成产值732.5亿元，增长54.5%，占比达83.7%。

**【项目建设】**2021年，西宁开发区用项目带动产业链延伸发展，全年重点项目开复工率达97.4%，实现项目建设速度、质量双提升。南川工业园区高景太阳能从奠基动工到首期成功点火用时93天、配套110KV变电站从开工到建成用时79天，创造了令行业内外交口称赞的“高景速度”“西宁效率”。中复神鹰碳纤维（一期）、中昱光伏（一期）、宏远胶原蛋白肠衣等项目建成投产，亚洲硅业多晶硅（一期）、诺德锂电铜箔（二期）等项目如期完成设备安装调试，丽豪多晶硅、阿特斯单晶硅等项目进展顺利。光热产业园、吾悦广场住宅、华美•铭筑等配套项目有序实施。

**【企业培育】**2021年，西宁开发区积极做好企业培大育强工作，全年新增入限企业11户、入规企业17户，产值10亿元以上企业达20户，产值百亿元企业实现零突破，销售收入过百亿元企业达4户。把握国家和省市项目资金投向，组织申报项目768项，累计争取各类专项资金8亿元，有力支持了项目建设。积极推进上下游企业对接，组织对接活动25次。组织银企对接70次，对接金额113.6亿元，新增融资120亿元。严格落实减税降费政策，全年为企业减税降费7亿元，兑现各类补贴19.5亿元，减免租金994万元。

**【招商引资】**按照打造“三个千亿级产业集群和一个创新高地”的要求，围绕主导产业，绘制8张产业链图谱和招商地图，制定16张靶向清单，建立了总投资约1 700亿元的重点项目库。加强与国内光伏、锂电、有色合金等行业头部企业对接，重点对接洽谈了武汉长飞光纤、天合光能、晶科能源、时代新能源、沪硅产业、长江存储、帝尔激光等优质产业项目20余项，重点落实了高景50吉瓦单晶硅、阿特斯10吉瓦单晶硅、弗迪10吉瓦时刀片电池生产线等项目10余项。全面完成“青洽会”招商引资任务，签约项目履约率、开工率、资金到位率达到100%、71.4%、14%。另外还与武汉经开区、曲靖经开区、明水经开区建立了合作交流机制。

**【科技创新】**西宁开发区坚持把创新驱动作为加快经济发展的生命线，不断优化科技创新环境，搭建科技创新平台，提高科技创新能力。2021年，新增企业技术中心1户、省级中小企业公共服务平台4个，新增“专精特新”企业7户。积极推进产业转型升级，加快知识产权建设和科技成果转化，新增授权专利128项，黄河鑫业煤焦油燃烧装置专利荣获青海省专利银奖。积极推动数字经济和实体经济融合发展，组织中复神鹰与武汉理工大学进行科技资源对接，合作共建碳纤维大数据平台。督促百河铝业等3家企业完成“两化融合”贯标评定工作。

**【绿色集约】**2021年，西宁开发区着力构建绿色低碳循环产业体系，绿色低碳循环发展有序推进。深入开展循环化改造，东川工业园区、甘河工业园区循环化改造示范试点通过国家终期验收。大力实施节能减排、中水回用、资源综合利用项目，广泛开展绿色工厂创建，全年新增省级绿色工厂5户。支持企业工艺技术装备更新改造，实施黄河鑫业电解槽阴极钢棒改造、青海铜业熔炼工序烟气余热回收能源利用等节能技改项目，青海铜业和西部矿业锌业分公司被国家工信部评为铜、锌行业规范企业。推进能耗“双控”，积极协助企业项目能评报批，建立重点用能企业能耗台账，“一企一策”推进工作落实，全年规上工业增加值能耗降低5.64%，水耗降低8%，12户企业被评为省级节水型企业。积极推进实施河道治理、绿化等工程，绿化面积40余万平方米。

**【生态环保】**西宁开发区将生态环境保护工作同经济发展同研究、同安排、同部署、同落实。2021年，聚焦黄河流域生态环境警示问题，积极开展生态环境领域大排查，排查整改环保问题101项。加强辖区生态治理保护及修复，建立大宗固体废弃物台账，一般固废综合利用率达95%以上，危废安全处置率达到100%。大气污染防治、水污染防治、土壤污染防治及辐射环境安全管理等工作成效显著。

**【安全生产】**2021年，开发区持续开展安全生产专项整治三年行动，深入排查整治危化品和烟花爆竹、有色冶金、建筑施工、道路交通等重点行业安全隐患，巩固安全生产“常抓抓长”长效机制。严格落实隐患排查治理“四个一律”措施，立案查处安全生产违法行为75起，对23家企业单位采取事前问责措施，约谈企业负责人及相关责任人88人。定期组织专家对重点行业企业开展巡查诊断，指导20余家高风险企业实施安全技术装备提升项目，组织139家企业开展安全风险辨识工作，提升了各级安全生产意识。

**【规划建设】**2021年，西宁开发区着力释放存量建设用地空间，提高存量建设用地消化比重，完成置换、收回和供应土地4 612.5亩。持续推进产城融合发展，以“大西宁”战略规划编制和西宁市国土空间规划编制为契机，同步推进开发区各类专项规划研究工作，重点推进所属各园区产城融合规划、产业转型升级规划及总规修编和控规编制等工作，将各园区产城融合规划纳入西宁市国土空间总体规划。

**【营商环境】**2021年，西宁开发区深化“放管服”改革，大力推行“互联网+政务服务”，积极推进市场准入“一网通办、一张清单”政务服务体系。推动“非禁即入”普遍落实，有序推进“证照分离”改革全覆盖。开启“绿色通道”，审批事项和办理流程进一步简化优化。逐级成立企业服务专班，建立落实“链长制”“包保制”，联点重点企业，精准施策，协调解决企业生产要素价格高、高技能人才紧缺等问题，举办大型现场招聘会帮助企业解决用工需求，千方百计推动企业平稳向好发展。

**【社会事业】**2021年，西宁开发区深入推进民族团结进步先行区建设，认真落实辖区内文明城市创建主体责任，积极开展创城、创卫活动。牢固树立“信访稳定无小事”理念，积极畅通信访渠道，努力化解涉稳矛盾，维护了开发区社会大局安全稳定。制定落实开发区《网络意识形态工作责任制实施细则》“1+8”制度，进一步强化了网络意识形态安全。疫情期间加强对重点行业、重点企业和重点场所的常态化督导检查，指导所属各园区制定疫情防控应急预案，提升园区群防群控能力水平。

**【党建工作】**2021年，西宁开发区扎实推进党史学习教育，认真开展“十个一百”“六项比赛”庆祝建党百年系列活动，各级党组织承诺践诺办实事400余件、学雷锋志愿服务活动186次。制定《党委书记党建责任清单》，强化圣源地毯等企业党建工作示范点引领作用。认真开展以评促建活动，总体达标率81.4%。全面履行主体责任，健全完善了开发区和所属园区两级纪检组织日常监督制度体系。扎实开展警示教育和专项督查，整改作风巡查发现问题并及时解决问题。

（西宁经济技术开发区管委会）

# 山西转型综合改革示范区（太原经济技术开发区）

**【概况】**山西转型综合改革示范区（山西综改示范区）于2017年2月25日正式挂牌。成立五年来，习近平总书记两次亲临山西综改示范区视察，并提出“在转型发展上率先蹚出一条新路来”的殷切嘱托。2021年，山西综改示范区认真学习贯彻习近平总书记视察山西重要讲话重要指示精神，全面贯彻落实省第十二次党代会精神，坚持“走在前、作示范、创一流”的发展理念，聚焦“六新”突破，落实“双碳”战略，着力打造战略性新兴产业和现代服务业发展高地，中部城市群发展南引擎作用持续强化。

**【经济发展】**2021年，示范区实现地区生产总值861.5亿元，同比增长17.9%，其中，二产实现增加值669亿元，同比增长20.7%；三产（服务业）实现增加值192.5亿元，同比增长11.3%。规模以上工业企业实现工业总产值1 750.73亿元，同比增长27.7%；实现规模以上工业增加值250.55亿元，同比增长41.4%。全社会固定资产投资完成289.73亿元，同比增长23.4%，其中，工业投资完成190.08亿元，同比增长24.3%，社会消费品零售总额完成210.69亿元，同比增长27.1%，一般公共预算收入完成67.5亿元，同比增长53.2%。

**【招商引资】**示范区推进“双碳”战略，落实“双控”方案，提高招商门槛、加强项目审核，建立了项目入区“三级预审”机制，全面规范合同管理，强化双承诺双兑现，提高项目服务质量，深化产业研究、政策研究，不断夯实招商引资专业化基础，积极构建一个平台、一个基金、一个窗口、一个规划、一个图谱“五个一”招商生态，全力实施“三个亿”招商计划，大力开展走出去招商，扬优势、锻长板，不断提升招商引资工作质效。2021年，纳入山西省招商引资“13710”系统签约项目48个，计划总投资869亿元，完成年度目标任务的100.2%。当年签约当年开工项目29个，开工率60%，超过年度目标任务10个百分点。新开工项目计划总投资363亿元，完成年度目标任务的147%。新开工固定资产投资项目到位资金84.8亿元，完成年度目标任务的110.1%。非固定资产投资项目到位资金12亿元，完成年度目标任务的100%。在全省69个工业类开发区中排名第一。

**【项目建设】**示范区以“三个一批”为抓手，建立项目库清单，项目进展每周更新、每月汇总、每季总结、年度考核，保证项目滚动推进。2021年“三个一批”项目共250个，其中，“签约一批”项目184个，签约投资额663.85亿元，预计年产值1 312.79亿元；签约开工项目165个，签约开工率89.67%。“开工一批”项目共有202个，计划总投资974.33亿元，预计年产值1 608亿元；完成投资85.02亿元，开工投产项目129个，开工投产率63.86%；“投产一批”项目共有142个，其中产业项目总数70个，68个项目实际产值占预计产值90%以上，投产达效率97.14%。围绕重大转型项目建设任务系统梳理，全面摸清底数，按照项目全生命周期服务的理念，全面抓好“谋划、储备、前期、开工、建设”五个关键环节，全年持续滚动推进。2021年，全区新开工重大转型项目共计16个，项目总投资492.37亿元，其中，10亿元以上重大转型项目5个，总投资为64.73亿元；20亿元以上重大转型项目11个，总投资为427.63亿元。

**【产业转型】**示范区紧紧抓住产业转型“两个方面”，推动传统产业加快升级，战略性新兴产业和现代服务业快速成长，着力构建支撑高质量发展的现代产业体系。一是推动传统优势产业改造提升、率先转型。组织中电二所中国电科（山西）微电子装备智能制造产业基地(一期)等27个项目申报省级技术改造专项资金；富士康智能化升级改造等25个项目申报市级工业高质量发展专项资金，全面推动传统产业循环化、高端化、绿色化，实现内涵集约发展。二是推动战略性新兴产业集群化发展、引领转型。富士康产值达到1 060亿元，成为全省开发区首个单体超千亿的工业企业，大规模引入手机及新型显示配套、零部件生产制造企业，建成千亿级精密电子制造产业集群。合成生物产业园1万吨秸秆生产聚乳酸项目、4万吨/年生物法癸二酸项目等一批核心项目将于2023年底前陆续投产，打造全球领跑的千亿级合成生物产业发展高地。规划建设光伏产业园，以中来股份为“链主”，引入下游应用，力争用3至5年时间，打造“硅料—切片—电池片—电池组件—应用场景”千亿级光伏产业链。同步培育半导体光电、信创、新能源电池及储能、通用航空、生物医药、高端装备制造、新材料等百亿级配套产业集群。三是推动现代服务业融合发展、提质转型。聚焦流量经济、平台经济、现代物流、现代金融服等重点领域，着力构建优质高效、链条完整、结构合理、竞争力强的现代服务业体系。2021年全区现代服务业实现营业收入914亿元，增长96%，其中，网络货运营业收入550亿元，行业运单量占到全省的80%，成为全省亮点。全国首个数据流量生态园营业收入突破百亿。272家“专精特新”企业实现营业收入166亿元，同比增长约14.56%。

**【营商环境】**示范区深化“放管服效”改革，初步构建了“承诺制＋一网通办＋全代办＋标准地＋一话通办＋调度督办”的全生命周期服务体系。在全省率先开展“全代办”，有效解决项目上网审批前手续烦琐，企业不熟悉办理流程等问题，率先推出“零收费”的“全代办”服务，代办企业开办全部事项。2021年，出让工业项目“标准地”14宗，共1 385.09亩。全区的“标准地”出让宗数达到工业用地出让宗数的44%以上。通过“一网通办”提效率。把企业承诺、证照分离、并联审批等环节嵌入“一网通办”审批流程，企业注册1个工作日就可审批完成。做好政策精准支持，加大企业精准支持力度，全面提升政策供给效能，2021年全年累计政策兑现36.3亿元，累计减免税金39.08亿元，累计为企业减少开办费用144.6万余元。制定《2022年优化营商环境行动计划》，聚焦提质招商引资、促进投资建设、便利准入准营、扶持创新发展、优化涉企服务等五大核心领域，围绕“五有套餐”落地要求，确定25项改革任务，梳理105项推进举措，归纳5项创新模式。

**【科技创新】**示范区已建成4个国家重点实验室、42个省级重点实验室、2个国家级工程技术研究中心等重大创新平台，集聚全省70%的中央驻晋研发机构。大力推进高校科研平台延伸基地建设，与清华、北大、同济等20余所“双一流”高校建立了产学研用合作平台，开展了49个重大创新成果项目转化。拥有省级以上各类科技创新平台97家，引进建设了清华大学山西清洁能源研究院等一批科研机构，以及粤港澳大湾区异地孵化中心等“飞地”创新平台，建成40个院士工作站。成立综改区知识产权服务中心，进一步优化科技创新城及各类科研创新平台的管理运营模式。全区高新技术企业1 130家，占全省的31.4%。国家级重点专精特新“小巨人”企业占到全省的44%。科技型中小企业增长到1 170家，成为国务院督查激励的双创示范基地典型。“六新”加快突破，新开发20余项前沿技术产品。

**【对外开放】**2021年，示范区创建全省首个RCEP国际合作产业园区，面向东盟十国加快引进智能制造、跨境电商、冷链加工等领域企业。规范进出口政策，顺利获批进境水果和冰鲜水产品口岸，冷链加工项目和航空物流分拨中心建设取得实质性进展，推动武宿综保区跨越式发展。积极配合申建山西自贸区，加快阳曲综合保税区申报建设，推动太原临空经济区建设。2021 年，全区实现外贸进出口总额 1 492.9 亿元，同比增长 56%。武宿综合保税区实现跨越式增长，实现进出口总额 351.7 亿元，同比增长 283.7%。在全国 148 个综合保税区中排名 37 位，在全国 161 个海关特殊监管区域排名 44 位。实际利用外资完成 1.54 亿美元，同比增长 58.7%。

**【机构设置与领导成员】**2021 年末，山西转型综合改革示范区管理委员会设置工作机构 12 个，所属事业单位 21 个、国有企业 3 个，包括：综合办公室、党群工作部、人力资源部、财政管理运营部、创新发展部（投融资促进中心）、建设与公用事业管理部、应急管理部、行政审批局、审计法务部、综合执法局（综合执法队）、产业规划部、经济运行调度部（大数据中心）、政策研究中心、信创与大数据产业招商服务中心、半导体与精密电子产业招商服务中心、总部经济产业招商服务中心、高端装备制造产业招商服务中心、进出口与跨境电商项目招商服务中心（武宿综合保税区事业服务中心）、科技创新与新业态项目招商服务中心、承接产业转移（甩开区）招商服务中心、生物医药与大健康产业招商服务中心、现代金融服务项目招商服务中心、航空产业招商服务中心、智能网联与新能源及汽车产业招商服务中心、绿色建材与节能环保产业招商服务中心、现代物流产业招商服务中心、国际合作项目招商服务中心、政务服务中心（公共资源交易中心）、人才引进交流服务中心、建设工程管理服务中心、中国工程科技发展战略山西研究院、土地事务和收储中心、不动产登记中心、山西春汾科创投资集团有限公司、山西汾飞发展集团有限公司、山西转型综改示范区合成生物产业投资开发有限公司、山西转型综合改革示范区新材料产业招商服务有限公司。

2021 年末，山西转型综合改革示范区党工委书记、管委会主任刘锋，党工委副书记、管委会副主任董良，党工委委员、管委会副主任赵瑞雪，党工委委员、纪检监察工委书记刘伟，党工委委员、管委会副主任段燕翔，党工委委员、管委会副主任陈曦，党工委委员、管委会副主任陈永利，党工委委员、管委会副主任崔俊林，党工委委员、管委会总规划建筑师白勇强，管委会总会计师乔建伟，管委会总经济师程国平。

（山西转型综合改革示范区管委会）

# 南京经济技术开发区

**【概况】**南京经济技术开发区（以下简称“南京经开区”）成立于1992年9月18日，坐落在南京市东北郊，紧邻亚洲内河第一大港南京港新生圩外贸港区和龙潭深水港。2002年3月，被批准为国家级经济技术开发区。2003年3月，获国务院批准在区内设立国家级南京出口加工区。2011年12月，获得国家级生态工业示范园区授牌。2012年9月，国务院批准设立南京综合保税区（龙潭片）。区内先后设立国家级高新技术产业园、海峡两岸科工园、显示器件产业园和省级高校科工园、电子信息产业园以及市级生物医药科工园、韩国工业园、LG产业园、液晶谷等十多个国家和省市级特色产业园。目前，开发区已集聚各类企业近5 000家，其中外资企业300多家、100亿级企业6家。

**【经济发展】**2021年，南京经开区始终秉持高度的政治自觉和使命担当，牢记习近平总书记赋予江苏“争当表率、争做示范、走在前列”的重大使命，深入落实上级决策部署，坚定不移贯彻新发展理念和高质量发展要求，全力推进园区各项重点工作，实现了“十四五”良好开局。综合实力在217家国家级经开区中位列第十一，营商环境位居全国第五。全年实现地区生产总值1 260亿元，同比增长10%；一般公共预算收入108.3亿元，同比增长11.4%；工业总产值3 297亿元，同比增长14.5%；全社会固定资产投资215亿元，其中工业固定资产投资112亿元；外贸进出口总额952亿元，同比增长10%。

**【产业建设】**南京经开区始终把推进重大项目、培植高端产业作为发展的“主旋律”和“压舱石”，全面做好产业链建链、补链、强链文章，产业实现链条化、集群化、高端化发展。全年实际利用外资7.4亿美元，完成全年目标101.3%；实际利用内资285亿元，完成全年目标115.3%；签约总投资5.5亿美元的LG新能源圆柱形汽车动力电池三期、总投资3亿美元的LG麦格纳新能源汽车电机、总投资38亿元的杉金光电偏光片等千万美元或亿元以上重大项目150个，签约项目投资总额1 560亿元，各项主要指标贡献度位列全市开发区第一，助力栖霞大板块斩获二季度全市招商引资擂台赛“目标任务进度奖”与三季度全市招商引资擂台赛“重大项目推进奖”。狠抓重大项目建设，全年新开工重大项目23个，上半年开工率即达100%，新竣工重大项目22个，为后续发展提供了稳定支撑。

**【招商引资】**2021年，南京经开区落实南京市招商引资“质效提升年”部署，在做好新冠疫情防控的同时，全力抓好招商引资和项目推进。坚持一把手带头抓招商，运用线上招商、以商引商等多元手段，全年完成实际使用外资7.4亿美元，完成全年目标101.3%；实际利用内资285亿元，完成全年目标115.3%；亿元以上签约项目150个，完成全年目标119%；签约项目投资总额1 560亿元，完成全年目标100%。全年组织开展第八届海峡两岸（南京）新型显示产业高峰论坛、2021国际卓越运营南京年会暨南京经开区高质量发展合作交流会、2021中国下一代汽车高质量发展论坛、南京经开区新能源三电行业圆桌论坛、东亚企业家太湖论坛南京经开区推介活动等专业化、针对性的招商活动共17场，不断扩大在新型显示、高端装备、生物医药、新能源汽车等产业的影响力。人民日报、新华日报、南京日报、紫金山政务、江苏电视台、南京电视台、今日头条、学习强国、江苏经济报等多家媒体平台对开发区招商工作进行专题报道。

**【科技创新】**2021 年，南京经开区聚焦 G312 产业创新带建设，以新港高新园为主阵地，加快实施创新驱动战略，创新发展的文章不断做实做活。新增科技型企业超过 700 家，获批全省首家“外籍留学生见习（实习）工作站”、市级特色型（人工智能）数字经济产业园区。大力提升企业创新能力，新增省级众创空间 1 家、市级 2 家，市级科技企业孵化器 3 家，省级工程技术研究中心 3 家、市级 6 家，市级工程研究中心 6 家，净增高企 82 家，培育独角兽企业 21 家、瞪羚企业 6 家。持续推动中国（南京）智谷建设，新引进人工智能企业 50 家，新孵化人工智能企业 100 家，全年人工智能核心产业收入达 60 亿元，占全市一半以上。强化知识产权保护，有效发明专利同比增长 20%，实现技术合同成交额 33.4 亿元，同比增长 13%。加快建设人才强区新高地，全年新增各级高层次人才 75 名，同比增长 9.2%。积极融入“海智湾”建设，紫东海归人才加速器、紫东人才公寓等载体配套投入使用，睿维视项目的邓远博荣获“赢在南京”海外人才创业大赛一等奖。

**【城市建设】**2021 年，南京经开区围绕打造品质新城、产业新城、财富新城的目标，以更加主动姿态融入大栖霞、联动大学城，兴业宜居的产城联动发展枢纽初现雏形。坚持规划先行，开展仙林湖东侧、新港大道以南、仙林白象片区等区域各类规划 40 多项，兴智中心综合交通专项规划设计获评 2021 年南京市优秀城乡规划设计一等奖。坚持土地集约利用高质量发展模式，2021 年度集约利用评价国批范围土地开发利用率 99.17%，在全省 55 个国家级工业主导型开发区土地集约利用综合分值排序中位列第四。不断完善路网交通，全力保障仙新路过江通道、地铁 6 号线、312 国道快速化改造等省市重大交通基础设施建设，恒发路、齐民路等 7 条新建道路具备通车条件，兴智中心、龙潭新城等区域 32 条道路加快建设。深入推进片区开发，完成兴智中心等 3 幅地块出让，龙潭新城、兴智片区等组团加快建设。全面抓好市容环境、抗洪抢险、扫雪防冻、扬尘管控、交通秩序、控违拆违等工作，城市精细化建管稳步推进。

**【管理与服务】**2021 年，南京经开区全面抓好疫情防控、环境整治、安全生产、劳动就业、街道发展等工作，保持了安全和谐稳定的大局。始终坚持“外防输入、内防反弹、人、物、环境同防”，全年累计完成 12.46 万人次疫苗接种，先后保障中韩“快捷通道”入境人员集中医学观察 36 批次 3 168 名，新生圩水运口岸换班入境船员集中医学观察 95 批次 662 名，保持了“三零”态势。深化环境综合整治，区内主要河流水质稳定达标，空气优良率达 88.7%，PM2.5 浓度 24.2 毫克 / 立方米，均优于全市平均水平。认真落实“党政同责、一岗双责、齐抓共管”的安全监管责任体系，建成投用智慧应急指挥中心，持续开展安全生产专项整治，累计排查隐患 8 056 条，整改完成率达 96.3%，加强安全教育培训，驻区单位企业深入开展安全逃生演练，进一步筑牢了安全发展底线。全力保障劳动就业和企业用工需求，举办各类就业活动 200 余场，为企业培训职工 3.5 万余人次，输送工人 2 万余人。充分发挥经开区对街道的辐射带动作用，实现保障房续建 69.8 万平方米，交付 29.67 万平方米，推进了一批社区中心、中小学等基础设施和民生工程，发展成果进一步惠及街道百姓。

**【大事记】**

2021 年 2 月，南京经济技术开发区被江苏省商务厅认定为首批中日韩（江苏）产业合作示范园区。

2021 年 3 月，2020 年国家级经济技术开发区综合发展水平考核评价结果公布，南京经济技术开发区综合考评再次位列全国第九。

2021 年 5 月，由南京平板显示行业协会、台湾显示器产业联合总会、南京经济技术开发区管理委员会共同主办的“2021 第八届海峡两岸（南京）新型显示产业高峰论坛”在南京隆重召开。

2021 年 6 月，南京经济技术开发区承办的第五届 2021 中国人工智能峰会（CAIS 2021）在南京国际博览会议中心盛大开幕。

2021 年 6 月，南京经开区联合盖世汽车共同举办 2021 中国下一代汽车高质量发展论坛，借助创新周高端平台，为把南京经开区打造成为具有全国影响力的下一代汽车产业高地蓄势聚能。

2021 年 7 月，根据赛迪发布的《2021 生物医药产业园区百强榜》显示，南京经开区生物医药产业综合发展水平列百强园区第 13 位，其中，“企业集聚 TOP10”排名第 10 位，“产业贡献度 TOP10”排名第 9 位。

2021 年 8 月，首列中欧班列汉堡—南京中欧回程（进口）班列顺利抵达南京龙潭港专用铁路场站，实现了综保区保税优势与中欧班列运输便捷的无缝对接。

2021 年 12 月，“南京‘十四五’产业创新发展粤港澳（深圳）投资推介会”在深圳举办。港华智慧能源产业基地、万达光电智造、起源太空总部等 3 个项目签约落户南京经开区，总投资 57 亿元。

2021 年 12 月，21 世纪经济研究院发布《全国经开区高质量发展报告 2021》，南京经开区营商环境便利度评价位居全国第五位。

**南京经济技术开发区 2020—2021 年主要经济综合指标一览表**

| 项目 | | 单位 | 2020 年 | 2021 年 | 增减（%） |
|---|---|---|---|---|---|
| 开发区生产总值 | | 亿元 | 1 210 | 1 331.31 | 10.03 |
| 第二产业 | | 亿元 | 803 | 876.35 | 9.13 |
| 工业 | | 亿元 | 739 | 798.15 | 8.00 |
| 第三产业 | | 亿元 | 403 | 450.83 | 11.87 |
| 工业总产值（现价） | | 亿元 | 3 100 | 3 547 | 14.42 |
| 高新技术企业 | | 亿元 | 706 | 683 | -3.26 |
| 销售（营业）收入 | | 亿元 | 4 359 | 5 319 | 22.02 |
| 第二产业 | | 亿元 | 3 293 | 4 055 | 23.14 |
| 工业 | | 亿元 | 3 038 | 3 514 | 15.67 |
| 第三产业 | | 亿元 | 1 050 | 1 264 | 20.38 |
| 利润总额 | | 亿元 | 222 | 235 | 5.86 |
| 第二产业 | | 亿元 | 140 | 144 | 2.86 |
| 工业 | | 亿元 | 125 | 138 | 10.40 |
| 区内主导产业及产值 | 1. 新型电子信息 | 亿元 | 855 | 1 013 | 18.48 |
| | 2. 石油化工 | 亿元 | 814 | 953 | 17.08 |
| | 3. 装备制造 | 亿元 | 539 | 618 | 14.66 |
| 进出口总额 | | 亿美元 | 124 | 154.5 | 24.60 |
| 进口 | | 亿美元 | 57 | 71.3 | 25.09 |
| 出口 | | 亿美元 | 67 | 83.2 | 24.18 |
| 财政收入 | | 亿元 | 383 | 410 | 7.05 |
| 税收收入 | | 亿元 | 265 | 335.3 | 26.53 |
| 新批企业个数 | | 家 | 3 519 | 4 173 | 18.58 |
| 区内世界 500 强企业数 | | 家 | 90 | 95 | 5.56 |
| 国家级高新技术企业数 | | 家 | 694 | 909 | 30.98 |
| 规模以上企业个数 | | 家 | 767 | 772 | 0.78 |
| 科学研究与试验发展经费（R&D）支出 | | 万元 | 564 168 | 619 848 | 9.87 |
| 研究与试验发展（R&D）经费投入强度 | | % | 1.34 | 1.23 | -8.21 |
| 固定资产投资 | | 亿元 | 226.6 | 240.1 | 5.96 |
| 年末从业人员数 | | 万人 | 17 | 17 | 0.00 |
| 万元 GDP 能耗 | | 吨标煤 / 万元 | 0.62 | 0.53 | -14.52 |
| 水资源消耗总量 | | 万立方米 | 7 579 | 7 718 | 1.83 |
| 单位国内生产总值取水量 | | 立方米 / 万元 | 6.37 | 5.80 | -8.95 |
| 上市企业数量 | | 家 | 11 | 15 | 36.36 |

（南京经济技术开发区管委会）

# 宁波大榭开发区

**【经济发展】**2021 年，宁波大榭开发区地区生产总值达到 449.5 亿元，同比增长 12.4%，增速位居全市第一。工业总产值 829.6 亿元，同比增长 38.1%。财政总收入 189.5 亿元，同比增长 30.9%，一般公共预算收入 95.5 亿元，同比增长 38.5%，增幅均位居全市第一。完成进出口额 555.65 亿元，同比增长 90.1%，其中出口 198.28 亿元，同比增长 124.4%，进口 357.37 亿元，同比增长 75.3%，进出口、出口和进口三项指标增幅均居全市第一位。限上商品销售额 4 646 亿元，同比增长 49.5%，增速位居全市第三，约占全市总量的 12.4%。货物吞吐量 11 007.9 万吨，同比增长 3.8%，连续三年超过 1 亿吨，集装箱吞吐量 363.4 万标箱，同比增长 0.9%。连续三年入围全国化工园区前五强，获评宁波市培育“246”产业集群推进制造业高质量发展先进单位和中国国际石油化工大会卓越贡献奖。

**【党建工作】**2021 年，大榭开发区全面坚持政治建设引领。紧紧围绕庆祝建党 100 周年，深化党史学习教育，充分利用“渡海第一仗”等红色资源，分层分类组织开展系列主题活动，122 个行动党小组实现重点企业全面覆盖、重点项目全周期服务，组织、人事、人才、群团、宣传、巡察等工作全面推进，“党建全覆盖 • 五色工作法”工作机制不断提档升级。纵深推进“清廉单元”建设，正确运用监督执纪“四种形态”，立行立改完成省委巡视有关问题整改。全面推进数字化改革。初步形成整体智治系统总框架，“66 云链平台”入选自贸区态势感知中心应用项目（“揭榜挂帅”拟第一批验收中榜应用项目）。

**【产业能级建设】**2021 年，大榭开发区以自贸试验区建设为主线，全面构筑区域发展新优势。加快大项目推进力度。实现东华能源四期、韩华化学二期等 10 个总投资 191 亿元的项目落地，大榭石化五期等总投资约 587 亿元的在建项目加快推进，东华能源二期、三期、华泰盛富轻烃利用等 7 个累计投资超 100 亿元的重大项目建成投产，穿鼻岛高性能新材料产业园项目完成整体采矿权出让。开展特色化制度创新。在非建设用地地下空间利用和“两系统一窗口”税务办理试点基础上，NRA 账户结汇、跨境人民币国际贸易融资出资型风险参贷等多个首批、首笔业务落户大榭。持续加大招商力度。全年新增商贸企业 2 091 户，同比增长 76.5%，连续两年刷新纪录，实现新增税收指标 23.28 亿元，完成年度计划的 388.07%。不断提升发展动能。专班化全面推进榭西片腾笼换鸟，推动企业转型升级，拓展高质量发展空间。推动数字经济和实体经济融合发展。加快推进智慧园区数字化建设，积极发挥专业平台优势，打造化工产业大脑。加大企业创新，高新技术产业增加值 168 亿元，同比增加 32.6%，增速全市第一。规上工业研发费用 12.8 亿元，同比增长 91%。深化节能减碳，扎实开展能源双控百日攻坚和有序用电各项工作。

**【社会民生】**2021 年，大榭开发区坚持“共建共享”理念，有序推进国土空间总体规划编制和港口规划调整，完成省工业特色型“美丽城镇”样板创建验收；常态化开展“双减”工作，继续保持“零就业家庭”动态消除。顺利完成“五化”市场改造提升、福禄堂等民生工程。持续守住疫情防控“零确诊”成果，及时有效处置突发疫情。

（宁波大榭开发区管委会）

# 苏州工业园区

**【概况】**苏州工业园区位于苏州市城东，1994年2月经国务院批准设立，同年5月实施启动，行政区划面积278平方公里（其中中新合作区80平方公里），是中国和新加坡两国政府间的重要合作项目，被誉为“中国改革开放的重要窗口”和“国际合作的成功范例”。

**【经济发展】**2021年，苏州工业园区实现地区生产总值3 330.3亿元、同比增长10%；规上工业总产值6 345.5亿元、增长17.5%；一般公共预算收入400.1亿元、增长6%；固定资产投资479.8亿元、增长5.7%；进出口总额1 119.7亿美元、增长18.9%；实际使用外资19.7亿美元，保持高位；社会消费品零售总额1 102.7亿元、增长18%，呈现“稳中有进、稳中育新”发展态势。成为全国开放程度最高、发展质效最好、创新活力最强、营商环境最优的区域之一，在国家级经开区综合考评中实现六连冠（2016年、2017年、2018年、2019年、2020年、2021年），跻身科技部建设世界一流高科技园区行列，2018年入选江苏省改革开放40周年先进集体。

**【建设背景】**1992年初，邓小平同志视察南方，发表了借鉴新加坡经验的重要讲话。

1992年9月，时任新加坡内阁资政李光耀率团访问中国，积极呼应邓小平同志讲话，表达了中新合作共同建立工业园区并以该园区为载体借鉴新加坡经验的意向。此后，中新双方围绕合作开发事宜进行了多次协商和实地考察，最终确定选址苏州。

1994年2月11日，国务院下发《关于开发建设苏州工业园区有关问题的批复》（国函〔1994〕9号），同意江苏省苏州市同新加坡有关方面合作开发建设苏州工业园区。

1994年2月26日，中新双方签署《关于合作开发建设苏州工业园区的协议书》《关于借鉴运用新加坡经济和公共管理经验的协议书》《关于合作开发苏州工业园区商务总协议书》三个重要文件。

1994年4月29日，江苏省人民政府批准将娄葑乡和跨塘镇、斜塘镇、唯亭镇、胜浦镇一乡四镇成建制划归苏州市人民政府直接管辖，由苏州工业园区管委会（筹）行使行政管理职能，园区行政区域基本形成。

1994年5月12日，苏州工业园区建设正式启动。

1. 奠定基础阶段（1994—2000）。

1994年5月12日，首期开发建设正式启动。

1997年底，首期8平方公里基础设施建设基本完成。

1999年6月28日，中新双方签署《关于苏州工业园区发展有关事宜的谅解备忘录》，确定从2001年1月1日起，中新苏州工业园区开发有限公司实施股比调整，中方财团股比由35%调整为65%，中方承担公司的大股东责任。

2. 跨越发展阶段（2001—2005）。

2001年3月23日，苏州市委、市政府召开苏州工业园区加快开发建设动员大会，二、三期的开发正式启动，园区进入了大动迁、大开发、大建设、大招商、大发展阶段。

2003年，苏州工业园区主要经济指标达到苏州市1993年的水平，相当于十年再造了一个新苏州。

2004年，苏州工业园区开发建设十周年。中新双方一致认为园区开发建设取得了令人瞩目的成就，一个国际化、现代化的工业园区已经初具规模。

2005年，苏州工业园区相继启动制造业升级、服务业倍增和科技跨越计划，为后续转型升级奠定基础。

3. 转型升级阶段（2006—2011）。

2006年，经国务院批准，中新合作区规划面积扩大10平方公里，为苏州工业园区推进自主创新和现代物流等生产性服务业发展提供了更大的发展空间。

2009年，苏州工业园区开发建设十五周年，取得了地区生产总值超千亿，累计上交各种税收超千亿，实际利用外资折合人民币超千亿，注册内资超千亿等“四个超千亿”的发展成就。

2010年，在转型升级“三大计划”的基础上，又先后提出生态优化、金鸡湖双百人才、金融翻番、纳米产业双倍增、文化繁荣、幸福社区共“九大行动计划”，形成转型升级的完整体系。

4. 高质量发展阶段（2012至今）。

2013年，苏州工业园区确立了争当苏南现代化建设先导区的发展目标，全面实施镇改街道，高水平推进区域一体化发展，开启了深化推进改革创新的新征程。

2014年，苏州工业园区开发建设二十周年，国务院批复同意苏州工业园区等8个高新技术产业开发区建设苏南国家自主创新示范区。

2015年9月底，国务院批复同意苏州工业园区开展开放创新综合试验，要求探索建立开放型经济新体制，构建创新驱动发展新模式。

2016年起，苏州工业园区战略性布局人工智能产业，计划用3至5年时间，打造国内领先、国际知名的人工智能产业集聚中心，布局国家级人工智能创新中心，建设产业公共服务平台。

2017年，园区在全国经开区综合考评中蝉联第一，在全国高新区排名第五，并跻身科技部建设世界一流高科技园区行列。

2018年，商务部向全国推广苏州工业园区开放创新综合试验的11项举措，园区在国家级经开区综合考评中实现三连冠，入选江苏改革开放40周年先进集体。

2019年4月，苏州工业园区举行开发建设25周年成果汇报会，中共中央政治局常委、国务院总理李克强和新加坡总理李显龙分别致贺信。

2019年8月，国务院批准设立中国（江苏）自由贸易试验区，其中苏州片区（面积60.15平方公里）全部位于苏州工业园区。在当年底公布的国家级经开区综合考评中，苏州工业园区实现四连冠，在国家级高新区综合排名中位列第五。

2021年1月，商务部、科技部分别发布2020年国家级经开区综合发展水平考核评价结果、2020年国家高新区评价结果，苏州工业园区实现国家级经开区综合考评五连冠，在国家级高新区综合排名中位列第四。

**【规划先行】**摒弃单一发展工业的模式，着眼于“产城融合、以人为本”的定位，20多年来，苏州工业园区按照“先规划、后建设”，“先地下、后地上”的原则，实现“一张蓝图干到底”，保持了城市规划建设的高水平和高标准。以绿为脉、以水为魂的园区，绿化覆盖率达45%以上。精心设计的雨水收集和排水系统，令园区成为一座没有内涝的城市。以“九通一平”为标准，建成发达的城市地下管网和高密度的城市路网，通过立体化多层次的交通枢纽与周边发达的高速公路、高速铁路、城际轨道交通实现无缝对接，打造便捷高效的综合公共交通体系。按照城市功能布局定位划分不同类别居住区、相配套的商业服务体系，形成区域一体化协调发展的新格局。

以金鸡湖为核心展开，环金鸡湖区域布局中央商务区，构成园区的城市级中心；围绕80平方公里“中新合作区”，布局商务、科教创新、旅游度假、高端制造与国际贸易四大功能板块，形成“产城融合、区域一体”的城市发展架构。

**【中新合作】**开发建设以来，苏州工业园区认真贯彻改革开放的基本国策，积极借鉴新加坡等先进国家和地区的成功经验，坚持新型工业化、经济国际化、城市现代化互动并进发展路径，初步建立了与国际接轨的管理体制和运行机制，经济社会发展取得令人瞩目的成就。中新两国政府成立联合协调理事会，开创中外经济互利合作的新模式。

**【行政管理区域现况】**为优化园区行政管理体制，园区设立5个街道，承担辖区内行政管理、社会管理、城市管理等职能。截至2021年底，苏州工业园区下辖5个街道：娄葑街道、斜塘街道、唯亭街道、胜浦街道、金鸡湖街道。政府驻地：现代大道999号现代大厦。园区至今累计吸引外资项目5 000多个，实际利用外资323亿美元，92家世界500强企业投资了156个项目，金融类机构1 014家，引育上万家科技创新型企业。

（苏州工业园区管委会）

# 廊坊经济技术开发区

**【概况】**廊坊经济技术开发区（以下简称“廊坊开发区”）位于廊坊市区东北部，于1992年6月26日正式开始建设，2009年7月升级为国家级开发区。辖区面积69.4平方公里，规划面积38平方公里，辖区常住人口近13万人。廊坊开发区共集聚了全球23个国家和地区近6 000家注册市场主体、占地项目1 000余家，其中，规模以上工业企业132家，外资企业150家，高新技术企业129家，世界500强企业21家。先后荣获国家高新技术服务产业基地、国家生态工业示范园区、中国产业园区持续发展百强、“河北省开放发展十佳开发区”等荣誉称号。

**【经济发展】**2021年，廊坊开发区坚持统筹疫情防控和经济社会发展、统筹发展和安全，圆满完成全年经济社会发展各项目标任务。完成地区生产总值403.4亿元，同比增长8.1%；一般公共预算收入完成39.3亿元，同比增长30.2%；固定资产投资同比增长14.9%；规模以上工业增加值同比增长7.5%；限额以上消费品零售额156.8亿元，同比增长5.6%；实际利用外资46 862万美元，同比增长91.3%。荣获“河北省2021年能级提升综合示范经开区”称号，连续三年荣获“中国领军智慧城区”称号。

**【产业发展】**廊坊开发区深入推进战略性新兴产业集群发展，加快产业转型升级，基本形成了以电子信息、高端装备制造、新材料和新能源、生命科学、休闲文旅产业、现代服务业为主导产业的“1+4+1”产业体系。2021年，全区电子信息产业实现营收254.1亿元，占到四上企业营收的19.4%，有华为云数据中心、京东云计算中心、润泽国际信息港、联通云数据有限公司等龙头企业；高端装备制造业实现营收217.7亿元，占四上企业总营收的16.6%，包含了全球筑养路领域市场领导者维特根、国际一流精细加工机床生产商廊坊精雕数控机床、全球沥青搅拌设备行业领跑者玛连尼•法亚，以及富士达电梯、波森尾气系统等一批国内外行业领军企业；新材料和新能源产业实现营收124.4亿元，占四上企业营收的9.5%，有全球最大的水平砷化镓单晶制造商有研光电、国内唯一的通信石英主材制造商久智光电子、进行聚变能研发的新奥科技及英博电气、阿克苏诺贝尔等众多行业知名企业；生命科学产业实现营收6.2亿元，占四上企业总营收的0.5%，已形成了集体外诊断、医学研究、健康管理、综合诊疗、智慧康养、健康食品于一体的大健康产业基础，汇聚了热景生物、河北中国医学科学院肿瘤医院、诺道中科、来康生命等一批行业领军企业和知名企业；休闲文旅产业实现营收78.4亿元，占四上企业总营收的6.0%，汇聚了好丽友食品有限公司、廊坊梅花调味食品有限公司、廊坊百花蜂产品有限公司等知名食品企业和丝绸之路国际艺术交流中心、只有红楼梦戏剧幻城等大文化项目；现代服务业实现营收231.5亿元，占四上企业营收的17.7%，汇聚了润泽大数据展示中心、新奥集团、荣盛集团、宝湾物流产业园、京东“亚洲一号”物流园、腾讯互联网+双创社区等国际国内知名企业和产业发展平台，已经初步形成了现代物流、商务会展、科技服务、电子商务等现代服务业产业。

**【科技创新】**2021年，开发区持续强化企业创新主体地位，建立重点科技创新企业培育库，搭建科技企业微成长、小升高、高壮大的梯次培育机制，加快工业技术创新体系建设。新增国家级“专精特新”小巨人企业 2 家，省、市级“专精特新”中小企业 12 家；新增省级技术创新示范企业 2 家；高新技术企业 142 家，河北省科技型中小企业 257 家。区内 7 家企业 10 个产品获首台（套）重大技术装备认定。新增省级技术中心 2 家，市级企业技术中心 3 家；新增省级工业设计中心 1 家，市级工业设计中心 4 家；新增 7 家省级技术创新中心，24 家市级研发平台。全区共有市级以上研发平台 166 家，其中国家级研发平台 4 家，省级各类研发平台 56 家，市级研发平台 106 家。制定出台《博士后科研工作站管理办法》，荣盛控股、新绎健康等 4 家企业获批博士后科研工作站分站，全区博士后科研创新机构总数达到 18 家。全年引进本科以上学历 1 571 人，其中，博士 14 人、硕士 277 人。为华为技术、精雕数控等 76 家企业引进的 771 名高层次人才发放生活补贴、购房补贴等资金 553.57 万元。

**【招商引资】**2021 年，廊坊开发区持续深化“大项目招商”和“产业项目倍增”行动，项目投资实现新突破。新引进项目 156 项，总投资 278.8 亿元，其中，引进中科聚信京津冀总部、东方瑞丰航空公司大飞机模拟机、北京医疗器械及装备产业园等非首都功能疏解项目 70 项，总投资 25.5 亿元。新注册外资企业 6 家，合同外资 1.82 亿美元，平均项目投资规模达 6 000 万美元。签约项目 23 家，项目总投资 173 亿元。在谈项目 50 项，项目总投资 273 亿元。新引进项目、签约项目和在谈项目在数量上实现了翻番，在质量上大幅提升。

**【项目建设】**2021 年，廊坊开发区实施肿瘤医院河北医院、益海嘉里等亿元以上项目 58 项，总投资 905 亿元，当年计划投资 67 亿元，完成投资 70 亿元，其中，新开工亿元以上项目 20 项，同比增长 60%；争列省重点项目 7 项，同比增长 600%；市重点项目 23 项，同比增长 110%；立市项目 5 项，占全市总数的 50%。全年举行项目集中开工活动 4 次，项目观摩活动 3 次，十点十分动漫研创基地等一批前期项目加紧推进。

**【体制机制创新】**2021 年，廊坊开发区聘请第三方调研机构围绕营商环境建设企业关注指标开展调查，主动深挖问题，全力补短板、促提升，围绕 12 个一级指标和 10 个二级指标，调研区内 322 家企业，评估结果 92 分，较去年提高 1 分，企业对开发区整体服务水平的满意度进一步提升。深化商事制度改革，累计发放企业电子营业执照 6 553 个，网办率 85%，超额完成 80% 的工作目标。提供企业一日准营套餐服务，企业登记、办税、刻章、压缩在 6 小时以内，全年开发区各类市场主体增长 10.5%。全面落实简政放权，实行“审核合一”制度，进一步压缩了 30 个事项的审批环节，审批效率提高了 33%。“证照分离”改革实现全覆盖。积极推进“好差评”工作，为税务大厅、公安分局大厅、25 个村街社区增设二维码评价桌牌，实现人员、窗口实时评价。全年全区评价总条数 1.31 万条，好评率 98.7%。梳理全区 433 项政务服务事项清单和 228 项“全流程网办”事项清单，积极推进政务服务事项网上办理，网上可办率已达 100%，其中 235 个政务服务事项产生了办件，政务服务事项覆盖率为 54.27%。全力推进政务服务事项“掌上办”“一次办”，设立百事通综合窗口 4 个，百事通综合受理人员 8 名，实现一体化平台承接事项全覆盖。

2021 年圆满完成第二轮体制机制改革，在内设部门数量保持 18 个不变的前提下，进一步聚焦经济发展主责主业。紧扣园区功能定位，聚焦主责主业，组建发展改革和科技创新局、投资促进和招商合作局；强化“部门领导 + 主办负责制”管理模式，逐级明确岗位责任、考核目标。深化全员竞聘，聚焦扩大选拔视野，拓宽用人渠道，实现“人员能进能出、岗位能上能下”。建立以绩效为核心的薪酬制度，切实解决“干好干坏一个样、干多干少一个样”问题。

**【绿色集约】**2021 年，廊坊开发区植树造林 300 亩，达到“森林城市”标准。PM2.5 年均浓度36微克/立方米，同比下降14.29%；PM10年均浓度为72微克/立方米，同比下降7.7%；优良天数270天，同比增加20天，优良天率达73.9%。各项指标超额完成年度目标任务。全年市考核断面南营排干渠各项污染物平均值均达到了市地表水考核标准。严厉打击环境违法行为，立案查处8起，查封1家，处罚8家。促进企业积极进入正面清单，124家涉气企业中，45家重点出口、19家战略新兴产业企业列入正面清单。

持续加强与园中园对接，推动联合招商，加快项目入驻，联东U谷岳阳彩板、鑫中福、梨花包装等6个开发项目引进购买厂房项目54家，总投资13.3亿；租厂房项目51家，总投资1.64亿元。远景智造工厂累计引进项目39家，销售和出租面积达1.72万平方米。就闲置土地加快股权转换，推动产业调整，协调推动股权置换19宗，涉及土地面积462亩，京联汽车、横空电子、丰屹投资等19家企业通过股权置换，注入了项目建设和生产经营的新动能。全年通过腾笼换凤方式引进项目52个，总投资88.4亿元，盘活低效用地510.88亩，利用闲置厂房23.3万平方米。

**【服务企业】**2021年，廊坊开发区深化落实领导包联工作机制，深入开展企业大走访与问题大协调专项行动，走访调研628家次，帮助67家企业解决困难问题86个。组织开展高层企业家早餐见面会22次，帮助企业解决生产经营中的困难和问题30余个。制定出台《关于支持科技产业发展促进科研用地活化利用的实施意见（试行）》等3项政策，为企业高质量发展提供了良好的政策体系支撑。为企业兑付各项区级企业奖补资金3 554万元，为区内企业申请上级各项专项扶持资金10 135万元。召开高质量发展暨2020年度优秀企业表彰大会，对167家优秀企业予以表彰，奖励资金共1 550万元。

**【社会事业】**2021年，廊坊开发区继续坚持以人民为中心的发展思想，切实把好事办好、实事办实。全力推进教育类工程进度，“八小”基本完工，“一中”加快推进，“大学里”等6所幼儿园具备使用条件。新招聘中小学教师78名，师资力量进一步增强。智慧养老社区加快建设；开发区医院等6家医院预检分诊制度进一步规范；家庭医生电子签约人数达3.7万人，签约率上升至40%。举全区之力服务保障首届“一带一路”•长城国际民间文化艺术节成功举办。完成文体活动“七进”演出41场，超额完成任务。大力推进冰雪运动“六进”工程，成功举办开发区第三届冰雪运动会。社会救助有力实施，向1 600多名困难群众发放救助金710余万元。加强退役军人管理服务，发放抚恤补助款230余万元。社会保险参保基本实现全覆盖。组织开展“就业服务月”等系列活动，全年新增就业3 089人，发放就业补助资金1 050万元。深入实施职业技能提升行动，累计培训6 258人，发放职业技能提升资金464.22万元。

**【党建工作】**2021年，廊坊开发区扎实推进党史学习教育走深走实，工委理论学习中心组率先垂范、以上率下，召开学习会议20次；各级党委（党组）开展集中学习300余次，组织开展读书班等活动150余次。开展党史宣讲“六进”活动，通过工委书记讲党课，班子成员、各部门主要负责人在各领域、各系统宣讲，知名学者在“开发区大讲堂”作专题辅导等方式，开展宣讲活动200多场次，受众4 000余人次。开展域外红色培训活动，组织8批次近400名机关党员干部赴贵阳、遵义专题培训，组织5批次240余名企业党员群众赴唐山市参观李大钊纪念馆，推动进一步赓续红色基因、坚定理想信念。“七一”期间，先后组织开展“颂百年华章 筑美丽新城”交流演讲比赛、“知党史•感党恩•跟党走”大型文艺演出、“歌声献给党”群众歌咏会演等活动20余场，持续掀起党史学习教育新高潮。利用“开发区发布”公众号、开发区网站等平台，推送党史知识、学习篇目500余条，编发简报74期。做好中央、省市级“七一”表彰推荐工作，新奥新智物联网有限责任公司党委获评全国先进基层党组织，6个基层党组织获市级先进基层党组织。规范换届选举，成功选出115名村级干部。组织开展区级“两优一先”评选工作，对20个先进基层党组织、121名优秀个人进行了通报表彰。春节、七一节、老年节期间，对建国前老党员、老干部、生活困难党员等进行慰问191人次，发放慰问金（品）58.65万元，颁发“光荣在党50年”纪念章254枚。

**【机构设置与党工委管委会领导】**2021年，廊坊开发区工委，管委共设置18个机构：党政办公室，人力资源和社会保障局，财政局（金融服务局、国有资产监督管理办公室），投资促进和招商合作局，发展改革和科技创新局（科技谷管理办公室），自然资源和规划局，住房和城乡建设局，社会发展局（退役军人事务局），文教卫生局，公用事业管理局，应急管理局，政法工作办公室（信访工作办公室），市场监督管理局（知识产权局），行政审批局（政务服务管理办公室），城市管理综合行政执法局，生态环境局，综合保税区管理办公室，东方大学城管理办公室。

工委、管委领导班子成员包括：开发区工委书记、管委会主任王一平；工委副书记周春生；工委副书记杨宝骞；工委委员王小卫；工委委员、纪工委书记、总工会主席王冠军；工委委员、管委会副主任、东方大学城管委会主任孙绍虎；工委委员、社会发展局局长（社会发展局局长，任至2021年7月）单克用；工委委员、管委会副主任（管委会副主任，2021年6月任）、党政办公室主任（党政办公室主任任至2021年6月）李洪旺；工委委员、管委会副主任齐建光（2021年6月任）；工委委员、管委会副主任丁勇（2021年6月任）；工委委员林秋鸿（2021年6月任）。

（廊坊经济技术开发区管委会）

# 九江经济技术开发区

2021年，九江经济技术开发区坚持以产业集聚为引领、以重大项目为支撑，园区经济呈现“稳中有进、稳中加固、稳中向好”的良好态势。

**【概况】**九江经济技术开发区成立于1992年7月，是全省首批开发区之一，2010年3月升级为国家级经开区，现管辖面积约80平方公里，辖向阳街道、七里湖街道、滨兴街道、永安乡、赛城湖管理处5个街道（乡、场），有城西港区、综保区、石化产业园、出口加工区、汽车工业园、科技工业园六大发展片区，常住人口18.7万，是江西省第二个工业主营业务收入过千亿元的园区和九江市首个财政收入过百亿元的县区。九江经开区拥有23.6公里长江岸线，岸线资源丰富，全年可保障5 000吨级船舶通行，位于城西港区的上港集团九江城西港年货物吞吐量达到60万标箱，九江经开区是全市乃至全省对外开放的重要门户。

**【经济发展】**2021年，九江经开区全年完成地区生产总值同比增长8.5%；规上工业增加值同比增长10%；固定资产投资同比增长8.8%；利用外资3.38亿美元，同比增长7.2%；新签约项目55个，合同资金353亿元，其中“5020”项目5个。2021年营业收入670亿元。先后获得“国家级绿色工业园区”“国家外贸转型升级基地”“全省开放平台先进单位”等荣誉称号。

**【产业招商】**2021年，九江经开区深入实施产业链链长制，围绕电子电器、石化、三新经济、新能源新材料、装备制造、汽车及零部件“3+3”产业发展方向，加大以商招商、专业招商、顾问招商力度，全区招商人员共外出招商1 300多人次，在大家的共同努力下，全年新签约巨石100万吨玻纤智能制造基地、华源新材料、联东U谷等项目55个，总投资353.4亿元，其中“5020”项目5个，特别是经过多次对接、多轮洽谈，成功引进固定资产投资达到100亿元的巨石100万吨玻纤智能制造基地项目，此项目是开发区建区以来单体投资最大的工业项目，实现了招引百亿级项目的重大突破，为开发区壮大新材料产业奠定了坚实基础。

**【项目建设】**九江经开区始终秉承“项目为王”理念，深入开展“项目大会战”活动，扎实推进总投资907亿元的97个项目建设。德福科技高档电解铜箔、科翔电子、明阳二期等32个项目竣工投产；城西港区铁路专用线、综保区40万平方米标准厂房、富和新城一期等重点项目完成建设；联东U谷、温商杭萧钢构、泰盛二期等项目正加快推进。同时，全区189名驻企特派员纷纷入企帮扶，帮助在建项目和投产企业解决了用工、用能、资金短期等困难，全年区本级规上企业完成工业增加值同比增长11%，高于全市平均水平1个百分点。

**【体制机制改革】**按照精简高效、优化协同的原则，持续深化事业单位改革，健全完善动态机制管理、干部人事管理、薪酬激励等配套制度，并认真开展社会稳定风险评估；同时，采取划转、分流、竞聘、安置等多种方式，积极稳妥地做好涉改单位人员安排，确保了改革期间各项工作衔接有序。涉改的事业单位由原来的46个调整至21个，机构设置更加科学合理、精简高效。大力推进相对集中审批制度改革，成立区行政审批局，使相对集中行政许可权改革正式进入“快车道”。树立“抓招商、重项目、促发展”的鲜明导向，进一步完善绩效考核体系，提高招商引资和项目建设一线干部的绩效工资档次，全区促进项目签约、保障项目建设、服务企业发展的氛围更加浓厚。积极推进“管委会＋平台公司”运营模式，富和集团在项目建设、产业投资、资产经营等领域展现更多作为。

**【平台建设】**园区建设情况。九江出口加工区优化升级为九江综保区，于2018年9月获国务院批复，2019年11月封关运行。已经开通跨境电商1210进出口业务、9710业务，并有3个海外仓在海关总署成功备案。大力推进石化产业园优化升级，新增石化产业用地约2 600亩，2020年成功获批省级石化产业园。九江综保区注册企业达到39家，2021年实现进出口总额74亿元，同比增长192%，增幅位居全国第一方阵。城西港铁路专用线建成通车，形成“公、铁、水”多式联运枢纽。跨境电商1210监管模式完全打通，九米跨境电商进出口综合服务平台上线运营，实现了“买全球”到“卖全球”。海淘跨境电商产业园累计落户企业839家，全年跨境电商累计出口8.5亿美元。开发区获得“国家外贸转型升级基地”金字招牌，荣获“全省开放平台先进单位”荣誉称号。

**【科技创新】**2021年，九江经开区坚持创新驱动发展战略，以科技企业为载体，鼓励企业大胆探索、勇于创新。全区研发经费投入12.82亿元，比上年增加2.63亿元，增幅达到25.8%；区内有科研投入企业83家，累计完成专利授权953件，其中发明专利授权量完成42件，技术合同交易额完成5亿元。成功创建国家级中小企业公共服务示范平台。支持企业走专精特新发展之路，恒通自控、江西龙腾、力达科技4家企业成为国家级专精特新“小巨人”企业；七所精密、广通电缆等11家省级“专精特新”企业。全年新增高新技术企业45家，德福科技技术中心获评国家级技术中心，连续两年被评为全省潜在独角兽企业；安天新材料、蓝科半导体被评为瞪羚或潜在瞪羚企业。

大力提升本土人才的综合素质与技术能力，全年共培训各类人才5 000余人次。持续兑现人才政策，集中拨付了2批次24人共计26万余元的引进人才首次购房补贴款，发放2批次19人新引进大学生生活补助26万余元，发放了5类项目资金共1个团队25名个人共计300万元的市级人才扶持资金，并对持有人才绿卡的高层次人才以及近两年获评省市人才工程奖项的9名专家开展一对一免费体检，为66名企业高管和高层次人才提供住房、落户、子女就学、家属就业等全方位服务，解决其创新创业的后顾之忧。

**【绿色集约】**九江经开区坚持走“生态优先、绿色发展”之路，深入实施河湖长制、林长制工作，启动城西港区长河、爱国河、忠字河整治和城西港区安置小区及部分商业地块雨污分流工程，有效提升河道水质环境；巩固最美岸线打造成果；通过综合采取重点行业企业挥发性有机物整治、工业废气治理等，全区PM2.5累计浓度为31.6微克/立方米，同比下降4.2%，空气质量优良天比率为92.7%，比去年高1.5个百分点。巨石九江公司获批国家级工业产品绿色设计示范企业，支持德福科技、明阳电路等重点企业实施技术改造，全区万元GDP能耗同比下降8%，经济发展既有“含金量”，又有“含绿量”。坚持“以亩产量英雄”，大力推进标准地出让，全年实现工业“标准地”出让2 840亩，“标准地”供地比例达到100%。全年消化利用新增建设用地土地350亩，盘活低效、闲置用地320亩，土地资源得到有效利用。

**【产城融合】**2021年，九江经开区组织实施城建项目54个，完成投资约60亿元。城区雨污管网提升改造、浔阳西路提升改造、出口加工区河道治理、九园路公租房北侧河道治理等一批项目全面完工；八里湖四支路及北径路、浔阳西路延伸线贯通工程等一批项目进展顺利，园区面貌大幅改善。同时，积极推进现代服务业发展，出台《九江经开区促消费稳增长若干措施》，举办九江国际汽车博览会暨经开区消费节，组织企业参加特产优品电商直播节、第二届本土名优特产品嘉年华等活动，推动开发区传统商贸企业转型升级。支持九龙广场、千艺267文创园夜经济区、浔阳记忆文化旅游城等商贸项目建设。全区规上服务业完成营业收入54.6亿元，同比增长29%。

**【党建引领】**2021年，九江经开区深化拓展“三化”建设，努力实现“三提升”，注重在基层党建工作中“抓重点、攻难点、出亮点”。持续下拨党建经费241.5万元，每个村（社区）服务工作经费15万元。分层分类建立10个基层党建示范点，带动全区基层党建工作全面进步、全面提升。“七一”节前，表彰一批“两优一先”，为632名党员颁发“光荣在党50年”纪念章，激励先进，凝聚力量。深入开展两新组织“双强六好”星级创建活动。精心组织乡、村（社区）“两委”换届选举，换届后永安乡领导班子平均年龄为37.7岁，较上届下降1岁，35岁以下年轻领导干部有4人，占36.4%；村（社区）“一肩挑”比例达到97.44%；同时，着力抓好“两委”干部特别是村党组织书记全员轮训，确保“两委”班子能力建设得到有效提升。首次面向社会公开招聘社区工作者12名，及时补充了社区工作力量。

**【社会管理】**九江经开区以推进相对集中行政许可权改革试点为抓手，进一步加强部门联动、优化审批流程，“六减一增”（减环节、减材料、减证明、减跑动、减时限、减费用、增加政务服务透明度）成效明显。全区1 139项依申请类政务服务事项办理总时限压减48.27%。完成了“赣服通”4.0版经开区分厅的首页配置工作，梳理上线“企业特殊工时工作制审批”等10个事项实现“赣服通”掌上“不见面审批”。推行“打包式”审批服务，前台综合受理、后台分类审批、统一窗口出件，实现“一窗受理”“一站办理”。推动企业开办手续由原来的5个环节压缩至2个环节，办结时限由原来的1天半减至40分钟内，促进市场主体更加活跃，2021年新开办企业1 810户，同比增长279%。建立健全审管互动工作机制，上线试运行审管信息互动平台，利用数字化手段实现审批工作与监管工作的互联互通、有序衔接。

“一指解忧”服务企业平台初步建成。积极推广惠企政策服务平台，引导我区5 700余家企业注册入驻，其中规上企业注册率达100%。通过服务平台编辑惠企政策申报指南事项40个，兑现优惠政策1 311件，惠及企业1 273家，涉及金额3.711亿元。不断加大资金扶持力度，全年为巨石玻纤、TCL空调、瑞智机电等119家企业提供区内采购2%补贴、新增设备6%补贴等扶持资金2.4亿元。畅通企业融资渠道，积极对接市19家银行与21家区内企业签约合作意向性授信共计超过70亿元。大力开展“映山红”行动，出台了《九江经开区企业上市“映山红行动”工作方案》《九江经开区企业上市挂牌奖励实施办法》，加大园区企业挂牌上市的培育和辅导，12家企业入选江西省重点拟上市后备库。

（九江经济技术开发区管委会）

# 黄石经济技术开发区

【经济发展】2021年是中国共产党成立100周年、"十四五"起步之年。一年来，黄石开发区面对新冠疫情多点散发、经济下行压力增大的发展环境，着力推动高质量发展，实现"十四五"良好开局。积极应对疫情带来的不利影响，创新"双千"服务机制，帮助企业解决招工难、融资难和历史遗留问题，助力企业提质增效，纳税过千万元企业较去年同期增加14家，新增规上工业企业24家，电子信息产业产值预计同比增长88.8%。全年地区生产总值、规上工业增加值、固定资产投资同比分别增长18%、24%、28%，增速均居全市第一位，较2019年分别增长14%、20%、4.8%。

【项目建设】2021年，黄石开发区紧盯补链强链，绘制产业链地图，开展精准招商，全年招引项目60个、总投资额360亿元以上，其中10亿元以上项目8个，引进闻泰科技、志博信、普思科技等一批重大项目。成功争取国家先进电子元器件创新型产业集群等重大政策19项，纳入国家、省"十四五"专项规划等重点项目24个，到位中央、省级预算内等资金约26亿元。

【投资促进】2021年，黄石开发区明确镇街定位，实行放权赋能，推动镇园一体，促进竞相发展，6个镇街共完成拆迁1 620户、腾地5 200亩，引进项目8个，新开工项目32个。成立行政审批局，对工业项目实行"四个一"审批，在全市率先实现"五证"同发、一日办结；企业开办达到"210"标准，"一送两免"服务全面推行，市场主体活力迸发，全年新增企业主体2 000余户，同比增长10%。新增省级企业技术中心2家、高新技术企业20家、"瞪羚企业"9家、省级以上"专精特新"小巨人企业6家。

【城市建设】2021年，开发区着力畅通路网，黄金山新区路网贯通工程启动实施，8条断头路开工建设，汪仁镇区外环路等5条道路建成通车，106国道、314省道改造到位，新315省道一期路基全部形成，新106国道节点工程下穿武九铁路涵洞顺利完工。着力完善配套，华侨城水上世界试运行，华侨城陆上公园破土动工，黄石国际会展中心主体工程竣工，光亮邻里中心落成开业。着力培育商圈，冶矿巷美食街变身"网红街"，金山农贸市场建成运营，成功举办首届香椿文化旅游节、铁山槐花旅游节、国庆潮玩生活节等系列活动，促进人气聚集、消费拉动。

【生态环保】2021年，黄石开发区节能减排力度加大，严把招商项目能评、环评关，严控高耗能、高排放项目入园，12个项目拒之门外。实行总量控制、动态管理，精准监管企业污染物排放，45家污染物排放重点企业实现线上监测全覆盖。26家企业完成智能化改造，平均单位能耗同比下降22.31%。

（黄石经济技术开发区管委会）

# 天水经济技术开发区

**【经济发展】**2021 年，天水经济技术开发区工业总产值同比增长 38.9%，工业增加值同比增长 74.9%，增速 56.5%；固定资产投资同比增长 79.34%；一般公共预算同口径增长 10.5%；招商引资到位资金同比增长 47.23%；工业总产值、工业增加值、固定资产投资三项指标均列全市第一。在 2020 年度商务部对全国 217 个国家级经开区考核中位列 121 名，较 2019 年考核前进 29 个位次。

**【招商引资】**2021 年，天水经开区按照“招大商、强龙头、补链条、聚集群”的思路，修订了《天水经开区招商引资优惠办法》，依托兰洽会、西交会、厦洽会等节会招商平台，提高招商引资的精准度和多元化。全年签约招商引资项目 13 个，总投资 166.08 亿元，签约项目总额和单个项目投资均达到了历史之最。争取中央预算、政府专项债券项目资金 2.076 3 亿元。天水万智贸易和赛铱高（天水）生物科技 2 个外商投资企业落地，在全市率先实现外资企业零的突破。

**【项目建设】**2021 年，天水经开区实施各类建设项目 26 个，东旭高端装备产业园、OLED 载板玻璃、中性硼硅药用玻璃 3 个项目顺利落地建设，OLED 载板玻璃首台窑炉按期点火，中硼药玻项目按计划推进；智能终端制造产业园按期开工；海林搬迁改造项目建成投产。开发新居三期、一号路西延段改造、建投总部经济城三期等基础设施和房地产项目进展顺利。固定资产投资增长率连续 12 个月位居全市第一。

**【科技创新】**2021 年，天水经开区出台了《天水经开区扶持科技创新若干措施》，年内入库科技型企业 38 家，省级科技创新型企业 3 家，认定高新技术企业 11 家，其中新认定 3 户，重新认定 8 户；完成技术交易额 11.4 亿元，较上年同期增长 378%；累计发明专利授权量 161 个，国际 PCT 专利 3 个。获评省级工业设计中心企业 3 户，省级专精特新企业 1 户，国家级专精特新“小巨人”企业 1 户，国家级绿色工厂企业 1 户，省级、国家级孵化器企业各 1 户。

**【投资促进】**2021 年，天水经开区全力推进三阳工业园 15.83 平方公里扩区增容，成立了三阳筹建办和兴阳公司，组建专班，完成了控制性详细规划、市政专项规划编制，完成征收土地 1 614.62 亩。完成道路、桥梁等 9 个项目可行性报告编制，其中 3 个项目列入海绵城市建设项目。完成航拍影像三维建模和保障性租赁住房等 3 个专项债券项目申报工作。目前，二号路、二号大桥、堤防工程已开工建设，华洋 IC 载板、戈尔电梯、甘肃共联项目已进场施工，华天项目即将入园。

**【体制机制改革】**2021 年，天水经开区全面贯彻落实“放管服”改革要求，进一步简化办事程序，压缩审批时间，《建设用地规划许可证》和《建设工程规划许可证》的审批时限由 20 个工作日缩短为 3 个工作日，《建筑工程施工许可证》审批时限由 5 个工作日缩短为 3 个工作日。设立“帮办代办”窗口和 28 个业务受理窗口，全区 166 项政务服务事项实现了“一站式办理、一条龙服务”，完成政务服务事项 24 713 件；办理不动产各类登记 1 322 件，较去年同期增长 24.37%；完成公共资源交易项目 40 个，交易总额达 39.45 亿余元。

**【营商环境】**2021 年，天水经开区持“项目为王，企业家老大”和“无事不扰、有事必在”

的理念，落实“驻企干部制度”，开展服务企业“春风行动”。与农发行、浙商银行分别签订 150 亿和 30 亿元授信合作协议，协调 8 家金融机构为企业融资 26.43 亿元。服务重大项目落地的做法在全省推广，积极开展文明城市创建和市级文明单位创建活动，获评为全省卫生单位。

（天水经济技术开发区管委会）

# 井冈山经济技术开发区

**【概况】**井冈山经济技术开发区位于吉安市城南，2001 年 5 月经吉安市政府批准设立，2010 年 3 月升级为国家级经开区。2011 年 3 月获批国家级出口加工区，2020 年 4 月整合优化为综合保税区。规划面积 115.3 平方公里，建成区面积 36 平方公里。拥有国家新型工业化（电子信息）产业示范基地、国家科技兴贸创新基地、国家绿色园区等 16 张国字号名片，系江西省政府和深圳市政府共创共建的吉安（深圳）产业园。

**【经济发展】**井冈山经开区深入贯彻新发展理念，聚焦“作示范、勇争先”目标定位，按照“担当先锋、争先进位、奋楫领航、勇当标兵”要求，奋力冲刺两千亿、挺进五十强、全面建设现代化产业新城。2021 年，全区（未含吉州工业园）完成营业收入 1 065.8 亿元，增长 26.5%；规模工业增加值增长 12.7%；固定资产投资增长 13.5%；财政收入增长 10.5%。在 2021 年全国 217 家国家级经开区综合考评中，排名第 61 位，连续五年保持在全国百强。

**【一区四园】**2018 年 3 月，整合吉州、青原 2 家省级开发区，形成“核心区 + 延伸区 + 联动区”的“一区四园”协同发展格局。核心区即井冈山经开区本部，规划面积 52 平方公里。重点发展电子信息首位产业和先进装备制造业，聚焦重大项目、龙头企业和品牌产品，打造全省先进制造业示范区。重点打造占地 460 公顷的高端智能制造产业园，重点布局新能源汽车、锂电储能电池、智能终端全产业链、氢能、半导体芯片、半导体照明、高端电子材料、高端显示板等产业。延伸区即河东园区和富滩园区。河东园区规划面积 5.2 平方公里，重点依托井冈山大学发展电子信息等都市型工业和先进制造业，建设创新与创业、孵化与投资相结合的创新示范区。富滩园区规划面积 45.9 平方公里，重点发展生物医药大健康产业和新能源新材料产业，着力打造产业、科技和生态融合发展的龙头带动区。联动区即吉州工业园，规划面积 12.2 平方公里，重点发展电子信息首位产业、机械制造业、食品医药及新兴服务业，打造产城融合区。

**【产业发展】**井冈山经开区着力构建“1+3+2”产业体系。“1”即铆定电子信息首位产业。按照“芯光屏板链智网”全链式发展思路，着力打造全球最大的半导体照明基地和全国有影响的智能硬件产业基地，聚集了木林森、兴信智能、红板、南亚、生益、航盛等行业龙头企业。满坤电子创业板成功上市。“3”即着力培育生物医药、新能源新材料、先进装备制造 3 大新兴产业。生物医药产业以全国中医药百强企业普正药业为龙头，聚集了江西生物制品研究所、新赣江药业等企业，重点发展中成药、生物制品、保健品等领域。新能源新材料产业以思立科、冠德新材、昆宇电源、优特利等为龙头，涵盖了新型离型膜、高分子塑料薄膜、超纤无纺布等领域。先进装备制造产业以米田科技、瑞鹏飞、胜美达和吉米立等为龙头，主要打造电子精密结构件、汽车零部件、机械设备生产等板块。“2”即瞄准未来产业 2 条赛道，一是以东方电气氢能科技产业园为龙头，建设氢燃料电池制造、可再生能源发电及制氢、氢燃料车辆示范及推广项目，抢占氢能产业新风口；二是依托瑞鹏飞、胜美达、航盛、瑞声电子、巴斯巴、红板、合力泰等企业上游配套，着力引进整车项目，培育新能源汽车产业。

**【科技创新】**井冈山经开区聚焦产业升级，深入实施创新驱动发展战略。实施数字经济“一号发展工程”，打造金鸡湖创新小镇、工业互联网产业园等集聚区，获批全省首批数字经济创新发展试验区（基地），5G智能硬件制造产业基地被认定为全省首批5G产业基地，金鸡湖创新小镇获批全省首批省级数字经济集聚区。吉安市高层次人才产业园建成开园。拥有电子信息产业研究院、电子信息产业联盟、电子产品检验检测中心三大平台，工业互联网产业园与王耀南院士团队合作建成机器人视觉感知与控制技术国家工程研究中心吉安分中心、吉安市机器人智能感知与高端装备联合研发中心两大研发平台。

**【城市建设】**现代新城日臻完善。强化“精心规划、精致建设、精细管理、精明增长”理念，全面建设现代化产业新城。推进企业亩均效益评价，推动低效企业转型升级，提高土地利用效率。高标准建设12.8平方公里金鸡湖核心区，构建绿色生态、科技创新的城市核心，金鸡湖创新小镇初具规模，布局创新创业、产业孵化、总部经济、星级酒店、邻里中心等新业态。践行“绿水青山就是金山银山”理念，把环境保护放在重要位置，开发过程中注重保留自然山体、河湖水系，建成梨山公园、金鸡湖驳岸绿地、南山公园等休闲公园。持续完善提升基础设施，污水处理厂、危废处置中心、垃圾焚烧发电厂、锦源水厂等生产配套一应俱全。生活配套不断完善，建成高新医院、仁安医院2家医院，邻里中心、里塘山商业街、农香园农贸市场等全面运行，拥有公办义务教育学校2所，其中完全中学1所、九年一贯制学校1所，集学前、小学、初中、高中为一体的民办学校1所，幼儿园11所，职业教育学校5所。

（井冈山经济技术开发区管委会）

# 镇江经济技术开发区

**【概况】**镇江新区（镇江经济技术开发区）古称“宜”地，具有三千年历史积淀，是镇江“一体、两翼、三带、多片区”总体布局中的“东翼产业协同发展区”。1992年，开发区在改革开放浪潮滚滚中应运而生，2010年4月升级为国家级经济技术开发区，下辖丁卯、大港2个街道和丁岗、大路、姚桥3镇，总面积223平方公里，城市建成区面积59.6平方公里，常住人口26.4万人。在2020年国家级经开区综合发展水平考核评价中，镇江新区连续三年跻身全国经开区综合排名前 30 名；营商环境指数位列全国第 18 名。

**【经济发展】**2021年，镇江经开区地区生产总值增长10.9%，固定资产投资增长18.1%，制造业外资增长8%。工业应税销售实现1 104亿元，增长27%；规上工业增加值增长13%；一般公共预算税收收入增长9.4%，税占比提高6.7个百分点；进出口总额增长11.4%；社会消费品零售总额增长16.5%。

**【区位优势】**镇江经开区区位独特、交通便捷。新区因港而生，地处长江和京杭大运河十字交汇处，坐拥天然深水岸线17公里，作为国家一类开放口岸、长江第三大港口、上海国际航运中心组合港，已实现与全球71个国家和地区的288个港口通航。这里区位交通优势明显，有三大机场环绕、三条高速串联、铁路穿境而过，大桥横卧江面，铁、公、水、空立体化交通网络格局已然形成，成为“立足苏南、辐射全国的立体式区域物流集散地”。这里经济辐射效应显著，比邻上海、南京两大都市圈，作为长三角一体化、长江经济带战略核心区域。已有超过30家世界500强和国际知名企业，以及10余家中央企业先后在这里落户。

**【资源优势】**新区平均总建设、物流、人力、生活等各项成本，均低于周边苏南其他地区。区内现有存量可建设用地近万亩，最大连片地块面积达千亩，七通一平的土地配套设施有利于实现企业的快速进驻。坐拥高校资源，有8所高校、29所职业技术院校，平均每年产业人口导入超1万人，为企业发展提供保障。新区注重用政策吸引人才，用环境留住人才。

**【管理服务】**新区创新高效政务服务，努力实现“审批事项最少、办事效率最高、创新创业活力最强”目标。整合内部力量，实施6项区域评估共享，试点“拿地即开工”审批以及“签约后即开办”“容缺预审”“限时联合验收”“全链通”审批模式，实现从项目申请至正式开工建设，只需45天时间的“新区速度”；创新集成管理，提供24小时自助政务服务，企业一键诉求，网格员立即受理、一网通办，不见面审批事项占比超80%，让企业家安心经营，放心投资，舒心成长。

**【城市建设】**新区产城融合、配套齐全，坚持“实体为本、制造为魂”，作为国家级开发区，建设10年来，累计吸引外资超100亿美元；聚焦新能源、新材料、航空航天、再生医学四大支柱性产业，配套四个产业园区、一个省级特色小镇，以及一个综合保税区。其中，新能源产业园，是国内为数不多的国家级“新能源+分布式光伏”叠加示范区；新材料产业园，为国家级新兴产业示范区，跻身中国化工园区30强；航空航天产业园，是江苏省首个国家级航空产业示范基地；镇江再生医学小镇，已创成江苏省第二批省级特色小镇。新区注重发挥龙头企业的示范引领效应，全力培育“5311”千亿产业集群；注重追求双生融合，做优做强青创家园品质生活圈、城市公园文旅生活圈、滨江田园休闲生活圈“三圈三园”建设。

**【项目建设】**2021 年，一是重大项目加速落地。立足新区实际，重点招引竞争性强、成长性好、综合效益高的优质项目，蓬勃生物、联博等一批项目签约落户。以项目服务网格推进重大项目建设，固定资产投资增幅和产业类投资、制造业投资、高新技术投资等指标保持全市前列。

**【产业转型】**2021 年，新区紧抓“双碳”落地，推动企业技改升级，实施绿色改造项目 27 个，新增省级绿色工厂 2 家、市级绿色工厂 4 家，单位 GDP 能耗下降率持续稳定在绿色区间；推进制造业数字化转型，新增省星级上云企业 14 家、省示范智能车间 5 家；成立心湖人才共享社区建设发展工作领导小组，深入调研周边产业、人才、载体发展需求，专题研讨拟定规划建设初步方案，着力打造辐射带动全区产业升级的重点片区。

**【科技创新】**2021 年，新区聚焦科技创新与人才“两大高地”建设，放大产业集聚效应，招引落户科技类、孵化类项目，入选 1 个省级双创团队、5 名省级双创个人、59 名省级科技副总、12 名市“金山英才”创新创业个人，62 名市“169”人才；科技创新实力稳步提升，认定国家科技型中小企业 385 家、高新技术企业 67 家，新增省企业技术中心 2 个，市企业技术中心 21 个。

**【体制机制创新】**2021 年，新区推广“企业安全风险点管控责任手册”机制，形成企业层层分解、部门合力推进、领导责任明晰的风险管控和安全管理体系；数字融合打造现代化集成管理机制，在全市率先推行“项目网格”“一窗通办”“一网通办”改革，全力打造优化营商环境特色品牌；全面启动实施国企改革“三年行动”，推动国企优化资源配置、提升管理效能、做强主责主业。

[镇江新区（镇江经济技术开发区管委会）]

# 潍坊滨海经济技术开发区

**【概况】**潍坊滨海经济技术开发区地处渤海湾南岸，是国务院2010年4月批准成立的国家级经济技术开发区，陆域面积541平方公里、海域面积480平方公里、海岸线长60公里，辖央子、大家洼2个街道，有50个行政村、10个城市社区，总人口23万，先后获批国家科技兴贸创新基地、生态工业示范园区、职业教育创新发展试验区、循环化改造示范试点园区和产城融合示范区。2021年在国家级经开区综合考评中排名第112位，山东省开发区综合评价中排名第9位。

滨海区空间资源广阔、交通条件便利、人才资源丰富，为产业的集群化、规模化、高端化发展提供了强有力的支撑。全区拥有约37万亩待开发利用地，可直接承载5 000亩以上的大项目落地建设，占地约71平方公里的绿色化工园是山东省目前最大的专业化工园区。区内的潍坊港是国家一类对外开放口岸，拥有万吨级以上泊位20个，国内外航线60多条，5万吨级航道、疏港高速、疏港铁路等重大交通基础设施快速推进。同时，滨海区作为“全国职业教育高地示范区”的核心区，规划建设了约30平方公里的山东海洋科技大学园区，已开发面积约15平方公里，聚集山东化工职业学院、山东海事职业学院、潍坊职业学院等院校院所15家、师生约5万人，与国内外51家院校、100多家企业建立了合作关系，每年输送应用型技术人才1万多人。

**【经济发展】**潍坊滨海经开区按照“产业组织、产业生态”理念，布局一批新赛道、新链条、新主体、新集群，全力打造新材料、新医药、海港物流、海洋文旅、装备制造等五大产业基地。全区现有规模以上工业企业196家，潍柴重机、山东海化、中化弘润、新和成等知名企业驻区发展，维生素、蛋氨酸、溴系阻燃剂等38个产品市场占有率居全球前三位，其中21种产品市场占有率世界第一。

2021年，全区经济运行上行态势明显，GDP同比增长9.5%，规上工业增加值同比增长13.2%；规上工业营收同比增长52.7%；固定资产投资同比增长15.5%；一般公共预算收入同比增长11.4%；商务部统计的到账外资同比增长133%，主要经济指标超额完成年度目标。新增省级以上单项冠军企业4家，总数突破10家、居全市第一，入库国家科技型中小企业129家、增长127%，市场主体活力充沛。

**【项目建设】**2021年，经开区以“链式思维”布局产业项目、优化要素配置、明确招商重点，全面加强产业链上下游协同，强化产业链系统优势，全年新签约项目58个、总投资740亿元，其中过百亿项目4个。总投资245亿元的12个重大项目和总投资303亿元的15个重点项目先后集中开工。9个省级、13个市级重点项目分别完成年度投资计划的319%、150%。潍柴高端发动机试验平台、新和成PG一期、国邦产业园等省市重点项目建成投用，总投资140亿元的海化风光储智慧能源示范基地开工建设。

2021年，经开区22个重点项目纳入省、市盘子，17个专项债项目9.04亿元全部到账，数量、额度均居全市前列。润丰股份、国邦医药2家企业实现上市，4家在省证监局辅导、8家入选省上市后备企业库，滨海已成为全市企业上市的“富集地”。全力攻坚完成海岸线修测，从根本上解决了陆海交叉管理问题，发展空间持续放大。成功组建潍坊市海洋投资集团，作为落实全市向北向海战略决策的市场化主体。滨海科技创新园获批国家海智计划工作基地、为全市首家。成功承办第十四届全运会帆船比赛项目，产生9枚金牌，创潍坊市承办全运会金牌项目历史。

**【综合配套】**2021年，经开区潍坊港客货滚装泊位主体建成，散杂货储运中心建成投用。新开通集装箱内外贸航线4条，石油焦操作量超过百万吨、成为全国最大炭素级石油焦贸易港。中港区完成集装箱吞吐量增长20%。全市最大的LNG储备站项目建成投运。“中亚班列——潍坊号”启动开行，拓宽了山东至中亚“一带一路”铁路运输国际通道。山东生态环境学院加快筹建，潍坊职业学院二期项目、山东化工职业学院新校区主体完工；山东应急安全学院正式挂牌。

**【营商环境】**2021年，经开区持续转变作风，深耕服务企业专员制度，实行“一包一联一兜底”无缝隙服务全覆盖，组织326名专员对399家重点企业、96个重点项目实施“点对点”精准包靠服务。深化“放管服”改革，在全市率先开通运行“潍视通App”政务服务事项掌上办平台，首创“拿地即开工”十证齐发审批模式，创新推出“跨域通办、全程电子化、一业一证”等“全科式”审批新模式，审批提速85%以上。深入开展党史学习教育“我为群众办实事”活动，全面落实免费停车、农村清洁取暖等惠民举措，推出为民惠民的硬招实招223项，实施直接造福于民的项目工程50个，群众幸福感、获得感进一步增强。

（潍坊滨海经济技术开发区管委会）

# 泉州经济技术开发区

**【经济发展】**2021年，泉州经济技术开发区实现GDP 203.4亿元，同比增长8.1%；工业增加值154.6亿元，同比增长5.3%；第三产业增加值46.6亿元，同比增长18.3%；一般公共预算总收入13.53亿元，同比增长2.3%；一般公共预算收入6.34亿元，同比增长2.3%；全社会固定资产投资11.85亿元，同比增长17.3%；社会消费品零售总额119.42亿元，同比增长14.6%；出口商品总值53.34亿元，同比增长15%；实际利用外资（验资口径）3.18亿元，同比增长45%，其中，三产增加值、固定资产投资、社会消费品零售总额增速排在全市前3位。

**【园区建设】**泉州经开区将建设全省标准化标杆园区作为园区发展的主攻方向、一号工程，制定出台园区标准化建设实施方案，尽锐出战，全速铺开。完成对清濛园区254个工业地块的全面摸底调查，详细了解每个地块的税收、产值、业态，做到底数清、情况明。同时，加快完成清濛园区控规调整优化，进一步提升工业用地比例和容积率；优化已出台的《关于鼓励闲置工业厂房盘活的三条措施》，建立科学的项目准入和退出机制，大力推进“腾笼换鸟”、精耕细作、存量提质，加快盘活“双闲”（闲置厂房、闲置土地），提高单位土地GDP产出强度。组织了3批次人员到先进工业园考察学习，学习借鉴成功做法，结合实际形成开发区实施方案。确定区内国企收购的原美加美公司地块约105亩作为园区标准化提升首个试点区域，打造国际IP产业创新园，由管委会下属国企清濛开发建设有限公司作为试点园区建设和运营的主体，负责试点园区的资金投入、规划建设、管理运营。

**【转型提升】**2021年，泉州经开区编制“十四五”规划纲要，提出“提升含金量、含新量、含绿量”，实施创新驱动引领、产业升级、数字经济领跑等9项重点任务。先后引育友臣食品电商总部、斐乐工业设计、利讯贸易平台、比邻服务型制造平台，现有平台类企业近百家。引进华数机器人等数字企业；与科复时代、京东科技共同打造新型显示数字经济产业园，锐驰与冠捷联合开发多款智能投影显示系列产品并在京东线上及冠捷线下门店销售，区内数字经济占GDP的42.9%。重点建设数字经济、工业更新、城市更新等项目，2021年，17个市级在建重点项目年度计划投资14.86亿元，已完成116.72%。

**【科技创新】**泉州开发区实施科技创新行动计划，鼓励企业加大研发投入，实施规企与高企“双向进入”，现有国家高新技术企业51家，规上高企占规上企业22.4%、高企中规上企业占比47.1%。引进华中科大、中生协特种通信、湖南大学等3个研究院，与区内外100多家企业开展技术需求对接。推动企业上云用数赋智，建有70条数字化智能化生产线，推动38家企业上云上平台，其中国家两化融合贯标示范企业9家，省工业互联网示范项目1个，省级智能制造试点企业2家，市级数字化车间5家。推动绿色数字技改，1家企业获国家级绿色工厂。先后出台春节期间“留区”政策及高质量发展13条、绿色技改18条、创新促运用10条等惠企措施，及时兑现专精特新小巨人、省单项冠军、省外员工节日补贴等各级扶持资金5 000多万元。

**【外贸外资】**2021年，泉州经开区举办“全闽乐购”泉州开发区狂欢购物节，开展“十大增量比拼、超百万购车补贴抽奖、千万消费券发放”活动，全面激活消费热点。批发和零售业均增长两位数以上，其中批发业比增 21.72%、零售业比增 20.05%。从扩大出口、跨境电商、市场采购等方面出台 7 条政策鼓励企业走出去，全区现有出口企业 137 家。2021 年，跨境电商和市场采购预计完成出口额 11.09 亿元，拉动出口增长 23.9 个百分点。引入濛创伟业直播基地落户开发区。支持外贸企业通过网上洽谈、“云展会”等方式获取订单，组织参加首届中国跨境电商交易会等，现有限上电商企业 15 家，2021 年销售额达 18.45 亿元，比增 119.88%。现有外资投资企业 86 家，特步于 2021 年 6 月实际到资 4 亿元，重点跟踪立邦新型材料海峡西岸经济区生产基地等项目，推动项目尽快到资、投入生产。

**【招商引资】**“走出去”拓宽渠道。区主要领导赴上海、深圳、杭州等地开展 9 场招商活动，实地考察联东 U 谷、立邦公司、西虎汽车、中深数字科技等 30 多个项目及企业；组织参加第四届上海进口博览会、第二十一届国际投资洽谈会等 9 场签约推介活动。“请进来”精准招商。已成功落地奇鹭产业园、腾趣休闲食品电商产业园等 47 个项目，合计总投资 124.95 亿元，其中海丝埃睿迪智慧水务等 12 个项目纳入民企项目管理库跟踪管理，超额完成市级下达的泉州市招商季和民企对接任务。策划搭建总部平台。在 2.5 产业园搭建区域总部平台集聚区，鼓励和吸引域外企业在开发区设立区域总部平台，提供免费注册办公场所，引进绿泉、宝峰、三峡等 9 家总部企业入驻。

**【民生补短】**教育提质。通过推荐教师跟岗学习、研修培训等活动，发掘培养青年骨干教师，带动提升教师整体专业素质。指导公办园与普惠民办园建立帮扶协议关系，推动保教质量持续提升。推进“双减”工作，教育部监测平台 9 项指标我区均达到 100%，课后服务学生参与率 98.10%，教师参与率 99.35%，实现有需求的学生全覆盖，学科类校外培训机构压减率 100%。区内中小学 100% 通过福建省义务教育管理标准化学校验收。

卫健提档。办好社区卫生服务中心，扩容办公场所，利用线上线下相结合方式开展 8 轮 103 人次业务培训，全力提升公办医疗水平。扎实推进为民办实事项目，落实 14 项基本公共卫生服务项目。针对开发区无疾控机构的实际，委托第三方指导开发区企业加强职业健康管理。

生态提品。启动全区规划环评报告编制，严把建设用地环境准入和建设项目准入，今年来共处理环境污染投诉 12 件，同期相比减少 74.5%。深化大气、水、土壤等污染防治攻坚战，完成 5 个 VOCs 治理项目和 4 个制鞋企业水性胶替代项目，年度空气质量优良天数比例高于近三年平均值，大气污染物指标达到国家二级标准。有序推进智慧停车项目。启动奥林匹克花园低碳社区试点创建工作。全市中心市区小区考评成绩位居第一。

法服提优。整合园区法律服务资源，创新设立“法理驿站”，引进“泉州中央法务区”服务团队入驻基层治理服务中心，实施律师值班制度，开通服务热线，提供法律咨询、办公证、寻鉴定、求法援、找调解、聘顾问一站式综合法务服务。设置安装智慧普法与公共法律服务桌面赋能机，推行“网格员 + 律师”走访企业，开展经营管理法律“体检”，有效满足企业和群众的公共法律服务需求。

**【营商环境】**深入开展“营商环境提升年”攻坚活动，深化“放管服”改革，推出“清亲清濛”微信公众号，打造惠企服务、政务审批、便民服务等平台，已进驻各类服务事项 551 项；聚焦高效办成一件事，推广网上办、就近办和 24 小时自助服务。目前，审批事项全部压缩在 3 个环节以内，审批时限压缩至法定的 11.5%，行政许可事项“一趟不用跑”占比位居全市第一。同时，持续做好配套提升工作，着力完善服务和生活消费配套。拟谋划建设中高端消费街区，初步选定在 2.5 产业园、圣弗兰小镇，打造集购物、娱乐、餐饮、休闲、健身等为一体的商业配套区。

**【领导班子】**2021年，泉州经开区党工委书记李文生（任至2021年9月）、丁峰（2021年9月任），党工委副书记、管委会主任林荣川，党工委副书记、纪工委书记、监察组组长林明义，党工委委员、二级调研员傅国明，党工委委员、管委会副主任、三级调研员吴福来，党工委委员、党务工作部部长、工委会主任卢锋，党工委委员、管委会副主任吴志灵，管委会副主任吴文从、柯贤初，管委会科技副主任何汉儒，管委会四级调研员黄清湖，管委会四级调研员、泉州综合保税区管委会副主任黄溪洪。

**2021年经济和社会发展主要指标一览表**

| 指标名称 | 单位 | 实绩 | 比上年增长（%） |
|---|---|---|---|
| 地区生产总值 | 亿元 | 203.4 | 8.1 |
| 固定资产投资 | 亿元 | 11.85 | 17.3 |
| 财政总收入 | 亿元 | 13.53 | 2.3 |
| 地方一般预算收入 | 亿元 | 6.34 | 2.3 |
| 一般公共预算财政拨款支出 | 亿元 | 3.72 | 1.64 |
| 工业增加值 | 亿元 | 154.6 | 5.3 |
| 规模以上工业增加值 | 亿元 | 113.2 | 5.1 |
| 第三产业增加值 | 亿元 | 46.6 | 18.3 |
| 社会消费品零售总额 | 亿元 | 119.42 | 14.6 |
| 出口商品总值 | 亿元 | 53.34 | 15.0 |
| 实际利用外资（验资口径） | 亿元 | 3.18 | 45.0 |

（泉州经济技术开发区管委会）

# 宾西经济技术开发区

**【概况】**宾西经济技术开发区始建于2002年9月11日，为黑龙江省人民政府批准设立的省级开发区。2010年6月26日，经国务院批准晋升为国家级经济技术开发区，规划总面积47平方公里。地处黑龙江省南部，坐落在宾县宾西镇，距哈尔滨主城区29公里，位于哈尔滨半小时经济圈内，毗邻道外区、阿城区，哈同公路、同三高速、哈佳铁路贯穿全境，宾西地方货运铁路专线连接全国路网，从宾西站乘高铁到哈尔滨仅需15分钟，距哈尔滨太平国际机场不到1小时车程。开发区先后被批准为国家循环化改造示范试点园区，连续7年被授予对俄贸易出口先进单位、“黑龙江省先进开发区”称号。经过20年的发展，园区现有企业173家，其中世界500强投资的企业1家、中国民营500强投资的企业5家、行业100强投资的企业8家、上市公司控股的企业8家、规上企业51家。

**【经济发展】**2021年，宾西开发区GDP同比增长15%；工业总产值同比增长9.4%，其中规上工业产值同比增长11.3%；税收收入同比增长25%。在2020年国家级开发区综合考评中，宾西开发区位列第163位。

**【产业发展】**2021年，宾西开发区围绕以农副产品精深加工产业、现代包装产业 、健康产业为主导产业，以先进制造业、现代建材业和现代服务业为优势产业的“3+3 ”新型产业布局，重点打造五大产业集群和一个开放高地。

一是打造东北地区最大食品工业产业集群。现有食品工业企业27家，2021年实现产值58.2亿元，税金5 699万元，其中，比较典型的企业有：农业产业化国家级重点龙头企业今麦郎食品股份有限公司投资的今麦郎面品（哈尔滨）有限公司，主营方便面制品的生产与销售业务；哈尔滨最大的冷冻果蔬加工基地哈尔滨高泰食品有限公司是一家从事农产品种植、生产、贸易为一体的国家级农业产业化龙头企业，在大连设有物流和国际贸易部，年加工速冻果蔬两万吨以上，产品远销欧盟、俄罗斯、日韩、美国、加拿大以及东南亚等二十多个国家和地区；哈尔滨市第二大肉牛加工企业宾西集团，由宾西牛业、肉业、食品3家子公司组成，是一家集肉牛生猪屠宰加工、熟食加工为一体的肉制品综合加工企业。

二是打造东北地区最大饲料产业集群。现有上市公司等企业投资的饲料生产企业14家，2021年实现产值19.6亿元，税金1 762万元，其中，比较典型的企业有：世界500强正大集团投资的正大饲料，2021年3月入驻宾西开发区，从签约到投产，仅用1年时间，跑出了宾县招商引资和项目建设加速度，占地面积7.9万平方米，总投资1.3亿元，拥有年产18万吨饲料生产线，其中畜禽饲料生产线年产量12万吨，反刍饲料生产线年产量6万吨，主要生产猪、鸡、反刍动物、鱼等四大系列的配合饲料、浓缩饲料和精料补充料；中国五百强大北农投资的大北农饲料是集饲料研发、生产和销售为一体的国家级高新技术企业，设计年产24万吨饲料生产能力，主要产品为预混料、配合料、浓缩料等。公司目前是国家级专精特新小巨人企业，省级农业产业化重点龙头企业，黑龙江饲料行业前十强，饲料行业领军企业。

三是打造东北地区最大现代建材产业集群。现有建材生产企业32家，2021年实现产值16.9亿元，税金1.1亿元，其中，比较典型的企业有：

中国500强中国建材投资的宾州水泥，是黑龙江省最大的水泥生产企业，拥有从丹麦、德国、荷兰引进了国内装备水平一流的先进生产设备和精密质量检验仪器，是黑龙江省唯一获准生产PII52.5R高等级水泥生产许可证的企业，产品广泛应用在诸多省市重点工程中，“虎鼎”牌水泥先后获得了黑龙江省“名牌产品”和“著名商标”；建华建材集团投资的黑龙江建华管桩，是混凝土制品与技术综合服务商，生产产品涵盖工业与民用建筑、公路市政、水利水运、电力通信、轨道交通等各领域桩基础类产品和复合地基处理类产品及各类预制构件，提供从地下基础工程到上部结构工程的全流程产品，产销量在中国市场占有率达30%以上。

四是打造东北地区最大现代包装产业集群。现有包装企业13家，被授予东北地区最大的现代包装产业基地，2021年实现产值6.2亿元，税金2 190万元，其中，比较典型的企业有：哈尔滨和鑫造纸有限公司，经营范围是机制纸制造、销售；纸制品销售；出口瓦楞纸及纸制品；进口废纸；废旧纸张回收。主导产品为高强度瓦楞原纸，可年产10万吨，产品主要销往哈尔滨周边地区及吉林省；黑龙江宏瑞彩印包装制品有限公司，主营各种规格的高、中档纸箱（盒）及纸制品包装，先后引进了德国、日本等国内外先进的纸箱制造设备，是东北三省彩印包装制造行业的龙头企业，产品主要为伊利、蒙牛、百威等企业提供包装配套，东北市场占有率20%以上。

五是打造东北地区最大现代装备制造产业集群。现有国内行业领先的现代装备制造企业24家，2021年实现产值3.4亿元，税金720万元，其中比较典型的企业有：运达时代风机叶片项目，总投资7.2亿元，由宾县人民政府计划投资3亿元用时183天完成建设厂房等基础配套设施，浙江运达风电股份有限公司投资4.2亿元，负责叶片生产人员、设备及相关原材料，建设100米及以下规格叶片生产线4条，达产后预计最大产能实现300套/年，产值5.5亿元，税金1 500万元，可安置劳动就业约300人，计划2022年底前进行设备安装。黑龙江北大荒众荣农机有限公司，隶属北大荒集团，是集农机播种设备、收获设备、农机配套设备制造及零配件加工、国内外农机贸易进出口代理、农机产品出租经营、信息咨询为一体的有限责任公司，产品畅销内蒙古、新疆、辽宁、吉林、黑龙江及日本、俄罗斯等国家和地区。哈尔滨哈东新春锅炉有限公司，是黑龙江省秸秆产业联盟、中国北方新农村产业建设联盟的发起单位，常务副理事长单位，公司参加了国家能源局组织起草的有关生物质成型燃料锅炉行业标准，同年公司按照国家“一带一路”的发展战略，在白俄罗斯的中国工业园，合资成立了针对俄罗斯、乌克兰、波兰和白俄罗斯市场的生物质锅炉加工基地。

六是打造对韩经贸合作开放新高地。按照中央、省、市关于推进建设特色产业园区的要求，积极推进“区中园”建设。2020年8月，成功引进“中韩国际创新创业中心 & 哈尔滨（宾西）中韩产业创新合作中心”，实行“飞地模式”，在开发区内建设标准化厂房，在哈市主城区设立离岸办公生活场所，围绕黑龙江省“四五六七”产业发展全景图，积极引进科创型韩资企业，截至2021年底已落地韩资企业10家，注册企业已申请发明专利2项、已获得软件著作权35项，已通过高企认证1家，在认证2家，经营范围主要涉及智慧农业、科技金融、疫情防控设备、人工智能、物联网、智慧灭火装置等领域。合作中心充分发挥对韩合作平台优势，为省、市政府组织举办10余次中韩对接活动，中心已经成为全省对韩经贸合作的重要窗口。

**【科技创新】**一是创建科技服务平台，打造智慧园区硬件设施；二是建立产业孵化中心，推动创新创业高效发展；三是培育高新技术企业，提高园区科技发展水平，截至2021年底现有高新技术企业17家，共建立了5个企业技术中心，其中省级企业技术中心3个，研发人员366人，26人具有中高级职称；四是加强知识产权保护，增强企业发明创造动力，宾西经开区在新材料、农副产品、机电等领域取得了一批优秀科技成果，填补了省市多项产品空白。全区共获得国家和省级科技奖励（包括年度专利奖励）和国家省部级科技成果20项。企业共拥有各种专利技术131项，其中高新技术专利21项。专利申请量和授权量年增长9%以上。

**【机构设置和领导信息】**2021年，宾西开发区党工委、管委会内设6个机构，机构规格均为正科级，分别为党建办公室、投资促进局、规划监管局、审批服务局、经济发展局、财政审计局。

宾西开发区党工委书记李莹，管委会主任赵洪臣，党工委副书记、管委会副主任、党委书记祁彦勇，党委书记丁艳旭，管委会副主任王恩贵、马云鹏。

（宾西经济技术开发区管理委员会）

# 沧州临港经济技术开发区

【经济发展】2021 年，沧州临港经济技术开发区全力以赴抓实生产、生态、生活“三个全面提升”，努力实现项目建设、产业发展支撑平台建设、高效服务保障能力建设、打造亲清政商关系方面“四个新突破”。全区项目建设稳步推进，经济运行健康平稳，科技创新平台内涵不断丰富，服务保障平台不断优化，安全环保智能管控平台不断完善。

2021 年，完成地区生产总值 46.9 亿元，同比增长 8.9%；规上工业增加值同比增长 9.2%；固定资产投资同比增长 8.3%；利用外资 5 704 万美元，同比增长 52.1%；一般公共预算收入完成 7.0 亿元，同比增长 20.8%。全省省级以上开发区综合发展水平评价中排名 A 类，在设区市管理的 15 个经济开发区中，综合排名第 5 位。连续 4 年蝉联全市省级以上开发区综合考核第 1 名。连续 9 年被评为“中国化工园区 30 强”，成为河北省第一批、沧州市第一家通过省级认定的专业化工园区。成功获批河北省能级提升综合示范经济开发区。

【项目建设】2021 年，沧州临港开发区全力践行特色产业集群，着力打造高质量化工医药产业集群，经济社会建设成效显著。针对疫情常态化防控形势，临港开发区招商引资工作进一步解放思想，及时转变思路，摒弃传统“广撒网”的招商模式，创新招商引资方式，将传统招商方式转变为网络云招商，通过公众号、邮件、电话、微信、企业朋友圈等途径，借助大数据分析、筛选有效招商信息，实现精准对接，全面开展“不见面招商”，通过网上洽谈、视频会议、在线签约等方式，有效保障招商引资工作持续向前。

2021 年共实现签约项目 112 个，总投资 349 亿元，主要包括：浙江豪邦新材股份有限公司投资 26 亿元的液体环氧树脂循环经济项目、浙江赞宇科技股份有限公司投资 12.5 亿元的 70 万吨 / 年表面活性剂项目、北京华腾橡塑乳胶制品有限公司投资 8.7 亿元的年产 10 亿只 / 年医用乳胶手套应急物资保障项目、天津得瑞丰凯新材料科技有限公司投资 6 亿元的 60 000 吨碳干凝胶项目等；新开工项目 70 个，总投资 130.72 亿元，主要包括：沧州诺尔信新材料有限公司 16 万吨 / 年氯甲烷项目、沧州临港金诚化工有限责任公司精细化工产业园项目、沧州渤海新区安信化工有限公司年产 27 000 吨医药级水溶性高分子材料项目等；实现竣工项目 30 个，总投资 103.89 亿元，主要包括：沧州大化股份有限公司聚海分公司年产 10 万吨聚碳酸酯项目、乐凯化学材料有限公司新型橡塑助剂产业化项目、沧州临港金鑫添加剂有限公司微量元素添加剂项目等。

【行政审批】2021 年，沧州临港开发区进一步深化项目审批制度改革，全力压缩审批时限。一是先后印发《临港开发区深化“放管服”改革优化营商环境重点工作分工方案》《临港开发区行政许可事项目录清单》《临港开发区政务服务事项目录清单》《临港开发区公共服务（除行政许可、政务服务外）事项目录清单》及权责清单，细化责任分工，明确工作职能。二是积极拓展“一网通办”范围和网上办理深度，推行“全时服务”，积极运用容缺受理工作机制，建立项目包联制度，畅通线上办事通道，开通站前服务列车，实施帮办人员代为审核、指导、跑腿取证机制，多渠道为企业提供咨询服务。截至目前，临港开发区网上审批事项可办率已达100%。工程建设项目审批管理系统已实现“全流程、全覆盖”。目前我区投资备案类项目从备案到取得施工许可证的政府审批时限压缩至28个工作日。

**【科技创新】**一是全面提速科创服务体系建设。南开大学—沧州渤海新区绿色化工研究院先后被天津市教委批准为“高校专业学位研究生产教融合联合培养基地”，被河北省评为省级新型研发机构、省级精细化工中间体产业技术研究院、省院士合作重点单位、沧州市众创空间。完成专利申请15项，4个研发项目达到产业化程度。化学药品研究开发公共实验平台获批河北省省级新型研发机构，已与多个项目团队达成初步合作意向。科技成果转化基地（中试基地）正在加快推进入驻项目筛工作。二是全面提升企业创新驱动能力。开发区依托科技企业后备培育工程，建立企业培育库，进行梯度培育，实施精准帮扶，积极培育创新主体。新获批2家省级院士合作单位、2家市级技术创新中心、2家省级技术创新中心。目前，开发区科技型中小企业77家，新增科技型中小企业12家；高新技术企业46家。组织10余家企业申报“专精特新”“小巨人”企业，截至目前区内共有专精特新企业9家，专精特新示范企业3家，专精特新小巨人3家。三是全面提升区企创新“合力”。着力优化科技服务机制，积极推动高等院校及科研院所与区内企业的紧密合作。南开大学绿色研究院组建包括3名博士、十余名硕士在内的自主研发团队，对接企业技术及产品创新需求，开展产学研合作，破解技术瓶颈。持续开展“科技开放日”活动，全市近200家企业与南开大学教授就科技研发、工艺改进等问题进行面对面交流、点对点沟通。先后组织产学研对接会160余次，为企业解决技术难题50余项，与区内22家企业签订了产学研合作协议；化工技术转移中心与70余所高校、科研机构建立联系，成功组织开展线上线下技术对接活动20余次，达成初步合作意向5项。区内14家企业自主与清华大学、浙江大学等16所高校、科研单位开展产学研工作，合作项目共计20余项。

**【生态环保】**2021年，沧州临港开发区聘请第三方专业机构组建“临港环保管家”，协助执法人员开展环保检查，累计发现问题2 815个问题，完成整改2 031项。2021年有毒有害恶臭气体监测预警系统二期投入使用，有效提升大气污染智能化管控水平。14家重点异味企业投资1.3亿元，实施95项治理工程，目前已完成改造71项。83家涉VOCs企业完成“一厂一策”编制，临港化工、华润电力、正元氢能3家企业7台燃煤锅炉，达到深度治理或超低排放标准，区内15台燃气锅炉完成低氮改造。实施生态氧化降解工程，积极督促绿源污水处理厂提标改造，确保断面水质考核稳定达标。2021年，园区自主谋划“危废智能数字化管理系统”，以数字化为核心，构建企业环保全息数据库，实现园区企业相关数据“一网通存”的目标。省生态环境厅拟于近期组织全省生态环境系统危废监管部门实地考察学习，并在全省推广。

**【服务管理】**2021年，沧州临港开发区投资1 700余万元建设的危化品车辆交通监控管理系统建成投用，采取车辆分口出入，建立车辆出入全过程管控机制，初步形成企业货物运输、区域车辆大数据管理，构建起危化运输车辆入园全过程监管工作体系，进一步提升安全环保管控水平。有效整合安监、环保、交通、公安等部门管理资源信息，定期在卡口开展联合执法检查，强化危化品车辆违法违章行为的监管和查处。据不完全统计，交通事故发生率较去年同期环比下降了36.3%。牵头组织制定“一园一策”提升方案，10项需整改事项已完成3项。105家企业完成“双控”机制建设，全区共确定风险点16 525个，制定隐患排查清单1 092份。东区特勤消防站项目建设预计年度前部分投入使用，全部消防器材和部分消防车、无人机等装备已经完成交付。

（沧州临港经济技术开发区管委会）

# 宁乡经济技术开发区

2021年，宁乡经济技术开发区扎实开展党史学习教育，以高质量发展为主题，以产业链建设为主线，大力实施“强省会”战略，奋力争创“五好”园区，园区经济社会发展呈现稳中有进、进中向好的良好态势，实现了“十四五”良好开局。

**【经济发展】**2021年，宁乡经开区上下聚焦抓“六保”、致力促“六稳”，有效应对新冠肺炎疫情、电力供应紧张、原材料价格大幅上涨等多重冲击，携手交出了献礼建党百年的优秀答卷。园区全年实现技工贸总收入1 065亿元、规模工业总产值753亿元、规模工业增加值184亿元，完成固定资产投资280亿元，完成财政收入66.3亿元、税收34.15亿元。在工信部赛迪研究院发布的“2021中国先进制造业百强园区”中排名86位，较上一年前进2位；获评湖南省环保诚信园区；托管的农科园在国家科技部考核中获评优秀等次。中伟新能源实现年产值130亿元，进出口11亿美元，成为园区第1家百亿产值工业企业，锂电池正极前驱体材料全球市场占有率排名第一，“千亩中伟城、百亿产业梦”的蓝图仅用四年时间成为现实。

**【招商引资】**2021年，宁乡经开区签约引进产业链优质项目42个，合同引资230亿元，其中“三类500强”项目引进4个，新注册“三类500强”企业2个，上市企业及行业龙头企业17个，外贸增速和投资10亿元项目引进个数均排名长沙市国家级园区第一。中伟新能源投资建设全球研发基地和年产5万吨锂电池前驱体材料项目，达产后将新增产值35亿元。斗禾科技投资建设年产能达3 500万台、年产值过100亿元的上市企业总部和综合生产基地，致力打造全国领先的智能小家电出海龙头企业。平台招商成效显著。在国家发改委、国家开发银行和中国家用电器协会的大力支持下，按照“三生”融合、“三态”协同理念打造的全国首个智能家电产业小镇，已完成“一心三园”（即蓝月谷双创孵化中心、智能制造产业园、智能家电产业园、智能家电配件产业园）整体布局，建成可租可售的高标准厂房70万平方米，实现租售60%以上，成功引进中电数科、泰川宏业、三爱电子、鸿域注塑等30多个智能家电产业链项目，达产后预计新增产能200亿元。增资扩产再创佳绩。深入推进产业倍增计划，华润怡宝、康师傅、金富科技等11个优质企业实现增资扩产，新增用地1 015亩、投资92亿元，新增设计产值210亿元，其中华润新增投资建设二期项目，将实现产值、效益“双翻番”；康师傅新增投资建设热饮项目，长沙基地实现全品类生产，达产后年产值可超50亿元；国内高端酸奶第一品牌广州朴诚乳业收购优卓牧业，扩建新工厂及牧场，预计年销售额30亿元。美妆产业来势喜人。把握粤港澳大湾区产业转移机遇，整合行业协会和专业高校资源，开辟“颜值经济”新赛道，投资45亿元高起点、高标准建设美妆谷，成功引进本美生物、微肽生物、雅婷生物、中广核金沃科技等11家美妆企业。欧标化妆品建成投产，成为省内最大化妆品生产企业。省药品监督管理局将美妆谷列入“十四五”规划发展重点项目，在园区设立柔性服务站，实现“无障碍认证”“落地即领证”。

**【项目建设】**2021年，宁乡经开区蓝月谷智能家电产业小镇建设经验在全省产业园区高质量发展大会上作为典型推广。长沙格力、楚天科技、中伟新能源获评全省综合绩效优秀产业项目。坚持项目为王。深入开展“产业项目竞赛年”活动，全年铺排项目104个，总投资705亿元，其中重点产业项目68个，总投资527亿元，年度实现投资177亿元。联塑科技二期、本美科技、杭加新材、百庄新材、磐吉奥等32个项目开工建设，湖南建工六建产业园、中电数科、邦弗特总部基地、美宜佳湖南产业园、道尔顿等21个项目竣工投产，将新增产能100亿元以上。坚持速度为先。锁定11个省、市重点项目，摸清项目资金量、工程量和实物量，制定甘特图，以工地为阵地、以现场为战场，倒排工期、全力推进。创新项目建设模式，10个月时间建成晶弘冰箱28万平方米高标准厂房，建设模式、建设效率、建设品质得到格力电器总部高度肯定和推广。国内精密制造龙头企业天钧精密创造“一周签约、一月投产”新速度，今年可实现产值3亿元。坚持服务为上。优化项目“五制”，升级“保姆式”服务，8个服务小分队全年为企业代办各类事项1 300余件，解决各类问题600余个。打造“无收费园区”，为企业节约8 440万元。指导90多家企业争取各级惠企资金1亿多元。持续提速审批效能，项目报建缩短为20个工作日，实行水电气（汽）外线审批一条龙办结制度。深入开展“春风行动”，积极创新线上线下联动招工方式，为园区企业招聘到位7 000多人，用工保障成为园区招商引资靓丽名片。

**【科技创新】**2021年，宁乡经开区企业获得长沙市级以上奖项301个，其中获评国家绿色工厂、智能制造示范工厂等国家级奖项52个。发挥“国家知识产权试点园区”平台优势，成立省级及以上技术中心、工程中心、研发中心43个，全年研发投入同比增长11.8%，新增授权专利同比增长19%，其中新增授权发明专利同比增长39.2%；完成技术交易合同成交额14.14亿元，同比增长88%。楚天科技荣获全国“抗击新冠疫情先进单位”“表现突出的抗疫集体”和第一届“新湖南贡献奖”先进集体等荣誉称号，入选2021全国民营企业研发投入500强、发明专利500强，获评国家智能制造示范工厂；中伟新能源获评国家绿色工厂；邦弗特获评国家“专精特新”小巨人、国家级绿色设计产品；飞翼股份参与制定国家全尾砂膏体制备与堆存技术规范，湿法冶炼核心装备打破国际垄断；松井股份“国产大飞机电致变色功能涂层材料关键技术”入选省十大技术攻关“揭榜挂帅”项目；盛泓机械参股设立行业工程机械研究院。中伟新能源闾硕出席全国科协代表大会，长沙格力王晓彬获评第一届“新湖南贡献奖”先进个人，百川超硬周斌入选省科技创业领军人才，邦弗特王德修、飞翼股份陈秋松获评湖湘青年科技创新人才。大力推进企业提质，积极扶持成长型企业，推进“个转企、小升规、规改股、股上市”，规模企业大幅增加。新增飞翼股份、协力液压、骅骝新材等8家国家级和省级“专精特新”小巨人企业。长沙格力获评2021年度中国质量协会质量技术奖二等奖。加加食品等4家企业入选省制造业企业100强。格力暖通和优卓乳业获省级工业旅游示范点。新增欣音科技、瑞延理化、楚天华兴、坎普尔、南源新材等20家规模企业，神宇新材、翰坤实业、湖机国际、中佳华悦、马克菲尔等20家智能制造试点示范企业，阿瑞食品、优钢新材、彭记坊、庆湘食品、向博士等42家高新技术企业。强力推进低闲出清，积极推进亩均效益改革，多措并举实施闲置土地和低效用地处置三年行动计划，对61家低闲企业全面摸底，成立工作专班，推进“一企一策”，加速腾笼换鸟、转型升级，成功盘活9宗、500亩低效闲置资产。

**【投融资服务】**2021年，宁乡经开区坚决守住不发生金融风险底线，持续深化与政策性银行的战略合作，债券发行成本同比下降1.2个百分点，高息非标债务全面清零，超额完成隐性债务偿还任务。稳步推进经建投公司市场化改革，强化“1+3+X”的管理体制，巩固AA+信用评级，开发区经营工作取得突破，新增土地资产 1 263 亩，取得土地出让收入 37.65 亿元，新增物业资产 53.6 万平方米，实现经营性收入和向上争资 2.81 亿元，造血功能不断增强，确保了发展、化债两不误。积极搭建银企合作桥梁，举办银企对接活动 15 场次，新引进 3 家银行分支机构，新增企业贷款 20 多亿元。

**【民生保障】**2021 年，宁乡经开区年度电力“630 攻坚”任务顺利完成，完成 18 条电力线路提质改造，电力配网实现智能化升级，进一步提升了供电可靠性和稳定性。天宁热电新增 3 台燃气热力锅炉，克服煤炭价格暴涨影响，建立价格联动机制实现稳价保供。完成 130 处雨污管网修复，整改道路交通安全隐患 270 多处，全面升级园区路灯系统。滨江供水通道、南太湖送水泵房和输水管道建成通水，日供水量增加 5 000 立方米。投资 2.3 亿元的明德蓝月谷学校建成开学，新增学位 2 550 个。新建人才公寓 2 891 套，完成蓝月谷综合服务中心、永佳停车场建设，优化通勤巴士线路及班次，引进各类餐饮、商超等业态 50 多家，园区更加宜业、宜居。

**【党建引领】**2021 年，宁乡经开区一是紧扣建党 100 周年和党史学习教育主题，精心组织“百年华诞•红色引领”“万名工人学党史”系列活动。组建食品产业链党委，新成立党支部 12 个、发展党员 149 名，选聘党建指导员 68 名。大力实施“党建聚合力”工程，开展“四联五到位”民情大走访和“党建引领、助力千企”行动，解决企业和群众实际问题 300 多个。狠抓意识形态和网络安全工作，不断强化党工委对政法、武装、统战等工作的领导，党的政治领导力、思想引领力、群众组织力和社会号召力持续增强。二是从严治党纵深推进。全面落实党要管党、从严治党主体责任，一体推进“四个责任”同向发力，着力构建亲清政商关系，全面建设“清廉园区”。扎实做好巡视巡察和审计整改“后半篇文章”，推动问题整改取得阶段性成效。深入开展违反中央八项规定精神突出问题专项治理“回头看”检查，紧盯干部作风开展明察暗访和问题通报。坚持一月一主题系统开展党纪法规学习教育，创新开展项目工程建设、政府采购和招投标等领域甲乙双方廉洁从政从业警示教育，全面筑牢反腐倡廉防线。推动 79 家企业党组织设立纪检机构或明确纪检委员，做法经验在《中国纪检监察报》刊载推介。三是队伍建设不断夯实。坚持以实绩论英雄，新提拔优秀机关干部和平台公司中层以上骨干 12 名。出台《识别调整不胜任现岗位干部职工实施办法》，形成了“能者上、平者让、庸者下”的鲜明用人导向。四是各线工作扎实推进。污染防治攻坚战深入推进，生态环境持续好转，获评湖南省环保诚信园区。园区社会大局和谐稳定，《法制日报》专题推介宁乡开发区“平安园区”建设经验。完成总工会换届选举，新成立 41 家企业工会，营造了大力弘扬工匠和劳模精神的浓厚氛围。对口帮扶龙山县红岩溪镇、双江口镇左家山村，为乡村振兴贡献了园区力量。

（宁乡经济技术开发区管委会）

# 江宁经济技术开发区

**【经济发展】**2021 年，江宁经济技术开发区（以下简称“江宁开发区”）地区生产总值 1 883.13 亿元，增长 3%，其中服务业增加值 686.75 亿元；全社会固定资产投入 418.75 亿元，增长 8.9%；地方外贸进出口 202.50 亿美元，增长 26.6%，其中地方外贸出口 162.36 亿美元，增长 34.7%；一般公共预算收入 176.60 亿元，增长 19%；规模工业总产值 2 681.00 亿元，增长 7.3%；社会消费品零售总额增长 10.6%。在商务部公布的 2020 年国家级经济技术开发区综合发展水平考核评价中位列第六，在 2020 年度江苏省经济开发区高质量发展综合考核评价中排名第三。

**【产业发展】**2021 年，江宁开发区汽车产业、电子信息产业、智能电网产业、高端装备产业、节能环保与新材料产业产值分别达 718.5 亿元、924.1 亿元、973.9 亿元、941.2 亿元、851.5 亿元，其中智能电网、高端装备、节能环保与新材料产业均保持两位数以上增长，智能电网入选首批国家先进制造业集群。推进建设未来网络试验设施、5G 通信设备制造、元器件生产工房建设等 72 个区级实施类项目（含省市重大），当年投资 231.6 亿元，同比增长 10%，其中，未来网络试验设施、腾讯华东云计算基地等省市重大项目 29 个，当年投资 127.5 亿元；完成工业固定资产投资 112.4 亿元，同比增长 12.5%。根据《中国独角兽企业研究报告 2021》，T3 出行项目在全国 251 家独角兽企业估值排名中位列 51 位，估值约 30 亿美元；孩子王位列 119 位，估值约 15.9 亿美元。南京市首个楼宇经济联盟在江宁开发区正式成立，全省首家唯品会“城市奥莱”开业。

**【科技创新】**2021 年，江宁开发区打通 20 多个国家创新资源对接渠道，与法国皮托、以色列内坦亚等 5 地缔结友好城市（区），在法国、以色列、德国、英国、俄罗斯等国建立离岸孵化器和海外协同创新中心 23 个，累计引进国际化项目超 80 个。获批市级独角兽、瞪羚企业 115 家。举办第五届未来网络发展大会、南京 / 巴黎伙伴创新合作暨第四届中法创新发展大会等活动 10 场；引育国家重点人才等顶尖人才 7 人，发明专利授权 4 401 件、有效发明专利拥有量 17 726 件，成为南京市首家有效发明专利拥有量破万件的开发园区。深入实施“腾飞八条”，出台促进集成电路、电子竞技等产业高质量发展专项政策；新增市级备案新研 9 家，新研营收超 42.6 亿元，位居南京市首位。

**【投资促进】**2021 年，江宁开发区引进泉峰（南京）管理服务有限公司、吃之以恒（南京）供应链有限公司等千万美元以上外资项目 28 个，其中 1 亿美元以上外资项目 6 个。实际利用外资 79 952 万美元，同比增长 7.1%，实际利用外资单项指标位列全国前十。签约引进 50 亿元以上内资项目 2 个。

**【城市建设】**2021 年，江宁开发区推进城市交通体系、市政设施及公共配套、住房保障和房屋征迁等共计 122 项城建任务，完成当年投资 100.6 亿元。区委党校开发区校区、开发区大数据中心、丽宁科创中心等项目建成交付使用；培英桥、芳河路桥建成通车，完成湖滨路、董村路、胜利路和苏源大道（牛首山河以北）、正方大道等道路改造和九龙湖北路、新丰南路、中关村东侧道路等新建道路工程；完成九龙湖南湖、牛首山河景观提升、秦淮新河滨水风光带、百家湖硅巷景观提升等5个大中型景观工程和绿色长廊。11.7万平方米将军大道人才公寓交付使用，聚星地块一期轻型工业标房封顶，综保大厦二期开工。与16家企业签订转型升级协议，涉及土地面积约500亩；完成港淙大厦、盛美大厦带建筑物挂牌出让、科润地块“工改研”及绿都大道征迁工作；成交经营性用地4宗，面积202亩，成交价款31亿元；批准征转用地41宗，面积1 020亩；完成绿都大道、禄口02地块、横溪一二期安置房等重点民生工程划拨手续15宗，面积1 166亩；完成无线通信设备生产项目一二期、软件园三创载体研发楼等4个项目建筑面积29万平方米产权证办理。完成500千伏东峰东廻高压走廊迁改。

**【平台建设】**2021年，空港经开区（江宁）实现地区生产总值96.7亿元，同比增长12.5%；规上工业产值158亿元，同比增长10.5%；全社会固定资产投资85.6亿元，同比增长12%；公共预算收入10.22亿元；外贸进出口额100亿元，同比增长15%。新引进迈信林航空制造、瓦戈手机等亿元以上项目29个，总投资390亿元，其中，百亿级项目1个，新一代信息技术、生物医药、高端装备制造等临空高科技项目占比62%。新动能产业园一期封顶，卫岗乳业、普莱柯生物等25个省市区重大项目全部开工建设，完成投资68亿元，苏世博等9个项目竣工投产，创造产值40亿元。跨境电商通关量720万件，业务量保持全省领先。南京空港枢纽经济区（江宁）快递产业园获批国家级示范物流园和江苏省跨境电子商务产业园。如意湖景观完成建设、温德姆酒店运营、赫贤国际学校建成投用，礼尚路学校、乾清路小学、云凤居二期安置房等项目加快推进，飞天大道、安澜大道等12条道路工程竣工通车。

2021年，江宁开发区高新园实现高新技术产业投资85.4亿元，同比增长29.4%；规上高技术制造业产值592.98亿元，同比增长4.9%；技术合同成交额73亿元；国家科技型中小企业备案数1 390家，同比增长52.9%；高新技术企业总数695家，净增151家。在法国、以色列、德国、英国、俄罗斯等国建立离岸孵化器和海外协同创新中心23个，引进国际化项目80个以上；引进亿元以上科技项目193个。获批市级独角兽、瞪羚企业88家，占江宁区57%、南京市17%；北大科技园等6家双创载体获批省级众创空间，总数南京市第一。

2021年，南京综合保税区（江宁）完成外贸进出口518亿元，同比增长14.8%；一般公共预算收入5 747.4万元，同比增长41%。引进方桥、中电材司等先进制造业产业链购地项目，总投资103亿元。完成到位外资603万美元、到位内资6.12亿元、工业投入5亿元；实施智慧卡口改革改造，成为江苏省首家无感通关、自助验核监管新模式同步推进的海关特殊监管区域。联合南京广电集团共同打造南京综合保税区“跨境Mall”，创建江苏省第一家跨境进口商品发货仓。完成生活区清水西苑6万平方米宿舍改造及生活区、生产区景观工程改造，营商环境进一步提升。

2021年，江苏软件园完成实际利用外资1 205万美元，同比增长16%；新增注册企业189家，产业类项目占比近75%；完成软件业务收入1 260亿元；培育独角兽瞪羚企业9家，增长40%；新增新四板上市企业3家，增长200%；市级以上企业技术中心2家，增长100%；省科技型中小企业备案131家，增长27%；新增发明专利授权量56件，增长150%。省双创团队认定实现“零”突破，在南京市率先打造无人小巴、无人快递配送车等一批智慧出行应用场景，获批国家级“双智”试点。引进亿元以上项目11个，其中10亿元以上项目4个，签约项目投资总额123亿元；中国电信四期、君立华域等项目开工建设，腾讯华东云计算中心一期主体竣工。实施载体“腾笼换凤”16 800平方米，打造2 000平方米联合办公空间，引入樊登书店等商务配套项目。

2021年，中国无线谷（未来网络谷）载体规模突破45万平方米，其中网络通信与安全紫金山实验室总面积超5万平方米，发布全球首个骨干网级开放网络设备操作系统等3项重大成果。未来网络试验设施完成33个城市骨干节点建设，构建世界上首个以链路层虚拟化为基础的深度虚拟网络。新建毫米波太赫兹技术研究院与华为等15个联合研究中心。新增武岳峰资本等5个规模投资基金，实现B5G通信系统等30多项核心技术成果就地转化，技术合同交易额20亿元；申请专利450件，其中发明专利323件、专利授权170件、申请PCT 75件。开展国际合作项目12个，孵化项目65个，孵化产值95 500万元。

2021年，九龙湖国际企业总部园实现税收5.7亿元，公共预算收入2.9亿元，实际利用外资699万美元，实际利用内资12.4亿元。引进中科芯集成电路研发中心、一汽鑫安保险、华福证券等26个项目，其中，亿元以上签约项目15个，签约项目总投资额40.13亿元，净增高新技术企业23家。引进新型研发机构2家，培育独角兽、瞪羚企业7家。引入九龙湖赛艇俱乐部、帆船训练基地等文体项目。

**【大事记】**

2021年4月22日，江苏首个电竞产业研究平台落户江宁开发区。

2021年5月10日，工信部工业互联网平台创新推广中心落户江宁开发区。

2021年6月17日，第五届未来网络发展大会在江宁开发区开幕。

2021年10月13日，江苏省城际铁路总部、叮咚买菜区域运营总部等项目落户江宁开发区。

2021年12月16日，江宁开发区与马鞍山市博望区签订江宁—博望“宁博创智谷”项目投资建设协议，该实践是贯彻落实《长江三角洲区域一体化发展规划纲要》的重要举措。

2021年12月22日，国家级水上运动项目帆船训练基地落户九龙湖国际企业总部园。

2021年12月30日，泉峰控股有限公司（股票简称“泉峰控股”，股票代码2285.HK）在香港联合交易所正式挂牌上市。

（江宁经济技术开发区管委会）

# 长寿经济技术开发区

【概况】长寿经济技术开发区2010年经国务院批准设立的国家级经济技术开发区，由晏家新材料区、江南绿色钢城、菩提创新慧谷三个组团组成，管理服务面积共99.5平方公里，累计开发面积达42平方公里。先后荣获国家化工新材料高新技术产业化基地、国家知识产权示范园区、国家外贸转型升级基地、国家绿色示范园区、国家产业转型升级示范园区、国家新型工业化产业示范基地、国家循环化改造示范试点园区等“国字号”殊荣，新获批中国（重庆）自由贸易试验区联动创新区和欧洲重庆中心新材料产业基地。

经过十载拼搏，形成了以宝武重钢为龙头的钢铁冶金产业集群，以巴斯夫、双象、国际复合、华陆为龙头的新材料产业集群，以川维化工、扬子乙酰为龙头的化工医药产业集群，以小康动力为龙头的装备制造产业集群，以鸿禧科技、新宙邦为龙头的电子信息产业集群。成为国内最大的天然气化工生产基地、第二大的玻璃纤维生产基地、西南地区最大的钢铁产业基地，形成与周边地区配套互补的产业集群，与攀枝花、泸州、广安等地深入合作，在成渝地区双城经济圈和两江长涪先进制造业产业带中的支撑和带动作用日益凸显。现入驻企业617家，其中：世界500强企业27家、跨国公司59家、上市公司60家；培育规上企业268家，年均增长率在全市开发开放平台考核中名列前茅。

【经济发展】2021年是长寿建区二十周年，也是获批国家级经开区十周年。经开区一手抓疫情防控不放松、一手抓经济发展不动摇，全力完成经济发展目标任务，实现“十四五”良好开局。“四上”企业营业收入1 530亿元，增长31%，其中规上工业总产值1 095亿元，增长29%。固定资产投资140亿元，增长24%；税收32亿元，增长31%；企业利润110亿元，增长270%；利用外资2.5亿美元，增长24%，完成进出口70亿元。

【招商引资】2021年，长寿经开区签约项目62个，协议引资额335亿元，其中50亿元以上项目1个，10亿元以上项目10个。围绕“两新一重”投资导向，储备产业项目36个，预计投资780亿元。新材料产业再添新军。成功引进全球最大的锂离子电池隔膜生产商上海恩捷投资67亿元建设高性能锂离子电池微孔隔膜生产线及涂布线项目，国内新材料龙头企业华陆科技投资40亿元建设硅基气凝胶复合材料项目。化工医药产业再获突破。引进国内最大生物酶库企业弈柯莱投资20亿元建设生物催化及合成生物学产业化项目。钢铁冶金产业再结硕果。引进国内冷轧涂镀板龙头企业神龙腾达投资20亿元建设高端板材项目。现代服务业再增动能。引进航运物流企业7家，船舶26艘；推进陕煤与川维合作，共同打造陕煤川维港储配基地。

【项目建设】2021年，长寿经开区产业能级实现跃升。新开工项目56个，新投产项目60个，总投资252亿元，达产后可实现产值480亿元。产业项目提质增效。恩捷、弈柯莱等11个项目实现当年签约、当年开工，亚士创能、沃特新材等20个重大项目建成投产，新增产值40亿元。技改扩能有序开展。实施技改项目132个，完成投资53亿元，重钢如期完成千万吨级产线改造。基础配套设施项目全面提速。建成园区道路7公里、管廊6.1公里，平场1 600亩，完成118家入驻企业水电气汽等公辅配套设施建设，科技创新园、科技创新孵化器等 38 万平方米中小企业聚集载体建成投运。

**【管理与服务】**2021 年，长寿经开区助推企业质效双增，组织开展“企业服务提升年”活动，委领导一对一联系企业，各单位包片服务，帮助解决困难 316 件。规上工业产值突破千亿大关，纳入市级链主、领军企业 7 家，升规企业 18 家。审批服务出实招。建成投用行政审批服务大厅，实现“一窗受理、一窗结件”，助推恩捷等 60 个项目建设跑出加速度。能源供给出高招。坚持优质优供、错峰调度，保障煤、气、汽、电分别增长 9%、4%、7%、16%，川维化工、巴斯夫、重钢等重点企业产值同比增长 50% 以上。用工保障出妙招。实施“线上 + 线下”“职校 + 中介”招聘方式，开展招聘活动 26 场次，招聘员工 5 000 余人，满足企业用工所需。金融服务出新招。战略重组长寿发展集团，并成功获得 AA+ 主体信用等级，提升资本市场认可度。采取“向上争取 + 银行助力 + 财政撬动”方式，帮助企业获批上级补助资金 4.6 亿元，向银行融资 18.7 亿元，兑付产业发展资金 6.4 亿元。

**【科技创新】**2021 年，长寿经开区创新主体增量提质。生物医药产业国家级企业技术中心实现“零突破”，新增区级以上研发机构 16 家，培育科技型企业 39 家、高新技术企业 13 家，新增有效发明专利 196 件。创新要素汇聚融合。中物院成科中心在长建设“川渝 JM 科技协同创新中心”“国家科技创新汇智平台重庆中心”。科技创新园开园投用，入驻运营武汉工程大学重庆研究院等 8 家科技创新“新势力”。集成线上线下“产学研金服用”平台，建成“科创服务一站通”。环重庆化工职业学院创新生态圈建设纳入市级筹建单位。双创升级全市居前。依托特色载体推动中小企业创新创业升级项目，成为全市首例财政部绩效评估优秀项目，获得中央专项资金 5 000 万元。“龙头企业 + 孵化”“离岸孵化基地”6 作为优秀案例上报财政部。

**【绿色集约】**2021 年，长寿经开区坚持绿色引领，筑牢安全环保底线。牢固树立环境保护和安全生产的“红线”意识和“底线”思维，全年未发生较大以上安全环保事故。践行“双碳”战略。编制生态防护碳汇林规划和“碳达峰碳中和”行动方案，12 家企业纳入市级以上碳排放履约，“EOD 模式”开发项目入围生态环境部等三部委项目库。督促企业碳排放履约，实施重钢 1# 至 6# 焦炉废气脱硫脱硝等一批超低排放改造项目，激励 13 家企业完成环境管理体系认证，推进循环经济项目建设，工业固废综合利用率达到 99%。坚持源头预防。严格贯彻新颁布的《长江保护法》《安全生产法》，对每个拟入园项目进行安全环保预审，拒绝项目 5 个，投资额超 100 亿元。强化重点监管。实行项目全程跟踪，确保企业“三同时”执行率 100%，深入开展安全环保专项整治三年行动，持续打好污染防治攻坚战，完成 4 家企业有机废气深度治理，臭气扰民投诉明显下降，大气污染防治取得显著成效。创新监管手段。稳步推进智慧园区、监测预警、视频监控和智能化监管应急信息平台建设，建成实景三维地理信息系统、危化品监测预警系统，所有重大危险源实现国家、市、区、经开区四级贯通的在线实时监测监控。

**【领导名录】**2021 年，长寿经开区党工委书记、管委会主任宋平（2021 年 11 月任），长寿区委常委冉洪（2021 年 11 月任），经开区党工委委员、管委会副主任殷湖北、陈爱军（2021 年 11 月任）、程学明(2021 年 11 月任)、涂山全。

（长寿经济技术开发区管委会）

# 临沂经济技术开发区

【经济发展】2021年，临沂经济技术开发区完成地区生产总值282.5亿元，同比增长10.1%；完成规模以上工业总产值684.6亿元，同比增长31.3%；完成规模以上工业增加值149.5亿元，同比增长19.2%，总量、增幅均居全市第二；完成固定资产投资150.2亿元，同比增长10.1%；实现一般公共预算收入25.1亿元，同比增长21%，总量全市第四，其中税收收入22.7亿元，同比增长24.3%，总量全市第四、增幅全市第二，税收占比90.3%，居全市第一位，在2021年度全国国家级开发区综合考核中前进了35个位次，获评“中国经济十大最具投资价值开发区”荣誉称号。

【产业发展】临沂经开区始终把项目建设作为发展主题，坚持聚焦主责主业，围绕拟开工项目、重点在建项目、重大技改项目、重点规上工业企业发展效益、招商引资、片区开发六个重点领域开展打擂攻坚。2021年新增31个投资过亿元项目开工建设或投产运营，20个项目获批省市重点项目，金利液压获评国家重点专精特新“小巨人”企业，3家企业获评省级“专精特新”企业。智能制造、医药健康、新兴产业分别完成产值或主营业务收入377.2亿元、41.5亿元、256.4亿元，同比分别增长20.5%、24.3%、56.7%，加快向中高端迈进。

【科技创新】2021年，临沂经开区坚持把数字赋能作为战略支撑，创智中心建成运营，山重建机获评全市唯一山东省工业大数据示范项目。依托华为临沂大数据中心，打造智能制造云计算大数据服务平台，推动10家企业建成工业互联网，30余家企业上云用云。实施50个重点技改项目，完成投资36.7亿元，19个项目列入省、市重点技改项目。

【投资促进】2021年，临沂经开区树立“四上四不上”理念，新引进项目71个，合同投资总额252.4亿元，项目平均投资额是2020年的1.8倍，其中，投资20亿元的中远海运智慧物流园、投资5.4亿元的中储粮临沂直属库、投资10亿元的细胞制备储存等项目签约落地。激光产业发展迈出坚实步伐，中国激光产业头部企业华工激光、泓川激光、沃思激光等纷纷入驻。加快对外开放，全年新签约外资项目15个，总投资1.4亿美元，同比增长7.7%。实际利用外资1.01亿美元，同比增长41.1%；实现进出口总额144亿元，同比增长58%。

【体制机制创新】2021年，临沂经开区进一步理顺体制机制，实行岗位聘任制、职级晋升制，有序开展各层级干部选拔和职级晋升工作，极大激发了干部队伍活力。深化项目全周期服务机制改革，“一件事”和“一链办理”主题服务分别扩大到46个行业、160个事项，“证照同销”等首创性工作经验在全市推广，打造了“无事不扰、有事快办”的服务品牌。

【基础设施建设】2021年，临沂经开区加快现代新城建设，六大片区完成总体规划设计，拆迁建设全面推进。实施31项市政基础设施建设工程，新铺设道路、管网40公里，新增集中供暖150万平方米。深入开展安全生产“大排查大整治”“园中园、企中企”专项整治等工作，驻企蹲点工作经验获应急管理部肯定。扎实做好信访维稳、意识形态等工作，圆满完成文明城市创建各项任务，法治开发区、平安开发区建设迈出坚实步伐。

【队伍建设】2021年，临沂经开区深入实施干部职工队伍“本质健康”提升工程、专业素养提升工程，开展纪律作风集中整顿，组织集体学习、交流研讨、专题党课、廉政教育等学习活动630多场次，修订完善各层面规章制度248项，制定廉政风险防范措施116项。深化“亲清开发区”建设，制定规范政商交往23条“正面清单”和“负面清单”，让广大党员干部受警醒、明底线、知敬畏。

**【党建工作】**2021年，临沂经开区紧扣“喜迎百年华诞、学习百年党史”主题主线，扎实开展党史学习教育，党工委理论学习中心组带头开展集体学习18次，举办各类学习宣讲活动600余场次，为群众办实事2 000余件。隆重推荐表彰各层面先进典型，85名老党员获“光荣在党50年”殊荣，翔宇集团非公企业党建引领高质量发展经验受到中央统战部、全国工商联充分肯定，并在全国范围进行推广；临工集团党委获评山东省先进基层党组织；19个单位和个人获评市“两优一先”和“沂蒙榜样”，评选“经开榜样”等区级先进人物193名。夯实基层基础，高质量抓好15项重点任务，评选五星级党组织52个、党建示范点20个。

**【机构设置与管委会领导】**临沂经济技术开发区党工委、管委会设9个工作机构，分别是党政办公室、党群工作部、经济发展局、投资促进局、财政金融局、科技创新局、园区建设局、行政审批服务局、综合行政执法局；5个市直部门派驻机构，分别是经济技术开发区人民法院、经济技术开发区人民检察院、市公安局经济技术开发区分局、市自然资源和规划局经济技术开发区分局、市生态环境局经济技术开发区分局。经济技术开发区纪工委、监工委按有关规定设置。

党工委、管委会领导成员包括：临沂经济技术开发区党工委书记、管委会主任陈一兵，党工委副书记、管委会副主任、医药健康产业服务中心主任冉凡亚（2021年11月离任），党工委副书记张潇梦，纪工委（监工委）书记（主任）、党工委委员任光利，党工委委员、管委会副主任、新兴产业服务中心主任张秀发，党工委委员、管委会副主任、智能制造产业服务中心主任杨振魁。

（临沂经济技术开发区管委会）

# 常熟经济技术开发区

2021年，常熟经济技术开发区聚焦高质量发展主线，统筹抓好产业提升、科技创新、城市建设和改革稳定，经济社会保持了较好的发展势头。

**【经济发展】**2021年，常熟经开区实现地区生产总值1 129.58亿元，按可比价计算，同比增长11.1%；工业总产值2 955.46亿元，同比增长17.6%；工业产品销售收入2 959.69亿元，同比增长17.7%；进出口总额149.3亿美元，同比增长17.7%；财政收入197.38亿元，同比增长7.6%；一般公共预算收入88.84亿元，同比增长13.7%；全社会固定资产投资306.72亿元，同比增长29.9%；工业投资197.6亿元，同比增长28.7%。

**【产业发展】**2021年，常熟经开区化工行业积极向5G新材料、绿色化学、高分子材料等领域转型升级，实现利润创历史新高。汽车及零部件产业克服芯片短缺影响，入库税金24亿元。统筹推进亨通海洋总部落地、低效企业破产法拍、大宝赢化工品交易平台设立、新泰砂石保供业务拓展，15家港口企业税收增长超40%。亨通海洋荣获国家第六批制造业单项冠军示范企业，诺华获评省技术先进型服务企业，锦艺、亨通高压分别入选省潜在独角兽企业和小巨人企业。欧洲绿色产业园一期、“李袁专精特新”产业园投用。

**【科技创新】**2021年，常熟经开区全力打造重大科创引擎——苏州·中国声谷，并纳入《长三角一体化发展规划“十四五”实施方案》《苏南国家自主创新示范区发展规划纲要》，声学产业技术创新中心获批省新型研发机构。5个顶尖研发团队入驻国际声研院，落地总投资超100亿元的57个声学产创项目。中国声学学会（苏州）创新中心、长三角数字声音研究院等产学研平台设立。全区拥有高新技术企业403家。经开区获评“长三角G60科创走廊第二批工业互联网标杆园区”。

**【投资促进】**2021年，常熟经开区完成注册外资6.26亿美元，新批项目35个，其中总投资超亿美元项目4个，超千万美元项目13个。实际利用外资同比增长74%。新增内资企业2 219家，同比增长12%。新增内资注册资本244.5亿元。核心区（沿江板块）签约汉天下5G滤波器等内外资项目50个，总投资约240亿元。狠抓总投资约300亿元的44个重点项目建设，立讯二期等31个新项目开工，万国数据一期等26个项目竣工。

**【体制机制创新】**2021年，常熟经开区统筹推进管理区域划分、职能划转、机构人员配置，构筑运转灵活、管理高效的体制机制。深化国资国企改革，重设一级控股平台“经开控股”，推进国有资本战略性重组、专业化整合和前瞻性布局。推动行政审批“一件事改革”“一体化赋权”“一门进受理”，打响“舒心滨江·碧满意”服务品牌。

**【投融资服务】**2021年，常熟经开区推动声谷科创研发信贷产品投入运作，设立1亿元声谷高新投资基金并完成首轮出资，推动以声谷为代表的科技创新创业企业的发展。搭建“声谷贷”合作平台，支持声学、新一代信息技术等新兴产业发展，舜虹“五恒系统”辐射空调项目获“声谷贷”首批专项扶持200万元。

**【绿色集约】**2021年，常熟经开区全面落实《经开区安全生产综合整治提升年实施方案》，筑牢安环消一体化监管防线。化工园区完成封闭化管理、智慧化平台、危化品停车场等建设任务，园区升格通过省化治办评审。奇瑞捷豹路虎汽车有限公司入选国家绿色工厂。加快闲置资产“腾笼换鸟”，导入聚复 3D 打印、佰家丽声学材料等项目，盘活土地 1 200 亩。

**【管理与服务】**2021 年，常熟经开区深化“提质更新”片区开发，1.67 平方公里声谷核心区完成规划覆盖，1 000 亩土地完成平整。康桥国际学校、滨江美居酒店、凤鸣幼儿园投用，城市艺体中心主体封顶。启航“海棠常开”党建项目，设立新经济总部大厦、精创园党组织，发布“7+1”人才矩阵，集聚引领发展的先锋力量。

**【机构设置与管委会领导】**各局室内设机构包括党政办公室、招商局、经济发展局、组织人事劳动局（党群工作办公室）、规划建设局（滨江市政公用事业管理办公室）、财政局（国有资产监督管理办公室）、安全生产监督管理和环境保护局（社会综合治理办公室及化工集中区管理办公室）、科技创新局（声谷产业发展办公室）、行政审批局、纪工委。直属事业单位内设机构包括科创园管理服务中心、滨江公用事业管理中心。

常熟经开区领导名录：常熟市委常委，经开区党工委副书记、管委会副主任史红亮，党工委委员、纪工委书记陆利兵，党工委委员、管委会副主任顾伟明、贺勇胜、徐国强、唐志军、徐峰。

（中共常熟经济技术开发区工作委员会 常熟经济技术开发区管理委员会）

# 金华经济技术开发区

**【概况】**金华经济技术开发区成立于1992年，2010年获批国家级经开区，2013年与原金西经济开发区成建制整合，江南、金西两大区块联动发展，托管一乡三镇四街道，行政管辖面积261.8平方公里，行政村156个，集聚人口约50万人。自成立以来，聚力打造“省高能级平台标杆、长三角一流创智宜居城及国家级产城融合新城典范”，先后获评“两化融合”国家级示范区、国家知识产权示范园区、浙江省外商投资新能源汽车产业示范基地、浙江省首批开发区、浙江省首批供给侧结构性改革试点、浙江省美丽园区示范园区等荣誉，成为市区经济发展的主阵地、数字经济的先发地、高新技术创新的新高地、对外开放的大平台、社会治理的新样板。

**【经济发展】**2021年，金华开发区经济态势更加稳健，全年实现地区生产总值369.34亿元；实现社会零售消费总额174.2亿元，同比增长12.1%；财政总收入达到138.8亿元，同比增长57.9%；税收总收入、一般公共预算收入同比增长14.1%、0.7%。

**【产业发展】**2021年，金华开发区坚定“工业兴区”决心，紧抓实体经济，转型传统经济，持续做大做强主导产业，经济运行积极态势正在加速。工业提质稳步推进。实现规上工业总产值617.7亿元，同比增长35.2%，工业投资同比增长18.4%；实现规上工业增加值114.1亿元，同比增长23.7%，全市第二；高端装备制造业增加值增长42.6%；加快新智造群体培育，战略新兴产业增加值增长19.1%，新增市级技术中心5家，全市第一，“链主”企业带动力持续增强；产业转型攻坚指数排名跃升至全市第二。多项指标争先进位。工业、投资、贸易等主要行业指标均实现两位数增长，四大结构性投资均实现正增长；规上工业利润总额等3项指标增速位居全市第一；高新技术产业增加值同比增长30.2%，全市第二；规上工业增加值、规上工业营业收入等7项指标增速位列全市前三。市场活力稳步增强。供给靶向刺激政策，激活经济增长细胞，实现限上社会消费品零售总额72.8亿元，同比增长12.9%，进出口总额133.5亿元。打好稳企稳岗“暖心十条”等惠企政策组合拳，企业登记网上申报率超99%，新设内资企业3 819户，增长率连续数月居全市第一。

**【投资促进】**2021年，金华开发区深化“管委会+部门+国资公司”的运营管理模式，进一步理顺平台发展运营机制，加快拓空间、优布局、强平台。中央创新城完成南区控规批复，浙大研究院、浙工大创新联合研究院等一批科技创新服务平台建成落地；总部经济中心、百亿级“金创绿谷”、未来社区、玉泉溪公园、未来财富中心、金职院医院等一批商业、民生、金融、医疗等配套落子落项，互联网乐乐小镇列入省级特色小镇创建名单，“金华之心”入驻企业100余家，累计营收43.5亿元。“绿、智”双轴贯通南北，“浙中科创走廊”节点功能显著增强。新能源及高端装备制造产业园开展控规修编，环宇落地、康迪投产、零跑产销两旺，金华新能源汽车小镇创成省级特色小镇，关键零部件制造产业集群效应更加明显。2021年实现规上工业产值130.8亿元，同比增长69%。健康生物产业园完成产业园控规批复，增加三类用地632亩；加快推进花园营养、尖峰、康恩贝一批在建项目竣工投产，实现制造业投资9.5

亿元，位居市区六大万亩工业平台之首；全力促进产业集聚发展、引导企业研发创新，集聚了中南高科等一批头部企业。2021 年实现规上工业产值 35.7 亿元，同比增长 29.9%。

**【科技创新】**2021 年，金华开发区强化科创驱动，加大企业培育力度，以“正向激励 + 反向倒逼”为路径，持续打好产业新旧动能转换战。创新步伐加快。高规格举办“揭榜挂帅 • 全球引才”“千榜助千企”等系列活动，成功引进诺奖得主、国家级领军人才 9 名，高技能人才 2022 名；创建省重点实验室 2 家；重磅出台科技新政，研发投入占 GDP 比重达 2.85%，研发强度跃升至全市第二；省“领雁”重点研发攻关计划项目立项 3 项，市级科技计划项目 42 项，均居全市首位；新增国家高新技术企业 52 家、省科技型中小企业 169 家，创历史新高；每万人发明专利拥有量达 21.72 件，全市领先。企业培育加码。制定靶向政策，培育“未来工厂”“品字标浙江制造”，入选国家专精特新“小巨人”4 家、国家重点“小巨人”2 家、第二批省“放水养鱼”行动计划培育库企业 4 家；新增 5 家市级技术中心、10 家市绿色工厂，数量均为全市第一；实施总投资 202 亿元的市级以上重点技改项目 43 个；企业主导或参与制（修）订并发布各类标准 150 项，新增“品字标”企业 7 家。产业提效加力。开发工业用地智控平台，实现 911 宗 2.96 万亩现状工业用地智能化管理，抓好低效提升和企业转型；协议收回 18 家 1 870 亩，出清 6 家 503.11 亩，处置闲置用地 9 宗 789 亩，整治提升低效工业用地企业累计达 134 家 3 635 亩；浙中仙华科创园获评省四星级小微企业园，获批浙江省小微企业园亩均效益领跑者十强，全市唯一。

**【城市建设】**2021 年，金华开发区以“特许经营权 + 国资公司 + 大型央企”更新模式高效推进片区开发，区域开发走向集约化、高效化、规范化。开发建设蹄疾步稳。出台片区综合开发实施意见，携手同济吴志强院士、深规院编制城市更新专项规划，完成特许经营招投标全覆盖；对接社会资本方 100 余家，引入央企（中交城投）合作开发，完成投资 80.1 亿元，资金支付 49.2 亿元。征收腾挪持续推进。完成土地征收 2 353 亩，土地流转 622 亩，政策处理 4 128 亩，清表 6 500 亩；推进 19 个村城中村改造工作，完成房屋腾空 1 379 户、拆除建筑面积 47.6 万平方米，收回企业 21 家 1 703 亩，分配安置房 3 045 套。重点片区起步起势。中央创新区（南区）签订综合开发合作协议；山嘴头未来社区全面开工建设；秋滨产业新城区块城市设计加速推进；湖东活力新城“四横五纵”路网基本成型；新能源及高端装备制造产业园土地流转约 3 910 亩；金西文旅康养新城、健康生物产业园 11 个村整村搬迁完成率 94.4%，房屋腾空 920 户、拆除 37 万平方米。

**【项目建设】**2021 年，金华开发区紧扣特色产业，坚持“项目为王”，围绕“省高能级战略平台”创建目标大干苦干实干，持续增强高质量发展动能。强谋划、重招引。结合区块定位，谋划拟实施总投资超千亿大平台、大产业、大投资、大民生项目 300 个，其中，总投资 5 000 万以上项目 269 项；健全招商机制，创新招商模式，拓宽招商渠道，积极推动“走出去”“引进来”，组织外出招商 101 次，接待客商 327 批，实现签约项目 43 个，总投资 597.6 亿元。亿元以上签约项目 40 个（含外资项目 3 个），其中 3 亿～20 亿元 28 个，20 亿～50 亿元 1 个，50 亿元以上 4 个。保供地、强支撑。优化项目早介入、早对接、早服务机制，全年上报农转用项目 26 个，面积 1 598.136 亩；完成供地 48 宗，面积 2 155 亩，其中工业用地供地 17 宗，面积 1 080 亩。抓开工、促投产。不断优环境、强保障，新增零跑零部件、绿源电动车、永途新能源等 17 个项目开工；新增康恩贝、环宇 6 英寸晶圆线、福川家居等 16 个项目竣工；新增华远微电、天开电子等 11 个项目投产，完成制造业投资 36.7 亿元；国企市场化投资项目完成投资额 20.07 亿元，50 个教育、卫生等民生项目完成投资额 5.9 亿元。

【社会事业】2021 年，金华开发区抓实事、惠民生，不断满足人民群众新期待，人民群众幸福感、获得感和满足感日益提升。一是全面加快配套惠民，二是全面推进乡村振兴，三是全面改善生态环境。

【民生保障】2021 年，金华开发区聚焦关键领域和突出问题，着力解决机制不畅、活力不强、服务不优、效率不高等问题，以体制机制创新推动改革走向纵深。一是政务服务提质，二是行政审批提效，三是数字化改革提速。

【党的建设】2021 年，金华开发区始终坚持以习近平新时代中国特色社会主义思想武装头脑，压紧压实意识形态主体责任，牢牢掌握意识形态工作领导权，创新“以干促选”“擂台比拼”“靶向课程”等培育载体，营造强担当、讲奉献的工作氛围。一是狠抓党史学习教育，二是狠抓廉政建设，三是狠抓基层组织，四是狠抓干部培育。

【机构设置】2021 年，金华开发区党工委、管委会内设机构 14 个，分别为：党政综合办公室（政策研究室）、宣传部、政法办公室、组织人力社保局、督查和绩效考核办公室、农业农村和旅游发展局、经济发展局、财政局、社会发展局、建设局、城市更新局、审计局、应急管理局、统计局，纪检监察机构、机关党的工作机构及群众团队机构的设置按有关规定执行。参公事业单位 1 个，为金华市综合行政执法局金华经济技术开发区分局。事业单位 13 个，分别为中科金华科技园管理中心、开发区行政服务中心、社会保障服务中心、投资促进中心、国资监督管理中心、开发区市政园林环卫中心、社会事务服务中心、大数据发展中心、党群服务中心、农业农村服务中心、企业服务中心、公共卫生中心、城乡建设服务中心。

开发区上级派驻机构 5 个，分别为江南公安分局、自然资源和规划分局、生态环境分局、市场监管分局和税务局。

**金华经济技术开发区 2020—2021 年主要经济综合指标一览表**

| 项目 | 单位 | 2020 年 | 2021 年 | 增减（%） | 备注 |
|---|---|---|---|---|---|
| 开发区生产总值 | 亿元 | 334.26 | 369.34 | 8.6 | 快报数 |
| 第二产业 | 亿元 | 128.22 | 153.94 | 13.1 | |
| 工业 | 亿元 | 103.79 | 127.94 | 16.7 | |
| 第三产业 | 亿元 | 198.63 | 209.75 | 5.9 | |
| 工业总产值（现价） | 亿元 | 522.95 | 617.69 | 35.2 | 规上工业数据 |
| 高新技术企业 | 亿元 | 175.44 | 340.29 | 93.7 | 商务厅考核数据 |
| 销售（营业）收入 | 亿元 | – | – | – | 二产 + 三产 |
| 第二产业 | 亿元 | 698.92 | 657.62 | –5.9 | 规上工业（含电业局）+ 建筑业 |
| 工业 | 亿元 | 574.68 | 520.84 | –9.4 | 规上工业数据（含电业局） |
| 第三产业 | 亿元 | 389.64 | 543.24 | 39.4 | 限上商贸 + 规上服务业 |
| 利润总额 | 亿元 | – | – | – | 二产 + 三产 |
| 第二产业 | 亿元 | 21.9 | 26.75 | 22.1 | 规上工业 + 建筑业 |
| 工业 | 亿元 | 18.38 | 22.46 | 19.2 | 规上工业数据 |
| 第三产业 | 亿元 | 4.54 | 1.46 | –67.8 | 限上贸易 + 规上服务业 + 房地产 |
| 进出口总额 | 亿元 | 142.14 | 133.5 | –6.1 | |
| 出口 | 亿元 | 138.68 | 128.3 | –7.5 | |
| 财政收入 | 亿元 | 87.92 | 138.84 | 57.9 | 财政总收入 |
| 税收收入 | 亿元 | 52.08 | 59.42 | 14.1 | 税收总收入 |
| 财政支出 | 亿元 | 46.29 | 96.57 | 108.6 | 财政总支出 |
| 国内世界 500 强企业数 | 家 | 0 | 0 | 0 | |
| 国家高新技术企业数 | 家 | 171 | 231 | 35.1 | |

| 项目 | 单位 | 2020 年 | 2021 年 | 增减（%） | 备注 |
|---|---|---|---|---|---|
| 规模以上企业个数 | 家 | 768 | 836 | 8.9 | |
| 科学研究与试验发展经费支出 | 万元 | 95 234.1 | – | – | |
| 合同外资金额 | 亿美元 | 1.57 | – | – | |
| 外商实际投资 | 亿美元 | 0.42 | 0.51 | 21.4 | |
| 固定资产投资 | 亿元 | 120.31 | 139.15 | 15.7 | |
| 年末从业人员数 | 万人 | 8.29 | 8.3 | 0.1 | |
| 上市企业数量 | 家 | – | 5 | – | |
| 区内建立的创业创新平台数量 | 个 | 15 | – | – | |
| 区内科研院所数量 | 家 | 2 | – | – | |

（金华经济技术开发区管委会）

# 淮安经济技术开发区

**【概况】**淮安经济技术开发区地处淮安市区东大门，下辖4个街道（钵池街道、徐杨街道、南马厂街道、枚乘街道）、2个办事处（新港办事处、金港路办事处），实际管理面积166平方公里，常住人口30.65万人，拥有国家级综合保税区、国家级留学人员创业园、国家级大学科技园、国家级科技企业孵化器等4个“国字号”平台，以及科教产业园、空港产业园等省级特色平台，成功获批两岸信息家电产业园和江苏省电子信息新型工业化产业示范基地、电子信息产业基地，综合载体功能江北领先。聚集了富士康、台玻、敏实、明基达方、膳魔师、鹏鼎控股等台资企业500余家，是江苏长江以北知名台资高地、全国首批“绿色生态园区”、国家生态工业示范园区、国家级循环化改造示范试点园区。

**【经济发展】**2021年，淮安经开区实现地区生产总值440.97亿元，同比增长9%；人均地区生产总值14.89万元，完成市目标的102.4%。实现规上工业企业总产值540.68亿元、同比增幅22.66%，增加值增幅17.1%；规上工业应税开票489.59亿元、同比增长19.92%，总量、增量全市第一，庆鼎电子全年开票首次突破100亿元；全年累计新增列统工业企业40户，超市目标15户；完成外资到账3.53亿美元，同比增长58.6%，全市占比近30%，总量、增幅均位列全市第一，创“十三五”以来新高；完成外贸进出口28.25亿美元，同比增长14.4%，超额完成全年目标任务，全市占比达47.19%；111家规上服务业企业累计实现营业收入97.85亿元，同比增长11.71%；实现服务业入库税收16.6亿元，同比增长26.29%。

**【招商引资】**2021年，淮安经开区成功举办第十六届台商论坛特色招商活动，全年共签约总投资50亿元PCB配套产业园等亿元以上项目46个、计划总投资297.57亿元，10亿元项目占比32.6%。全年申报市新开工亿元以上项目38个、其中超10亿元项目6个、计划总投资157亿元，新竣工29个、其中超10亿元项目5个、完成投资91.6亿元。49家企业开票增幅超过30%；威博液压成为北交所注册制第一股，实现本土上市企业“零”突破。108家低效企业实现全额税收8 304.4万元、同比增长81%，累计清理退出土地911.26亩。

**【科技创新】**2021年，淮安经开区重抓科技创新能力建设，加快创新型城市建设和高质量发展，注重企业培育发展，组织了3场高企申报预评审会，获批数31家，高企累计数达104家，完成市高企培育入库28家，获批高新技术产品认定9项，开展科技型中小企业评价入库270家，高新技术产业产值占规模以上工业产值比重达63.6%，全年研发投入超15.5亿元，研发投入占GDP比重预计达3.45%。支持企业申报省市各类科技计划和平台载体项目，通过项目提升区域创新能力，威灵电机、富誉电子、快鹿牛奶等6家企业获批省级工程技术研究中心，24个博士与企业联合申报并获批省科技副总项目，膳魔师等7个企业获批市科技计划项目，科环新材料获得首届“揭榜挂帅”重点研发项目立项。创新平台建设再提速，留创园、智慧谷等创新创业平台支撑作用逐步增强，配套设施、孵化能力、创业环境持续改善，留创园和华创工业园获批市科创综合体，青笋众创和瀚唐创客工场获批市众创空间。牵头举办苏北五市企业研发机构大赛，汉邦科技获得二等奖，在全市首届中国淮安创新创业大赛中，我区选派项目获二等奖一项、三等奖两项。创新环境持续改善，制定出台了《淮安经济技术开发区关于落实淮安市创建国家创新型城市实施方案（2021—2023）的工作方案》，对《促进企业高质量发展奖励办法》进行修订和完善，设立科研院所专项扶持资金，定期召开“党政亲商双月谈”，打造高效务实的营商环境。2021年，区财政累计支出3 500余万元企业奖励资金，鼓励企业做大做强、创新发展，创新环境得到进一步优化。

**【城市建设】**2021年，淮安经开区紧紧围绕“巩固、增强、提升、畅通”的工作方针，全面推动经开区城市人居环境工作，全年组织实施中心城市建设项目复工49个，开工63个，明发淮安中心超高层项目有序推进，自来水二期项目投产运营，建成古黄河湿地公园、合肥路游园等6个应急场所。房建市场稳步发展，全年商品房销售共计9 008套、面积102.73万平方米、金额87.46亿元。全年实现房地产及建安税收17.74亿元，同比增长1.66%。建筑业规上企业总产值242.3亿元，同比增幅8.3%。完成市政设施维修3 900余处，面积5 500平方米，新增绿化6万余平方米。加大老旧小区改造力度，投资约5 590万元完成康乐佳苑、威海小区等6个老旧小区改造，其中威海小区被市列为省高质量跨越发展考核加分项目。安置房建设持续推进，完成约1.5万套安置房不动产首次登记证明，建设农房改善4个项目，棚户区改造总征收民房790户，签约100%。

**【社会事业】**2021年，淮安经开区共编排十大类30多项为民办实事项目，其中市级任务22个，区级任务11个。通甫路小学幼儿园、新港小学、贝思特实验学校二期、大同路小学、九龙源著幼儿园已建设完成，9月份正式开学；天津路小学北校区（含幼儿园）奎文小学（含幼儿园）、城开御园幼儿园等校建项目全面启动。基层诊疗环境持续改善，深入推进“健康淮安”建设，投资近2 000万元的基层医疗机构安全及环境提升工程项目完成改造。关爱帮扶特殊群体，为60户特殊困难老年人家庭开展居家适老化改造项目，优化升级7个残疾人服务机构，颐康园二期主体完成。全区已纳入“两病”管理人数为19 479人，“两病”门诊用药累计享受待遇15 443人，医保基金累计支出86.51万元。强化文化惠民，城市书房项目、月季小筑项目、图书通借通还系统项目全面推进，东湖社区综合文化服务中心投入使用。人居环境显著提升，大力推动全民健身，举办健康大讲堂2场，体育项目培训2场，群众活动赛事20场，体育公园和健身步道等项目进场施工。

**【管理服务】**2021年，淮安经开区推行去政化改革，组建区级产业投资发展有限公司和23个招商专班组建运营，形成“专业化＋专职化”大招商格局，员额管理、全员聘任、薪酬制度和相对集中执法权试点等走在全市前列。把营商环境建设作为“一号改革工程”，持续推进“放管服”改革，实施“证照分离”全覆盖试点，大力推进“全链通”集成服务和“五证联发”“拿地即开工”，营商便利度明显提升。持续唱响营商环境“四季歌”，常态化开展“党政亲商双月谈”、规上企业“家家到”等活动，通过人大问询等方式，推动直面问题、真抓实改，有效打通联系和服务企业最后一公里。

**【党的建设】**2021年，淮安经开区成功举办庆祝中国共产党成立100周年系列活动，扎实开展党史学习教育、“两在两同”建新功行动，新华日报、学习强国等专题介绍我区“党建引领共同富裕”“红色服务矩阵”等经验做法。圆满完成村（社区）换届和“两委”干部员额化管理，韩泰轮胎有限公司党委获评“江苏省先进基层党组织”，打造“银发先锋”党建驿站综合管理平台并获评全省老干部系统重点创新优秀项目。实施年轻干部“1+6”培养计划，举办“一把手”领导能力提升班和“跨境电商”等主题发展论坛，全年引进领军人才25人、本科以上高校毕业生1 500余名，“源头活水”有效蓄积。

创新成立“1+6”执纪监督联系组，破解监督缺位、空位问题；成立全省首个涉台民商事纠纷调处中心，龙宫大白鲸获评全省首批、全市唯一“网络文明素养实践教育基地”，和兴汽车科技有限公司挤压生产部荣获全国“工人先锋号”，持续奏响主旋律、激发正能量。

**【淮安综合保税区】**淮安综合保税区是2012年7月19日经国务院批准设立，苏北首家由出口加工区转型升级成的综合保税区，具有“保税加工、保税物流、货物贸易、口岸通关、进口商品展示展销”等功能和“进境保税、入区退税、区港直通、集中申报、快速中转”等政策优惠。园区规划面积4.92平方公里，为“一区两片”格局，其中，南区紧邻京沪高速出入口及淮安高铁东站，具有陆运的优势；北区紧邻机场，是江苏省唯一的“空港型保税区”。园区内建成10万平方米标准厂房、2万平方米监管仓库、6万平方米保税仓库及设施完善、功能齐备的口岸作业平台、跨境电子商务平台等。累计引进了富士康科技集团、鹏鼎集团、新国纺织等近百家企业，全市及周边近400家相关企业利用综保区平台开展业务。2021年淮安综保区实现一般公共预算收入1.45亿元，同比增幅45%；实现进出口16.83亿美元，同比增幅9.1%；实现规上工业总产值189.1亿元，同比增幅25.3%，实现应税开票销售173.98亿元，同比增幅19.11%。逐步形成了以先进制造业、保税物流、跨境电商和保税维修再制造等业态特色的产业体系。

**【淮安留学人员创业园】**淮安留学人员创业园成立于2006年，是淮安为留学海外的高层次人才回国创新创业和具有自主知识产权的高新技术成果提供全程孵化的服务平台，先后被认定为省部共建国家级留学人员创业园、国家高新技术创业服务中心、国家级大学生创业见习基地、海智计划基地、省级博士后科研工作站、江苏省海外人才离岸创新创业基地，荣获江苏省文明单位、省留创园示范基地、省留学人员之家等称号。园区拥有硅谷国际和海创空间两片园区，共18万平方米孵化载体，建有科技金融微广场；“党建+”综合服务中心、创客中心、中小企业服务中心；“创智俱乐部”、中科晶上众创空间、省快速制造3D打印平台、省科技金融信息子平台、市电子贴片加工服务平台等“一广场三中心五平台”服务体系。2021年，已累计吸引各类高层次人才168名，其中国家级重点人才项目入选专家22名，江苏省“双创计划”及“333”人才44名，市“淮上英才”人才38名，孵化专利、软件著作权等各类知识产权600余件，成功出孵麒祥高新、明德立达、旭升科技等企业45家。逐步形成以“一强两聚三提升”为目标，“人才+项目”聚焦为导向的高层次创新创业特色平台。

**【淮安科教产业园】**2002年11月，淮安科教产业园区（原淮安市高等教育园区）经省政府批准立项，由江苏省教育厅和淮安市人民政府共建，2007年3月，园区整体划入淮安经济技术开发区建设和管理，2012年6月更名淮安科教产业园。园区整体呈“一园三区”的总体布局，分为北部生活服务区、中部高等教育区和南部科技产业区。区内有智慧谷、国家级大学科技园、创意设计产业园3个特色平台及国家级软件园、呼叫中心、浙大网新产业园，8所院校（2所本科院校、4所高职院校、2所中专院校），21家科研院所入驻园区。2021年，园区投入21亿元实施轮窑片区城市更新搬迁工程；投入10亿元开展农房改善及安置小区建设；总投资超10亿元的中移大数据中心、总投资8亿元的清控科创产业园、总投资5亿元的曦华空天产业园、总投资10亿元的中南高科产业园、总投资3亿元的冠城大通技改项目取得实质性进展，服务保障的总投资超10亿元的华润商业综合体项目落地开工。智慧谷二期（中业慧谷淮安科技园）和技术孵化转化中心建设，成功引入北京硬创空间科创孵化服务平台，完善科技创新载体平台的功能。全年累计完成技术合同交易备案1.45亿元，完成专利授权1 397件（其中发明专利246件），完成PCT申请9件。

申报国家高新技术企业19家（获批7家），科技型中小企业入库近90家，实现一般公共预算收入6.44亿元，同比增幅69.47%；实现注册外资到账超4 000万美元，同比增幅94.14%。未来，园区坚持科创兴城、产城相融的工作方针，着力将园区打造成科技型人才聚集、高新技术产业聚集、技术创新服务集聚的高层次科教产业平台。

**【淮安空港产业园】**淮安空港产业园启动开发建设于2009年，规划面积12平方公里，是江苏省重点物流基地和省级特色园区，承担打造航空货运枢纽的重要使命。园区集聚了“空铁水公”立体交通资源要素，淮安涟水国际机场、高铁涟水站紧邻园区，连淮扬镇、徐宿淮盐高铁以及京沪、长深高速在此交汇，2个高速入口直通园区，盐河三级航道穿境而过联通上海和连云港港口。园区拥有国家一类航空口岸、国家级综保区、国家跨境电商综试区、淮昆台资合作产业园平台优势，建成了海关、国检、边防、企业服务中心、电子商务园、总部经济园、航空制造园、综合物流园等平台设施。2021年，完成公共财政预算税收收入8 709万元，同比增长38.3%，外资到账1 429.28万美元，突破千万大关，成功签约落户了总投资20亿元的联东U谷等3个亿元以上项目。总投资4亿元的比优特包装项目通过市考开工验收，总投资5亿元的贝思特学校通过市考开工和竣工验收。未来，园区将按照“综合交通枢纽、对外开放门户、临空产业高地、幸福美丽家园”的战略定位，遵循“机场带动物流、物流带动产业、产业带动城市”的发展思路，着力打造“一中心两示范区”（即东部航空物流集散中心、临空产业集聚示范区、现代航空都市示范区），全力把空港建设成为枢纽之城、开放之城、产业之城、幸福之城。

（淮安经济技术开发区管委会）

# 四平红嘴经济技术开发区

**【经济发展】**2021年，四平红嘴经济技术开发区（以下简称“红嘴开发区”）实现地区生产总值86.73亿元，同比增长15.1%。规上工业企业总产值完成111.3亿元，同比增长31.6%；社会消费品零售总额完成18.6亿元，同比增长61.2%；一般公共预算全口径财政收入完成28.4亿元，同比增长22.4%；一般公共预算地方级财政收入完成6.5亿元，同比增长32%；规上服务业营业收入完成1.13亿元，同比增长35.38%，实现了“十四五”开局之年的“开门红”。在省商务厅组织的全省国家级开发区考核中，位列第8名，排名较上年度提升3位。

**【产业发展】**2021年，红嘴开发区依托资源优势和产业基础，大力发展产业集群，已经形成特色鲜明、优势突出、颇具规模的三大支柱产业，即：以农机、换热设备为代表的高端装备制造产业，代表企业性有康达农机、顺邦农机、艾斯克机电、艾维换热器等；以钢材、铝塑型材为代表的建材产业，代表性企业有金钢股份、启翔型材、北方水泥等；以中成药、健康饮品为代表的农产品深加工产业，代表性企业有宏宝莱、比智高等。以产业高端化、现代化、智能化为发展目标，强力打造四平市现代农机产业隆起区、外资外贸创新转型示范区、四梨同城融合发展先导区、特色装备制造集聚区。

**【招商引资】**2021年，红嘴开发区实施全员招商，开展以商招商、产业链招商，全力提升招商实效。产业招商有成果。聚焦主导产业，开展“走出去、请进来”招商活动150次，领导班子带队先后赴黑龙江、河南、河北、山东、上海、江苏等地开展招商活动30余次，考察对接潍柴雷沃重工、河北特瑞堡轮胎等50余家企业，选定7名同志派驻北京、上海、长春、江苏开展招商工作。全年梳理项目信息458条，纳入省外1 000万调度系统项目44个，完成省外1 000万元以上招商项目到位资金25.02亿元。已签约引进移动式粮食烘干机项目、玉米收获机项目、农机配套及现代农业综合服务平台建设项目等14个项目，正在重点洽谈推动四平智慧冷链全球采购中心项目、年产1 000台自走式籽粒收获机项目等35个项目，总投资50.17亿元。平台招商见成效。抓住四平市成功举办中国黑土地保护农机产业发展推进大会的契机，邀请10户域外优秀农机企业展会参展，先后与中国工程农业机械进出口有限公司、一重集团（黑龙江）农业机械发展有限公司、江苏福马高新动力机械有限公司等企业签订20份项目合作协议，组织域内优秀农机企业与经销商签订10份价值2.4亿元的销售合同。展会后，抓住机遇，趁热打铁，聚焦黑龙江、河北、山东等地，跟踪洽谈农机企业21户，筛选重点目标企业10户，引进4家入驻标准化厂房B地块的农机生产企业，为做大做强农机产业奠定坚实基础。共建招商开新路。紧紧抓住长平一体化发展战略契机，积极主动作为，先后多次赴长春开展项目考察，与长春新开区、汽开区互派干部、交流学习，扎实推进对接合作。加强与省外国家级经开区的联系，与金华开发区成立合作平台公司，携手打造合作产业园区，推进与哈尔滨利民经开区的合作，实现优势互补、信息互通、合作共赢。

**【项目建设】**2021年，红嘴开发区立足强基础、补短板，保落地、促发展，突出特色园区建设，重点推进一批项目落地，进一步夯实产业发展基础。

重点项目有进度。坚持“保姆式”服务，强化项目保障，推动项目快速落地、早日投产达效。全年新建、续建项目 18 个，总投资 62.38 亿元，工业集中区基础设施建设项目泰永铝制品、硕丰农机等 6 个新开工项目已全部入库入统。目前，已有山东沃普、北京奥风利威等 14 户企业签订入驻标准化厂房协议，在建的 24 栋标准化厂房已全部被预定，均为装备制造类项目，其中移动式粮食烘干机项目、打捆机生产配套项目等农机整机制造及配套生产项目占比 78%。

项目谋划有质量。聚焦装备制造、新型建材、商贸物流主导产业，谋划推进深圳伟业智慧冷链全球采购中心建设项目、铝制品智能加工中心项目、年产 5 000 台 9YF 系列全自动秸秆打捆机建设项目等重点项目 65 个，总投资 199 亿元，其中 10 亿元以上项目 5 个，亿元以上项目 32 个，5 000 万元以上项目 48 个，产业类项目 47 个，占总数的 72%，为开发区的振兴发展奠定坚实基础。

**【服务企业】**2021 年，红嘴开发区强化工作措施，千方百计做好为企服务工作，稳定经济运行。服务保障有效加强。坚持从项目招商、项目落地、项目达产见效，实施分阶段、全链条、无缝对接服务。落实领导包保责任制，组织机关干部对全区企业开展稳定运行、安全生产、疫情防控、环保整治的“四位一体”包保行动，按照“五化”工作法，明确工作任务，细化办结时限，提高服务效率。扶持力度持续加大。协调金融机构为区内 6 户企业解决银行贷款 6 500 万元，帮助 2 户企业解决银行贷款担保资金 1 400 万元，满足企业生产资金需求。发挥红开区与四平市中小企业担保公司合作建立的 1 亿元担保基金作用，积极为企业提供优质服务，累计帮助企业减少直接成本 50 多万元。历史遗留问题有序有力解决。依法依规解决锦鸿地产烂尾楼问题，在维护政府合法权益的同时，盘活闲置资产，积极推动中小学项目建设，推进产城融合发展，实现经济、社会效益双赢。

**【绿色集约】**红嘴开发区聚焦环保问题，突出重点领域、重点环节，集中力量，全力攻坚，顺利通过 2021 年中央环保督察考核。规划环评顺利完成。立足开发区实际，开展产业布局规划和规划环评编制工作。注重加强沟通请示，按照省生态环境厅意见，及时修改完善环评报告书，确保按时完成规划环评和审批工作，进一步夯实发展基础。小红嘴河综合整治效果明显。积极协调市政设计院、水利设计院对四平市条子河支流小红嘴河（红嘴开发区段）综合整治项目完成设计变更及工程验收工作，强化污水管网项目污水提升一、二泵站运行管理，坚持 24 小时轮岗值守，及时做好清淤维护工作，确保泵站正常运行。

**【基础设施建设】**2021 年，红嘴开发区利用国债项目，加快推进中国黑土地保护农机产业创新示范基地建设，完善路网，打造孵化平台。新建虹桥街等 5 条道路，建成后将形成六横八纵的路网格局，拉开了开发区东西和南北骨架，园区承载力和吸引力显著提升。

**【党建工作】**2021 年，红嘴开发区抓实理论学习，思想根基进一步夯实。组织读书班专题学习 3 次，党工委会议扩大学习 1 次，邀请党校教授区分机关党员、非公企业党员开展两次理论辅导，进一步夯实党员干部的理论根底及思想基础。抓实教育活动，政治觉悟进一步提升。牢牢把握党史学习教育目标方向，紧扣学习教育阶段要求、步骤安排、必学内容、规定动作，精心筹划部署，认真组织实施，不断推进党史学习教育取得新进展新突破。突出活动引领，组织开展“庆祝建党 100 周年主题党日升国旗活动暨‘光荣在党 50 年纪念章颁发’仪式’”“不忘初心跟党走，朝气蓬勃筑红开”党史红色教育徒步活动等系列活动，党员干部思想政治和党性修养受到深刻锤炼洗礼。突出宣传教育，建设“党史长廊”，设置党建宣传板，利用网站、微信公众号、工作群等，全方位推送党史学习内容，营造浓厚学习氛围。突出学用结合，全区所有党员均建立“我为群众办实事”项目清单，班子成员带头推进解决四平市金达洲汽车销售服务有限公司历史遗留问题等涉及企业发展、群众切身利益的重大疑难问题，以实际行动展现党员风采、体现学习成效。抓实组织建设，战斗堡垒功能进一步强化。坚持强基固本，狠抓基层组织建设，深入开展“作风建设年”活动，围绕提升政治功能、服务功能，全面增强基层党组织的凝聚力、战斗力、执行力。选强配强机关党委、企业党委班子，召开党支部标准化建设培训会，严格组织制度落实，夯实基层党建工作基础。注重发挥先进示范作用，全面打造党支部联系点，补短板、强功能、筑堡垒，辐射带动红开区非公企业党组织建设，实现全面进步全面过硬。

**【机构设置与管委会领导】**红嘴开发区内设办公室、经济技术合作局（加挂投资服务局牌子）、经济发展局、规划建设局（加挂城市管理行政执法局牌子）、财政审计局、社会事务管理局、安全生产监督管理局。

领导名录：党工委书记王善斌（任至2021年7月），党工委书记刘红军（2021年7月任），党工委副书记、管委会主任付永久（任至2021年11月），党工委副书记、管委会主任刘建军（2021年11月任），党工委委员、管委会副主任李春杰（任至2021年8月），党工委副书记李春杰（2021年8月任），党工委委员、纪工委书记谢亚君（任至2021年7月），党工委委员、管委会副主任孙雷（2021年8月任），党工委委员、管委会副主任常晓红，党工委委员、管委会副主任张大勇(2021年4月任)，党工委委员、管委会副主任刘俊风（2021年6月任）。

**四平红嘴经济技术开发区2020—2021年主要经济综合指标一览表**

| 项目 | | 单位 | 2020年 | 2021年 | 增减（%） |
|---|---|---|---|---|---|
| 开发区生产总值 | | 亿元 | 72.8 | 86.73 | 15.1 |
| 第二产业 | | 亿元 | 43.8 | 54.65 | 18.9 |
| 工业 | | 亿元 | 41.3 | 52.25 | 20.5 |
| 第三产业 | | 亿元 | 28.4 | 31.25 | 9.6 |
| 工业总产值（现价） | | 亿元 | 140.8 | 148.6 | 5.5 |
| 高新技术企业 | | 亿元 | 17.2 | 92.8 | 439.5 |
| 销售（营业）收入 | | 亿元 | 123 | 167.6 | 36.3 |
| 第二产业 | | 亿元 | 109 | 146.4 | 34.3 |
| 工业 | | 亿元 | 104.3 | 141.5 | 35.7 |
| 第三产业 | | 亿元 | 14 | 21.2 | 51.4 |
| 利润总额 | | 亿元 | 8.8 | 11.9 | 35.2 |
| 第二产业 | | 亿元 | 7.9 | 11.3 | 43.0 |
| 工业 | | 亿元 | 7.6 | 11 | 44.7 |
| 第三产业 | | 亿元 | 0.87 | 0.6 | -31.0 |
| 区内主导产业及产值 | 1. 冶金建材 | 亿元 | 60.6 | 74.6 | 23.1 |
| | 2. 卷烟制造 | 亿元 | 27.8 | 30.1 | 8.3 |
| | 3. 装备制造 | 亿元 | 15.2 | 13.7 | -9.9 |
| | 4. 农副产品深加工 | 亿元 | 15 | 11.5 | -23.3 |
| 进出口总额 | | 亿美元 | 0.033 4 | 0.113 | 238.3 |
| 进口 | | 亿美元 | 0.012 2 | 0.005 6 | -54.1 |
| 出口 | | 亿美元 | 0.021 2 | 0.107 4 | 406.6 |
| 财政收入 | | 亿元 | 23.2 | 28.5 | 22.8 |
| 税收收入 | | 亿元 | 23.1 | 27.5 | 19.0 |
| 财政支出 | | 亿元 | 0.8 | 0.57 | -28.8 |
| 新批企业个数 | | 家 | 76 | 92 | 21.1 |
| 外商及港澳台企业 | | 家 | 2 | 1 | -50.0 |
| 内资企业 | | 家 | 74 | 91 | 23.0 |

| 项目 | 单位 | 2020 年 | 2021 年 | 增减（%） |
|---|---|---|---|---|
| 区内世界 500 强企业数 | 家 | 0 | 0 | - |
| 国家级高新技术企业数 | 家 | 12 | 11 | -8.3 |
| 规模以上企业个数 | 家 | 56 | 63 | 12.5 |
| 科学研究与试验发展经费（R&D）支出 | 万元 | 4 867 | 17 460 | 258.7 |
| 研究与试验发展（R&D）经费投入强度 | % | 0.5 | 1.04 | 108.0 |
| 固定资产投资 | 亿元 | 8.2 | 5.1 | -37.8 |
| 年末从业人员数 | 万人 | 14 360 | 9 632 | -32.9 |
| 万元 GDP 能耗 | 吨标煤 / 万元 | 2.3 | 1.7 | -26.1 |
| 水资源消耗总量 | 万立方米 | 246 | 316 | 28.5 |
| 单位国内生产总值取水量 | 立方米 / 万元 | 6.8 | 6.4 | -5.9 |
| 区内职业教育学校数量 | 家 | 1 | 1 | 0.00 |

（四平红嘴经济技术开发区管委会）

# 鹤壁经济技术开发区

**【概况】**鹤壁经济技术开发区位于鹤壁市区北部，总人口7.8万，总面积119.94平方公里，成立于1992年，2010年升级为国家级经济技术开发区，2020年推行体制机制改革，实行“管委会+公司”模式。现辖金山、城北、城东3个工业园区及正在申建的鹤壁综合保税区，现有工业企业413家，其中，规上工业企业112家，主导产业为汽车电子和光电子、新兴产业为镁基新材料。

**【发展情况】**2021年，鹤壁开区去规模以上工业企业主营业务收入完成374.3亿元，同比增长13.2%，成为鹤壁市经济发展支柱和拉动工业高质量发展的主引擎。开发区始终坚持以科技创新加速产业转型。2021年培育国家级技术创新平台2家、省级平台29家，国家省级专精特新企业17家，全市占比44%，高新技术企业37家。河南省新能源及智能网联汽车电子电器产业研究院成功获批，河南省光子集成芯片中试基地入选第二批中试基地名单，电子核心产业（电子电器）集群成为全省首批战略性新兴产业集群。智能网联汽车电子电器中试基地、应急通信系统集成中试基地、镁产业研究院等正在加紧推进，开发区科技创新体系进一步完善。

**【项目建设】**鹤壁开发区在扎实推动高质量发展的过程中，探索实行“产业基金+孵化器+项目”“招商选资+资本入股+项目”等招商模式，成功引进青岛海尔、西安旺德盛等一批优质项目，大力推进鹤壁综保区、鹤壁金山镁业小镇、中原光谷等企业一批重大项目，12个省市重点项目完成投资20.7亿元，占年度投资计划的43%。第三期“三个一批”项目28个，“签约一批”项目开工率、“开工一批”项目投产率、“投产一批”项目达效率均居全市前列。汽车高端智能制造产业园、高分子材料产业园、电子产业加速器等项目将全面开工建设。

**【体制机制改革】**鹤壁开发区大力推动体制机制改革，持续优化营商环境，释放经济发展新活力。持续深化“管委会+公司”模式，依托经开集团，推进园区建设项目25个、参与设立产业基金6支、完成资本市场融资15亿元。开发区以“一枚印章审批”“一支队伍执法”为突破口，着力打通放权赋能“最后一公里”通道，促进全市完成各类审批、政务服务等“放管服”改革1012项。建立了工业用地“标准地+承诺制”出让制度。开展“万人助万企”活动和“营商环境百日攻坚”行动，打造形成了“政策直通、建筑许可、人才服务”三大营商环境品牌，改革成果被中央深改委列为全国试点总结报告典型案例，综合改革绩效评价连续三年全省第一。

（鹤壁经济技术开发区管委会）

# 库尔勒经济技术开发区

**【概况】**库尔勒经济技术开发区于2000年7月21日经自治区人民政府批准设立，2008年2月升格为自治区高新技术产业，2011年4月10日经国务院批准，升级为国家级经济技术开发区，规划面积140平方公里。近年来，成功创建国家循环经济试点园区、国家新型工业化产业示范基地、国家农业产业化示范园区、国家电子商务示范基地、国家小型微型企业创业创新示范基地、国家众创空间、国家纺织服装产业转移示范区、国家绿色园区、和国家外贸转型升级基地及和自治区两化融合示范区，是南疆地区唯一一家集经济技术开发区和高新技术产业园区两位一体的开发区和新型工业化主战场。

截至2021年末，园区工商注册企业3 354家。构建了纺织服装及绿色织造产业、精细化工及新材料产业、智能装备制造和电子科技产业、农副产品精深加工产业、航天航空战兴产业、现代服务业等六大产业发展体系，集聚了塔里木大化肥以及美克与世界500强德国巴斯夫、中石化合作的美克化工，斯伦贝谢、中泰纺织科技粘胶纤维、金富特种纱业、富丽震纶纺纱、利泰丝路纺纱、红星美凯龙、愿暻城等一批龙头企业。历经22年的发展历程，已成为南疆地区发展速度较快、工业化程度最高、产业规模最大的综合型城市新区。

**【经济发展】**2021年，库尔勒开发区紧抓“招商引资、项目建设、服务企业”三大主业，在创新发展、招商引资、产业培育、营商环境上多点发力，致力于打造专业集成、投资集中、资源集约、效益集聚的产业生态新城，全年实现总产值758.72亿元，同比增长33%；实现规模以上工业增加值404.65亿元、同比增长15%；完成固定资产投资237.1亿元，同比增长3%。

**【产业发展】**2021年，库尔勒开发区科学谋划布局产业发展，积极研究产业发展政策，加快新旧动能转换，推进二产提档升级，三产规模做大，推进经济发展方式从增量扩展向存量挖潜转变，形成“两主四翼”的产业发展格局：一是纺织服装及绿色织造产业集聚效应初显成效，拥有年产粘胶短纤40万吨、纺纱规模460万锭、织布1.3万吨、服装350万件、土工布2万吨、筒子纱印染3万吨、毛巾针织布印染1万吨的年产能力，全疆首家14万吨亨惠水刺无纺布项目落地建设；二是精细化工及新材料产业基础不断夯实，依托塔里木油田公司后方基地和巴州丰富的油气资源优势，拥有36万吨1,4-丁二醇、5万吨聚四氢呋喃、45万吨合成氨80万吨尿素、12万吨LNG、9万吨二硫化碳产能；三是智能制造和电子科技产业提档升级，逐步引入精密线材、智能穿戴以及手机配件等智能家电配套智能电子科技产业，构建石油石化装备、电气装备、金属制品、农机装备、电子通讯设备等五大装备制造产业板块；四是农副产品精深加工产业拥有年产30万吨粮油、年处理6万吨鲜奶、年产10万吨啤酒规模的年产能力；商贸物流产业规模不断扩大，临空经济区建设加快推进，规划50平方公里商贸物流产业带，建成30万吨冷链物流规模，形成了西北地区最大的冷链物流基地。

产业发展带动效应明显，经济社会效益稳步提升。随着新项目的不断入驻，园区就业容量逐步扩大，用工需求主要集中在工业领域，大中型企业在带动就业，特别是劳动密集型的纺织服装产业对拉动就业方面，发挥着重要作用，截至2021年底，全域总用工人数达34 857人，形成产业就业双驱动，充分发挥巴州新型工业化主战场辐射带动作用。

做强存量，推动产业升级提速发展。库尔勒纺织服装城成为全疆纺织服装产业“三城七园一中心”中发展最快、规模最大、智能化水平最高、产业链最全的集聚发展引领区，形成世界单厂粘胶纤维产能第一和全国纺纱规模最大的纺纱基地；石油天然气化工产业已初步形成规模化产业体系，拥有国内最大的1,4-丁二醇供应商，国内陆上单套装置生产能力最大的化肥项目，全疆第二大天然气生产企业，高新技术产业发展已率先走在全疆前列；装备制造产业逐步迈向智能制造发展，油服服务领域技术领先，拥有百余家油服企业、西北地区唯一一家无缝钢管制造企业，一家企业准入许可国家专用车生产；农副产品加工产业向高、精、尖、深加快转型，拥有农业产业化龙头企业17家，拥有新疆最大的奶制品全产业链生产企业；现代服务业加速崛起，建成保税仓库、新疆最大的热电联产综合能源企业、南疆快递物流分拨中心园、南疆最大的一级农产品物流中心，开通西行班列，扩大了向西开放和商贸流通力度。

**【招商引资】**2021年，库尔勒开发区高位推动创新招商，强化以商招商、委托招商、产业援疆招商等方式，坚持“走出去、引进来”，组建7个招商分局围绕重点区域、重点产业、重点项目，前往北京、深圳、成都、宁波、宿迁、太仓、吴江驻点招商。专人盯办重点项目，重点项目实施领导包联，干部包干，挂图作战，倒排工期，前期手续办理无缝对接，大大缩短新项目申办时限，推进重点产业项目大干快上，中泰昌达一期50台大圆机年产针织布项目仅用40天建成投产，全疆首家中泰亨惠14万吨水刺无纺布项目、美克化工四期10万吨BDO项目加快建设，英特莱福钻井自动化装备制造项目、中昆天拖年产1万台拖拉机及农业装备生产项目、全安药业甘草药品生产基地项目、好绿筑、华美启东绿色装配式建筑产业园项目等一批亿元以上项目开工建设，重点龙头产业添能蓄势，逐步向全产业链延伸。

**【科技创新】**2021年，库尔勒开发区深入实施创新驱动发展战略，相继出台《库尔勒经济技术开发区加快推进科技创新驱动发展实施意见》《关于促进中小企业健康发展的若干实施细则》《库尔勒经济技术开发区人才专项资金实施细则（试行）》《库尔勒经济技术开发区扶持中小企业发展资金奖励办法》《科技创新“新十条”》等相关政策，强化人才专项政策资金落实，制定差别化优惠政策，扶持实体经济发展，设立中小微企业专项扶持资金5批次。先后创建自治区级科技企业孵化器、国家众创空间，拥有小企业创业基地1个、创新创业服务机构41家、高新技术企业18家、国家级和自治区级专精特新“小巨人”企业各1家，国家级“绿色工厂”企业2家、自治区级“绿色工厂”企业3家，自治区级企业技术中心9个，自治区级工程实验室1个，自治区工程技术研究中心1个，设立各类研究院分中心6个，院士工作站1个，博士后工作站1个，新疆农垦马鹿产品综合开发研究所1家。现有国际专利1个，企业参与制定国家标准、行业标准3件。

**【营商环境】**2021年，库尔勒开发区优化布局城市综合功能区和产业功能区，形成“以产兴城、以城促产、产城相融”的发展格局，学校、医院、大型商超、公租房、供排水等基础服务配套完善，累计开发面积48.99平方公里，绿化覆盖率达38%，道路共计95条，总长合计284.27公里，供排水管网429.52公里，燃气管线总长约151.31公里。2021年争取政府债券资金3.8亿元，实施开发区医药产业园、跨境电商产业园、纺织服装城纺织新材料产业园标准厂房及配套设施等5个项目建设，一批事关长远的重大基础设施项目接续实施，园区基础设施承载能力进一步提升，可持续发展后劲明显增强。日处理5万方工业废水处理及回用项目和日处理5万方印染废水处理及回用项目污水处理标准均达到一级 A 标准，实现在线监测。日处理 10 万方 / 日的西尼尔污水处理厂正在调试，配套发售电设施均已建成投运，深能国电 2×35 万千瓦热电联产项目实行“双机双投”，装机总容量 70 万千瓦，在满出力情况下年发电量达 60 亿千瓦时。

**【体制机制改革】**2021 年，库尔勒开发区坚持改革创新，行政效能逐步提高。坚持以“放管服”改革为引领，聚焦营商环境的整体优化提升。一是加快推进开发区体制机制改革。推进社会事务管理体制改革、人事薪酬改革、“一区多园”改革，全面完成“大部制”改革，对部门机构进行精简整合，建立健全权责事对等的精简高效职能机构，以解决开发区行政化趋势加重、社会事务过多、发展精力分散、发展活力动力不足等问题。二是全面提升行政服务效能。多措并举加快推进“一网办”“不见面审批”，科学授权优化“只进一扇门”，梳理“开发区政务服务中心窗口集中办理事项清单”369 项，实施“一窗受理、一张表单、并联审批、限时办结”的工作机制，大幅度压减工程建设项目审批时限。三是平台载体建设逐步完善，承载能力逐步提升。建成投融资服务平台 1 个，融资性担保机构 1 家，目前 6 家金融机构先后入驻，合作金融机构 12 家。

创新企业服务机制，推进优质化服务企业。把服务市场主体放在首位，切实将工作重心前移，形成各部门上下联动机制，专门骨干力量下沉基层一线，成立 5 个驻企服务组，开展“驻点、蹲点”服务，实施领导干部包联入驻企业，深入生产一线，对症施策，服务范围辐射周边区域各领域、各产业、各企业，联合发力有力疏通产业发展的难点和堵点问题，全方位推动营商环境持续优化提升。与企业紧密相连共谋发展，召开四场次企业家交流会，增强企业的归属感和投资信心，为园区长足发展凝聚智慧力量。

**【党建工作】**2021 年，库尔勒开发区夯实基层党建基础，以党建引领促发展。始终坚持党要管党、全面从严治党，坚持思想建党和制度治党相统一，坚持把党的政治建设摆在首位，始终牢记党的初心和使命，筑牢“四个意识”、坚定“四个自信”，坚决做到“两个维护”。开发区党工委、管委会领导班子成员带头包联基层组织，大力推进党组织标准化规范化建设，强化支部进企业，选派 43 名机关党员干部任企业党支部书记，205 名党员干部到 634 家企业任党建工作指导员，实现非公企业党组织覆盖率达 100%，以党建引领企业高质量发展，激发市场主体发展活力，进一步深化政治引领作用，把党的建设贯穿到企业经营管理全过程，全力推进党建工作与企业生产经营深度融合。

**【机构设置和领导名录】**2021 年，库尔勒经开区党工委、管委会内设 10 个机构，机构规格均为副县级，分别为纪工委、党政办公室、经济发展局、招商局、财政局、规划建设局、环境保护局、安全生产监督管理局、社会发展局、巴州公安局开发区分局。

领导名录：库尔勒经开区管委会党工委书记黄新怀，党工委副书记、管委会主任陈雷，党工委副书记、纪工委书记李仁勇，管委会副主任白萍，党工委委员，管委会副主任陈延国、胡建军，党工委委员、管委会二级调研员张朝阳，党工委委员、党政办公室主任李峥。

（库尔勒经济技术开发区管委会）

# 衢州经济技术开发区

**【概况】**2021 年，衢州经济技术开发区（衢州智造新城）规上工业总产值 1 363.6 亿元，同比增加 37.8%。工业增加值(收入法)287.9 亿元，同比增长 54.94%。2021 年财政收入完成 58.3 亿元，比上年增长 39.1%。

**【经济发展】**2021 年，衢州经开区实现地区生产总值 341.5 亿元，按可比价格计算，比上年增长 43.6%；其中，第二产业增加值完成 312.35 亿元，同比增长 47.8%，第三产业增加值完成 29.15 亿元，同比增长 9.7%。全年税收收入 55.8 亿元，增长 32.9%。“四上”企业主营业务收入 1 768.91 亿元，同比增长 41.1%，“四上”企业利润总额 145.5 亿元，同比上升 82.7%。其中，规上工业企业营业收入 1 533.99 亿元，上年同期数 1 077.01 亿元，同比 42.4%；利润总额 141.74 亿元，上年同期数 76.59 亿元，同比增长 85.1%。

**【产业发展】**衢州经开区共有高端电子材料、氟硅新材料、电子化学品、锂电新材料、传感器与微电子、生物医药与大健康、智能装备制造七大主导产业，产业集群效应初具规模。2021 年，高端电子材料产业总产值 572.13 亿元，氟硅新材料产业总产值 301.5 亿元，电子化学品产业总产值 86.68 亿元，锂电新材料产业总产值 190.93 亿元，传感器与微电子产业总产值 20.48 亿元，生物医药与大健康产业总产值 50.89 亿元，智能装备制造产业总产值 103.33 亿元。

**【电子商务】**2021 年，全区网络零售额共 72.52 亿元，同比增幅 3.7%。跨境电商监管方式出口 2.83 亿元，占衢州市 50.1%。成功引进跨境电商综合服务平台国贸数字。数字化领域，“小微入驻一件事”云平台入围衢州市首批“政企通”试点。

**【科技创新】**2021 年，核心区重点区块高新技术产业总产值 570.67 亿元，同比增长 56.1%。至年末，拥有国家级工程技术研发中心 1 家（国家氟材料工程技术研究中心），国家级技术中心 3 家（巨化集团公司国家级企业技术中心、开山集团国家级企业技术中心），国家级高新技术企业 217 家，省级企业研究院 30 家，省级高新技术研发中心 59 个，省级科技型企业 413 家。市级重点创新团队 8 家。

**【“万亩千亿”新产业平台建设】**衢州高端电子材料“万亩千亿”新产业平台于 2020 年 2 月被省发改委列入第二批平台培育名单。2021 年，平台实现工业总产值 572.1 亿元（2019 年为 235 亿元），位居全省前四，同比增长 85.2%，其中主导产业工业总产值 521.8 亿元；累计完成固定资产投资 75.4 亿元，同比增长 91.4%，其中产业项目投资 72 亿元；累计新引进标志性项目 7 个，同比增长 40%，实现了产业发展加速、平台能级跨越的阶段性目标。引进省级高层次人才 21 人，新增浙江省特聘专家 1 人，国家引才计划 2 人，省引才计划 2 人，院士 2 人，省“海外工程师”75 人，引进创新创业团队 5 个。2021 年，浙江衢州外贸转型升级基地（锂电新材料）获批国字号外贸转型升级基地，电子化学材料产业群入选第一批省级“新星”产业集群培育名单，化学新材料产业链获评“链长制”优秀示范单位。目前着力发展高端电子化学材料、高端动力电池材料、高端电子信息材料三大产业，不断优化提升产业链，产业集聚度达 91%，实现了从弱到强、从传统到高端、从跟随到逐步领先的跨越式发展。

**【投融资服务】**至2021年末，全区主板上市企业5家，新三板挂牌企业11家。主板5家：浙江巨化股份有限公司、牧高笛户外用品股份有限公司、仙鹤股份有限公司、衢州五洲特种纸业股份有限公司、浙江永和制冷股份有限公司。新三板11家：浙江海昇药业股份有限公司、浙江圣安化工股份有限公司、浙江海力股份有限公司、浙江美安普矿山机械股份有限公司、浙江上洋机械股份有限公司、浙江启超电缆股份有限公司、浙江永力达数控科技股份有限公司、浙江爱吉仁科技股份有限公司、衢州龙威新材料股份有限公司、浙江强顺饲料股份有限公司、浙江明辉蔬果配送股份有限公司。

**【创新平台建设】**在6月举办的2021中国化工园区与产业发展论坛上，衢州国家高新技术产业开发区再次入围2021化工园区30强，这是衢州高新区第四次入围中国化工园区30强。

**【项目审批改革】**率先在全市实现电子营业执照和电子印章同步发放，并在商事登记、涉税事项、员工就业参保等领域中应用，实现政务服务事项线上签字、远程确认、全流程网上办结。针对企业新增建筑转贷难问题，通过流程再造，对原抵押权注销登记、新增建筑物不动产权变更登记、抵押权变更登记进行优化组合，实现三个流程合并为一个流程，时间从15天以上缩短到1个工作日内办结。建立产业园区水电气管网配套设施提前介入服务“一件事”联办机制，超前开展园区水电气管网配套设施建设和提前介入服务。

**【重大项目招引】**2021年内，经开区紧盯“链主型”“链条型”“科技型”企业招引，全年新引进项目48个，其中亿元以上项目42个，10亿元以上项目10个，20亿元以上项目5个，100亿元以上项目1个，协议总投资794.84亿元；全年实现到位资金81.08亿元，其中制造业占比93.9%；全年累计利用外资4 149万美元，占全市到位外资比重为54%。浙江时代锂电、巴莫科技、一道新能源、天赐、拓烯、致合、国泰超威、东鹏饮料等一批主导产业“链主”型、带动力强的优质项目先后签约落地，为我市经济高质快速发展积蓄充沛能量。2021年5月17日，总投资约479亿元的浙江时代锂电材料国际产业合作园项目正式签约，并成功列入省长工程和省重大产业项目（实施类），有望成为推动衢州工业经济高质量发展的里程碑式项目。

**【服务业发展】**2021年，全区规上服务业营业收入25.3亿元，同比增长13.9%；实现新入库规上（限上）服务业企业12家。顺利完成“大科创”“大商贸”政策兑现，并实现零差错。

**【外贸发展】**2021年，全区实现外贸进出口316.5亿元，同比增长63.06%，全市占比达到64.4%，其中出口总额165.8亿元，同比增长54.07%，全市占比52.5%，进口总额达到150.72亿元，同比增长74.25%，全市占比85.8%。

**【基础设施建设】**2021年内，加强基础设施建设。实施政府投资基础设施建设项目194个，全年累计完成投资约3亿元，其中投资超亿元基础设施项目3个（慧谷工业设计院、5GW高效单晶电池+3GW高效组件项目厂房及配套设施建设工程、原柯城小微企业孵化园）。新建城市道路2.31公里，建成道路面积7万平方米；改造城市道路1.57公里，改造道路面积2.52万平方米；清淤排水管网80公里，新增、改造雨污水管网6.65公里，新建改造供水管网1公里；新增公园绿化面积3.97公顷。

**【机构设置与党工委、管委会领导】**衢州智造新城党工委、管委会下设党政综合办公室、党群与人力资源部、投资促进部、经济发展部（挂军民融合发展办公室牌子）、建设管理部、维稳和要素保障部、财政金融部（挂财政局牌子）、应急管理局（挂衢州市应急管理局智造新城分局、生态环境局牌子）、城市发展与服务业部、规划管理部10个内设机构；综合保障服务中心、人才服务中心、产业研究与招商服务中心、营商环境服务中心、东港片区企业服务中心、科技创新服务中心、公共资源交易中心、市政环卫园林中心、高新片区企业服务中心、规划编制中心等10个事业单位。

2021年11月19日，根据中共衢州市委机构编制委员会《关于组建衢州市应急管理局智造新城分局及智造新城内设机构更名的通知》（衢市编〔2021〕13号）文件精神，衢州智造新城党工委、管委会安全应急和生态环境部（挂应急管理局牌子）更名为应急管理局，挂衢州市应急管理局智造新城分局、生态环境局牌子。

衢州市委常委（2021年1月8日任职）、衢州智造新城党工委书记、管委会主任（2021年8月13日任职）刘根宏；衢州智造新城党工委副书记、管委会副主任[正县（处）长级]钱志生；衢州智造新城党工委副书记程立衡；衢州智造新城党工委委员、衢州智造新城管理委员会总规划师（2021年11月30日任职）范展鸿，衢州智造新城管理委员会总工程师（2021年11月30日免职）范展鸿；衢州智造新城党工委委员吴俊生；中共衢州市纪律检查委员会、衢州市监察委员会派出衢州智造新城纪检监察工作委员会书记（2021年11月18日任职）鲁正良，衢州智造新城纪检监察工作委员会书记（2021年11月18日免职）鲁正良；衢州智造新城党工委委员，衢州智造新城管理委员会副主任郑志忠；衢州智造新城管理委员会副主任（2021年11月30日任职）章青华；衢州智造新城党工委委员徐建勇；衢州智造新城党工委委员陈利飞；衢州智造新城党工委委员郑银华；衢州智造新城党工委委员叶利明；衢州智造新城党工委委员徐发珍；衢州智造新城党工委委员（2021年8月19日免职）、衢州智造新城管理委员会副主任（2021年9月14日免职）郑剑亮；衢州智造新城党工委委员（2021年11月18日免职）、衢州智造新城管理委员会副主任（2021年11月30日免职）金永红；衢州智造新城党工委委员（2021年11月18日免职）、衢州智造新城管理委员会副主任(2021年11月30日免职)周翔。

（衢州经济技术开发区管委会）

# 嘉善经济技术开发区

【经济发展】2021年，嘉善经济技术开发区全年完成地区生产总值175.51亿元，增速16.5%；财政总收入30.91亿元，增速32.45%，其中一般公共预算收入16.86亿元，增速36.23%；规上工业产值663.9亿元，增速37.7%；固定资产投资85.6亿元，增速45.24%，其中工业投资38.79亿元，增速32.71%；实际利用外资2.11亿美元。连续三次获得县流动红旗奖，浙江中荷（嘉善）产业合作园荣获浙江省"一带一路"建设先进集体荣誉称号。

【产业发展】2021年，嘉善经开区狠抓招商引资和项目推进，着力优化产业结构，突出主导产业发展。签约落地项目多，强化"产业链强链延链补链"招商力度，签约项目35个，总投资超200亿元，其中超亿美元项目3个、全球行业龙头企业6个。传统产业升级强，全年完成数字经济核心产业制造业增加值59.12亿元，同比增长72.18%。扎实推进企业股改上市工作，完成股改企业21家，其中规上企业12家。梦天家居成功登陆上交所主板。

【科技创新】2021年，嘉善经开区完成高新技术产业增加值112.84亿元，同比增长45.15%，实现高新技术产业投资30.06亿元，同比增长40.84%。嘉善工程师协同创新服务平台、嘉善ICC集成电路公共服务平台相继成立，复旦嘉善研究院落户开发区。新增国家级高新技术企业41家、省科技型中小企业45家，获评省市级研发中心19家、省级研究院2家。众成包装成为嘉善首家国家级专精特新"小巨人"企业。申报国家级、省级高端人才35人，入选国家级引才计划5人。承办首届长三角医疗器械高质量发展高峰论坛、第四届中国国际新能源汽车功率半导体市场与关键技术论坛等活动。

【投资促进】2021年，嘉善经开区列入县重点工业项目25个，全年完成投资25.85亿元，其中16个新建项目已开工15个，开工率为93.8%，新开工项目平均容积率超2.0。中科冠腾实现"拿地即开工"，兰钧新能源一期厂房和云顶新耀一期实验楼完成封顶，赛晶IGBT竣工投产，荣耀半导体投产试运营。

【机制体制创新】2021年，嘉善经开区优化整合招商队伍，实现招商—审批—推进一条龙服务，助推企业迅速投产。深化"股权+基金+项目"招商模式，通过资本选商模式，投资具有潜力的产业化项目28个，累计投资额超18亿元，吸引并推动了一大批细分行业龙头和"隐形冠军"项目的落地，云顶新耀、兰钧新能源等项目推进神速，赛晶亚太、唐人制造、嘉辰半导体等项目相继投产，禾芯集成电路、善睿半导体等新的项目也纷至沓来。

【绿色集约】2021年，嘉善经开区积极推进碳达峰碳中和工作，组织实施节能技改，促进高耗能企业节能增效，如祥恒包装、诚一毛皮完成节水型企业创建，斯贝克电子、佰润电镀、爱德曼氢能源3家企业完成清洁生产审核，众成包装成功创建省级绿色工厂，长盛轴承、新思考电机成功创建市级绿色工厂等；同时大力引进新能源项目，加快推动绿色低碳产业体系形成。

坚持绿色发展理念，聚焦治气、治水、治废三大污染防治重点，深入开展环境整治各项工作。一年来，全区（街道）空气优良率83.6%，PM2.5平均浓度达到27.7微克/立方米，分别排居全县第三和第一，污水零直排区建设通过嘉兴市市级验收。

**【国际合作】**2021 年，嘉善经开区高质量推进开发区国际合作园区建设，加快浙江中荷（嘉善）产业合作园创新中心一期、创业中心施工建设。推进嘉善与荷兰绿港全产业链联盟合作，加快建设一期“中荷循环农业科创中心”项目。加快推进“中欧科创中心（荷兰）”平台项目，海外嘉善国际创新中心（欧洲）已有 10 家荷兰企业和机构落户，跨出了链接当地“一手资源”的重要一步。

**【基础设施建设】**2021 年，嘉善经开区启动总规划面积 4 500 亩的工业园区全域有机更新，全区（街道）已累计签约企业 346 家，腾退企业 194 家，腾退面积超 1 223 亩。经开机械智能制造小微园、联东 U 谷、鑫达科创园一期改建工程加快建设，中节能（嘉善）环保产业园获评五星级小微园区。枫南（未来）社区展示中心、华师大二附中嘉善实验学校、惠民幼儿园投入使用，投入 4.35 亿元，实施开发区横二路延伸段、永胜路、纵四路延伸段等 9 条道路的工程建设。美丽城镇项目竣工 28 个，竣工率达 90% 以上，高品质推动产城融合发展。拆迁攻坚项目 33 个完成清零，共计征地量 1 521 亩，拆迁量 193 户。切实抓好公寓房建设，惠园小区三期、枫南小镇安置房、张汇富民小区等 5 个公寓房安置项目全速推进。

**【社会事业】**2021 年，嘉善经开区扎实推进社保、医保参保工作，区（街道）职工和城乡居民医保参保人数分别达 60 887 人、19 364 人，户籍人口参保率 99.85%。全年发放低保金和重度残疾金 300 余万元，救助、慰问困难群众 200 多人次，实现残疾人就业率 94.40%，村（社区）无障碍设施改造率 100%，健康流动服务车服务完成率居全县乡镇街道首位，建设智慧健康小屋和巡回医疗点，进一步筑牢民生兜底保障。社会事业全面进步。扩容建设惠民政务服务大厅，实现公安和公用事业“六合一”政务服务事项集中整合入驻，提升百姓办事便利性。开展“爱国卫生”系列活动，抓好病媒防治、健康教育、精防、打击非法行医和禁烟工作，惠通村成功创建除四害村。深入开展双拥创建、国防教育和军民共建活动，为部队输送 12 名高质量合格青年。举办“歌颂百年”企业职工合唱大赛等文体活动 50 余场次，大型活动 7 场，打造“工业社区”文化礼堂，枫南(未来)社区文化艺术中心全面启动，宗教、档案、史志等工作取得新成效。社会治理不断加强。14 个工业网格实体化运作，运用“7 + X”工作模式创新打造 e 嘉工业社区，城乡社区治理进一步加强。全力做好全国“两会”“平安护航建党 100 周年大会战”等重要时段安保工作。食药安全隐患排查到位。

**【党建工作】**2021 年，嘉善经开区高标准组织部署区（街道）党委换届工作，顺利完成中共嘉善经济技术开发区（惠民街道）第三届委员会选举工作，选出新一届领导班子 8 人。紧扣守好“红色根脉”这一灵魂主线，巩固深化“不忘初心、牢记使命”主题教育成果，规范督促基层党组织健全落实以“三会一课”、组织生活会、民主评议党员等制度体系，常态化开展主题党日、“三会一课”等活动 1 200 余次，聚焦建党百年，运用新媒体手段制作 H5、短视频、微音频等方式，共推出党史学习作品 123 件，积极引导党员通过“指尖上的党校”学习党史。做好村社换届后半篇文章，部署开展“上任即奔跑、开门一件事”活动。通过网格大走访、夜访工作，集结力量办实事、办好事，共走访群众 17 041 户，解决各类民生问题 643 件，共开展各类活动 56 场，参与人数 6 843 人。部署实施“庆祝建党百年，克难攻坚百日”机关党组织和党员奋力助推两新组织“双覆盖”专项行动，通过实施“1+1”举措，助推规上企业党组织覆盖率从 48.3% 提升至 85.2%。重点打造了 e 嘉工业社区党群服务中心，有效破解了“密集型宿贸区”的管理难题，全年共受理非警务警情 199 件，调解成功 198 件，受理各类政务热线 1 831 件次，成功化解信访积案 30 件。注重年轻干部培养，开办第三期“青春国开、菁英成长”青年干部培训班。深入推进干部上派下挂，先后推荐2名优秀青年干部赴省、市机关学习锻炼，选派16名党员干部赴“两新”党组织兼任指导员。

**【机构设置与管委会领导】**嘉善经济技术开发区管委会下设党政综合办公室、党建工作办公室、招商服务局、经济发展局、农业农村局、规划建设局、财政局、社会事业发展局、社会治理局、生态环境办。开发区管委会党委书记钱慧，党委副书记、管委会主任张润纯，管委会常务副主任姚斌，党委副书记唐赟路、赵志春，管委会副主任郑庆华、王育青、潘莉蕴、张烈军、胡胜荣、于飞燕。

（嘉善经济技术开发区管委会）

# 池州经济技术开发区

【经济发展】2021年，池州经济技术开发区实现地区生产总值239.2亿元，按可比价格计算，增长12%，占池州市地区生产总值比重23.8%。分产业看，第二产业增加值172.5亿元，增长13%，占地区生产总值的比重72.1%；第三产业增加值66.7亿元，增长9.7%，占地区生产总值的比重27.9%。全年税收收入45.5亿元，增长31.9%，占池州市税收收入比重45.6%；进出口额73亿元，增长27.2%，占池州市进出口额比重30.3%；企业经营收入1 146.7亿元，增长41.9%；固定资产投资额112.7亿元，增长17.8%。

【产业发展】2021年，池州经开区实施“建芯固器强终端”行动，半导体产业“3+2”特色发展格局、省级半导体基地“一核三极”产业布局基本形成，分立器件制造产能和封装测试水平居全省前列。安徽省半导体产品质量提升示范区、安徽省半导体技术标准创新基地获批建设。围绕装备制造产业补链拓链强链，以均益股份、杰羽科技为龙头，聚力打造智能拉链装备制造产业园和工业缝纫高端装备产业园。全年实现规模以上工业增加值141.1亿元，增长16.6%，占池州市工业增加值比重38.6%；规模以上工业总产值656.4亿元，增长36.7%；规模以上工业中外商及港澳台投资工业总产值12.4亿元，增长39.3%；规模以上工业中内资工业总产值644亿元，增长39.7%。主导产业电子信息业工业总产值115.7亿元，增长41.6%，占全区规模以上工业总产值比重17.6%；营业务收入119.8亿元，增长67.8%。主导产业高端装备制造业工业总产值147.7亿元，增长65%，占全区规模以上工业总产值比重22.5%；营业务收入151.3亿元，增长67.6%。与松江经开区、宜兴环保科技工业园签订战略合作协议，与苏州太湖科技城建立友好合作关系，开放合作全面展开。

【科技创新】2021年，池州经开区坚持“科创+产业”融合发展，G60科创走廊池州（上海）科创中心全面启动建设，中关村IC设计产业园“基地+飞地”、半导体产业协同创新中心等项目加快推进，铜冠铜箔在深交所创业板首发上市，均益股份入选全省“专精特新50强”，华宇电子荣获第五届池州市政府质量奖，科创实力稳居池州市第一方阵。全年全社会研发投入10.1亿元、增长29.8%。年末高新技术企业87家，省级以上研发平台36家，国家或行业标准制订企业7家，拥有“万人计划”1人，国务院和省政府特殊津贴专家各2人，省战略性新兴产业技术领军人才（省“特支计划”）19人，安徽省“115”产业创新团队6个，省院士（博士后）工作站8个。组建安徽省封装测试产业技术创新联盟、安徽省智慧产业技术创新占班客联盟。

【投资促进】2021年，池州经开区全年进出口总额73亿元，增长27.2%，占池州市进出口额比重30.3%，其中，出口11.3亿元，增长56.6%；进口61.1亿元，增长22.9%。高新技术产品进出口额7亿元，增长231.4%。实际使用外资金额260.6亿美元，下降64.6%，新增外商投资企业9家，增长200%，新批内资企业数量2123家，增长41%。

【体制机制创新】2021年，池州经开区启动“管委会+公司”改革试点，编制完成体制改革总体方案和4个配套子方案，全面实施区属国企战略性重组和专业化整合。“四送一服”深入开展，“全员帮扶”深入人心，“放管服”改革扎实推进，助企纾困成效不断显现，“企业评服务”满意率大幅提升，营商环境测评位居全市前列。

**【投融资服务】**2021 年，池州经开区建立常态化金融对接服务机制，促进中小微企业融资增量、扩面、降价。强化政策合力，加快集成创新，着力构建促进高质量发展的产业政策体系。企业主板首发上市的（含科创板）、在“新三板”“四板”挂牌的，分别给予不同金额补助。

**【绿色集约】**2021 年，经开区全年单位工业增加值水耗 15.4 立方米 / 万元，同比下降 17.8%；单位工业增加值能耗 2 吨标煤 / 万元，同比下降 31.9%。实施“退二进三”和“腾笼换鸟”工程，处置“僵尸”、低效企业 38 家，盘活土地 735 亩、标准化厂房 9.3 万平方米。“标准地”改革全面铺开，新型产业用地 M0 改革启动试点。

**【基础设施建设】**2021 年，池州经开区坚持服务东部产业新城建设，优化园区生产、生活、生态功能布局。池州半导体产业学院、人力资源产业园、奥特莱斯商业综合体、池州中韩国际客厅、韩国生活馆等一批公共服务配套项目规划建设。政务服务大厅扩容升级。总投资 4.5 亿元的市政基础设施提标改造工程开工建设，清溪大道拓宽改造工程加快推进，金安安置点、上小湖片区生态景观、江口河综合治理、集中供冷供热、数字电力服务平台、智慧园区等一批补短板项目谋划启动，滨江大道建成通车。

**【党建工作】**2021 年，池州经开区深入学习贯彻党的十九届六中全会精神，扎实开展党史学习教育，全区各级党组织开展专题辅导讲座、集中学习交流、革命传统教育等 380 余场次，办结企业和群众诉求事项 475 件。实施“党建 +”引领工程，开展“抓强促”专项行动，园区非公企业党组织覆盖率、工作覆盖率分别达到 69%、100%，在全市率先建设启用智慧党建云平台。社区“两委”换届圆满完成，基层党组织力量不断强化。

**【机构设置与管委会领导】**2021 年，池州经开区管委会直接下设 9 个机构，分别为办公室、党群工作局（人才办）、经济发展局、建设局、投资促进局、财政金融局（国资办）、应急管理局、社会事务局、商务科技局。

领导任职名单：党工委书记、管委会主任朱树林，党工委副书记、管委会副主任朱学华，党工委副书记赵革锋，纪委书记刘杰，管委会副主任程芳，党工委委员、管委会副主任方勇、王玉胜、陈琳，党工委委员凌骥德、包志德、余跃海、纪林、钱志华。

**池州经济技术开发区 2020—2021 年主要经济综合指标一览表**

| 项目 | 单位 | 2020 年 | 2021 年 | 增速（%） |
|---|---|---|---|---|
| 地区生产总值 | 亿元 | 199.81 | 239.21 | 12.02 |
| 第二产业 | 亿元 | 139.62 | 172.53 | 13.01 |
| 工业 | 亿元 | 118.39 | 148.53 | 14.31 |
| 第三产业 | 亿元 | 60.19 | 66.68 | 9.67 |
| 规模以上工业总产值 | 亿元 | 480.16 | 656.37 | 36.70 |
| 高新技术企业 | 亿元 | 70.08 | 103.88 | 48.23 |
| “四上”企业销售（营业）收入 | 亿元 | 727.40 | 1 032.04 | 41.88 |
| 第二产业 | 亿元 | 548.58 | 803.31 | 46.43 |
| 工业 | 亿元 | 489.92 | 748.82 | 52.84 |
| 第三产业 | 亿元 | 178.82 | 228.73 | 27.91 |
| “四上”企业利润总额 | 亿元 | 57.20 | 72.69 | 27.08 |
| 第二产业 | 亿元 | 47.18 | 55.38 | 17.38 |
| 工业 | 亿元 | 44.08 | 53.84 | 22.14 |
| 第三产业 | 亿元 | 10.02 | 17.31 | 72.76 |

| 项目 | | 单位 | 2020 年 | 2021 年 | 增速（%） |
| --- | --- | --- | --- | --- | --- |
| 区内主导产业及产值 | 1. 电子信息业 | 亿元 | 81.7 | 115.66 | 41.57 |
| | 2. 高端装备制造业 | 亿元 | 89.5 | 147.7 | 65.03 |
| 进出口总额 | | 亿美元 | 8.89 | 11.31 | 27.22 |
| 进口 | | 亿美元 | 7.77 | 9.55 | 22.91 |
| 出口 | | 亿美元 | 1.12 | 1.76 | 57.14 |
| 财政收入 | | 亿元 | 37.03 | 56.97 | 53.85 |
| 税收收入 | | 亿元 | 34.52 | 45.54 | 31.92 |
| 当年新批企业数量 | | 家 | 1 512 | 2 132 | 41.01 |
| 其中：外商及港澳台企业 | | 家 | 3 | 9 | 200 |
| 其中：内资企业 | | 家 | 1 509 | 2 123 | 40.69 |
| 区内世界 500 强企业数量 | | 家 | 0 | 0 | 0 |
| 国家级高新技术企业数量 | | 家 | 73 | 87 | 19.18 |
| 新批企业投资额 | 外商及港澳台企业 | 亿美元 | 0.27 | 0.31 | 14.81 |
| | 内资企业 | 亿元 | 56.12 | 57.99 | 3.34 |
| 科学研究与试验发展（R&D）经费支出 | | 万元 | 76 800 | 100 942.5 | 31.44 |
| 研究与试验发展（R&D）经费投入强度 | | % | 0.75 | 0.98 | 30.67 |
| 合同外资金额 | | 亿美元 | 0.01 | 0.31 | 4 328.17 |
| 外商实际投资 | | 亿美元 | 736.00 | 260.58 | -64.60 |
| 固定资产投资 | | 亿元 | 95.72 | 112.74 | 17.77 |
| “四上”企业年末从业人员数 | | 人 | 59 930 | 57 383 | -4.25 |
| 规模以上工业单位增加值能耗 | | 吨标煤 / 万元 | 2.98 | 2.03 | -31.88 |
| 水资源消耗 | | 万立方米 | 2 103.19 | 2 169.42 | 3.15 |
| 规模以上工业单位增加值水耗 | | 立方米 / 万元 | 18.70 | 15.38 | -17.78 |
| 年末上市企业数量 | | 家 | 1 | 2 | 100.00 |
| 区内成立的创业创新平台数量 | | 个 | 2 | 2 | 0 |
| 区内职业教育学校数量 | | 家 | 24 | 27 | 12.5 |

（池州经济技术开发区管委会）

# 太仓港经济技术开发区

【**概况**】2021 年，太仓港经济技术开发区认真落实上级各项决策部署，统筹推进疫情防控和经济社会发展，扎实做好“六稳”“六保”工作，全力推进港区高质量发展，较好地完成了上级下达的各项目标任务。在全省省级以上开发区综合考评中排名上升至第 15 位。获评江苏省智慧园区。

【**经济发展**】2021 年，太仓港经开区完成一般公共预算收入 35.58 亿元，同比增长 12.9%。完成规上工业产值 1 040.53 亿元，同比增长 21.7%。完成工业投资 38.13 亿元。新增超 50 亿元产值企业 2 家、超 20 亿元产值企业 4 家。入库工业投资项目 71 个、服务业投资项目 23 个，投资项目入库数全市第一。完成进出口总额 65.39 亿美元，同比增长 41.4%。新增法人企业市场主体 1 626 户。招商引资实现新突破。完成注册外资 8.04 亿美元，同比增长 16.0%，完成全年目标的 123.8%；实际利用外资 3.37 亿美元，同比增长 2.2%，完成全年目标的 107.1%。围绕主导产业和先导产业，优化产业生态，着力突破一批优质项目，新签约重点项目 38 个，总投资 290 亿元，其中星河动力、夸特纳斯、威莱、斯凯奇二期等 7 个项目总投资均超 1.5 亿美元，中外运华东总部、华能煤炭码头二期等 14 个项目总投资均超 2 亿元。引进中科源大数据治理平台、青驭科技等科技人才项目 26 个。基金招商接续突破，通过基金招引项目近 10 个。项目建设实现再提速。完成全社会固定资产投资 85 亿元。36 个太仓市级及以上重点项目顺利推进。利洁时全球研发制造中心、达必温汽配、荣庆物流中国总部等 17 个项目竣工投产，鸣志智能制造产业基地、之宝中国加工中心、瀚德汽配三期等 5 个项目交工验收。

【**科技创新**】2021 年，太仓港经开区科创发展步伐稳健。净增高新技术企业 32 家。科技型中小企业入库 188 家。规上企业研发经费投入超 25 亿元。有效发明专利拥有量 1 019 件。新增瞪羚企业 6 家。海苗生物获评苏州各县级市首家省研发型企业。同高科技入围江苏省 100 家“最具成长性高科技企业”。扬子三井造船等 3 家企业获评苏州市工程技术研究中心，苏州良浦住宅获评省级工程技术研究中心。获评国家级人才 2 人，姑苏领军人才 6 人，太仓领军人才 17 人，新增人才企业 23 家。新增企业创新人才 4 801 人。完善升级港区人才公寓政策，出台《太仓港经济技术开发区天使投资基金管理办法》。产业质效显著提升。全面营造“亩均产出论英雄”新氛围，建立规模工业、化工园区亩均税收月度监测制度。实施“智改数转”项目 145 个，获评省星级上云企业 28 家，苏州市级及以上示范标杆 16 个，苏州市级以上示范智能工厂（车间）11 个。获评省、苏州企业技术中心 10 家。旭川化学获评我市首家省“质量标杆”企业。欧美高新技术产业园二期开工建设，太仓港科创园加快推进，生物港三期、太仓港新材料创新中心、港城广场孵化中心投入使用。同高院获评省级科技企业孵化器，亿达•太仓港创智中心获评省级众创空间。飞地孵化器建设取得突破，成立太仓港区（同济嘉定）协同创新中心。改革创新深入推进。采用保税加工账册解决大体量设备分批进口业务被列入 2021 年苏州自贸片区联动创新区制度创新案例。在苏州联创区年度考核中，复制推广情况排名第二。太仓港跨境电商产业园加快建设，引进苏州国信集团跨境电商项目，国信天下仓完成淘宝全球购验仓。全力推进“1120”改革任务，持续深化“互联网＋政务服务”，独立开展市场准入、社会事务、投资建设等审批业务。

**【城市建设】**2021年，太仓港经开区功能布局不断完善。启动《太仓港区（浮桥镇）国土空间总体规划》《浮桥镇部分村庄规划》编制工作，推进港城中心区发展战略研究与概念性城市设计。崇文街、尚德街、长江大道等道路建成通车。省太中专港城校区、浏家港中学、金浪派出所等一批民生实事项目建成投运，港城二小、港区幼儿园、港区医院等加快建设。城乡环境持续提档。国土空间全域整治拆旧复垦通过验收947.01亩，居全市第一，超过全市已验收总量的50%。深入开展木材加工行业专项整治“百日行动”，关停企业248家。深化长江大保护，认真落实河长制，推进“一厂一管”5号站扩容，整治提升新塘河闸断面水质，分类整治136个入江入河排污口，建成15条生态美丽河湖。完成10条劣V类河道整治，8条太仓市黑臭水体销号。扎实做好VOCs综合治理工作。拆迁安置稳步推进。化工园区生态范围内拆迁工作全面完成，港城核心区、浮桥老镇区、龙江路快速化工程拆迁顺利推进。完成“清零”攻坚地块8块、1 450亩。办理不动产权证书1 188套，10万平方米海韵花园完成分房。18万平方米静江佳苑安置房结构封顶。

**【社会民生】**2021年，太仓港经开区富民惠民办得更实。打造浮桥特色农业产业IP，全域推动农文旅融合发展。村均可支配收入达1 235万元。建成浪港村三明巷等6个特色康居乡村。新增土地流转813亩，累计流转率达92.46%。养老服务体系不断深化，完成陆公、时思等日间照料中心（站）建设和六尺社区日间照料中心提档升级，实现80周岁以上老年人享受居家上门服务全覆盖。安全底线守得更牢。接续开展“1+2+8”专项整治“三年大灶”，深入推进危化品使用、城镇燃气、既有建筑等专项治理，危化品专用停车场投入使用，化工专业消防站加快建设，化工园区封闭化管理运行良好。开展“百团进百万企业千万员工”宣讲活动，企业安全生产法律意识不断增强。建立行政执法“三项制度”，执法行为更加规范。港区政务中心累计办理各类事项8万余件，按时办结率100%。慎终如始、毫不松懈抓好疫情精准化防控、文明典范城市创建、综治信访等工作，社会大局稳定向好。

**【党建工作】**2021年，太仓港经开区正风肃纪纵深推进。把严守政治纪律和政治规矩放在第一位，压紧压实各级党组织管党治党政治责任。保持惩治腐败高压态势，深化运用“第一种形态”，持之以恒落实中央八项规定及其实施细则精神，做好巡视巡察整改“后半篇文章”，持续保持政治生态向上向好发展。基层党建抓出实效。“沪太同港”高技能人才培养机制纳入苏州市级“我为群众办实事”常态长效机制。“两新”党建树标杆，实施“港湾红匠”选育工程。揭牌全市首个商圈党群驿站，开展“美美商圈”建设行动，创新“两在两同”“两新”案例。意识形态守正创新。深耕党史学习教育，开展“奋斗百年路启航新征程”主题活动、“礼赞百年e同学史”党史阅读节、“老支书在线课堂”联学共建活动，获党史学习教育苏州市委第五巡回指导组肯定。实施“我为群众办实事”10项重点任务清单。在苏州市级及以上媒体发布报道187篇，“学习强国”苏州市级及以上平台刊登92篇。

（太仓港经济技术开发区管委会）

# 张家港经济技术开发区

**【概况】**张家港经济技术开发区（杨舍镇）位于张家港市域西南部，是市委、市政府所在地。总面积153平方公里，耕地面积约51 000亩。下辖5个城郊办事处和4个城区街道，23个行政村、51个社区。有常住人口42.5万人，户籍96 910户，户籍人口28.4万人。年内，经开区（杨舍镇）构建“新能源汽车、光电和半导体、智能装备，航天航空、氢能、新经济、生物医药”“3+4”现代产业体系。

**【经济发展】**2021年，张家港经开区全年实现地区生产总值900.43亿元，比上年增9.6%。一、二、三产业增加值分别为3.78亿元、290.73亿元和605.92亿元，分别比上年增-2.3%、18%和11.5%。完成全口径财政收入59.51亿元，其中公共财政预算收入59.5亿元，比上年增3.3%，入库税收119.8亿元。完成全社会固定资产投资230亿元，比上年增15%，其中，工业投资54亿元，比上年增12%，服务业投资176亿元；新兴产业投资51.5亿元。社会消费品零售总额245.45亿元。经开区获评江苏省特色创新(产业)示范园区、“互联网+先进制造业”特色基地，苏州市特色先导产业集聚区，通过国家生态工业示范园区技术核查，排名全省经济开发区科学发展综合考核评价第12位。杨舍镇位居全国千强镇第2位。

**【投资促进】**至2021年末，全区有企业27 786家，其中工业企业4 530家，工业总产值1 052亿元。361家规模以上工业企业全年实现工业总产值884亿元，比上年增17%；营业收入935亿元，利润34.6亿元，其中，实现新兴产业产值520亿元，比上年增22%，占规模以上工业总产值的59%；有营业收入超1亿元企业153家，完成营业收入794亿元，比上年增26%；规模以上服务业企业实现营业收入124.5亿元，比上年增23%。澳洋集团、东渡纺织公司入选中国制造业企业500强，国泰集团等4家企业入选中国服务业企业500强，新点软件实现科创板上市“零”的突破。天兵科技、瑞士安迈机械、欧璧医药二期、国富氢能三期等36个总投资超300亿元项目签约。杉金光电、领诚领诺汽车零部件等总投资446.5亿元的33个三级重大项目进展顺利。采埃孚汽车底盘系统等15个项目土建竣工，光束汽车年内实现试生产。区（镇）新增各类市场主体12 000余家，注册资本280亿元。区（镇）完成进出口总额80亿美元，其中出口总额71亿美元。新批外资及港澳台资企业17家，注册外资及港澳台资1.57亿元，到账外资及港澳台资近4亿美元。

**【科技创新】**2021年，张家港经开区获评中国专利奖优秀奖4项、省重点研发计划项目2项、省知识产权战略推进计划项目1项，建成全省首个专利特派员工作站。获批全国第二家县域省部共建留学人员创业园，新增省级众创空间2家。获评省级企业技术中心8家、苏州级4家，获评数创年度历史新高。爱特微项目获评“国家高端外国专家项目”。新增省“双创”人才4人，姑苏人才11人，市领军人才34人，人才企业全年销售23亿元。新增江苏省星级上云企业4家、示范智能车间2家，苏州市示范智能车间13家，张家港市示范智能车间8家。龙杰化纤项目获评省关键核心技术攻关项目，天鹏电源公司获评省工业互联网标杆工厂，新点软件、腾瑞智联、方兴信息、远大信息公司入选省工业互联网服务资源池，易华润东公司获评省绿色工厂，金帆新程装备、港鹰实业公司获评省专精特新“小巨人”企业，贝尔机械公司获评国家专精特新“小巨人”企业，中天科堡、扬子纺纱产品获评国家绿色产品。

**【农业产业】**2021 年，张家港经开区新增高标准农田、蔬菜地和池塘 3 000 亩，粮食种植面积约 31 300 亩，产能 1.68 万吨，粮食安全基础进一步夯实，实现“三高一美”（高标准农田、高标准蔬菜地、高标准池塘，美丽牧场）全覆盖。累计培育绿色食品、有机农产品 45 种。获批苏州市智慧农业示范生产场景 1 个、智慧农村示范村 2 个，建成南新、善港 2 个省级病虫害绿色防控示范区。神园葡萄被农业农村部推介为 2021 年数字农业农村新技术新产品新模式优秀案例。17 家农业龙头企业实现销售收入超 75 亿元，比上年增长超 90%。培育福前共享农庄等休闲观光经营主体 10 家，休闲农业接待首次突破 100 万人次。区（镇）实现农、林、牧、渔业总产值 52 591 万元，蔬菜、肉类、禽蛋、水产品总产量分别为 27 206、18.6、98、488 吨。

**【社会事业】**至 2021 年末，张家港经开区有中小学校 39 所、幼儿园 23 所，教师 3 017 人（其中在编 2 215 人，自聘 802 人），在校学生 45 061 人。推动教育优质均衡发展，有序推进西溪幼儿园等 6 所学校建设。落实“双减”政策，“5+2”课后延时服务实现全覆盖。有体育场馆 6 座、公园 5 个，年内新增文体设施面积 10 万平方米、智慧广场 3 个、24 小时自助图书馆 2 个，开展群众性文化活动近 1 000 场，人均接受公共文化服务 8.5 人次，群众精神生活日益丰富。农联村联合出品的电视剧《红旗渠》在央视一套热播，梁丰小学少儿戏曲获全国小梅花荟萃最佳节目奖，杨舍镇群星舞蹈队获第十四届全运会群众项目二等奖。持续开展“人人微文明、区镇大文明”行动，全年新增志愿者 730 人，开展志愿服务活动 4 500 余场、超 10 万小时。

持续打造“暨时办”政务服务品牌，启用联谊社区等政务服务 e 站 4 个，提供社保等超 1 400 项自助服务，“暨时办”累计为企业、群众提供行政审批及公共服务 8.3 万次。有医疗机构 49 个，其中医院 7 所、社区服务机构 42 个，执业（助理）医师 2 720 人。创建全市唯一省级“15 分钟医保服务圈”示范点，全年服务参保群众 13 万人次。坚持外防输入、内防反弹，开展常态化疫情防控，加强重点场所、重点人群管理，储备集中隔离点，科学设置核酸检测采样点，不断提升疫情防控应急处置水平。

深化安全生产监管，推进工业企业安全生产风险报告及“创蓝行动”，覆盖企业 3 400 余家。开展既有建筑、危化品、有限空间、重工重装等重点领域及行业集中整治。扎实开展消防安全“331”治理，摸排出租屋等各类场所超 4 万家，东莱五金机电广场等挂牌督办事项整改完成。深入推进社会矛盾纠纷大排查大化解，推动诉源治理，促进社会和谐。网格联动体制机制优化，建立分析研判及综合性指挥调度机制，基层治理更系统高效。开展打击治理电信网络诈骗犯罪，经开区（杨舍镇）获评苏州市“百日会战”先进集体。科学布点 1 000 路高清摄像头，实现重要道路、重点区域全天候“网上巡查”。

**【绿色集约】**2021 年，张家港经开区垃圾分类全域推广，群众参与率 95%，创建星级小区 98 个。高标准推进“公厕革命”，竣工交付公厕 40 座。城南区域试点市场化、一体化环卫保洁模式，保洁实效进一步提升。落实能耗“双控”要求及节能减排任务，单位工业增加值能耗比上年下降 13.6%。完成 VOCs 深度综合治理 8 家、天然气锅炉低氮改造 7 家，PM2.5 年均浓度比上年降 12.9%。新增危险废物全生命周期监控系统云端管理企业 450 家，覆盖量全市第一。完成 35 个小区、城中村雨污分流，建成乘航、东莱、城北 12.6 平方公里污水处理提质增效达标区。环境信访总量比上年下降 33.7%。建成乘航小学弄等道路 10 条及黎明中心路等农村四好道路 4 条。实施善港、章卿等 4 个项目区生态美丽河湖建设工程，建设生态美丽河道 37 条、疏浚 76 条、生态修复 7 条，拆坝建桥 5 座。新增成片林约160亩。完成悦丰、斜桥、东菜场农贸市场标准化改造。创成苏州农村人居环境整治示范村3个、特色康居乡村10个、特色宜居乡村65个。

**【民生保障】**2021年，张家港经开区村级可支配总收入9.43亿元，村均超2 300万元，比上年增长25%。全力壮大村级经济，实施村级联合发展项目8项，竣工投运6项。投入6 300万元扶持6个经济一般村项目。开工建设总面积45万平方米的安置小区5个，竣工近1 000套福前人才公寓。全年新增就业岗位1万个，开发公益性岗位180个，支持自主创业近500人，创业带动就业超2 100人，应届高校毕业生就业率100%。新增社保扩面2.4万人（现有总数无统计），住房公积金扩面近5 000人。发放低保、特困等民政救助资金2 200万元、尊老金1 350万元。实现村级医疗互助项目全覆盖，区镇参与人数超15万，2021年发放医疗互助资金总计1 450万元，累计3 522万元。完成章卿等医疗服务站改扩建5家，开展社区门诊53万人次，家庭医生签约服务1.1万户。打造“暨阳客厅”8个、五星级退役军人服务站4个、综合养老服务中心1家、老年人助餐点4个，升级社区居家养老服务站5家，“虚拟养老”服务49万人次，“暨阳学堂”惠及群众3万人。

**【领导名录】**中共张家港经济技术开发区工作委员会书记卞东方（兼，2021年7月免）、邵军民（2021年7月任），副书记卢懂平（2021年5月免），委员张雷、赵志凯、顾卫彬（2021年2月免）、陆忠理、吴卫中、马春青（2021年2月免）、袁政国(2021年2月任)、杨立清(2021年2月任)。

张家港经济技术开发区管理委员会主任邵军民（2021年7月免），副主任卢懂平（2021年5月免）、张雷、赵志凯、顾卫彬（2021年2月免）、陆忠理、马春青（2021年2月免）、吐尔逊买买提•艾山（2021年12月挂职结束）、袁政国（2021年2月任）、杨立清（2021年2月任）。

[张家港经济技术开发区（杨舍镇）管委会]

# 湘潭经济技术开发区

【经济发展】2021年，湘潭经济技术开发区深入贯彻“三高四新”战略和湖南省、湘潭市各项决策部署，以创建“五好”园区为引领，大力推动高质量发展。全年实现地区生产总值增长8%；完成工业总产值1 268.3亿元，同比增长12.3%；规模工业增加值193.2亿元，同比增长10.1%；完成固定资产投资393.2亿元，同比增长6.3%；实现财税收入37.8亿元，同比增长4.9%；实现进出口128.25亿元，同比增长44.3%；实际内联引资134.67亿元，同比增长16.32%，实际利用外资2 966.3万美元，同比增长43.97%，消费总额增长12.5%。成功获批海峡两岸产业合作区湘潭产业园、国家级绿色工业园区；“多措并举为企业办事松绑”、信访“三无”、军民融合产业发展等三项工作获2021年度省政府真抓实干奖励。

【产业发展】2021年，湘潭经开区产业集聚效应凸显，三大主导产业实现产值增长13.2%；吉利汽车获评国家级“绿色工厂”，吉利新能源SUV项目成功落户；电子信息产业新龙头企业蓝思科技实现投产；大力培育新动能，军民融合产业产值增长18.4%，湖南省医疗器械产业园新引进医疗器械企业116家。增强创新驱动，全社会研发投入强度达3%。宏大真空、荣岚智能分别获批国、省级企业技术中心；新认定高新技术企业30家，高企总数达135家；开启时代、利欧泵业、凯利特、玉丰真空、振辉管业等一批国家专精特新“小巨人”企业激发涌现。

【项目建设】2021年，湘潭经开区项目投资推进有力。着力招大引强，新签约项目57个，合同引资235.3亿元，其中新引进三类500强4家、10亿元以上投资项目7个。狠抓项目建设，4个“三十大标志性工程”、5个“三高四新”重大产业支撑项目投资率分别完成164%、121%。实现医疗器械产业园二期、中铁城建等13个项目开工建设，蓝思科技、拓普、永达军品、华研实验室等27个项目竣工投产；在全市“迈好第一步，项目论英雄”综合竞赛中连续排名一类园区第一。

【风险防控】2021年，湘潭经开区一方面，统筹发展和化债两个关键，面对化债压力，在省、市高度重视和金融机构大力支持下，牢牢守住隐性债务不新增、“三保”资金不断链、风险事件不发生的底线；同时，维持了九华经建投主体AA评级；有序推进降息工作，积极与银行、非标等金融机构协商，降低利率。另一方面，统筹稳定与安全两件大事。扎实有效落实疫情防控常态化，保持了疫情防控“三零”态势。积极推进市域社会治理现代化试点，扎实开展“扫黑除恶”，守住安全发展红线，信访“三无”园区创建实现“四连冠”。

【深化改革】2021年，湘潭经开区坚持以改革增效能，深入推进“放管服”改革，完成权限申请下放200项，实现工建项目审批提速41%，区评红利数、告知承诺数、联合验收数均排名全市前列。加速推进平台公司市场化转型，九华投控集团实现经营性收入1.46亿元，聚焦存量土地盘活，与省财信金控合作组建湘潭市城开基金，首批10亿元资金到位。坚持以开放增活力，按照“全域统筹、片区先行、产城融合”思路，制定方案，组建专班，高品质推进湘江新区九华新片区建设，大力推进兴隆湖、高铁北等片区与湘江新区的合作开发。

【营商环境】2021年，湘潭经开区持续做优营商环境，设立全省园区首个行政审批局，实现工业项目审批区内“闭环”，建立起全市首家政企互通、政民互通“一张网”体系。全面创新服务机制。深化“百企扶培”“四员五联”“三个专员”联系服务机制，摸底梳理企业项目诉求问卷 957 份，问题当即解决率 70%。每月召开“亲商优商企业接待日”，全年接待企业 45 家，提出的 73 个事项按时办结率 92%。每季度邀请百家市场主体开展服务“红黄榜”评价，聘请 20 位政风行风监督员，协调解决问题 15 起，九华营商环境综合评价进入全省第一梯队。

**【民生福祉】**2021 年，湘潭经开区大力推进以岗位、学位、床位、车位、厕位“五位”为重点的民生实事，解决了一批群众“急难愁盼”问题。实现新增城镇就业 5 021 人，新增学位 4 875 个；加快推进九华中心医院项目建设。蓝思科技卫生服务站、九华街道卫生服务中心投入使用，建立三级综合性医疗机构与基层医疗机构对口协作。全面推进城乡建设，实施了城市建设十大工程，城市功能品质明显提升；实现房地产销售 168 万平方米。围绕乡村振兴，推进农业农村十大工程，农村生态水利、电网、路网、供气等提质升级；同时，推进污染防治攻坚，国、省生态环保督察反馈问题整改到位，空气质量优良率、PM2.5 达标考核排名全市园区第一，获评“全省环保诚信园区”。

**【党的建设】**2021 年，湘潭经开区夯实基层基础，高标准新建 4 个社区党群服务中心；创新开展“五面红旗”示范创建，打造“红色引擎工程”“蚂蚁志愿”等一批经验做法。团队建设有力有效，树立正确用人导向，通过开展“金点子点亮九华”、建言献策等活动激发队伍活力。推动“以案促改”工作，修改完善 195 项内部管理制度，梳理推进 37 个历史遗留问题解决；探索出台容错纠错机制，鼓励党员干部担当作为。

（湘潭经济技术开发区管理委员会）

# 招远经济技术开发区

**【概况】**招远经济技术开发区于1992年经山东省政府批准设立，2011年9月25日，经国务院批准晋级为国家级开发区，现管辖面积77.5平方公里。先后荣获“环渤海省级开发区投资环境、科技创新、循环经济竞争力百强”“全省对外开放先进园区”“省级科学发展示范园区”“全国最适宜人居新城区”等荣誉称号。

**【经济发展】**2021年，招远开发区全区现有规上企业215家，其中高新技术企业89家、主板上市企业2家、香港H股上市企业1家、新三板上市企业6家。全年完成“三上企业”税收收入20.5元，同比增长4.3%；固定资产投资152亿元，同比增长21.2%；实际使用外资1.68亿美元，同比增长20.1%；进出口194.5亿元，同比增长17.7%。连续三年在全省开发区综合发展水平评价中位于前20%。

**【产业发展】**建区以来，招远开发区坚持“产业立区、产城融合、区市合一”发展思路，与全市主导产业紧密结合、优势互补，在产业强链、延链、补链等方面优势突出、成效显著。经过多年发展，全区已形成了以黄金及深加工、轮胎及汽车零部件、机械装备制造、电子信息、食品加工等产业为主导，以新兴生物医药、健康食品为重点培育方向的发展格局。按照印发的《招远经济技术开发区产业发展总体规化(2021—2035年)》，开发区将以“新兴产业为先导、以工业为主导、二三产联动的发展模式”为方向，系统构建“1+1+3+1”四级的现代产业体系。重点打造一大新兴产业：以新能源产业为代表的战略性新兴产业；协调发展一大特色产业：稳中求进发展黄金产业；升级发展三大优势产业：做大做强大健康产业（健康食品、生物医药），做优新材料产业（贵金属材料、电子材料、绿色环保材料），做强轮胎及汽车现代服务产业；有序发展一大基础产业：推动生产性服务业（现代物流、会展经济、数字经济等）向专业化和价值链高端延伸。

**【科技创新】**2021年，招远开发区共有高新技术企业89家；国家级平台6家，包括企业技术中心2家、国家地方联合工程实验室1家、工业设计中心1家、博士后科研工作站2家；省级平台23家，包括工程技术研究中心6家、企业技术中心10家、工程实验室4家、重点实验室2家、院士工作站1家，其中，山东鲁鑫贵金属和中国科学院兰州化学物理研究所于2018年11月合作建立“纳米自洁材料联合实验室”，1名研究员和3名博士在招远长期工作，实现了科研院所与本地企业在产学研方面的深度融合。2021年引进青岛绿天使集团，合作建设1.5万平方米“招远绿天使创业园”，着力打造国家级孵化器，填补了我市创业孵化器的空白。目前，项目一期已基本完成主体装修，已注册企业18家，签订入孵协议企业17家。

**【管理体制】**山东省委十一届九次全会审议通过《关于推动开发区体制机制改革创新促进高质量发展的意见》后，招远开发区作为首批试点单位，于2019年9月全面启动体制机制改革，以打造“国家级开发区设在县级市”的改革典型为目标，把体制机制改革作为加快新旧动能转换、实现高质量发展的重要抓手，强化组织领导、卡实工作责任、全力以赴推进，省里部署的7项“规定动作”和10项“自选动作”全部改革到位，全区上下呈现出轻装上阵、高效发展的良好态势。

一是干部人事管理更加激励竞争。按照山东省人民政府办公厅《关于促进开发区改革和创新发展的实施意见》(鲁政办发〔2017〕58 号)、山东省商务厅等 6 部门《关于做好全省第三批经济开发区体制机制创新试点工作的通知》(鲁商字〔2018〕179 号)和烟台市委、市政府《关于加快省级以上园区改革发展的意见》(烟发〔2018〕19 号)相关要求，2018 年 11 月，我区全面实行全员起立、竞聘上岗、双向选聘，大幅压缩人员编制，同步开展社会化招聘，推行全员聘任制，实行合同、聘期管理，实现岗位能上能下；体制机制改革后，开发区核定员额控制总数 66 人；同时，大力实施薪酬改革，制定了开发区绩效管理制度、薪酬管理实施细则，全面实行绩效考核制度，薪酬总额与国家级开发区综合考核评价结果挂钩，实行“岗位工资 + 绩效工资 + 超额业绩奖励”的工资体系，切实拉开分配档次，改出了压力、改出了动力。

二是内部管理体制更加精简高效。全面剥离 42 项社会事务和 8 项开发运营职能，推动管委会瘦身强体。改革后，开发区对所辖区域实行统一领导、统一规划、统一建设、统一管理，突出经济管理职能，集中精力抓双招双引、园区建设、营商环境建设、企业服务主责主业，不承担具体性社会事务。根据开发区职责，压缩内设机构至 6 个，分别为党群工作部、财政审批部、经济发展部、审批建设部、投资促进部、应急管理部，纪检监察室按规定设置，进一步明确部门职能、岗位设置及职责等，大部制、扁平化管理体系有效促进了各项工作规范高效开展。

三是开发运营机制更加灵活实用。实行“党工委（管委会）+ 公司”改革，对下属东鑫投资管理有限公司进行改组、重组和资产注入，公司总资产已达 210 亿元，现有下属公司 35 个。公司全面承接产业园开发运营、基础设施建设、社会化招商、资本运作等工作，持续扩大对外招商的广度和深度；与社会资本合作设立混合所有制招商公司，大力开展公司化招商工作，真正扛起开发区招商引资、经济发展重任。

四是联动创新机制更加协同高效。与烟台自贸区正式签署《“关保通”联动创新合作协议》，协助企业实现“零成本”办理汇总征税银行保函，缓解企业流动资金压力，提升通关效率；深化烟台自贸片区“区关港铁”联动优势，大力推进“混金”业务。招金公用型保税仓库成为成为全国首家精金矿保税仓库，混矿能力突破 100 吨 / 日，有效解决了黄金产业链下游企业产能闲置问题。

**【特色产业园发展】**根据产业和区域发展情况，招远开发区规划了中德新材料、生物医药、双创示范、健康食品、高端装备制造等特色产业园，打造全市双招双引“桥头堡”，助力经济高质量发展。目前，特色产业园共落地工业项目 37 个。

一是中德新材料产业园。借助鲁鑫集团与德国贺利氏 30 年良好的合作基础，规划建设了中德新材料产业园，并纳入了烟台“四园两区”总体规划。园区规划占地 3 000 亩，重点发展新一代信息技术、电子新材料等产业，深挖贺利氏、智佳等企业上下游资源，逐步完善从电子新材料到智能终端产品的产业链条，打造省级国际合作园区。

二是生物医药产业园。规划总面积 1 800 亩，重点突破新药、生物医药、中药、医疗器械四大领域，建设国际领先的细胞治疗药物产业化基地、创新细胞治疗药物技术平台，打造省级特色产业园。计划分三期建设，其中一期占地 650 亩，共有落地项目 8 个。

三是双创示范园。规划占地 560 亩，重点突出“创业、创新”理念，着力培育节能环保、智能制造、黄金深加工等高新技术产业，全力打造双创示范的园区平台。目前园区已落地项目 13 个。

四是健康食品产业园。规划占地 1 275 亩，重点围绕特医食品、营养保健食品、功能性饮料、素肉食品、淀粉附加值提升、婴幼儿配方食品六个特色板块，引进深加工与研发型企业，将园区打造成为产业转型升级样板区和山东省健康食品产业园示范区。目前共有建成、在建项目4个。

五是高端装备制造产业园。规划占地4 950亩，主要聚焦精密专用装备、新能源汽车、汽车零部件等高端装备制造行业，积极引进国内外知名、高端、智能化装备制造企业，探索发展独资、合资、合作经营等多种投资经营方式，打造滨海产业发展新高地。目前园区共落地项目4个。

（招远经济技术开发区管委会）

# 浏阳经济技术开发区

**【经济发展】**2021 年，浏阳经济技术开发区全面落实“三高四新”战略定位和使命任务，围绕“挺进前五强，加快建成‘两个中心’”总体部署，大力推动高质量发展，园区经济持续提升、稳步向好，呈现出良好发展态势。全年实现技工贸总收入 1 280 亿元，同比增长 12.5%；完成规模工业总产值 955.5 亿元，同比增长 20.7%，规模工业增加值同比增长 16.6%；完成固定资产投资 524.6 亿元，同比增长 21.2%，产业投资 485.9 亿元，同比增长 22.8%，工业投资 434.2 亿元，同比增长 23.2%，技改投资 177.4 亿元，同比增长 68.6%；实现税收收入 79 亿元，同比增长 14.5%。先后获评“十四五”时期重点支持的县城产业转型升级示范园区、国家外贸转型升级基地、首批国家加工贸易产业园等国字号招牌。

**【产业发展】**2021 年，浏阳经开区紧盯主特产业，吸引一大批行业优质标杆企业来园“加码”“扩容”。全年引进项目 128 个，合同引资 243 亿元，其中 50 亿元以上项目 1 个，5 亿至 20 亿元项目 15 个，1 亿至 5 亿元项目 19 个。500 强企业引进实现新突破，新引进亨通集团等“三类 500 强”项目 3 个，新注册日照兴业集团子公司等“三类 500 强”公司 2 个。重大项目招商亮点纷呈，总投资 70 亿元的雅士林长沙(国际）蚕桑丝绸智造项目实现当年引进、当年试生产；六顺生物项目将填补湖南省一类创新药的空白；泽睿新材料成为现阶段唯一提供航空发动机碳化硅纤维国产企业；九典制药二期项目将助推九典制药在全省率先打造年产值 50 亿元生物医药龙头企业。以项目建设积蓄产业后劲。牢牢牵住项目建设“牛鼻子”，开展重点项目建设百日攻坚大会战，全力推进项目建设提速提质提效。雅士林等 4 个项目列入省重点建设项目，豪恩声学等 3 个项目纳入省“三高四新”战略重大产业项目，惠科光电等 2 个项目列入 2021 年长沙市制造业标志性项目。共有 88 个项目纳入长沙市重点项目，全年完成投资 310 亿元，占年度计划的 120%，33 个项目实现竣工投产。重大项目进展顺利，惠科光电实现 9 条生产线投产，天地恒一智慧工厂全面投产，金阳智中心完成建设。要素保障坚强有力，全年为规上企业供电、水、蒸汽、燃气分别达到 27.3 亿千瓦时、3 489.8 万吨、24.8 万吨、2 833 万立方米，分别同比增长 24%、20%、30%、25.5%。以企业升级提升产业质效。狠抓企业“入规、升高、上市、扩面”，市场主体竞争力持续提升。全年新增 30 家企业入规、30 家智能制造试点企业，净增 52 家高新技术企业；华纳药厂挂牌上市，A 股上市企业达 8 家，31 家企业纳入上市后备库；11 家企业入选“长沙市企业践行‘三高四新’战略百强榜”。持续推进挖潜增效，全年完成百草堂等 19 家低效僵尸企业处置，盘活土地 732 亩。

**【科技创新】**2021 年，浏阳经开区聚焦增强创新驱动力，全年完成规模工业企业研发经费投入 39.4 亿元，同比增长 14%；全年专利授权达 1 212 件，同比增长 37.9%；完成技术贸易合同登记 12.46 亿元，同比增长 91.4%。新增 2 家国家企业技术中心、1 家省级企业技术中心、2 家省级新型研发机构、3 家长沙市企业技术中心、4 家长沙市技术创新中心，市级以上科研平台达 112 家；新增专精特新“小巨人”企业 38 家。启泰传感“高性能压力传感器”项目入选省十大技术攻关项目，金阳烯碳“动力锂电池用石墨烯导电材料关键技术研究”获批长沙市“揭榜挂帅”十大重大科技项目。

**【深化改革】**2021 年，浏阳经开区着力理顺园镇管理体制机制，突出园区经济发展职能和乡镇社会管理职能，建立责权匹配、精简高效的园镇协同机制。完成清理规范园区管理机构相关工作，启动相对集中行政审批许可权改革试点，提高行政审批服务效率，营商环境持续优化。出台国有企业薪酬管理办法，助推国有企业做大做强做优，金发集团、金阳集团获主体信用等级 AA+ 评级。开放高地加速形成。浏阳中非经贸产业园一期咖啡产业园启动建设，着力打造中非经贸深度合作先行区示范项目，积极探索建设自贸区联动创新区。实施“走出去、引进来”战略，推动外资外贸与产业有机结合。全年完成进出口 23.1 亿美元，同比增长 35.8%；完成到位外资 2 365 万美元，完成跨境电商 1 300 万美元，均超额完成全年考核任务。

**【营商环境】**2021 年，浏阳经开区着力以下三方面的工作：

一是审批管理提效提速。推进工程建设项目审批在线办理，实现线上“零跑腿、集中验、平行办”。推行集中受理、跟踪服务等六大举措，确保全年 80% 以上项目提前开工。“智慧金阳”加快建设，完成智慧环保等系统建设和验收，智慧土地管理、智慧城管、智慧应急等系统上线试运行，数字化新城建设稳步推进。对所有管理权限实行清单式动态管理，确保“清单之外无审批”；高标准打造政务服务“会客厅”，采用“一门集中、综合受理、智慧服务”模式，“只进一张门”落到实处，“放管服”改革经验在全市作先进典型推介。

二是暖企惠企精细精准。全年为企业申报政策资金 3.5 亿元，其中省技术改造税收增量奖补专项占全省的四分之一。深入推进“电力 630”攻坚，完成工业园变电站建设、瑞林变增容，在全省率先与国网湖南电力公司签订低碳园区建设战略合作框架协议，切实降低企业用电成本。设立园区金融服务站，全年累计为园区中小微企业授信 70 余亿元，放贷 40 余亿元。扎实做好高层次人才服务工作，全年认定高层次人才 35 名，同比增长 53%。蓝思科技周群飞被认定为 A 类国际顶尖级人才，盐津铺子张学武、绿之韵胡国安分获国家、省五一劳动奖章，九典制药朱志宏、奇异生物李昌珠获评长沙市优秀科技创新创业领军人才。

三是一线帮扶见行见效。打出“千企帮扶”“企业三员”“联点帮扶”等助企组合拳，浏阳市级领导深入企业联系帮扶，园区委领导常态化深入企业一线走访，同时充分发挥联企服务员、防疫指导员、安全监管员作用，解决企业融资、土地、能源等问题 185 个。组织企业参与“春风行动”等招聘活动 35 场，拓展劳务协作、线上招聘等招工渠道，全年为企业输送劳动力 3.5 万人。

**【城市建设】**2021 年，浏阳经开区主要做法是：

一是突出规划引领。长沙市十四次党代会将金阳新城列入十大重点发展片区，围绕“一年打基础、三年见成效、五年成规模”的目标，推动国土空间规划基本完成，永安临空片区、金阳新城中心片区、乡村振兴示范区等片区规划形成初步成果。完成金阳新城“十四五”产业发展规划编制，高起点布局战略性新兴产业、未来产业，致力将金阳新城打造为省会副中心的地标性区域。

二是强化项目支撑。出台金阳新城基础工程、公共配套、重大产业、品质提升“四个十大”项目清单，总投资 1 400 亿元。其中，湖南中烟永安科技园、浏阳市金阳医院完成签约，金阳水厂二期、北园污水处理厂二期、智慧电网等一批基础配套重点项目加快推进。积极衔接推动融长“一路一轨”建设，湘府路东延浏阳境内线位走向和建设规模基本明确，长浏快线纳入实施规划；健寿大道、洞阳路等有力推进，牛泸路完成提质改造。

三是提升宜居品质。按照“四精五有”要求，开展“扮靓金阳新城，喜迎百年华诞”城乡环境整治、交通问题顽瘴痼疾专项整治行动，市容和交通秩序、环境卫生水平全面提升。布局优质教育资源，石齐学校、浏阳长郡第二小学建成招生，湖南电子科技职业学院一期、长沙湘麓医药中等职业技术学校完成主体施工。加强生态环境治理和保护，打造蓝绿交织、山水交融的生态城市，空气优良天数比例达到99%以上，捞刀河石塘铺国控断面水质持续稳定达标。围绕建设平安园区总体目标，全面强化安全稳定保障，全年实现安全生产“零事故”，在全省2021年度安全生产和消防工作考核中排名园区类第一；营造集中打击违法犯罪高压态势，保障社会治安持续向好；守牢疫情防控底线，组织企业员工及居民接种疫苗46.4万人次，开展核酸检测15.7万人次，全年保持“零疑似”“零感染”。

**【党建引领】**2021年，浏阳经开区政治建设坚强有力，理论武装入脑入心，党性锻炼落地落实，阵地意识牢固牢靠。坚守意识形态领域，定期组织研究问题排查和工作检查，把牢政治方向和舆论导向。基层基础全面夯实。牢固树立大抓基层的鲜明导向，以高质量党建引领园区经济高质量发展。机关党建同频共振。深化主题党日活动，持续推进党支部“五化”建设提质工程，强化“一支部一品牌”建设。扎实开展“我为群众办实事”实践活动，375名党员以“党建＋微网格”为载体，让党旗在招商引资、项目建设等一线飘扬。开展“党建引领、助力千企”行动，收集处理52家企业的问题诉求63个；以“两争一创”为抓手，推动党建与企业经营共同发展。作风建设常抓不懈。坚持问题导向，推动干部队伍作风全面提升全面过硬。切实规范权力运行，建立完善廉政风险防控机制。用身边事教育身边人，让以案促改警示教育触及灵魂。积极推行改革创新风险备案，最大限度为党员干部松绑减压。抓好“清廉园区”建设，多维度部署开展政府投资项目结算审计、工程建设项目招投标领域、财务管理、国有企业突出问题等专项监督检查和重点整治，推动全面从严治党在园区落地见效。

（浏阳经济技术开发区管理委员会）

# 龙岩经济技术开发区
# 龙岩高新技术产业开发区

【经济发展】2021年，在龙岩市委、市政府的正确领导下，龙岩经济技术开发区（高新技术产业开发区）深入学习贯彻党的十九届历次全会精神，持续深化项目化推进工作落实机制，扎实开展“产业发展项目建设年”活动，各项工作取得实效。国家级高新区、国家级经开区年度综合评价分别进位17名、26名，获评国家级节约型机关，成功创建福建省军民融合高技术产业基地（示范园区），在全省经开区综合评价中进位2名，管理服务排名全省第二位，在2021年度园区标准化省级综合评价中获产教融合专项第一名。全年实现规模工业增加值同比增长11.3%；财政总收入同比增长6.7%，其中地方级收入同比增长13.1%；固定资产投资同比增长14.5%，其中工业固定资产投资同比增长31.1%，技改投资同比增长36.2%；限上商品销售额及营业额同比增长17.7%。

【产业发展】2021年，龙岩经开区（高新区）深入实施“三大”工程，16家重点企业实现产值210.5亿元、同比增长12%，15家成长型中小微企业实现产值22.1亿元、同比增长42%。三大战略性新兴产业产值同比增长33.7%，其中新一代信息技术增势迅猛，产值同比增长245.7%。全年新增“四上”企业28家，其中规上工业企业13家；培育省级“专精特新”企业4家、新增省级制造业单项冠军企业1家，17家重点企业“上云上平台”。德煜照明成为全市两家省数字经济领域“瞪羚”创新企业之一，龙合智能荣获国家级专精特新第一批重点“小巨人”，致尚生物质获评福建省第五批制造业单项冠军企业。

【科技创新】2021年，龙岩经开区（高新区）引入高校院所建设产业技术、研究院技术服务平台，组建“科技特派员”服务队伍，实现服务科技型企业“全覆盖”。组织企业参与中国创新创业大赛等赛事，获得奖项11个。实现研发经费投入11.27亿元、同比增长10%。新增备案公示国家高新技术企业28家，总数达89家，占比全市约1/4；成功培育省级企业技术中心、省级新型研发机构、省级小型微型企业创业创新示范基地、省级技术转移机构各1家。

【项目建设】2021年，龙岩经开区（高新区）“五比一看”中实现项目开工竣工完成率126.7%、166.7%，其中竣工完成率居全市第一；新签约项目开工转化率100%，居全市第一。15个省市重点、4个“重中之重”项目分别完成年度计划投资的110%、109%。龙净环保输送装备、龙邦工程机械、绿色装配式钢结构等8个项目开工建设，龙马高端环卫装备、龙驰专用汽车、电子信息产业园三期等9个项目竣工投产，龙工新能源装载机、福龙马氢燃料电池洗扫车成功下线。

【投资促进】2021年，龙岩经开区（高新区）充分发挥招商顾问、招商引荐人、“一把手”招商等的作用，“以商招商”实现新突破，推行“链长+链主”招商新模式，编制机械装备、新型显示、智能手机三类招商图谱，搭建电子信息产业园、高端装备智造园和新医药产业园等重要产业平台，筑巢引凤，推动新兴产业实现集群发展。全年完成市级谋划项目15个，签约项目48个、总投资109.4亿元，分别完成任务数的107.1%、200%。建成全市唯一跨境电商生态圈，实现注册企业70余家，入驻企业18家，公共服务平台备案企业30余家，通关122万票，出口交易额达10.8亿元。

**【体制机制创新】**2021年，龙岩经开区（高新区）实施项目“7+X”部门联审，严把项目准入关，建立项目工作专班制，全面推行帮办代办制。实施企业创新积分制，被科技部纳入第二批企业创新积分制试点单位。工业项目“拿地即开工”新模式被省工程建设审批改革领导小组在全省范围推广。在全市首创“投融建”模式，建设23万平方米高新区标准化厂房及配套工程。

**【投融资服务】**2021年，龙岩经开区（高新区）制定全省首个科技金融“十百千万”专项行动方案；成为全省首个知识产权质押融资集中授信园区试点，48家企业获质押授信解决企业融资难题。兑现各类奖励补助资金3亿元，减税降费3.8亿元，普惠金融受惠企业97家，总授信19.3亿元。成功为6家企业提供5 000万元的融资租赁和商业保理业务，为6家企业提供9笔1.84亿元的银行应急还贷资金，为22家企业提供约1.9亿元的融资担保。盘活闲置厂房16万平方米、闲置资产近1亿元。

**【绿色集约】**2021年，龙岩经开区（高新区）制定实施绿色发展规划、“十四五”规划和2035年远景目标。完成高新区（经开区）控制性详细规划整合和高陂片区数字正射影像图，编制成片开发方案3个。园区标准化重点项目投资完成年度投资的150%，电子信息产业园三期投入使用，建成标准厂房面积12.5万平方米，居全市第二。引进“环保管家”水保区域监测等第三方专业服务，提升环境治理水平。龙马环卫和龙合智能获得“省级绿色工厂”称号，

**【要素服务】**2021年，龙岩经开区（高新区）实施“五心五到”的“妈妈式”服务，建立“一企一档”，深化减停产企业挂钩帮扶，全年减停产企业占比14%。建立项目服务档案，“一窗通办、全程帮办”服务机制“上线”运行。拓展职业技能提升中心高陂实训基地，成功组织9场招聘会，其中直播带岗专场招聘会关注量达28万人次，解决企业用工1 700余人。扎实开展安全生产专项整治三年行动和“严执法、强攻坚、促提升”专项行动，检查企业184家，完成隐患整改1 174条，实现重点企业全覆盖。

**【党建引领】**2021年，龙岩经开区（高新区）扎实开展开展党史学习教育和“再学习、再调研、再落实”活动，组织开展“我为企业办实事”“重走红军路、迈向新征程”“传红色火炬•谋发展新篇”红色故事宣讲大赛等系列活动。组建“火炬宣讲团”，推动机关党委与鸿盾保安、紫金物流等19个支部结对共建。解决企业困难问题24个，6大惠企经验做法在《市党史学习简报》《闽西通讯》上专题推介。获市“传承红色基因•喜迎百年华诞”学习强国知识竞赛优秀组织奖、市直机关“学习强国”知识竞赛三等奖。拍摄廉政微电影《亲上加清》在省、市融媒体平台播出，采写的干部服务企业正面典型事例被市纪委采用通报。

**【机构设置与管委会领导】**龙岩经开区（高新区）党工委、管委会是市委、市政府正处级派出机构，纪检监察工委是市纪委监委派出机构。2021年，党工委下属机关、税务、龙岩经济发展集团等党委3个，支部79个（含企业党支部），党员926人（含企业党员）；管委会内设综合办公室、党群工作部、科技发展局、财政金融局、建设与生态环境局、经济发展局（统计局）、商务局、应急管理局等工作机构8个，下属企业服务中心、投资促进中心、土地事务中心等事业单位3个，共有在编干部71人（行政编制41人、事业编制30人）；另有税务局、消防救援大队、自然资源分局、市场监督管理分局等市直单位派驻机构4个；下属1家国有企业龙岩经济发展集团。

领导名录：党工委书记、管委会主任袁静，党工委委员、纪检监察工委书记包建生，党工委委员、管委会副主任林从汉、林澄海、汪洋，管委会科技副主任余美华，管委会三级调研员章银，管委会四级调研员温汉荣、赖庆斌。

**龙岩经济技术开发区 2020—2021 年主要经济综合指标一览表**

| 项目 | 单位 | 2020 年 | 2021 年 | 增减（%） |
|---|---|---|---|---|
| 开发区生产总值 | 亿元 | 109.866 | 120.787 1 | 9.94 |
| 第二产业 | 亿元 | 84.408 8 | 93.680 1 | 10.98 |
| 工业 | 亿元 | 74.149 1 | 82.648 9 | 11.46 |
| 第三产业 | 亿元 | 25.457 2 | 27.107 | 6.48 |
| 工业总产值（现价） | 亿元 | 275.890 7 | 289.977 2 | 5.11 |
| 高新技术企业 | 亿元 | 215.989 5 | 240.411 8 | 11.31 |
| 销售（营业）收入 | 亿元 | 474.614 2 | 519.600 4 | 9.48 |
| 第二产业 | 亿元 | 294.261 5 | 298.776 8 | 1.53 |
| 工业 | 亿元 | 226.989 9 | 238.488 3 | 5.07 |
| 第三产业 | 亿元 | 180.352 7 | 220.823 6 | 22.44 |
| 利润总额 | 亿元 | 22.077 1 | 23.265 6 | 5.38 |
| 第二产业 | 亿元 | 16.876 9 | 16.626 9 | -1.48 |
| 工业 | 亿元 | 13.701 9 | 14.387 5 | 5.00 |
| 第三产业 | 亿元 | 5.200 2 | 6.638 7 | 27.66 |
| 园区内主导产业及产值　机械装备制造 | 亿元 | 228.4 | 255.02 | 11.40 |
| 进出口总额 | 亿美元 | 6.306 7 | 7.989 8 | 26.69 |
| 出口 | 亿美元 | 5.932 8 | 7.757 5 | 30.76 |
| 进口 | 亿美元 | 0.373 9 | 0.232 3 | -37.87 |
| 财政收入 | 亿元 | 11.280 6 | 12.031 3 | 6.65 |
| 税收收入 | 亿元 | 21.602 5 | 21.816 5 | 0.99 |
| 财政支出 | 亿元 | 5.29 | 5.74 | 4.80 |
| 新批企业个数 | 家 | 550 | 781 | 42.00 |
| 外商及港澳台企业 | 家 | 11 | 6 | -45.45 |
| 内资企业 | 家 | 539 | 775 | 43.78 |
| 区内世界 500 强企业数 | 家 | 0 | 0 | 0.00 |
| 国家级高新技术企业数 | 家 | 61 | 89 | 45.90 |
| 新批企业投资额　外商及港澳台企业 | 亿美元 | 0.13 | 0.22 | 69.23 |
| 内资企业（注册资本） | 亿元 | 32.6 | 38.8 | 0.19 |
| 规模以上企业个数 | 家 | 156 | 186 | 19.23 |
| 科学研究与试验发展经费（R&D）支出 | 万元 | 120 344.6 | 117 785 | -2.13 |
| 研究与试验发展（R&D）经费投入强度 | % | 2.535 6 | 2.266 8 | -10.60 |
| 合同外资金额 | 亿美元 | 0.083 9 | 0.094 2 | 12.28 |
| 外商实际投资 | 亿美元 | 0.000 129 | 0.057 6 | 44 551.16 |
| 固定资产投资 | 亿元 | 43.788 | 48.143 8 | 9.95 |
| 年末从业人员数 | 万人 | 3.635 4 | 3.489 4 | -4.02 |
| 万元 GDP 能耗 | 吨标煤 / 万元 | 0.031 | 0.025 | -19.35 |
| 水资源消耗总量 | 万立方米 | 1 452 682 | 1 662 447 | 14.44 |
| 单位国内生产总值取水量 | 立方米 / 万元 | 1.322 | 1.376 | 4.08 |
| 上市企业数量 | 家 | 3 | 3 | 0.00 |
| 区内建立的创业创新平台数量 | 个 | 4 | 4 | 0.00 |
| 区内科研院所数量 | 家 | 0 | 0 | 0.00 |
| 区内职业教育学校数量 | 家 | 1 | 1 | 0.00 |

（龙岩经济技术开发区管委会、龙岩高新技术产业开发区管委会）

# 海安经济技术开发区

【经济发展】2021 年，海安经济技术开发区（以下简称“海安开发区”）实现地区生产总值 815.37 亿元，同比增长 10.1%；工业增加值 496.01 亿元，同比增长 13.92%；服务业增加值 275.14 亿元，同比增长 5.1%；全社会固定资产投资 442.33 亿元，同比增长 37.69%；完成外贸进出口总额 29.15 亿美元，完成工业总产值 1 952.46 亿元。年内获评获批“国家知识产权示范园区”“国家新型工业化产业示范基地”。

【产业建设】2021 年，海安开发区不断加强政策惠企、科技强企、服务助企，精心打造现代纺织、新材料新能源、机器人及智能制造“一主一新一特”产业集群。全区三大产业开票销售占全区比重达到 75.87%，增长 5.1%。纵深推进“5123”大企业培育工程。西蒙电气获评省级跨国公司功能性机构。福克斯电气、晟驰微电子获评南通市智能车间。规模以上企业质量信用 A 级评价实现全覆盖，通润汽车零部件获评省工业企业质量信用 AA 级企业。东材科技、昌荣机电获批国家级“专精特新”小巨人企业，中机锻压、浩驰科技等 4 家企业获批省级“专精特新”小巨人企业。积极布局建设城市商圈，大力推进生产性服务业发展。东部家具获评“省级生产性服务业优秀服务机构”。慧源文化获批“2021 年国家级标准化服务业试点”单位。商贸物流园进境肉类指定监管场地获批运营（苏中地区唯一）。上海港 ICT 海安项目正式开航。中欧（东盟）国际班列正式列入全国铁路运行图。新增农业产业化国家重点龙头企业 1 家。

【科技创新】2021 年，海安开发区持续开展企业创新能力提升三年行动。创新成果更加丰硕。跃通数控荣获中国专利优秀奖。联发集团获评“省长质量奖”，入选“江苏省百强创新型企业”。晟驰微电子、弘琪自动化荣获省中小企业创新创业大赛一等奖。江苏图灵机器人焊接针刺线系统获南通市首台套重大装备认定。西信科技成功上榜省级工业互联网网络建设服务商单位。海迅公司获评省五星级上云企业。创新平台加快建设。增光新材料、美亚药业等 5 家企业获批省级研发平台，美勒森家居、骆氏减震件获批南通市工业设计中心，北辰互邦等 6 家企业获批南通市服务型制造企业。上湖中科创新广场孵化基地入驻项目 16 个，科创园上海交大研究院获省科技计划奖补 70 万元，软件园新增认定服务外包企业 9 家，泛书房获批省级众创空间。创新人才加快集聚。引进外国专家来华工作 5 人，培育引进国家级人才 2 人，入选省“双创团队”1 个、省“双创计划”人才 6 人。创新服务加快完善。开发区科协正式成立。科创园科协获评南通市“4+1”工作先进基层科协组织。建成江苏省首家县级“华创苑”。

【投资促进】2021 年，海安开发区围绕“重特大项目求突破、专精特新项目为补充”，持续发动招商新攻势。全年正式签约杰士德精密导轨、中德智造谷、得力纺织、港汇高端面料等重大项目 19 个。深耕上海、苏南、广深等地开展招商活动，组织大型推介活动 6 场，与敦汇资本等多家金融公司签订战略合作协议。深化与上海漕河泾开发区、上海嘉定工业区战略合作，加强与苏州、昆山、太仓等地台商协会对接交流。亚太轻合金三期项目列入 2021 年江苏省重大产业项目，越承纺织、曙光新能源、联发集团等 11 个项目列入南通市级重大项目。获评“2020 投资发展环境质量十佳园区”，荣获

2021年中国意大利商会“中意文化交流”贡献奖。

**【体制机制创新】**2021年，海安开发区大力推进体制机制调整，全面推进机关制度建设，强化行政审批服务。累计承接国家、省市各级赋权事项共36项，建成“外国人管理服务站”，组织召开“创新最光荣、亩产论英雄”企业高质量发展大会，成功发布“海开心”营商服务品牌，精心组织“点实成经”心连心主题活动。组织召开“项目立区、实干兴区”大会。大力构建“政企命运共同体”，持续强化科级干部挂钩联系企业服务制度。多层次、多批次、多板块组织企业家外出学习考察，点燃企业家“二次创业”激情，催生更多“二期现象”“三期效应”。

**【投融资服务】**2021年，海安开发区认真落实产业基金、创新奖补、资金扶持等各项政策，引导拥有核心自主知识产权的企业办理“苏科贷”以及质押融资业务，解决融资难题，成功举行智能制造投贷联动基金签约仪式。扎实推进企业上市工作，新世嘉、增光新材料创业板入轨，跃通数控、莘翔机电新三板申报。

**【绿色集约】**2021年，海安开发区认真践行“绿水青山就是金山银山”的发展理念，常态抓好扬尘治理、污染防治。协调推进蓝天、碧水、净土三大保卫战，建成南通市第一家危险废物集中收集暂存试点项目，全年度市考断面、省考断面水质优Ⅲ类比例均为100%。高质量完成36项近180亩零星道口绿化移植，获评“江苏省绿美乡村”1个。全面做好高铁片区控制性详细规划编制工作，盘活闲置低效用地1 561亩，腾出城市建设用地约2 500亩。完成全区16个村多规合一适用性村庄规划编制工作，落实村庄建设用地减量指标近600亩。土地集约评价在全省55个国家级工业主导型开发区中位列第9名，较上年提升4个名次，位居南通市第一。

**【社会事业】**2021年，海安开发区大力推进乡村振兴，着力抓实社会保障，发放农业各项补贴1 638.29万元，惠及农户2.96万户。扎实开展安全生产专项整治，全面巩固“一年小灶”成果，深入开展“百团进百万企业千万员工”安全宣讲活动。有序推进集约化可视化安全监管信息共享平台建设。有序开展全国文明典范城市创建工作，成功举办“文明续航、典范启程”出征仪式。扎实推进文化强区建设，成立开发区文联组织，魏建功纪念馆建成开放，开发区庆祝建党100周年文艺晚会精彩献演，“523文化艺术节”不断扩大影响。“海开心”广场舞荣获江苏省农民广场舞展演一等奖。成功举办“乡贤家乡行”“诚信经开”“头雁话振兴”等活动。

**【机构设置与领导】**2021年，根据职能，海安经济技术开发区下设纪工委、党政办公室、经济发展局、科技和人才工作局、财政局、建设局、招商局、投资促进局、现代服务业局、安全生产监督管理局、行政审批局、高科技创业园管理办公室、软件科技园管理办公室、523文化产业园管理办公室等机构。

海安经济技术开发区领导班子成员为：党工委副书记张勇华；党工委副书记、管委会副主任任永峰；党工委副书记吴建华；党工委委员、管委会副主任张英来、王晓晖、陈崇进、郁江、朱志亮、仲月军；党工委委员、纪工委书记王启涛。

（海安经济技术开发区管委会）

# 汉中经济技术开发区

**【概况】**1999 年 6 月，根据陕西省人民政府《关于同意将汉中市鑫源开发区和南郑经济技术开发区合并更名为汉中经济开发区的批复》(陕政函 [1999]104 号)，将汉中市（现汉台区）鑫源开发区和南郑经济技术开发区合并更名为汉中经济开发区，授权开发区管委会在项目审批、外经外贸、国有资产管理、工商行政管理等方面，行使地市一级经济管理权限。2003 年 1 月，汉中经开区新体制运行。2012 年 10 月 13 日，国务院办公厅下发《关于陕西汉中经济开发区升级为国家级经济技术开发区的复函》（国办函 [2012]176 号）文件，开发区被批准升级为国家级经济技术开发区。

**【经济发展】**2021 年，汉中经开区全区实现生产总值 170.016 亿元，占汉中市生产总值的 9.6%；全年完成固定资产投资 71.35 亿元，同比增长 25%。

**【产业发展】**2021 年，汉中经开区坚持产业立区、特色强区战略，明晰产业发展方向，辖区航空配套、装备制造、生物医药和新经济四大主导产业加速集聚，有力推动园区产业转型升级。全区有省级以上研发机构 15 家，有高新技术企业 40 家，有“五上”企业 194 户，“五上”企业主营业务收入 477.21 亿元，“五上”高新技术企业主营业务收入 219.11 亿元。

**【投资促进】**2021 年，汉中开发区实际利用外资 834.6 万美元，利用外资同比增长 956.45%。完成外贸进出口总额 20.53 亿元，其中进口总额 8.15 亿元，出口总额 12.38 亿元。外贸进出口总额同比增长 53.25%。

**【招商引资】**2021 年，汉中经开区聚焦主导产业，创新招商机制，引入招商、投资、建设、运营、管理为一体的招商新模式。本年度累计签约项目 51 个，总投资 225.7 亿元，招商引资当年到位资金 63.2 亿元，同比增长 38.2%。

**【项目建设】**2021 年，汉中经开区健全完善项目签约率、开工率、资金到位率细分指标考核办法，建立“日清周结月评比”通报机制。本年度 21 个市级重点项目完成投资 25.03 亿元，占年度任务的 110.45%；本年度，传感器研发、航空精密零部件、创智谷、展示中心等一批产业、基础设施项目建成投用；总投资 108 亿元的数字经济产业园一期、京东物流智能港、龙岗高级中学等项目开工建设。

**【园区建设】**2021 年，汉中经开区大力推进园区基础设施配套建设，新建的近 28 万平方米孵化器、研发办公楼、人才公寓等承载空间投入使用；完成投资促进中心 4 万平方米四栋孵化器室内装修并投入使用；近 8 万平方米的创智家园建筑主体全部建成；近 120 万平方米的国际医学产业社区、生物医药产业园、数字经济产业园（一期）、品创智能制造产业园开工建设；2020 年 5 月开工建设的石门污水处理厂完成厂区主体建设及 5.8 公里主管网铺设，2021 年度完成投资 5 000 万元；2020 年 10 月开工建设的中药材博览园项目 2021 年度完成投资 2 130 万元。

**【动能培育】**2021 年，汉中经开区坚持优存量与扩增量并重、发展高端制造业和壮大现代服务业并举、培育战略性新兴产业和改造提升传统产业并行，产业升级转型不断加快。成功培育 4 户国家级专精特新“小巨人”企业，6 户企业纳规入统（行业统计范围），航空标准件检测中心汉中分中心、3D 打印金属材料创新研究院挂牌运营，汉王药业成为省级技术创新示范和工业品牌培育示范企业，中航电测、汉变公司、汉江机床、汉江工具等4户企业完成技改扩能项目并投入生产。

**【资源整合】**2021年，汉中经开区坚持专业化管理、市场化运作、创新化服务、高质化发展，不断推动“管委会＋公司”运营机制创新，以“市带县”模式，整合5县平台公司资产，成功打造AA投融资平台，资源转资产变资本水平不断提升。加大与中国中铁、陕西交控等20余家央企、国企投融建合作力度，积极对接农发行、国开行等多家金融机构，全年融资、发行债券15亿元。举办金融创新培训班，提升管委会、园投集团公司管理人员及招商人员金融工作能力和水平。

**【优化营商环境】**2021年，汉中经开区实施重点企业、重点项目“管家责任制”，推出首批省内开发区168项政务服务事项“全省通办”清单，248项涉企事项由“承诺件”改为“即办件”；设立市场监管“一站式”服务工作站，降低企业成本2 290万元，协助企业取得发明专利授权46件；开发建设“财税银企担”大数据金融服务平台，荣获全国2021年度政务服务“数智决策典范”案例，为68家中小微企业融资17亿元；在全市率先出台《金融机构支持企业贷款奖励办法》，为支持经开区企业融资的本市8家金融机构发放奖金60万元；率先实现全国税务“一窗通办”模式，智慧办税模式在全省推广，纳税服务满意度全省第一；创设良好营商环境，为汉王药业等10家纳税大户发放年度奖金70万元。

**【安全生产及应急管理】**2021年，汉中经开区印发《2021年安全生产工作要点》《安全生产事故灾难应急预案》等文件，建立巡查检查、专项检查等一系列制度，筑牢安全防线。指导94户企业建立安全生产委员会，切实提升企业防控事故水平；先后排查整改各类安全隐患1 180处；印发安全生产知识宣传资料2万余份，制作宣传展板15块，组织观看警示宣传片300余人次；多场景、多层次开展各类应急演练10次1 000余人次。定期召开打击治理电信网络新型违法犯罪工作联席会议，推广安装“反诈守护者”小程序6 473人次，成功预警233次，处置232次，进一步筑牢安全生产“金钟罩”。

**【绿色集约】**2021年，汉中经开区范围内PM10浓度为59μg/m³，同比下降1.7%；PM2.5浓度为37μg/m³，与上年度持平；二氧化硫浓度为11μg/m³，同比下降35.3%；二氧化氮浓度为24μg/m³，与上年度持平；一氧化碳浓度为1.6μg/m³，与上年度持平。汉中经开区全年优良天数为305天。

**【机制创新】**2021年，汉中经开区先后制定出台经开区《政企交往正面清单和负面清单》《重大建设项目管理办法》《财政投资评审管理办法（试行）》等规章制度，进一步推动厘清政企交往边界，规范政企交往行为，推动营造亲而有度、清而有为的亲清新型政企关系，规范政府投资建设项目资金管理和重大建设项目审批、实施、验收等环节，杜绝出现侵吞、挪用、挤占、滥用资金的情况，全力构建用制度管人、用程序管事的长效机制。深化部门机制改革，将原有10个内设机构精简为8个部门，大幅提升招商引资、项目建设、服务企业等专业性岗位占比；构建选、用、育、考、留、退循环机制，细化完善《岗位考核实施细则》，实施待岗降薪、岗位调整、免职解聘等措施，使“能者上、庸者下、劣者汰”成为常态；建立督查考核联动体系，实行“一部门一档案”，开展“精准化＋差异化”考评，围绕“国考”“市考”“区考”指标，绘制“作战图”，列出“时间表”，督促干部职工履职尽责，形成你追我赶、高效务实的良好氛围。

**【党建工作】**2021年，汉中经开区制定《2021年经开区党建工作要点》《党建责任清单》，完善《党建工作例会制度》，定期组织班子成员、党员干部开展学习。扎实推进党史学习教育，聚焦主题、突出重点，使“规定动作”落地见效，令“自选动作”出新出彩。先后组织开展

“缅怀革命先烈传承红色精神”党史学习教育现场教学、“学党史•研区情•开新局”活动论坛、“奋斗百年路启航新征程”庆祝中国共产党成立100周年文艺演出及“建党百年砥砺行”书画摄影展等活动。将“经开党建”和“汉中经开区”两个微信公众号整合成为“汉中经开发布”网络平台，筑牢意识形态宣传阵地。全年开展意识形态工作研判活动2次，组织学习35次，举办宣讲报告会6次，刊发各类信息1 553篇。积极开展“我为群众办实事”“两学一开”大讨论大调研活动，解决企业急难愁盼问题120余件，形成调研报告12篇。全年建成“五星级”党组织1个，“四星级”党组织1个、“三星级”党组织4个。

**【数字经济】**2021年，汉中经开区成立经开区数字经济工作领导小组及数字经济专班机构，下设数字经济专班办公室、数字经济制造业推进组、数字经济服务业推进组、产业数字化工作组。印发《汉中经开区数字经济发展三年行动计划（2021—2023年）》，上报“十四五”规划数字经济领域重点项目4个、2022年智慧感知之都重点建设项目5个。数字经济专班机构成立后，积极开展数字经济相关调查工作，调查结果显示，2020年，汉中经开区有数字经济企业22个，数字经济“专精特新”企业6个，传统企业数字化转型16个，数字化转型后传统企业平均增长速度为6%。

**【表彰奖励】**汉中经开区管理委员会被中共汉中市委、汉中市人民政府评为2021年度招商引资工作先进单位、2021年度引进重大项目工作先进单位、2021年度重点项目先进县区（园区）、2021年度专班专组专员亲商助企工作先进县区（园区）、2021年度汉中市科技创新工作先进集体、2021年度“四改一拆一通一落地”先进单位。汉中经济技术开发区税务局被全国妇联评为全国巾帼文明岗、被中华全国总工会评为“2021年全国工会职工书屋便利型阅读站点”、被陕西省文明委评为省级文明单位。汉中经济技术开发区税务局税务征收服务组（办税服务厅）支部委员会被中共汉中市委评为先进基层党组织。

**【机构设置及领导成员】**2021年，汉中经开区设中共汉中经济技术开发区工作委员会、汉中经济技术开发区管理委员会、中共汉中经济技术开发区纪律检查工作委员会，下属汉中褒河物流园区建设管理委员会办公室及汉中园区投资建设集团有限公司。内设机构为党政办公室、纪检监察室、经济发展改革局、财政局、招商服务局、建设管理局、生态环境局（应急管理局）、政务服务中心等8个部门。

领导名录：中共汉中经济技术开发区工作委员会书记王浩（兼），副书记汪瑞亭、王睿（2021年3月止）、雍波（2021年3月任），委员袁俊海、殷彦军（兼）、陈亮（兼）、尹月新（2021年3月任）、成海燕（2021年3月任）；汉中经济技术开发区管理委员会主任：曹宇（兼2021年8月止），叶稳太（兼2021年8月任），常务副主任汪瑞亭，副主任袁俊海、殷彦军（兼）、陈亮（兼）、尹月新（2021年4月任）、陈沛州（2021年4月止），二级调研员冯晓群、苗俊胜，三级调研员谭宝明、许文婧（2021年7月任），四级调研员刘天明（2021年1月任）；中共汉中经济技术开发区纪律检查工作委员会书记王睿（2021年3月止）、雍波（2021年3月任）；汉中褒河物流园区建设管理委员会办公室主任雍波（2021年4月止）、成海燕（2021年4月任）。

（汉中经济技术开发区管理委员会）

# 红旗渠经济技术开发区

**【概况】**红旗渠经济技术开发区位于河南省林州市，成立于1992年，2006年被河南省批准为省级开发区，2012年被国务院批准为国家级经济技术开发区。主园区规划面积34.41平方公里，全区共有法人企业3 195家，“四上”企业262家，高新技术企业26家，上市企业1家，国家级孵化器1家，省级及以上研发中心34家。

**【经济发展】**2021年，红旗渠开发区地区生产总值同比增长10%，工业总产值同比增长39.22%，固定资产投资同比增长11.86%。通过积极推进放权赋能、人事薪酬、财税投资等体制重塑，2021年国家级经开区考核评价居全国第122名、河南省第4名。先后获评国家循环化改造示范园区、国家绿色制造园区、国家增量配电试点园区、河南省智能化改造示范园区、河南省对外开放先进开发区。

**【产业发展】**红旗渠开发区经过近30年的努力，逐步形成了装备制造、精品钢及深加工、先进无机非金属新材料三大主导产业。区内汽配铸件300余家、汽配产品2 400余种畅销国内外，年产能100万吨以上，被授予“中国汽配铸件产业基地”。电子纱、电子布、覆铜板产业链基本形成，培育了光远、致远等电子新材料龙头企业，产品占国内市场80%。积极推动现有钢铁、管材向建筑用钢和汽车用钢转型升级，实现了园区产品协同发展、良性互动。

**【科技创新】**2021年，红旗渠开发区建成了循环经济信息技术平台和智能管理综合系统，创新创业园（863科技产业园）培育科技型中小微企业170余家，积极推动园区企业与高等院校、科研机构开展产学研合作，提升产业核心竞争力。

**【要素保障】**2021年，红旗渠开发区全力构建“一心三轴六片”产业布局，形成“五纵七横”主干路网。拥有金融机构67家，搭建了完善的银企对接平台。完善供气、供热、5G通信、污水管网等配套设施。

**【营商环境】**2021年，红旗渠开发区持续深化“放管服”改革，全面构建“店小二”服务体系、“一站式”服务平台和全市经济高质量发展周例会推进制度，形成部门协同、整体联动、线上线下融通的新型政务管理服务体系，力争打造优化营商环境新名片，全面推动开发区各项工作再上新台阶。

**【党建引领】**红旗渠经开区始终坚持以党建高质量推动经济高质量发展，按照“党建强、产业兴”工作思路，重塑经开区党工委、管委会、纪工委“三委”领导班子，全面加强党对经济工作的领导，将党建工作贯穿落实到招商引资、项目建设、园区建设、营商环境等全领域、全过程，为打造一流国家级经开区装上强大的红色引擎。

（红旗渠经济技术开发区管委会）

# 富阳经济技术开发区

**【概况】**富阳经济技术开发区成立于1992年5月，是浙江省首批省级开发区之一。2012年10月，升格为国家级开发区，是杭州市4家国家级经开区之一。在国家级开发区综合考评（2021年）中综合实力列全国217家国家级经开区第64位、全省20家国家级经开区第7位。

**【经济发展】**2021年，富阳开发区“四上企业”实现营业收入2 074.7亿元，比上年增长19.4%。实现规模以上工业总产值1 003.1亿元，规模以上工业增加值191亿元，增长18.5%，高新产业增加值144.7亿元，增长20.8%。制造业投资额30.6亿元，高新产业投资额25.6亿元。至2021年底，富阳开发区实际经营企业7 739家，其中工业企业1 573家。有规模以上工业企业340家，占全区的52.8%，其中年产值100亿元以上企业2家、10亿元以上企业12家、1亿元以上企业127家；国家高新技术企业326家，占全区的62.9%；上市企业4家，占全区的66.7%。

**【科技创新】**2021年，富阳开发区有科技孵化器8家，其中国家级1家，省级1家、市级6家；有众创空间12家，其中国家级2家、省级3家。

**【管理体制】**富阳开发区管委会受区人民政府委托，对区内经济建设负总责，采用“开发区管委会+开发区集团+乡镇（街道）”的运作模式，并实施兵团化作战，主要特点有：

一是充分授权。2021年，开发区区级有关职能部门在法律允许范围内对开发区给予如下充分授权：区内工业项目备案、审批（核准项目仍由发改部门负责审批）；基础设施项目审批（房建项目除外）；开发区外商投资企业初始、变更信息报告审核、确认；开发区负责区内工业项目、基础设施项目的“一书两证”审批、发放，并负责规划验收。

二是分工合作。2021年，开发区与所在乡镇街道分工负责，合力推进新区建设工作：开发区管委会在其直接管辖范围内实行招商引资、投融资、土地开发、基础设施建设等封闭式管理；开发区集团具体负责开发区管辖范围内的项目建设、土地开发和投融资；属地乡镇（街道）负责征地拆迁、政策处理、企业日常服务等工作。

**【平台载体】**开发区是富阳经济发展的主平台，也是富阳融杭融廊发展的桥头堡。总面积为106平方公里，主要特点是“一区多园”，呈“一主两翼两新区”的空间格局，“一主”即银湖科技城，“两翼”即东洲新区、金桥鹿山新区，“两新区”为场口新区、新登新区，各园区组团开发、特色鲜明，不同业态产业在辖区内即可梯度布局。其中，银湖科技城规划面积30.61平方公里，北接未来科技城，东临之江新城，杭州地铁6号线、彩虹快速路贯通银湖，是富阳融杭融廊的桥头堡、创新创业的策源地，重点招引信息技术、生物科技、数字新零售、数字文创等新兴产业，代表企业有星帅尔、润歌网络、雄迈集成、图南电子等，奋力打造“面向全省、融入都市、服务走廊、引领富阳”的创新策源地和城市新标杆。东洲新区规划面积36.90平方公里，和云栖小镇接壤，是富阳打造现代版富春山居图的卷首段，也是杭州拥江发展的重要板块，代表企业有大华智联、京东惠景、永特信息、中恒电气、中控技术、中泰深冷、泰林生物等，力争打造全省智能物联产业新高地。金桥鹿山新区规划面积7.29平方公里，紧邻富阳城区，连接富阳高铁西站，代表企业有富通集团、金固股份、江丰股份、惠迪森药业、三方阀门、日月股份、鸿世电器等，力争通过园区转型升级，全力打造新能源车核心部件产业重要基地。场口新区规划面积为13.17平方公里，代表企业有鞍钢金固、金火科技、多宝电子等，通过引进“链主型”项目，积极打造以智能装备为特色的高端制造业平台。新登园区规划面积为15.88平方公里，代表企业有和鼎铜业、中策清泉、大立过滤、浙江中铝、海正生物、瀚晖制药等，着力打造新材料为特色的千亿级平台，药谷小镇积极打响“三生融合”的“葛洪丹谷”品牌。

（富阳经济技术开发区管委会）

# 靖江经济技术开发区

**【概况】**靖江经济技术开发区创建于 1992 年，1993 年被批准为江苏省省级开发区，2012 年 12 月升级为国家级经济技术开发区。开发区规划控制面积 102.66 平方公里，目前已形成了开发区本部、城南园区、城北园区、新桥园区四个板块。开发区本部坚持一手抓传统产业转型升级，一手抓新兴产业培育壮大，聚力建设智能高效的现代化港口，打造港产城一体化发展示范区；城南园区立足“智造新南城”，加快“优二进三”，加速产城融合；城北园区围绕构建多元化产业体系，着力塑造“智能空调产业园、高端装备产业园”集聚新版图；新桥园区重点发展先进金属材料、环保装备、智能厨电等主导产业，进一步创响特色鲜明的“新桥智造”品牌。

**【经济发展】**靖江经开区围绕高质量发展目标追求，经济指标增势强劲、产业兴区强势推进、机制体制焕发活力，综合实力不断迈上新台阶。2021 年，全区实现地区生产总值 668.9 亿元、一般公共预算收入 23.4 亿元、工业开票收入 926.6 亿元、服务业开票收入 733 亿元，同比分别增长 10.1%、10%、17.9% 和 22%。

2021 年，靖江经开区发展质量显著提高。项目大突破，带动经济大发展，外向发展业绩喜人。完成外贸进出口总额 24.7 亿美元，占全市比重 70% 以上；实际利用外资 3.07 亿美元，同比增长 48.7%，创十年来新高。成功获批江苏自贸试验区联动创新发展区。

**【产业发展】**2021 年，靖江经开区保税物流中心稳健运营。港口年吞吐量达 2.3 亿吨，在泰州“三分天下有其二”。新时代、新扬子等船舶企业新接订单量首次超过日本，占全球总量的 14.7%、全国的 27.3%。特色产业亮点纷呈。新项目、大项目、好项目的成功落户，进一步彰显集群化、产业链发展的新优势。形成了以青山为“龙头”的金属材料产业链、以凯飞为载体的航空零部件产业链、以卓然为依托的高端装备产业链、以海工为代表的船舶修造产业链、以恒艾为支撑的健康营养产业链、以深国际、中铁建为引领的港口物流产业链，呈现了链主、链核、链群齐头并进的特色产业集群。在县级市中建成江苏第六、泰州唯一的省级产业转型升级示范区。

**【招商引资】**2021 年，靖江经开区项目总量夺第一。全年新签约亿元以上项目 136 个、新开工 53 个、新竣工 34 个，创十年最好水平；“三比一提升”重大开工项目考核数量、规模位列泰州 A 类园区第一。单体投量创“唯一”。世界 500 强青山控股 120 亿元金属新材料项目成功落地，是当年泰州唯一的单体超百亿项目。总投资 52 亿元的凯飞航空产业园列入省重点项目，实现了中国商飞江苏“第一单”，项目服务团队双双荣获泰州“骏马奖”。项目质量攀新高。开发区作为泰州项目观摩的“主版块”，大明重工、新扬子 LNG 罐箱甲板船智造、先锋半导体、鼎电科技、佳尔福等一批含新量、含金量、含绿量高的重大项目，获得了泰州市委市政府的高度赞誉。

**【体制机制创新】**2021 年，靖江经开区营商政策改革，推动了项目大突破。坚持把优化营商环境作为项目突破的“头版头条”抓紧抓好。深入推进“1230”和“五个最”的营商政策落地，推动开发区行政审批局与招商局合署办公，做到“包办墙外事、帮办墙内事”，增强了“企业吹哨、部门报到”的主动服务意识和能动服务效率。创造了青山项目从考察到开工8个月的“靖江速度”，中油瑞德、海鸿塑胶等8个项目实现“交地即发证、拿地即开工”。巩固深化“管委会+公司”改革成果，围绕“平台化服务、实体化发展”两大定位，港口集团完成新华港务“3# 泊位”改建，涂装中心主体竣工，成功受让国信秦港港务15%股份，形成了一批优质资产和项目，迈出了实体化发展的率先一步；华宇、北辰、城乡等国有公司实体化运作架构加快搭建，治理结构不断优化，内控管理更趋规范。考核制度改革，激发了项目大突破。重点围绕“三比一提升”“亩均论英雄”，落实“一切围绕项目转、一切帮助项目办、一切为了产出干”的考核激励政策，建立“一级抓一级、层层抓落实”的考核管理体制，形成“千斤重担大家挑、人人肩上有指标”的考核指标体系，实行“月过堂、季点评、年兑现”的考核运行机制，保证了项目大突破的有效实现。

**【党建引领】**2021年，靖江经开区坚持党建引领，扎实开展党史学习教育、建党100周年庆典活动。建成五星党组织28个，人才工作荣膺“十佳书记项目”“共建共享产教融合‘示范区’”，获评靖江市“十佳基层党建品牌”。通过全面加强党的建设，让力量在党旗下凝聚，让党性在事业中闪光。

（靖江经济技术开发区管委会）

# 胶州经济技术开发区

**【概况】**胶州经济技术开发区成立于1992年2月，于2012年12月正式升级为国家级经济技术开发区；2018年6月10日，习近平总书记在上海合作组织成员国元首理事会第十八次会议上宣布，“中国政府支持在青岛建设中国—上海合作组织地方经贸合作示范区”；2019年7月24日，中央深改委第九次会议审议通过《中国—上海合作组织地方经贸合作示范区建设总体方案》；2019年9月20日，国务院批复《总体方案》。至此，上合示范区（胶州经济技术开发区）有了“指导手册”和“操作指南”。

上合示范区坐落于胶州湾北岸，距离青岛前湾港15公里，距离青岛胶东国际机场10公里，距离上合多式联运中心15公里，通过新建成的青岛胶州湾跨海大桥上合连接线，到青岛主城区仅15分钟，海陆空铁多式联运高效衔接。从全球地理位置来看，上合示范区东接日韩面向亚太地区、北接蒙俄、南连东盟、西接上合组织国家和“一带一路”沿线国家，区位优势明显。

2021年以来，中国—上海合作组织地方经贸合作示范区面对疫情带来的不利影响，立足“打基础、利长远”，面向上合组织及“一带一路”沿线国家做了大量内引外联、广交朋友、扩大影响的工作，呈现出全面展开、加快推进的良好态势，得到了各级领导的充分肯定。

**【体制机制改革】**2021年，上合示范区（胶州开发区）围绕现代贸易、双向投资、国际物流、人文交流和营商环境五个方面，2021年推出35项制度创新案例，改革创新相关做法获中央改革办《改革工作简报》刊发，是2021年青岛市唯一获中央改革办刊发的改革做法。2021年与上合组织国家进出口额增长210%，中欧班列开行数量同比增长54.9%；与上合组织国家双向投资额达到2020年的56倍，占青岛市与上合组织国家双向投资额的63.9%。体制机制改革和运营管理及考核奖惩方面。构建“管委+平台公司+发展研究院”紧密型一体化工作体系，围绕产业策源、综合保障、要素支撑、政策赋能4大板块优化内设机构，增强核心职能力量供给。2021年，上合示范区取得国综评第114名。

**【产业发展】**2021年，上合示范区（胶州开发区）聚焦国际物流、现代贸易、双向投资和商旅文交流发展四个中心建设，重点发展高端装备制造、现代物流和国际贸易三大主导产业。其中，高端装备制造产业营业收入110亿元，占比8.1%，增长18.3%；现代物流产业营业收入85.5亿元，占比6.3%，增长123.8%；国际贸易产业营业收入369.2亿元，占比27.2%，增长23.2%。

**【招商引资和科技创新】**2020年以来，上合示范区共引进吉利卫星互联网、上合复星时光里等总投资1 765亿元的52个项目，其中世界500强8个、中国500强（含民营500强）7个。累计拥有博士及以上高层次人才40人，硕士672人，本专科12 000余人，拥有“外专双百”团队1个，国家级人才平台载体7个，省部级人才平台载体6个，院市级人才平台载体23个。

**【产学研用和产城融合】**产学研用方面，全力建设海洋科学与技术国际中心。孵化山科神光科技等4家高科技企业，总注册资本1.114亿元，吸引社会投资2 327万元，累计转化科技成果100余项。海洋技术科学学部上合园区现有本科生123人，研究生56人。完成2022年度国家自然科学基金项目58项的申报工作。科研成果作价入股成立企业近10家，2021年新增销售收入过亿元。产城融合方面，建成投用上合示范区实验幼儿园、实验小学、实验初中、青岛幼儿师范高等专科学校、青岛中加国际学校、胶州市第二中学，建立从幼儿园到高中一站式教育体系；同济大学附属东方医院胶州医院正式启用；完成如意湖公园改造提升，成为周边居民休闲娱乐的网红打卡地；如意湖商业综合体、上合商务中心、上合国际会议中心、上合组织国家青年创业中心等总投资340亿元的13个功能载体项目已全部开工建设。

**【主责主业，“四个中心”建设】**一是国际物流扩线增量。统筹多式联运服务功能，大力发展现代物流产业，持续拓展国际物流合作。2020年以来，新开通至塔吉克斯坦杜尚别等14条国际班列线路，常态化开行25条国际国内班列线路，通达上合组织和“一带一路”沿线20个国家、49个城市。推出全国首班冷鲜蔬菜专列、全省首班“中老国际班列”、全省首班跨境电商专列、全省首班“铁路快通”专列、全省首笔多式联运“一单制”提单等。2021年1～5月，开行中欧班列357列，同比增长37.3%，占全省开行量的47.5%，跃居全省首位，其中回程班列192列，同比增长3 100%，班列服务地方经贸合作的支撑作用日益凸显。二是现代贸易迅猛增长。广泛搭建合作平台，探索创新贸易模式，着力做大贸易规模。累计集聚贸易主体1 700余家，引进培育上合跨境贸易服务中心等10个贸易平台、传化（上合）合贸通等4个跨境电商平台。完成全省首单跨境易货贸易通关测试。三是双向投资合作加速展开。立足上合组织国家资源禀赋和产业现状，推动产业链上下游企业在示范区集聚交织耦合。2020年以来，共引进上海电气风电装备产业园、中集全球冷链高新产业平台等总投资1 765亿元的52个项目，新增中国俄罗斯中心、上合（青岛）绿色香辛料交易市场等20个上合元素项目。四是商旅人文交流走向深入。持续深化与上合组织国家和“一带一路”沿线国家的文化相融、民心相通，启用上合国家客厅、央企国际客厅，巴基斯坦中国中心、澳门葡语系国家商品馆、阿塞拜疆国家馆建成运营，俄罗斯等8个驻华使馆已授权的国家馆签约。举办外国使节共植友谊林、“2021上合之夏”等活动50多场，全省50%、全市80%的外事活动有上合示范区参与，上合示范区在上合组织“朋友圈”的知名度、吸引力不断提升。

**【载体建设】**2021年，上合示范区（胶州开发区）高水平开放平台功能日益完善。着力将上合示范区建设成综合性区域开放合作平台。一是坚持规划引领，搭建功能承载平台。高水平规划《总体方案》落地功能载体，编制10平方公里核心区域城市设计和地下空间规划，规划总建筑面积1 750万平方米。2021年，上合国际会议中心等投资340亿元的13个平台载体项目全面开工。二是坚持互利共赢，搭建资源集聚平台。举办2021上合博览会，3个国际组织、30个国家的76位驻华使节参会，是青岛史上参会国家最多、参会驻华使节最多的专业性博览会。举办第二届“一带一路”能源部长会议，推动设立“一带一路”能源合作伙伴关系秘书处青岛办公室。举办2021中国—上合组织国家金融合作与资本市场发展论坛，全省首只QDLP（合格境内有限合伙）基金落户上合示范区。三是坚持开放融通，搭建商事服务平台。建设上合“法智谷”，最高人民法院指定胶州市人民法院管辖一审涉港澳台、涉外的民商事案件，受理涉及10个国家和地区相关案件154件次。司法部授予上合示范区全国首批上合组织法律服务委员会交流合作基地。山东港信作为1997年以来全国首个获准设立的国内期货公司落户上合示范区。四是坚持广拓渠道，搭建对外交往平台。高定位拓宽对外交往渠道，通过“云聚上合·共谋发展”“友城合作·共创未来”等系列活动，与200多位使节、200多家企业互动交流，线上线下举办200余场经贸对话活动，遍访20个上合组织相关国家驻华使馆。上合组织前秘书长诺罗夫和156位上合组织及“一带一路”沿线国家驻华大使、使节到访上合示范区。与上合组织国家建有友好城市4个、友好合作关系城市7个。与俄罗斯阿拉布加经济特区、俄联邦主体“西伯利亚协定”地区间经济合作协会、塔吉克斯坦库洛布和彭知自由经济区等34个园区和行业协会签署友好合作备忘录。五是坚持先行先试，搭建创新发展平台。高起点建设制度创新试验区，首创“信用上合”等35项上合特色改革创新举措。全面启动国际科技合作，建设上合海洋科学与技术国际创新转化中心，突破国家海洋监测设备领域“卡脖子”技术。

**【项目建设】**2021年，上合示范区（胶州开发区）推进上合组织经贸学院建设，拟于2022年1月正式挂牌并成立理事会。坚持边培训、边筹建、边争取、边申报，在广泛征求上合组织国家意见建议基础上，积极开展援外培训和经贸培训，2021年以来启动35个班次，来自95个国家的4 600余人次参加培训。聚焦项目落地抓落实。加快突破制约瓶颈，通过一年半的努力，“908岸线”新修测成果通过自然资源部审核同意，并经省政府批复，受此影响的总投资719.6亿元的42个重点项目突破制约瓶颈。目前，示范区核心区在建项目40个，总投资494亿元，其中，普霖新材料、贝特重工等总投资237亿元的18个项目将于年内投产。上合技术创新综合体、轨道客车、大牧人二期等20个总投资162亿元的项目年内开工。

**【党建引领】**2021年，上合示范区（胶州开发区）面向全国分三批公开选聘中层及以下干部115名。坚持边组建、边学习、边工作、边提升，创新举办“丝路大讲堂”品牌培训活动，倡树“严真细实快”的工作作风，扎实深入开展“作风能力提升年”系列活动，努力在高质量发展中转作风、创一流、当排头。

上合示范区（胶州经济技术开发区）管委会

# 东侨经济技术开发区

【经济发展】2021年，东侨经济技术开发区实现生产总值658.62亿元，同比增长49.1%；规上工业增加值633亿元，同比增长79.9%；一般公共预算总收入61.95亿元，其中，地方一般公共预算收入32.02亿元；固定资产投资191.49亿元；完成出口总值358亿元；实际利用外资1 800万元。年度绩效考评连续4年保持优秀等次。在福建省开发区综合发展水平评价中位列全省第2，在2021年国家级经开区综合发展水平考核评价综合排名位列第26名，成为全省首个进入30强的国家级经开区。

【产业发展】2021年，东侨开发区全年实现产值1 451亿元，增长98.59%，成功打造全市第二个千亿产业集群。宁德时代实现供应商100%国产化，市场占有率稳居全球首位，入选"全球灯塔工厂"；智能装备制造、大健康产业产值分别完成15.96亿元、44.66亿元。安发、鲁花、亚南等公司入选省级工业龙头企业；成功落地好奇心影业等一批现代服务项目，初步形成以武汉动游为龙头，好奇心影业、极光传媒等组成的新媒体文创产业集群，成为全省唯一入选全国第二批先进制造业和现代服务业融合发展试点区域。

【科技创新】2021年，东侨开发区双创示范基地建设稳步推进，创新能力持续增强，时代21C创新实验室部分投入使用，新增国家级高新技术企业10家，入选省级科技小巨人领军企业7家，获批省、市"专精特新"企业4家、"单项冠军"企业3家，高新技术企业产值占规上工业产值比例达93.8%。全区获批专利授权405件，增长37.8%，每万人发明专利拥有量提升至17.63件，远超全市平均水平，专利合作协定（PCT）国际专利申请642件，位居全省第一。积极做好人才申报相关工作，申报认定市"天湖人才"612人，省工科类青年专业技术人才546人，省级高层次人才97人。建成全市首家"税务智慧云厅"，"一首创两首推"涉税改革服务措施入选全市优化营商环境典型经验。扎实开展质量基础设施"一站式"服务活动，成功入选全国"一站式"服务典型案例。持续激发市场活力，市场主体达2.8万户，新增注册资本194.2亿元，同比增长34.6%。

【项目建设】2021年，东侨开发区全年累计签约项目60个，协议总投资140.13亿元，其中，5亿元以上重大项目9个、5 000万元以上项目44个，完成全年签约任务的107.8%。"三比三赛"、百日攻坚活动热火朝天，25个在建重点项目完成投资115.4亿元，完成计划123.8%，16个在建重点项目提前完成年度投资计划；年度新增"五个一批"项目101个，在库签约项目履约率100%，开工项目投产率69%。大力破解历史遗留问题，成立棉桃山、井濂、塔南三个片区攻坚突击队，完成征迁660.7亩。专项债券资金申请获批支持28.5亿元，占全市1/4以上，连续两年保持全市第一。城建项目有序推进，完成投资5.3亿元，棉桃山片区路网完成年度计划，二附小周边配套路网前期工作全面启动，新建、续建城市道路2.84公里，完成城市道路"白改黑"4.05公里。扎实推进小微园建设，北部新区标准厂房开工建设，标准化工业（产业）园区排名位居全省前列，获省政府表彰。锂电新能源小镇完成投资58.94亿元，通过国家3A级旅游景区认定。

【营商环境】2021年，东侨开发区审批制度改革步伐加快，梳理发布“一趟不用跑”事项381项，占比99.22%，“互联网+政务服务”加速升级，“全流程网办”事项350项，占比91.15%。畅通企业诉求渠道，推出“东侨e企通”线上服务平台，办理各类涉企事项2 500余件，难题解决改善率达98%。积极做好惠企政策对接申报，全年兑现区级奖励资金2.8亿元，年度新增规上工业企业10家，产值超10亿元企业5家。持续推动“政银企”对接合作，签约金额2.32亿元，解决融资需求1.29亿元。建成东侨人力资源服务产业园，为企业解决各类用工4.1万人次。深化校企合作，设立福建工程学院宁德新能源技术研究院。

**【城市建设】**2021年，东侨开发区完成湖东片区控规和北部景观提升规划编制，扎实开展塔南片区控规编制。着眼提升城市品质，新建城市“福道”10.3公里、雨（污）水管网6.8公里、停车泊位175个、口袋公园5处。巩固拓展全国文明城市创建成果，制定出台《开发区农贸市场长效监管工作实施方案》等一系列文明城市创建常态长效机制，实施九龙商城、置业小区等一批老旧小区改造提升工程。常态化整治摊位乱摆、车辆乱停等城市顽疾，落实“门前三包”3 760家，整治占道经营1.8万起，疏导流动摊点1.7万次，拆除违建1.12万平方米，市容市貌焕然一新。圆满完成10个社区“两委”换届和5个新社区“两委”成立选举工作。扎实推进安全隐患大排查大整治和安全生产专项整治三年行动集中攻坚。平安建设持续深化，“平安东侨”建设连续6年获评全市优秀等次，常态化推进扫黑除恶斗争，公安分局扫黑办和开发区扫黑办分别荣获省、市扫黑除恶专项斗争先进集体。

**【民生事业】**2021年，东侨开发区全年民生支出7.55亿元，占一般公共预算支出59%。坚持教学品质和教育基础设施“两手抓”，促进教育均衡发展，师院二附小扩容、东侨三小教学楼建成投用，东侨二中动工建设，中考成绩连续四年位列全市第一，小学和初中监测总成绩均在全省前五。毫不松懈抓好常态化疫情防控，新设立东侨开发区疾控中心，新建集中隔离场所2个，设置隔离间330间以上，累计接种新冠病毒疫苗34.1万剂次（12岁以上人群全程接种覆盖率位列全市第一）。文体事业蓬勃发展，东侨运动员在全国第十一届残运会斩获金牌2枚、铜牌1枚；成功举办庆祝中国共产党建党100周年文艺晚会等群众性文化活动120余场，各类“文化进万家”活动有效丰富了群众文化生活。人民广场志愿服务驿站获评全国总工会“最美工会户外劳动者服务站点”。建成全省首个县级低值可回收物分拣中心，成功创建福建省垃圾分类示范片区。扎实推进生态环保督察问题整改，全面启动西陂塘防洪防潮提升改造工程和四孔桥水闸除险加固工程。全面落实河（湖）长制，持续推进生态环境改善，以生态底色彰显为民本色。

**东侨经济技术开发区2020—2021年主要经济综合指标一览表**

| 项目 | 单位 | 2020年 | 2021年 | 增减（%） |
|---|---|---|---|---|
| 开发区生产总值 | 亿元 | 408.72 | 658.62 | 49.1 |
| 第二产业 | 亿元 | 348.94 | 608.42 | 77.4 |
| 工业 | 亿元 | 331.87 | 590.03 | 77.79 |
| 第三产业 | 亿元 | 59.78 | 50.20 | -16.03 |
| 工业总产值（现价） | 亿元 | 806.70 | 1 525.31 | 89.1 |
| 高新技术企业 | 亿元 | 734.11 | 1 426.20 | 94.3 |
| 销售（营业）收入（四上企业） | 亿元 | 1 035.39 | 1 873.17 | 80.9 |
| 第二产业 | 亿元 | 935.28 | 1 709.99 | 82.8 |
| 工业 | 亿元 | 867.92 | 1 622.06 | 86.9 |
| 第三产业 | 亿元 | 100.11 | 163.17 | 63.0 |
| 利润总额（四上企业） | 亿元 | 155.05 | 194.96 | 25.7 |

| 项目 | | 单位 | 2020年 | 2021年 | 增减（%） |
|---|---|---|---|---|---|
| 第二产业 | | 亿元 | 145.07 | 180.92 | 24.7 |
| 工业 | | 亿元 | 143.29 | 178.89 | 24.8 |
| 第三产业 | | 亿元 | 9.98 | 14.03 | 40.6 |
| 区内主导产业及产值 | 1. 锂电新能源 | 亿元 | 805.94 | 1 522.37 | 88.9 |
| | 2. 大健康 | 亿元 | 49.23 | 44.66 | -9.3 |
| | 3. 智能制造 | 亿元 | 15.78 | 15.96 | 1.1 |
| 进出口总额 | | 亿美元 | 26.20 | 62.95 | 140.19 |
| 进口 | | 亿美元 | 3.89 | 6.80 | 74.59 |
| 出口 | | 亿美元 | 22.31 | 56.15 | 151.63 |
| 财政收入 | | 亿元 | 65.06 | 61.95 | -4.78 |
| 税收收入 | | 亿元 | 82.85 | 77.91 | -5.96 |
| 财政支出 | | 亿元 | 13.99 | 12.80 | -8.51 |
| 新批企业个数 | | 家 | 1 845 | 1 528 | -17.18 |
| 外商及港澳台企业 | | 家 | 6 | 4 | -33.3 |
| 内资企业 | | 家 | 1 839 | 1 524 | -17.1 |
| 区内世界500强企业数 | | 家 | 1 | 0 | -100 |
| 国家级高新技术企业数 | | 家 | 21 | 28 | 33.3 |
| 新批企业投资额 | 外商及港澳台企业 | 亿美元 | 0.024 3 | 0.316 5 | 1154.7 |
| | 内资企业 | 亿元 | 143.4 | 118.94 | -17.1 |
| 规模以上企业个数 | | 家 | 319 | 351 | 10.0 |
| 科学研究与试验发展经费（R&D）支出 | | 万元 | 487 372 | 760 351 | 56 |
| 研究与试验发展（R&D）经费投入强度 | | % | 4.71 | 4.06 | -13.8 |
| 合同外资金额 | | 亿美元 | 0.024 6 | 0.315 | 1180.5 |
| 外商实际投资 | | 亿美元 | 0.053 | 0.071 5 | 34.9 |
| 固定资产投资 | | 亿元 | 163.09 | 191.49 | 17.4 |
| 年末从业人员数（四上企业） | | 万人 | 91 080 | 96 873 | 6.4 |
| 万元GDP能耗 | | 吨标煤／万元 | 0.059 2 | 0.0563 | -4.9 |
| 规上工业取新水总量 | | 万立方米 | 661.78 | 1 042.57 | 57.5 |
| 单位国内生产总值取水量 | | 立方米／万元 | 1.619 2 | 1.583 0 | -2.2 |
| 上市企业数量 | | 家 | 8 | 10 | 25 |
| 区内建立的创业创新平台数量 | | 个 | 0 | 1 | 100 |
| 区内科研院所数量 | | 家 | 0 | 1 | 100 |
| 区内职业教育学校数量 | | 家 | 0 | 0 | 0 |

（东侨经济技术开发区管委会）

# 十堰经济技术开发区

**【概况】**十堰经济技术开发区（以下简称“十堰经开区”）成立于1991年8月，2012年12月晋升为国家级经济技术开发区。十堰经开区位置东临武当山高铁西站，北依汉十高速，紧靠武当山机场，襄渝铁路、316国道穿境而过。辖区总面积45平方公里，下辖1个街道办事处、5个行政村、4个社区，户籍人口3.8万人，常住人口10.3万人。经过30年的发展，建成了整车、关键零部件、装备制造、现代物流等“四大产业集群”。先后规划建成了龙门工业园、温州工业园、港澳台工业园、新能源汽车产业园、空港产业园、林安物流园等6大工业园。目前拥有整车生产企业5家，改装车（专用车）企业7家，具备年产50万辆商用车和乘用车生产能力，已形成“商乘并举、油电并重”的整车生产基地、新能源汽车生产基地、商用车汽车汽配零部件交易中心。先后被授予“国家火炬计划十堰汽车关键零部件产业基地”“中国最佳汽车产业示范经开区”“国家级创业服务中心”“国家级示范生产力促进中心”“国家新型工业化产业示范基地（汽车）”“创新型产业集群试点单位”等国字招牌。

2021年，十堰经济技术开发区以习近平新时代中国特色社会主义思想为指引，立足新发展阶段，贯彻新发展理念，构建新发展格局，以推动高质量发展和“经济倍增，跨越发展”为主题，统筹发展和安全工作，全区经济社会发展呈现稳中有进、稳中有新、稳中提质态势。

**【经济发展】**2021年，十堰经开区（白浪片区）实现地区生产总值117.89亿元，同比增长12.9%；规上工业总产值同比增长18.4%；工业增加值同比增长16.4%；固定资产投资同比增长28.3%。地方一般公共预算收入4.5亿元；税收收入4亿元，同比增长11.1%；社会消费品零售总额22.7亿元，同比增长20.2%；外贸出口总额36.8亿元，同比增长661%。

生产服务型国家物流枢纽等重点项目开工建设，东风新能源装备、河南广瑞绿色装备制造、深圳武讯电子等重点产业项目建设投产。累计实现汽车产量30.83万辆，同比增长13.6%。产销乘用车超过15万辆，新能源车突破5万辆，智能房车近千辆，均实现历史性突破。易捷特公司全年出口3.67万台，全国新能源车出口排名第二。新增“四上”企业8家，新增市场主体1 893家，泰祥公司成为全国首批、湖北省首家入选精选层、全国首批北交所上市。

**【招商引资】**2021年，十堰经开区（白浪片区）全年谋划项目144个，总投资203.2亿元，已完工项目51个，开工项目72个，完成年度投资29亿元。全年签约项目38个，引进投资210亿元，其中签约投资50亿元以上项目2个，即新吉奥房车底盘项目、生产服务型物流枢纽项目；在谈30亿元以上项目3个，包括易捷特30万辆新能源扩能项目、东风小康零部件产业园项目、十堰万达第二广场项目。

**【改革创新】**2021年，十堰经开区（白浪片区）深入推进“放管服”改革，实现与北京经开区、“襄十随神”城市群等多地“跨域通办”。市场主体全生命周期“一链通”平台在全市复制推广。成功申报国家第二批先进制造业和现代服务业融合发展试点单位。积极协调北京英创汇智科技有限公司专家团队帮助解决易捷特国产版新能源车ABS芯片问题，一举实现易捷特国产版ABS系统芯片国产化。高新技术企业净增19家，全市排名第一。培育并纳入全市科技型中小企业后备库144家，全市排名第二。

**【营商环境】**2021年，十堰经开区（白浪片区）建立“企业吹哨、政府销号”工作机制，落实“首席服务官”和企业服务“月打卡”制度，成立“项目管家＋企业管家＋环保管家”代办帮办队伍，为企业减免各类费用2 600余万元，经验做法被省营商办交流推广。在全市组织开展的10个县市区2021年营商环境测评中，成绩名列第一；在省发改委对全省19个国家级经开区2018—2020年营商环境考核评价中，成绩名列第二；被工信部赛迪研究院评为“全国园区营商环境20强”。

**【民生保障】**2021年，十堰经开区（白浪片区）全年民生支出达3.4亿元，占地方一般公共预算支出的73%。柯家小学建成投入使用，全民健身中心启动建设，首个旧城改造中机十堰基地政府征迁项目实现净地出让。以“零失分”助力全市顺利通过全国文明城市年度测评。高标准打造11个新时代文明实践中心（所、站），全市拉练评比荣获一等奖。空气质量优良天数332天，达标率91%。余家湾饮用水水源地水质稳定保持在Ⅱ类，泗河方块村断面稳定保持在Ⅲ类，达标率100%。“1+9+N”民调工作、“一村（居、企）一警”“平安义警”“微视频”等工作走在全市前列。重复访治理及网上信访满意度评价，排名全市第一。

**【党的建设】**2021年，十堰经开区（白浪片区）深入开展党史学习教育、十九届六中全会宣讲、“我为群众办实事”等实践活动。圆满完成村（社区）“两委”换届，高标准召开区党代表会议。深化党建引领基层社会治理，打造“延时代办、邻里守望之家”等特色项目，“三方联动”工作经验成为市级品牌，“司机之家”“零工驿站”建设走在全省前列。扎实开展“岗位大练兵”活动，做深做实人才招引服务工作。党风廉政建设纵深推进，探索“巡察＋三资清理”村级巡察新模式，成功化解一批历史遗留问题，获基层群众点赞。

**【机构设置与领导信息】**十堰经开区（白浪片区）党工委、管委会机构规格为副厅级。2021年，内设7个副县级行政机构，分别是党政办公室、组织人事部、财政局、社会事业局、科技和经济发展局、文教卫局、住房和城乡建设局；内设3个正科级行政机构，分别是市场监督管理局、行政审批局、综合执法局。

十堰市人大常委会副主任、开发区党工委书记、管委会主任柯贤国，开发区一级调研员周玲，党工委委员、管委会副主任程从国，管委会副主任龚百林，党工委委员、管委会副主任、白浪街道党工委书记张飞，党工委委员、公安分局局长李青，党工委委员、组织人事部部长王敏，党工委委员、党政办公室主任程威。

（十堰经济技术开发区管委会）

# 绥化经济技术开发区

【概况】绥化经济技术开发区于2002年9月经省政府批准设立，2012年12月经国务院批准晋升为国家级。建成区面积25.9平方公里，规上工业企业23户，规下工业企业27户；下辖宝山镇，为全国智慧健康养老示范镇。园区位于黑龙江省绥化市城区南部，东接林都伊春，南临省会哈尔滨，西靠油城大庆，北依口岸黑河，地貌特征为“二山一水七分田”，是世界著名的寒地黑土核心区，公认的黄金玉米带、奶牛带、优质非转基因大豆生产带。

【经济发展】2021年，绥化经开区全口径企业主营业务收入实现148亿元，同比增长64.6%；工业企业总产值实现125亿元、增加值17.6亿元，分别同比增长45.3%、40%，其中规上工业企业总产值实现118.6亿元，增加值16.6亿元，同比增长31.7%；固定资产投资完成14.5亿元，同比增长21%；一般公共预算收入完成3.18亿元，同比增长12%。未来5至10年，将全力打造千亿级产业园区。

【产业发展】2021年，绥化经开区一是依托新和成、昊天玉米生物发酵龙头企业，承接产业链延伸项目，打造生物化工产业园。在玉米胚芽、淀粉、果葡糖浆、麦芽糊精、维生素C、辅酶Q10等产品基础上，承接上下游产业链项目，加快生物化工产业园区认定，大力招引液态肥、木糖醇、酶制剂、聚乳酸、生物制药等高端产品，以及盐酸、烧碱、液氨等配套化学品项目。二是依托天有为汽车电子仪表龙头企业，完善产业链上下游配套，打造数字电子产业园。在天有为电子、天晶液晶屏、天则包装、达擎智能显示器模块等项目基础上，规划数字电子产业园，引进电路板、芯片、电阻、电容、贴片、模组组合等数字电子类配套项目。三是依托再生资源、中再生等核心企业，培育引进资源回收利用及新能源项目，打造循环经济产业园。在废旧汽车和废旧家电拆解基础上，进一步延长产业链条，引进零部件加工销售、废钢破碎加工、废油液回收及无害化处理、塑胶再生原料、农机具维修销售等项目。四是依托冰泉、维维、中粮等核心企业，重点发展绿色食品精深加工产业，打造绿色食品加工产业园。在豆粉、豆浆粉、豆奶粉、大豆分离蛋白、大豆膳食纤维和水稻加工等产品基础上，进一步向绿色食品精深加工方向延伸。

【平台建设】绥化经开区一是依托铁路专用线和海关查验场，建设进出口贸易开放平台，打造绥化国际陆港。积极争取铁路口岸及自贸区协同区，推进B型保税物流中心建设，打造东北亚现代物流集散枢纽，实现铁路、海关、保税物流中心三层叠加，强化跨境贸易、对俄大宗商品交易等承载功能。二是依托宝山镇现有自然和康养条件，打造康养旅游特色小镇。加快小镇规划建设，延伸乡村体验、农业研学等产业，打造精品旅游线路，推进特色产业强镇。

（绥化经济技术开发区管委会）

# 如皋经济技术开发区

**【经济发展】**2021 年，如皋经济技术开发区实现地区生产总值 857 亿元，增长 10.37%；其中，第二产业增加值完成 477.08 亿元，增长 9.35%，占比 55.67%；第三产业增加值完成 360.78 亿元，增长 11.2%，占比 42.1%。财政收入完成 96.05 亿元，其中税收收入 95.62 亿元，与上年基本持平。“四上”企业营业收入完成 2 540.97 亿元，增长 17.08%，其中，第二产业营业收入 1 195.29 亿元，增长 16.29%，占比 47.04%；第三产业营业收入 1 198.07 亿元，增长 20.8%，占比 47.15%。全社会固定资产投资 345.05 亿元，增长 1.33%。

**【产业发展】**2021 年，如皋经开区实现工业增加值 400.05 亿元，增长 10.28%；其中，规模以上工业增加值 343.52 亿元，增长 10.72%。全年工业总产值 1 409.05 亿元，增长 12.65%；其中，规模以上工业总产值 1 066.66 亿元，增长 15.01%，高新技术企业总产值 368.19 亿元，增长 11.2%。如皋经济技术开发区以推动高质量发展为主题，围绕“汽车及零部件、电力及智能装备、氢能”三大优势产业，成立专业产业园区。汽车及零部件产业园，以斯堪尼亚、吉利汽车为龙头，打造商用车、乘用车“双链主”，拥有双钱轮胎、延锋彼欧、南通创源等 50 多家配套零部件企业，获评为江苏省新能源汽车产业基地、新能源汽车特色产业集群、国家火炬如皋新能源汽车特色产业基地等。电力及智能装备产业园，以思源电气为“链主”，拥有祥源电气、大生线路等强链企业 60 多家。建有苏中唯一的金属表面处理中心，先后获批国家火炬计划如皋输变电装备特色产业基地、国家级输变电特高压电力设备生产基地、江苏省如皋特高压输变电装备科技产业园等荣誉。作为首批燃料电池汽车示范应用城市，如皋经济技术开发区建成具备检测资质的“国家氢能源汽车研究检测公共服务平台”，拥有势加透博、江苏清能、氢枫能源、宇石能源等近 20 家氢能企业；同时，积极承办国际氢能与燃料电池汽车大会，产业链不断实现延伸和突破，已基本形成一条集合了制储运氢、加氢、氢燃料电池及其核心材料、关键零部件研发生产、氢能产品示范应用的氢能产业链。

**【科技创新】**如皋经开区以前所未有的决心和力度推动创新驱动发展，狠抓高企培育、平台建设、人才引育等工作。出台《关于进一步促进科技创新和人才发展的若干政策意见》等激励政策，最大限度激发全社会创新活力，为实现高质量发展提供科技支撑。2021 年，高新技术企业达 202 家，高新技术企业总产值 368.19 亿元，增长 11.2%，研发费用投入 32.97 亿元，发明专利申请 632 件，授权 236 件，其中 PCT 授权 5 件。串联氢能产业园、宝林科技园，打造“一核两区”科创高地，创成国家级科技孵化器、省级众创空间，建有上海复旦大学如皋科技中心飞地孵化器，建立 85 家创业创新平台，1 家国家级博士后科研工作站，1 家省级博士后创新实践基地，为中小型科技企业孵化培育提供要素保障。通过与高校科研院所、产学研平台的合作，对接联系区内重点企业，加快高层次创新创业人才引进培育，不断强化科技人才支撑，形成集聚效应。

**【投资促进】**2021 年，如皋经开区外贸进出口 37.97 亿美元，增长 45.27%；其中，出口总额 26.91 亿美元，增长 26.88%，进口额 11.06 亿美元，增长 124.38%。新增注册外商及港澳台企业 16 家，合同外资金额 6.96 亿美元，实际利用外资 3.56 亿美元，增长 136.06%。新增注册内资企业 2 679 家，注册资本总额 86.03 亿元。

**【体制机制创新】**如皋经开区始终把改革创新作为发展动力，努力构建有利于创新驱动的行政审批和政务服务机制。推动相对集中行政许可权改革，积极承接省市县各类审批事项 334 项，指导村（社区）为民服务事项 78 个，并协调相关部门进驻开发区为民服务中心，确保各事项接得住，接得好。推进工程建设项目审批制度改革，划分“立项用地许可、工程建设许可、施工许可、竣工验收”四个阶段，实现“一个系统”统一管理、“一个窗口”综合服务、“一张表单”整合材料的审批模式。深化“不见面审批”改革，加强不见面审批自助服务区建设，深化“综窗”改革，强化“受理、审批分离”，升级优化网上办件平台，实现从网上“能办”向“好办”转变。向基层延伸政务服务触角，加快一体化在线平台建设，区级行政权力和公共服务事项全部纳入省政务服务一张网，初步实现居民办事不出村（居）的目标。

**【绿色集约】**如皋经开区深化绿色园区建设，推动绿色低碳发展。2021 年，万元 GDP 能耗 0.098 吨标煤 / 万元，下降 8.76%；水资源消耗总量 1 933.04 万立方米，单位国内生产总值取水量 2.26 立方米 / 万元，下降 7.44%。稳步推进资源集约利用。推进重点企业及区内所有企业提升度电应税销售，分类实行有序用电、用热管理，进一步提升全区企业能效水平。坚持土地集约节约利用原则，全面摸排区内低效用地，根据企业亩产税收贡献大小，围绕土地、水、电、气等资源要素及金融政策支持方面，实施反向倒逼和正向激励相结合的方法，引导企业自觉扛起“退低”“进高”主体责任，推进“腾笼换鸟”，真正让“存量”变“增量”，着力实现园区产业提档升级。

**【机构设置与管委会领导】**如皋经开区党工委、管委会现内设 10 个局（办）：党政办公室、党群工作局、经济发展局、科技和人才工作局、财政和资产管理局、规划建设局、投资促进局、行政审批局、区域治理现代化指挥中心、安全生产监督管理局，及 3 个园区，均为正科建制，另按规定设立纪检监察、工会、共青团、妇联、人民武装等组织，另设立 2 个全额拨款事业单位（综合中心和招商中心）。

如皋经济技术开发区党工委、管委会共有 11 位班子成员，分别为：如皋市委书记、如皋经济技术开发区党工委书记何益军，如皋市委常委、如皋经济技术开发区党工委副书记（主持日常工作）卢志敏，如皋经济技术开发区党工委副书记吴鹏，如皋经济技术开发区党工委委员、纪工委书记曹汉清，如皋经济技术开发区党工委委员、管委会副主任孙得利、刘亚东、顾季青、杨永辉、王建云，如皋经济技术开发区党工委委员张小平，如皋经济技术开发区党工委委员（挂职）吴明敏。

**如皋经济技术开发区 2020—2021 年主要经济综合指标一览表**

| 项目 | 单位 | 2020 年 | 2021 年 | 增减（%） |
|---|---|---|---|---|
| 开发区生产总值 | 亿元 | 776.5 | 857 | 10.37 |
| 第二产业 | 亿元 | 436.3 | 477.08 | 9.35 |
| 工业 | 亿元 | 362.76 | 400.05 | 10.28 |
| 第三产业 | 亿元 | 322.14 | 360.78 | 11.2 |
| 工业总产值（现价） | 亿元 | 1 250.88 | 1 409.05 | 12.65 |
| 高新技术企业 | 亿元 | 322.57 | 368.19 | 14.14 |
| 销售（营业）收入（四上企业） | 亿元 | 2 170.26 | 2 540.97 | 17.08 |
| 第二产业 | 亿元 | 1 027.83 | 1 195.29 | 16.29 |
| 工业 | 亿元 | 879.63 | 1 070.41 | 21.69 |
| 第三产业 | 亿元 | 991.77 | 1 198.07 | 20.80 |

<table>
<tr><th colspan="2">项目</th><th>单位</th><th>2020 年</th><th>2021 年</th><th>增减（%）</th></tr>
<tr><td colspan="2">利润总额（四上企业）</td><td>亿元</td><td>77.72</td><td>92.47</td><td>18.97</td></tr>
<tr><td colspan="2">第二产业</td><td>亿元</td><td>51.43</td><td>57.01</td><td>10.85</td></tr>
<tr><td colspan="2">工业</td><td>亿元</td><td>45.57</td><td>52.89</td><td>16.06</td></tr>
<tr><td colspan="2">第三产业</td><td>亿元</td><td>26.3</td><td>35.46</td><td>34.83</td></tr>
<tr><td colspan="2">进出口总额</td><td>亿美元</td><td>26.14</td><td>37.97</td><td>45.27</td></tr>
<tr><td colspan="2">进口</td><td>亿美元</td><td>4.93</td><td>11.06</td><td>124.38</td></tr>
<tr><td colspan="2">出口</td><td>亿美元</td><td>21.21</td><td>26.91</td><td>26.88</td></tr>
<tr><td colspan="2">财政收入</td><td>亿元</td><td>95.76</td><td>96.05</td><td>0.3</td></tr>
<tr><td colspan="2">税收收入</td><td>亿元</td><td>94.85</td><td>95.62</td><td>0.82</td></tr>
<tr><td colspan="2">新批企业个数</td><td>家</td><td>1 861</td><td>2 695</td><td>44.81</td></tr>
<tr><td colspan="2">外商及港澳台企业</td><td>家</td><td>15</td><td>16</td><td>6.7</td></tr>
<tr><td colspan="2">内资企业</td><td>家</td><td>1 846</td><td>2 679</td><td>45.12</td></tr>
<tr><td colspan="2">区内世界 500 强企业数</td><td>家</td><td>7</td><td>7</td><td>-</td></tr>
<tr><td colspan="2">国家级高新技术企业数</td><td>家</td><td>165</td><td>202</td><td>22.42</td></tr>
<tr><td rowspan="2">新批企业投资额</td><td>外商及港澳台企业</td><td>亿美元</td><td>16.95</td><td>6.96</td><td>-58.94</td></tr>
<tr><td>内资企业</td><td>亿元</td><td>70.48</td><td>86.03</td><td>22.06</td></tr>
<tr><td colspan="2">规模以上企业个数（工业）</td><td>家</td><td>475</td><td>543</td><td>14.32</td></tr>
<tr><td colspan="2">科学研究与试验发展经费（R&D）支出（工业）</td><td>万元</td><td>318 386</td><td>329 654</td><td>3.54</td></tr>
<tr><td colspan="2">研究与试验发展（R&D）经费投入强度（工业）</td><td>%</td><td>3.08</td><td>3.62</td><td>14.92</td></tr>
<tr><td colspan="2">合同外资金额</td><td>亿美元</td><td>16.95</td><td>6.96</td><td>-58.94</td></tr>
<tr><td colspan="2">外商实际投资</td><td>亿美元</td><td>1.51</td><td>3.56</td><td>136.06</td></tr>
<tr><td colspan="2">固定资产投资</td><td>亿元</td><td>340.52</td><td>345.05</td><td>1.33</td></tr>
<tr><td colspan="2">年末从业人员数</td><td>万人</td><td>11.38</td><td>11.61</td><td>2.02</td></tr>
<tr><td colspan="2">万元 GDP 能耗</td><td>吨标煤 / 万元</td><td>0.108</td><td>0.098</td><td>-8.76</td></tr>
<tr><td colspan="2">水资源消耗总量</td><td>万立方米</td><td>1 892.22</td><td>1 933.04</td><td>2.16</td></tr>
<tr><td colspan="2">单位国内生产总值取水量</td><td>立方米 / 万元</td><td>2.44</td><td>2.26</td><td>-7.44</td></tr>
<tr><td colspan="2">上市企业数量</td><td>家</td><td>3</td><td>4</td><td>33.3</td></tr>
<tr><td colspan="2">区内建立的创业创新平台数量</td><td>个</td><td>77</td><td>85</td><td>-</td></tr>
<tr><td colspan="2">区内科研院所数量</td><td>家</td><td>2</td><td>2</td><td>-</td></tr>
<tr><td colspan="2">区内职业教育学校数量</td><td>家</td><td>14</td><td>14</td><td>-</td></tr>
</table>

（如皋经济技术开发区管委会）

# 海门经济技术开发区

**【经济发展】**2021 年，海门经济技术开发区紧紧围绕海门区委对开发区提出的“二次创业再出发”动员要求，出台了“二次创业再出发三年行动计划”，较好完成了全年目标任务，实现了良好开局。在全省经济开发区高质量发展综合考核评价中继续列第 11 位，在南通市省级以上开发区绩效考核中获第一等次，在区区镇综合考核中获园区组第一等次。

海门经开区经济发展稳中求进，2021 年，完成工业应税销售 1 195.0 亿元；完成一般公共预算收入 75.7 亿元；完成固定资产投资 450.9 亿元，比上年增长 2.1%；完成规模以上工业总产值 1 178.9 亿元，比上年增长 27.6%；完成工业入库税金 38.1 亿元，比上年增长 24.9%；完成服务业应税销售 625.26 亿元；完成服务业入库税金 40.03 亿元。新增规模以上工业企业 91 家、服务业企业 49 家，新增批零住餐企业 90 家。

**【园区规划】**海门经开区聚焦重点规划编制，2021 年，高标准编制謇公湖科教城概念性城市设计规划及控制性详细规划，打造“生态景区、科创湖区、人才社区”，高起点编制开发区产业、空间规划并委托上海国际招标有限公司进行国际化招标。开展区域规划编制，完成南布洲湿地植物园规划，园内同步规划“关心植物、关注未来”兰花科学园，编制完成省级以上开发区一区多园发展规划，形成滨江工贸区等 5 个单元控制性详细规划成果。完善功能规划编制，编制工程建设项目地质、环境、水土、洪水、文物、地震、气候等 7 类区域评估一揽子规划，实现项目评估由企业付费“单个评”为政府买单“整体评”，切实减轻企业负担。

**【招商引资】**2021 年，海门经开区完善招商机制，整合优化 30 人专业化招商队伍，构建“6+2”招商体系，分产业、分地区设置 6 个招商分局，实体化运作招商公司、招商中心。创新招商模式，与世邦魏理仕、仲量联行等世界知名中介机构合作，开展委托招商、中介招商、基金招商，举办上海、深圳招商恳谈会等活动，与时代伯乐、中汇金、工研清控基金建立密切合作。强化政策配套，制定科创项目招引激励政策，10 人入选省“双创”计划，20 人入选“东洲英才”计划，15 个创业领军人才入选“东洲智荟”，11 个高层次人才创业项目落户。科创基金正式运行，投资亿控自动化设备、海赛未来数字等 4 个科创项目 9 500 万元。签约重特大项目 16 个、科创类项目 12 个、产业链配套项目 8 个、楼宇及总部经济项目 9 个，实际使用外资近 2 亿美元。

**【项目建设】**2021 年，海门经开区优化工作机制，建立亩均产出、税收刚性化考核制度，完善项目联合预审机制、工作例会机制，把好项目源头关，健全项目、规建、资规、审批等部门间协同配合。破解瓶颈制约，建立在谈拟签约重特大项目多部门提前介入洽谈机制，专班推进能耗、环评等重点，有效破解“前端只管招、后端只管建”前后脱节问题，举全区之力攻坚胜宏科技项目能耗指标审批。突出项目质效，新开工超 10 亿元项目 11 个，超 5 亿元服务业项目 3 个，招引落地科创项目 10 个。足球小镇通过省发改委年度考核，获 7.67 公顷土地指标奖励。

**【产业转型】**2021 年，海门经开区壮大产业能级，发展新一代信息技术、智能制造、汽车核心零部件三大特色主导产业，规划建设4平方公里新一代信息技术产业园，完成规上企业工业应税销售407.6亿元、入库税金13.7亿元，分别同比增长13.5%、16.9%。培育领军企业，通光集团建成国家级企业技术中心，上海建工建成省级企业技术中心、工程技术研究中心；油威力液压获评省级专精特新小巨人企业，朗晖实业、浩丰生物、晨牌药业等6家企业获评市级专精特新企业，招商局重工建成省级智能制造示范车间。应税销售超10亿元企业10家，其中招商局重工、海螺水泥、康佳智能、金轮蓝海等4家企业应税销售超30亿元。集约利用土地，地毯式排摸园区500家企业，将低效用地和闲置厂房实施分类管理，盘活低效用地近3 000亩。组建专班全面梳理各类厂房、门面、商品房、闲置土地等国有资产，形成资料库并分类处置。

**【绿色集约】**2021年，海门经开区聚焦核心区建设，重点实施6平方公里謇公湖科教城核心区建设，启动謇公湖生态公园提升工程、南布洲湿地植物园项目，加快建设华美信息产业园、中小企业科创园，运营华为（海门）数字经济创新中心，邮创园众创空间、謇公湖青创空间和复翼互联众创空间评为省级众创空间。聚焦基础配套建设，污水处理厂主体工程基本完成，110千伏变电站开工建设，謇公湖220千伏变电站正式立项，规划鑫源热电厂迁建、综合材料循环利用中心项目，建成足球俱乐部综合体，启动建设五星级洲际皇冠酒店。聚焦民生工程建设，完成三和镇区雨污水管网改造、环境改造工程，完成7个老旧小区改造以及能仁幼儿园改扩建工程，竣工交付嘉禾苑一期、定海新村一期等安置房1 616套。

**【民生保障】**2021年，海门经开区民生福祉持续增进。能仁幼儿园改建扩建工程竣工，证大小学一期工程操场改造工程设计方案确定。农村地区建成体育健身小公园3个、新增健身步道5公里，城市社区建设10分钟健身圈、健身点，健身路径更新建设23套，新增体育公园2个，健身步道、综合骑行道7公里。低保对象、困境儿童、困难残疾人服务保障覆盖率均达100%，发放各类民政救助资金4 500余万元。基层综合文化服务中心基本形成全覆盖，积极开展“民生五送”惠民活动，送戏90场、送电影371场、送书17 000余册、送展览10余场、送培训1 000余人次。

**【党的建设】**2021年，海门经开区作风转变彰显活力。开展系列活动，组织开展“二次创业、强区有我”解放思想大讨论和“尖兵大讲堂”等活动，掀起谈思想感悟、讲对标找差、话工作收获、定目标追求热潮。优化干部队伍，提拔聘任股职干部25人，轮岗交流科职干部7人，将编制、岗位和资源向招商引资和服务企业一线集中，通过“二次创业”尖兵班、青蓝结对、“订单式”培训提升干部能力素养。强化部门协同，建立“年度部署、季度讲评、月度例会”制度，健全部门间协同配合机制，实行扁平化管理。组织机关党员干部访企情、听民意、解民困，协调解决各类问题345个。

**【领导名录】**2021年，海门经开区管委会领导：党工委书记陈勇（2021年5月免）、郭晓敏（2021年6月任），党工委常务副书记沈旭东（2021年1月免）、施俊（2021年1月任），党工委副书记：王一兵（2021年5月任），党工委委员、管委会副主任王一兵（2021年5月免）、张松、景裕辉、樊丽红、陈忠、陈爱涛（2021年4月任）、方晓波（2021年5月任），党工委委员、纪工委书记吴辉（2021年8月免）、尹建东（2021年8月任）。

## 海门经济技术开发区 2020—2021 年主要经济综合指标一览表

| 项目 | | 单位 | 2020 年 | 2021 年 | 增减（%） |
|---|---|---|---|---|---|
| 开发区生产总值 | | 亿元 | 692 | 820.1 | 18.5 |
| 第二产业 | | 亿元 | 357.6 | 421.7 | 17.9 |
| 工业 | | 亿元 | 268.6 | 329.8 | 22.8 |
| 第三产业 | | 亿元 | 327.0 | 390.9 | 19.5 |
| 工业总产值（现价） | | 亿元 | 1 070.9 | 1 366.1 | 27.6 |
| 高新技术企业 | | 亿元 | 349.0 | 521.7 | 49.5 |
| 销售（营业）收入 | | 亿元 | 2 937.5 | 3 554.7 | 21.0 |
| 第二产业 | | 亿元 | 2 040.3 | 2 668.5 | 30.8 |
| 工业 | | 亿元 | 870.6 | 1 113.2 | 27.9 |
| 第三产业 | | 亿元 | 794.6 | 785.2 | -1.2 |
| 利润总额 | | 亿元 | 201.9 | 178.5 | -11.6 |
| 第二产业 | | 亿元 | 144.2 | 144.9 | 0.5 |
| 工业 | | 亿元 | 78.5 | 96.8 | 23.3 |
| 第三产业 | | 亿元 | 50.2 | 29.1 | -42.0 |
| 区内主导产业及产值 | 1. 船舶和其他运输设备制造业 | 亿元 | 258.26 | 311.64 | 20.7 |
| | 2. 金属制品业 | 亿元 | 228.36 | 270.63 | 18.5 |
| | 3. 非金属矿物制品业 | 亿元 | 131.48 | 159.1 | 21.0 |
| 进出口总额 | | 亿美元 | 29.1 | 41.3 | 41.9 |
| 进口 | | 亿美元 | 5.0 | 6.4 | 28 |
| 出口 | | 亿美元 | 24.1 | 34.9 | 44.8 |
| 财政收入 | | 亿元 | 112.7 | 123.3 | 9.4 |
| 税收收入 | | 亿元 | 100.0 | 110.4 | 10.4 |
| 财政支出 | | 亿元 | 24.0 | 25.4 | 5.8 |
| 新批企业个数 | | 家 | 2 287 | 3 002 | 31.1 |
| 外商及港澳台企业 | | 家 | 13 | 15 | 15.4 |
| 内资企业 | | 家 | 2 274 | 2 987 | 31.4 |
| 区内世界 500 强企业数 | | 家 | 9 | 9 | 0 |
| 国家级高新技术企业数 | | 家 | 237 | 256 | 8.0 |
| 新批企业投资额 | 外商及港澳台企业 | 亿美元 | 4.17 | 5.66 | 35.7 |
| | 内资企业 | 亿元 | 114.7 | 161.06 | 40.4 |
| 规模以上企业个数 | | 家 | 1 422 | 1 644 | 15.6 |
| 科学研究与试验发展经费（R&D）支出 | | 万元 | 376 753 | 442 834 | 17.5 |
| 研究与试验发展（R&D）经费投入强度 | | % | 3 | 3 | 0 |
| 合同外资金额 | | 亿美元 | 4.17 | 5.66 | 35.7 |
| 外商实际投资 | | 亿美元 | 2.98 | 3.29 | 10.4 |
| 固定资产投资 | | 亿元 | 441.7 | 451.0 | 2.1 |
| 年末从业人员数 | | 万人 | 415 278 | 446 942 | 7.6 |
| 万元 GDP 能耗 | | 吨标煤 / 万元 | 0.089 | 0.076 | -14.6 |
| 水资源消耗总量 | | 万立方米 | 1 964 | 2 237 | 13.9 |
| 单位国内生产总值取水量 | | 立方米 / 万元 | 2.84 | 2.73 | -3.9 |
| 上市企业数量 | | 家 | 3 | 3 | 0 |
| 区内建立的创业创新平台数量 | | 个 | 8 | 11 | 37.5 |
| 区内职业教育学校数量 | | 家 | 7 | 7 | 0 |

（海门经济技术开发区管委会）

# 宿迁经济技术开发区

【**概况**】宿迁经济技术开发区成立于1998年11月，2013年1月升级为国家级开发区，现辖1个乡、3个街道，社会人口20万人，规划面积58.27平方公里。经过24年的发展和积累，宿迁经开区各项工作逐步走上正轨，机制体制日趋完善，发展活力不断增强，先后获批"国家级食品产业园""省级先进制造业基地""中国家电产业基地""省级特色创新（产业）示范园区"等称号，经开区已经成为宿迁最重要的政策、资本、技术和人才高地。

【**经济发展**】2021年，宿迁经开区紧扣高质量发展主线，坚持"四化"同步，强化工业引领，推动产城融合，经济社会高质量发展取得新成效，实现了"十四五"良好开局。实现地区生产总值535.74亿元，同比增长21.98%；一般公共预算收入40.49亿元，同比增长9.78%；规上工业总产值1 009.36亿元，同比增长56.24%；规上工业增加值345.57亿元，同比增长25.5%；进出口总额21.11亿美元，同比增长94.9%；高新技术企业营业收入196.53亿元，同比增长15.27%；全社会固定资产投资161.92亿元，同比增长2.4%。

【**招商引资**】宿迁经开区按照"三个90%"要求，高标准打造专业化招商团队，对招商局进行优化调整，划小招商单元，全面开展小分队招商。坚持"走出去""请进来"相结合，积极开展"双月会战""百日招商"等系列活动，2021年组织专题招商活动20余场，全年新引进签约工业合同项目30个，协议总投资204.8亿元。经市考核认定新签约项目42个，协议投资259.05亿元，其中50亿元以上项目2个，10亿～50亿元项目6个。新签约项目年内合同率、合同项目年内注册率、注册项目年内达到开工条件率为76.19%、81.25%、76.92%。全年实现新开工项目24个，计划总投资137亿元，其中10亿元以上项目完成6个。新竣工项目17个，完成投资77.5亿元，其中10亿元以上项目3个。

【**转型升级**】2021年，宿迁经开区深入实施"5321"工程，强力推进"五大提升行动"，全年新增开票销售超10亿元企业4户、超亿元企业9户，新增规上工业企业28户，超千万元技改竣工项目10家，新增省级研发机构3家。新增省级智能车间3个，市级智能车间10个，获批数量均位居全市第一。新增"三星级"以上上云企业40户，规上企业星级上云占比高达35%，均创历史新高。新能源产业蓬勃发展，增速高达286.9%，实现倍数级增长；金田塑业创成国家级专精特新小巨人企业，实现"零"突破；江苏威诺检测获批2021年度全市唯一省级生产性服务业优秀服务机构；以新能源产业为核心内容，获批全市唯一省大中小企业融通型特色载体。

【**科技创新**】2021年，宿迁经开区深入践行创新驱动发展战略，以创新型园区建设为统领，坚持科技创新引领经济社会高质量发展不动摇，加快突破创新要素制约，强化企业创新主体地位，激发人才创新活力，全面提升企业自主创新能力。全区拥有国家级"西楚创客"众创空间和国家级"科技企业孵化器"两个国字号研发载体，高新技术企业产值达198.48亿元，规上工业企业研发经费支出22.53亿元，省级研发机构达30个，国家高新技术企业达53家，高新技术企业研发机构建有率达100%，大中型企业研发机构拥有率达90%以上，规模以上企业研发机构覆盖率达到65.8%，企业研发人员3 814人，2021年专利授权量1 106件，发明专利授权量47件。

**【产城融合】**2021年，宿迁经开区城市规划逐步完善。成片开发方案通过省级论证，南部城市副中心设计成果完成专家审查和批前公示，朱圩街区和万福隆片区改造方案基本确定。城市建设不断提升。富康大道等4条道路提升改造工程完工，完成部分城市主干道交叉口等重要节点提升工程。三棵树街区综合改造有序推进，完成房屋征收385户。新建古楚公园、三树绿地、东沙河湿地景观带、厦门路游园，提升改造世界之窗公园，建成区范围内基本达到三百米见绿、五百米见园的要求。城市治理成效明显。在文明城市创建国检、省检中实现“得高分、零失分”，富康大道、西湖路街景整治及背街小巷治理项目扎实开展，文创巷入选全国试点整治项目。

**【营商环境】**2021年，宿迁经开区企业开办持续提效。设立“企业开办”一站式专窗，围绕企业开办“流程、耗时、费用、便利”四个维度进行全面梳理优化，创建企业开办一件事集成服务体系，免费为新办企业提供登记注册、全程电子化操作、全链通平台操作、电子税务申报及银行预约服务，实现全区企业注册登记、公章刻制、银行开户、税务办理四个环节0.5个工作日办结常态化，四个环节完成率达到98%以上。推行企业开办“零成本”，将免费刻章由3枚增加至5枚印章，包含了企业公章、财务章、发票章、法人章、合同章，全年为新办企业节约成本近30万元。工业项目审批再集成。推行工业项目集成改革，设立工业全流程窗口，推行一窗受理、联合会办、预审代办、并联审批机制，全区重大项目基本实现“交地即发证，拿地即开工”，达到了“五证齐发”，从土地挂牌到进场施工最快达到38个工作日完成。公共服务事项“区域通办”。在高频行政审批权力下放至乡（街道）的基础上，梳理民政、卫健等22项公共服务事项清单，将公共服务事项受理权限由乡（街道）下沉至村（社区）办理，统一受理材料、审批流程、办理时限等要素，全区群众可在区内任一村（社区）办理公共服务事项，实现家门口办事。2021年全年通过区域通办模式共办件753件。

**【民生事业】**2021年，宿迁经开区社会事业不断进步。紫薇苑、太湖花园等4所幼儿园投入使用，南蔡实验学校（三期）工程开工建设。区公共卫生服务中心功能日益完善。乡村振兴深入推进。开展低收入人口动态监测，设立百万防返贫资金，脱贫人口巩固率达100%，农房改善400户，新城南苑一期项目有序推进。行政村双车道四级公路覆盖率达100%，镇村乡村公交实现全覆盖。社会治理效能提升。有序推进安全生产三年专项整治，高质量完成督导问题整改，生产安全事故起数和死亡人数连续三年实现“双下降”；信访矛盾化解精准有效，实现重点敏感时期进京赴省“零”登记；全区PM2.5浓度均值和优良天数比例，较去年分别改善11.6%、5.5%；疫情防控有力有序，全人群新冠疫苗全程接种率位居全市前列。

**【党的建设】**2021年，宿迁经开区党史学习教育深入开展。将党史学习教育作为贯穿全年的政治任务，扎实开展“我为群众办实事”实践活动，“区域通办”“楼长圆桌会”入选省委党史学习教育简报创新案例，“黄河益家亲”为民服务项目在省委党史学习教育官网公示晾晒。基层党建工作提档升级。深入推进“把支部建进小区”工作，小区便民仓特色做法在全市推广。打造非公企业党建示范点10家，高质量完成乡镇党委和村（社区）“两委”换届工作，高标准完成省、市党代表推选工作。意识形态领域总体态势向上向好、平稳可控。党风廉政建设纵深推进。排查监督检查、信访检举等方面问题线索90个，立案查办39件。扎实开展第十轮扶贫领域专项巡察，解决扶贫领域突出问题73个。深入开展“三真三实”作风提优专项行动，获评市“优秀范例”1件。

**【机构设置与管委会领导】**2021年，宿迁经济技术开发区现有11个内设机构，分别为党政办公室、组织宣传统战部、投资促进局、建设局、财政局、综合执法局（市场监督管理局及食品药品监督管理局）、经济发展局、行政审批局（政务服务管理办公室）、监察审计局、政法和社会管理办公室（司法局）、应急管理局；市派出机构有人大工作办公室和政协工作办公室；下辖3个专业招商服务局，分别是智能家电产业招商服务局、光电产业招商服务局、食品饮料产业招商服务局；下辖3个产业园管委会，分别是科技创业园管委会、智能家电产业园管委会（外贸物流产业招商局）、综合保税物流园管委会；下辖2个双重管理机构，城管分局、人民武装办公室；下属事业单位5个，数字化城市管理指挥中心、协助海关监管队、市工业技术研究院、政务服务中心（代办帮办中心）、公共资源交易中心。

宿迁经济技术开发区领导班子成员为：市委常委、开发区党工委书记张昊；党工委副书记、管委会主任王德鹏；党工委副书记陈武、朱伟；党工委委员、纪工委书记梁建民；党工委委员、管委会副主任朱前春、孙宇、徐松、石斌；市公安局党委委员、区党工委委员、管委会副主任、政法委书记、公安分局党委书记、局长贺晓峰；党工委委员、管委会四级调研员谢兢玄；党工委委员、政法和社会管理办公室主任、司法局局长、四级调研员胡明；党工委委员、组织宣传统战部部长赵锋。

（宿迁经济技术开发区管委会）

# 宁国经济技术开发区

**【概况】**宁国经济技术开发区成立于2000年12月，2013年3月经国务院批准，升级为国家级经济技术开发区，是安徽省首家县域国家级开发区。目前已形成“一区五园”的发展格局，建成区面积近25平方公里。截至2021年底，园区共有在册企业2 379家，其中工业企业1 297家、规模工业企业299家、高新技术企业114家、亿元企业98家，自主培育A股上市企业8家。经开区成立以来，先后获批安徽省首批战略新兴产业基地、国家知识产权试点园区、国家绿色园区、长三角G60科创走廊产业合作示范园区、安徽中德（宁国）国际合作智能制造产业园、安徽省首批县域特色产业集群（基地）、先进制造业和现代服务业融合发展试点园区、大宗固体废弃物综合利用示范基地。2020、2021连续两年在全省县域特色产业集群（基地）建设成效评估中位居前列。

**【经济发展】**2021年，宁国经开区完成地区生产总值255.7亿元、同比增长12.1%；经营销售收入525.6亿元、同比增长40.2%；规模以上工业总产值492.9亿元、同比增长38.8%；固定资产投资116.2亿元、同比增长13.5%；财政收入35.2亿元、同比增长29.1%；进出口总额41.5亿元、同比增长31.3%；实际利用外资3 196万美元。在全国国家级经开区综合考核评价中位居全国第83位（共217家）、全省第5位（共12家），在全省省级及以上开发区综合考评中位居第18位（共131家）。

**【主导产业】**经过二十余年发展，宁国经开区产业结构不断优化，逐步形成了“1+4”的现代产业集群，即1个首位产业——汽车零部件，四大特色产业——高端装备及耐磨铸件、电子信息、绿色食品、精细化工及新材料产业。

截至2021年底，园区拥有汽车零部件企业357家（规上78家），规上产值达160.3亿元，占比34%；高端装备及耐磨铸件企业307家（规上78家），规上产值达98.3亿元，占比21%；电子信息企业136家（规上38家），规上产值达57.5亿元，占比12%；绿色食品企业25家(规上8家)，规上产值达11.1亿元，占比2%；精细化工及新材料企业111家（规上25家），规上产值达99.1亿元，占比21%。全区汽车零部件产业在中鼎、亚新科、保隆等龙头企业的引领下，不断拓展生产领域，优化产业布局，推进“走出去”战略，通过并购、重组国外同类企业等方式，促进要素整合和产业升级，进一步提高国际竞争力。中鼎集团荣获2021年度“全球非轮胎橡胶制品50强”（第13位）“全球汽车零部件供应商100强”（第87位）“中国民营企业制造业企业500强”（第412位）“中国100大跨国公司”（第98位）；保隆公司气门嘴、尾饰管全球销量第一、胎压监测系统全球销量第三；亚新科公司自主研发的无飞边皮碗产品实现了亚洲第一家、全球第二家批量生产。电子信息代表企业有裕华电器、源光电器、天成电气；绿色食品代表企业有詹氏食品、云燕食品；精细化工及新材料代表企业有司尔特肥业。

**【招商引资】**宁国经开区坚持“以商招商”和产业链招商，强化建链、延链、补链、强链。中鼎集团相继在美国、德国等地收购13家境外企业，引领汽车零部件产业向高端、轻量、总成方向发展；依托铸造产业基础和产能优势，引进山虎机械、铁骑精密、科博尔等企业，由单一的耐磨铸件向工程机械、机器人及汽车等领域零部件铸造和精密制造扩展，并延伸至高端装备制造产业；围绕金瑞电子玻纤布产业链，不断拉长电子信息产业链条；依托紫燕食品大力引进上下游企业，构建“首农种—顺安养—紫燕销”的家禽产业全链条。2021 年，完成新开工项目 52 个，新竣工项目 47 个，新投产项目 28 个，新签约项目 110 个；利用省外资金亿元以上项目 54 个。已落地 3 亿元以上项目 7 个、10 亿元以上项目 2 个、15 亿元以上项目 2 个。威格镁汽车（总投资 30 亿元）、望锦汽车（总投资 5 亿元）、大地熊（总投资 5 亿元）等亿元以上项目相继签约。建立柔性引才机制，激发创新创业活力，累计引进科创团队项目 20 个，广泛分布于新材料、新能源、装备制造等战略性新兴产业领域，其中 10 个得到省重点扶持，获得省市扶持资金达 1.45 亿元。

**【平台建设】**宁国经开区加快中德（宁国）国际智能制造合作产业园建设。产业园依托正在建设的中德智造小镇，计划总投资 100 亿元，规划面积 2.88 平方公里。目前，宁虹公路、中德大道、鼎湖北路、供水管网、污水处理厂、平兴变扩建等配套工程已全部建成并投入使用。中鼎旗下德资企业威固公司已于 2021 年 6 月 2 日启动搬迁，6 月 7 日正式投产，实现销售收入 2 亿元。园区 2019 年底被评为安徽中德（宁国）国际合作智能制造产业园。

深度融入长三角一体化。2019 年，园区被授予长三角 G60 科创走廊产业合作示范园区（核心汽车零部件）。2020 年，加入长三角 G60 科创走廊高水平应用型高校协同创新联盟，并签订战略合作协议；与杭州未来科技城海邦创智达成合作，共同打造一站一谷一园一镇一基地的“长三角跨省同城示范区宁国模式”；成功举办中德安徽（宁国）产业合作圆桌对接会，获评安徽中德（宁国）国际合作智能制造产业园、2021 年优秀示范园区、首批长三角 G60 科创走廊产融结合高质量发展示范园区。积极组织企业参加 2021 届橡胶加工与应用技术培训班、“创新工程师”培训班、首届安徽宁国百名研究生科技创新大赛、司尔特循环经济首届职工技能竞赛及上海法兰克福国际汽配展。中鼎密封件被评为长三角 G60 科创走廊工业互联网标杆工厂，司尔特获评长三角 G60 科创走廊工业互联网专业服务商。积极谋划建设省际毗邻产业合作园区，深入探索与杭州、苏州、松江等地产业或企业的高质量合作。

**【科技创新】**宁国经开区聚焦创新驱动，增强发展质效。一方面，坚持实施“龙头企业带动、协作企业集聚”的联动发展战略，“龙头企业引领、骨干企业跟进、关联企业配套”的产业集群效应正在加速形成。另一方面，大力培育行业“专精特新”企业，引导中小企业专注核心业务、聚焦细分领域，打造一批细分领域的行业“单项冠军”和“配套专家”。依托“宁国智谷”，充分发挥工信部赛宝实验室等公共服务平台作用，为企业提供对标诊断、品牌建设、技术改造、检验检测等精准服务，实现公共科技资源与集群企业的集成、互动、共享。截至 2021 年底，园区拥有高新技术企业 114 家，国家级博士后科研工作站 1 家、国家级企业技术中心 2 家，省级重点实验室、工程技术研究中心等各类研发机构 60 家；国家级专精特新企业小巨人 3 家、省级专精特新冠军企业 7 家、省专精特新企业 48 家，其中 11 家成功登陆省股交托管中心“专精特新”板。

**【投资促进】**宁国经开区聚焦要素破解，强化内生动力。大力推行“腾笼换鸟”，开展工业企业分类综合评价，按照“兼并重组一批、破产清算一批、扶持发展一批”的思路，积极稳妥推进“僵尸企业”处置盘活。通过引进新企业分割转让、收储土地、督促企业自行开发等方式共清理处置“僵尸企业”66 家，盘活闲置低效用地 4 000 余亩。谋划包装“退二优二”的亩均英雄贷项目，计划融资 30 亿元，清退企业 88 家，收回土地 2 521.5 亩。组织园区企业参加大型人力资源招聘会、就业双选招聘会，通过“长三角 G60 科创云”“九城纳贤”云招聘平台帮助企业招引专业技术人才。出台《关于进一步加强园区企业用工服务的若干意见》，激励劳务派遣等单位招工，每月搜集规上企业及拟投产企业用工信息，并积极对接有资质的劳务派遣公司，2021 年共协助企业招工 3 000 余人。为解决开发区基础设施建设项目资金问题，2021 年共争取专项债到位资金 10.8 亿元，为支持企业发展，经开区加快各级财政涉企资金的审核与拨付进度，2021 年共审核兑现企业财政奖补资金 29 960 万元，涉及奖补类型项目 10 大类，奖补企业 955 次。

**【体制机制改革】**宁国经开区聚焦改革创新，激发内在活力。2019 年 10 月正式实施人事薪酬制度改革，已建立领导干部“职务聘任制”、中层干部“竞争上岗制”、工作人员“双向选择制”以及全员“绩效考核制”，通过季度考核结合年度考核的方式，突出项目建设和经济发展等核心指标，极大地推动了经开区改革创新和高质量发展。稳步推进“标准地”改革，对符合条件的新增用地均采用“标准地”模式出让，2021 年共完成 22 宗工业项目“标准地”出让，总面积 715.2 亩。稳步推行财政奖励资金“免申即享”机制，让政策红利精准直达企业，截至目前，已有 43 家企业直接受益，共兑现 572.58 万元政策红包。探索“管委会 + 公司”管理模式，深化所属国有企业改革，组建建投集团，资产规模已突破 240 亿元，经营性收入已突破 11 亿元，造血功能大步提升。

**【社会事业】**宁国经开区聚焦企业服务，优化营商环境。全面构建“领导联片、局室联格、干部联企”网格化服务体系，协调解决企业在生产经营、要素供给、项目建设、挂牌上市等方面遇到的困难和问题。建立项目“四级调度”机制，实行重点项目服务专员（专班）制度，先后成立了金安国纪、威格镁汽车、隆威汽车等重大项目服务专班，打造形成“招商—注册—建设—生产”闭环式服务。扎实开展“四送一服”双千工程，倡导“企业不跑我来跑、企业不会我来教”的服务理念，由保姆式向营养师式服务转变，2021 年走访企业 8 792 批次，收集企业问题 454 个，入企宣讲各类政策 5 176 批次。深入贯彻落实上级关于抗疫助企促发展各项决策部署，积极开展“园区贷”融资工作，有效缓解企业融资难、融资贵问题；截至目前，已完成“园区贷”两个批次的认定工作，推荐至银行“白名单”企业 21 家，银行已完成贷前调查 10 家，款项发放到位 5 家，发放贷款资金 2 500 万元。

**【机构设置与经开区领导】**2021 年，宁国经开区共有内设机构 18 个，分别为办公室、党群工作部、财政局、建设局、综合执法局、纪检监察室、武装部、总工会、自然资源和规划局、投资服务中心、经济发展局、社会事业局、安监局、自然资源规划信息编研中心、法制办、征管办、招标办、招商中心。

经开区领导班子成员：党工委书记、管委会主任金宁，党工委副书记陈卫兵，党工委委员、管委会副主任马剑、刘文超、梅长顺，党工委委员、纪工委书记刘定国，党工委委员余小平、邓海林。

（宁国经济技术开发区管委会）

# 聊城经济技术开发区

**【概况】**聊城经济技术开发区于1995年启动建设，2013年被国务院批准为国家级经济技术开发区。现辖2个街道、1个物流产业园区，20个行政村、8个行政社区，实际管辖面积为126.6平方公里，城镇开发边界面积40.36平方公里，建成区面积约35平方公里，人口20.5万（常住人口18.2万，流动人口2.3万），城镇化率90%。

**【经济发展】**2021年，聊城开发区GDP同比增长11.6%；工业总产值同比增长14.4%，其中规上工业产值同比增长22.8%；税收收入同比增长18.24%。在2020年度国家级开发区综合考评中，聊城经济技术开发区排名第116位，较上一年度提升了76个位次。

**【体制机制改革】**按照山东省委、聊城市委的工作部署，开发区积极推进体制机制改革，于2020年11月基本完成。

一是科学规划，推行“党工委（管委会）+产业专班+园区发展公司”管理模式。管委会层面，开发区聚焦经济发展、科技创新、改革开放、“双招双引”等主责主业，管委会主要承担落实发展规划、推动政策落地、强化“双招双引”、协调服务企业、促进产业发展等职能。产业专班层面，以双招双引、产业培育、产业链延伸、园区运营、企业和项目服务等相关业务为主。“园区发展公司”层面，成立高端装备、金属材料、新兴经济、生物食品医院、现代农业、物流产业6大园区发展公司，主要承担产业培育、运营、“双招双引”、专业化服务等开发运营职能。

二是“加减并举”，推动管委会瘦身强体。首先是整合归并内设机构。整合归并开发区内设机构，实行“大部门、扁平化”管理，党工委、管委会内设机构由22个精简为9个，为综合管理办公室、党群工作部、经贸发展部、财政金融部、建设管理部、商务和投资促进部、行政审批服务部、市场监督管理部、发展保障部。党工委、纪工委按有关规定设置，人大、政协工作由市人大、市政协机关统筹协调。其次是合理设置派驻机构。结合工作实际，开发区设置8个派驻机构；其中，单独设置自然资源和规划、生态环境派驻机构，与聊城高新技术产业开发区综合设置农业农村、教育和体育、卫生健康、公安、审计、司法、文旅派驻机构。最后是剥离社会事务管理职能。剥离社会事务管理职能800余项，剥离开发运营职能24项，推动开发区聚焦主责主业，回归本位。

三是全面推行全员聘任制，形成激励竞争的人事制度。根据开发区现有编制数量、人员规模及发展趋势，结合职能调整情况，从严确定开发区党工委、管委会人员控制数290名，在全员聘任上，管委会内设机构设立“部门+直属机构+科室主管+主办”的岗位职务层级运行机制，在岗位聘任上，实行全员竞聘、择优聘用的竞争上岗模式，主要采取直聘、选聘、竞聘和双向选择等方式进行，改革后开发区管委会人员由493人精减为276人。

**【主导产业】**截至2021年，聊城开发区集聚了现代服务业、金属精深加工、生物食品医药、新能源汽车及装备、高端装备制造等优势产业集群，是全国优质钢管产销基地、国家级出口宠物食品质量安全示范区、全省对外开放先进园区、省高端装备制造产业园区、省先进制造业和现代服务业融合发展试点。

一是现代服务业。2021 年，全区各类服务业增加值占 GDP 比重达 51%，规模及占比均位居全市前列。"楼宇经济" 初具规模，主要集中在以东昌路为中轴线的主干道附近；其中，荣富中心、财富中心和当代财智大厦、国际大厦围绕打造 "企业总部"，吸引入驻企业总部 200 余家；星光创业大厦、星美大厦定位于 "小微企业孵化基地"，已入驻成长型企业近 2 000 家；汇通智慧大厦和当代国际楼宇群，以吸纳互联网科技、电商企业为主，集聚了电商、网络科技企业 400 余家。国际金融中心建成后将成为我市最大的金融商务中心，目前正在与招行、恒丰等多家金融机构开展合作洽谈。

二是规上工业情况。2021 年，在全区规上工业企业中，以金属精深加工、生物食品医药、新能源汽车及装备、高端装备制造为主的企业，占比达 80% 以上。

金属精深加工产业方面，代表企业主要包括汇通（海鑫达）、中正钢管、大洋钢管、中冶金属制造、元润金属（中钢联）等，2021 年工业总产值同比增长 31%。此外，开发区还有各类钢管生产加工企业 300 余家，钢管年产量 360 万吨，占全国无缝钢管产量的 1/6 ；现有钢管贸易企业 2 500 余家、4 个大型钢管交易市场，年交易额约 300 亿元。

生物食品医药产业方面，代表企业主要包括希杰生物科技、乖宝宠物食品、六和饲料、帝斯曼维生素、龙大植物油、华润啤酒等，2021 年工业总产值同比增长 23%。

新能源汽车及装备产业方面，代表企业主要包括中通客车、中通新能源汽车装备、新泺机械等，2021 年工业总产值同比下降 1.4%。

高端装备制造产业方面，代表企业主要包括天佑隧道工程设备、鲁西新能源装备等，2021 年工业总产值同比增长 48%。

**【科技创新】**2021 年，聊城开发区探索建立了科技型企业梯次培育库，培育库中企业达到 100 家，共有 57 家企业完成科技型中小企业入库；3 家企业成功获批 2021 年市级企业技术中心；建立 "专精特新" "瞪羚" 企业培育库，新增 2 家省级 "专精特新"、1 家市级 "专精特新" 企业；积极推动工业设计创建工作，全年认定市级工业设计中心 2 家，拥有工业设计从业人员 850 余人，近两年获得专利 138 项；加大知识产权保护力度，完成 28 家规模以上制造业企业"专利" 清零任务。

**【营商环境】**2021 年，聊城开发区企业活力持续迸发，持续打造企业开办"4012"服务品牌，全面打造 "15 分钟商事服务圈"；项目落地不断加快，稳步承接工建权限，目前已初步形成了工建项目审批全链条服务；模式机制创新完善，持续深化投资建设领域审批制度改革，创新打造 "联合验收、验收即发证" 的政务服务新路径；构建 "4 × 3" 帮办服务体系，形成 "全流程、全方位、全天候、全领域 + 具有开发区特色" 的帮办新模式。

**【机构设置和领导信息】**2021 年，聊城开发区党工委、管委会内设 9 个机构，分别为综合管理办公室、党群工作部、经贸发展部、财政金融部、建设管理部、商务和投资促进部、行政审批服务部、市场监督管理部、发展保障部。党工委、纪工委按有关规定设置，人大、政协工作由市人大、市政协机关统筹协调。

领导信息：聊城经开区党工委书记、管委会主任贾鹏柱，党工委副书记、管委会副主任赵鹏，党工委委员、管委会副主任赵继渠，党工委委员、纪检监察工委书记王兴世，党工委委员、管委会副主任范志刚，党工委委员商同顺，党工委委员、管委会副主任、财政金融部部长袁保庆，党工委委员、管委会副主任李刚，管委会副主任（挂职）、山东省科技厅科技合作处四级调研员冯凯。

（聊城经济技术开发区管委会）

# 望城经济技术开发区

**【经济发展】**望城经济技术开发区面对错综复杂的宏观经济形势、艰巨繁重的发展任务，始终坚定发展信心，奋力赶超跨越，推动经济运行稳中有进、稳中加固、稳中向好。2021 年，实现技工贸收入同比增长 15.0%；实现规模工业产值同比增长 10.4%，规模工业增加值同比增长 12.6%；实现限上社零额同比增长 24.0%；实现固定资产投资同比增长 18.0%；实现财政收入同比增长 28.7%；实现税收收入同比增长 23.1%。各项指标增速稳居全市前列，经济主引擎、主力军作用有力彰显。获评“2021 年十大最具投资价值产业园区、2021 年度创新创业生态典范园区”等荣誉称号，荣获 3 项“长沙市创新实干推进高质量发展成效明显单位”奖项，蝉联全省高质量发展园区，“五好”园区建设走在全省前列，5G 智能终端产业园领航全省重大产业项目，望城经开区在全省产业园区中的影响力、美誉度持续提升。

**【项目建设】**2021 年，望城经开区坚持以产业项目为引领，不遗余力探索项目招引、建设新办法、新机制，推动产业项目“百花齐放春满园”。项目引进大步快跑。坚持经济效益、社会效益和生态效益并重，数量、质量并进，精准、集约并举，招商引资闯出全新天地。全年引进产业项目 96 个，合同引资 352 亿元，在市、区领导的倾力支持下，德赛储能电芯、大华股份、吉祥腾达、利亚德光电等一批引领型、旗舰型项目顺利签约，“三类 500 强”企业、投资过 50 亿元项目引进数量名列全市第一，交出了一份招强引优的样板答卷。项目建设落地有声。推行项目建设“揭榜挂帅”制度，以“六个十大”重点项目为主抓，开展“十快十慢”项目建设大竞赛，激励快马、鞭策慢牛。5G 智能终端产业园、桑特液压等 70 个新建项目开工建设，立邦新材、兆恒科技、永杉锂业、恒茂高科、金浩粮油、利亚德光电等一大批龙头项目竣工投产，项目推进气势如虹、喜讯频传。项目保障精准匹配。围绕项目建设需求，破除“人地钱”关键性瓶颈，推动资源要素协同高效。全年向上争取专项债 28.5 亿元，获得上级财政支持 3.5 亿元，拆迁交地 2 400 余亩，助企招工 1.9 万余人，持续构建“地等项目、房等项目”新格局，不断厚植招商引资新优势。

**【产业发展】**2021 年，望城经开区着眼质量、效率、动力三大变革，持续做好扩增量、优结构、提效益文章，推动产业升级行稳致远。产业基础更稳。新材料先进制造、食品医药瞄准产业链终端、价值链高端，加快新旧动能转换，并分别实现了 15.0%、18.2% 的高速增长。智能终端强势崛起，聚集链上项目 90 余个，发展动能由智能手机“独木支撑”到通信终端、智能安防、汽车电子“多点发力”，“一主三特”产业体系结构更优、质量更好。企业实力更强。比亚迪电子、京东物流站稳百亿级台阶，晟通科技、金驰能源、澳优乳业向百亿级企业进军，税收过 5 000 万元企业 17 家，多点支撑的龙头矩阵更加坚实有力。

**【科技创新】**2021 年，望城经开区新增“四上”企业 42 家，新增智能制造示范企业 25 家，长高集团产品获评“国家单项冠军产品”，湘江涂料、衡开智能等 4 家企业入选国家“专精特新小巨人”名录，晟通科技、冰溪生物等 3 家企业荣获省科学技术进步一等奖，联智科技向深交所提交上市申请，企业发展动力更强、能级更高。创新动能更足。实施“科技创新三年行动计划”，新增高新技术企业52家，新增院士、博士工作站3家，新增市级以上创新中心5家，实施省市重大项目攻关50余项，长沙创新药物研究院、湖南航天传感技术研究院落户，研发投入同比增长10.3%，创新转型经验获国家工信部、省发改委、省工信厅推介。

**【园区规划】**望城经开区园区规划面积113平方公里，实际开发面积23.6平方公里，始终坚持基础先行、建管并重，推动园区功能更强、品质更优、环境更美。发展空间有效拓展。抢抓国土空间规划编制“窗口期”，经开区南拓、铜官工业园东拓取得实质性成果。对接高铁西城建设，优化重点片区控规研究，推动产业布局更加合理、产城融合焕发新貌。配套短板加速补齐。高铁西站正式启动建设，医院、学校、商超等大型设施加快布局。沿河路、月亮岛路、高原路等6条市政道路全线贯通，南雅望城学校、明德望城学校交付使用，园区支撑力、承载力和功能性大幅提升。金桥商圈、同心湾商圈、亿达商圈日趋成熟，58科创园、新谷直播产业园等一批生产服务企业落户，三生融合、三态协同模式有力推进。

**【平安服务】**抓好新冠肺炎疫情常态化防控，“外防输入、内防反弹”防线持续筑牢，疫苗接种应接尽接。全面强化企业内部管理，扎实推进平安园区建设。务实开展安全生产专项整治三年行动，积极推进安全生产标准化创建；以安全管家、安全学校、智慧安监为抓手，全力提升安全管理水平，安全生产形势持续稳定向好。强力推进污染防治攻坚战，高质量完成中央环保督察反馈问题整改；坚持管服并举，率先全省推行“环保管家”，环保服务水平再上台阶，绿色底色和质量成色更加浓厚。

**【改革创新】**望城经开区始终把改革创新作为推动高质量发展的“关键一招”，用创新破题、用改革攻坚，推动内生动力持续迸发。企业服务实招频出。深入推进“一枚印章管审批”改革，实施项目审批和水电气全程“帮代办”，向企业延伸政务驿站7个，便捷高效政务服务触手可及。实施“企业吹哨、部门报到”专项行动，累计帮助企业解决问题378个，“无事不扰、有呼必应”成为营商新名片。推行惠企政策“免申即享”，兑现资金2.7亿元，改革经验获《人民日报》推介。推动金融、科技、人才等生产要素良性循环，帮助企业融资90亿元，开拓市场达成交易额超15亿元，“望城服务”更加可触可感、直抵人心。人事改革走在前列。在全市率先开展人事管理制度改革，试行岗位职级制、全员聘任制，设置11个职级岗位，建立能上能下、可进可出的灵活用人机制。打破薪酬平均主义，严格考核体系，奖优罚劣、按劳分配、多劳多得，既传导了争先进位的压力，也激发了干事创业的动力。亩均效益改革取得成效。实施产出效益倍增计划，加大闲置资源清理盘活，促成7家企业“二次投资”，盘活9宗闲置土地、7家僵尸企业，亩均税收同比增长16.9%，亩均收入同比增长10%，发展质效得到新提升。国企改革稳步推进。集团公司聚焦竞争类企业定位，实质性开展资产运营、股权投资、金融投资、土地运营业务，成功入股8家高科技企业，实现经营性收入3.1亿元，总资产同比增长11%，市场化改革迈出铿锵步伐。

（望城经济技术开发区管委会）

# 丽水经济技术开发区

**【概况】**丽水经济技术开发区 1993 年设立，2014 年升级为国家级经济技术开发区。2019 年以来，丽水市委市政府以超常规的举措推进平台“二次创业”，完成新一轮整合提升，总面积由原来的 110 平方公里扩大到 217.24 平方公里。近年来，丽水经开区步入跨越式高质量发展的新阶段。在商务部发布的国家级经开区综合考评排名中，从 158 位跃升至 80 位，历史性跨越前进了 78 位；先后获评中国经济营商环境十大创新示范区、省级“链长制”优秀单位和特色示范单位、省级产教融合示范区、省级绿色低碳园区、省级美丽园区、省级化工园区、全省“长三角一体化”发展先进集体、“浙江创新招商方式优秀案例”等荣誉；丽水特色半导体“万亩千亿”产业平台成功入选全省“万亩千亿”新产业培育平台。

**【经济发展】**面对复杂多变的经济形势和新冠疫情冲击，丽水经开区坚持“拼尽全力跳起来摘桃子”，主要经济指标连续数年领跑全市，2021 年，实现 GDP 增长 19.8%；规上工业增加值增长 23.2%；固定资产投资增长 46.5%；高新技术产业投资增长 71%；财政总收入增长 27.3%；一般公共预算收入增长 27.2%；研发投入占 GDP 比重超 5%。

**【产业发展】**丽水经开区是“双招双引”和产业培育的主平台和主阵地，聚力发展半导体全链条、精密制造、健康医药、时尚产业、数字经济五大主导产业集群。

一是半导体全链条产业。开发区“无中生有”培育形成半导体产业链，引进东旭集团、中欣晶圆、晶睿电子、广芯微电子、江丰电子和珏芯微电子等项目 24 个，总投资超 400 亿元，形成了“芯片材料、装备、设计、制造、封测、应用”的全产业链。落地建设全市首个百亿级重大产业项目，纳入省政府《关于促进集成电路产业健康发展的实施意见》。

二是精密制造产业。以滚动功能部件为基础，延伸至特色工业机器人、通用航空、汽摩配等高端装备制造领域。滚动功能部件产业链被列入省级“链长制”优秀示范。

三是健康医药产业。着力培育以中药产业为基础，以化学原料药、化学制剂、制药装备、医疗器械为主导，以大健康产品、医药健康服务的产业新体系，形成具有丽水特色优势产业集群。

四是时尚产业。以生态合成革为核心，引进时尚产业链企业。生态合成革产业链被列入省级“链长制”特色示范，现有产能占全省的 28%、全国的 8.3%，水性革年产量占全国 25% 左右。获得“中国水性生态合成革产业基地”“全国轻工业先进产业集群”称号。

五是数字经济。重点布局互联网 +、云平台、基金产业园、总部经济、新经济新业态等一批功能完善、特色鲜明的生产性服务业中心，建设浙西南第一个基金产业园。

**【科技创新】**丽水经开区是科技创新的新高地和人才集聚的新热土，全区着力建设“浙西南科创走廊核心带”。

一是现代化科创体系逐渐成形。建设丽水浙西南科创走廊，投资 31 亿元建设浙西南科创产业园，形成科创“内核”。滚动功能部件和生态合成革产业创新服务综合体投入使用，现有诺贝尔工作站、院士工作站、海外研究中心等科创平台，商务部公布丽水开发区“省级及以上研发机构数”位列218家全国国家经开区21强。

二是全面深化与大院名校合作。引进中国科学院半导体研究所、杭州电子科技大学丽水研究院、复旦大学光电子研究院等科研平台，与同济大学、浙江大学、四川大学、南京理工大学、浙江工业大学、浙江理工大学等大学名校广泛合作。开办中德职业培训基地、丽水技师学院，建成全国首个半导体工匠学院，成立滚动功能部件产业学院，创成全省首批“产教融合示范基地”，围绕产业所需提前、批量、精准培育各类高级人才。

三是打造“丽水国际化双创人才特区先导区”。开展“才聚浙丽、科创未来”联合行动，建设青年发展型城市。出台高含金量人才新政，推出人才服务综合体、人才驿站、人才公寓、同心园等创新举措，实施“五池”聚才计划，建有现代化人才创新创业基地，设立全市首个“人才金融港”，打造全省首个“人才科技法律服务中心”。

**【开发开放】**丽水经开区是丽水“问海借力”的新窗口，也是丽水中心城市的“智创南城”，全区着力建设“共同富裕山区样板的示范区”，创成中国（浙江）自由贸易试验区丽水联动创新区。在上海张江、宁波前湾新区设有“科创飞地”和飞地产业园，在深圳、北京设有招商中心，在美英法德等欧美国家设立海外授权招商点。与上海松江国家级经开区、宁波高新区、宁波石化国家级经开区、宁波前湾新区、四川雅安国家级经开区等开展战略合作。

**【产城融合】**丽水经开区推进“丽水中心城市一脉三城”战略中的“智创南城”建设，布局建设了丽水国际会展中心、浙西南科技创新产业园、南城运动综合体、华师大附属丽水学校、北师大丽水实验学校、未来第四代万达商圈、华侨产业城、全球商品产业中心、紫荆花园城乡融合示范区、未来建筑科技产业园、丽水市第一人民医院等服务全市域、辐射浙西南的重大产城融合项目。

**【营商环境】**丽水经开区和苏州工业园、上海张江高新区等园区一起被评为中国经济营商环境十大创新示范区，首创窗口职业化改革、拿地即开工、拿地即通电、“浙里通办+多厅互办”、政策计算器、企业免息转贷、招商项目全生命周期管理等惠企举措。

（丽水经济技术开发区管委会）

# 宣城经济技术开发区

**【概况】**宣城经济技术开发区是1996年2月经省政府批准设立的省级开发区，2014年11月，经国务院批复，升级为国家级经济技术开发区，代管飞彩、金坝、天湖三个街道办事处，辖区面积近200平方公里，产业园区规划建设面积约54.4平方公里，目前建成区面积约28.5平方公里。宣城经开区毗邻苏浙，地处“沪、宁、杭”金三角，距上海、杭州、合肥、南京等大中城市均在200公里左右。在一体化的长三角中，位置承东启西，是安徽东向发展的门户，为长三角经济由沿海向内地梯度转移的重要过渡带。先后获批经开区省级绿色示范基地园区、中国（安徽）自贸区宣城联动创新区、安徽省第四次全国经济普查先进集体、全省开发区信息宣传工作先进单位，初步形成新能源新材料、汽车及零部件、先进装备制造、食品医药四大主导产业。

**【经济发展】**2021年，宣城经开区全年实现园区生产总值增长11%；税收增长17.5%；规模以上工业增加值增长19.2%；战略新兴产值增长38.2%，高新产业增加值增长19.7%；工业技改投资增长55.5%，工业固定资产投资增长21.3%，主要经济指标位居全市前列，连续三年在全省省级以上开发区综合考核中位列30强。

**【招商引资】**2021年，宣城经开区围绕特色主导产业成立5个产业招商组，精准出击、靶向发力，重点做好产业关联度高、投资强度高、产出效益高的项目引进工作，全年新引进的项目主导产业契合率达到93.8%，新签约项目97个（备案23个），协议引资272.19亿元，其中亿元以上项目56个，5亿～10亿元项目6个，10亿元以上项目5个。总投资90亿元的华晟新能源10吉瓦高效硅异质结项目、总投资20亿元的大巨龙环保装饰项目、总投资15.28亿元的铭博汽车产业园为经开区产业发展注入强劲动力。

**【体制机制改革】**为激励全区上下干事创业、担当作为，宣城经开区在全市率先探索实施雇员制管理和薪酬激励体制机制改革。一是实施雇员制改革，建立选人用人新机制。对内设机构进行调整、改组和完善，实现人员不增加、部门更合理、配置更高效，经济发展一线雇员数较改革前增加了61%。实行雇员竞争上岗，班子成员以下全体干部职工实行双向选择、竞争上岗、择优聘用，真正打破原有身份限制，实现在职务上能上能下、在薪酬上能增能减，人岗相适、人尽其才。二是推进薪酬绩效改革，增添干事创业新动力。一方面坚持目标导向，将岗位绩效的出发点和落脚点锁定到推进干事创业、推进建设发展上，与市政府目标考核挂钩、同部门目标任务完成情况挂钩，深入细化分解全年目标任务，实时列入阶段性任务，注重月度考核、平时督促，将月度考核系数定为0.5、占岗位绩效的62.5%，推动全体雇员加压奋进，实现以月保季、以季保年。另一方面根据按岗定酬、按绩取酬的改革思路，坚持岗位调节系数向经济发展和基层一线倾斜，鼓励雇员到经济发展一线部门工作，将办公室、党群部等行政保障服务部门岗位绩效系数核定为1，招商引资、经济发展、投资服务等部门系数核定为1.1～1.2。

**【产业发展】**宣城经开区主导产业为新能源新材料、汽车零部件、高端装备制造、食品医药。

一是新能源新材料产业，产业链主要涵盖光伏组件、锂电池正极材料、锂电池负极材料、电解液、隔膜和终端等，被列为市级战略性新兴产业集聚发展基地。2021 年产值占规上企业总产值 24.3%。其中，比较典型的企业有安徽益佳通电池有限公司、安徽生信新材料股份有限公司等。安徽益佳通电池有限公司成立于 2016 年，是国家级高新技术企业，2020 年益佳通 5G 产品入围全国首个新基建领域技术产品服务名录。现有研发技术人员 125 人，其中硕士以上 28 人，安徽省技术领军人才 1 人，公司申请专利 138 项，授权专利 95 项，其中发明专利十余项。公司已服务于中船重工第 719 所、712 所、711 所等科研机构，中船重工、桂林五洲旅游、广东逸动等全国领军船舶企业，以及林德（全球第二）、合力（国内第一）、永恒力、三菱、海斯特等国内外知名叉车企业。安徽生信新材料股份有限公司是安徽省民营百强企业，安徽省最大铝型材生产企业，获得中国驰名商标、国家级重合同守信用企业、安徽省名牌产品、省级企业技术中心、省级绿色工厂、安徽省标准化示范企业等荣誉称号。

二是汽车零部件产业，产业链主要为汽车覆盖件、汽车冲压件、汽车模具、汽车制动器等，是经开区的支柱性产业。2021 年产值占规上企业总产值 16.6%，其中，比较典型的企业有安徽中鼎精工技术有限公司、鑫鸿交通工业（安徽）有限公司等。

三是高端装备制造产业，产品涉及数控机床、船用泵等各类产品。2021 年产值占规上企业总产值 12.8%，其中，比较典型的企业有安徽裕隆模具铸业有限公司、安徽中鼎动力有限公司等。

四是食品医药产业。2018 年以来，经开区加大对食品医药产业培育力度，陆续引进好彩头等业内龙头企业，着力打造食品医药产业基地，产业涉及肉禽加工、宠物食品、休闲食品、粮油制品等多种领域，2021 年产值占规上企业总产值 14%，其中比较典型的企业有福元药业有限公司、宣城市福贝宠物食品有限公司等。

**【项目建设】**宣城经开区 2021 年新开工项目 62 个，其中亿元以上项目 51 个；新竣工投产项目 38 个，其中亿元以上项目 30 个。一是抓攻坚，促进建设再提速。二是抓服务，促进帮办再提效。三是抓保障，促进要素再优化，加大低效闲置土地清理力度，为优质项目落地腾挪空间。省市挂牌督办的“僵尸企业”全部出清。2021 年以来，清理消化批而未供、供而未用“两未”土地 15 宗 1 449 亩。持续完善水电等生产配套，加快推进大豪水厂、增量配网一期项目建设。高效推进土地房屋征收，完成 11 个项目土地房屋征收任务，征收房屋 9.99 万平方米，土地 2 913 亩。全力保障重大项目用地，新增工业建设用地 1 906 亩。四是抓平台，促进落地再便捷。针对项目落地难问题，启动 7.9 平方公里长三角一体化产城融合、绿色低碳示范区建设，全力加快小微产业园、宇航智能产业园建设，积极引导中小型企业签约入驻标准化厂房，小微产业园入驻火爆、一房难求。

**【投融资服务】**2021 年，宣城经开区实施政策扶持“组合拳”，全力支持企业发展，破解“融资难”。实施企业“ABCD 综合评价”，为企业科学把脉、智能诊断，出台《“小升规”三年行动计划》《“培大育强”三年行动计划》等产业培育政策，差异化配置政策和要素资源，遴选第一批“培大育强”企业 10 家，“小升规”企业 26 家，给予更加精准和更大力度的政策支持。组建政策兑现办，实现政策兑现一门受理、一个口径，提升兑现效率，兑现各类奖补资金 2.1 亿元。创新推出“免申即享”兑现方式，为 142 家企业兑现 1 542 万元奖补。继续发挥应对疫情风险代偿资金池作用，协调商业银行开展“人园贷”“云税贷”“总对总”“科技贷”等贷款业务，抓好“政银担”“税融通”等担保服务，新增担保贷款 2.18 亿元，减免担保费用 84.3 万元。

**【社会民生】**宣城经开区坚持以人民为中心的发展理念，努力使辖区群众共享经开区发展成果，积极构建社会治理新格局。一是加大民生投入。巩固拓展脱贫攻坚成效和乡村振兴有效衔接，2021 年安排民生工程建设类项目预算 3 464 万元，较上年增长 10.2%，实施 82 项民生工程建设项目，已完工 76 项，投入 3 500 万元实施莲花塘小区片区、石板桥小区片区老旧小区改造。为 4 156 名失地农民办理职工基本养老保险手续。继续做好定点帮扶泾县花林村、建设村工作。二是完善公共服务。持续推进教育卫生领域配套建设，宛陵湖小学主体工程竣工验收，金坝中学报告厅和宿舍完成维修。慎终如始筑牢“外防输入、内防反弹”坚实防线，强化疫情防控常态化措施，深化爱国卫生运动，扎实推动基层医疗服务规范化标准化建设，飞彩街道团山社区市级示范社区养老服务中心正式运营。三是强化社会治理。扎实做好群众工作，实行领导接访、带案下访、重点信访件包保责任等工作制度。深入推进住宅小区管理水平提升专项行动，成立经开区物业管理服务中心，构建物业管理长效机制，健全房屋维修资金管理使用制度。常态长效开展文明城市建设，推行重点点位包保制度，确保对标达标、精准落实。四是狠抓环保安全。坚决打好污染防治攻坚战，全力抓好突出生态环境问题整改，优化实时环境监测预警平台建设，强化污染源溯源分析，实时监测环境质量，PM2.5 同比下降 13.7%。常态化开展“环保管家”服务，为 149 个项目提供入园咨询，为 30 家企业开展全面环保“体检”。

**【科技创新】**宣城经开区始终把推进科技创新平台建设作为持续提升区域创新能力的重要举措，围绕产业链部署创新链，整合产业链上下游创新资源，注重引导支持行业龙头骨干企业建设一批工程（技术）研究中心、企业技术中心、新型研发机构等创新平台。截至 2021 年底，全区建有省级及以上创新平台 32 个，其中有：国家级质量监督检验中心 1 个、国家级众创空间 2 个、G60 科技成果转移转化示范基地 1 个、省级院士工作站 2 个、省级博士后科研工作站 4 个、省级孵化器 2 个、省级众创空间 1 个、省级青年创业园 1 个、省级小微企业创业创新基地 2 个、省级工程研究中心 1 个、省级工程技术研究中心 2 个、省级企业技术中心 8 个、省级工业设计中心 3 个、安徽省新型研发机构 2 个。注重科技成果转化。鼓励本土企业与省内及苏浙沪高校、院所、企业共建研发机构、创新联盟和产学研合作示范基地，支持企业吸纳高校院所创新型的科技成果，进行成果转化和技术转移。2021 年度经开区研发费用合计 4.6 亿元。全年经开区授权专利 949 个，其中发明专利 45 个；吸纳技术合同交易额为 7.49 亿元，卖方技术合同交易额 12.28 亿元。经开区现有高层次科技人才团队 14 个，其中省级科技团队 3 个；战略性新兴产业企业 68 户，2021 年战略性新兴产业总产值 102.3 亿元。

**【机构设置和主要领导】**宣城经开区管委会内设 9 个直属机构（党政办公室、党群工作部、纪检监察审计室、经济发展局、社会发展局、财政局、建设局、总工程师室、征地拆迁安置办公室），9 个直属事业单位 [ 投资服务中心、金融服务中心、小微项目采购服务中心、统计站、科技创业中心、招商合作服务中心、城市管理综合执法大队、文明创建（物业管理）发展中心、应急管理指挥中心 ]；市直单位驻区分支机构 8 个，分别是：公安分局、税务局、自然资源规划分局、生态环境分局、房管分中心、建管分站、市场监管局、消防救援大队。另有供水、供电、电信等部门在投资服务中心设置窗口。宣城经开区党工委委员、书记，管委会主任为刘家和。

（宣城经济技术开发区管理委员会）

# 张家口经济技术开发区

**【概况】**2021 年 6 月，张家口经济技术开发区，经国务院批准晋升为国家级经济技术开发区，这是张家口经开区发展进程中具有重要里程碑意义的一年，开启了跨越赶超发展的崭新篇章。2021 年年末，全区常住人口 25.74 万人。全区城镇化率为 83.03%，比上年提高 0.87 个百分点。2021 年全区户籍总人口 15.44 万人。全区城镇新增就业人数 4 201 人；失业人员再就业人数 462 人；年末城镇登记失业率 2.97%；全区农村劳动力向非农产业转移 363 人。

**【经济发展】**2021 年，张家口经开区实现地区生产总值 149.3 亿元，同比增长 7.0%。其中第一产业实现增加值 4.9 亿元，同比增长 -23.3%；第二产业实现增加值 21.7 亿元，同比增长 1.2%；第三产业实现增加值 122.6 亿元，同比增长 10.1%。人均生产总值 57 997 元，同比增长 5.3%。三次产业增加值占地区生产总值的比重分别为 3.3%、14.6% 和 82.1%。

**【工业发展】**2021 年，经开区 30 家规模以上工业企业，实现工业增加值 11.61 亿元，比上年增长 6.8%，其中，国有控股企业下降 0.04%，私人控股企业增长 13.46%；轻工业增长 16.62%，重工业增长 5.61%。分产业看，电子信息产业完成工业增加值 1.35 亿元，比上年下降 2.48%；装备制造业完成工业增加值 4.95 亿元，比上年增长 12.91%；新型能源业完成工业增加值 4.53 亿元，比上年下降 0.14%；矿产品及精深加工业完成工业增加值 318 万元，比上年下降 7.64%。分企业类型看，大型企业完成工业增加值 1.90 亿元，比上年增长 58.42%；中型企业完成工业增加值 4.95 亿元，比上年增长 0.72%；小型企业完成工业增加值 4.76 亿元，比上年增长 1.29%。全区规模以上工业实现主营业务收入 53.44 亿元，比上年增长 0.6%；实现利润 -10 556 万元，比上年下降 165.3%。

**【固定资产投资】**2021 年，全区固定资产投资完成 89.2 亿元，比上年增长 -13.5%，其中城乡建设项目完成投资 57.9 亿元，比上年增长 -18.3%；房地产投资 31.3 亿元，比上年增长 -3.1%。分产业看，第二产业完成投资 13.8 亿元，增长 81.9%；第三产业完成投资 74.6 亿元，增长 -20.5%。

2021 年，全区在建项目 69 个，比上年减少 14 个，其中亿元项目 38 个，比上年减少 13 个，完成投资 83.5 亿元，比上年增长 -13.3%。新开工项目 25 个，比上年减少 13 个；其中，亿元以上新开工项目 4 个，完成投资 7.4 亿元，比上年减少 76.1%。从行业分布看，在建项目投资主要集中在房地产、公共设施管理、教育、电力、燃气及水的生产和供应业等四个行业上，四个行业分别完成投资 31.3、18.1、13.3 和 13 亿元。

**【贸易发展】**2021 年，全区社会消费品零售总额实现 248.9 亿元，比上年增长 22.5%，其中 57 家限额以上企业（单位）实现消费品零售额 243.3 亿元，比上年增长 52.1%。

对外经济方面，2021 年全区实际利用外资 5 861 万美元，比上年增长 -0.6%；进出口额实现 10 598 万美元，比上年增长 64.1%。

**【财政收入】**2021 年，全区完成全部财政收入 29.48 亿元，比上年增长 8.7%。一般公共预算收入完成 7.62 亿元，比上年增长 11.7%。一般公共预算支出 11.60 亿元，比上年增长 0.6%，全区用于民生领域的一般公共预算支出 4.96 亿元，比上年增长 -1.4%，占全区公共预算支出的

42.7%，比上年下降了 0.9 个百分点，其中教育、卫生健康、住房保障等重点领域支出降幅较大。

**【科技创新】**2021 年，全区新认定科技型中小企业 88 家，累计达到了 241 家；新增高新技术企业 11 家，累计达到了 33 家。争取省、市专项资金 260 余万元，到位资金 260 万元。申请 2020 年省市级科技创新补助资金 343 万元。

**【资源环境】**全区土地总面积约 2 650.65 亩，2021 年，全区土地供应总量为 19 宗，面积约 1 081 亩。2021 年全区空气质量总体达标天数为 296 天，全区主要流域水质监测断面功能区达标率为 100%，建立健全污染监测监控体系，全区 10 家重点企业安装并运行在线监控设备 22 台（套）。城市生活垃圾清运量 6.7 万吨。

**【城市建设】**截至 2021 年末，全区实有铺装道路长度 9.57 公里，道路面积 74.2 万平方米，人均道路面积 2.97 平方米。建成区绿化覆盖面积约 200 000 亩，公园绿地约 6 280 亩，绿地率 42.35%，建成区绿化覆盖率 43.69%，人均公园绿地面积 13.1 平方米。

**【社会民生】**2021 年，全区城镇居民人均可支配收入 40 629 元，比上年增长 6.8%；农村居民人均可支配收入 21 799 元，比上年增长 12.5%。全区企业职工养老保险、工伤保险、失业保险分别达到 42 209 人、29 816 人、25 065 人，城乡居民社会养老保险参保 50 474 人，参保率为 98.8%。年末城市居民享受最低生活保障人数为 642 人，同比降低 12.8%；农村居民享受最低生活保障家庭数为 2 886 户，同比降低 4.2%。

（张家口经济技术开发区管委会）

# 台州湾经济技术开发区

**【历史沿革】**1998 年，浙江省临海市在川南设立沿海工业园区。2001 年，临海市委市政府积极实施浙江省海洋经济发展战略和台州市主攻沿海战略，作出“挥师东进，拥抱大海”的部署，开始实施沿海大开发。2001 年 8 月，经原国家计委、国家经贸委批准成立浙江省化学原料药基地临海园区，着手发展医化产业。2006 年 11 月，临海东部区块管委会成立，统筹推进医化园区和杜桥、上盘、桃渚三镇建设。2007 年 3 月组建头门港区建设指挥部，正式拉开头门港开发大幕。2008 年 3 月，台州港临海港区建设管理委员会揭牌，全面启动起步码头、疏港公路和北洋涂一期围垦等三大工程建设。2010 年 11 月省交通投资集团、台州市、临海市三方签约共同开发头门港及临港产业平台，头门港公司接棒港口基础设施建设。2013 年年底，临海头门港新区管委会成立，撤销临海东部区块管委会和临海港区管委会，进一步理顺管理体制，形成开发合力，头门港开发建设驶入快车道。2017 年 3 月 31 日，头门港经济开发区被省政府确定为省级经济开发区；8 月 9 日，浙江头门港经济开发区正式挂牌成立。2021 年 6 月 17 日升级为国家级经济技术开发区，定名为台州湾经济技术开发区。2021 年 12 月 9 日，经国务院批复设立台州综合保税区。

**【开发区域】**台州湾经济技术开发区以浙江头门港经济开发区 7.12 平方公里为核心区（经国务院批准的核准规划面积），整合临港新城、南洋、北洋、红脚岩等托管区块，辐射带动临海经济开发区、医化园区椒江区块等拟托管区域发展。

**【发展概况】**台州湾经济技术开发区坚持港产城湾一体化发展，以创建“浙江湾区经济发展示范区”为目标，着力打造“海上丝路新门户、数字智造新高地、临港新城大花园”，构建“双循环”促进的新发展格局，积极培育医药、汽车两大千亿级产业，充分发挥“深水良港 + 广阔腹地”两大战略性资源优势，经济社会持续健康发展。对外开放水平潜力巨大，平台开放能级不断提升，国家级跨境电商综合试验区、中国（浙江）自贸区台州联动创新区建设稳步推进，口岸开放、综合保税区获国务院正式批复。

园区产业特色鲜明，龙头企业集聚明显，是汽车制造和现代医药两大产业的主要承载平台，吉利汽车生产基地拥有年产 30 万台整车生产能力，带动 30 家知名汽车配套企业落户，年产值达到 400 亿元。医化园区是国内主要的化学原料药生产出口基地，2001 年 8 月经原国家计委、经贸委批准设立浙江省化学原料药基地临海园区，也是省级经济开发区浙江头门港经济开发区重要板块，规划面积为 16.5 平方公里，目前建成区面积约 10 平方公里，是国家首批循环化改造示范园区、浙江省唯一的现代医药制造模式转型示范园区、省级生物医药高技术产业基地、浙江省可持续发展创新示范区、省级绿色安全制造信息化示范区。配套服务日益完善，形成日供水 20 万吨、年焚烧处理危险固废 9 万吨、日处理工业污水处理规模 2.5 万吨的能力，供热能力为 600 吨 / 小时。

**【产业发展】**医化园区共入驻医药化工企业 58 家，投产 49 家、在建 9 家，规上企业 40 家，有 20 家医药企业是上市公司或控股子公司，5 家企业列入拟上市公司。2021 年，医化园区实现产值253.4亿元，同比增长18.7%。已形成了“中间体—原料药—制剂”完整产业链，在抗心血管类、抗抑郁症类、降糖类、抗病毒类、驱虫类、氟苯化合物等多领域药物的研发和生产上能力突出。华海药业、仙琚制药、永太科技基本上构成了完整的产业链，瑞博制药、奥翔药业等企业充分发挥其自身的原料药优势，与国际知名制药巨头合作，走“CDMO”定制研发生产模式，探索发展制剂业务。

（台州湾经济技术开发区管委会）

# 汉川经济技术开发区

**【概况】**汉川经济开发区位于全国最具投资潜力百强县市汉川市东大门，成立于1992年，2012年被批准为省级高新区。2021年6月，经国务院审批，汉川经济开发区升级为国家级经济技术开发区。全区现有规上工业企业158家，辖28个行政村（社区），区户籍人口6.6万人，常住人口13.2万人，下辖28个村（社区）：文民村、洪兴村、东方红村、新街村、汪家河村、五丰村、大联村、高阁村、民幸村、联港村、合兴村、吕家河村、马庙村、小河村、东风村、江家村、康家村、前进村、洪北村、红卫村、汉新村、神灵村、新湖村、徐家口村、红星社区、汉正社区、田家社区、涵闸社区。

汉川经开区紧邻武汉市东西湖区，国土面积138.5平方公里，其中工业园区总体规划面积80.4平方公里。全区水陆空立体交通网络体系完善，地处武汉城市圈核心层，距其中心城区、武汉天河机场、汉口火车站、汉阳火车站，均在35公里辐射圈内，与武汉互联互通，是承接武汉经济辐射的重要基地。

**【物流优势】**沪蓉沪渝高速、武汉城市圈高速以及G107、G348高速公路穿境而过，开发区距武汉东西湖保税物流中心、武汉铁路局物流中心仅25公里，具备国际中转、国际配送、国际采购、国际贸易功能，可提供快捷、优质、高效的物流服务。有年吞吐量1 000万吨的铁路货场，3个近3 000吨的散货码头。区内即将建设沿江高铁，货物在此通过铁路、公路、水路，可24小时内发送上海、深圳、成都等地。

**【经济发展】**2021年，汉川经开区全年完成规上工业产值449.6亿元；社会消费品零售总额7.8亿元；乡镇本级财政收入5.3亿元；新增规上工业企业12家，新增限上商贸企业1个、大个体户18家，新增限上服务业企业3家。农林牧渔总产值12.947亿元，人均可支配收入29 469元。

**【产业集群】**汉川经济开发区专注特色产业发展，构建“5+5”产业体系。在加快纺织服装、金属制品、食品加工、印刷包装、电力能源五大传统产业转型升级的同时，积极培育光通信、泛家居、新材料、生物医药、智能装备五大新兴产业。其中，以达利、银鹭为龙头，形成了百亿级食品饮料集群；以祥源新材、富春杭加新材等为龙头，形成了新材料产业集群；以合信智能、大胜达为龙头，形成了包装产业集群；以好莱客、曼好家为龙头，形成了智能家居产业集群，经济社会高质量发展前景广阔。

（汉川经济技术开发区管委会）

# 霍尔果斯经济开发区（市）

【经济发展】2021年，霍尔果斯市（含兵团）实现地区生产总值208.37亿元，同比增长7.3%。其中，第一产业增加值10.19亿元，同比增长6.8%；第二产业增加值16.89亿元，同比增长5.2%；第三产业增加值181.29亿元，同比增长7.5%。第一产业增加值占地区生产总值比重为4.9%，第二产业增加值比重为8.1%，第三产业增加值比重为87.0%。

【农业发展】2021年，霍尔果斯市实现农林牧渔业总产值7.43亿元，按可比价格计算，同比增长8.5%。全市农作物播种面积12.07万亩，比上年增加1.51万亩，其中，粮食播种面积10.07万亩，比上年增加1.62万亩。

全年粮食产量5.31万吨，同比增长30.5%，其中，小麦产量0.69万吨，同比增长38.0%；玉米产量4.61万吨，同比增长30.0%。全年水果产量6.26万吨，同比增长3.9%，其中，苹果产量2.06万吨，同比增长24.4%；桃产量2.11万吨，同比增长24.4%；葡萄产量1.94万吨，同比下降12.7%。

【工业发展】2021年，霍尔果斯市实现规模以上工业增加值同比增长28.9%，其中，纺织服装、服饰业同比增长74.2%，计算机、通信和其他电子设备制造业增加值同比增长35.7%，电力、热力生产和供应业增加值同比增长29.4%，非金属矿物制品业增加值同比增长28.3%，食品制造业同比下降12.1%，农副食品加工业同比下降76.0%。全年规模以上工业企业实现营业收入同比增长22.9%，平均用工人数同比增长13.8%。

【固定资产投资】2021年，霍尔果斯市固定资产投资（不含农户）同比增长70.3%。分产业来看，第一产业投资同比下降10.9%；第二产业投资同比增长159.7%；第三产业投资同比增长17.1%。一二三产投资占比为2.2∶58.1∶39.7。

【通关及对外贸易】2021年，霍尔果斯市实现通关货运量800.95万吨（不含天然气），同比增长28.8%；其中铁路口岸738.10万吨，同比增长32.8%；公路口岸49.90万吨，同比下降3.6%；中哈国际边境合作中心中方区4.19万吨，同比增长127.7%；霍尔果斯综合保税区8.64万吨，同比下降32.4%。

2021年，全市实现通关贸易额2 345.49亿元（不含天然气），同比增长23.3%。其中铁路口岸1 990.60亿元，同比增长25.2%；公路口岸287.40亿元，同比增长1.2%；中哈国际边境合作中心中方区25.83亿元，同比增长68.3%；霍尔果斯综合保税区41.55亿元，同比增长214.5%。

2021年，全市实现外贸进出口总额46.23亿美元，同比增长26.0%，其中，出口45.35亿美元，同比增长26.0%；进口0.88亿美元，同比下降20.0%。

【财政与金融】2021年，霍尔果斯经济开发区实现地方财政收入46.31亿元，同比增长33.2%，其中，一般公共预算收入41.31亿元，同比增长27.7%；基金预算收入5.00亿元，同比增长104.0%。一般公共预算收入中，税收收入29.30亿元，同比增长33.5%；非税收入12.01亿元，同比增长15.6%。

2021年，经济开发区实现地方财政支出88.34亿元，同比增长77.3%，其中，公共财政预算支出55.77亿元，同比增长57.2%；基金预算支出32.57亿元，同比增长1.3倍。完成八项支出42.87亿元，同比增长34.8%。

【招商引资】2021年，霍尔果斯“一区三园”共执行招商引资项目161个，涉及总投资877.96亿元，实现到位资金378.03亿元，其中，新建项目126个，完成到位资金235.50亿元；续建项目35个，完成到位资金142.53亿元。霍尔果斯园区项目数80个，实现到位资金290.83亿元；伊宁园区项目数54个，实现到位资金59.86亿元；清水园区项目数27个，实现到位资金27.34亿元。

【科技创新】2021年，霍尔果斯市新增认定1家高新技术企业，6家高新技术企业荣获自治区2020年度高新技术企业认定和研发奖励。申报州级及以上科技计划项目12个。科技特派员队伍不断扩大，现有自然人科技特派员30个，法人科技特派员5个，行政村（社区）覆盖率100%。

【社会事业】截至2021年末，全市拥有医院1所，乡镇卫生院3所，个体诊所11家。全市体育场地及设施面积共计10.21万平方米。拥有体育馆1座，全民健身中心1座，社区健身中心19个，全民健身设施场所64处。现有三级社会体育指导员12人，全年共举办体育赛事4项。

2021年，全市城镇居民人均可支配收入35 054元，同比增长7.1%；农村居民人均可支配收入17 749元，同比增长14.3%。全市城镇职工基本养老保险参保13 587人，城乡居民养老保险参保13 929人，城镇职工基本医疗参保11 687人，城乡居民基本医疗参保27 584人，失业保险参保9 553人，工伤保险参保10 189人。

【环境建设】截至2021年末，建成区绿化覆盖面积约3 570亩，建成区绿地面积约3 300亩，建成区绿地率32.0%，绿化覆盖率34.8%。市政公用事业平稳发展。2021年，全市集中供热能力达300兆瓦，集中供热面积265万平方米。供水综合生产能力达到2.5万立方米/日，全年供水总量809.4万立方米，同比增长10.0%，其中，居民家庭用水量156万立方米，同比下降9.7%；用水户数16 300户，同比增长24.4%。

【霍尔果斯综合保税区】霍尔果斯综合保税区是2020年9月国务院批复、将合作中心中方配套区整合优化设立，是我国目前除自由贸易区试验区以外，开放层次最高、政策最优惠、功能最齐全、手续最简化的海关特殊监管区域，规划面积3.61平方公里，享受“配套区+综保区”双重政策，主要功能为保税加工、保税物流、保税服务等业务，与合作中心中方区形成“前店后厂”“前店后仓”的联动发展格局。

2021年，霍尔果斯综合保税区完成通关货运量8.64万吨，同比下降32.4%，其中进口1.52万吨，同比下降79.9%；出口7.12万吨，同比增长35.9%。实现通关贸易额41.55亿元，同比增长214.5%，其中进口19.53亿元，同比增长184.7%；出口22.02亿元，同比增长246.8%。

【霍尔果斯经济开发区主要经济指标】2021年，霍尔果斯经济开发区完成固定资产投资同比增长74.1%，其中，霍尔果斯园区同比增长70.3%，占比77.9%；伊宁园区同比增长65.7%，占比6.9%，兵团分区同比增长68.2%，占比12.8%，清水河配套产业园区同比增长210.9%，占比2.4%。

2021年，霍尔果斯经济开发区实现规上工业总产值79.58亿元，其中，霍尔果斯园区28.63亿元，占比36.0%；伊宁园区33.54亿元，占比42.1%；兵团分区10.40亿元，占比13.1%；清水河配套产业园区7.01亿元，占比8.8%。

2021年，霍尔果斯经济开发区实现外贸进出口总额54.43亿美元，其中：霍尔果斯园区46.23亿美元，占比85.1%；伊宁园区0.87亿美元，占比1.6%；兵团分区7.20亿美元，占比13.3%。

（霍尔果斯经济开发区管委会）

# 河北唐山海港经济开发区

【经济发展】2021年，河北唐山海港经济开发区经济社会高质量发展取得新成效，实现“十四五”良好开局。全年地区生产总值完成231.4亿元，同比增长6.6%；第二产业增加值98.3亿元，同比增长13.3%，占地区生产总值比重42.5%；第三产业增加值125.3亿元，同比增长2.4%，占地区生产总值比重54.2%；财政收入31亿元，同比增长10.9%；服务业增加值完成125.3亿元，增长2.4%；高新技术产业增加值增长44.1%；战略性新兴产业增加值增长26.5%；一般公共预算收入完成16.4亿元，增长7.3%；实际利用外资增长27.7%；固定资产投资完成176.5亿元，增长7.5%；社会消费品零售总额完成17.1亿元，增长4%；进出口总额完成63.2亿元，增长122.3%，其中，出口总额完成42.6亿元，增长512.5%。

【产业发展】2021年，海港区大力发展以耗钢产业为主的装备制造业，形成以中材装备制造、首钢建设钢结构为龙头的加工制造产业；同时，建成10.59平方公里的化工园区，2021年被省工信厅认定为全省第一批化工集中区，已有开滦、唐钢等9家规模以上化工企业入驻，形成煤气、焦油、粗苯精加工三条完整产业链条。全年规上工业增加值同比增长12%；规上工业总产值324.6亿元，同比增长43.3%；外商及港澳台投资工业总产值1.9亿元，同比下降9.5%；内资企业工业总产值322.7亿元，同比增长43.8%；规上工业营业收入315亿元，同比增长40.2%；精品钢铁工业总产值54.8亿元，同比增长159.3%；精细化工工业总产值120.2亿元，同比增长41.5%。

【科技创新】2021年，海港区始终把科技创新作为激发高质量发展的内生动力，大力推进北创（唐山）科技园建设，携手中国科学院等单位合作成立“京唐海港国际科技成果转化”“国科创新智库（唐山）创新产业赋能”“北京现代产业规划研究院（唐山）创新产业赋能”三个平台，打造科技成果转化和战新产业发展的加速器。同时，以北京理工大学（唐山）研究中心为依托，大力发展新能源、新材料产业，其科研成果打破美日垄断的原电池法超高纯氧化镁技术已经正式步入产业化阶段。以中科东创20万吨高品质蛋白项目为依托，建设年产1万吨饲料蛋白项目，后期将推进与中国科学院天津工业生物技术研究所合作建造生物研究基地项目，着力打造新型秸秆蛋白中试生产平台。加快建设一期日制水量10万立方米的海水淡化项目，同时利用其副产品淡盐水养殖微藻，目前已处于试验阶段，争取建成微藻产业化基地，促进海洋资源利用和转化步伐进一步加快，向海要粮实现新突破。全力推动高新技术企业培育工作，目前新增高新技术企业8家，超额完成市达目标任务；新增河北省科技型中小企业65家，预计第四季度可完成市达目标任务，有2家企业被省工信厅认定为2021年“专精特新”中小企业。

【投资促进】按照市委、市政府统一部署，全力开展招商引资百日攻坚行动，成功引进一批“含金量”“含新量”“含绿量”的大项目、好项目。全年共洽谈项目108个，涉及总投资500亿元以上，其中北京九为控股有限公司100万吨镀锌产业园、唐山港国际智慧物流园、中储粮公司二期仓储物流、第三批中储粮唐山直属库仓储物流、香港快乐购公司进出口贸易及跨境电子商务、北斗智诚交通应用技术研究（北京）有限公司北斗产业创新基地等32个项目成功签约，涉及总投资超100亿元。全年进出口总额完成63.2亿元，增长122.3%，其中出口总额完成42.6亿元，增长512.5%；实际利用外资到位1 243万美元，同比增长27.7%。

**【体制机制创新】**2021年，海港区持续优化全程代办制服务，设置专职代办员，提供全程“保姆式”服务，努力做到让“客商最多跑一次”。切实实施“拿地即开工”“多评合一”“联审联验”等多项改革机制，进一步减审批、并环节、优流程、缩时限、转方式，全面提高项目审批速度，为推动项目早落地、早开工、早投产奠定坚实基础。全面宣传贯彻“春雨金服”优惠政策，积极指导和帮助企业争取更多优惠政策及资金支持，解决企业各种生产、配置、销售、资金问题，同时强化生产调度，鼓励企业技术改造产品升级，最大限度发挥企业和市场活力。更新三级金融服务网络信息，协助信用社做好脱贫人口小额信贷政策宣传、贷后管理工作。

**【绿色集约】**海港区评价范围内已建成和已达到供地条件的土地共约44 385亩，占全区总面积的90%，土地开发率为91%，总体开发程度较高。已建成城镇建设用地约34 320亩，已供应国有建设用地39 870亩，土地建成率为92%；评价范围内总建筑面积为28 245亩，其中工矿仓储用地上的总建筑面积为16 485亩；建筑基底总面积10 590亩，其中工矿仓储用地上的建筑物构筑物基底、露天堆场和露天操作场地的总面积为14 400亩。测算区内的综合容积率为0.82，建筑密度为42%，工业用地的综合容积率和建筑系数分别为0.98和63%。总体来看，全区土地的综合利用强度较高。

**【党建工作】**2021年，海港区印发《在全区开展党史学习教育的通知》等系列文件，分解任务，明确责任，建立工作台账和任务清单，推动工作落实。全区10个党委第一时间全部启动学习教育，并向基层支部进行延伸，全区162个党支部、5 000多名党员全部参与其中。召开党工委理论学习中心组党史学习教育的学习交流会13次、组织市委党校教授专题辅导3次，各级党组织开展党史学习班51次，主题党日162场，专题培训25班次，基层宣讲617场次，受众3万余人次。依托乡村大喇叭、打造“红色电波”宣传大篷车、红色主题公交线路，组建五个专业宣讲团“走基层”，利用“小马扎”“红马甲”等形式把党史移动课堂开设到工厂车间、田间地头、集贸市场、城市公园，开展群众喜闻乐见的特色宣讲246场次，受众24 635人次。在海港电视台、唐山海港发布、先锋海港公众号等官方媒体，开设“奋斗百年路启航新征程”“我为群众办实事”“云党课”“歌声里的党史”“党史百年天天读”“党史上的今天”等专栏，深入宣传党史学习教育动员大会精神和党中央决策部署，全面展示各部门、各单位积极投身党史学习教育的政治热情和生动实践，累计刊发党史学习教育相关稿件340余篇。深入开展“童心向党”主题教育实践活动，发挥学校广播站、班会课、思政课主阵地作用，组织开展“讲党史故事”主题故事会、“童心向党百年礼赞”文艺演出、“党的故事我来讲”等系列活动，引导青少年“童心向党”。用好本地红色资源开展体验式学习，制定红色路线图，组织开展“清明祭英烈”、赴李大钊纪念馆故居学习、弘扬“特别能战斗精神”党史学习教育主题参观等活动，受众3 000多人次。在全区开展党史知识竞赛答题、红色经典诵读比赛、“七进”文艺演出（网络专场），举办“不忘初心跟党走”书画篆刻作品展、百场经典红色电影展演等，增强学习教育的吸引力和感染力，受众5 000余人次。

**【机构设置与管委会领导】**2021年，海港区下设党政综合办公室（人民武装部）、人力资源和社会保障局（社会事务局）、发展改革局（交通运输局、行政审批局）、住房和城乡建设管理局、财政局、招商局（商务局）、安全生产监督管理局、政法委（司法局）、机关党委（党群工作部）、纪工委（监察分局）。

管委会领导包括：管委会主任黄玉刚，管

委会副主任刘军、莫辉、常荣兴、王建新。

**河北唐山海港经济开发区 2020—2021 年主要经济综合指标一览表**

| 项目 | | 单位 | 2020 年 | 2021 年 | 增减（%） |
|---|---|---|---|---|---|
| 开发区生产总值 | | 亿元 | 207.7 | 231.4 | 6.6 |
| 第二产业 | | 亿元 | 75.7 | 98.34 | 13.3 |
| 工业 | | 亿元 | 73.7 | 95.83 | 13.5 |
| 第三产业 | | 亿元 | 125.3 | 125.4 | 0 |
| 工业总产值（现价） | | 亿元 | 356.0 | 423.6 | 19 |
| 高新技术企业 | | 亿元 | 35.7 | 120.8 | 238 |
| 销售（营业）收入 | | 亿元 | 1 907 | 2 032 | 6.5 |
| 第二产业 | | 亿元 | - | - | - |
| 工业 | | 亿元 | 399 | 613 | 53.6 |
| 利润总额 | | 亿元 | - | - | - |
| 第二产业 | | 亿元 | - | - | - |
| 工业 | | 亿元 | 7.14 | 3.28 | -54.2 |
| 第三产业 | | 亿元 | - | - | - |
| 区内主导产业及产值 | 1. 石油加工炼售及核燃料加工 | 亿元 | 155.83 | 181.2 | -24.1 |
| | 2. 金属制品业 | 亿元 | 124.59 | 344.3 | 197 |
| | 3. 水上运输业 | 亿元 | - | - | - |
| 进出口总额 | | 万美元 | 38 960 | 103 287 | 165 |
| 进口 | | 万美元 | - | - | - |
| 出口 | | 万美元 | 18 957 | 67 313 | 255 |
| 财政收入 | | 亿元 | 28 | 31.04 | 10.85 |
| 税收收入 | | 亿元 | 25.6 | 27.04 | 5.5 |
| 区内世界 500 强企业数 | | 家 | 3 | 3 | 0 |
| 国家级高新技术企业数 | | 家 | 37 | 42 | 13.51 |
| 规模以上企业个数 | | 家 | 219 | 236 | 7.77 |
| 科学研究与试验发展经费（R&D）支出 | | 万元 | 33 600 | - | - |
| 研究与试验发展（R&D）经费投入强度 | | % | 1.62 | - | - |
| 合同外资金额 | | 万美元 | 4 650 | 5 000 | 7.52 |
| 固定资产投资 | | 亿元 | 164.3 | 176.5 | 7.42 |
| 年末从业人员数 | | 万人 | 1.8 | 2.06 | 14.4 |
| 万元 GDP 能耗 | | 吨标煤 / 万元 | 0.82 | 0.78 | -4.87 |
| 水资源消耗总量 | | 万立方米 | 1 149 | 1 132 | -1.5 |

（河北唐山海港经济开发区管委会）

# 湖南永兴经济开发区

**【概况】**2021 年，湖南永兴经济开发区抢抓政策机遇、抢乘政策东风，出台《永兴县产业立县、工业为首、全力打造省级先进“五好”园区的实施方案》《永兴经开区 2021 年管理体制改革方案》，将园区改革作为县域深化改革第一要务，强力推进“五好”园区创建，高质量发展取得阶段性成效。“永兴县国家循环经济示范园已形成年产值 500 亿元的产业集群”获省政府综合大督查通报表扬，成功创建国家大宗固体废弃物综合利用示范基地、湖南省工业固废资源综合利用示范基地、省级绿色园区、市平安园区，获评 2020 年全省产业高质量发展园区、2020—2021 年度全省先进“五好”园区，入选 2021 年湖南生态文明建设典型案例。

**【经济发展】**2021 年，永兴开发区园区企业实体 640 家，其中规模以上工业企业 97 家，实现技工贸总收入 931.6 亿元，同比增长 15.1%；规模工业增加值 126.9 亿元，同比增长 12.1%；固定资产投资 247.1 亿元，同比增 7.6%；实缴税金 14.1 亿元，同比增长 57.4%。

**【产业发展】**2021 年，永兴开发区高标准编制稀贵金属产业、精细化工产业发展规划，打造了“一主一特”两大产业新格局。成立海利化工园区项目、柏太园区稀贵金属综合回收利用项目工作专组，作为全县“1 号、2 号”产业项目，由县委书记、县长亲自领衔挂帅，区党工委书记、管委会主任分别牵头负责，一周一调度，一月一推进。围绕产业发展前景、市场形势、企业意愿精心编排项目，包装园区项目 20 个，分红本（即引领性重点项目 4 个）、蓝本（即一般重点项目 16 个）两类管理。压紧压实县级领导和部门单位一把手“关键少数”责任，出台《永兴县“五好园区”建设联系服务企业活动方案》，对建成规上企业参照“四联四包”模式，按照县领导联系重点规上企业和省市重点项目、区领导联系有发展潜力企业和一般规上企业及县重点项目的模式联企包项。对“红蓝本”项目全面制订作战图、工期表、问题单，落实“一周一调度、一月一推进、一季一点评、半年一小结、一年一总结考核”工作机制，确保项目投资达到或超过序时进度。按照调整、优化、转型、升级和资源化、减量化、无害化的思路，从危废处置环保排量、企业个数等方面做减法，对现有企业实行重点支持、保留现状、转型整合、淘汰关闭四类管理，重点支持好已批已投产、已批在建 2 类 20 家企业。雄风环保全面复工复产，腾驰一期进入调试产阶段，金叶环保一期项目正式投产，叶林环保项目完成封顶，稀贵金属产业实现年产值 660 亿元，贡献税收 9 亿元，主导产业集聚度达到 70%，集聚效应日益显著。

**【招商引资】**2021 年，永兴开发区出台《永兴县招商引资项目入园及退出管理办法》《永兴县湘阴渡化工片区招商引资若干政策》《永兴经开区标准厂房租赁准入退出管理办法（修订稿）》等，明确建立对赌机制，入园企业必须达到“4 个 3”条件，即投资强度 300 万元 / 亩、税收贡献 30 万元 / 亩、亩均产值 300 万元以上、土地出让价 30 万元 / 亩。湖南海利高新技术产业园项目在长沙正式签约，总引资额达 56 亿元，着力将湘阴渡化工片区打造成以海利高新技术产业园项目为龙头的智能化、绿色化、专业化、精品化园区。东江环保以 4.29 亿元现金方式收购雄风公司股权。芭田股份控股公司时泽(南通)

投资5.2亿元新建化工项目正式签约。园区企业特别是稀贵金属产业企业吸引包括正威集团、格林美、贵研铂业、盛达资源、东江环保等在内的16家“三类”500强、央企、上市公司在园区落户、投资和合作，有力推动了永兴园区在新发展阶段驶向高质量发展快车道。

**【科技创新】**2021年，永兴开发区拥有高新技术企业44家，获各项专利338项，其中国家级48项。晶讯光电、金业环保成功创建省级技术研发中心；14家企业入选制造强省项目库，晶讯光电入选国家“专精特新”小巨人和国家绿色工厂名单；鸿福、雄风和金润碲业3家企业入选省级“专精特新”小巨人名单；鸿福、众德和长隆3家企业入选《湖南省制造业数字化转型“三化”重点项目名单》；贵研公司“1号银”通过上海黄金交易所、上海期货交易所交割品牌认定；雄风等12家企业纳入全省重点调度的有色金属资源综合利用节能环保企业名单；金业“17万吨冶炼废渣高值材料化利用示范项目”等10个企业项目纳入第二批省工业固体废物资源综合利用示范创建计划名单。

**【体制改革】**2021年，永兴开发区按照“先行先试、放权赋能、分步实施”原则完成了四项改革。一是绩效管理改革，解决“干与不干”“干多干少”“干好干坏”一个样问题。园区绩效奖确定总量不变，由“基础绩效（40%）+动态绩效（60%）”两部分组成，基础绩效保持平衡主要用于保常规，动态绩效拉开档次主要用于激励干部职工干事创业、攻坚克难、创先争优。年度考核获省市园区优秀等次，绩效奖按100%发放，合格按60%发放，不合格不发放。二是运行机制改革，解决管理层次不分、管理团队不优、管理条块分割问题。实行扁平化管理，推行大部门制，全区设4个大组管理，实行“机关+园区”工作组合模式，将机关工作规整成四大块划入四大组，四大园区分别划入四大组管理。三是用人机制改革，解决选什么干部、如何选干部、怎么评价激励干部的问题。实行全员竞争上岗、双向选择和组长负责制，从领导班子成员中通过竞选演讲、民主测评、组织确定等程序竞选出4名组长；从主任科员中竞选出12名副组长；组长与一般干部实行双向选择，按照人岗相适原则确定岗位。实施干部培优计划，每个月评选月度“三牛”型干部5名，每半年评选年度“三牛”型干部明星6名，纳入培优计划的干部优先推荐提拔重用。四是财政保障机制改革，解决有钱可抓、有钱可用、用就用好的问题。重构县本级和园区财力分享机制，实行园区财政预算管理和独立核算机制，确保满足园区改革需要和财权事权一致。

**【城市建设】**2021年，永兴开发区全面实施园区形象布局、管理文化、亩均效益“三个提升”主题活动，聘请市规院专家高标准编制《园区形象提升方案》。计划实施园区大门修建、补漆、道路“白改黑”、园区封闭式管理等，在四个园区主干道统一建立“银都文化墙”，深度挖掘“中国银都”文化底蕴，唱响“中国银都”品牌。出台《永兴县“五好园区”建设联系服务企业活动方案》，坚持“一企一策”精准帮扶，以亩均论英雄，构建了以效益为核心的考核评价激励机制，园区亩均税收增幅达60%，已投产稀贵金属企业亩均税收超30万元。

（湖南永兴经济开发区管委会）

# 高新区篇

# 燕郊高新技术产业开发区

**【经济发展】**2021 年，燕郊高新技术产业开发区营业收入完成 1 295 亿元，同比增长 11%（其中“四上”企业营收完成 785 亿元）；固定资产投资完成 165 亿元，同比增长 8.5%；规上工业产值增速 21%；一般公共预算收入完成 31 亿元，同比增长 18.7%；实际利用外资 8 250 万美元；研发投入占 GDP 比重 2.35%；万人发明专利达到 16.9 个；完成技术合同登记额 12.8 亿元；新增规上企业 11 家，总数达到 85 家。

**【项目建设】**2021 年，燕郊高新区强项目、提质效，发展后劲持续增强。一是争重点。获批省、市重点项目 26 个（省重点项目 13 个、廊坊市重点项目 13 个），总投资 510 亿元，数量和投资均创历年新高。二是促达产。陆道培医院等新开工亿元以上项目 22 个、总投资 185 亿元，创近年来新高；有研集团稀有金属技术创新平台等 14 个产业项目建成投产，总投资 56.83 亿元，国际知名零售巨头麦德龙超市入驻燕郊（河北首家、全国第 100 家会员店）。三是抓招商。制定光电、医疗器械、稀土新材料 3 个产业规划，“招商地图”初步绘成；“5·08”“5·13”“5·18”三次集中签约 77 个项目，总投资 1 400 多亿元；北京医院国家老年病研究中心、京津冀国家技术创新中心中试平台等在谈项目 14 个，预计总投资近 300 亿元。四是盯机场。已暂停 10 年的机场项目，在省委、省政府和中部战区空军司令部、中国人民解放军空军司令部的大力支持下，取得实质性进展，被纳入《河北省通用机场布局规划（2021—2030 年）》和《2021 年第二批申请国家建设用地保障省重大项目清单》，将按计划开工建设。

**【科技创新】**2021 年，燕郊高新区强创新、抢先机，竞争力进一步提高。一是建平台。获批“科技部火炬中心新型电子元器件及设备制造创新型产业集群试点”（河北唯一）、“河北省创新型园区建设试点”（廊坊唯一）和“河北省安全应急产业基地”（廊坊唯一），科创平台的承载力持续增强。二是抓认定。出台《瞪羚企业认定管理办法》，评选小牛科技、谊安奥美、振创电子等瞪羚企业 13 家（廊坊首评），奖励资金 390 万元，充分激发了域内科技型企业快速发展、创新发展的热情。三是育动能。净增高新技术企业 17 家、科技型中小企业 88 家，总数分别达到 135 家、1 272 家；获批廊坊市级研发平台 14 家、省级技术创新中心 4 家、省市科技项目 7 项；积极落实各级惠企政策，获得各类扶持资金 3 854 万元；新宏昌专用车、阳光硅谷 2 家企业荣登河北省战略性新兴产业创新百强企业榜单，欧伏电气、光环云谷等 3 家企业入选“2021 年河北省电子信息竞争力百强企业”，新宏昌专用车获评河北省“制造业单项冠军企业”；神威药业等 5 家企业荣获“市长特别奖”（三河市共 6 家），谊安奥美等 3 家企业荣获提名奖（三河市共 4 家），共获得奖励资金 100 万元。

**【城市建设】**一是推进路网建设。迎夏路、紫罗兰路等 5 项工程完工，迎宾北路综合改造提升工程全线通车，经一路等 4 项工程加快推进，市民出行更加便利畅通。二是推进市政设施建设。燕顺路区域给水管道扩容改造等 9 项工程完工，燕郊海绵城市 PPP 项目加快推进，雨季城区积水问题得到有效解决。三是推进教育设施建设。燕南学校竣工，第三实验小学、北京实验学校三河校区（港中旅学校）、北京潞河中学三河校区（燕昌中学）3所学校建成投用，燕郊孩子享受与北京孩子同等品质教育的机会正在逐步成为可能。

**【营商服务】**以企业之需为要，以企业之难为是，贴身贴心、领办帮办，切实让企业感受到服务力度、服务温度、服务速度。一是服务提质。设立综合受理、联合验收受理窗口，实现立项用地规划许可、施工许可、竣工验收等“一窗通办”；启用北京政务服务自助终端，业务办理量占三河市的93%、占廊坊市的45%，在廊坊各终端站点遥遥领先。二是审批提速。燕达医院健康中心、陆道培医院等17个项目应用模拟审批代办和区域评估，从立项到发放施工许可平均节省时间30天。三是资金助力。协助科达实业、和平铝材等32家企业融资52.8亿元，亲商助企的土壤正在厚植。全年新增市场主体2.3万户（新增内资企业1.5万户，同比增长68.1%，新增个体工商户7 334户，同比增长9.2%），同比增长43.2%，为历年最多。

**【党的建设】**印发了《2021年度党建工作方案》《2021年全区非公有制企业和社会组织党建工作重点任务》《进一步巩固深化“不忘初心、牢记使命”主题教育成果的具体措施》《关于扎实做好基层党建重点工作以实际行动迎接建党100周年的通知》等文件。党工委书记认真履行第一责任人职责，重要工作亲自部署、重大问题亲自过问、重点环节亲自协调、重要案件亲自督办；党工委班子成员严格落实“一岗双责”，全部签订了“一岗双责”承诺书，对分管部门党员干部进行教育和管理，既管业务又管党建，既管事又管人，认真贯彻全面从严治党要求，提升了党建工作水平，强化了纪律作风建设。

2021年，燕郊高新区一是强化理论学习，提高素质能力，开展了十九届六中全会精神专题培训，开展了7期燕郊高新区创新大讲堂培训、“党建领航促发展、情绪管理添动力”集中教育培训，领导班子成员为干部职工作了党史学习教育专题宣讲并讲了党课，坚持“学习强国”学习平台使用，激活人员总数达到746人。二是强化政治建设，夯实组织基础。坚决贯彻落实民主集中制，严格遵守《党工委议事决策规则》《管委会工作规则》《“三重一大”事项集体决策议事规则》等制度，全年召开党工委会议34次，管委会常务会议18次，做到科学决策、民主决策，有效提高了干部的制度执行力和治理能力。三是强化宣传引导，筑牢思想阵地。印发了《关于进一步落实意识形态工作重点任务的通知》，牢牢掌握意识形态工作的领导权、主动权和话语权。打造京东文化高地，举办了国家级书画展“燕郊大地•艺道初心——庆祝中国共产党建党一百周年书画邀请展”；与中央美院开展战略合作，共建美术馆、艺术图书馆；开展迎新年系列文化活动、老年门球比赛、“我运动我健康”全民健身活动、潮白河岸堤徒步行走健身活动、“书香燕郊 网络阅读”评选活动、“燕郊之夏”庆祝建党一百周年文艺演出、京津冀足球超级联赛、高新区羽毛球联赛等一系列文化体育活动；富地文体商旅街区获评“第一批国家级夜间文化和旅游消费集聚区”，点亮燕郊城市“夜经济”。营造良好舆论环境，制作了《科创之城•活力燕郊》《腾飞中的科创园》专题宣传片，成立了新媒体协会、摄影记者工作站，举办“镜头下的活力燕郊”主题摄影展，微信公众号、网站发布信息788条。

（燕郊高新技术产业开发区管委会）

# 苏州高新技术产业开发区

**【概况】** 苏州高新区（虎丘区）位于苏州城西部。面积223.36平方公里，截至2021年末户籍人口46.90万人，流动人口63.46万人。辖浒墅关镇、通安镇和狮山街道、横塘街道、枫桥街道、镇湖街道和东渚街道，下设江苏省苏州浒墅关经济技术开发区、苏州科技城、苏州高新区综合保税区、苏州西部生态旅游度假区。

**【历史沿革】** 1992年2月前，苏州高新区无独立的行政辖区。

1992年3月，新建的苏州河西新区开始代管原属苏州市郊区横塘乡的永和、星火、曙光、落星、何山、狮山6个行政村。区域范围如下：东濒京杭大运河；南抵向阳河、横塘乡北界；西达狮子山、何山；北接吴县枫桥镇南界；区域面积6.8平方公里。

1992年11月，苏州河西新区被国务院批准为国家高新技术产业开发区。

1993年4月2日，苏州河西新区改称苏州新区。苏州新区代管的区域范围扩大至原吴县枫桥镇的徐何、典桥、金庄3个村，木渎镇的兴隆、新升、明星、石城4个村和郊区横塘乡的黄山村；区境四至为：东濒京杭大运河；南接向阳河、横塘乡北界和吴县木渎镇长浜、沈巷等村；西临木渎镇白塔、南浜、金山3村和吴县枫桥镇支英村；北连枫桥镇支津、毛家、木桥、合利4村；区域面积16.8平方公里。

1994年6月10日，吴县的枫桥镇、木渎镇的兴隆等4个村和郊区横塘乡的永和等7个村划归苏州市管辖，由苏州新区管理委员会行使行政管理职能，辖区范围如下：东与京杭大运河相临；南与向阳河、横塘镇北界和吴县木渎镇长浜、沈巷、天平诸村接壤；西与吴县藏书乡的五峰、天池、篁村3个村和郊区浒墅关经济开发区的鹿山、石羊2个村相连；北与浒墅关经济开发区的五图、塘西、红星、长亭4个村毗邻；境域面积52.06平方公里。

2002年9月，苏州市委、市政府对新区、虎丘区、相城区、吴中区等进行了区划调整，将虎丘区虎丘镇和白洋湾街道以及横塘镇的部分村划出，由相城区和吴中区划入通安镇和东渚镇、镇湖街道，建立苏州高新区、虎丘区。区划调整后的苏州高新区、虎丘区东临石湖和京杭大运河，与沧浪区友新街道，金阊区三元街道、白洋湾街道以京杭大运河为界，与金阊区虎丘街道，相城区黄桥街道的青台、民安、大庄、陈旗、下庄5个村毗邻；南与吴中区越溪街道的莫舍、张宅、吴山、张桥4个村，木渎镇的金山、天平2个村，藏书镇的五峰、天池、篁村、官桥等村，光福镇的枫浜、浩度、安山等村接壤；西及西北濒太湖；北与相城区黄埭镇的长泾、潘阳2个村，东桥镇的方桥、埝桥、桑浜、罗埂、矫埂等村，望亭镇的堰头、华阳、巨庄、吴泗泾、孟河等村毗邻。

开发建设以来，苏州高新区从无到有、从小到大，不仅成为苏州经济的重要增长极、自主创新的示范区和全市高新技术产业基地，而且成为苏州现代化都市的有机组成部分和最繁华的金融商贸区之一。

**【经济发展】** 2021年，苏州高新区全年实现地区生产总值1 675.8亿元，可比价同比增长10.1%，增速列全市第一；一般公共预算收入192.1亿元，同比增长9.8%；全社会固定资产投资551.5亿元，同比增长10.3%，增速列全市第二，其中工业投资完成91.0亿元，同比增长5.7%；高新技术产业投资完成95.8亿元，同比增长67.4%，增速列全市第一。进出口总额436.5亿美元，同比增长16.5%，其中出口278.8亿美元，同比增长15.1%。实际利用外资6.87亿美元，同比增长24.3%。社会消费品零售总额629.3亿元，同比增长17.0%。

2021年，苏州高新区获批首批国家高新区企业创新积分制试点，获首批科技金融创新服务中心，获2021年度火炬统计工作先进单位，获批江苏省信息技术应用创新先导区建设培育对象、江苏省第二批江苏省先进制造业和现代服务业融合试点区域、江苏省粮食安全宣传教育基地、长三角区域先进技术成果转化研究院孵化基地。

（苏州高新技术产业开发区管委会）

# 宁波高新技术产业开发区

**【概况】**宁波高新技术产业开发区成立于1999年，2007年升级为国家级高新区。2013年宁波市委市政府作出以高新区为主要依托建设新材料科技城的重大决定，核心区规划总用地面积约55平方公里。2018年2月1日，国务院批复同意宁波高新区建设国家自主创新示范区。区内下辖梅墟、贵驷、新明、聚贤等4个街道，13个社区，7个行政村，其中梅墟被誉为“鄞东第一商埠”。东一街的集市贸易，早在南宋时期便已成雏形；日久年长，商品集市交易之地的名声日渐传播，到明嘉靖初年已经定型，成为宁波东乡主要集市之一。

宁波高新区常住人口137 983人，户籍法定人员养老、医疗参保率均达到99%。推广技工学校学生和超龄人员工伤保险新政，住建、交通等行业建设工程项目总参保人数达11.6万人，城乡居民医保参保2.1万人。

**【经济发展】**2021年，宁波高新区实现GDP产值334亿元，同比增长9.2%；实现财政总收入80.4亿元，一般公共预算收入47.6亿元，同比分别增长17.5%和17%，其中一般公共预算收入中税收占比达91%；实现规上工业增加值82.2亿元，同比增长22.5%，高新技术产业和战略性新兴产业增加值分别同比增长30.1%和32.4%，占规上工业增加值比重分别达95.1%和82%；完成固定资产投资119.6亿元，同比增长14.9%；实现限上批零业销售额2 152亿元，同比增长25.2%；实现外贸进出口总额355.6亿元，同比增长5.1%。

**【科技创新】**宁波高新区是宁波市委市政府全面实施创新驱动发展战略，举全市之力打造的科技创新大平台，作为全市经济发展的创新大引擎，实施“一区多园”发展战略，核心区作为全市大孵化器，为宁波新兴产业发展提供强大的科技支撑。

2021年，宁波高新区研发经费支出占GDP比重达7.1%；万人发明专利拥有量突破200件；引进集聚了中国科学院宁波材料所、北方材料科学与工程研究院、宁波新材料联合研究院、西北工业大学宁波研究院、中国科学院宁波人工智能研究院等一批重点研发机构。拥有8家国家级孵化器和企业加速器、11家国家级众创空间。共集聚海内外院士17名、国家重点人才98名、省市重点人才（团队）422名（个），高端人才密度居全市首位。扎实推进实施高新区“一区多园”发展战略，在全市范围内已设立10个分园，形成“一区十园”新格局。

**【产业布局】**宁波高新区在空间布局上，将形成“核心区＋延伸区＋联动区”三个层次区域协同发展格局；其中，核心区由宁波高新区、宁波高教园区北集聚区、镇海新城北区区块三个区块组成。2013年，宁波市委市政府作出以高新区为主要依托建设新材料科技城的重大决定，核心区规划总用地面积约55平方公里。2018年2月1日，国务院批复同意宁波高新区建设国家自主创新示范区。该区域以高端研发、人才集聚、创业孵化等为主要功能进行开发；延伸区是与核心区紧密联系的产业化功能区，加快推进产业园、加速器等建设，引导处于快速成长期的企业实现产业化；联动区是与核心区有效联动的新材料产业集聚区，主动接受核心区辐射，推进优势新材料产业集群发展。

（宁波高新技术产业开发区管委会）

# 兰州高新技术产业开发区

**【概况】**兰州高新技术产业开发区是1991年国务院批准设立的全国首批27个国家级高新技术产业开发区之一，也是甘肃省第一个国家级开发区，2018年2月获批建设全国欠发达地区第一个国家自主创新示范区，现空间布局为“一区五园”（雁滩园区、定连园区、九州园区、七里河园区、和平园区），规划总面积182.77平方公里，重点培育生物医药、智能制造、新材料三大主导产业。2021年在科技部发布的国家高新区综合评价总体排名中，位于全国157个国家高新区（包括苏州工业园）第53名，在中国高新区创新能力100强榜单中位于第44位。

**【经济发展】**2021年，兰州高新区完成地区生产总值350.4亿元，比上一年增长7.7%；第二产业增加值241.4亿元，比上一年增长9.3%；规上工业增加值增长13.4%；建筑业增加值31.4亿元，比上一年下降2.5%；第三产业增加值107.8亿元，比上一年增长4.7%；固定资产投资额238.45亿元，比上一年增长10.02%；社会消费品零售总额123.3亿元，比上一年增长7.6%。全社会研发投入占GDP比重为3.2%，财政科技投入占财政支出比重为2.37%，万人发明专利拥有量49件，科技进步对经济增长的贡献率达到62%。

**【科创创新】**2021年，兰州高新区坚持“四个面向”，加快推进高水平科技自立自强，整合出台《兰州高新区加快兰州自创区创新驱动高质量发展政策》，强化企业创新主体地位，新增企业技术中心、技术创新示范企业等省级以上创新平台31家，兰州空间物理技术研究所主持完成的“空间电推进综合测试技术及应用”科技成果荣获2020年度国家科学技术进步奖二等奖。健全“众创空间+孵化器+加速器+产业园”的孵化链条，发挥兰州科技大市场、知识产权港、人力资源产业园功能，畅通政产学研用协同创新渠道，新引进科技型孵化企业100多家，引进急需紧缺及高层次人才38人，区内科研院所4名科学家入选中国科学院、中国工程院院士。积极构建开放创新生态圈，成功举办第十届中国创新创业大赛（甘肃赛区），筹办欧美同学会第二届“双创”大赛，兰州高新区（北欧）离岸创新中心加快建设，西北海创中心落地建设，推进与北京中医药大学共建“甘肃省中药经典名方研究院”，与上海张江开展中医药创新合作研究，谋划东西合作共建中医药园区。

积极培育发展智能制造、新材料产业，培育科技型中小企业196家、省级“专精特新”企业13家，新增高新技术企业65家、总数达到410家，新增市场主体2 319家（其中企业1 162）、总数达到15 449家(其中企业9 297家)。编制《生物医药产业专项规划》，筹划生物安全基地建设，兰州肽谷研究院以多肽信息压缩技术和PDC(多肽靶向抗肝癌创新药)技术为支撑，针对抗癌药物研发、离子通道、抗生素、疫苗、抗菌肽和干细胞等方向开展活性分子筛选和抗癌、疫苗等创新药研发，基于五肽全库针对脑瘤、胃癌、肝癌、白血病等方向的30个靶标共筛选出28组多肽活性分子，进入多肽序列优化阶段。推动耐驰（兰州）泵业“出城入园”，宝武集团兰州智能化铝制易拉罐生产线正式生产，开工建设省科学院新材料产业等项目；鲲鹏计算产业项目链接省内生态企业47家，培养本土鲲鹏开发者695人，创新中心即将投入运营。

**【投资促进】**2021年，兰州高新区全年推动续建项目120个、新建项目40个，总投资

1 639 亿元，年度投资 238 亿元。续建项目全部复工，新建项目前期手续办结率、开工率、入库率分别达到 100%、100%、97.5%。全市重大项目集中开工复工动员大会在定连园区举行，国药集团中国生物（西北）健康科技产业园医美基地和血液制品基地、国家肿瘤区域医疗中心、甘肃省生物制品批签发中心等一批重大产业项目相继落地实施。谋划储备 2022 年项目 167 个，计划总投资 1 672 亿元，年度计划投资 252 亿元。凝练谋划"十四五"项目 165 个，总投资 1 489 亿元。争取 2021 年度地方政府专项债券 7.4 亿元，中央和省预算内投资 7 000 万元。坚持精准选商择资，赴外开展重点招商推介 14 次，对接洽谈线索项目 101 个，第 27 届兰洽会签约项目 12 个，签约总额 128.64 亿元。招商引资到位资金 54.41 亿元，其中省外资金到位约 50.53 亿元，完成年度计划的 101%。

**【城市建设】**2021 年，兰州高新区严格落实"建设项目总规划师单位负责制"，指导园区项目科学编制方案，修复园区天际线，优化园区空间布局，加快推进园区道路、绿化、学校、医院以及水、电、气、热、网等公共配套项目，塑造园区形象，提升园区城市品质。定连园区经十二路等 17 条道路 EPC 总承包项目等续建工程加快实施，开工建设纬十二路等道路 5 条，集中供热（华能热电）项目加快推进，棚户区改造 1# 安置区（一期）、2# 安置区（一期）部分单体工程达到交房条件，同步推进配套商业市场化运作；高新一小及幼儿园、天立国际学校建成招生，推动兰大附中东城分校教师公寓二期项目前期工作；落地实施国家肿瘤区域医疗中心项目，加快推进传染病国家区域医疗中心项目；雁滩园区启动城市更新集中连片改造建设项目，开工建设 B640-1 等道路 2 条，建成南面滩示范街 1 条，创新大街（二期）、火炬广场项目加快推进。

**【绿色集约】**2021 年，兰州高新区深入践行习近平生态文明思想，统筹推进污染防治、生态修复和绿色转型。全面落实河（湖）长制、林长制，动真碰硬整改落实中央和省级环保督察反馈问题 25 项、信访件 54 件，积极推进中央和省级生态环境警示片反映问题整改，宛川河流域农村黑臭水体治理工程、连搭镇黏土矿生态环境恢复治理工程验收工作加快推进。建成运营果蔬废弃物资源化利用 BOT 项目、麻家寺村农村小型污水处理站，定连园区污水处理厂试运行进展顺利；全市突发环境事件应急演练成功在定连园区举办。认真落实国家高新区"双碳"行动宣言，申报国家级"绿色园区"，贯彻"四水四定"原则，定连园区"引洮供水"实现"同城同价"；结合新一轮国土空间规划编制，将定连片区城市设计范围、区域定位、空间布局等纳入新一版兰州市国土空间规划。坚持把项目建设作为落实黄河国家战略、执行发展规划的关键抓手，抢抓政策"窗口期"，谋划凝练黄河流域生态保护和高质量发展重大项目 64 个，总投资 734.66 亿元。定连园区创智中心（生态治理片区开发）完成社会投资人招标、项目公司组建，前期手续加快办理。

**【乡村振兴】**健全巩固拓展脱贫攻坚成果同乡村振兴有效衔接政策体系，严格落实"五级书记抓乡村振兴"，完成乡镇领导班子、村"两委"换届工作，选派 28 个驻村工作队 78 人，重点对 5 户 11 人边缘户、12 户 44 人脱贫监测户和低收入人口常态化监测，未发生返贫致贫现象。紧盯"两不愁三保障"，实施抗震房屋改造 18 户，完成山区村安全饮水巩固提升工程，办理慢病卡 955 人，贫困人口基本医疗保险、大病保险、养老保险参保率和义务教育阶段学生入学率均达到 100%。种植高原夏菜 4.5 万亩、鲜切花卉 1 200 亩，新建温室大棚 46 座，改造花卉大棚 80 座，实施改厕、改炕各 500 户，完成渠系配套 18 公里，村组道路硬化 5 万平方米，输转富余劳动力 1.2 万人，劳动技能培训 300 余人次，两镇农村居民人均可支配收入达到 1.4 万元，集体经济收入均达到 5 万元。组建振兴乡村投资公司，按照全域规划、一体设计、分步建设的思路，在完成两镇和 17 个行政村乡村建设规划的基础上，编制麻家寺、水岔沟美丽乡村建设规划，积极推动现代中医药大健康产城融合项目、象峰山高标准农田建设项目等，推动农业“接二连三”发展。

**【营商环境】**2021年，兰州高新区牢固树立“产业第一、企业家老大，我们当好店小二”理念，按照政府营造环境、企业创造财富的定位，一切为了企业、一切服务企业，“不来即享”兑现政策，坚持要素跟着项目走，推进审批办事不求人，靠前服务，主动介入，建立“亲”“清”新型政商关系。对标国家优化营商环境指标，细化分解任务，逐级压实责任，补短板强弱项，在全市优化营商环境模拟填报中企业开办、纳税、市场监管、知识产权创造保护等指标排名靠前。建立“四办四清单”月报管理制度，厘清即收即办事项83项、限时办结70项，提供“24小时不打烊”政务服务，“一网通办”事项占比100%。拓展“非接触式”办税缴费服务，建立覆盖镇村社三级便民服务平台，全面推广“为民服务代理制”“一站式”服务。新上产业项目试点“工业标准地”出让模式，完成6宗“工业标准地”供应前期出让公告。累计为企业减免各项税费11亿元。举办金政企对接活动8场（次），为甘肃省科学院纳米新材料项目、军民融合产业项目等融资3亿元。

**【党建引领】**2021年，兰州高新区坚持习近平新时代中国特色社会主义思想为指引，扎实贯彻党的十九大及十九届历次全会精神，全面落实习近平总书记视察甘肃重要讲话和指示精神，扎实组织各级党组织步调一致学习习近平总书记重要讲话精神，深刻领悟中国共产党百年奋斗重大成就、历史意义和深刻领悟“两个确立”的重大意义，不断增强“四个意识”，坚定“四个自信”，做到“两个维护”，弘扬伟大建党精神，坚决响应党中央号召，锚定既定奋斗目标，以兰州高新区的高质量发展服务全国、全省、全市现代化建设大局。把开展党史学习教育作为加强政治建设的有力抓手，联合兰州日报社制作《百年党史天天读》视频29集，成功举办“高新儿女心向党”庆祝建党100周年文艺晚会，扎实推进“我为群众办实事”实践活动，办理完成实事768件、正在办理119件。坚持党管意识形态不动摇，与兰州日报社共建融媒体中心，强化舆情监测和管控，积极正面主动发声，生动讲好高新故事，守牢意识形态建设主阵地。大力培育和践行社会主义核心价值观，顺利通过创城复评迎检工作。加强基层治理体系和治理能力现代化建设，试点“一村（社区）一警一队”建设，连搭镇荣获全市第二批民族团结进步示范乡镇。

（兰州高新技术产业开发区管委会）

# 南宁高新技术产业开发区

**【概况】** 南宁高新技术产业开发区（下简称“高新区”）于1988年创建，1992年经国务院批准为国家级高新技术产业开发区。先后被确定为“国家火炬计划软件产业基地”“国家电子商务示范基地”“国家双创示范基地”“南宁国家广告产业园区”“国家知识产权示范园区”“国家低碳工业试点园区”等。目前托（代）管心圩、安宁2个街道，分心圩片区、安宁片区、相思湖片区、南宁综合保税区4个片区（产业园），常住人口29万。

**【经济发展】** 2021年，南宁高新区规上工业产值完成466.60亿元，同比增长11.77%，两年平均增速15.86%；GDP保持两位数快速增长，总量达305.51亿元，比上一年增长14.10%；固定资产投资完成207.39亿元，比上一年增长19.60%，增速排名全市第三，其中工业投资54.89亿元，比上一年增长19.50%；社会消费品零售总额完成197.15亿元；进出口总额完成544亿元，比上一年增长11.77%，总量居全市首位；财政收入48.58亿元，比上一年增长13.19%，增速排名全市第三，较上年同期上升了10位。

**【产业发展】** 2021年，高新区规上工业产值在全市占比实现新提升，达17.56%，总量排名全市第一。新一代信息技术、智能制造、生命健康三大主导产业实现产值393.85亿元，比上一年增长14.12%，占高新区全部工业产值比重84.41%。高新区77家规上其他营利性服务业企业营业收入139.71亿元，比上一年增长26.4%，总量占全市比重28.6%，排名全市第二。批发业销售额1 203.79亿元，比上一年增长91.6%，排名全市第一。润建股份、锦绣前程、建工大都等权重企业营业收入增长均超20%以上。2021年7月，高新区获批“广西先进制造业和现代服务业融合发展试点区域”，博世科获批“试点园区”；同年12月，高新区获得国家电子商务示范综合基地评价结果“A”等，成为广西唯一获得此等评级的国家电子商务示范基地。

2021年新增规上工业企业22家，其中新建入规工业企业17家；亿元工业企业较上年增加7家，累计62家，实现产值占全部规上工业产值比重达91.22%。推动世纪创新、博世科两个重点“百亿企业”做强做优，其中世纪创新实现产值超14亿元，增长332.36%；博世科成功入选国家级“绿色工厂”。国家专精特新“小巨人”企业累计达6家，占全市28.6%，自治区级、市级专精特新中小企业累计达22家，总量排名全市第一。新增新三板挂牌企业1家、自治区上市挂牌后备库企业1家。

**【科技创新】** 2021年，高新区培育科技型中小企业367家，广西瞪羚企业保有量达18家。与自治区大数据发展局、广西大学共同推进广西大学科技园建设，与广西产业技术研究院签订战略合作协议，进一步促进产业链与创新链融合发展。科技成果转化项目完成67项，完成南宁市下达年度任务的203%，高科技企业保有量达500家，比上一年增长18.48%。国家级众创空间南宁创客城累计入驻初创型科技企业78家，力合星空（南宁）孵化器入孵项目41个。工业企业技术竞争力进一步提升，新增自治区级企业技术中心2家、南宁市级5家，26个产品列入广西名优工业产品推荐目录。市场主体活跃度增强，全年新设市场主体12 257户，比上一年增长27.1%；国家知识产权局商标业务南宁受理窗口的每月商标注册申请受理量多次位列全国前十、保持全区第一。截至年底，高新区有效发明专利拥有量累计达 4 565 件，全市排名第一，占全市比重达 44.39%。

南宁高新区人才引育实现新突破。园区企业博世科创始人、广西大学王双飞教授当选中国工程院院士，张立新等 10 个人才企业项目入选“邕江计划”，占全市 41.67%。新增南宁市高层次人才 90 名、高层次人才团队 14 个、南宁市特聘专家 6 名、青年人才 13 226 名，目前已拥有南宁市 A 类人才 6 名，占全市 55%。“人才飞地”高新区国家级海外人才离岸创新创业基地累计入驻项目 13 个、在孵项目 10 个、海外人才 18 人；园区企业与 30 多所高校开展密切合作，累计培养人 1.1 万名新一代信息技术专业技术人才。

企业技术竞争得到提升。截至 2021 年，高新区拥有国家级知识产权优势企业累计达 18 家，占南宁市的 39.1%；自治区知识产权优势企业培育 40 家；121 家企业通过国家知识产权管理体系认证；6 家企业获批自治区知识产权优势企业培育单位；1 家企业拥有国家级知识产权示范企业称号，占南宁市的 33.3%；基于优势企业集聚的良好基础，广西交科集团获得一项国际发明专利，广西曼彻彼斯自动化设备有限公司获得一项中国专利优秀奖；同时，2 家企业申报的两项专利获自治区局推荐参评第二十二届中国专利奖。

**【南宁综合保税区】**南宁综合保税区位于南宁市南面，五象新区西南端。2015 年 9 月 30 日，国务院正式批复设立，2016 年 10 月 18 日，南宁综保区一期顺利通过国家联合验收组验收，2017 年 4 月 13 日正式封关运营。

2021 年，南宁综保区实现进出口总额 72.5 亿美元，同比增长 20.4%，其中，加工贸易进出口额为 63.04 亿美元，同比增长 12.20%；2021 年，综保区新引进外资企业 15 家，商务部口径实际利用外资为 5 955 万美元。

开放平台持续搭建。2021 年，中新南宁国际物流园累计完成投资 62 亿元，其中物流产业项目年度投资 4.5 亿元。新中智慧园、新中信泰医药中国智能医药物流网络南宁枢纽项目实现常态化运营，货运量 100 万吨；东盟多式联运智慧产业城（一期）封顶，中新光合谷物联智慧园一区完成主体工程建设，中国—东盟特色商品汇聚中心、普洛斯南宁智慧供应链一体化产业创新港、易商南宁电商物流园等项目全面开工建设。2021 年，中国（南宁）跨境电商综试区核心区保持高速发展，完成跨境电商进口、出口业务量 1.11 亿单，交易额 57.57 亿元，分别增长 159.82%、177.56%。推动中国（南宁）跨境电子商务综合试验区核心区建设，通过 9610 模式加快向菲律宾、越南、新加坡等东盟国家出口快消品、日用品等，重点企业有菜鸟网络、Shopee（虾皮）等。依托 Lazada 跨境生态创新服务中心，综保区离岸人才双创基地先试先行，为中国—东盟跨境电商直播、人才培养、跨境商家孵化提供多元化服务；菜鸟网络东南亚物流枢纽（南宁）项目正式开仓运营。

海关特殊监管区、高新区、自贸区、跨境电商综试区和国家加工贸易产业园、中新南宁国际物流园“四区两园”的开放优势吸引企业加快集聚，南宁综合保税区围网内外新增注册企业 914 家，累计达 1 257 家，增长 236.03%；中韩（广西—江原道）产业园项目成功落地，正在加快推进虾皮东盟跨境电商物流中心等项目抓紧洽谈入区。2021 年东盟跨境电商研讨沙龙、2021Lazada 东南亚跨境直播人才大赛先后在南宁综保区举办，中国—东盟科普国际交流基地落户，南宁综保区对外开放水平进一步提升。

**【投资环境】**2021 年，高新区积极探索在南宁综保区开展惠企政策“免申即办”，依托大数据，通过“政策找人、奖励找企、政府全程代办”的惠企政策兑现方式，畅通企业了解政策渠道、压缩时限、精简手续，实现“新增规模以上工业企业奖励”及“给予高新技术企业认定奖励”等与园区企业密切相关的惠企政策兑现“免申即办”，让企业“坐享”政策红利，让

“一次不用跑”“免申即办”成为常态。创新推出“一窗综合服务区”“5 + 9”审批服务模式，编撰《高新区“一窗通办”收件审查要点手册》，办事群众到服务区任一窗口均能办理各项社会事务业务，实现前台综合受理、后台分类审批、综合窗口出件。高新区社会类投资项目 4 个阶段审批时限压缩至 20 个工作日；政府投资类项目 4 个阶段审批时限压缩至 30 个工作日；社会投资低风险产业类项目施工许可阶段消防设计审查可同步办理，办理时限为 2 个自然日。

**【服务管理】**2021 年，高新区改进登记流程，在“企业登记、印章刻制、申领发票”的基础上，新设企业的信息通过“多证合一”途径同步推送到社会保险登记、住房公积金缴存开户登记部门，同步完成登记，同时推进企业银行基本账户开户和企业开办环节无缝对接，实现 0.5 个工作日办结。全力推行企业登记全程电子化。引导企业网上申办业务，减少企业往返奔波，实现“最多跑一次”或“一次不用跑”。尤其是在疫情期间，通过“网上办、掌上办、寄递办、预约办”等有效手段，进一步压减登记注册环节、时间和成本；同时，对园区重点招商项目及相关企业，采取提前介入服务，实行专人负责，从名称登记到领取营业执照进行全程跟踪服务。进一步推进“减证便民”改革，解决群众办事难点。及时梳理动态调整容缺受理政务服务事项清单，并在南宁高新区电子政务网上公布《高新区本级容缺受理政务服务事项清单》，进一步提升审批效率。

压紧压实项目服务责任制，班子领导带队挂点服务重点企业，企业服务中心挂牌运行，驻企特派员深入企业一线，形成全方位服务企业工作格局，累计协调解决 400 余件涉企审批事项，帮助企业解决限电用电等 100 多个生产问题，指导 775 家企业兑现政策补贴及扶持资金 10.81 亿元，助力企业达产增量、加快发展。

**【投融资服务】**2021 年，南宁高新区全年举办近 40 场“政企金”对接会，助推企业融资到位资金 120.16 亿元，“桂惠贷”覆盖 984 家企业，直接减轻企业融资成本 1.32 亿元。严格落实惠企纾困减负政策，累计拨付各类企业扶持资金 120.16 亿元，覆盖近千家企业，直接减轻企业扶持资金 18.52 亿元，为八菱、巨星等上市公司提供纾困资金共计 2.3 亿元。全年获批政府债券 9.1 亿元，其中产业园区债券 7.7 亿元，位列全市第一；高新区营商环境设施配套提升工程项目成功落地实施，实现高新区 PPP 项目“零突破”。

（南宁高新技术产业开发区管委会）

# 重庆高新技术产业开发区

**【经济发展】**2021 年，重庆高新技术产业开发区全年实现地区生产总值 588.55 亿元，按不变价格计算，比上年增长 12.9%，两年平均增长 9.8%。分产业看，第一产业增加值 4.51 亿元，增长 0.8%；第二产业增加值 359.01 亿元，增长 14.7%；第三产业增加值 225.03 亿元，增长 10.4%。三次产业结构为 0.8∶61.0∶38.2。从三次产业对经济增长的贡献看，一、二、三产业对全区经济的贡献率分别为 0.1%、68.6%、31.4%。从对经济增长的拉动看，二、三产业分别拉动经济增长 8.8、4.0 个百分点（见表 1）。

表 1 2021 年分产业地区生产总值、增速及其比重

| 指 标 | 绝对量（亿元） | 比上年增长 (%) | 比重 (%) |
|---|---|---|---|
| 地区生产总值 | 588.55 | 12.9 | 100.0 |
| 第一产业 | 4.51 | 0.8 | 0.8 |
| 第二产业 | 359.01 | 14.7 | 61.0 |
| 工 业 | 255.78 | 13.0 | 43.5 |
| 建筑业 | 103.23 | 19.5 | 17.5 |
| 第三产业 | 225.03 | 10.4 | 38.2 |

注：地区生产总值绝对量按现价计算，增长速度按不变价格计算，下同。

**【工业发展】**2021 年全年实现工业增加值 255.78 亿元，比上年增长 13.0%。年末规模以上工业企业达到 267 个，规模以上工业总产值增长 8.7%，增加值增长 15.3%，出口交货值增长 5.6%。按轻重工业分，轻工业产值增长 22.0%，重工业产值增长 8.4%（见表 2）。按登记注册类型分，国有企业产值增长 13.6%，股份制企业产值增长 20.0%，外商及港澳台商投资企业产值增长 6.0%，其他经济类型企业产值增长 664.2%。按产业分，电子产业产值增长 6.4%，装备制造产业产值增长 18.1%，汽车产业产值增长 118.7%，摩托车产业产值增长 19.3%。

表 2 2021 年规模以上工业企业经济效益

| 指 标 | 单位 | 绝对额 | 增长 (%) |
|---|---|---|---|
| 亏损企业数 | 个 | 33 | 37.5 |
| 产成品 | 亿元 | 55.8 | 63.7 |
| 资产总计 | 亿元 | 1 182.0 | −14.0 |
| 营业收入 | 亿元 | 2 928.4 | 15.9 |
| 利润总额 | 亿元 | 54.8 | 25.7 |
| 营业收入利润率 | % | 1.87 | 0.14 |

**【服务业发展】**2021 年全年实现服务业增加值 225.03 亿元，比上年增长 10.4%，其中，批发和零售业增加值 33.35 亿元，增长 11.4%；住宿和餐饮业增加值 11.08 亿元，增长 10.9%；交通运输、仓储和邮政业增加值 11.08 亿元，增长 8.6%；金融业增加值 54.56 亿元，增长 15.1%；房地产业增加值 34.27 亿元，增长 7.3%；其他服务业增加值 80.69 亿元，增长 8.5%。全年规模以上服务业企业营业收入 60.38 亿元，比上年增长 18.2%。全年公路货物运输量 1 627 万吨，增长 16.3%；公路货物运输周转量 142 836 万吨公里，增长 7.0%。

**【国内贸易】**2021 年全年社会消费品零售总额比上年增长 22.3%。按限额以上消费类型统计，商品零售额增长 21.0%；餐饮收入增长 43.1%。在限额以上单位商品零售额中，粮油、食品类增长 41.2%，饮料类下降 10.5%，烟酒类增长 127.8%，日用品类下降 28.2%，家用电器和音像器材类下降 3.1%，石油及制品类下降 0.6%，建筑及装潢材料类增长 12.9%，汽车类增长 36.4%。全年限额以上批发和零售业单位通过公共网络实现的商品零售额增长 128.9%。

**【固定资产投资】**2021 年全年固定资产投资总额比上年增长 23.4%，其中，基础设施建

设投资增长33.3%。分产业看，第二产业投资增长16.9%，第三产业投资增长24.9%。分行业看，工业投资增长16.9%，房地产开发投资增长14.4%（见表3）。

表3　2021年固定资产投资增长速度

| 指 标 | 比上年增长(%) |
|---|---|
| 固定资产投资总额 | 23.4 |
| #基础设施建设 | 33.3 |
| #民间投资 | 7.6 |
| 按构成分 | |
| 建筑安装工程 | 19.4 |
| 设备工器具购置 | 12.0 |
| 其他费用 | 34.8 |
| 按三次产业分 | |
| 第一产业 | — |
| 第二产业 | 16.9 |
| #工业投资 | 16.9 |
| 第三产业 | 24.9 |
| #房地产开发 | 14.4 |

**【对外经济】**2021年全年货物进出口总额3 459.34亿元，比上年增长17.3%，占全市比重43.2%；其中，出口2 486.80亿元，增长24.4%，进口972.54亿元，增长2.6%。

全年实际使用外资3.16亿美元，比上年增长137.0%。

**【财政金融】**2021年全年一般公共预算收入30.64亿元，比上年增长25.1%；其中，税收收入27.77亿元，增长20.9%。一般公共预算支出70.85亿元，增长10.6%。

全区现有银行分支行18家，银行网点数65个。据手工统计，年末金融机构人民币存款余额576.22亿元，比上年末增长225.8%；其中，住户存款余额91.75亿元，增长98.7%，年末金融机构人民币贷款余额517.43亿元，增长101.0%。

**【社会保障】**全区城镇企业职工基本养老保险参保人数23.12万人，参加城乡居民社会养老保险人数4.28万人，参加城镇职工基本医疗保险人数14.81万人，参加城乡居民基本医疗保险人数20.97万人，参加工伤保险人数22.48万人，参加失业保险职工人数13.06万人。2021年末全区城市居民最低生活保障514户662人，比上年末减少99人，城市最低生活保障标准由620元/月人提高至636元/月人，共发放城市低保金561.7万元。农村居民最低生活保障800户1 085人，比上年末减少382人，农村最低生活保障标准由496元/月人提高至515元/月人，共发放农村低保金796.7万元。

年末全区各类收养性社会福利单位（含敬老院）20个，床位数1 133张。城乡集中、分散特困供养人数501人。民政部门救助临时困难群众788人次，发放困难救助金630.2万元。重大节日慰问困难群众8 100人次，发放慰问金141.4万元。全区共有退役军人服务（中心）站105个，其中区级退役军人服务中心1个、镇（街道）退役军人服务站10个、村（社区）退役军人服务站94个；烈士陵园1个，分散烈士墓3处；服务对象7 313人，重点优抚对象1 188人，全年共发放各类优抚补贴2 130万元；发放退役安置费用1 120万元。

**【科技教育】**截至2021年底，全区市级以上科研机构304个；其中，市级企业技术中心43个，市级工程技术研究中心68个，市级重点实验室87个，国家级重点实验室5个，国家级企业技术中心1个。有效期内高新技术企业240家，市级科技型企业1 152家。

全区共有中国驰名商标5个、注册商标15 128个，全年获得授权专利2 687件；其中，发明专利授权467件，比上年增长10.1 4%。每万人拥有发明专利47件。

全区学校141所（含幼儿园，不含高等学校，下同），专任教师4 944人。全年招生21 132人，在校学生85 701人，毕业生16 420人。师生共获国家级奖项及荣誉称号368项、市级1 500项；全年教师获市级以上优质课竞赛、基本功大赛一等奖99人次。

**【环境管理】**2021年全年空气质量指数（AQI）达到和好于二级以上天数320天，占全年比例 87.7%。细颗粒物（PM2.5）平均浓度 34 微克 / 立方米，同比去年上升 9.7%。梁滩河赖家桥市控考核断面水质均值为地表水 IV 类。集中式饮用水源水质达标率为 100%。全区昼间区域环境噪声平均等效声级 54 分贝，昼间道路交通噪声平均等效声级 70 分贝。未发生较大级以上突发环境事件。人均公园绿地面积 3.69 平方米，比上年增长 158.0%，建成区绿化覆盖率 27.34%。

（重庆高新技术产业开发区）

# 佛山高新技术产业开发区

**【概况】**佛山高新技术产业开发区是1992年经国务院批准建设的首批国家级高新区之一，是佛山市科技创新和产业升级的主要引擎，是珠三角国家自主创新示范区的主体园区、粤桂黔高铁经济带合作试验区（广东园）的主要载体，也是国家创新型特色园区、国家知识产权试点园区、科技部企业创新积分制试点园区、广东省金融科技产业融合创新综合试验区、珠江西岸装备制造产业创新基地。现实行“市统筹、区建设、齐分享”的管理体制和“一区五园、统一规划、分园管理、创新服务”的管理模式，园区管理面积为470.72平方公里，下辖禅城园、南海园、顺德园、高明园、三水园。

**【经济发展】**2021年，佛山高新区实现园区生产总值1 942.85亿元，同比增长14.85%；纳统企业实现工业总产值5 016.75亿元，同比增长13.15%；营业收入5 999.23亿元，同比增长15.03%。目前，佛山高新区全国综合排名为第29位。

**【区位优势】**佛山高新区地处粤港澳大湾区建设的核心圈层，境内铁路、公路、航空、水运高度集成，全面融入大湾区“1小时交通圈”。1小时车程可抵达广州白云机场、广州南站和广州南沙港等珠三角交通枢纽；2小时车程可达深圳宝安国际机场、香港国际机场、珠海国际机场、澳门国际机场等五个国际机场和广州黄埔港、广州南沙港、佛山三山港、深圳港等四个国际物流港口；佛山西站联通大西南、东南亚地区，广深港高铁80分钟直达香港西九龙。

**【产业发展】**佛山高新区发展以实体经济、民营经济为主，以“智能化”“高端化”为导向，重点推动高端装备制造、智能家居、新材料三大主导产业，以及电子、生物医药与健康、生产性服务业三大特色产业发展，聚焦“硬科技”方向，积极发展机器人、增材制造、新能源汽车、氢能源、工业互联网等新产业新业态，构建高新区“两化一硬”高质量发展的“3+3+X”产业体系。汇聚制造业企业超过一万家，成为全市先进制造业核心引擎，先进制造业产值占全市的50%。拥有本土成长起来的世界500强企业2家、高新技术企业3 602家。

**【创新科技】**佛山高新区以粤港澳大湾区国际科技创新中心建设为指引，紧扣打造国家制造业创新中心的决策部署，突出创新引领高质量发展。高标准规划建设超480平方公里佛北战略新兴产业园，全力打造约30平方公里佛山人才创新灯塔产业园，加快构建以先进制造业为支撑的现代产业体系。大力建设季华实验室和仙湖实验室两个省级实验室，专注于先进制造科学与技术领域，主攻先进能源科学与技术领域，形成先进制造和新能源双轮并驱的产学研深度融合技术创新体系。全力实施高新技术“研发—孵化—加速—产业化”全链条支撑的“百千万”创新空间优化工程，打造“百亩佛山创新灯塔社区”“千亩产业加速器”“万亩产业园”高端创新载体。园区内拥有国家级孵化器25个、科技部备案的众创空间17个、国家级研发机构27个、省级以上重点实验室17家、省级及以上新型研发机构19家，成为创新创业的热土和高地。

**【枢纽作用显著】**佛山高新区紧抓国家“一带一路”等历史性机遇，全面推进区域开放合作，初步形成了以广佛、粤港澳大湾区合作为基础、全球国际合作为外延的开放发展格局。

作为粤桂黔滇川高铁经济带合作试验区（广东园）的核心区，积极推进高铁沿线29个城市的双向开放合作，与贵阳、南宁、柳州、桂林、肇庆、营口、常德、延安等高新区缔结为友好高新区，与西藏林芝、黑龙江双鸭山、湖南郴州等经开区建立共建帮扶合作关系，构建全面开放新格局。以全球视野谋划和统筹配置优势资源，与境外创新资源密集地区建立稳定合作关系，与海内外各大高等院校及机构合作，布局打造了9个海外创新平台，设立佛山高新区硅谷、洛杉矶、波士顿、温哥华、慕尼黑、新加坡代表处，与深圳清华国际技术转移中心合作共建北美洲、欧洲和亚洲商务联络处，探索建立离境孵化器和跨境加速器，吸引国际要素资源走进来，推动实体经济“走出去”。

（佛山高新技术产业开发区管委会）

# 乌鲁木齐高新技术产业开发区

**【概况】**乌鲁木齐高新区成立于1992年8月，是经国务院批准的全国54个国家级高新技术产业开发区之一，也是新疆唯一的国家级高新技术产业开发区。现总体规划面积59.1平方公里。乌鲁木齐高新区成立以来，坚持从新疆实际出发，以发展高新技术产业和新型工业为宗旨，立足新疆资源优势转化，大力发展特色高新技术产业，初步建成全疆发展高新技术产业的重要基地和现代化科技新城区，已成为新疆区域经济发展的新亮点和增长极。

乌鲁木齐高新区已建成钻石城中央商务区，邻近城市主干道的北区工业园和正在全面建设的甘泉堡高新工业园，设有国家级创业服务中心、新疆国家大学科技园、百花村软件园、乌鲁木齐留学人员创业园、乌鲁木齐中亚科技合作园等多个科技创业孵化园区，初步形成了钻石城中央商务区、产业区火炬创新创业园区、工业园区以及区外园区的发展格局。

**【定位】**乌鲁木齐高新技术产业开发区（新市区）承载国家使命，支撑区域发展，以创新型特色产业园区为依托，聚焦特色主导产业，建成中亚科技经济合作的桥头堡、中国西部创新驱动和低碳发展的先行区，打造我国面向中、西、南亚及俄罗斯市场的高新技术产业战略基地，成为新疆新型工业化的战略引擎和乌鲁木齐的科技新城区。

乌鲁木齐高新区规划面积326平方公里，实行“区市共建，以市为主，科技厅归口管理，重大科技业务隶属科技部火炬中心”的管理体制，代表乌鲁木齐市委、市政府统一领导和“封闭管理”区内经济和社会事务，行使市一级人民政府的经济管理权限。集资源、地缘、区位、政策、产业、服务、品牌、土地、财力、融资十大优势，落户既可享受国家级高新区和新疆地方的各种普惠制政策，还可感受到特有的区位、品牌、服务、体制、财力、融资、产业支持等综合优势。

**【经济发展】**2021年，乌鲁木齐高新区实现地区生产总值1 378.9亿元，同比增长5.4%；全社会固定资产投资同比增长3.8%；工业增加值较上年度增长2.6%；社会消费品零售总额同比增长13.5%。

（乌鲁木齐高新技术产业开发区管委会）

# 合肥高新技术产业开发区

**【概况】**合肥国家高新技术产业开发区（简称高新区）是1991年经国务院批准的首批国家级高新区，区域面积179平方公里，是合肥综合性国家科学中心的核心区、合肥滨湖科学城创新引领核、国家自主创新示范区、首批国家双创示范基地和中国（安徽）自贸区合肥片区核心区，是创新型国家建设的战略支点和合肥建设“大湖名城 创新高地”的主要载体，在全国169家国家级高新区综合排名中连续七年位居前十名，其中2019排名第6位。

**【经济发展】**2021年，高新区实现地区生产总值1 252.7亿元，比上一年增长11.2%，财政总收入248.7亿元，比上一年增长11.7%，规上工业产值1 806.5亿元，比上一年增长22%，战新产业产值1 251.6亿元，比上一年增长30.7%。

**【科技创新】**高新区秉持“发展高科技、实现产业化”的立区宗旨，探索出了一条“科学—技术—创新—产业”的内生发展之路，在新一代人工智能、量子技术等前沿技术、颠覆性技术和产业化方面取得重大突破，科大讯飞入选首批四大国家AI开放创新平台，中国科大高新校区、安徽省科技创新“一号工程”量子信息与量子科学创新研究院坐落于此，形成了“中国声谷 量子中心”的园区品牌。2018年4月，被国家纳入全国10家“世界一流高科技园区”建设序列，跻身参与全球科技竞争的国家队。

高新区是原始创新的“策源地”。聚焦国家战略科技力量，拥有中国科学技术大学先进技术研究院、中国科学院合肥技术创新工程院、中电科38所等重大协同创新平台，类脑智能国家工程实验室、人工智能研究院、合肥先进计算中心、信息材料与智能感知实验室、天地一体化合肥网络中心、国家健康医疗大数据中心等重大科技基础设施和新型研发机构落户运营。大力实施名校名所名企引进战略，引进了中国科学院重庆绿研院、武汉大学创新技术研究院和华为、BAT、龙芯、寒武纪等龙头企业创新中心。国家高新技术企业近2 000家，省级以上技术（工程）研究中心200余个，研发占GDP比重达11.7%，每万人有效发明专利拥有量369件，位居全国前列。2020年8月21日，习近平总书记参观考察安徽省创新馆时，合肥高新区参展企业248户，占比59%；园区参展成果971件，占全部展出成果的73%。

**【高新产业发展】**高新区是新经济的引领区。培育了科大讯飞、科大国盾、芯碁微装、华米科技、阳光电源、智飞龙科马等行业领军企业，形成了人工智能、集成电路、量子信息、网络安全、生物医药、光伏新能源等高端产业集群，人工智能、集成电路成功入选国家发改委首批国家级战略性新兴产业集群。“中国声谷”作为中国首家定位于人工智能领域的国家级产业基地，聚集企业千余家，产值年超千亿元。在量子信息产业领域，潘建伟、郭光灿、杜江峰三院士组成的量子科技“国家队”，已在区孵化设立了国盾量子、本源量子和国仪量子公司，分别开展量子通信、量子计算和量子精密测量的研发和产业化。依托新华三、海康威视、高维数据等行业龙头企业，着力打造具有全国影响力的“中国安全谷”，发展网络空间安全产业。

**【创新发展】**高新区是创新创业的示范区。聚集企业6万余家，培育上市公司33家，拥有各类孵化载体75个，孵化面积380万平方米，集聚了腾讯、36氪、美国巴特恩等国内外知名孵化载体，在孵企业近 4 000 家。建立了天使投资、创新贷、助保贷、股权投资等全周期科技金融服务体系，聚集各类基金 220 余支，基金规模超 2 600 亿元。率先建设全省首个县区级区域经济大脑，对区内企业实施精准画像，一网通达，帮助企业在线获取要素服务；“合创券”自推出 5 年来，累计为 5 900 家科技型中小企业提供政策支持 2.62 亿元，提供超过 1 万次科技中介服务，形成各类知识产权超万件。国家双创示范基地建设两次获得国务院办公厅通报表彰。

**【人才建设】**高新区是人才的宜居区。持续优化“养人”环境，高标准建设合肥国际人才城，实施领航企业家培养工程，建立全国高新区首家企业家大学，全区从业人员 43 万人，本科以上占比 46.9%，集聚市级以上重点人才工程入选者 573 人，约占全市的 40%。全面推进“名校战略”，中加国际学校、中科大附中高新中学、合肥六中高新中学、合肥七中等优质教育资源集聚，拥有安医一附院高新院区、省国际妇女儿童保健中心、省口腔医院（西区）、全国第二家质子重离子医院等高端医疗资源。坚持低碳发展，用科技创新助力环保产业发展和应用，获批中西部首家“国家生态工业示范园区”。建设对外开放示范区，高新区块是中国(安徽）自由贸易试验区合肥片区的核心区域，面积 31.43 平方公里，约占合肥片区的 50%，拥有侨梦苑、中德智能制造国际创新园、欧美同学会长三角海创中心等国际化双创基地，聚集各类海归人才 1 万余人。

（合肥高新技术产业开发区管委会）

# 济南高新技术产业开发区

**【经济发展】**2021 年是济南高新技术产业开发区成立三十周年，高新区面对复杂严峻的外部环境，始终坚持以习近平新时代中国特色社会主义思想为指引，深入贯彻黄河流域生态保护和高质量发展重大国家战略，坚持稳中求进、稳中向好工作总基调，统筹疫情防控和经济社会发展，在“十四五”开局之年，交出一份高质量发展的靓丽成绩单。

2021 年，高新区生产总值实现 1 510.3 亿元，同比增长 9.3%，两年平均增长 7.9%。其中，第一产业增加值实现 3.9 亿元，同比增长 0.2%，两年平均下降 2.0%；第二产业增加值实现 736.8 亿元，同比增长 9.2%，两年平均增长 10.5%；第三产业增加值实现 769.6 亿元，同比增长 9.4%，两年平均增长 5.4%。三次产业结构为 0.3∶48.8∶51.0。2021 年末市场主体总量达 11.9 万户。“四上”企业数量达 1 680 家，同比增长 13.5%。“四新”经济增加值实现 598.5 亿元，占 GDP 比重为 39.6%，同比增长 18.3%。高技术产业投资占固定资产投资比重为 25%。规模以上工业高技术制造业增加值增长 18.6%，规模以上工业高端装备制造业增加值增长 9.8%。规模以上高技术服务业营业收入增长 23.2%。

**【工业经济】**2021 年，高新区全部工业增加值同比增长 10.4%。规模以上工业增加值同比增长 13.2%；分轻重工业看，轻工业增长 25.3%，重工业增长 9.3%。27 个行业大类中有 20 个行业实现增加值正增长，增长面达 74%。高新技术产业产值增长 15.0%，占规模以上工业产值的比重达 85.3%。规模以上工业企业实现营业收入 1 627.2 亿元，同比增长 15.2%；实现利润总额 151.3 亿元，同比增长 36.3%。

**【服务业发展】**2021 年服务业实现增加值 769.6 亿元，同比增长 9.4%，占全区生产总值（GDP）比重达 51.0%。规模以上服务业营业收入增长 23.6%，其中新兴行业发展较快，互联网和相关服务业、软件和信息技术服务业、科技推广和应用服务业营业收入分别增长 53.0%、23.7%、54.5%；物流业发展迅速，装卸搬运和仓储业、邮政业营业收入分别比上一年增长 103.1%、43.8%；高技术服务业不断壮大，占全区规模达 59%，营业收入同比增长 23.2%。

**【固定资产投资】**2021 年固定资产投资额同比增长 12.6%。年末亿元以上固定资产投资项目达 203 个，比上年增长 10.3%。房地产开发业完成投资 173.9 亿元，同比增长 27.8%。商品房销售面积为 130.8 万平方米，同比增长 46.4%。民间投资占比 39.1%，较去年同期提高 2.1 个百分点。工业技改投资同比增长 12.1%，制造业技改投资同比增长 10.8%。

**【开放型经济】**2021 年，货物进出口总额 1 029.8 亿元，同比增长 53.3%，其中，出口额实现 491.4 亿元，同比增长 86.5%；进口额实现 538.4 亿元，同比增长 32.3%。从进出口对象看，对东盟进出口同比增长 23.7%，对欧洲进出口同比增长 35.2%，对非洲进出口同比增长 60.7%，对“一带一路”沿线国家进出口同比增长 33.7%。从出口商品看，排名前三的如下：运输工具出口 151.5 亿元，同比增长 77.4%；机械设备出口 103.2 亿元，同比增长 4.9%；电器及电子产品出口 57 亿元，同比增长 429%。全年经济外向度达 68.2%，比上年提高 13.9 个百分点。

2021 年，实际使用外资 7.8 亿美元，总量居全市第一位，其中，制造业使用外资 0.66 亿美元，同比大幅增长 310.1%；第三产业使用外资 7.1 亿美元。全年实现合同外资 26.9 亿美元，同比增长 18.8%。新批外商投资项目达 100 个，同比增长 49.3%，其中，总投资过亿美元的项目 15 个，总投资过亿美元项目合同外资达 21.6 亿美元。

**【财政金融】**2021 年一般公共预算收入实现 148.0 亿元，同比增长 13.2%，其中，税收收入实现 132.7 亿元，同比增长 19.6%。税收比重为 89.6%，同比同期提高 4.8 个百分点，财政收入质量稳步提高。一般公共预算支出实现 97.1 亿元，剔除 2020 年一次性专项资金因素后，可比增长 4.2%，其中民生支出完成 76.8 亿元，占比达到 79.1%，占比较 2020 年同期提高 2.7 个百分点，财政支出结构更加优化。2021 年底上市公司数量达到 22 家，股票 22 只，累计新三板挂牌 98 家，全年新增上市 4 家。新增直接融资 1 251.1 亿元，同比增长 6.9%。

**【科技创新】**2021 年，研发经费投入 80.0 亿元，同比增长 23.8%，研发经费投入占 GDP 比重为 6.2%，比上年提高 0.6 个百分点。共有省级独角兽企业 4 家，省级专精特新企业 328 家，省级瞪羚企业 130 家。技术合同实现交易额 153.8 亿元，同比增长 90%。全年认定高新技术企业 683 家、总数突破 1 600 家，实现科技型中小企业入库 2 144 家。参与获得国家级科技进步二等奖 2 个，牵头获得省级科技进步一等奖 2 个、省级科技进步二等奖 5 个。国家知识产权示范企业、优势企业数量达 32 家。

**【绿色集约】**2021 年，高新区能源消费结构不断优化。清洁能源消费占比逐步提高，全年规模以上工业天然气消费同比增长 71.7%，清洁能源占比比上年提高 15.6 个百分点；规模以上工业企业生物质发电占比已达 100%。研究、编制《济南高新区绿色发展五年行动方案》，指导济南高新区绿色低碳高质量发展。生态环境质量持续改善。空气质量明显提升，空气质量综合指数同比改善 10.2%。城区环境空气中可吸入颗粒物（PM10）年均浓度同比改善 10.1%；细颗粒物（PM2.5）同比改善 16.3%；二氧化氮同比改善 10.5%。

**【社会保障】**2021 年，高新区社保覆盖面进一步扩大。城镇职工基本养老保险参保人数达 49.1 万人，比上年增加 6.2 万人；职工医疗保险参保人数达 31.4 万人，比上年增加 3.6 万人。居民养老保险参保人数达 12.1 万人，比上年增加 0.54 万人；居民医疗保险参保人数达 16.3 万人，比上年增加 0.64 万人。城市居民最低生活保障标准每月 904 元，同比增长 22%，保障城镇居民 16 户、19 人，城镇居民发放保障金及各类补贴共计 22.4 万元。农村居民最低生活保障标准每月 904 元，同比增长 83%，保障农村居民 563 户、926 人，农村居民发放保障金及各类补贴共计 923.8 万元。城市特困人员基本生活标准每月 1 356 元，保障城市特困人员 1 人；农村特困人员基本生活标准每月 1 356 元，保障农村特困人员 218 人。合计发放特困供养救助金及补贴 483.2 万元。拥有未成年人救助保护中心 1 处。培训残疾人 76 人次，安置残疾人员就业 661 人次，帮扶救助残疾人投入资金达 2 849.4 万元。

（济南高新技术产业开发区）

# 襄阳高新技术产业开发区

**【经济发展】**2021年，襄阳高新技术产业开发区地区生产总值实现1 060亿元，同比增长19%，高于市定目标（12%）7个百分点；规模以上工业总产值完成3 124亿元，增长26.8%；规模以上工业增加值增长24.6%，高于市定目标（13%）11.6个百分点；固定资产投资完成522亿元，同比增长27.6%，高于市定目标（13%）14.6个百分点；规上服务业增加值完成189.37亿元，同比增长15%，位于全市第二；地方一般公共预算收入完成36.17亿元，同比增长35%，高于市定目标（24.2%）10.8个百分点；社会消费品零售总额完成127亿元，同比增长28.7%，高于市定目标（25%）3.7个百分点；外贸出口完成7.2亿美元，同比增长46.9%，高于市定目标（10%）36.9个百分点；实际利用外资完成3亿美元，同比增长11.7%，高于市定目标（8%）3.7个百分点。全年共有108个亿元以上重大项目开工、投产和签约，完成总投资460亿元。24个省市重点项目全部开工建设，累计完成投资176.8亿元，超年度计划277个百分点。截至2021年年底，新增“四上”企业60家，净增23家，“四上”企业总数达到867家，其中新进规工业企业29家，净增16家，规上工业企业总数达到378家；新增规上服务业企业7家，规上服务业企业总数达到174家；新增限上商贸业企业21家，净增14家，限上商贸企业总数达到171家。2021年成功上市企业2家，全区上市企业累计达到8家（全市上市企业13家），上市后备企业总数已达到65家，其中3家企业入选省级上市后备企业“金种子”计划，7家企业入选省级上市后备企业“银种子”计划，2家企业入选科创板种子企业。全区经济回归常态、规模持续提升，实现了“十四五”良好开局。

**【产业发展】**截至2021年年底，全区共有规上工业企业391家，完成规模以上工业总产值3 124亿元，同比增长26.8%；规上工业增加值805亿元，同比增长24.6%。汽车园137家规上工业企业，实现产值1 220.4亿元，同比增长27.1%；高新园136家规上工业企业，实现产值1 091.2亿元，同比增长24.9%；深圳园94家规上工业企业，实现产值675.6亿元，同比增长29.82%；七里河11家规上工业企业，实现产值54.9亿元，同比增长21.76%；紫贞13家规上工业企业，实现产值82亿元，同比增长28.72%。形成以汽车产业为龙头，以高端装备制造、电子信息、新能源新材料、新能源汽车、生物医药、节能环保为支柱的“一个龙头、六大支柱”产业体系，初步形成了10条特色产业集群。2021年“一个龙头，六大支柱”产业实现产值2 967亿元，同比增长28.8%，汽车及零部件产业和六大战略新兴产业占比由去年同期的40.4∶59.6调整为38.1∶61.9，产业结构的改善升级，强力支撑工业经济稳步增长。2021年，全区汽车产业企业127家，实现产值1 130.9亿元，同比增长21.51%；高端装备制造（含军工）产业企业84家，实现产值907.6亿元，同比增长29.66%；电子信息产业企业48家，实现产值321.5亿元，同比增长44.9%；新能源新材料产业企业51家，实现产值324.9亿元，同比增长33.67%；新能源汽车产业企业17家，实现产值143.5亿元，同比增长32.3%；生物医药产业企业6家，实现产值33.9亿元，同比增长30.02%；节能环保产业企业15家，实现产值104.7亿元，同比增长41.35%。全区规模以上工业总产值过千亿的产业1个（汽车及零部件），过500亿元的产业1个（高端装备制造产业），过100亿元的产业4个(新能源汽车、电子信息、新能源新材料、节能环保)，过50亿元的产业1个（生物医药）。

**【科技创新】**2021年年登记技术合同641项，完成技术合同登记额41.12亿元，完成高新技术产业增加值698.32亿元，占GDP比重60.2%。科技型中小企业入库367家，申报高新技术企业213家，净增120家，总数达到401家，占全市46%。认定40家瞪羚企业，32家潜在瞪羚企业，瞪羚企业群体逆势同比增长63.6%，12家企业入选湖北首批科创“新物种”瞪羚企业榜单。

2021年高新区为区内企业向上争取无偿资金3 375万元，立项项目71项，其中：国家级科技计划项目6项，争取无偿资金250万元，省级科技计划项目42项，争取无偿资金2 352万元，市级科技计划项目23项，争取无偿资金773万元。2021年区级科技计划项目立项35项，支持资金1 110万元。组织开展区级“揭榜挂帅”项目，8项重大技术需求被6家高校院所成功揭榜。表彰2020年度科技创新人才84人，“2021中俄海外人才项目交流对接项目”成功入围中国科协海智计划项目，英诺迪克北欧创新(襄阳)有限公司获批我省首个地市级国家海外人才离岸创新创业基地（武汉）襄阳工作站。

校地合作案例入选湖北自贸区第六批实践案例，全省7家综合型技术创新平台之一、全市唯一的湖北省航空装备综合型技术创新平台签约并启动建设，湖北汽车工业学院智能汽车（襄阳）产业学院揭牌运营。成功获批3家省级科技成果转化中试研究基地，3家院士专家工作站，18家市级企校联合创新中心，4家市级重点实验室。

襄阳新能源新材料产业孵化园认定为市级综合孵化器，企服工厂众创空间、无忧车智慧出行认定为市级众创空间。分别有4家企业入选2020年度、2021年度湖北省双创战略团队项目，宇昂科技有限公司获得第十届中国创新创业大赛（湖北赛区）成长组一等奖，全市唯一。

**【投资促进】**2021年高新区社会消费品零售总额125.2亿元，同比增长27%（任务目标25%），较2019年增长2.6%，高于全市1.5个百分点，总额排名全市第九，增幅排名第一。

出口总额7.25亿美元，同比增长46.8%（任务目标10%），较2019年增长87.4%，高于全市10.2个百分点，排名全市第二，增幅排名全市第四，占全市出口总额的18.6%。进口总额1.65亿美元，同比增长1.3%。进出口总额8.9亿美元，同比增长35.5%。实际利用外资完成3.016亿美元，同比增长11.7%（任务目标8%），恢复到2019年总量的81.9%，低于全市5.9个百分点，总额排名全市第一，增幅排名全市第十。

**【投融资服务】**一是推动设立子基金。推动设立海通证券并购基金。拟联合海通证券、省高投旗下国翼公司共同成立总规模10亿元的并购基金，高新区出资2亿元，通过资本并购方式，引进外部优质企业，支持存量项目。二是项目投资。直投基金方面，2021年累计完成投资项目2个，共计1 750万元。其中追日电气1 000万元、赉丰机器人750万；向财政申请资金6 000万元，其中深圳中基项目2 000万元、襄阳惠强2 000万元、川谷机械项目1 000万元、天鼎微波1 000万元；引导基金方面，2021年累计已完成投资13 782.93万元，其中在高新区新增投资10 100万元，投资区内项目6个。其中天使基金投资航顺航空约500万元（东津）；长江长证基金投资劲驰汽车2 500万元(十堰)、嘉辐达2 900万元；文创基金投资怡悦影视2 000万元、鸥珞信息3 200万元、昊碲文化2 000万元；安乾基金投资绿科乐华682.93万元。

**【绿色集约】**2021年，高新区主要污染物排放指标为：有机污染物48.093吨，氨氮1.317吨、二氧化硫64.217 325吨，氮氧化物154.699 46吨。襄阳高新区实际管理范围已达到供地条件的土地面积为20 043.08公顷，不可建设土地面积410.79公顷，土地开发率为36.84%，土地供应率为87.96%，土地建成率为92.26%，工业用地率为 46.33%。

截至 2021 年底，襄阳高新区实际管理范围内常住人口 304 552 人，工业（物流）企业固定资产投资总额达到 12 890 801 万元，二、三产业税收总额为 757 497 万元，工业（物流）企业总收入 29 211 000 万元，工业（物流）企业税收总额 495 856 万元。人口密度为 45.39 人 / 公顷，综合地均税收 112.89 万元 / 公顷，工业用地固定资产投入强度 4 146.62 万元 / 公顷，工业用地地均税收 159.5 万元 / 公顷。截至 2021 年底，襄阳高新区实际管理范围内已建成城镇建设用地面积为 6 709.835 3 公顷，总建筑面积为 8 203.942 4 万平方米，建筑基底总面积为 2 017.362 9 万平方米，综合容积率为 1.22，建筑密度为 30%；工矿仓储用地总面积为 3 108.750 2 公顷，工矿仓储用地上总建筑面积为 3 792.673 6 万平方米，工矿仓储用地上的建筑物构筑物基底、露天堆场和露天操作场地的总面积为 1 860.275 3 万平方米，工业用地综合容积率为 1.22，工业用地建筑系数为 59.84%。

**【基础设施建设】**2021 年，襄阳高新区投资 18 598.98 万元，完工 23 个项目对建成区基础设施进行提升改造。完成市政道路建设项目共 8 个，完成总投资约 11 675.95 万元，其中旧路改造 2 条，改造 1 379.87 米；新增市政道路 2 993.46 米。完成电力管沟配套项目 4 个，总投资约 1 180.68 万元。完成市政其他项目 6 个，其中：完成老旧小区改造 22 个，面积 24 2621 平方米，惠及居民 2 019 户；人行道改造 4 488 米等项目，总投资约 4 139.72 万元。

**【党建工作】**2021 年，高新区扎实开展庆祝建党 100 周年系列活动，向 1 759 名符合条件的党员颁发“光荣在党 50 年”纪念章，推荐表彰全省、全市、全区“优秀共产党员”41 名、“优秀党务工作者”40 名、“先进基层党组织”55 个，召开中国共产党成立 100 周年高新区“两优一先”表彰大会。深入推进“我为群众办实事”实践活动，各级领导班子领办 225 项实事项目。新建社区“红色驿站”20 个，全区“红色驿站”总数增至 74 个，“红色驿站”建设被评为全省党建十大创新案例并被省委组织部推广。两新党建工作巩固拓展“四个一线”机制，累计建成一线党群活动区 168 个。圆满完成镇、村（社区）换届工作，东风社区“两委”换届试点经验被全市推广。持续推进干部人事制度改革，有序推进市场化改革，做好街道体制改革后续工作。研究出台《关于加强和规范职级公务员管理工作的意见》，激发职级公务员干事创业激情。持续开展季度履职尽责先进个人表彰，全年通报表彰先进个人 88 人次。与“人民学习”平台合作，在全市率先打造“网上党校”培训品牌，累计举办专题培训 22 期，培训 2 000 余人次。大力实施“车城英才计划”，高规格举办高新区首届人才工作大会，开展首届“车城英才”评选，表彰十类 518 名人才，全区申报入选市级人才计划数量占全市 56.7%，本土申报入选国家“万人计划”2 人，申报入选省级重点人才计划 1 人。高新区老年大学于 2021 年 9 月正式开学，“学 养 为”相结合的老年大学办学模式在全市老年大学向基层延伸工作会上交流分享。

**【机构设置和管委会领导】**2021 年，高新区管委会内设机构 11 个：党工委管委会办公室、纪检监察工委、党工委组织部、经济贸易发展局、科学技术局、社会事务办公室、财政局、城乡建设局、群团工作部、社会治安综合治理办公室、行政审批局；区直事业单位 10 个：招商局、综合执法局、高新技术创业服务中心、科技城管理办公室、土地储备供应中心、社会保障服务中心、文化旅游体育服务中心、农业水利服务中心、新闻宣传信息中心、机关事务服务中心。

2021 年，党工委管委会领导名单如下：党工委书记、襄阳高新技术产业开发区管委会主任、中国（湖北）自由贸易试验区襄阳片区管委会主任邓卓海，党工委专职副书记曹祖金（2021 年 7 月调出），党工委专职副书记王燮耀（2021 年 9 月调入），党工委委员、纪检监察工委书记柳飞，党工委委员、管委会副主任向玉国，党工委委员、管委会副主任、一级调研员周保汉，管委会副主任蒙世远（2021 年 6 月调入），党工委委员、管委会副主任王平武、陈四季，党工委委员、管委会副主任、自贸片区管委会专职副主任孔令波（2021 年 8 月调出），管委会副主任高峰（2021 年 9 月调入），党工委委员、管委会副主任魏永斌（2021 年 7 月辞职），党工委委员、组织部部长、区总工会主席秦操，党工委委员、管委会副主任张丹（挂职至 2021 年 6 月），党工委委员、党工委管委会办公室主任梁志华，党工委委员（兼）、高新区公安分局局长宋克敬（2021 年 12 月免），党工委委员向志衡，党工委委员、管委会副主任虢畅（挂职，2021 年 6 月始），党工委委员（兼）、高新区公安分局局长徐伟（2021 年 12 月任）。

**襄阳高新区 2020—2021 年主要经济综合指标一览表**

| 项目 | 单位 | 2020 年 | 2021 年 | 增减（%） |
|---|---|---|---|---|
| 开发区生产总值 | 亿元 | 855.11 | 1 060.45 | 18.8 |
| 第二产业 | 亿元 | 698.26 | 867.91 | 19.6 |
| 工业 | 亿元 | 646.79 | 805.76 | 20.4 |
| 第三产业 | 亿元 | 153.93 | 189.37 | 15.0 |
| 工业总产值（现价）（规上） | 亿元 | 2 440.6 | 3 124.1 | 27.1 |
| 高新技术企业（规上） | 亿元 | 1 693.6 | 2 192.6 | 29.5 |
| 销售（营业）收入 | 亿元 | – | – | – |
| 第二产业 | 亿元 | – | – | – |
| 工业（规上） | 亿元 | 2 364 | 2921.1 | 26.4 |
| 利润总额 | 亿元 | – | – | – |
| 第二产业 | 亿元 | – | – | – |
| 工业（规上） | 亿元 | 111.9 | 192.8 | 76.9 |
| 区内主导产业及产值 1. 汽车产业 | 亿元 | 930.7 | 1 130.9 | 21.5 |
| 区内主导产业及产值 2. 装备产业 | 亿元 | 700.0 | 907.6 | 29.7 |
| 区内主导产业及产值 3. 新能源新材料产业 | 亿元 | 243.1 | 324.9 | 33.7 |
| 区内主导产业及产值 4. 电子信息产业 | 亿元 | 221.8 | 321.5 | 44.9 |
| 区内主导产业及产值 5. 新能源汽车产业 | 亿元 | 108.4 | 143.5 | 32.3 |
| 财政收入 | 亿元 | 26.75 | 36.17 | 35.21 |
| 税收收入 | 亿元 | 25.22 | 33.74 | 33.78 |
| 财政支出 | 亿元 | 25.35 | 27.48 | 8.4 |
| 新批企业个数 | 家 | 3 443 | 5 243 | 52.28 |
| 外商及港澳台企业 | 家 | 16 | 7 | -52.79 |
| 内资企业 | 家 | 3 427 | 5 236 | 52.79 |
| 区内世界 500 强企业 | 家 | | | |
| 国家级高新技术企业数 | 家 | 279 | 401 | 43.7 |
| 规模以上企业个数 | 家 | 846 | 867 | 2.5 |
| 科学研究与试验发展经费（R&D）支出 | 万元 | 498 707.6 | 523 784.8 | 5.0 |
| 研究与试验发展（R&D）经费投入强度 | % | 5.8 | 4.9 | -15.5 |
| 固定资产投资 | 亿元 | 409 | 520.3 | 27.6 |
| 年末从业人员数 | 万人 | 12.52 | 13.18 | 5.3 |
| 区内建立的创业创新平台数量 | 个 | 146 | 181 | 24 |
| 区内科研院所数量 | 家 | 3 | 6 | 100 |

（襄阳高新技术产业开发区管委会）

# 湘潭高新技术产业开发区

**【经济发展】**2021 年，湘潭高新技术产业开发区实现技工贸 1 483.5 亿元，同比增长 4.8%；实现 GDP 331.6 亿元，同比增长 8.3%；完成固定资产投资 304.4 亿元，同比增长 9.1%；完成规模工业总产值 825.3 亿元，同比增长 16.6%；完成规模工业增加值 211 亿元，同比增长 8.6%；实现财政收入 20.7 亿元，同比增长 8.6%；实现税收 16.7 亿元，同比增长 8.65%；亩均税收为 8.09 万元，同比增长 8.65%；园区期末从业人员数 56 104 人。2021 在全国 169 个国家级高新区排名中，位列第 61（前进 11 位，全省第 3），在全省“五好园区”综合排名中，位列第 9（前进 26 位，湘潭市第 1）。

**【产业发展】**2021 年，湘潭高新区新增国家专精特新“小巨人”企业 5 家（其中 1 家为国家级重点小巨人企业）、省级专精特新“小巨人”企业 6 家，累计培育“小巨人”企业 30 家，省市区智能制造示范企业、车间、单元 47 个。一是着力顶层设计。编制发布了园区“十四五”规划，明确了“2+1+N”（智能装备制造、精品钢材与新材料、数字经济、远景未来产业）产业定位，制定发布《产业转型升级奖励办法》《鼓励工业软件产业高质量发展的若干政策》等 12 个政策办法，加快推动产业链聚集，2021 年园区主特产业产值同比增长 21.7%，占工业总产值比重超过 80%，其中，湘钢系企业完成产值同比增长 35.2%；风能产业成功跻身国家级创新型产业集群试点，哈电风能完成收购重组，产值同比增长 25.5%。二是突出“专精特新”培育。制定《加快推进智能制造示范企业（车间）创建实施方案》等方案，依托主特产业，引入“梯队式”培育、推广“知本式”成长，集中政策等资源优先扶持“专精特新”培育库企业，做大做强了崇德滑动轴承、世优第三方风电电控设备、铁姆肯直驱式风电主机轴承、华菱线缆军用线控特种线缆、迅达沼气新能源、金杯特高压电磁线等国内细分市场冠军。30 家“小巨人”企业全年实现产值 171.89 亿元，同比增长 28%，授权发明专利 20 余项。重点企业华菱线缆成功上市，崇德科技初步完成辅导验收，世优电气等 8 家企业入选省上市后备企业资源库；金杯电工等 3 家企业参与“湖湘精品”品牌能力提升行动试点。三是全力提升亩均效益。着力“清企核地”，制定《招商合同履约管理办法》，全面清理低效用地，常态监管闲置、低效用地情况。2020 年以来共处置批而未征、征而未供、供而未用土地 3 453.3 亩，盘活低效用地 1 043.7 亩。重点通过鼓励企业转型升级、扩充产能的方式，引导铁姆肯公司新增投资 8 000 万美元新建了 3.4M 系列超大内孔轴承生产线盘活低效用地 20 亩，引导金杯电工新增投资 10.11 亿元新建新能源汽车驱动电机用电磁线生产基地盘活低效用地 120 亩。江南银箭、原发网项目、先导控股地块、东方金谷三期等闲置地块（共 1 243.7 亩）已收回或新引进项目处置到位。

**【科技创新】**2021 年，湘潭高新区全年新增规模以上工业企业 29 家、高企 77 家，入库科技型中小企业 250 家，“五链五聚焦”双创工作再获国务院办公厅真抓实干表彰激励。着力建设了三个“洼地”，一是平台洼地。建成全省第一个世界知识产权组织批准的技术与创新支持中心（TISC），依托潇湘科技要素大市场、“智造莲城”等平台，组织承办 2021 年全省技术市场统计分析、湖南省技术合同和成果登记等培训会109场，“智造莲城”、创新创业大赛等路演活动23场，“科技服务进千企”“揭榜挂帅”等成果转化活动12场，引进各类服务机构78家，收集企业技术需求、意向产学研合作需求清单共258项，达成144个合作项目，登记技术合同77.47亿元。探索新型研发机构建设，重点引进了湖南先进传感与信息技术创新研究院、3D打印精准医疗（湘潭）研究院、湖南国家应用数学中心等科创平台4个。目前园区拥有国家级公共服务平台29个，其中国家级重点实验室（企业技术中心）4个，国家级科技企业孵化器1个、众创空间3家。二是人才洼地。出台《“551”人才计划》《高层次人才津贴实施办法》等具体举措，设立2 000万人才奖励资金，高标准建设中南地区首个院士创新产业园，带动引进欧阳晓平、邓中翰、卢秉恒、彭练矛等院士及海内外高层次人才68名，为60多家企业输送各类人才855人，形成了国内少有的非省会城市高端“人才洼地”。引进特种机器人、超纯高阻硅X光探测器、量子聚能供氧材料技术、数字雷达等院士项目11个，研发和产业化高科技项目15个，建成行业顶级实验室3个，省市院士工作站6个。三是资金洼地。持续推进“四长”联动，重点围绕产业链布局资金链，设立总额30.3亿元的湘潭产业发展引导基金、湘潭智能制造产业投资基金等4只基金，与71家投资机构及13家银行达成投资意向16.74亿。构建了“评估—担保—授信—交易—保险”五位一体的产业链知识产权金融服务工作体系，率先推行“小微企业助力贷”，科技型企业知识价值信用贷款风险补偿、“知识产权质押风补贷”等新融资模式，帮助伊索尔、汉和科技、世优电气等企业获得贷款融资2.36亿元。

**【招商引资】**2021年，湘潭高新区坚持“招商为要”“项目为王”，不遗余力招大引强，全年累计引进亿元以上项目31个，合同引资118.5亿元。主导产业主营业务收入达1 000亿元。一是着力推进企业裂变。围绕湘钢、湘电等大型优势国企资源，出台《支持企业裂变项目发展实施办法》等政策文件，不断延伸补链强链，从企业并购重组、核心技术人才、重大项目、经济效益产出等方面促进产业链上下游融通发展，共裂变承接胜利钢管等湘钢系企业9家，湘电动力等湘电系企业12家，产值突破500亿元。投资10亿元的金杯电工二、三期项目新能源汽车电机专用电磁线已开工建设，湘潭先进金属材料精深加工产业园开园，新落地的哈电风能、华菱线缆、崇德科技等技改扩能项目预计可新增产值45亿元以上。二是持续发力强链延链。面向国内500强企业和优强企业精准招商，以产业链延链补链强链为核心，推动新型工业“裂变式”高质量发展。全年引进签约三类500强项目6个，四条产业链共完成项目签约31个，总投资30.3亿元。湘潭（高新）工业软件产业园开园，中冶京城、联创集团、瑞华科技、万全生物、亚辉龙等一批重点产业项目相继签约落地，用地规模预计可达1 944亩。三是强力推进产业综合体建设。以产业综合体建设作为推动产城融合发展的核心抓手，积极引入民营资本和各类社会资金近70亿元来区建设产业综合体。大力推进中南高科、金荣、力合、新松等“园中园”建设，全年新增标准厂房36万平方米，引进各类中小企业102家。加快推进中科人居创新未来城项目洽谈，首期打造近千亩的融成果转化、人才聚集、产业创新于一体的国际产城。

**【体制机制改革】**2021年，湘潭高新区重点构建小微企业孵化体系。一是深化创新体制改革。制定了园区《2021年全面深化改革工作要点》，进一步优化园区组织架构，强化园区经济功能定位，产业、科创等主责主业部门占比达到71%、人员占比达到75%。配齐配强科技创新板块，科技创新局、创新创业中心升格为副处级机构，将知识产权管理工作从市场监管部门中分置到科技创新局，重点打造运营了湘潭知识产权服务中心和潇湘科技要素大市场两个公共服务平台，园区创新能力居全省前5位。二是健全双创孵化体系。出台发布了《鼓励科技创新实施办法》《促进科技成果转化的若干意见》等政策文件，基本形成了“1+4”(自主创新、产业发展、人才引进、要素保障)双创政策链。积极构建“苗圃—孵化器—加速器”全链条孵化体系，重点以“135”标准化厂房为载体，搭建火炬创新创业园、力合长株潭创新中心、东方金谷等12个创业孵化平台，建成40万平方米智能制造孵化集聚区，配套入驻猪八戒、腾讯、京东电商产业园、中电互联等工业互联网创新创业平台，打造线上、线下创业孵化标杆，推动园区创业孵化集群发展。目前拥有国家级孵化器1家，国省众创空间25个，在孵企业624家。涌现出了时变通讯、沃森电气、永霏特种防护等一批明星企业。其中永霏特种防护服有限公司在2020年初新冠肺炎疫情暴发后生产出了全省首套红区用防护服，为全省乃至全国战胜新冠疫情做出了重大贡献，荣获“全国抗击新冠肺炎疫情先进集体”和“省疫情防控突出贡献企业”称号。三是着力推动市场化转型。以平台公司市场化转型为切入点，探索推进园区市场化运营。制定了《高新集团市场化运营工作方案》《对外投资管理制度》等文件，逐步剥离政府融资功能，完善对外投资管理，进一步提升平台公司在片区开发、参股投资和市场金融等方面的市场竞争能力。2020年来新增对外投资项目4个，完成对外投资3 200万元，回笼投资资金亿元以上。

**【营商环境】**2021年，湘潭高新区一是优化审批服务，提升行政效能。积极推行“放管服”改革，全面落实区域评估制度，完成了安全、节能、水土、地灾、环境等工程建设领域区域评估，评估成果已率先应用于园区新建工程建设项目。制定《承接落实赋权园区事项实施方案》，承接用好了新下放的204项权限；建立“四减”清单，材料压缩45%，时限在法定内再压缩20%，法定提速率98.78%、承诺时限压缩比达66.7%。全面实施“拿地即开工”、产业项目“闭环”审批等改革，园区工程建设项目审批事项提前办结件同比上升30%，麦丰、金荣等重点项目实现当年拿地、当年开工、当年投产。推行“一对一”精准服务品牌，围绕企业、项目、人才等主体要素集中交办各类问题6批次96个，完成88个，完成率91.7%。区《实施“1234”服务新举，跑出审批“加速度”》在《人民日报》《湖南日报》上刊发。二是守住底线红线，维护诚信形象。出台《防范化解债务风险合力攻坚工作方案》，推行债务化解挂图作战，保持了未发生一起逾期事件，守住了诚信形象。获批国家级绿色园区(工信部颁发)，编制了《绿色发展五年行动方案》。狠抓春、夏两季“三大行动”和监管执法。共检查企业1 317家(次)，立案调查20家，经济处罚32.75万元，排查治理安全隐患570余处。三是加快产城融合，推动城市更新。持续加快产城深度融合，累计投入各类基础设施建设资金30余亿元，新建长郡实验学校、长郡高新实验小学，开发建设了万达、家家美等城市商圈，又一个投资55亿元的大型城市综合体项目月星环球港正在加快建设。

(湘潭高新技术产业开发区管委会)

# 厦门火炬高技术产业开发区

【**经济发展**】2021 年，厦门火炬高技术产业开发区（以下简称“厦门火炬高新区”）主要经济指标平稳增长。完成规上工业总产值 3 453.8 亿元，占全市 42%，同比增长 13.9%。完成规上工业增加值 833.02 亿元，同比增长 10.6%。规上软件业营收同比增长 10.7%。固定资产投资完成 332.5 亿元，同比增长 21.3%。实际利用外资 35 亿元，同比增长 16.7%，超额完成市里下达的各项任务。新净增企业 4 148 家，企业数量增长 39.6%。国家级高企超 1 200 家，高技术产业产值占比规上工业总产值达 78.9%，数字经济产值占比达 92%。高技术企业利润同比增长 96.8%。实现一般公共预算总收入 74.4 亿元，同比增长 41.1%，其中实现区级一般公共预算收入 19.9 亿元，同比增长 80.7%。

【**招商引资**】2021 年，厦门火炬高新区瞄准产业链招商，开展平板显示、集成电路、计算机与通讯设备、软件与信息服务业等主导产业链群系统研究，围绕产业链薄弱、缺失环节重点发力，提高招商精准度。百亿级厦门时代项目落地有效助推我市打造千亿级新能源产业集群；新引进中国电力、光谷云等十亿级项目，以及烟台显华、南京高光、诺华精密等先进制造业强链补链项目。同时，深入挖掘园区企业增资扩产潜力，推动中航锂电、电气硝子、友达等重点企业增资 179 亿元。落地神州信创、和利时、她趣泛娱乐平台等 10 余个软件与信息服务业重点项目，产业发展后劲充足。

推动基金招商。设立火炬孵化加速母基金，落地惠新长期资本、惠友豪嘉、芯跑共创三号等产业基金。做优基金招商平台，并通过基金投资，引进集睿致远、天德钰、华大北斗等优质项目，推进星宸科技、鑫天虹、熙重电子等企业加速发展。

提升专业招商水平。加强以招商中心公司为龙头、各委属企业和火炬集团、信息集团参与的专业化招商队伍建设；依托赛迪、集邦等专业咨询机构，建立包括项目评估、平衡测算、谈判、决策等全链条流程，强化招商项目的科学决策和规范化管理。全年落地招商项目 1 751 个，总投资 1 583.5 亿元；落地高能级项目 46 个，实际利用外资 35 亿元。

【**产业发展**】2021 年，厦门火炬高新区加快推动主导产业。加强企业服务保障，千方百计稳增长，促进主导产业供应链安全、价值链提升。平板显示产业实现产值 1 543.7 亿元，同比增长 7.7%；计算机与通讯设备产业实现产值 1 006.6 亿元，同比增长 15.1%。半导体和集成电路、电力电器等其他主导产业增速均超过两位数，实现持续快速发展。

加力扶持专精特新“小巨人”企业。推出专精特新“小巨人”企业 10 条专项扶持政策，每年安排不少于 1.5 亿元专项资金，新增国家级专精特新“小巨人”企业 9 家，总数达 29 家。

加强培育“三高”企业。落实企业服务“六必访”制度，实现“三高”企业精准服务全覆盖，全年协调解决企业问题和困难 1 334 项，新增“三高”企业 179 家，增量全市第一，在库“三高”企业数达 1 116 家。罗普特、青瓷游戏成功上市。4 399 等 3 家企业获评中国“软件百强”，美图等 4 家企业获评中国“互联网百强”。21 家企业入选福建省软件 50 强，占比全省 42%。

加速布局新兴产业。积极谋划布局智能传感器与物联网、生物医药与健康等新兴产业，初步编制完成产业发展规划，启动专业产业园选址设计，筹划产业引导基金设立。与中国科学院计算所、中国芯片产业联盟等深度合作，打造全国首个集赛事论坛、项目加速、公共技术平台于一体的 RISC-V 开源芯片产业生态。

**【科技创新】**2021 年，厦门火炬高新区布局创新平台。围绕人工智能、新能源汽车等重点产业链部署创新链，推动国家新能源汽车技术创新中心厦门分中心、神州信创研究院等创新平台落地。搭建工信部协同攻关和体验推广中心展示平台。启建人工智能、生物医药等专业孵化器，推动 IBM、微软、SAP、腾讯优图等创新赋能中心建设，新增各级孵化器、众创空间 12 家，其中省级 4 家，各类孵化载体在孵项目超 2 000 个。

培育研发主体。国家级企业技术中心、国家技术创新示范企业、国家级工业设计中心各新增 1 家，新增 8 家省级企业技术中心、10 家省级新型研发机构和 2 家市级新型研发机构；获评市首批“重点研发机构”11 家；推动建立省协同创新院柔性电子产业分院、2 家企业申报省级工程研究中心；新认定火炬创新研究院 2 家、火炬域外研发中心 4 家。科华数据参与完成的项目获国家科学技术进步奖二等奖。

引进各类人才。完善高层次人才政策，在全市率先上线人才政策智能匹配系统。联合高校院所，搭建百城千校万人（火炬高新区专场）云端招聘平台，启动“炬火种•燃新薪”2021 首届高校新星挑战大赛。与南开大学、合肥工业大学、中南大学共建就业实习实践基地，与和君职业学院共建产教融合基地，与海洋学院、软件学院在全省首批试点共建同翔高新城、软件园三期 2 个省级职业技能提升中心。

提升创新动能。推进各类公共技术服务平台建设运营，精准服务中小企业技术创新，全年服务企业近 2 万家次，其中“火炬创新券”服务金额超 2 000 万元。新增省科技小巨人领军企业 105 家，新认定火炬瞪羚企业 16 家。推进国家知识产权示范园区建设，新增 1 家企业获国家级专利优秀奖、7 家省级知识产权优势企业、5 家市级知识产权优势企业，21 家企业获市专利奖，知识产权质押融资规模较去年增长近七成。

**【园区建设】**2021 年，厦门火炬高新区加快重点项目建设。围绕推进产城人深度融合，加强项目策划，加快项目建设，形成投资强有力拉动。超额完成省、市重点项目全年投资目标，连续五次在全市综合排名第一。12 个省重点项目完成投资 189.35 亿元，完成年度计划 116.02%；37 个市重点项目完成投资 209.38 亿元，完成年度计划 115.88%。厦门时代项目 1 500 亩工业用地仅 42 天就完成全过程审批，并正式动工建设；天马 6 代项目近 65 万平方米的主厂房不到一年实现建设封顶；海辰项目建设仅一年即实现竣工投产，重大项目建成投产时限快速提升。

推进重大片区建设。新储并供给产业用地超 1 000 亩，出让用地宗数、总量均居全市第一。率先推进国企回购存量土地房产新举措，ABB、峻凌、麦克奥迪等工业地块回购取得突破性进展。聚焦同翔高新城、软件园三期等重大片区，推动产业项目和基建配套项目建设协同推进。推动同翔高新城市政设施、学校、安置房等 66 个重点配套项目落地，产城人融合进一步推进。

推进绿色园区建设。开展能源管理试点，推动火炬（翔安）产业区增量配电改革。持续开展环境污染第三方治理试点工作，探索启动工业园区危险废物集中收贮试点项目。制订火炬高新区（信息光电园）低碳工业园区试点实施方案，提升园区绿色发展水平。

**【营商环境】**2021 年，厦门火炬高新区搭建创新赋能平台。高位链接国内外战略合作伙伴，引入高端战略、学术和产业资源，汇聚知识、技术、经验和资本等产业生态要素，搭建政企学研深度合作平台，为企业创新发展赋能，各方面踊跃参与。已与 18 家合作伙伴建立战略伙伴关系，开展 4 个旗舰培训项目，出版首部案例集《走向卓越》，学员覆盖 100 多家规上企业，有效助力人才提升与产业升级。

提高精准服务能力。深入开展“大走访、大调研”活动，为高新区出台精准的企业扶持政策提供依据。依托高新区产业联合会，搭建高新区供应链平台，吸引近 200 家产业链上下游企业入驻，构建企业供应链协同机制和市场要素共享机制。高新区智能制造服务平台整合各类产品和服务 635 项，撮合联芯等重点企业项目合作 26 个；高新区金融服务平台撮合融资 783 笔，累计放款约 99 亿元。

提升法治化智慧化水平。积极争取上级支持，促进市委市政府出台《关于促进厦门火炬高新区高质量发展的意见》，为全面理顺和拓展“一区多园”运行机制奠定制度框架。不断完善企业扶持政策，制定《厦门火炬高新区进一步推进企业提质增效的若干措施》，梳理规范招商引资一企一策政策门槛。完成行政规范性文件清理工作，营商环境法治化、规范化水平进一步提升。开展软件园一期智慧园区试点工程。管委会自建系统全面接入“i 厦门”平台，开设“火炬服务专窗”。

（厦门火炬高新技术产业开发区管委会）

# 孝感高新技术产业开发区

【概况】孝感高新技术产业开发区是2012年8月经国务院批准成立的国家级高新区，扩展为“一区四园”，一区指孝感国家高新区，四园分别是：核心园区、云梦园区、孝南园区和应城园区。2020年，在全国169个国家高新区中，孝感高新区位居第77位。

孝感高新区位于中国经济地理的中心，是中部地区铁路、公路、航空及航运立体网络节点，具有全国少有、中部独有的交通区位优势。孝感高新区正在突出孝汉同城产业协同，锚定武汉“965”产业体系，发挥中国光谷•孝感产业园和武汉经济技术开发区•孝感汽车及零部件产业园两大“金字招牌”作用，加快孝汉产业同城化发展。高新区依托国家新型工业化产业示范基地、国家特种汽车高新技术产业化基地、国家循环化改造示范试点园区、国家级科技企业孵化器等“国”字号示范基地，发展形成了以军民融合为引领的汽车及零部件、高端装备制造、光电子信息三大主导产业。

【经济发展】2021年，孝感高新区实现地区生产总值(GDP) 680亿元，同比增长13%；工业总产值1 490亿元，同比增长14%；营业收入1 790亿元，同比增长13.5%；营业利润115亿元，同比增长11.6%；财政总收入65亿元，同比增长22%，地方公共预算收入44亿元，同比增长21%。2021年，核心区预计全年规上工业企业可完成总产值295亿元，同比增长25%；规上工业增加值可完成65亿元，同比增长22%。目前，核心区共有规上工业企业（不含军工企业）108家，高新技术企业（含军工企业）105家。

【产业发展】

1. 军民融合产业。孝感高新区是国家军民结合新型工业化产业示范基地，先后引进了电子工业部4 404厂、中国兵装集团238厂、航天工业部066基地等一批军工企业，形成了商业航天、激光装备、重工装备、特种汽车四大产业军民结合产业板块。

2. 汽车及零部件产业。孝感高新区是湖北省确定的“汉孝随襄十”汽车工业走廊上重要的结点城市，是武汉打造“中国车都”的重要零部件生产基地，拥有整车生产能力企业3家，底盘、线束、汽车照明、内饰件等汽车零部件企业60余家，省级以上科研机构11家，聚集了日本矢崎、日本友成、日本希革斯、日本提爱思、意大利马瑞利等一批汽车零部件知名企业。

3. 高端装备制造产业。高新区高端装备产业基础雄厚，集聚了红峰控制、红林探控、红阳船艇、江北压力容器等企业10余家，以及领创激光、伟翔数控、松林国际等科技型民营企业20余家。拥有近万台套数控机床，精密机械加工能力与国际水平同步。其中，江北参与研发的快舟系列火箭发动机，是目前国内应用碳纤维复合壳体技术的尺寸最大、装药量最多的固体火箭发动机。

4. 光电子信息产业。呼应武汉•中国光谷建设，高新区聚集了第一家光电子信息主板上市企业华工科技以及华中光电、日本TDK等70多家企业，是湖北省重要光电子生产区，已被列为湖北省重点成长型产业集群。光仪器、光设备、光机电一体化全国领先。其中高精度光学测量仪器占全国市场的70%，是国内主要光学镜头生产基地。

【特色园区】

1. 外资产业园。“湖北（孝感）日商产业园”

是经湖北省商务厅2017年批准设立的省内首个日商产业园，核心区占地1 000亩，汇聚了世界500强企业日本矢崎、全球汽车零部件百强企业日本提爱思以及日本希革斯、日本友成机工等日资企业30余家。孝感台资企业聚集区规划面积800亩，是按照“政府主导、规划引领、协会搭台、市场运营、集中配套”模式建设的台资企业高端承接平台，聚集区坚持高起点规划、高标准建设，落户企业可定制厂房，选择先租后回购，长期租赁或直接征地建设等多种模式落户。

2. 军民融合产业园。军民融合产业园规划面积3 500亩，位于高新区发展中轴线孝汉大道，区位优越、交通便利、配套齐全，产业园聚焦军民融合产业重大项目引进、军民融合公共服务平台建设、军用技术民用化、民营企业参与军工生产等领域，以园区现有军工企业产业链为依托，重点引进军民融合新能源汽车整车、新能源汽车“三电”及关键零部件、激光成套设备、船艇、激光雷达、商业航天等军民融合项目。

3. 光电子信息产业园。光电子信息产业园规划面积500亩，已建成标准化电子厂房7万平方米。产业园以高新区现有光电产业为基础，以武汉中国光谷为依托，重点在集成电路、新型显示、光通信、光纤光缆、新一代移动通信、物联网、5G通讯等领域引进一批重点项目落户。

4. 激光产业园。孝感激光产业园规划面积1 300亩，以建设激光产业孵化、加速和规模化生产承接平台，规模化平台以国有投资公司为主导，采取“产业基金投资 + 重资产建设 + 优惠政策扶持 + 企业拎包入驻”模式，根据企业需求定制厂房，高标准配套建设员工生活配套区，打造激光企业聚集地。2020年开工建设以来，已引进苏州领创、武汉万力威、武汉吉事达、苏州力士乐、湖北希欧等6家激光企业入驻。

5. 高科技产业园。高科技园区规划面积500亩，聚焦“新技术、新产业、新业态、新模式”的培育和引进，以引进“高、精、尖”项目为目标，以链接高端创新资源为举措，以吸引高端创新人才为抓手，积极探索M0用地模式，打造成为“政产学研用金介”协同创新示范平台。

**【产业政策】**为鼓励支持企业落户，力求在湖北乃至中部地区打造“条件最优、服务最好、操作最实”的产业政策体系，2020年5月，高新区出台《孝感高新区促进产业招商若干措施及实施细则》，这项政策从基础设施建设补贴、设备购置补贴、经济贡献奖励、产业基金支持等多个方面对企业落户发展给予支持，已被广大投资孝感的企业家称之为招商“黄金十条”。其中，结合省级政策新购设备补贴最高可到18%，土地购买价格最高可到“零地价”。同时，出台《孝感高新区支持重点产业高质量发展若干措施》《孝感高新区提升创新能力优化创业环境若干措施》，在企业技改扩能、拓展市场、培育品牌、企业上市等方面给予奖励补助，对高新技术企业认定、工程研究中心、企业研发投入、发明专利以及科技成果转化等给予扶持补贴。通过构建洽谈引进、项目建设、企业经营全过程、全链条、全方位的政策支持体系，加快营造热带雨林式的营商环境，致力形成“企业发财、高新发展”的生动发展局面。

（孝感高新技术产业开发区管委会）

# 衡阳高新技术产业开发区

**【经济发展】**2021 年，衡阳高新技术产业开发区深入实施“三高四新”发展战略、紧紧抓住衡阳建设国家区域重点城市和省域副中心城市战略机遇、开拓创新，奋发有为，高质量发展取得明显成效。经济指标稳中有增，全年完成地区生产总值 531.39 亿元，同比增长 9.10%；实现一般公共预算总收入 29.17 亿元，同口径增长 14.8%，税收收入 23.34 亿元，同口径增长 12.27%；实现规模工业总产值 200 亿元，同比增长 9.9%；规模工业增加值同比增长 17.3%，均位居全市第一。固定资产投资 247.05 亿元，同比增长 9.98%；高新技术投资占固投比重达 45%，居衡阳市第一。

**【科技创新】**2021 年，衡阳高新区一是创新动能大幅增强，创新投入持续加大。研发投入占 GDP 比重达 2.39%，企业研发投入同比增长 24%；创新成果丰硕，发明专利申请量增速达到 23%，万人发明专利拥有量达 21.2 件，远超全市平均水平，新增省、市级专精特新“小巨人”企业 4 家，新备案科技型中小企业 261 家，技术合同交易同比增长 161%，皖湘科技自主研发的 50 多项软件产品年销售近亿元。二是创新平台提质增效。新增双创平台面积超 10 万平方米，新增市级研发平台 65 家，平台质量大幅提升，科创智谷获批国家级孵化器，实现全市“零”的突破，新增省级众创空间 2 家；“狼群招商”成绩斐然，新引进科技型企业超 500 家，尤其是聚集了一批拥有核心技术、有强大竞争力的“瞪羚企业”。湖南竣能科技、湖南芯茂微的“2P 合封技术”解决了芯片封装“卡 脖子”问题，捷高电子的图像和音视频技术占行业主导地位，产品广泛应用于航天、军事、国防 等领域。三是创新生态不断优化。全方位支持、扶持企业发展，制定《企业科技创新积分管理办法》，鼓励奖励企业创新，成立中小企业信贷风 险资金池，引导银行、融资性担保公司等金融机构降低中小微企业贷款门槛，首期出资 1 亿元，撬动杠杆资金 10 个亿，大力推动企业上市，完成 45 家上市后备企业尽职调查，股权投资超 3.4 亿元，举办“创新创业大赛”“创客中国”等重大科技创新路演活动，创新氛围持续增强，创新生态不断完善。

**【招商引资】**2021 年，衡阳高新区紧紧围绕“2+2+1”产业体系，以智能制造、军民融合为主体，移动互联网、大健康为支撑，文化科技为特色产业，创新运用产业链招商、以商招商、资本招商、亲情招商等方式，以引进龙头企业带动上下游产业链发展为主要抓手，全面开展项目引进工作。高新区共签约项目 29 个 ( 省、市级签约项目 11 个 )，合同引资额 59.3 亿元，引进“三类”500 强 在高新区投资项目 4 个，引进头部企业区域总部类 项目 18 个，占比 62% 以上，项目履约落地 21 个，落地率 72%。目前，正在加紧与科大讯飞、哈工大机器人集团、联东 U 谷、宁德时代等一批重点企业、头部企业对接洽谈。

**【项目推进】**2021 年，衡阳高新区一是抓项目策划。积极策划省、市、区重点工程项目，全年实施重点项目 83 个，总投资 579.9 亿元，其中省重点项目 3 个，投资总规模达 100 亿元，年度计划投资 40 亿元，市重点项目 16 个，投资总规模 达 258.7 亿元，年度投资计划 36.5 亿元。计划组织申报 2022 年省、市重点工程项目 29 个，投资总规模达 369 亿元。二是抓项目建设。截至目前，省重点项目年度计划投资完成率达 135.8%；市重点项目年度计划投完成率达 123.4%，其中，创业中心、移动互联网产业园、区块链产业园等重点项目已竣工运营，总部基地、大健康产业园、安发电子信息产业园、七星智能科技园、二塘安置房等项目主体已封顶，正在进行装修工程。三是抓项目服务。始终把项目建设作为全局工作的重中之重，积极深入调度高新区重点工程建设进度、服务及联网直报数据。2021 年以来，组织现场调度 20 余次，梳理整理、协调推进项目建设困难问题 50 余条，成功推动项目建设进度。

**【产城融合】**2021 年，衡阳高新区聚焦园区规划、建设质量、管理水平三大方面，全力提升城市发展品质，提高产城融合质量。以全球视野、国际标准、未来眼光来组织规划编制，推动高新区周边 64.45 平方公里纳入城镇开发范围，高新区发展方向获省厅批复，全面完成晓云片区规划设计，教育新城启动建设。以"工匠"精神推进城市建设，交通路网加快优化，松亭街、凤凰北街等 8 条道路建成通车，陆家新区路网全部完成；智慧园区建设初显成效，建设了一批 5G 基站、换电站、充电桩，城市生活更加便捷；提升城市管理水平，全力推进城乡治理标准化工作，深入开展文明城市创建，高标准建设城市驿站，优化人居环境，空气优良率达到 84.3%，垃圾分类减量覆盖率 100%，雨污全面分离，蒸水河高新段水质显著改善。

**【社会民生】**2021 年，衡阳高新区一是民生保障更加有力。每月定期组织开展多种形式的招聘会，新增就业 4 387 人，"零就业"家庭实现动态归零，城镇登记失业率降至 3.8%。养老、医疗、低保等覆盖面持续扩大，城乡居民医保参保率达 99.18%，城乡低保实现了应保尽保、动态管理。二是民生事业加快推进。华新医院于 6 月顺利完成新院搬迁，与市中心医院成功建立紧密型医联体，健康扶贫实现全区覆盖。成立高新成章实验学校，对新民中学进行改扩建，并成功举办新民中学百年纪念大会，晓云片区加速建设推进。完成 24 个老旧小区改造项目，超额完成棚户区改造 3 066 套。三是社会环境更加安定。优化基层班子结构，推动基层换届选举高标准执行，社会事务治理、民生事业管理水平大幅提高。坚决把安全和稳定当作底线来守护，强化在建工程项目质量监督检查，严查超限超载，全年实现较大及以上安全生产事故"零发生"。纵深推进新时 代县域警务、创新推出"五必须五个一 "园区警务工作法和"五四三二一 "校区警务工作法，着力构建共建共治共享的社会治理格局。始终把人民群众生命和身体健康放在第一位，压实"四方责任"，坚决守住"外防输入、内防反弹"的底线，保证人民群众生命财产安全。

**【党的建设】**2021 年，衡阳高新区以"常态学 + 专题学 + 创新学"的方式开展学习教育，把中央文件精神、总书记重要讲话、党史学习教育资料作为中心组理论学习和党组织培训重要内容。运用好谈心谈话、党员"1+X"和"屋场党建 + 五个到户"等制度，把神经末梢延伸到最基层。建立了首家社区书屋——陆家书屋，获团市委"青年之家"表彰。推广"135+"小区 党建模式，新增 7 家小区党支部。成功创建娃哈哈、金化科技、雅士林 3 个全市标杆党组织。全面锻造干部队伍。遵循新时代干部工作规律，不断提升干部能力素养，派出年轻干部赴科技 部、上海零号湾学习锻炼，全区工作人员网上学 习培训任务完成率 100%，学法考试合格率 100%。严格落实"凡提四必"制度，形成"一人一档一 表"，坚决防止"带病提拔"，严格做到不预审不上会，严禁超职数配备干部，对全区 195 名干部 职工档案进行核查。全面引进优秀人才。结 合"万雁入衡"青年人才计划，完善"1+7"政策 服务体系，在住房、就医、就学等方面为引进人才提供方便，累计吸引了 2 300 余名数字经济领域创业团队骨干和一流科技人才入驻高新区。2021 年高新区企事业单位共柔性引进博士 24 名，博士引进数量排全市第一。

（衡阳高新技术产业开发区管委会）

# 威海火炬高技术产业开发区

【概况】1991 年 3 月 6 日经国务院批准成立的国家级高新技术产业开发区，由国家科技部、山东省政府和威海市政府共同创办，是全国三个火炬高技术产业开发区之一（行政属于威海市环翠区）；开发区管委会是威海市政府的派出机构，享有市一级经济管理权限。2020 年 3 月 4 日，被工业和信息化部评定为国家新型工业化产业示范基地。

【经济发展】2021 年，威海火炬高技术产业开发区实现地区生产总值 543.6 亿元，按可比价格计算，增长 10.4%，两年平均增长 7.8%，其中，第一产业增加值 2.3 亿元，增长 7.5%；第二产业增加值 312.4 亿元，增长 12.4%；第三产业增加值 228.9 亿元，增长 7.8%。三次产业结构比例调整为 0.4 : 57.5 : 42.1。

【工业发展】2021 年，威海火炬高技术产业开发区实现第二产业增加值 312.39 亿元，同比增长 12.4%，两年平均增长 7.9%。规模以上工业企业 154 家，增加值增长 17.4%。实现营业收入 1158 亿元，增长 8.0%；利税总额 170 亿元，下降 3.4%；利润总额 131 亿元，下降 6.6%；收入利润率 11.2%，资产负债率 42.8%，产品销售率 99.7%。

全年获批国家制造业单项冠军 5 家、国家专精特新“小巨人”企业 7 家、省级制造业单项冠军 9 家、省级瞪羚企业 15 家、省市级专精特新企业 25 家，数量及占比均为全市第一。高新区获批省上市公司孵化聚集区试点，入选省级重点上市后备企业 12 家，占全市 46%。高新技术产业产值占规模以上工业总产值的比重达到 80.7%。

【服务业发展】2021 年，威海火炬高技术产业开发区全年实现第三产业增加值 228.92 亿元，同比增长 7.8%。两年平均增长 7.8%。全年社会消费品零售总额同比增长 18.1%。38 家限额以上批发业完成销售额 96 亿元，同比增长 36.7%；31 家限额以上零售业完成销售额 21.7 亿元，同比增长 30.9%；9 家限额以上住宿业累计营业额 0.98 亿元，同比增长 33.1%；9 家限额以上餐饮业累计营业额 6 亿元，同比增长 49.1%。45 家规模以上服务业企业，实现营业收入 16.2 亿元，增长 0.1%。

【固定资产投资】2021 年，威海火炬高技术产业开发区固定资产投资增长 16.9%，房地产投资 256 399 万元，同比增长 12.1%；工业投资增长 13.0%；技改投资增长 4.0%。民间投资占固定资产投资比重为 82.8%，“四新”投资占固定资产投资比重提高幅度为 3.7%。

2021 年列入市级重点项目 44 个，其中，高端平台项目 7 个，高新技术产业项目 26 个，现代服务业项目 2 个，城建、民生及社会事业项目 9 个。总投资 143 亿元，2021 年计划投资 49.2 亿元。全年累计完成投资 76.1 亿元，完成年度计划的 155%，共有光威精密、威高普瑞、吉威重症、西立电子二期等 19 个项目投产或建成投入使用。

【对外经济】招商引资方面，美国惠普、美国捷普、联想图像、百度小满科技、富士康等 5 个世界 500 强企业在高新区投资兴业。2021 年设立外商投增资项目 61 个，其中，总投资过千万美元项目 17 个，实际利用外资 3.3 亿美元、增长 32%。引进内资项目 30 个，总投资 502 亿元，其中过亿元项目 23 个。外经外贸方面，获批国家外贸转型升级基地。2021 年完成进出口

401 亿元，增长 37%，其中出口 320 亿元，增长 42%。高新技术产品出口 42.5 亿元，占全市高新技术产品出口总额的 49%。打印机产业链进出口 127 亿元，增长 30%。

【财政税收】2021 年，全区完成全口径财政总收入 54.6 亿元，同比增长 6.7%；一般公共预算收入突破 31 亿元，同比增长 8.5%；税务税收收入 51 亿元，同比增长 5.3%。全区财政总支出 45.4 亿元，其中，一般公共财政预算支出 19.3 亿元，增长 5.7%。

【科技创新】2021 年，全区科技型企业加速成长，构建起“科技型中小企业—高新技术企业—瞪羚企业”成长体系。拥有高新技术企业 253 家，占全市 29%。入库国家科技型中小企业 388 家，占全市 21%。全年新增专利授权 2 428 件，其中，新增发明专利授权 405 件，同比增长 15.66%，企业有效发明专利 1 876 件，同比增长 110%，均居全市首位。企业质押融资总额 5.95 亿元，同比增长 212%，四区第一。

全区建有院士工作站 6 家，拥有工程实验室、企业技术中心、工业设计中心、工程技术研究中心等国家级研发平台 9 家、省级 84 家、市级 136 家。建成国家级孵化载体 8 家，孵化面积突破 100 万平方米，在孵企业超过 1 000 家。拥有中国驰名商标 7 个，中国名牌 5 个，中国质量奖提名奖 2 个，省长质量奖及提名奖 3 个，山东省服务名牌 12 个，山东省名牌产品 53 个。区内企业主持或参与制定国家标准 74 项、行业标准 140 项。

【城市建设】2021 年，全区城镇化率 96.55%，比上年提高 0.22 个百分点。至 2021 年末，区内城市道路总长度共 190 公里，雨水管网 214.24 公里，建成区铺设污水管线 150 公里；车行道面积 267 万平方米，人行道面积 74 万平方米；建成区新增、改造绿化面积 20.54 万平方米，全区绿化覆盖率达 43.17%。工业电量累计完成 66 883 万千瓦时，同比增长 8.2%；工业电力增容 56 250 千伏安，同比增长 5.3%。全区公共汽车线路共计 40 条，运营线路总长度 925.7 公里；营运的公交车辆 315 辆，公共汽车客运总量 2 428 万人次，平均日客运量 6.65 万人次。

【社会民生】2021 年末，全区常住人口 34.22 万人，城镇化率为 96.55%。市辖区全体居民人均可支配收入 51 995 元，增长 8.5%，其中，城镇居民人均可支配收入 55 816 元，增长 7.8%；农村居民人均可支配收入 24 829 元，增长 9.9%。全体居民人均消费支出 35 880 元，增长 9.0%，其中，城镇居民人均消费支出 38 639 元，增长 8.2%；农村居民人均消费支出 16 269 元，增长 12.4%。全区城镇新增就业 4 598 人，其中，失业人员实现再就业 805 人。共引进专科以上毕业生 3 843 人。高校毕业生登记就业率 99.27%，城镇登记失业率 1.93%。

（威海火炬高技术产业开发区经济发展局）

# 江阴高新技术产业开发区

**【经济发展】**2021年，江阴高新技术产业开发区围绕“打造国内一流的创新型国际化园区”总目标，以“南征北战、东西互搏”为主线，以苏南自创区建设为主题，以园区升级改造为主攻，主动研判形势，科学应对挑战，全力奋发奋进，全年完成地区生产总值1 178.64亿元、增长11.2%（同比，下同）；规上工业产值1 880.2亿元、增长16.9%；全社会固定资产投入257.26亿元、增长9.5%，其中工业投入134.72亿元、增长6.6%，服务业投入123.6亿元、增长11.8%；一般公共预算收入63.2亿元、增长11.8%；进出口总额107.56亿美元、增长22.35%；到位注册外资4.73亿美元。

**【主导产业发展】**2021年，江阴高新区以特钢及金属制品为主导，微电子、生命健康、高端装备为特色，新能源为战略的“1+3+1”先进制造业体系进一步发展壮大。特钢及金属制品方面，兴澄特钢获评全区第一家省级工业设计中心，法尔胜入围中国500强、中国制造业500强企业；全区特钢及金属制品产业规上产值达754.72亿元、同比增长22.1%。微电子方面，初步形成集成电路设计、芯片制造、封装及测试的全产业链，同步带动电子产品及零部件、5G通信等细分领域发展，长电科技入围中国制造业500强企业，长电科技、星科金朋、信邦电子获评省级智能车间，信邦电子获评省级企业技术中心，神宇通信通过省级专精特新“小巨人”企业复审；全区微电子产业规上产值达401.95亿元、同比增长13.6%。生命健康方面，着重构建了从中药配方、创新药、诊断试剂盒为一体的产业链，形成了现代中药、医疗器械、新药研发、智慧康养等四大发展方向，天江药业获评国家企业技术中心，风和医疗与力博医药获评国家专精特新“小巨人”企业，佩尔科技获评省级工程研究中心，阳光卫医获评省级智能车间；全区生命健康产业规上产值达67.23亿元、同比增长23.3%。高端装备方面，大力推进智改数转，江阴新制造促进中心正式建成投运，爱波瑞“精益数字化供应链平台区域典型应用项目”入选工信部2021年新一代信息技术与制造业融合发展试点示范；全区高端装备产业规上产值达188.41亿元、同比增长23.5%。新能源方面，名鸿车顶获评省级企业技术中心；全区新能源产业规上产值达74.98亿元、同比增长38.2%。

**【项目攻坚】**2021年，江阴高新区成功举办重大外资、总部经济、未来产业、开放创新合作交流会等7场项目集中签约活动，签约超亿元项目71个、总投资达550亿元。全年出让产业用地20宗、约1 953亩，新注册项目40个、新备案项目24个、新开工项目25个、新投产项目25个，签约超3 000万美元重大外资项目11个、协议注册外资超19亿美元；其中，超百亿元的长电科技晶圆级微系统集成高端制造项目、超50亿元的前晨智能网联运输系统项目和锡澄协同发展区智能制造科创中心项目落地备案。大刀阔斧实施“全员起立、竞聘上岗、以绩定酬”的招商招才体制改革，创新实施“拿地即开工”、告知承诺制等审批制度改革，开展揭榜挂帅联盟攻坚行动，有效破解了制约项目建设的痛点、难点和堵点。

**【创新提质】**2021年，江阴高新区聚焦创新提质高效运行，推动科技创新工作再上新台阶。建成投用深圳、北京、西安3个异地孵化器、进驻项目24个，“军创之家”入选省级众创空间。科技型中小企业评价入库614家，新增省独角兽、潜在独角兽、瞪羚企业128家，无锡准独角兽、瞪羚、雏鹰企业入库139家。引育国家重大人才工程3人，入选省“双创计划”、无锡“太湖人才计划”、江阴“暨阳英才计划”等各类人才项目80人。迭代升级科技创新政策3.0版，制定出台高企招引奖励办法、异地孵化器和新型研发机构管理办法，创新实施“蟠龙英才计划”，全面完善“柔性引才”机制。建成长三角资本市场服务基地全国首个县级分中心，全省首创技术交易供应链金融。扬子江知识产权论坛、第四届创新创业大赛、长三角（江阴）现代中药大健康产业创新峰会等“国批”十年系列活动顺利举办，高新区创新发展指数成功发布，获批全国第二批企业创新积分制试点园区，获评省自贸区联动创新发展区。长电科技荣获国家科学技术进步奖一等奖，兴澄特钢获评工信部工业产品质量控制和技术评价实验室，天江药业获评国家企业技术中心，贝卡尔特升级为省跨国公司地区总部。

**【社会事业】**2021年，江阴高新区民生事业在补短板、强治理中不断前进。扎实推进“六稳”“六保”，全年减税降费超4亿元。完成社保扩面3 885人、净增参保1 386人，发放低保补助、临时救助等各项补贴800余万元，实现本地劳动力就业2 834人、扶持自主创业370人。深化政经分设改革，实现分红3 500余万元。居民人均可支配收入达64 295元。长山中心幼儿园、长山消防站、城东社区卫生服务中心门诊楼、江阴市中医外科医院门诊楼建成投用，蟠龙山公园一期顺利开园，青阳园区徐家湾安置房完成分房。完成长山、滨江社区7个老旧小区升级改造和东苑小区环境治理，新建居家养老助餐点2个、综合养老服务中心1家。智慧城市综合管理平台处置办结率达99.7%。“1+1+N”网格化管理工作体系不断完善，“专职治理、部门联动、全民参与”的基层治理模式基本形成。开展文明创建小区环境“百日攻坚”，清理“三乱”4 000余处。突出常态化防控，制定新冠疫情常态化防控工作方案和应急预案，开展核酸检测实战演练2次、累计检测26 000余人。长山大会堂危房成功解危，完成企业安全执法检查295家，园区群众安全感及执法满意率测评达100%。

**【生态环境】**2021年，江阴高新技术产业开发区园区环境在促更新、优生态中不断改善。编制完成“十四五”美丽高新区专项规划、滨江东路北及萧山路西区段城市设计等多项规划，开展长山—山观集镇更新城市设计、滨江公园方案设计，全面启动白屈港西滨江路北区域城市更新，为城市发展拓展空间。开展“310”综合整治三年提升工程，常态化巡查抓治气，PM2.5浓度下降11.4%，优良天数比率上升一个百分点。专班化运行抓治水，滨江第二污水处理厂通水调试，建成投用分布式应急处理设施7套，国省考断面水质稳定达标，主要支浜全面消除劣V类水体。完成1 800余亩空闲土地整治、其中复绿485亩，东横河驳岸和绿化工程一期竣工。开展主次干道、背街小巷市容秩序、环境卫生专项整治，拆除违章建筑3.6万平方米。编制区域能评实施方案、“双碳”行动方案，推进市政排水管网资产市场化运营，创新实施环卫作业市场化改革，完成城东环卫所垃圾分类工程，建成“三定一督”垃圾分类试点2个。企业环保体检100余家、环保托管54家。深入推进园区升级改造，拆迁签约90万平方米、拆除45万平方米，盘活存量土地1 654亩，腾退低效用地804亩，整治关停“散乱污小”企业103家。

**【青阳园区】**2021年，高新区青阳园区紧紧围绕工业园区升级改造和科创微城建设两大主题，积极推进高质量发展，全力争取“十四五”发展开门红。环普国际产业园所有厂房封顶，竣工验收；必得科技一期、二期厂房封顶，三期主体结构施工；安凯特项目完成基础施工；南阳彩纤二期完成试桩；秋林特能、苏达汇诚开工建设。编制新一轮国土空间规划，编制城市更新概念规划；尝试引进社会资本参与园区升级改造，进行合作共建；完成150亩挂钩土地复垦。积极争取无锡市国土空间全域综合整治试点；基础设施提升工程（一期）及配套环境整治工程以及道路节能改造工程全面完成；区内供水、天然气、蒸汽主管网铺设到位；启动农田水利灌溉工程，完成西双流河、对洞河，启动下尖圩河建设，初步形成园区启动区成熟的开发空间。

（江阴高新技术产业开发区管委会）

# 荆门高新技术产业开发区·掇刀区

**【经济发展】**2021 年，荆门高新技术产业开发区·掇刀区实现地区生产总值(不含漳河新区)300.31 亿元，按可比价格计算，同比增长 8.0%，其中，第一、二、三产业分别实现增加值 13.56 亿元、157.22 亿元和 129.53 亿元，分别增长 11.4%、3.3% 和 13.6%。三次产业结构由上年的 4.54∶53.84∶41.62 调整为 4.52∶52.35∶43.13。

**【工业发展】**2021 年，高新区·掇刀区规模以上工业增加值同比增长 23.3%。新增规模以上工业企业 15 家。全区 28 个行业大类，19 个实现正增长，增长面达 67.9%；66 个行业中类，42 个实现正增长，增长面达 63.6%。全年高技术产业增加值同比增长 60.4%；战略性新兴产业增加值增长 43%。从全区规上工业七大产业营业收入看，化工产业实现营业收入 433.04 亿元；再生资源利用与环保产业实现营业收入 204.5 亿元；新能源新材料产业实现营业收入 82.5 亿元；装备制造业实现营业收入 58.5 亿元；农产品加工业实现营业收入 39.01 亿元；大健康产业实现营业收入 25 亿元；电子信息产业实现营业收入 6.6 亿元。年末纳入统计的高新技术产业企业达 90 家。

2021 年，规模以上工业实现营业收入 812.87 亿元，同比增长 44.2%；人均营业收入达 218.5 万元，同比增长 60.1%；实现利润总额 41.52 亿元，同比增长 128%。亏损企业 22 家，亏损额 2.97 亿元；营业收入利润率为 5.11%，较上年同期提高 1.9 个百分点；每百元资产实现营业收入 194.7 元，较上年同期增加 22.3 元；税金总额 83.28 亿元，同比增长 4.6%；本年应交增值税 13.01 亿元，同比增长 4.1%。工业产品产销率 97.8%，较上年提高 1.2 个百分点。

**【固定资产投资】**2021 年，全区完成固定资产投资同比增 20.31%，其中，房地产开发投资同比增长 27.76%；第一产业投资同比下降 28.25%；第二产业投资同比增长 24.16%；第三产业投资同比增长 12.74%。

**【国内贸易和对外经济】**2021 年，高新区·掇刀区完成社会消费品零售总额 114.41 亿元，同比增长 26.4%。分行业看，限上批发业销售额 290.25 亿元，同比增长 33.8%；限上零售业销售额 43.82 亿元，同比增长 21.9%；限上住宿业营业额 0.68 亿元，同比增长 41.8%；限上餐饮业营业额 1.03 亿元，同比增长 34.6%。

全年完成外贸进出口总额 90.19 亿元，同比增长 52.6%，其中，出口总额 56.58 亿元，同比增长 59.6%。实际外商直接投资 3 430 万美元，同比增长 20.18%。

**【交通运输业】**2021 年，高新区·掇刀区交通运输、仓储和邮政业实现增加值 9.83 亿元，同比增长 10.4%。规模以上道路交通运输业实现营业收入 19.11 亿元，同比增长 14.3%。年末公路里程 1 171.56 公里，其中，等级公路里程（包括一、二、三、四等）1 171.56 公里。改造农村公路 29.505 公里，建成通组公路 23.049 公里。

**【财政金融】**2021 年，高新区·掇刀区完成地方财政总收入 274 374 万元，同比增长 22.5%。按部门分，税务部门完成 272 618 万元，同比增长 24.0%；财政部门完成 1 756 万元，同比下降 58.0%。实现一般公共预算收入 169 521 万元，同比增长 24.0%。一般公共预算支出 204 615 万元，同比下降 24.1%，其中，一般公共服务支出 20 429 万元，公共安全支出 5 468 万元，教育支出 38 697 万元，文化旅游体育与传媒支出 306 万元、科学技术支出 30 817 万元，社会保障与就业支出 15 772 万元、卫生和健康支出 22 411 万元、节能环保支出 4 697 万元、城乡社区支出 18 819 万元。

**【科技创新】**2021 年，高新区·掇刀区新增省级企业技术中心 4 家，总数达 14 家；新增省级以上创新平台 4 家，新增 2 家省级星创天地。争取上级科技项目 22 项（其中市级重大专项 6 项）。2021 年授权专利 1 601 件（其中发明专利 129 件）。

**【社会保障】**2021 年，高新区·掇刀区城乡居民生活继续改善。农村常住居民人均可支配收入 23 260 元，同比增长 12.1%；城镇常住居民人均可支配收入达 42 322 元，同比增长 9.8%。

社会保障体系进一步健全。全区基本养老保险参保 164 522 人，其中，参加基本养老保险职工总人数 47 625 人(含退休 11 929 人)，包含企业 43 482 人，事业单位 4 143 人；实际收缴基本养老保险 36 983 万元，其中企业实际收缴 30 932 万元，事业单位实际收缴 6 051 万元；失业保险参保人数达 24 063 人，实际收缴失业保险金 1 049 万元。企业职工基本养老保险扩面新增 1 201 人。2021 年基本医疗保险参保人数 277 392 人，其中城乡居民参保 250 842 人，职工参保人数为 26 550 人。城镇低保标准提高到 710 元 / 月，农村低保标准提高到 500 元 / 月。棚户区改造基本建成 276 套，发放住房租赁补贴 41 户、7.8 万元。改造农村危房 11 户。全区投入扶贫专项资金 1 850 万元，整合涉农资金 1.5 亿元，全区城市低保对象 1 166 户 1 799 人，农村低保对象 465 户 921 人；城市特困 42 户 43 人，累计发放救助金 73.54 万元，农村特困户 249 人，累计发放救助金 366.43 万元。

（荆门高新技术产业开发区统计局）

# 泰州医药高新技术产业开发区（泰州市高港区）

**【概况】**2009年3月18日，国务院批复泰州医药高新区升级为国家级高新区，为全国第一个以医药健康产业定位命名的高新区，江苏省重点建设的特色产业基地之一，是江苏省委、省政府重点打造的全省生物技术与新医药产业核心区、综合改革试验区、转型升级先导区。2010年2月，科技部、卫生部、国家食品药品监管局、国家中医药管理局与江苏省政府共建中国医药城机制正式启动，成为全国唯一的部省共建高新区。

2021年，泰州医药高新区与高港区正式融合、实行“区政合一”管理体制。融合后的泰州医药高新区（高港区）位于泰州市区南部、长江北岸，行政区划面积402.87平方公里，常住人口43.82万人，下辖生物医药产业园区、化学新材料产业园区、电子信息产业园区、高端装备制造产业园区、港口物流产业园区5个功能园区，野徐镇、胡庄镇、白马镇、大泗镇、永安洲镇5个镇，及口岸、许庄、刁铺、寺巷、明珠、凤凰、沿江7个街道，145个村（社区）。泰州综合保税区位于电子信息产业园区内，2010年4月28日经国务院批准设立，总规划面积1.76平方公里，2015年5月经国务院批准整合优化为综合保税区，是泰州市唯一的海关特殊监管区。

**【经济发展】**2021年，泰州医药高新区实现地区生产总值1 106.86亿元，同比增长11%，人均GDP全省第六；一般公共预算收入100.54亿元，增长11.8%，总量和增幅均列泰州市第一；规上工业增加值完成2 098.78亿元，增长15.1%；高新技术产业产值占规上工业总产值比重52.32%；工业一般纳税人开票销售1981.55亿元，增长32.9%；限上社会消费品零售总额189.64亿元，增长20.9%；完成固定资产投资713.77亿元，其中工业投资457.57亿元，高技术产业投资占比33%；全社会研发投入占GDP比重3.37%，万人发明专利拥有量42.67件；实际利用外资3.86亿美元，进出口总额39.66亿美元。2021年，大健康产业、电子信息产业、石化及新材料产业、高端装备产业等四大主导产业实现产值1 797.28亿元，同比增长31.1%，占全区规上工业产值比重85.6%。主要经济指标总量及增幅继续保持泰州市前列，成为泰州市第一个公共预算收入过百亿的板块。国家级高新区、全国生物医药类园区综合排名实现争先进位，分别列第73位和第12位。在泰州市综合考核中，泰州医药高新区（高港区）位列市（区）综合考核第一等次、“三比一提升”专项考核第一等次，泰州医药高新区党工委（高港区委）荣获“争当表率、争做示范、走在前列”好班子称号。

**【招商引资】**2021年，泰州医药高新区新签约亿元以上项目406个，总投资1 108.73亿元。其中：内资项目373个，总投资1 023.19亿元；外资项目33个，总投资13.16亿美元。新签约5亿元（3 000万美元）以上项目115个，总投资777.56亿元，其中：内资项目88个，总投资696.05亿元；外资项目27个，总投资12.54亿美元。总投资4 000万美元的印度柯斯泰克生物药、5亿元的金浦诺安、5亿元的默乐生物、10.16亿元的艾美康淮创新疫苗、20亿元的中慧元通疫苗产业化等一批重大项目签约落户。2021年5月，参加长三角两岸企业家溱湖论坛和“走进深圳”系列活动；2021年7月，借助长城汽车科技节平台，举办2021年长城汽车泰州基地招商推介会；2021年10月，参加合肥全国汽配交易会，并举行汽车科技产业园主题推介活动。

【项目建设】2021年，泰州医药高新区新开工5亿元（或3 000万美元）以上项目30个，计划总投资282.2亿元，其中外资项目6个，总投资15.96亿元的泰康生物抗体药物、8.45亿元的金迪克二期、6.57亿元的海和药业、6亿元的复旦张江二期、5亿元的博莱得利、5亿元的康为世纪医疗器械及生物检测试剂、3 000万美元的阿斯利康“安达唐”等一批重大项目开工建设。竣工项目28个，实际完成投资242亿元，总投资15.29亿元的赛孚士抗体药物CDMO生产基地、7.38亿元的硕世生物泰州总部产业园、5亿元的瑞科新冠疫苗、1亿美元的安若维他药品制剂等一批重大项目竣工建成。

【科技创新】2021年，泰州医药高新区新增高新技术企业75个，新建“校企联盟”11家，签订产学研合作协议60项。获批省“潜在独角兽”企业3家，获批省“瞪羚”企业11家，获批市“瞪羚”企业6家。新获批省级孵化器1家、众创空间1家、星创天地1家、市级及以上企业技术中心16家、市级及以上工程技术研究中心19家、市级公共服务平台1家。国家级孵化器绩效考评优秀1家、良好1家，省级孵化器绩效考评优秀1家、良好3家，众创空间市级绩效考评优秀3家，工程技术研究中心市级绩效评价优秀24家。出台《关于推进科技创新引领高质量发展若干政策》《企业创新积分管理细则》等政策。积极兑现各类奖补政策，落实研发费用加计扣除等税收优惠总额23.9亿元，兑现企业创新积分奖励8 352.12万元。公共平台健全完备，建有省市级产业创新联盟5家，获批市级以上科技公共服务平台24家。疫苗工程中心、药物大小分子研发等公共平台可提供药物筛选、制剂研究、安全性评价等“全链式”技术服务。北大医学部（泰州）医药健康产业创新中心成立，开辟临床试验、科研项目在泰州落地转化新通道。国际遗传工程和生物技术中心全球首家区域研究中心、东南大学生物医药与医疗器械研究院、复旦大学泰州健康科学研究院等平台加快建设。中国科学院大连化物所生物医药创新研究院作为泰州新型研发机构改革样本，改制实施“研究院（所）+公司”组织形式，推行团队股权期权奖励激励机制，获批国家中医药局中药精准质量控制技术重点研究室。持续推进国家级疫苗临床评价基地和江苏省疫苗质量评价中心建设，全力创建P3生物安全实验室，筹建诊断试剂CDMO服务平台，加快申报兽用生物制品国家技术创新中心等。企业研发平台量质并举，已认定省级、市级企业工程技术研究中心40家、84家。

【人才工作】2021年，泰州医药高新区强化规划引领，制定《人才特区建设中长期规划》；成立医药高新区（高港区）欧美同学会，建强留学人才联系纽带；聚焦“产才融合”，做强中国国际医药人才市场和国家级海外高层次人才创新创业基地2个“国字号”金字招牌，每年拿出1亿元专项资金支持人才发展，形成“113人才政策”“凤栖高新”英才计划以及“1+7”政策体系。高规格举办“一赛两会”和医药产业“主旨论坛”、“揭榜挂帅”等活动，放大“中国医药城”名片效应和“国际医药博览会”示范效应。新引进高层次人才（团队）580名，入选省“双创计划”7人、省“留学回国先进个人奖”2人。累计引进4 300多名生物医药类海内外高层次人才，柔性引进院士11名，集聚国家级高端专家60名，申报江苏省“双创人才”134名、“113”各类高层次人才1 369名，“人才竞争力”列全国生物医药园区第8名。组建中国医药城人力资源联盟，启动“人才家园”项目建设；举办创新创业菁英赛、“圆梦高新”“创咖汇”等创新创业活动。发起人才工作“百日会战”，开展人才“书记项目”一线巡诊，设立5个“双招双引”工作专班，力促“招商引资”与“招才引智”深度融合。

【体制机制改革】2021年，泰州医药高新区进一步理顺体制机制，聚焦主责主业，全面启动园区改革。本着精简高效的原则，实行“大部制、扁平化”管理。采取“共性+个性”的方式，除统一设置的机构外，各园区根据产业特色增设相应部门。部门以下实行岗位管理，不再设立管理层级，科学合理设岗。职数总量向招商引资、企业服务一线倾斜。建立身份档案制，实行干部人事档案管理与合同聘用相分离的“双轨制”管理。推行全员聘任制，对中层及以下工作人员，打破编制、身份、职级等限制，不与职级挂钩。

**【城市建设】**2021年，泰州医药高新区精致高新三年行动计划，打造拥江亲水、产业繁荣、宜居宜业的活力新城。聚焦“水清、绿透、文昌、城秀”，做强医药产业和临港经济，用好人民海军诞生地红色资源。推进全域旅游示范区建设，打造天德湖、天禄湖、凤栖湖等中央湖链绿色中轴带，形成绿色相连、三湖相映的城市景观风光带。加快国际精准健康中心建设，建成东方温莎小镇、人才公寓、体育文创中心等一批城市功能性项目，营造与生物医药产业高质量发展相匹配的宜居环境。以创建全国文明典范城市为引领，让老百姓拥有更多“小确幸”。实施“健康惠民一号工程”，让广大企业和群众切实享受到大健康产业和医疗卫生互动互融的发展成果。精心做好第二十届江苏省运会各项筹备工作，确保办赛精彩、参会出彩。

**【管理与服务】**2021年，泰州医药高新区持续深化“放管服”改革，“一枚印章管审批”“互联网+政务服务”实现全覆盖，企业登记实现“全城通办”，高港区营商环境综合评价全省前列。全省首家起草编制了企业开办团体标准《企业开办专区服务规范》（T/TZAS001-2021），实现“只进一门、只对一窗、只跑一次”的便捷高效企业开办服务机制。出台《推行工程建设项目“告知承诺制”实施办法（试行）》，探索试行“模拟审批+告知承诺”，自实施以来全区已有扬子江药业集团、长城汽车等10个省重大项目和4个重点民生工程实行“告知承诺制”，平均缩短项目周期50天，切实提高审批效率。坚持国际化理念，优化营商环境，组建高层次人才服务团队和“店小二”服务专班，全程帮办代办，加快项目落地。将市场主体进入特定行业经营的多张许可证整合为一张行业综合许可证，在多行业推行“一业一证”改革，2021年发放行业综合许可证130余张。

（泰州医药高新技术产业开发区管委会）

# 长春净月高新技术产业开发区

**【概况】**长春净月高新技术产业开发区（以下简称“净月高新区”）位于长春市东南部，成立于1995年8月，原名长春净月潭旅游经济开发区；2006年3月通过国家发改委审核，更名为长春净月经济开发区；2011年初，经吉林省人民政府批准转型更名为长春净月高新技术产业开发区；2012年8月，经国务院批准，晋升为国家级高新技术产业开发区。全区下辖3个整建制镇和7个街道办事处（玉潭、新立城、新湖3个镇和净月、永兴、彩织、博硕、德正、德容、福祉7个街道），区域面积478.7平方公里，总人口41万人（比第六次全国人口普查时增加17万人），其中大学学历占比49.59%，居全市首位。

**【经济发展】**2021年，净月高新区地区生产总值完成436.26亿元，增长(同比，下同)6.7%；规上工业总产值完成141.7亿元，增长14.4%；规上建筑业总产值完成141.4亿元，增长38%；固定资产投资完成255.3亿元，增长17.7%；房地产销售面积128.02万平方米，增长5.5%；限上社零额75.54亿元，增长33.5%；地方级财政收入完成14.1亿元，增长11%；全口径财政收入完成64.6亿元，增长7.4%，上述指标增速在四大开发区排名第一。净月高新区先后获得国家服务业综合改革试点区、国家电子商务示范基地、国家广告创意示范园区、国家现代服务业数字媒体产业化基地、国家信息消费试点区、国家级文化和科技融合示范基地、国家智慧城市试点、国家自主创新示范区等“国家级称号”，是长春市“六城联动”战略部署中“文化创意城”建设的核心区。

**【生态环境】**净月高新区是长春市的生态核心区，地处大黑山脉城区段核心位置，拥有亚洲最大的人工森林，林水面积243平方公里，占区域总面积的51%。域内林木葱郁、水域丰沛、山岭绵延，有“喧嚣都市中的净土”之美誉，森林中每立方米负氧离子含量高达2万个，是城区的400至500倍。辖区东部有净月潭国家5A级森林公园，南部有新立湖国家水利风景区，西部有长春的母亲河——伊通河，形成了“三面环林水、一面接主城”的生态体系格局。近年来，净月高新区不断优化和放大生态资源，将自然生态要素引入城市，大力实施“东林西进”“南水北连”工程，区域森林覆盖率达到30.1%，全面构建了“水域绿野”的优良生态空间。

**【旅游资源】**净月高新区文化底蕴深厚，旅游资源丰富多彩，净月潭国家森林公园、伪满皇宫博物院、长影世纪城三个5A级景区以及农博园、天怡温泉、恺撒森林温泉三个4A级景区坐落其中；拥有每年定期举办的瓦萨国际越野滑雪节、净月潭森林马拉松赛、净月潭国际森林山地自行车马拉松等国内外知名的生态运动项目；建有中国第一家滑雪博物馆、中国最大的农业博览园以及长春中国光学科学技术馆、吉林省博物院、吉林省科技馆、吉林省自然博物馆、吉林省民间工艺美术馆等12座各级各类博物馆和16处文物遗址。

**【科技创新】**净月高新区拥有最优质的科技创新资源，域内汇集了15所高等院校，有在校大学生20万人，占全市的42.7%、全省的36.3%；有国家高新技术企业333家，省级、市级科技型小巨人企业分别达到46家和83家，“十三五”期间累计实现技术交易合同备案76

亿元；建有孵化载体 30 个，其中省级以上孵化载体 14 个，总面积达到 32 万平方米，累计孵化企业超 1 100 家，在孵企业 645 家，津长双创服务中心（吉浙合作创新服务中心）、上市企业加速器、净月众创大厦等载体孵化效应不断增强；建成国家级研发服务平台 12 个、省部级研发服务平台 147 个、市级以上重点科研机构 9 个，企业研发平台 35 个，一线科研人员总数近 4 万人，是长春市乃至吉林省重要的人才培养、实验研发、成果转化基地。

**【产业基础】**净月高新区致力于发展环境友好型产业，形成了以现代服务业和高技术产业为主导的产业格局。现有世界 500 强企业 26 家、省内行业领军企业 35 家，吉视传媒、一汽进出口总部、一汽金融总部、吉林烟草等 100 多家总部企业落户净月，东北亚总部基地已初具规模；东北证券、森工金融、开犁网、沃尔玛、麦德龙、喜来登、五洲国际等近 300 家金融服务企业、200 家电子商务企业和千余家商业服务场所，构成了净月高端现代服务业的主体。以美国径点、日本 NTT 等信息技术企业，德国大陆电子、德国格拉默等 120 多家汽车研发生产机构以及一汽新能源电动轿车等汽车企业为代表的高新技术企业的落地，加快放大了净月高新技术产业的集聚效应。

**【基础设施建设】**净月高新区经过多年的开发建设，全区配套区面积达到 75 平方公里，建成区近 60 平方公里，道路总长度 240 多公里，生态大街、福祉大路、净月大街、临河街等“三纵六横”主干道路与穿城而过的三环、四环和绕城高速，织就了净月成熟的交通网络；东部快速路南延、天普路立交桥跨伊通河西进、长双快速路等重点工程，又将净月与其他城区、龙嘉机场、轨道交通的时空距离拉近到半小时圈内，形成丰富的立体交通体系。建成 3 座供水加压泵站，管线 180 多公里，建成变电站 7 座，形成了路网发达、配套完善的基础设施网络体系。

（长春净月高新技术产业开发区）

# 吉林高新技术产业开发区

吉林高新技术产业开发区（以下简称“吉林高新区”）于1992年2月由省政府批准为省级高新区，同年11月由国务院批准为国家级高新区。最初由江南新建区和江北精细化工试验区组成，规划面积11平方公里。2008年市委、市政府将吉林市汽车工业园区（省级开发区）并入后，实施一套机构、两块牌子。截至2021年，全区行政管辖面积130平方公里（高新南区22平方公里、高新北区108平方公里），下辖2个街道、12个社区、17个村，户籍人口近20万人。

**【经济发展】**2021年，吉林高新区实现全口径地区生产总值331亿元，“四上”企业营业收入860亿元，全区规模工业产值完成705亿元，占吉林市41%；高新技术产业产值占核心区规模工业总产值的比重达71.2%，较2015年提高了17.2个百分点。

**【招商引资】**吉林高新区推动以商引商、产业链招商、中介组织招商，成立项目专班，一对一服务好项目建设。全区招商引资到位资金955亿元，引进招商项目316个。辖区主导产业企业克服发展中不确定性因素与行业波动带来的不利影响，营商环境不断优化，产业链带动力渐强，市场主体数量持续增长。截止到2021年底，吉林高新区累计新增企业总数达到3 800余家，“四上”企业420家。工业经济实力显著增强，华微电子、瑞能半导体、鑫鼎冶金装备、东光车灯、航盛电子、万丰奥威、鹿王制药、恒源纸业等工业企业近两年有效应对市场波动、新冠肺炎疫情影响，产销量实现稳中有升。

**【产业发展】**吉林高新区围绕产业基础，服务生态强省、新兴产业培育需求，紧抓新经济、奔跑新赛道，遵循科技含量高、资源消耗低、环境污染少的产业结构和生产方式，初步构建起以汽车及零部件、电力电子为主导，医药大健康、高端装备制造为重点，现代服务业为支撑，数字经济新业态蓬勃发展的“2+2+1+X”现代产业体系。产业发展呈现园区化、集聚化、高端化特点。一是汽车及零部件产业谋求突破：推进一汽吉林新能源乘用车试车、投产，推动镇江汽车集团年产15万辆乘用车项目、一汽吉林与长城汽车合作乘用车项目；二是电力电子产业优势进一步凸显：依托华微电子、瑞能半导体的优势，延伸产业链，实施半导体外延片、封装项目，建设半导体产业园项目；三是生物医药产业迈向高端化：建成康乃尔、吉尔吉两大医药产业园，推进光敏剂等产品创新，引进中科聚研干细胞等项目。四是新产业新业态初见成效：初步形成软件服务外包、节能环保、农业科技、新材料、装备制造等新兴产业。

**【科技创新】**吉林高新区始终坚持“发展高科技、实现产业化”的理念，曾荣获全国先进高新区、全国实施火炬计划先进单位等荣誉称号，是全国第三批“大众创业万众创新”示范基地、国家科技服务体系建设试点园区、电子信息创新型产业集群试点园区。已形成汽车及零部件、电力电子、医药健康、新材料、数据信息等优势产业。现有各类工商企业3 000余家，国家火炬创业园、创新科技城等企业孵化器、众创空间15个（其中：国家级、省级各6个），孵化场地总建筑面积近18万平方米，在孵企业400余家。

（吉林高新技术产业开发区管委会）

# 安康高新技术产业开发区

【经济发展】2021 年，安康高新技术产业开发区经济发展质效双升。全年生产总值增长 11.2%，固定资产投资增长 7%，规上工业增加值增长 19.7%，工业企业技术改造投资增长 30%，限上消费品零售总额增长 24.5%，完成外贸进出口总额 6.5 亿元，制造业增加值占 GDP 比重达 40%，民间投资占固定资产投资比重分别达 79%，经济实现质的有效提升和量的合理增长。

【项目建设】2021 年，安康高新区创新推行县级领导分片包干、工作组集中攻坚的“重点项目 + 征地拆迁 +X”工作机制，大抓项目、抓大项目、狠抓产业项目，全年完成土地征收 4 000 余亩、拆除建筑物 1 000 余栋，征迁效率较往年同期增长 60% 以上，促推投资 1 038 亿元的 200 余个重大项目建设全面提速，实现了以高质量项目支撑引领高质量发展。2021 全年建成过亿元重点项目 70 余个，花园沟、周家沟大桥完成改造提升，汉江东路、新时代大道、秦岭大道至北环线段等一批骨干路网建成通车，5 条道路绿化长廊景观效应凸显，奥特莱斯、高新万象、美豪 R 酒店等一批商业综合体建成运营。高铁站前广场、富家河生态治理等一批项目全速推进，环境吸引力和综合承载力全面提升。

【产业发展】2021 年，安康高新区坚定“144520”招商引资基本方略，引进落地光通信激光器研发生产、智能终端电子设备制造等过亿元产业项目 40 余个，全年招商到位资金同比增长 30% 以上，锂电新能源关键正极材料、高端反渗透纳滤膜、光电科技产业园、电子磁性元件生产加工等 50 余个工业项目建成投产，构建形成以钒材储能、锂电新能源材料、光电科技、生物医药、数字经济等 9 条产业链为引领、六大专业园区为支撑的大产业格局。

【改革创新】2021 年，安康高新区制定出台高层次人才引进培养若干政策措施，扎实推进国家创新型特色园区、国家外贸转型升级基地和自贸试验区协同创新区建设。华银科技与西安交大共建的液流储能创新中心获批陕南首家省级制造业创新中心，富硒创新型产业集群获批国家创新型产业集群试点。安康国家高新区 2020 年落实有关重大政策措施真抓实干成效明显获国务院督察激励和省政府通报表扬。

【营商环境】2021 年，安康高新区全面推行相对集中行政许可权改革，主动对接全省 11 个开发区成功开通“跨区通办”，大型社区、商场 24 小时自助办事服务区实现全覆盖，构建形成“15 分钟便民服务圈”，企业增长率连年保持 30% 以上。创新推行的“一委九中心”全要素保障平台、“一网通办”全周期便捷审批、“一对一”全方位优质服务的“三全”服务体系得到陕西省主要领导批示肯定。

【民生保障】2021 年，安康高新区高新第一初级中学全面建成开学，高新第一小学大幅扩容增位，高新中医医院建成运行，高新医院加快装饰装修，长兴中等职业技术学校加快建设。高新中学高考中考成绩再创历史新高。聚焦富强机场、红旗水库、罗家河“一河两圈”，全面启动江安村、联合村等乡村振兴示范点建设。高标准、高质量完成十四运会和残特奥会火炬传递安康市区站各项保障工作，群众自豪感、幸福感、获得感持续提升。

（安康高新技术产业开发区管委会）

# 渭南高新技术产业开发区

**【经济发展】**2021 年，渭南高新技术产业开发区生产总值 107.56 亿元，比上年（下同）增长 15.5%。全区第一产业增加值 0.32 亿元，下降 13%，占生产总值的比重为 0.3%；第二产业增加值 57.55 亿元，增长 20.8%，占 53.5%；第三产业增加值 49.7 亿元，增长 10.2%，占 46.2%。全年非公有制经济增加值 64.09 亿元，占生产总值的 59.6%。

**【工业经济】**2021 年，渭南高新区规模以上工业总产值 234.59 亿元，增长 31.2%，其中，轻工业 12.01 亿元，下降 58.8%；重工业 222.58 亿元，增长 48.7%。支柱产业完成工业总产值 228.77 亿元，增长 31.2%。装备制造 141.95 亿元，增长 39.8%；化工工业 74.63 亿元，增长 22.1%；食品工业 10.06 亿元，增长 7.1%；非金属矿物制品业 1.94 亿元，下降 18.2%；能源工业 1 903 万元。

全年规模以上工业营业收入 153.49 亿元，增长29.6%；利润总额5.73 亿元，增加了4.96 倍。全年规模以上工业综合能源消费量 141.98 万吨标准煤。规模以上工业用电量 5.34 亿度。

**【固定资产投资】**2021 年，渭南高新区全年固定资产投资（不含农户）比上年增长 7.6%；其中，第二产业投资增长 0.8%；第三产业投资增长 9.9%。全年民间投资增长 7.5%，基础设施投资下降 23%，工业投资增长 0.8%，高技术产业投资增长 10.4%，文化产业投资增长 924.5%。

**【招商引资】**2021 年，渭南高新区签约 23 个项目，合同引资额 481 亿元；招商引资到位资金 145.4 亿元；实际利用外资 1 343 万美元，增长 29%。

**【财政和金融】**2021 年，渭南高新区全年地方财政收入 2.5 亿元，比上年增长 19.4%；财政支出 6.7 亿元，下降 3.8%。年末全区金融机构人民币各项存款余额 85.87 亿元，比上年增长 5.6%，其中住户存款余额 53.69 亿元，增长 10.6%。金融机构人民币各项贷款余额 27.52 亿元，增长 32.1%。

**【科技创新】**2021 年，渭南高新区全年共签订各类技术合同 87 项，合同成交金额 3.29 亿元。全年共申请专利 195 件，其中发明专利 16 件，实用新型专利 175 件，外观设计专利 4 件。年末全区有效发明专利 157 件，全区每万人发明专利拥有量为 13.53 件。高价值发明专利拥有量 11 件，每万人高价值发明专利拥有量 0.95 件。

**【绿色集约】**2021 年，高新区空气质量综合指数 4.90，同比改善 10.7%；优良天数 278 天，同比增加 57 天；PM10 平均浓度为 90 微克 / 立方米，同比改善 10.0%；PM2.5 平均浓度为 46 微克 / 立方米，同比改善 19.3%；$SO_2$ 平均浓度 10 微克 / 立方米，同比恶化 11.1%；$NO_2$ 平均浓度 35 微克 / 立方米，同比改善 5.4%；CO（95 分位）浓度为 1.6 毫克 / 立方米，同比持平；O3-8h（90 分位）浓度为 136 微克 / 立方米，同比改善 11.1%。

**【社会保障】**2021 年，渭南高新区全年居民人均可支配收入 26 493 元，比上年增加 2 104 元，增长 8.6%；全年城镇居民人均可支配收入 39 614 元，比上年增加 2 681 元，增长 7.3%；全年农村居民人均可支配收入 15 470 元，比上年增加 1 485 元，增长 10.6%。全年城乡居民收入比为 2.56∶1，较上年缩小 0.08。

全年城镇新增就业人员 1 528 人，下岗失业人员再就业 348 人，就业困难人员再就业 124

人，城镇登记失业率3.24%。2021年末参加城镇职工养老保险人数2.47万人，比上年末增加0.26万人。参加城乡居民基本养老保险2.2万人，比上年末增加0.1万人。参加城乡基本医疗保险人数5万人。

（渭南高新技术产业开发区管委会）

# 蚌埠高新技术产业开发区

**【发展概况】**蚌埠高新技术产业开发区是1994年经安徽省人民政府批准成立，2010年11月被国务院批准为国家高新技术产业开发区。2021年实现GDP 241.3亿元。在全省131家省级以上开发区综合考核评价中位居第9位，位居前十强。在全国169家国家高新区中综合排名63位。

蚌埠高新区具有显著的区位优势，其位于蚌埠西南，总体规划面积133平方公里，下辖秦集镇、秦集社区管理中心、天河科技园，常住人口11.7万人；有各类企业近5 000家，其中“四上”企业229家，高新技术企业108家，国家专精特新企业9家，上市企业5家，新三板挂牌企业8家。高速入口直连京台、宁洛高速，国电铁路线、淮河码头通江达海，水陆联运优势明显，京沪、京福高铁在蚌埠交汇，交通便捷，可以半小时到达合肥、南京，2小时到达上海、杭州，3小时到达北京。

**【产业发展】**蚌埠高新区具有特色的产业基础。始终坚持产业强区战略，将新一代信息技术、新能源、新材料、高端装备制造等产业作为战略性新兴产业的发展重点，以新型显示、5G移动通信、特种药用玻璃、太阳能光伏、高端汽车零部件、现代工程机械、智能成套装备、高端医疗装备等产业链为核心的新兴产业体系逐步形成，硅基新材料产业入选国家新型工业化产业示范基地、安徽省首批战略性新兴产业集聚发展基地，培育了凯盛科技、国显科技、鸿程光电、大富科技、高华电子、双环电子、昊方机电、凯盛工程、安徽凤凰、依爱消防、依爱电子、凯盛光伏、安徽柳工、工驰汽车、康宁药玻等一批产业链骨干企业，打造了显示模组、柔性玻璃、智慧黑板、5G通讯器件、5G通讯检测设备、汽车空调电磁离合器、滤清器、高端玻璃装备、消防设备、工程机械、薄膜太阳能电池、药用玻璃等一批拳头产品。

**【科技创新】**蚌埠高新区具有丰富的创新资源。始终坚持创新驱动发展战略，获批了合芜蚌国家自主创新示范区、合芜蚌科技成果转移转化示范区等创新发展平台，拥有中电科40、41所等驻蚌科研院所，建立了孵化器、众创空间等国家级创新创业平台5个，省重点实验室、省工程技术研究中心、省新型研发机构、省工业设计中心、省企业技术中心等省级研发平台71个。一批重大科技成果相继问世，国内首条全国产化30微米超薄柔性玻璃生产线启动工业化生产；全球结构最优的5G有源天线系统产品研发成功；转换效率达19.2%的铜铟镓硒薄膜太阳能电池组件再次刷新世界纪录；高阻隔水汽薄膜与AMOLED封装技术打破国外技术封锁；“宽带微波毫米波频谱分析仪”“地质工程分布式光纤监测关键技术及应用”“毫米波与太赫兹测量系统”三个项目分获国家科学技术进步奖一、二等奖；“盐酸安妥沙星”获国家技术发明二等奖；昊方机电、大富科技基站滤波器、凯盛工程的浮法玻璃退火窑装备入选国家制造业单项冠军企业（产品）；昊方机电汽车空调电磁离合器市占率世界第一。

**【投资促进】**蚌埠高新区具有广阔的合作空间，持续深化改革开放，获批中国（安徽）自由贸易试验区、皖北承接产业转移集聚区等重大开放平台，综合保税区正在积极申建。与浙江自贸区金义片区、宁波等长三角地区开展战略合作，与上海浦东金融局合作成立了长三角资本市场服务基地皖北分中心，与上海虹桥品汇合作成立了虹桥进口商品展示交易中心蚌埠分中心；每年从长三角、珠三角、京津冀等重点地区引进转移亿元以上重大产业项目30个以上，美国康宁、法国圣戈班、美国诺顿等全球跨国企业纷纷投资高新区。

**【营商环境】**蚌埠高新区具有优美的人居环境。始终坚持产城融合发展，毗邻淮河、涂山，坐拥天河湖、天公新河，形成了山水相望、河湖相连的独特自然景观，近年来打造了梅园、大峰山风景区、银杏大道、甜啦啦总部等多个网红打卡点，新建街头游园16个，增加绿道24公里，基本实现了推窗见景、开门见绿、出门进园。培育了第三实验学校、高新实验学校、迎宾实验学校等优质教育品牌。

（蚌埠高新技术产业开发区管委会）

# 三明高新技术产业开发区

**【经济发展】**2021 年，三明高新技术产业开发区经济发展稳中向好。全年地区生产总值达 201.95 亿元，同比增长 5.1%；第二产业增加值达 187.38 亿元，同比增长 4.5%，占园区地区生产总值的 93%；营业收入 689.92 亿元，同比增长 10.6%；税收收入从 5.32 亿元增长到 5.80 亿元，同比增长 9%；固定资产投资 15.56 亿元，同比增长 66.2%。

**【产业发展】**2021 年，高新区全产业链协同发展，全年规模以上工业企业达 164 家，工业总产值达 725.91 亿元，同比增长 45.6%；工业增加值为 184.12 亿元，同比增长 3.8%；高端机械制造、橡胶纺织、食品加工、化工等主导产业产值达 311.45 亿元，同比增长 8.8%。

**【科技创新】**2021 年，高新区科创引导显成效，全年 1 家企业产品被认定为国内首套重大技术装备，3 家企业产品被认定为福建省首台（套）重大技术装备；9 家企业获批省科技小巨人领军企业，其中 3 家获福建省专精特新科技小巨人；1 家企业获批福建省新型研发机构，获补助 50 万元；培育新增科技型中小企业 20 余家；拥有省级企业工程技术研究中心 7 家，省级企业技术中心 7 家，省级知识产权优势企业 10 家，省级技术转移机构 1 家，博士后工作站 3 家，重点实验室 1 家；园区海西分院下设新材料装备及技术研究所、高端装备制造产业园、先进装备制造技术产业孵化器以及装备制造行业服务平台，荣获国家工信部制造业“双创”平台试点示范、国家工信部服务型制造示范平台、国家高新技术企业、福建省企业技术中心、福建省高端数控机床行业技术开发基地等 11 个省部级平台及荣誉。

**【投资促进】**2021 年，高新区进出口总额达 2.34 亿元；同比增长 88.2%；新批外商及港澳台企业投资额达 0.047 1 亿美元。

**【体制机制创新】**高新区实行“一区多园”的园区架构。2021 年，高新区管理区域包括金沙园和永安尼葛园，高新区管委会设置在金沙园；实行以金沙园为主园区的运行机制，由三明高新区管委会负责日常工作，对各园区实行统一管理。根据发展需要，在遵循必要审慎原则的基础上，逐步将具有良好的空间发展前景、符合我市总体发展规划和土地利用规划，或者区域内原有的产业符合国家高新区产业发展要求、已集聚较好的创新资源和创新服务体系的各类工业园区、开发区等功能区整体整合或托管到高新区，打造集中连片、协同互补、联合发展的创新共同体，进一步提升高新区综合实力。

**【投融资服务】**2021 年全年，高新区与金融机构达成的金融合作规模为 42.053 万元；实际贷款额度为 8.41 万元；银行对企业及园区授信达 92.52 万元。

**【绿色集约】**2021 年，高新区万元 GDP 能耗为 0.38，同比下降 13.6%；单位国内生产总值取水量为 5.60，同比下降 6.3%；生产排放的固废综合利用率达 80% 以上；水资源产出率达 7 201.19 元 / 立方米，水资源产出率提高了 18.9%；工业用水重复率达 90% 以上，可再生资源回收率达 87.4%，园区各项资源综合利用率显著增强。2021 年，金沙园获评“省级绿色园区”和“国家级绿色工业园区”，是三明市唯一一家获此殊荣的单位。

**【基础设施建设】**一是做好园区基础设施建

设，2021 年累计投资约 1.4 亿元，用于园区的各类基础设施建设，其中土方工程 1 028 万元，污水处理厂建设项目 12 400 万元，以及其他基础投资项目（如公园提升、公交枢纽站工程、污水管网工程、路边坡防护工程等）；二是做好青州镇化工产业集中区 B 区应急消防综合设施、公用管廊建设、危化车辆停车场等认定需要的相关建设项目。2021 年，青州镇化工产业集中区 B 区已完成认定，取得突破。

**【机构设置和管委会领导】**三明高新区管理机构为三明高新区管理委员会，是三明市人民政府派出机构，机构规格为副处级，委托沙县区人民政府管理，下设办公室、财政科、经济发展科、征地科、规划建设科、金古空港经济园管理部(挂招商科牌子)，共有行政编制 17 个，现实有人员共 17 人。下属事业单位沙县区金沙园综合服务中心编制 26 个，现实有人数 24 人。

领导名录为：党工委书记陈晓翔（沙县区区长），党工委副书记、管委会主任张继树（沙县区委常委），党工委副书记许金沙，管委会副主任蒋美堤、徐莹、邱巍、严蔚。

（三明高新技术产业开发区管委会）

# 郴州高新技术产业开发区

【概况】郴州高新技术产业开发区2003年4月经湖南省政府批准设立；2015年2月，经国务院批准升级为国家级高新技术产业开发区；2020年9月，中国（湖南）自由贸易试验区获批，其中郴州片区规划面积19.84平方公里，全部位于郴州高新区规划范围内。郴州高新区是郴州市城市发展规划（2009—2030年）的东城区，规划面积约125平方公里，在郴州市105平方公里的城市总体规划中占43平方公里。郴州高新区迎来了中国（湖南）自由贸易试验区郴州片区、国家跨境电商综合试验区、郴州综合保税区、海峡两岸产业合作示范区“五区叠加”历史机遇期。

【经济发展】2021年，郴州高新区技工贸收入951.84亿元，同比增长9.5%，高于湖南省、郴州市平均水平；其中有色金属、电子信息产业、机械设备制造业工业总产值分别实现产值135.60亿元、59.51亿元、15.29亿元，同比增长20.84%、10.57%、13.08%，圆满完成了2021年各项经济指标。

【产业发展】2021年，郴州高新区注册企业3 773余家（含商贸企业），其中规模以上企业73家，分别为有色金属新材料16家（其中正威新材料是园区有色金属材料代表、世界500强企业），电子信息企业21家（台达、炬神企业是园区电子信息企业代表、拥有3 000名员工），装备制造9家（郴州粮机和农机是本土装备制造业的典型代表，随着三一重工的正式入驻，园区制造业将迎来新的历史飞跃），现代服务业等企业27家。

【特色亮点】郴州高新区先后被认定为湖南省稀贵金属产业基地、湖南省新材料产业基地、湖南省承接产业转移示范园区、湖南省“十大”最具投资价值产业园区，是郴州的产业洼地、企业洼地、财源洼地和创新高地。2021年，园区发展提质提速，真抓实干，收获满满。湖南“海峡两岸产业合作区”郴州产业园、“中国（湖南）自由贸易试验区商业秘密保护示范站”落地高新区。在2021年（第四届）亚洲经济大会上，获得“2021年度最具投资价值园区”“2021年度创新创业最具发展活力园区”两项大奖。荣获“湖南省商务工作先进园区”“优化营商环境示范园区”“节约集约用地优秀开发区”等多项殊荣。土地高效利用荣获省政府授予特别贡献奖。在全省“五好”园区创建综合评价中位列第17位，进入全省第一方阵，名列全市第一；在“一极六区”园区提质考核中荣获二等奖。

（郴州高新技术产业开发区管委会）

# 楚雄高新技术产业开发区

**【概况】** 楚雄高新技术产业开发区（以下简称“楚雄高新区”）是1992年经云南省人民政府批准的云南省首批经济技术开发区，2014年被省政府认定为省级高新区，2018年2月国务院批复同意升级为国家高新技术产业开发区，是全国第三家、云南省第一家设立在少数民族自治地区的国家级高新区，肩负着打造具有全国示范意义的民族特色创新创业高地的历史使命和责任。

楚雄高新区地处滇中城市经济圈重要成员的楚雄彝族自治州楚雄市，是云南省建设面向南亚东南亚辐射中心的重要交通枢纽和产业发展支撑区。楚雄高新区规划控制区面积84.22平方公里，其中，产城融合区37.21平方公里，工业园区47.01平方公里（含赵家湾桃园工业区、富民庄甸工业区、苍岭工业区），已经形成了烟草及其配套、冶金化工建材、生物制药及绿色食品加工、商贸服务和文化旅游五大重点产业。

**【经济发展】** 2021年，楚雄高新区实现地区生产总值299.54亿元，园区营业总收入671.3亿元，工业总产值449.65亿元，共有各类市场主体19 190户，聚集高新技术企业40户，科技型中小企业131户，国家级工程（技术）研究中心2个，国家标准联合验证实验室1个，院士（专家）工作站14个，省级重点实验室、企业技术中心等研发机构30个。

**【成就与前景】** 楚雄高新区是云南省重点支持的18个产业园区之一，被认定为国家知识产权试点园区、国家级绿色工业园区、国家农村创新创业示范园区、全省第一批高层次人才创新创业示范基地、全省第一个科技金融创新“指数贷”试点园区，已成为楚雄州工业经济发展的主阵地、科技创新孵化的排头兵、推动高质量发展的先行区。楚雄高新区着力构建以新材料和绿色制造、生物医药为主，绿色食品、绿色化工、现代服务业为辅的“2主3辅”现代产业体系。全区今后将奋力建设创新驱动发展示范区和高质量发展先行区，将全区打造成为“滇中崛起增长极的核心引擎和全国民族特色创新创业高地”。

（楚雄高新技术产业开发区管委会）

# 新余高新技术产业开发区

**【概况】**新余高新技术产业开发区成立于2001年11月，2010年11月升级为国家级高新区。全区下辖1镇2办事处，常住人口18.6万人，辖区面积266平方公里，园区规划面积100平方公里。现有各类工业企业500余家，其中规模以上企业248家，高新技术企业94家，已形成锂电新能源、光电新材料、智能制造、食品医药4大主导产业，先后被科技部等国家部委授予“全国先进科技产业园”“国家新型工业化产业示范基地”“中国新能源产业园区”“国家绿色工业园区”“国家外贸转型升级基地”等荣誉。

**【经济发展】**2021年，新余高新区聚焦“作示范、勇争先”目标要求和市委“工小美”战略定位，坚持科技引领、资本驱动、龙头带动、集群发展战略，全力决战决胜新增300亿产能，加快建设国家自主创新示范区，全区高质量跨越发展迈出坚实步伐。全年完成营业收入758.3亿元，同比增长25.8%；实现财政收入35.75亿元，同比增长34.1%，税收占比94.9%。赣锋锂业与东鹏新材料所控制的锂矿资源占全球已探明储量42.3%，折合成碳酸锂当量约4 950万吨。全区锂盐产能达16.25万吨，占全球20.96%、全国26.37%；锂电池产能达11吉瓦。赣锋锂业锂盐产能跻身全球第一、市值全省第一。新增上市公司1家，上市公司数量达到4家，总量位列全省开发区第2。国家高新区综合考核排名再进14位，5年累计前移59位，位列全国国家级高新区71位。

**【产业发展】**锂电新能源产业：全区现有锂电新能源产业相关企业129家，规模以上工业企业36家，高新技术企业26家。园区锂电新能源产业主要分为锂电产业和光伏产业两大板块。锂电产业拥有国内锂电行业首家“A+H”股上市公司赣锋锂业(赣锋锂业锂盐年产能达12万吨，超过年产能8万吨的美国雅保锂业，跃居世界第一，成为全球最大的锂盐和金属锂供应商)以及国内氟化锂产量第一的东鹏新材料等一批行业龙头企业，已形成锂盐、正极材料、负极材料、电解液、隔膜材料、电芯、PACK、电池应用及废旧电池综合回收利用等相对完整的产业链。园区依托锂盐产业优势，全力建设引进一批固态锂离子电池项目，并延伸产业链，力争打通从锂盐到新能源汽车全产业链。光伏产业以赛维LDK为龙头，聚集了中材新材料、兆益兴科技等上下游企业，已形成了从硅料—硅片—电池—组件—光伏应用完整的产业链，产业规模较大、技术领先，是全省60个重点产业集群之一。

智能制造产业：全区现有智能制造产业相关企业230余家，其中规上企业77家，高新技术企业25家。目前已经形成了集金属压延、机械加工及零部件、电机、装备制造为一体的相对完整的智能制造产业链。其中金属压延重点企业有新华金属、新钢金属、巨能带钢等知名企业；机械加工及零部件重点企业有凯润达、久旺汽配等；电机相关产业企业有炬煌磁电、新冀动力等；装备制造重点企业有国科特种装备、信达长林等企业。

光电新材料产业：全区现有光电信息及新材料相关企业271家，其中规模以上企业76家，高新技术企业40家。园区光电新材料产业主要分为光电信息产业和新材料产业两大板块。光电信息产业已形成包括玻璃盖板、光电玻璃、触摸屏、线路板、手机边框、手机外壳、电子喇叭、遥控器、连接线、摄像头、LED产品等在内的相对完整的产业链，拥有主板上市企业沃格光电以及江西木林森光电、协讯电子、铭基电子等一批重点企业。新材料产业已经初步形成了包括香精香料、新能源材料、电子与微电子材料、纺织新材料、化工原材料、特种新材料等在内的新材料产业布局。其中，纺织新材料重点企业有华腾地毯、信诚集团等；香精香料重点企业有香海生物、佳林香料等。

食品医药产业：全区现有食品医药产业相关重点企业70余家，其中规模以上企业33家，高新技术企业12家。目前全区已经形成包括中成药、仿制药、保健食品、休闲食品在内的相对完整的医药食品产业链。其中食品重点企业有中田现代、米老头食品、喜乐食品、金土地集团等；医药重点企业有青春康源集团、品信药业、欧氏药业等。

**【主要荣誉】**开发区获得的荣誉包括：全国新型工业化产业示范基地、中国新能源产业园区百强、国家硅材料及光伏应用产业化基地、全国先进科技产业园、江西省十大生态工业园区、国家电子商务示范基地、国家自主创新示范区、国家火炬新余高新区动力电池特色产业基地、国家外贸转型升级基地(锂电新能源)、园区环境污染第三方治理试点、国家绿色工业园区等。

(新余高新技术产业开发区管委会)

# 河北涿州高新技术产业开发区

**【概况】**河北涿州高新技术产业开发区是1992年经河北省政府批准设立的省级开发区，规划面积17.5平方公里，经涿州市政府批准，近几年先后代管涿州国家农业科技园区、涿州市总部基地和华侨城涿州城市客厅项目（代管区域共计127.35平方公里）。

**【区位优势】**涿州高新区位于涿州市区东部，距天安门60公里，距雄安新区60公里，距首都新机场仅25公里，距保定市78公里，距天津市150公里，处于京、津、保三角中心地带。京港澳高速、京雄高速、107国道、京白公路纵贯南北，首都环线高速、大兴机场北线高速横跨东西，形成"四纵两横"的公路交通网。京广高铁、京广铁路与京雄商高铁、廊涿城际铁路、地铁房山线南延将共同构建"三纵两横"的轨道交通网，乘坐京广高铁进京仅需20分钟，北京838路公交车每天发送360班次往返于京涿两地。北京大兴国际机场涿州城市航站楼2021年12月30日投入使用，每天往返运行60班次。

**【经济发展】**2021年，涿州高新区全部税收收入完成26.245 5亿元，同比增长12.46%；营业收入完成774.689 0亿元，同比增长23.77%；固定资产投资完成84.487 8亿元；实际利用外资1.23亿美元，完成全年任务0.3亿美元的410%，同比增长79.96%。各项指标均呈现较大幅度增长。

**【产业发展】**2021年，涿州高新区规模以上工业企业总产值444亿元。同比增长22.05%，区内入驻企业883家，其中：上市公司2家，规模以上企业27家，央企投资企业12家（北新集团、钢研集团、东方公司、航天信息、航天惯性、中联装备、际华公司、中煤地质、中国船舶、中国五矿、华侨城、中国创投），上市公司投资企业11家（航天信息、北新集团、凌云股份、永乐胶带、安泰科技、金自天正、钢研高纳、际华集团、歌华有线、中国动力、金兴汽车内饰）。全区共有高新技术企业49家，科技型中小企业309家。这些企业具备较强的科技实力和发展潜力，

**【科技创新】**涿州高新区实施"创新主体跃升计划"，精准培育创新主体，全年共认定11家高新技术企业和42家科技型中小企业，高新技术企业发展到60家，科技型中小企业达到351家。其中高新技术产业产值385.5亿元，同比22.05%。

截至2021年底，园区拥有省级以上重点实验室6家，省级以上技术创新中心和工程技术研究中心15家，省级产业技术研究院1家，省级科技企业孵化器1家，国家级众创空间1家，省级博士后工作站1家，省级院士工作站2家。另有3家市级众创空间。目前园区内企业800余家，省级以上重点实验室6家，省级以上技术创新中心和工程技术研究中心15家，省级产业技术研究院1家，省级科技企业孵化器1家，国家级众创空间1家，省级博士后工作站1家，省级院士工作站2家，3家市级众创空间。依托中国农大涿州科技园、中石油东方公司、河北亚大等"中字头""国字号"企业支持，充分发挥人才优势和资金优势，积极推进科技研发机构建设。目前，园区共有各类创新平台22家，包括5家国家级实验室、1家国家级检测中心、1家国家级工程研究中心、1家国家级博士后工作站、2家省级院士工作站、8家省级技术研究

中心、1 家省级研究院和 3 家省级企业技术中心，创新活力持续强劲。

**【营商环境】**大力优化发展环境，设立有各职能部门集中办公的“流水线式”“一条龙式”行政服务中心，以“公开、便民、高效、廉洁”为原则，推进“多证合一、一照一码”登记制度，切实简化工作程序，提高办事效率，提供优质、便捷的行政服务。落实项目导办领办包联责任制，协助企业办理行政审批、用地、资金等跨部门事项，积极推行“首问负责制”“限时办结制”等制度，为投资者提供全程无忧的高效服务，人文关怀覆盖每个环节，“亲商、和商、安商、富商”已蔚然成风。

**【投资促进】**2021 年，涿州高新区进出口 2.8 亿美元，其中，出口 2.4 亿美元，进口 0.4 亿美元。实际利用外资 1.2 亿美元，同比增长率 79.96%，新注册内资企业 55 个，同比增长率 37.5%，注册资本 0.6 亿元，同比增长率 33.33%。

**【创新驱动】**2021 年，涿州高新区坚持创新驱动和生态绿色发展理念，以培育京津冀协同创新发展新动能为使命，以高新技术产业转型提升和高端服务培育为抓手，着力发展新一代信息技术、新材料、高端装备制造、高新生物科技、总部基地“4+1”高新技术产业集群。

新一代信息技术产业集群，以中石油东方地球物理科技园、航天信息、浪潮大数据、歌华智慧云、中南高科等为引领，聚焦现代信息技术网络、云计算、大数据平台研发和运营，完善信息化基础设施建设，承接“京津冀”产业转移。

新材料产业集群，大力扶持中国钢研新材料产业园等企业，加快冶金新材料等高科技产业项目聚集，建设一批国家钢结构工程技术研究中心、钢铁工业环境保护国家重点实验室。

高端装备制造产业集群，依托中国兵器凌云集团、法国雷迅、航天惯性等高端装备制造企业，布局海洋防务科技研发、智能装备研发、现代服务研发等三大板块，推动智能制造技术和装备在重点行业中的广泛应用。

高新生物科技产业集群，深入贯彻国家创新驱动和“京津冀”协同发展战略，精准承接首都非核心功能疏解，依托涿州国家农业科技园区的模式动物、作物分子育种等项目，加速农业科技成果转化和应用，建设国家农业高新技术产业示范区，打造“农业硅谷”。

总部基地产业集群，以中船重工涿州海洋装备产业园、中冶集团、中国五矿涿州科技产业园为龙头，建设国内外知名企业总部和二级总部，经过 3 到 5 年时间，将总部基地产业集群打造成“国内龙头、国际一流”的产业聚集区。

**【项目建设】**2021 年，高新区共承接省、市重点项目 31 个（省重点 15 个、保定市重点 16 个），占涿州市 58 个重点项目的 53.4%。全力推进了涿州 • 中关村和谷科技产业园、浪潮涿州大数据产业服务基地、中南高科 • 涿州方方电子芯片产业园、涿州天保智慧建筑科技产业园等项目。边建设、边引进，共引进入园企业 62 家。圆满实现了千喜鹤（大数据产业中心及其他设施）、浪潮大数据、中船重工、华侨城、中冶名苑、五矿名达等 27 个在建工程的抗震现场监督；更加密切了市校合作，涿州国家农业科技园区核心区整体环境得到显著提升，项目建设取得突破进展，入驻的 106 个项目涉及生物育种、健康养殖、绿色发展等多个领域，其中 42 个项目在全国有较大影响力。另外，国家动物新品种繁育基地、农业部国家家禽测定中心、国家发改委产业沼气工程平台等 29 个项目已投入使用。

**【基层党建】**2021 年，涿州高新区牢固树立“一盘棋”思想，用党建“一颗棋”盘活全局“一盘棋”。一是加强理论武装。切实提高政治站位，注重顺应新时代要求，推广“微党课”制度，一人讲、大家议、领导评，使党史学习教育长流水、不断线。二是融合党建和业务。加快大数据等现代科技深度融入基层治理，推动党务、政务、服务“三务合一”，实现医保社保、疫情防控、人才就业等业务的“一网通办”，以“智慧化改革”解决老百姓的操心事、烦心事、揪心事。坚持底线思维，做实底线工作，深刻认识“防风险、守底线”的极端重要性，狠抓责任落实。园区目前已建立企业档案262家，辖区27个在册登记工地均按照“六个百分百”和“两个全覆盖”要求由专人负责督导管控。

**【管委会领导】**2021年，涿州高新区领导班子成员为：工委书记、管委会主任葛永泉（2021年1月至6月），工委书记、管委会主任杨培栋（2021年6月至12月），市政协副主席冯春喜（2021年6月至12月），工委副书记牛振华，工委委员、管委会副主任董宝玉，工委委员、管委会副主任李永江，工委委员、纪检组组长马隽，工委委员、管委会副主任李少威，工委委员、武装部部长樊会民，工委组织委员焦晨松，工委宣传委员王秀敏。

（河北涿州高新技术产业开发区管理委员会）

# 湖南湘西高新技术产业开发区

**【概况】**湖南湘西高新技术产业开发区（以下简称“湘西高新区”）是湖南湘西州委、州政府直接管理的省级高新区，在2020/2021年度143家省级以上产业园区“五好”园区综合评价中排名33位，先后被授予“国家锰深加工高新技术产业化基地”“湖南省生物产业自治州基地”“湖南省最具投资价值园区”“湖南省出口工业产品质量安全示范园区”以及“全省先进园区”等称号。湘西高新区坚持“州府新城、产业新区”的发展定位，按照“产城融合、二三产业双轮驱动”的思路快速发展，着力打造全州改革创新的试验田、对外开放的桥头堡、经济发展的增长极、营商环境的样板区。

**【经济发展】**2021年，湘西高新区实现GDP 80.5亿元，同比增长11.3%。2021年规划面积30.51平方公里，行政区划面积18.85平方公里，其中核心区7.12平方公里，实际开发面积6.51平方公里；亩均税收7.71万元，同比增长28.3%；亩均生产总值67.41万元，同比增长2.7%；园区土地节约集约利用指数93.12%；技工贸收入200.5亿元，同比增长20%；规模工业总产值88.4亿元，同比增长33%；工业增加值46.9亿元，同比增长13.5%，其中规模以上工业增加值40.5亿元，同比增长30.3%；固定资产投资51.5亿元，同比增长9%；财政收入9.1亿元，同比增长6.9%，其中税收收入7.2亿元，同比增长3.4%；主导产业主营业务收入120.3亿元，同比增长12.1%；期末从业人员数11152人，同比增长0.1%。

**【科技创新】**湘西高新区拥有国家级众创空间1个、国家级创新创业示范孵化基地1个、省级技术研发平台8家、州级技术研发平台14家。拥有各类市场主体3 200余家，“四上”企业146家（“规上”工业企业57家），高新技术企业43家，已初步形成了新材料、电子信息、大健康和文化旅游“一主三特”现代产业体系。

**【平台建设】**一是提升科技创新平台。积极搭建“政产学研”平台，支持企业与省内外高校和科研院所合作，推进创新成果转化。建成国家级研发中心2家、省级研发中心8家、州级研发中心14家，省级科技孵化器1家。2021年全区研发投入3.4亿元，科技型中小企业70家，高新技术企业40家。潇湘科技要素大市场湘西分市场落地，为园区发展科技赋能。二是拓展双创服务平台。依托武陵山片区创新创业示范园，成功打造武陵山片区首家国家级创新创业孵化基地，建成国家级众创空间1家、省级1家，进驻公共服务平台27家。积极为园区发展招才引智，建成人力资源产业园、青年就业基地，引进企业紧缺型高端人才160多人。与湘西职院合作开展“订单式”人才培养，推动“产教融合”办学，为园区发展输送技能人才。三是完善融资服务平台。围绕企业融资难融资贵问题，加强政银企合作，与建设银行合作建立“助保贷”，与省中小担公司、州担保公司等金融机构合作，建立融资担保体系，破解企业融资担保问题，20余家企业受惠。

**【产业发展】**一是突出产业链招商。围绕“一主三特”产业，建立产业链现状图、全景图，行业百强企业名录库、产业项目库，围绕智慧光电、智能家电、智能终端等10条产业链，开展以商招商、小分队招商，强链补链延链，推进产业链向价值链提升，实现产业高端化、现代化。2021年，引进各类产业项目16个，其中“3类500强”企业3个，外资投资项目2个，投资3 000万元以上工业项目5个。计划到十四五末，培育年产值过60亿元的产业链3条以上。二是做强优势产业。全力推进“一主三特”产业体系建设，带动产业做大做强，目前，全区“四上”企业达146家，其中规模工业企业57家，产值过亿元工业企业14家，新材料龙头企业丰达合金公司产值突破12亿元。三是强化产业配套。加强标准厂房、学校、公租房等功能配套，开通高新区至珠三角物流专线，建成标准厂房45万平方米、创新创业孵化平台34万平方米、公租房（棚改房）3 000多套、公办中小学及幼儿园各1所，楼盘小区配建幼儿园3所，在建标准厂房64万平方米、人才公寓6.7万平方米，新开工建设湾溪小学，产业配套不断完善。

**【深化改革】**一是深化体制机制改革。全面解放思想，聚焦主责主业，完善“8+1”管理体制，下沉社会事务管理，推进人事改革创新，优化绩效考核体系，激发干事创业活力。二是推进大部制改革。进一步精简内设机构，整合部门职责，实行“管委会+部门+办”扁平化运行模式，管委会机关内设部门从原来的15个精简为7个，大部制改革稳步推进。三是加快国企市场化改革。按照“市场化、实体化、集团化”要求，加快吉凤投资集团公司改革转型，完成机构设置、资产整合，主动参与燃气、石油等投资建设，努力打造“投、融、建、管、运、服”一体化的城市运营商。

**【营商环境】**一是强化放管服改革。在全州率先开展园区赋权工作，州政府赋予171项行政审批权限，实现了园区事园区办。开展“帮代办”，推行“容缺办”，落实企业开办“零成本”“零费用”，121家企业得到实惠，政务服务实现规范化、标准化、效率化。二是密切联企帮扶服务。持续推进领导三联制、项目警官制、纪检走访制等机制，建立营商环境监测体系，围绕企业堵点难点痛点，积极纾困解难，提升企业满意度。落实涉企优惠政策，实现“应享尽享”，减免税费3 985.22万元，优惠水、气费86.72万元，兑现各级财政奖补5 616.8万元。三是提升城市建设品质。坚持绿色发展理念，坚守底线思维，提升城市品位，精心打造城市地标，建成4A级景区1个、生态公园1个，4星级酒店4个，大型城市综合体4个，城市绿道20余公里，宜居、宜业、宜游、宜养城市客厅靓丽呈现。

（湖南湘西高新技术产业开发区管委会）

# 统计资料篇

# 2021年国家级经济技术开发区主要经济指标情况

## 一、总体情况

根据初步核算，2021 年，全国 230 家国家级经开区地区生产总值 13.7 万亿元，同比增长 15.4%，增幅高于同期全国平均水平（8.1%）7.3 个百分点，占同期国内生产总值比重为 11.9%，其中：第二产业增加值 8.4 万亿元，同比增长 17.3%，占同期全国第二产业增加值比重为 18.6%；第三产业增加值 5.1 万亿元，同比增长 12.5%，占同期全国第三产业增加值比重为 8.4%。

230 家国家级经开区财政收入 2.5 万亿元，同比增长 12.1%，占全国财政收入比重为 12.5%；税收收入 2.2 万亿元，同比增长 14.3%，占全国税收收入比重为 12.9%。

230 家国家级经开区进出口总额 8.7 万亿元（其中，出口 5 万亿元，进口 3.7 万亿元），同比增长 21.9%，占全国进出口总额比重为 22.3%；实际使用外资和外商投资企业再投资金额 684 亿美元，同比增长 14%。

## 二、分区域情况

东部地区 112 家国家级经开区地区生产总值 8.5 万亿元，同比增长 14.8%，其中：第二产业增加值 5 万亿元，第三产业增加值 3.4 万亿元，同比分别增长 16.6% 和 11.8%；财政收入 1.8 万亿元，税收收入 1.5 万亿元，同比分别增长 10.8% 和 13.2%；进出口总额 7.3 万亿元（其中，出口 4.2 万亿元，进口 3.1 万亿元），同比增长 19.8%；实际使用外资和外商投资企业再投资 419 亿美元，同比增长 14.4%。

中部地区 68 家国家级经开区地区生产总值 3.2 万亿元，同比增长 14.9%，其中：第二产业增加值 2.1 万亿元，第三产业增加值 1.1 万亿元，同比分别增长 15% 和 13.4%；财政收入 4 541 亿元，税收收入 4 191 亿元，同比分别增长 11.6% 和 17.5%；进出口总额 9 758 亿元（其中，出口 5 839 亿元，进口 3 919 亿元），同比增长 33%；实际使用外资和外商投资企业再投资 193 亿美元，同比增长 13.3%。

西部地区 50 家国家级经开区地区生产总值 2 万亿元，同比增长 18.9%，其中：第二产业增加值 1.3 万亿元，第三产业增加值 6 896 亿元，同比分别增长 24.6% 和 14.4%；财政收入 3 147 亿元，税收收入 2 795 亿元，同比分别增长 21.5% 和 15.6%；进出口总额 3 847 亿元（其中，出口 2 215 亿元，进口 1 632 亿元），同比增长 39%；实际使用外资和外商投资企业再投资 71 亿美元，同比增长 13.4%。

（来源：商务部外资司）

# 2020年国家级经济技术开发区主要经济指标情况

## 一、总体情况

根据初步核算，2020年，全国217家国家级经开区地区生产总值11.6万亿元，同比增长6.4%，增幅高于同期全国平均水平（2.3%）4.1个百分点，占同期国内生产总值比重为11.5%，其中：第二产业增加值7万亿元，同比增长3.9%，占同期全国第二产业增加值比重为18.3%；第三产业增加值4.5万亿元，同比增长10.9%，占同期全国第三产业增加值比重为8%。

217家国家级经开区财政收入2.1万亿元，同比增长2.8%，占全国财政收入比重为11.7%。税收收入1.9万亿元，同比增长2.3%，占全国税收收入比重为12.4%。

217家国家级经开区实际使用外资和外商投资企业再投资金额611亿美元，同比增长17.5%，占全国利用外资比重为23.1%；进出口总额6.7万亿元（其中，出口3.9万亿元，进口2.8万亿元），同比增长4.8%，占全国进出口总额比重为20.8%。

## 二、分区域情况

东部地区107家国家级经开区地区生产总值7.4万亿元，同比增长6.3%，其中：第二产业增加值4.3万亿元，第三产业增加值3万亿元，同比分别增长3.1%和11.3%；财政收入1.5万亿元，税收收入1.3万亿元，同比分别增长2.6%和1.4%；进出口总额5.7万亿元(其中，出口3.3万亿元，进口2.4万亿元)，同比增长3.2%；实际使用外资和外商投资企业再投资359亿美元，同比增长14.8%。

中部地区63家国家级经开区地区生产总值2.7万亿元，同比增长6.7%，其中：第二产业增加值1.8万亿元，第三产业增加值8 629亿元，同比分别增长6%和10.1%；财政收入3 762亿元，税收收入3 371亿元，同比分别增长1.8%和2.8%；进出口总额7 200亿元（其中，出口4 206亿元，进口2 994亿元），同比增长12.3%；实际使用外资和外商投资企业再投资191亿美元，同比增长25.1%。

西部地区47家国家级经开区地区生产总值1.6万亿元，同比增长6.2%，其中：第二产业增加值1万亿元，第三产业增加值5 394亿元，同比分别增长3.9%和10%；财政收入2 459亿元，税收收入2 318亿元，同比分别增长5.7%和7%；进出口总额2 616亿元（其中，出口1 540亿元，进口1 076亿元），同比增长22.8%；实际使用外资和外商投资企业再投资61亿美元，同比增长11.9%。

（来源：商务部外资司）

# 2019年国家级经济技术开发区主要经济指标情况

**2019 年，218 家国家级经济技术开发区总体发展态势向好。地区生产总值、第二产业增加值、第三产业增加值、财政收入、税收收入、进出口总额和实际使用外资同比均保持增长。**

## 一、总体情况

2019 年，全国 218 家国家级经济技术开发区（以下简称“国家级经开区”）实现地区生产总值 10.8 万亿元（注：初步核算数，下同），同比增长 8.3%，增幅高于同期全国平均水平（6.1%）2.2 个百分点，占同期国内生产总值比重为 10.9%，其中：第二产业增加值 6.7 万亿元，同比增长 4.5%，占同期全国第二产业增加值比重为 17.4%；第三产业增加值 3.9 万亿元，同比增长 16.9%，占同期全国第三产业增加值的比重为 7.4%。

218 家国家级经开区实现财政收入 2.1 万亿元，同比增长 5.6%，增幅高于同期全国平均水平（3.8%）1.8 个百分点，占全国财政收入的比重为 10.9%。实现税收收入 1.9 万亿元，同比增长 2.9%，增幅高于同期全国平均水平（1%）1.9 个百分点，占全国税收收入的比重为 11.7%。

218 家国家级经开区实际使用外资和外商投资企业再投资金额 532 亿美元，同比增长 8.5%，占全国吸收外资（含外商直接投资和其他投资）比重约 1/5。实现进出口总额 6.3 万亿元（其中，出口 3.5 万亿元，进口 2.8 万亿元），同比增长 1.6%，占全国进出口总额的比重为 19.9%。

## 二、分区域情况

东部地区 107 家国家级经开区实现地区生产总值 69 242 亿元，同比增长 7.9%，其中：第二产业增加值 40 903 亿元，第三产业增加值 27 323 亿元，同比分别增长 3.1% 和 16%；实现财政收入 14 659 亿元，税收收入 13 070 亿元，同比分别增长 6.5% 和 3.4%；进出口总额 54 784 亿元（其中，出口 30 601 亿元，进口 24 183 亿元），同比增长 0.6%；实际使用外资和外商投资企业再投资 320 亿美元，同比增长 12.3%。

中部地区 63 家国家级经开区实现地区生产总值 24 380 亿元，同比增长 8.9%，其中：第二产业增加值 16 806 亿元，第三产业增加值 7 376 亿元，同比分别增长 6.6% 和 20.5%；实现财政收入 3 766 亿元，同比下降 0.2%，税收收入 3 329 亿元，同比增长 1.1%；进出口总额 6 368 亿元(其中，出口 3 513 亿元，进口 2 855 亿元)，同比增长 9.7%；实际使用外资和外商投资企业再投资 156 亿美元，同比增长 1.7%。

西部地区 48 家国家级经开区实现地区生产总值 14 776 亿元，同比增长 9%，其中：第二产业增加值 9 649 亿元，第三产业增加值 4 695 亿元，同比分别增长 6.4% 和 17%；实现财政收入 2 331 亿元，税收收入 2 146 亿元，同比分别增长 10.2% 和 2.7%；进出口总额 2 165 亿元(其中，出口 1217 亿元，进口 948 亿元)，同比增长 5%；实际使用外资和外商投资企业再投资 55 亿美元，同比增长 7.3%。

（来源：商务部网站）

# 2018年国家级经济技术开发区主要经济指标情况

**2018 年，219 家国家级经济技术开发区总体发展态势向好。地区生产总值、第二产业增加值、第三产业增加值、财政收入、税收收入、进出口总额和实际使用外资同比均保持增长。**

## 一、总体情况

2018 年，全国 219 家国家级经济技术开发区（以下简称“国家级经开区”）实现地区生产总值 10.2 万亿元，同比增长 13.9%，增幅高于同期全国平均水平（6.6%）7.3 个百分点，占同期国内生产总值的比重为 11.3%，其中，第二产业增加值 6.5 万亿元，同比增长 9.6%，增幅高于同期全国平均水平（5.8%）3.8 个百分点，占同期全国第二产业增加值的比重为 17.7%；第三产业增加值 3.3 万亿元，同比增长 13.2%，增幅高于同期全国平均水平（9.6%）3.6 个百分点，占同期全国第三产业增加值的比重为 6.9%。

219 家国家级经开区实现财政收入 1.9 万亿元，同比增长 7.7%，增幅高于同期全国平均水平（6.2%）1.5 个百分点，占全国财政收入的比重为 10.6%。实现税收收入 1.7 万亿元，同比增长 10.1%，增幅高于同期全国平均水平（8.3%）1.8 个百分点，占全国税收收入的比重为 11.1%。

219 家国家级经开区实际使用外资和外商投资企业再投资金额 513 亿美元，同比增长 5.5%，占全国吸收外资（含外商直接投资和其他投资）的比重约为 1/5。实现进出口总额 61 937 亿元（其中，出口 34 108 亿元，进口 27 829 亿元），同比增长 10.8%，占全国进出口总额的比重为 20.3%。

## 二、分区域情况

东部地区 107 家国家级经开区实现地区生产总值 67 333 亿元，同比增长 14.6%，其中，第二产业增加值 40 461 亿元，第三产业增加值 22 885 亿元，同比分别增长 8.3% 和 12.2%；实现财政收入 13 524 亿元，税收收入 12 151 亿元，同比分别增长 5.5% 和 8.6%；进出口总额 54 281 亿元（其中，出口 29 953 亿元，进口 24 328 亿元），同比增长 9.5%；实际使用外资和外商投资企业再投资额 306 亿美元，同比增长 2.1%。

中部地区 63 家国家级经开区实现地区生产总值 21 389 亿元，同比增长 14%，其中，第二产业增加值 15 250 亿元，第三产业增加值 5 819 亿元，同比分别增长 12.8% 和 17.6%；实现财政收入 3 783 亿元，税收收入 3 183 亿元，同比分别增长 16.9% 和 16.2%；进出口总额 5 681 亿元（出口 3 059 亿元，进口 2 622 亿元），同比增长 23.1%；实际使用外资和外商投资企业再投资额 154 亿美元，同比增长 9.3%。

西部地区 49 家国家级经开区实现地区生产总值 13 302 亿元，同比增长 10.2%，其中，第二产业增加值 9 052 亿元，第三产业增加值 3 823 亿元，同比分别增长 10.8% 和 12.8%；实现财政收入 2 081 亿元，税收收入 2 045 亿元，同比分别增长 6.7% 和 10.6%；进出口总额 1 975 亿元（出口 1 096 亿元，进口 879 亿元），同比增长 13.6%；实际利用外资和外商投资企业再投资额53亿美元，同比增长15.9%。

## 三、高新技术产品进出口情况

国家级经开区高新技术产品出口额达到12 531亿元，同比增长12.8%，占国家级经开区出口总额的36.7%，占全国高新技术产品出口总额的25.4%；高新技术产品进口额达到9 001亿元，同比增长21.2%，占国家级经开区进口总额的32.3%，占全国高新技术产品进口总额的20.3%。

（来源：商务部网站）

# 2017年国家级经济技术开发区主要经济指标情况

**2017 年，219 家国家级经济技术开发区总体发展态势向好。地区生产总值、第二产业增加值、第三产业增加值、固定资产投资、财政收入、税收收入、进出口总额和实际使用外资金额同比均保持增长。**

## 一、总体情况

2017 年，全国 219 家国家级经济技术开发区（以下简称“国家级经开区”）实现地区生产总值 91 364 亿元人民币（如无说明，币种下同），第三产业增加值 28 511 亿元，财政收入 17 810 亿元，税收收入 15 724 亿元，同比分别增长 9.9%、17.3%、15.9% 和 12.2%，增幅分别高于全国（6.9%、8%、7.4% 和 10.7%）3、9.3、8.5 和 1.5 个百分点；第二产业增加值 61 010 亿元，同比增长 6.1%，增幅与全国（6.1%）持平；固定资产投资 53 853 亿元，同比增长 6.6%，低于全国（7.2%）0.6 个百分点；实际使用外资和外商投资企业再投资额 3 758 亿元，同比增长 13.8%；实现进出口总额 55 938 亿元（出口 31 583 亿元，进口 24 355 亿元），同比增加 17.5%。国家级经开区地区生产总值、第二产业增加值、第三产业增加值、固定资产投资、财政收入、税收收入和进出口总额占全国的比重分别为 11%、18.2%、6.7%、8.5%、10.3%、10.9% 和 20.1%。

## 二、分区域情况

东部地区 107 家国家级经开区实现地区生产总值 58 933 亿元，其中，第二产业增加值 37 702 亿元，第三产业增加值 20 146 元，同比分别增长 10%、6.6% 和 16.3%；实现财政收入 12 525 亿元，税收收入 11 049 亿元，同比分别增长 16% 和 11.4%；进出口总额 48 462 亿元(出口 27 193 亿元，进口 21 269 亿元)，同比增长 16.4%；实际使用外资和外商投资企业再投资额 2 254 亿元，同比增长 10.7%。

中部地区 63 家国家级经开区实现地区生产总值 20 450 亿元，其中，第二产业增加值 15 020 亿元，第三产业增加值 5 056 亿元，同比分别增长 8.2%、4.8% 和 16.7%；实现财政收入 3 349 亿元，税收收入 2 831 亿元，同比分别增长 17.4% 和 14%；进出口总额 4 842 亿元（出口 2 584 亿元，进口 2 258 亿元），同比增长 17.7%；实际使用外资和外商投资企业再投资额 1 208 亿元，同比增长 19.2%。

西部地区 49 家国家级经开区实现地区生产总值 11 982 亿元，其中，第二产业增加值 8 288 亿元，第三产业增加值 3 309 亿元，同比分别增长 12.1%、6.2% 和 25.3%；实现财政收入 1 935 亿元，税收收入 1 843 亿元，同比分别增长 12.7% 和 14.3%；进出口总额 2 634 亿元（出口 1 806 亿元，进口 828 亿元），同比增长 42.3%；实际使用外资和外商投资企业再投资额 295 亿元，同比增长 17.7%。

## 三、高新技术产品进出口情况

国家级经开区高新技术产品出口额达到 11 128 亿元，同比增长 11.5%，占国家级经开区出口总额的 35.2%，占全国高新技术产品出口总额的 24.6%。高新技术产品进口额达到 7 737 亿元，同比增长 5.3%，占国家级经开区进口总额的 31.8%，占全国高新技术产品进口总额的 19.6%。

（来源：商务部网站）

# 关于2022年度国家级开发区土地集约利用监测统计情况的通报

自然资办函〔2023〕215号

各省、自治区、直辖市及计划单列市自然资源主管部门，新疆生产建设兵团自然资源局，中国地质调查局及部其他直属单位，各派出机构，部机关各司局：

为及时掌握国家级开发区土地集约利用状况，促进提高节约集约用地水平，根据部有关工作安排，全国31个省（区、市）及新疆生产建设兵团完成了2022年度开发区土地集约利用监测统计工作。现将结果通报如下：

## 一、基本情况

本次监测统计时点为2021年12月31日，共涉及579个国家级开发区。按区域分，东部地区263个，中部地区122个，西部地区140个，东北地区54个；按审批类型分，经济类开发区261个，高新类开发区165个，海关特殊监管区域153个。579个国家级开发区审批范围面积52.53万公顷，平均每个开发区面积907.19公顷；规划建设用地面积50.25万公顷，其中，已批准征收土地面积35.98万公顷、占71.59%，已批准转用土地面积31.13万公顷、占61.95%。累计完成工业（物流）企业固定资产投资20.00万亿元；实现工业（物流）企业总收入26.14万亿元，二、三产业税收总额2.41万亿元，工业（物流）企业税收总额1.42万亿元。

截至2021年12月31日，579个国家级开发区土地开发率89.66%、土地供应率92.84%、土地建成率92.47%，分别比上年度提高0.23个、0.33个和0.13个百分点；工业用地率47.78%，提高0.74个百分点；开发区综合容积率1.02、工业用地综合容积率0.95，分别提高0.02、0.01；建筑密度33.42%、工业用地建筑系数53.61%，分别提高0.71个和0.37个百分点；工业用地固定资产投入强度10 711.51万元/公顷、工业用地地均税收760.90万元/公顷，分别提高9.04%、9.17%。

## 二、主要问题

监测统计结果反映，国家级开发区土地集约利用总体状况持续向好，各项指标均较上年度有所提升，但也存在一些问题。一是部分开发区土地利用程度偏低。16个国家级开发区土地开发率低于60%，29个土地供应率低于60%，24个土地建成率低于60%；边境经济合作区土地开发率平均约为80%，比全国平均水平低了近10个百分点。二是部分开发区土地利用强度有待提高。96个国家级开发区的综合容积率低于0.6，近4成边境经济合作区的综合容积率不到0.6，近6成国家级开发区工业用地综合容积率不到0.6。三是存量挖潜空间较大。579个国家级开发区批而未供土地1.57万公顷，占规划建设用地面积的3.11%；闲置土地0.06万公顷，占已供应国有建设用地的0.14%，土地闲置率比上年度增加了1倍，西部地区增加了3倍。

此外，部分开发区还存在实际管理范围规模过大问题，并且闲置土地（0.46万公顷）和批而未供土地（11.07万公顷）规模不小。

## 三、工作要求

各地要坚决贯彻落实习近平总书记关于耕地保护和节约集约用地的一系列重要讲话精神，高度重视开发区土地集约利用监测统计反映的情况，加强监测统计成果应用，督促和指导开发区加大开发利用力度，提升土地利用效率。一是防止开发区用地粗放浪费。严控新设开发区，严格限定开发区用地范围和规模。加强节约集约用地评价，推动新上项目达到国内节地先进水平。探索完善土地复合利用标准和政策，推进多层厂房建设。二是加快开发区存量用地盘活利用。推进开发区闲置土地处置与批而未供用地盘活，促进土地集约用地。探索建立严控新增、盘活存量、考核退出的全周期节约集约用地机制。同时，各地要加强监测统计结果应用，进一步严格用地管理，加强对已有实际管理范围的土地利用监管、评价与考核，促进开发区用地规模与开发区发展阶段、土地节约集约利用水平相适应。

自然资源部办公厅

2023 年 2 月 3 日

# 温州经济技术开发区

WENZHOU ECONOMIC & TECHNOLOGICAL DEVELOPMENT ZONE

海洋科技创新园

奔腾激光一期车间

经开区奔腾激光（温州）有限公司车间

2021 年，温州经济技术开发区“一区七园”“四上”企业营业收入超 3 500 亿元，地区生产总值超 600 亿元，规上工业增加值超 340 亿元。其中，核心区地区生产总值 275.36 亿元，同比增长 8.9%、温州市第三；规上工业总产值 643.6 亿元、温州市第三，同比增长 19.6%；规上工业增加值 131.7 亿元，同比增长 13.7%、温州市第三；工业投资 52.69 亿元、同比增长 16.1%，其中技改投资增速 62.8%、温州市第一；财政总收入 47.13 亿元、同比增长 21.6%，其中一般公共预算收入 25.9 亿元、同比增长 13.1%，税收占比 92.4%、温州市第一；研发经费支出占比 4.35%，温州市第一；限上社会消费品零售总额 49.5 亿元，同比增长 23.9%。

温州湾新区工业区一隅

浙南经济总部大厦

# XIAOSHAN

ECONOMIC & TECHNOLOGICAL DEVELOPMENT ZONE

# 萧山经济技术开发区

2021 年，萧山经济技术开发区按照高水平建设“亚运国际城 · 数智新萧山”要求，开发区本级完成规上工业总产值 516.8 亿元，同比增长 8.6%；规上工业增加值 129.3 亿元，同比增长 8.3%；规上服务业营业收入 1 747.4 亿元，同比增长 22.8%；规上服务业增加值 79.3 亿元，同比增长 11.9%；固定资产投资 111.4 亿元，同比增长 21%，其中工业投资 28.8 亿元，同比增长 20%，服务业投资 82.7 亿元，同比增长 21.3%；实现财政总收入 154.01 亿元、一般公共预算收入 85.24 亿元，分别增长 26.12%、9.86%。

# 萧山

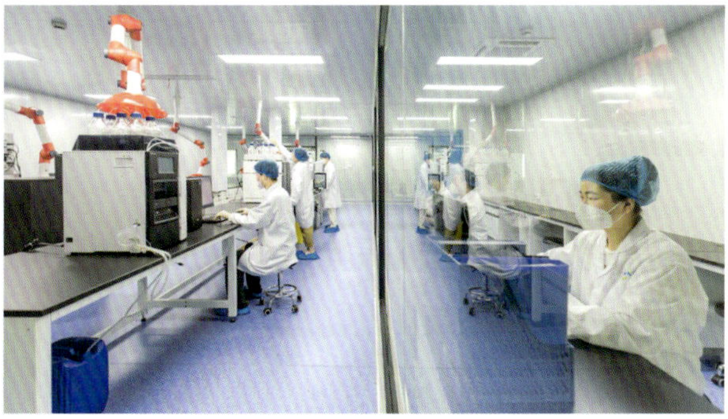

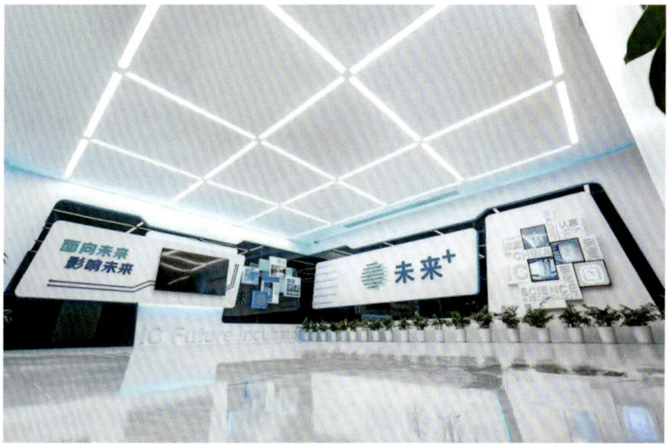

## HANGZHOUQIANTANG
ECONOMIC & TECHNOLOGICAL DEVELOPMENT ZONE

# 杭州钱塘新区

2021年7月23日，钱塘区举行揭牌仪式

2021年，杭州钱塘新区实现地区生产总值1 218.23亿元，比上年增长6.6%，其中：第一产业增加值13.96亿元，下降5%；第二产业增加值828.63亿元，增长5.7%；第三产业增加值375.65亿元，增长9%。三次产业比重调整为1.1 ∶ 68.0 ∶ 30.9。财政总收入240.61亿元，增长26.5%；一般公共预算收入117.31亿元，增长17%。固定资产投资461.34亿元，增长12.1%，其中工业投资126.8亿元、制造业投资118.6亿元。规上工业总产值3 169.11亿元，增长7.3%，首次突破3 000亿元，位居杭州市第一位。

钱塘区智慧谷

钱塘区金沙湖

钱塘区下沙江滨

钱塘区金沙湖

# CANGZHOULINGANG
ECONOMIC & TECHNOLOGICAL DEVELOPMENT ZONE
# 沧州临港经济技术开发区

沧州临港经济技术开发区连续 4 年蝉联沧州市省级以上开发区综合考核第 1 名。连续 9 年被评为“中国化工园区 30 强”，成为河北省第一批、沧州市第一家通过省级认定的专业化工园区。成功获批河北省能级提升综合示范经济开发区。2021 年，沧州临港经开区完成地区生产总值 46.9 亿元，同比增长 8.9%；规上工业增加值同比增长 9.2%；固定资产投资同比增长 8.3%；利用外资 5 704 万美元，同比增长 52.1%；一般公共预算收入完成 7.0 亿元，同比增长 20.8%。

国家循环经济促进中心

南开大学-沧州渤海新区绿色化工研究院

开发区主要领导全力推进基础设施建设工作

开发区主要领导一线督导项目建设情况



# 沧州临港

行政审批一站式网上办公

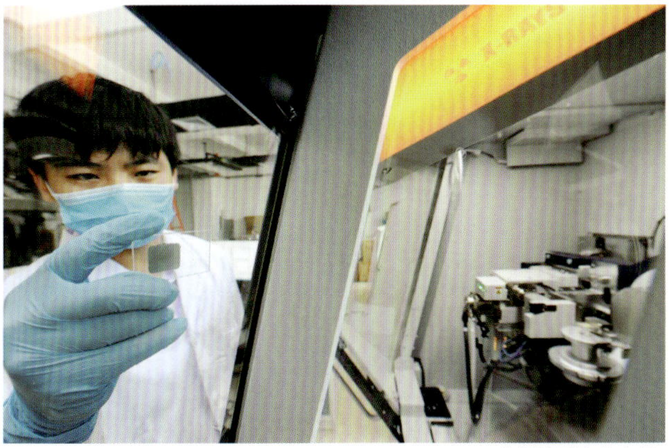
分析检测中心内景

大化聚海分公司 16 万吨离子膜烧碱项目生产场景

医药企业生产场景

# JINGJIANG
ECONOMIC & TECHNOLOGICAL DEVELOPMENT ZONE

# 靖江经济技术开发区

2021 年，靖江经济技术开发区围绕高质量发展目标追求，经济指标增势强劲、产业兴区强势推进、机制体制焕发活力，综合实力不断迈上新台阶，全年实现地区生产总值 668.9 亿元、一般公共预算收入 23.4 亿元、工业开票收入 926.6 亿元、服务业开票收入 733 亿元，同比分别增长 10.1%、10%、17.9% 和 22%。外向发展业绩喜人。完成外贸进出口总额 24.7 亿美元，占靖江市比重 70% 以上；实际利用外资 3.07 亿美元，同比增长 48.7%，创十年来新高，成功获批江苏自贸试验区联动创新发展区。

众拓航空航天科技（江苏）有限责任公司

# 靖江

NINGGUO

ECONOMIC & TECHNOLOGICAL DEVELOPMENT ZONE

# 宁国经济技术开发区

2021 年，宁国经济技术开发区完成地区生产总值 255.7 亿元、同比增长 12.1%；经营销售收入 525.6 亿元、同比增长 40.2%；规模以上工业总产值 492.9 亿元、同比增长 38.8%；固定资产投资 116.2 亿元、同比增长 13.5%；财政收入 35.2 亿元、同比增长 29.1%；进出口总额 41.5 亿元、同比增长 31.3%；实际利用外资 3 196 万美元。在 2021 年全国国家级经开区综合考核评价中位居全国第 83 位（共 217 家）、全省第 5 位（共 12 家），在安徽省省级及以上开发区综合考评中位居第 18 位（共 131 家）。截至 2021 年底，宁国经开区共有在册企业 2 379 家，其中工业企业 1 297 家、规模工业企业 299 家、高新技术企业 114 家、亿元企业 98 家，自主培育 A 股上市企业 8 家。

港口园区一角

南山园区一角

中德智能制造产业园

河沥园区一角

# HEBEITANGSHAN HAIGANG

ECONOMICDEVELOPMENT ZONE

# 河北唐山海港经济开发区



2021年，唐山海港经济开发区紧密围绕河北省委“3689”和唐山市委“33458”工作思路，深入开展“三重四创五优化”活动，扎实推进“八个发展”，持续对标对表，全力拼搏竞进，全区经济社会高质量发展取得新成效，实现“十四五”良好开局。2021全年地区生产总值完成231.4亿元，同比增长6.6%；第二产业增加值98.3亿元，同比增长13.3%，占地区生产总值比重42.5%；第三产业增加值125.3亿元，同比增长2.4%，占地区生产总值比重54.2%；财政收入31亿元，同比增长10.9%；服务业增加值完成125.3亿元，同比增长2.4%；高新技术产业增加值增长44.1%；战略性新兴产业增加值增长26.5%；一般公共预算收入完成16.4亿元，同比增长7.3%；实际利用外资增长27.7%；固定资产投资完成176.5亿元，同比增长7.5%；社会消费品零售总额完成17.1亿元，同比增长4%；进出口总额完成63.2亿元，同比增长122.3%，其中出口总额完成42.6亿元，同比增长512.5%。

大清河盐场

海港开发区全景

唐山海港

唐山港京唐港区 26-27 号集装箱泊位作业现场

华西钢厂

中储粮二期工程

开滦中浩

天柱钢铁

物流园区

即将建成的第七中学

NANCHANG

ECONOMIC & TECHNOLOGICAL DEVELOPMENT ZONE

# 南昌经济技术开发区

2021 年，南昌经济技术开发区营商环境指标已 7 次蝉联全省第一，开放水平指标 6 次全省第一。在第六届中国国际绿色创新发展大会上，南昌经开区荣获全国首批 12 个“绿色低碳示范园区”称号开发区之一。2021 年全区全年实现 GDP721.3 亿元，同比增长 8.4%；规上工业增加值同比增长 11.6%；固定资产投资同比增长 13.3%，其中工业投资增长 27%；社会消费品零售总额 214 亿元，同比增长 20%；地方一般公共预算收入完成 20.99 亿元，同口径增长 15.1%；实际利用内资 540.8 亿元，同比增长 7.03%；实际利用外资 13.1 亿美元，同比增长 7.79%；出口总额 100.4 亿元，同比增长 12%。